Goldmann Klassiker Ⓖ

CLEMENS BRENTANO

Sämtliche Erzählungen

Mit einem Nachwort, einer Zeittafel
zu Brentano, Anmerkungen
und bibliographischen Hinweisen
von Gerhard Schaub

Wilhelm Goldmann Verlag

Vollständige Texte
nach dem Wortlaut des zweiten Bandes der von Wolfgang Frühwald,
Bernhard Gajek und Friedhelm Kemp
herausgegebenen Werke Brentanos
(4 Bände, München 1963–68)

Made in Germany · 2/84 · 1. Auflage · 118
Alle Rechte vorbehalten
Umschlagentwurf: Atelier Adolf & Angelika Bachmann, München
Satz: IBV Lichtsatz KG, Berlin
Druck: Presse-Druck Augsburg
Verlagsnummer: 7625
Lektorat: Martin Vosseler · Herstellung: Sebastian Strohmaier
ISBN 3-442-07625-0

Inhalt

Die Chronika
des fahrenden Schülers

(Urfassung)

In dem Jahr, da man zählte nach Christi, unsers lieben Herrn, Geburt 1358, im lieblichen Monat Mai, hörte ich, Johannes, die Schwalbe früh an meinem Kammerfenster singen, als ich erwachte, und ward innig durch den frommen Morgengesang des Vögeleins erbauet, bedachte auch auf meinem Lager, wie die Schwalbe in ewiger Seligkeit lebt, gegen den kalten Winter in ferne wärmere Lande zieht, und der Heimat getreu gegen den Frühling wiederkehrt; so nicht der Mensch, der wohl viel Leid und Weh im Herzen erdulden muß, ehe ihm wieder ein freundliches Glück, ein Frühling erblühet.

Da ich so in meinen einfältigen Betrachtungen versunken war und das Vögelein auf seine Art auch immer fort phantasierte, wär ich beinahe wieder eingeschlummert, als die Wächter auf dem Münster bliesen, welches ich vorher noch nie gehöret hatte, da ich in Straßburg so früh noch nicht erwacht war. Es ward mir auch da sehr wehmütig um das Herz, denn mir fiel ein, wie nun heute mein zwanzigster Geburtstag angekommen war, und wie mir es viel besser geworden als die letzten Jahre, wo ich meinen lieben Geburtstag wohl auf freiem Felde, in einem zerrissenen Mäntelein empfangen und mit einem Bissen Almosenbrot bewirten mußte. So ist es doch eine Freude, einen Geburtstag zu haben, dachte ich in mir selbsten und glaubte wohl in meiner Einfalt, die Schwalbe sei nur gekommen, mir Glück zu wünschen, wie auch der Türmer nur allein geblasen habe um mir eine Ehre zu erweisen; was doch ein eitler Wahn gewesen, da die Schwalbe bloß ihrer eignen Frühlingslust wegen gesungen und der Türmer vielleicht gerne noch eine Stunde geschlafen hätte, wenn er seinem Amte gemäß nicht um vier Uhr des Morgens blasen müßte. Da die Bäume nun so anmutig mit ihrem zarten Laube vor meinem Stüblein im Garten rauschten, sprang ich von meinem Lager und kleidete mich nicht ohne Tränen in mein neues Gewand an, welches mir mein gütiger Ritter verehret und gestern abend durch seinen Diener auf die Kammer geschickt hatte. Es

war aber dies ein feines Wammes und ein zierliches Unterkleid, so ich
vorher nie getragen, und ich kam mir ganz wunderbar und stolz vor,
doch währete meine Eitelkeit nicht lange. Mein zerrissenes Mäntelein,
welches ich als einen Vorhang an das Fenster gehängt hatte, erleuchtete
sich durch den Sonnenschein, und es war mir, als seien alle seine Löcher so viel Lippen und alle seine Fetzen so viel Zungen, die mich meiner früheren Hoffart zeihen wollten. Ich nahm mein Mäntelchen herab
und legte es um und gedachte, indem ich die Treppe hinab in den Garten ging: Wie ich ein armer fahrender Schüler gewesen bin, so werde
ich immer ein armer fahrender Schüler bleiben, denn auf Erden sind
wir alle arm und müssen mannigfach mit unserm Leben herumwandeln und immer lernen, und bleiben doch arme Schüler. Da ich nun in
den Garten gekommen war, den ich vorher auch noch nicht gesehen,
denn mein gnädiger Herr Ritter war den Abend spät angekommen und
ich im Dunkeln nach meinem Gemach in das Sommerhäuslein geführt
worden, da ergriff mich nun neuerdings eine wunderbarliche Unruhe,
denn ich war herabgegangen, um meine Morgenandacht im Freien zu
verrichten, fand mich aber von dem schönen Garten, dem freundlichen
Sonnenschein fast ebenso sehr als meinem neuen Gewand überraschet.
Ich fand mich gleich einem neugebornen Kindlein, welches noch nicht
beten kann und erst durch einige Erfahrung in der Süßigkeit des Lebens seine Händlein zum Danke falten lernet. Der fröhliche Mai, das
lustige Singen der Vöglein, der helle Sonnenglanz, der über die mannigfaltigen Kräuter und Blumen ausgegossen war, alles das war mir, als
hätte ich es nie vorher gesehen, und wußte auch nicht, was aus aller der
Freude werden sollte. So wie die lieben Kinder durch die süßen Blumen gehen und sie brechen und Kränzlein winden und sich bei den
Händen fassen und mit den Kränzlein in den Locken im Zirkel tanzen,
gleichsam selbst ein lebendiger Blumenkranz, wie sie aber nicht gedenken der Frucht des heißen Sommers und des Todes im trüben Herbste
und der Ruhe im kalten tiefsinnigen Winter, also wandelte auch ich armer Schelm wie ein einfältiges Kind durch den Garten und konnte vor
tiefer Freude an meinem neuen Glück, des ich gestern noch nicht gedacht hatte, nicht zum Gebete kommen.

　Da ich nun so in meiner Unschuld fortschritt, kam ich an ein kleines
Heilgen-Häuslein, welches dicht in Gebüschen verborgen war und in
dem eine Lampe brannte. Da sah ich an den Wänden sehr schöne höl-

zerne Bilder, die mancherlei Geschichten aus dem Leiden unsers Herrn Jesus Christus treulich abbildeten. Das größte Bild in der Mitten der Kapellen stellte den lieben Herrn dar, wie er am Ölberge kniet und betet. Dabei stund auch ein Kästlein mit vielen Heiligtümern, und ich konnte mich auch nicht länger erhalten, kniete nieder und dankte mit weinenden Augen Gott, daß er mich armen fahrenden Schüler nicht vergessen und mich durch seine ewige Barmherzigkeit erhalten und dem guten Ritter übergeben hatte, gelobte auch ferner fromm und fleißig zu sein und die Künste, die ich mit seinem göttlichen Beistand mit meinen schwachen Sinnen erlernet hatte, allezeit zu Nutzen und Frommen guter Menschen und zur Mehrung seiner Verehrung anwenden zu wollen. Da ich so gebetet hatte, legte ich zum Opfer meiner Andacht ein gülden Band zu den Füßen des Bildes, welches ich einstmal von einer frommen Einsiedlerin erhalten, der ich ein andächtiges Lied verfertiget hatte; ich hatte es seither als Zeichen in meinem Gebetbuche liegen. Dann wendete ich mich und trat wieder in den Garten, der sich mir wieder gar verwandelt hatte; so mag nichts vor dem Gemüte des Menschen Stand haben, welches alle Dinge nach sich umgestaltet. Da ich nun fromm und andächtig gewesen war, erschienen mir alle die roten, leibfarben und weißen Röslein, jene Blumen, durch die der König Asverus in seinem Schloßgarten zu Susan gewandelt, seines Zornes zu vergessen, und es war mir, als sei der liebe Gott auch durch diese Blumen gegangen und sei hier freundlich gegen mich armen Jungen geworden, denn hier an diesem ersten Morgen meines zwanzigsten Jahrs ist mir viel Licht im Herzen aufgegangen, und ist mir der Frühling zuerst ein weiser Lehrer in meinem Leben geworden.

Besonders aber hat mein Herz der hohe Münsterturm erschüttert, als ich aus einem schattigen Baumgang herfürtrat und er so allmächtig vor mir in die Wolken ragte; alles Menschenwerk hat etwas Erschreckendes, und das Gemüt muß lange darauf verweilen, bis es Trost findet. Die gewaltige Künstlichkeit dieses wunderwürdigen Turmes hätte mich beinahe wieder niedergeschlagen, und ich gedachte bei mir mit Verwunderung, wie ich doch unter den hohen Eichen in finstern Wäldern und bei den stürzenden Wasserfällen in einsamen Tälern recht in der Einsamkeit ganz verlassen, auch wohl gar hungrig gesessen und mich doch nicht so bewegt gefühlt, als bei dem Anblick des Münsterturms. Wenn ich die Blätter und Zweige der Bäume betrachte, so frage ich nicht, wie sie da

hinaufgekommen, und erschrecke nicht, wenn sie sich bewegen und hin
und her neigen mit Rauschen, aber wenn ich so den ungeheuren Turm
ansehe mit den vielen Säulen, Türmlein und Schnörkeln, die immer auseinander steigen und durchsichtig sind wie das Gerippe eines Blattes,
ach, so kommt es mir vor wie der Traum eines tiefsinnigen Werkmeisters, vor dem er wohl selbst erschrecken würde, wenn er erwachte und
ihn nun ausführen sollte; und wie nun so ein hohes Werk durch vieler
Menschen Hände vollendet, ja an dem auch manches Leben sich totge-
arbeitet hat, wie dieser Turm dasteht, stolz und eisern, wie er kein Herz
hat und keinen Verstand, ja wie er ein recht unvernünftiger Turm ist und
doch dasteht, als wäre er aus sich selbst hervorgewachsen und es keinem
Menschen zu danken brauche, das ist, was den Anblick mir so erschüt-
ternd machte, da doch in den Blumen und den Bäumen, ja selbst in den
harten Felsen eine Seele zu wohnen scheint, welche gleich dem Menschen atmet und fühlt, sich im Frühling mit ihm erfreut und im Winter
mit ihm trauert; und doch konnte ich meine Augen nicht von ihm wenden. Es ist etwas Wunderbares um des Menschen Herz, daß es immer zu
dem Unbegreiflichen hinstrebt, als sei dort das Ende seiner Laufbahn,
dort sei der Schlüssel zum Himmel, und alles Irdische sei bloß ein Rufen
aus der Ferne, das zu unsern Ohren dringt, ein heiliger Bote Gottes, der
vor unsre Augen tritt, und uns durch seinen Glanz und seine verspre-
chende Miene ein Bild unsres zukünftigen Lebens geben muß. Also ist
mir auch immer alle mein Drangsal als eine Sehnsucht nach einem bessern Leben erschienen; alle meine bittern Stunden waren die kalten duf-
tigen Tage, die nach dem Winter kommen und denen der liebliche Frühling, ganz mit Blumen und grüner Lust bekleidet und mit der süßen Musik der Vöglein angetan, auf dem Fuße folgt.

In diesen Betrachtungen war ich wieder in den Laubgang getreten, als
der Türmer auf dem Münster blies: »In süßen Freuden geht die Zeit«.
Da wollte ich wieder nach meinem Sommerhäuslein gehen, sah aber
meinen Herrn Ritter gar tiefsinnig unter einem Baum im Sonnenschein
sitzen und hatte den Mut nicht vorbeizugehen, denn ich wußte nicht, ob
ich ihn störte. Ich stellte mich darum an einen Baum in seiner Nähe bescheiden hin, nahm meinen Hut in die Hand und wartete, ob er vielleicht seine Augen nach mir wenden würde. Der Anblick meines gnädigen Herrn und Wohltäters aber erweckte ein große Ehrfurcht in mir. Er
hatte ein schneeweißes Haar, über das wohl viel Sorgen mochten hinge-

flogen sein; ich hatte ihn gestern nicht recht gesehen, da es schon dunkelte, als er mich vom Wege aufraffte, und ich hatte lange keinen so frommen alten Ritter gesehen, der mit allen seinen Mienen ein solches Vertrauen erregte. Gott gebe, daß du so in Ehren grau werdest, dachte ich bei mir und fühlte mich mit ganzem Herz zu dem lieben Ritter hingezogen. Er aber schien sehr betrübt zu sein, seufzte auch oft und tief, und die kleinen Vöglein, die über ihm in den Zweigen so lustig sangen, konnten ihn nicht trösten.

Da ich so eine Weile nach meinem Herrn Ritter gesehen hatte, wendete er die Augen von ungefähr nach dem Orte, wo ich stand, und redete mich freundlich an mit den Worten: »Was machst du, Johannes, daß du so stille dastehst?« Worauf ich ihm höflich entgegnete: »Ich wollte Eure Ruhe nicht stören, Herr, Ihr scheinet mir in schweren Gedanken.« Der Ritter sprach hierauf: »Wie gefällt dir deine neue Heimat, bist du froh?«

»Herr, sollte ich nicht froh sein, da ich nun weiß, wo schlafen, da ich weiß, wo Brot finden und wem dienen? Da weiß ich nun auch, wo beten und wen lieben. Herr, meine Heimat gefällt mir wohl; Gott gebe, daß ich ihrer würdig sei und auch ihr wohlgefalle.«

»Johannes, deine Rede gefällt mir; wenn dir das Ernst ist, so sind wir Gesellen. Aber wenn du mir gefallen willst, was wirst du dann tun? Wirst du mir etwas geben wollen, da du nichts hast?«

»Herr, ich bin Euer Schuldner vor der Welt in Ewigkeit, denn ich kann Euch kein Wams für das Wams geben, das ich trage, aber vor Gott gebe ich Euch einen guten Zahlmann, denn ich gebe Euch mein Herz.«

»Und wenn ich dir nun auch mein Herz geben wollte, so hätte ich doch noch den Wams zugute. Wie dann, Johannes?«

»Herr, Ihr rechnet streng. So habe ich doch eins, Herr, das Ihr nimmer mit allen Gaben einholen werdet, dann es ist rasch und fliehet davon; auch werdet Ihr es nie mit Eurer Macht verdrängen können, denn es ist lieblich und lustig anzusehen, und Ihr werdet Euch dessen so erfreuen, daß Ihr es nicht lassen möget, wenn ich es Euch geben könnte.«

»Was ist dies für ein Kleinod, mit dem du so prahlest?«

»Herr, es ist die Jugend, die will ich Euch geben, wie ich kann, denn Ihr sollt Euer Alter vergessen bei mir, so will ich Euch erfreuen mit mancherlei Reden und Gedanken.«

Aber was ich da zuletzt geredet hatte, war töricht und war ein schlechter Anfang meiner versprochenen erfreulichen Reden, denn

mein gnädiger Herr ward wiederum stille und betrübt, weil ich ihn an
sein Alter erinnert hatte, so glaubte ich. Da redete ich ihn wiederum an:
»Herr, ich habe Euch mit törichten Worten erzürnet.«

»Das hast du nicht, Johannes, sondern ich bedachte, ob dein stolzer
Mut wohl meine Sorgen zerstreuen könne, wie du mir versprachst, aber
das mag wohl nicht sein. Hast du mich nicht gefunden hier im Grünen,
in einem lustigen Garten, bei dem fröhlichen Singen der Vögel und bei
Sonnenschein, nachdenklich und betrübt? Wirst du können, was der
Frühling nicht kann? – So du aber Künste gelernt hast, die ich nicht besitze, so wirst du mein Schuldner nicht sein. Setze dich zu mir und sage
mir treulich, wie du zur Armut gekommen bist in gutem, und wie es sich
mit dir begeben, bis ich gestern an der Eiche dich gefunden habe, und
dann sollst du ebenfalls von mir hören, warum ich betrübt bin.«

Da ich die große Freundlichkeit meines lieben Ritters aus dieser Rede
vernommen hatte, setzte ich mich zu ihm unter den Baum und faßte einen guten Mut, ihm zu sagen, was ich weniges in meiner Armut erfahren
hatte, zog auch ein kleines Buch aus der Tasche meines Mantels, in welches ich gewohnt war, das aufzuschreiben, was mir aus meinem Leben
bemerkenswert dünkte, um ihm daraus vorzulesen, und sprach zu ihm:

»Lieber gnädiger Herr, es ist wohl kein ehrlicherer Weg zur Armut,
als der: in Armut geboren zu sein; so bin ich auch zur Armut gekommen, als ich zur Welt kam, und ist mir früh gelehrt worden, daß all mein
Gold der Glanz der Sonne sei, alle mein Silber der Spiegel der Flüsse,
meine schönen Teppiche und Tapezereien die grünen Wiesen mit ihren
Blumen, alle meine schönen Gebäude und Hallen der Himmel mit seinen Gewölben und der grüne Wald, ja ich bin so reich geworden, daß
mir die ganze Welt offen stand und alle freundlichen Menschen meine
Diener wurden, zu denen ich sprechen konnte: Gib mir dies, gib mir jenes; auch hatte ich keinen Herrn als den allmächtigsten Herrn, den lieben Gott, der mir das Leben zu einem Lehen gegeben und dem ich auch
täglich aus tiefster Seele gedankt habe.«

»Du kannst schreiben, Johannes?« sprach der Herr Ritter zu mir,
»darin hast du mir es schon zuvorgetan, das kann ich nicht; ich freue
mich zu hören, wie du alles niedergeschrieben hast, denn wenn ich
gleich nicht schreiben kann, so habe ich doch oft bei mir überlegt, wie
ich dies oder jenes, was mich im Leben sonderlich freute oder
schmerzte, aufschreiben möchte, daß es andern Menschen und auch

Menschen jedes Standes wohlgefallen möge, und habe mir durch öftere Erinnerung in meinem Gedächtnis gleichsam ein Buch gemacht, wo ich vielerlei eingeschrieben habe, und mehrere Begebenheiten sind darunter, die sind mir ganz verschieden erschienen, so daß sie mich auf eine Art beruhigen, auf die andere aber betrüben und doch immer dieselben Geschichten sind. Nun aber soll doch alles so niedergeschrieben werden, daß es einem jeden Menschen belehrend und erfreulich sein soll, denn was öffentlich gemacht wird, soll öffentlich werden, sonst ist es ein Betrug und böses Irreführen unschuldiger Menschen; denn soll sich der Mensch nicht an die Schrift halten können, die ihm doch als etwas Künstliches und des Gedanken Würdigeres aufgestellt wird, wie kann er dann an das glauben, was ihm in gemeiner Rede ganz gleichgültig vorgestellt wird? So lies dann, Johannes, und wie du es niedergeschrieben hast, wird mich lehren, was du für ein Mensch bist; denn wie ein Mensch sein Leben fühlt, so ist er, und nicht so, wie sein Leben ist. Du bist ein armer fahrender Schüler, und ich bin ein alter Kriegsmann, aber wir sind beide auch Menschen; der Schüler und der Kriegsmann haben nichts in ihrem Wesen gemein und sind sich fremd, aber die Menschen sind von demselben Stamme, und was sie erfahren, müssen alle teilen können; und so bin ich dann begierig, mein lieber Johannes, ob du so geschrieben, daß ich es auch genießen kann.« Da las ich dem Herrn Ritter vor, wie ich in meiner Einfalt niedergeschrieben hatte:

Ich bin in Franken geboren, in einem kleinen Dorfe am Mainstrom, und das erste, dessen ich mich deutlich erinnere, ist, wie mich meine Mutter das Vaterunser und Ave Maria lehrte; ich stand vor ihr und faltete meine Hände und sah ihr nach den Lippen, und wie sie mir es vorsagte, sprach ich es kindisch nach und war dabei ganz fromm, wie es ein Kind vor Gott ist. Das tat ich immer früh morgens, und kniete dabei an meinem Bettlein, und des Abends, wenn ich schlafen ging. Meine Mutter war eine gar arme Frau, aber fromm und arbeitsam, ich kann mir sie auch nicht anders denken als spinnend; und oft, wenn ich nachts erwachte, sah ich sie in der kleinen Stube bei einer Lampe sitzen und spinnen; dabei sang sie still vor sich hin, und dies hat mich oft bis zu Tränen gerührt, warum, das weiß der liebe Gott; auch weiß ich noch deutlich, daß ich einmal gar sehr weinen mußte, als ich sie so singen hörte, da fing ein Vögelein vor unserm Fenster auch an zu singen, und es war doch schon gar spät, denn der Mond schien hell und klar. Meine Mutter aber hörte nicht auf zu singen, und sang das Vögelein und sie zugleich; da habe ich zum erstenmal Traurigkeit empfunden und über das Leben kindische Gedanken gehabt, mich auch im Bette aufgerichtet und meiner Mutter zugehört. Da sang sie ein Lied, das lautete also:

Es sang vor langen Jahren
Wohl auch die Nachtigall.
Das war wohl süßer Schall,
Da wir zusammen waren.

Ich sing und kann nicht weinen
Und spinne so allein
Den Faden klar und rein,
Solang der Mond wird scheinen.

Da wir zusammen waren,
Da sang die Nachtigall.
Nun mahnet mich ihr Schall,
Daß du von mir gefahren.

So oft der Mond mag scheinen,
So denk ich dein allein.
Mein Herz ist klar und rein,
Gott wolle uns vereinen.

Seit du von mir gefahren,
Singt stets die Nachtigall,
Ich denk bei ihrem Schall,
Wie wir zusammen waren.

Gott wolle uns vereinen.
Hier spinn ich so allein,
Der Mond scheint klar und rein,
Ich sing und möchte weinen.

Besonders traurig aber kam es mir vor, daß der Vogel und meine Mutter zugleich sangen, und hätte ich damals wohl wissen mögen, ob der Vogel auch in seinem Gesange meiner Mutter gedachte und ob er auch lieber geweint als gesungen hätte. Ich fragte darum meine Mutter mit den Worten: »Mutter, was singt dann die Nachtigall dazu?« Da sagte meine Mutter: »Wachst du, Johannes? Schlafe, du mußt morgen früh heraus und mit mir ins Kloster gehen; wenn du nicht schläfst, so nehme ich dich nicht mit.« Da löschte sie ihre Lampe aus und trat vor mein Bettlein und machte mir das Zeichen des Kreuzes auf die Stirn und küßte mich, und da ich merkte, daß sie weinte, schlang ich die Arme um ihren Hals und hielt sie fest, fragte sie auch, warum sie mir das Kreuz mache und warum sie weine.

»Lieber Johannes«, sagte sie da, »ich mache dir immer das Kreuz und küsse dich, ehe ich schlafen gehe, daß du unter dem Schutze Gottes ruhig schlafen mögest; du hast aber sonst nie gewacht, wenn ich zu dir kam, und wußtest du es nicht.« Aber warum sie weine, sagte sie mir damals nicht. Darauf legte sie sich zu Bette und betete laut, und ich sprach ihr nach, bis ich darüber einschlief. Den folgenden Morgen standen wir früh auf, und meine Mutter nahm leinen Tuch, das sie gewebet, und Garn, das sie gesponnen, um es in dem Kloster zu verkaufen. Sie trug es in dem Korb auf dem Kopfe, und da ich sie sehr darum gebeten, gab sie mir einen Teil des Garnes zu tragen, welches ich mit einer großen Liebe zu meiner Mutter bis zu dem Kloster getragen habe.

Wir kamen in dem Kloster in des Abts Stube, die war mit schönen Bildern ausgemalt, auch handelte der Abt selbst um das Tuch mit meiner Mutter und gab mir ein Bild von St. Johannes, meinem Patron. Er sagte mir auch, wenn ich älter wäre, solle ich ihm die Messe dienen und dann immer einen Pfennig von ihm haben. Meine Mutter ließ von dem Gelde zurück, eine Messe zu lesen in der Georgen-Kapelle für ihr Anliegen, und als sie der Abt fragte, was ihr Anliegen sei, sprach sie: »Das steht Gott anheim«, und da gingen wir zur Kirche herab. In der Kirche aber gingen wir zur linken Hand in eine Kapelle; da stand ein Altar in der Mitten, zur Rechten aber war ein Ritter an der Wand ausgehauen auf den Knien liegend, und vor ihm stand ein andrer Ritter, der legte ihm die Hand auf das Haupt. Diesem Bilde gegenüber war Sankt Georgen Bild zu Pferd, wie er seinen Mantel zerschneidet und einem Armen die eine Hälfte reicht, und diese Kapelle war die St. Georgen-Kapelle. Meine

Mutter steckte ein Wachslicht vor St. Georgen auf und kniete dann
nebst mir an der Seite des steinernen Ritters nieder und sah oft nach dem
knienden Ritter. Ich betrachtete ihn auch und empfand eine große
Freude an ihm. Auch hätte ich ihm gern was Liebes getan und setzte ihm
einen grünen Kranz auf sein steinern Haupt, den ich mir im Walde geflochten hatte und noch spielend in der Hand trug. Da meine Mutter das
sah, weinte sie sehr und umarmte mich in der Kirche. Ich empfand große
Bangigkeit um ihre rührende Gebärde. Da trat aber ein Priester in die
Kapelle mit einem Meßdiener und las die Messe am Altar, und sie ließ
mich los, sagte mir auch ins Ohr: »Bete hübsch fromm, Johannes; der
stehende Ritter ist der Herr Großvater.« Ich hatte den Mut nicht mehr,
nach dem Bilde zu sehn, und mein Großvater blieb mir von dieser Zeit
an ein ernster und beweglicher Gedanke; aber ich habe damals gebetet,
wie sonst nie, mit einer wunderlichen Herzensangst, doch weiß ich
mich nicht zu entsinnen, warum ich so gebetet habe.

Da die Messe zu Ende und der Priester wieder aus der Kapelle herausgegangen war, fragte ich meine Mutter wieder nach dem steinernen Bild
mit den Worten: »Was macht denn mein Großvater da?« Meine Mutter
stand aber, ohne mir zu antworten, stille vor dem Bild und sah immer
mit nassen Augen nach dem knienden Ritter, den ich mit dem Laub-
kranz gekrönt hatte, und da ich sie wieder fragte, sagte sie: »Er tut, was
ich gestern abend tat, da ich das Kreuz machte.« Da fragte ich sie weiter:
»Liebe Mutter, will er dann schlafen gehn?« Da sagte sie: »Ja, er will
schlafen gehn in die ewige Ruhe.« »Und der kniende Mann will wohl
auch schlafen gehen?« Da sagte sie wieder: »Ach, Gott gebe ihm eine ruhige Nacht, wenn er schon schläft!« und ward wieder sehr traurig und
hob mich hinauf, daß ich ihn küßte. Da setzte ich ihm das Kränzlein
wieder zurecht und küßte ihn, und die Mutter ging mit mir zur Kirche
hinaus. Sie hatte mich noch auf dem Arme und ließ mich nicht los, was
sie sonst nicht pflegte, denn sie war nicht sehr stark, sondern zart und
weiß mit langen blonden Haaren. Wir gingen nicht denselbigen Weg zurück, sie trug mich links dem Walde zu. Wie sie mich so durch die freie
Luft hintrug, betrachtete ich ihr freundliches Angesicht, und kann es
nun nie mehr vergessen, wie hold und lieb sie aussah, und auch die ganze
Gegend kam mir lichter und freundlicher vor. Mein Herz ward wieder
ganz getröstet, und wie sie mich unter den Bäumen hintrug, brach ich einen Zweig ab und machte ihr einen Kranz, den setzte ich ihr auf ihre

blonden Haare und sagte zu ihr: »Liebe Mutter, nun bist du wie der kniende Ritter, nun hast du auch ein Kränzlein auf, und wenn er da nun durch den Wald gegangen käme, da würdet ihr euch beide aneinander sehr erfreuen über die grünen Kränze.« Meine Mutter gab mir aber keine Antwort und ging immer traurig fort, was mich auch wieder betrübte. So zogen wir still und einsam wohl eine Stunde durch den Wald, als wären wir die einzigen Menschen auf der Welt und hätten nicht viel Freude, bis es lichter ward in den Zweigen und der Wald sich am Rande des Berges endigte.

Da war ein schöner grüner Platz und die Aussicht in ein einsames Tal, wo der Main durchfloß; die Berge lagen rings um den hellen silbernen Fluß, als hätten sie tiefsinnige Gedanken, sie waren alle mit schwarzen Wäldern bedeckt und sahen streng und finster herüber; wo wir aber standen, war die Gegend sanft und mild, grüner Rasen bedeckte den Boden, es standen da mancherlei Blumen, und das Allerschönste war ein freundlicher Quell, der zwischen einer großen Reihe von Sonnenblumen entsprang und über den sanften Abhang hinunterrollte; es war, als flössen Tränen an den Wangen eines freundlichen Antlitzes hinab. Viele und mancherlei Kräuter wuchsen da rings an dem Bache, aber die Sonnenblumen sahen besonders ehrwürdig und andächtig aus. Meine Mutter ließ mich im Grase spielen und saß bei den Sonnenblumen. Ich sah oft nach ihr hin und bemerkte, wie sie sanfter und ruhiger um sich blickte. Dann nahm sie mich bei der Hand und ging mit mir einige Schritte rechts ins Gebüsch, da stand ein kleines Haus, ganz mit Epheu überwachsen. Selbst die Türe war mit dem Geflechte des Epheus überzogen. Sie zog Schlüssel hervor, legte die Ranken an der Türe zurück und öffnete sie. Es war eine kleine Küche, doch keine Geräte darin, in die wir zuerst traten, und dann eine kleine viereckichte Stube. Wie ich hereintrat, fürchtete ich mich etwas, denn es war gar dunkel. Meine Mutter machte aber die Fensterladen auf, da sah man nach der andern Seite des Tals, und ein schönes Schloß ragte da aus dem schwarzen Gebürge gegenüber. In der Stube standen allerlei ausgestopfte Vögel, besonders eine Reihe von Falken, die alle sehr alt schienen, an der Wand hingen einige Speere und Jagdmesser, und in der einen Ecke war ein kleiner Altar und Betstuhl vor dem Bilde des heiligen Hubertus, wie er vor dem Hirschlein kniet, das ihm mit einem Kreuze zwischen den Hörnern erscheint und ihm sein wildes Herz zu Sanftmut und Frömmigkeit umwendet. Ich betrachtete all die Sachen, die ich vorher nie gesehen, mit einer ängstlichen Aufmerksamkeit, während meine Mutter ins Tal hinaussah. Alles, was mir seit dem Abend vorher begegnet war, hatte mich ganz verändert, und wenn ich jetzt daran denke, so möchte ich meine damalige Empfindung einem Rade vergleichen, das in einer Mühle plötzlich lebendig wird und alle die andern Räder mit ihm und um ihm sich drehen und wenden sieht, und sich doch nicht vorstellen kann, was all die vielen Räder sind und was eine Mühle ist. Besonders aber verwunderte ich mich, daß meine Mutter mit allen den Sachen bekannt war und in der Hütte tat, als wäre sie immer drin gewesen. Ich fragte sie, ob wir dann hier blieben, ob dieses auch unsre Wohnung sei; dann wolle ich mir hier einen kleinen Garten machen und ein Vogelsteller werden. »Was willst du dann mit den Vögeln machen?« sagte sie dann, und als ich ihr antwortete, ich wolle sie das Vaterunser lehren, sagte sie: »Weißt du denn, wo dein Vater ist?« Ich antwortete: »Im Himmel!« Sie nahm mich hierauf zu sich, setzte sich ans Feuer und erzählte mir, was ich hier niederschreibe, ihre Worte sind mir auch nie aus dem Gedächtnisse gekommen:

Lieber Johannes, du hast mich seit gestern wohl trauriger als je gesehen, dann ich gedachte gestern, da die Arbeit vollendet war, schon daran, wie ich heute alle die Wege gehen würde, die du mit mir gegangen bist. Du hast mich auch gestern abend gefragt, warum ich weinte, da ich vor deinem Bettlein stand, aber ich habe dir keine Antwort gegeben und habe mit dir gebetet, damit wir ruhig schlafen möchten. Aber nun will ich dir auch nichts mehr verschweigen, denn ich glaube, es wird gut sein, wenn du früh weißt, wie auf Erden viel Traurigkeit ist und im Himmel allein die Freude. Du wirst darum deinen Sinn immer mehr zu Gott wenden und zu seinen Abgesandten auf der Erden, der treuen Liebe, der Unschuld und Weisheit. Auch sollst du nicht traurig werden um der Traurigkeit willen, die auf Erden ist, sie soll dich stärken, daß dein Mut wachse und dein Fleiß, mit denen sollst du die Traurigkeit bestreiten und ein frohes Herz erkämpfen, das sich alle Zeit Gott zuwendet.

Das kleine Häuslein, in dem wir sitzen, gehöret meinem lieben Vater; er ist nun im Himmel seit acht Jahren und liegt begraben im Kirchhofe bei dem Kloster. Er war ein Jäger und Vogelsteller und hat hier oben mit meiner Mutter gelebt, die ist zu Gott gegangen, da ich noch ein klein Mägdlein war; ich erinnere mich wohl, da sie die Herrn aus dem Kloster zu Grabe trugen, da saß ich da draußen an dem Quell im Sonnenschein und verwunderte mich über die vielen Männer und Weiber, die sie begleiteten. Da drüben von dem Schlosse, das du siehst, kam der Ritter mit seiner Hausfrau und seinen zwei Knaben auch herüber; ich weiß noch wohl, wie sie in das Schifflein stiegen und über den Main fuhren. Der Ritter blieb bei meinem Vater und sprach gar freundlich mit ihm, um ihn zu trösten, und des Ritters Frau ging mit zu Grabe. Ich saß immer an dem Bächlein, und des Ritters Kinder spielten mit mir. Am Abend zog der Ritter wieder mit seinen Leuten hinüber, und mein Vater pflanzte am Bache die Sonnenblumen. Er war ein frommer und künstlicher Mann und arbeitete den ganzen Tag. Er richtete die Falken ab wie kein andrer Jäger in Franken und hatte eine große Geschicklichkeit in Kenntnis heilsamer Kräuter; ich ging ihm immer in seinen Arbeiten zu Hand, wie ich konnte, und er unterrichtete mich in der Gottesfurcht und Sittsamkeit. Spinnen und Weben habe ich dort im Schlosse von des Ritters Hausfrau gelernt und zugleich mit den zwei Söhnen des Ritters das Christentum bei dem Hauskaplan. Mein Vater schenkte dem Ritter geschickte Falken dafür, der Hausfrau brachte ich Arzneikräuter und den Söhnen gab ich Finken und andere Vögel, die ich selbst singen gelehrt hatte; so war ich dann immer gern im Schlosse gesehen und konnte wohl lernen, was einer Jungfrau geziemt, an den Frauen und Dienerinnen auf dem Schloß. Doch war ich meistens zu Hause bei meinem Vater, da ich älter ward, denn er liebte mich sehr und mochte nicht ohne mich sein.

In der Einsamkeit besuchte uns der jüngste Sohn des Ritters oft, er war auch stiller Gemütsart und hatte sich immer gut mit mir verstanden. Wenn ich hinüber auf die Burg wollte, so blies ich auf meines Vaters Jagdhorn, und wenn er dann zu Hause oder in der Gegend war, ließ er sich auch bald an dem Maine sehen und fuhr mich in dem Schifflein hinüber und wieder herüber, und wir gewannen uns so lieb, daß wir nicht lange ohne einander sein konnten. Da mein Vater das bemerkte, kümmerte er sich darum und sagte mir oft traurig: »Mein Kind, was soll aus deiner Lieb werden zu des Ritters Sohn, da du doch eines armen Mannes Kind bist und nicht zur Edelfrau geboren?« Diese Rede meines Vaters war wohl wahr und tat mir leid, aber ich konnte doch nicht aufhören, den Ritter zu lieben, denn die Liebe ist blind, und wo sie entbrennt, kann sie nicht ausgelöscht werden, und zwei Menschen, die sich lieben, kann nichts scheiden als der Tod. Mein Vater stellte es auch dem Ritter vor, der aber war mutiger als ich und sprach: »Lasset Euch das nicht kümmern in Euren alten Tagen, denn es soll Euch erfreuen, wenn Ihr seht, daß Eure Tochter eines braven Ritters Frau wird, und will das mein Vater nicht, so wird er doch nicht drum zürnen bis an den Tod.« Ich erschrank, wenn ich sah, wie mein Vater traurig ward bei seinen Reden, die mir das Herz erhoben, und habe meinem Vater immer von der Zeit an emsiger gedient als vorher und war auch in allen meinen Reden weiser und klüger, damit er mehr Vertrauen zu mir gewinnen möge und versichert werden, daß ich nicht töricht handlen würde.

Siegmund kam nun seltner, denn er ritt mit seinem Vater oft in den Krieg, und wann des Morgens die Reisigen aus dem Schlosse auszogen, so stand ich immer und grüßte Siegmund mit einem weißen Tüchlein, und wenn er mich so grüßen sah, so ließ er sein Pferd einigemal springen. Das war seine Antwort, denn er getraute sich nicht vor seinem Vater, mich wiederzugrüßen. Dann betete ich zu Gott, daß er ihn gesund wiederkommen lasse, und hatte nicht viel Ruhe, bis ich die Reisigen wieder einziehen sah. Einstens aber in einem kalten Winter waren sie auch ausgezogen, und als sie wiederkamen, stand ich am Berge und sah nach Siegmund, der saß aber nicht auf seinem Pferd, der ward auf einem Tragbette zwischen zwei Reitern getragen; ach, da war meine Angst groß, bis er die Reiter stillhalten ließ und sich aufrichtete, daß ich sehen möge, daß er noch lebe, und war dies gewiß ein groß Zeichen seiner Liebe zu mir. Ich hatte aber keine Ruhe und bat meinen Vater, er solle mich hinüber auf das Schloß lassen, und da er nicht einwilligte, kniete ich vor ihm nieder und bat ihn mit Tränen so flehentlich, daß er selbst sehr weinte und sprach: »Ach Tochter, wie ist deine Liebe zu Siegmund so groß, und was wird viel Leid draus entstehen!« Dann gab er mir ein Bündelchen Kräuter und führte mich selbst an den Main hinab, der war zugefroren, und noch keiner darüber gegangen; das wußte ich wohl, sagte es aber meinem Vater nicht, der glaubte, es seien schon viel Leute drüber gegangen, und so eilte ich dann über das Eis ohne Furcht und Angst und betete wohl mehr für Siegmund auf dem Eis, als daß ich nicht einbrechen möge. Es war Abend, da ich auf das Schloß kam; ich fragte

sorgsam nach Siegmund und sagte, mein Vater habe gesehen, daß er verwundet zurückgekommen sei, und ich müsse ihm die Kräuter bringen.
Da führte man mich ins Gemach, wo seine Mutter an seinem Lager saß.
Da konnte ich mich auch nicht mehr halten, lief zu ihm hin, kniete an
seinem Bettlein nieder und küßte ihm die Hand. Seine Mutter wußte
wohl, daß er mich lieb hatte und ich ihn, aber hatte wohl nicht geglaubt,
daß es so ernstlich sei, und da sie mit mir nachher in ihre Kammer gegangen war, sprach sie lang mit mir, wie auch mein Vater gesprochen hatte.
Da erzählte ich ihr treulich alles, wie unsre Liebe so unveränderlich sei
und wie uns nichts scheiden werde als der Tod. Sie war aber eine sanfte
Frau, und Siegmund war ihr das liebste Kind, auch gegen mich war sie
sehr freundlich und wie eine Mutter gesinnt und hat nicht mehr von
unsrer Liebe gesprochen, als daß sie Gott bitten wolle, daß es uns nicht
übel gehe auf Erden.

In der Nacht ging das Eis im Maine auf, und ich konnte am Morgen
nicht zurück, so daß ich wohl drei Tage lang auf dem Schlosse bleiben
mußte. Ich war dann meistens bei Siegmund und pflegte seiner, denn
sein Vater war noch nicht zurück, und die Mutter erfreute sich an unsrer
Liebe. Da wuchs unsre Liebe noch viel mehr, denn wir hatten uns lange
nicht gesehen und in der letzten Zeit wenig miteinander gesprochen. Da
wir nun so beinander saßen, da warden wir viel inniger, und Siegmund,
durch seine Wunde schwach und sanfter als sonst, erschien mir viel ver-
trauter, ja seine Rede war mir oft ganz jungfräulich, und hatten wir auch
da keine Hehl mehr voreinander, und ich verband ihm seine Wunde in
der Seite am Herzen ohne Scheu. So groß ist die Liebe und so rein, daß
sie nichts Unreines tun kann, und was sie tut, ist alles schön und ewig.
Da ist mir auch die kleinste Handlung teuer und ein tiefsinniges Werk
geworden, wenn ich sie in der Liebe getan hatte.

Nach drei Tagen ging ich wieder zu meinem Vater; der war traurig in
seiner Einsamkeit geworden, während ich mich gefreut hatte, und ich
erzählte ihm, was geschehen war, und wie meine Liebe noch viel größer
wäre, und was Siegmunds Mutter mit mir gesprochen hätte. Darüber
ward er gar nachdenklich und sagte: wie er ein alter Mann sei und schon
mit einem Fuß im Grabe stehe, so sei sein Sinn wohl nicht mehr für die
weltlichen Dinge, und wolle er auch meine Liebe nicht stören; aber es
sei ihm doch traurig, wenn er daran denke. –

Da Siegmund wieder gesund war, besuchte er meinen Vater und mich

wieder dann und wann, und außerdem sahen wir uns an Sonn- und Festtagen vor und nach der Kirche im Kloster. Der Winter war sehr rauh,
und mein Vater oft krank, denn er war schon ein sehr alter Mann und
hatte schneeweiße Haare; da ward mir denn auch keine Freude als ihn
zu trösten und mit ihm zu beten. Als der Frühling kam, die Zweige aus-
schlugen und die Vögel wieder zu singen begannen, setzte er sich oft an
die Türe und sah ins Tal hinab und sprach mir von meiner Mutter. Einmal, an dem heiligen Ostertagnachmittag, saß er in seinen Feierkleidern
an der Türe und ich neben ihm; es war gegen Abend, alles still und ruhig
und gar mildes Frühlingswetter; wir sahen den Main hinauf, da kam eine
Wallfahrt in einem Schifflein den Main heruntergefahren; sie hatten ein
Kreuz aus einer grünen Maie bei sich und sangen laut und andächtig,
daß es zwischen den Bergen leise in der Ferne mitsang:

> Ich will des Mais mich freuen
> In dieser heilgen Zeit
> Und gehe zu der Maien,
> Und seh des Heilands Leid.
> Leid gab mir die Freudigkeit.
>
> O Mai, in grünem Scheine
> Du blühest kurze Weil,
> O Maie, die ich meine,
> Du blühest ewges Heil.
> Heil gab mir des Todes Pfeil.
>
> Du stehst in ewger Blüte,
> Seit unser höchstes Gut
> In deinen Zweigen glühte,
> Du trankst sein heilges Blut.
> Blut gab mir so hohen Mut.
>
> Du drangst in heilgem Taue
> So freudig himmelwärts,
> Dich tränkte die Jungfraue
> Mit ihrer Tränen Schmerz.
> Schmerz erquickte mir das Herz.

Des heilgen Todes Weihe
Gab mir des Lebens Wein:
O Jesus an der Maie,
Mich heilte deine Pein.
Pein führt mich zum Himmel ein.

Der Vater und ich sangen das Lied still mit. Er ward sehr gerührt und sprach mit mir: »Wohl wende ich mich auch hin zu der Maie des heiligen Kreuzes, wo mir das ewige Leben blüht, denn meine Zeit ist vorüber, und dieser ewig wiederkehrende Frühling ist meine Jugend nicht, auch werde ich die Früchte nicht reifen sehn; ich fühle, liebes Kind, daß dies der letzte Frühling ist, dessen ich mich erfreue. Vom Leben zu scheiden, schmerzt mich nicht, weil sich das Leben nie von mir scheiden kann, denn ich habe nach meinen Kräften Gott gedient und die Menschen geliebt. Das Schifflein mit der singenden Wallfahrt und der Maie, wie es so den Main hinunterfährt, und dort die Sonne, die untergeht, sie haben mich wohl an das Leben der Menschen erinnert. Da sind sie heute früh aus den verschiedenen Dörfern fröhlich zusammengekommen und in der Kühle und dem Dufte des jungen Laubs durch den Wald und über die Berge singend hingezogen und haben nur gedacht, wie sie ankommen würden und ihre Andacht verrichten; und da sie gebetet haben, sind sie zu den Krämern gegangen, die dort stehen, und haben Kerzen gekauft, jeder nach seinem Vermögen, und haben sie dort aufgesteckt; dann haben sie am heißen Mittag im Grase ihre Speise genossen, und nun sind sie den Berg wieder hinabgekommen, und schnelle trug sie das Schifflein den Strom hinab, während die Sonne auch hinunterzog. Einer steigt früher, der andre später ans Land, und alle, die beisammen so fromm der Maie singend folgten, sind in der Nacht nicht mehr beisammen, und wenn der Vater seinen Kindern ein Heiligtum mitbringen kann und so Frömmigkeit erweckt, dann kehrt er freudig von der Wallfahrt zurück; die Gabe mag gering sein im allgemeinen Wert der Dinge, so ist sie doch groß für die Betrachtung, und ein Samenkorn, das der Wind verweht, kann die Mutter eines ganzen Waldes sein.« So sprach er noch lange in rührender Vertraulichkeit mit mir, und da ich ihn nach der Hütte zurückbegleitete, zitterte er sehr, so daß ich wohl fühlte, er werde nicht mehr lange mit mir sein.

Siegmund kam den folgenden Tag herauf, und mein Vater bat ihn, ihm den Pater Anton vom Schlosse zu schicken und auch seine Mutter zu ihm zu bitten, denn Siegmunds Vater hatte den jüngern Sohn Albrecht zu einem Vetter in Schwaben begleitet. Da Siegmund zurückeilte, stand ich am Fenster und weinte sehr. Mein Vater, der in seinem Lehnstuhle saß, hatte seinen Lieblingsfalken auf der Hand und sagte freundlich zu ihm: »Willst du wieder in Freiheit, Kilian, wenn ich tot bin?« Da er mich weinen hörte, sagte er: »Was weinst du, mein Kind?« Da sagte ich ihm: »Da ich Siegmund hinabgehen sah, mußte ich weinen, daß er bald mein einziger Trost sein wird außer Gott.« Da sprach er zu mir: »Und einst wird Gott dein einziger Trost sein, wie er jetzt meiner ist, da ich dich verlassen muß; aber ich will Gott im Himmel für dich bitten, daß es dir auf Erden wohl geht, bis du zu mir kommst, meine Tochter.« Dann kniete er dort an dem Altar nieder und betete und war so schwach, daß er sein Haupt auf den Altar legte, ich kniete neben ihm, und der Falke saß traurig auf der Stange. Dann sagte er: »Sieh, ob der Pater Anton bald kömmt; ich fühle, meine Stunde naht sich.« Da sah ich den Pater in seinem geistlichen Gewand und mit der Monstranz in das Schifflein steigen, Siegmund trug das Kreuz, und seine Mutter hatte eine Kerze in der Hand; auch waren noch die alten Knappen des Ritters mit Fackeln bei ihnen. Da sprach ich: »O lieber Vater, sie bringen unsern Herrgott.« Da küßte mich der Vater und sah mich mit großer Liebe an. Der Zug kam langsam den Berg herauf, und da sie vor der Hütte standen, ging ich heraus zu Siegmund und seiner Mutter, die war sehr traurig und küßte mich; der Pater Anton ging zum Vater hinein und hörte ihn Beicht und gab ihm das Abendmahl, und wir standen draus und beteten. Dann kam der Pater Anton und rief mich und Siegmund und seine Mutter herein. Wir knieten um seinen Stuhl, und er sprach zu Siegmunds Mutter: »O gnädige Frau, wir werden bald zusammensein, nehmt Euch meines Kindes an; Siegmund liebt meine Tochter, sie verdient es. O mein gutes Kind, ich befehle dich Gott; o komme bald zu mir, wenn dir es auf Erden nicht gut ist.« Da weinten wir alle sehr, und Siegmund nahm meine Hand und sagte: »Mutter, segnet uns! Vater, segnet uns!« Da gab er uns den Segen und Siegmunds Mutter auch. Dann wollte er in den Sonnenschein getragen sein. Siegmund und ich trugen ihn auf seinem Sessel hinaus in das Freie. Da standen die alten Diener des Ritters mit den Fackeln im Kreise um ihn und reichten ihm die Hände. Siegmund brachte ihm seinen Falken, der saß hinter ihm auf der Lehne seines Sessels. So saß der gute Vater noch einige Minuten und sprach: »O Gott, ich danke dir für das schöne Leben, ich danke dir für mein schönes liebes Kind, ich danke dir für den schönen Tod.« Da starb er, Siegmund und ich hatten seine Hände, es war freundlicher Sonnenschein, die Vögel sangen in dem Walde, und der Falke stieg wie ein Pfeil in die Höhe.

Siegmund und seine Mutter nahmen mich nun mit nach dem Schlosse und trösteten mich mit vielen freundlichen Worten, besonders Siegmund; der war seit meines Vaters Tod viel ernster und fester geworden, er sah nun seine Liebe zu mir als meine einzige Hülfe an und als alles, was ich in der Welt zu hoffen hatte. So wollte er dann auch mein Schicksal so freundlich machen, als in seinen Kräften stand, und strebte immer mehr, wie er mir gütig und treu erscheinen sollte. Mein Vater ward den folgenden Tag neben meine Mutter ins Kloster begraben. Siegmund und seine Mutter gingen mit zur Leiche, mich aber ließen sie nicht mitgehen, damit ich nicht so traurig sein möchte. Ich blieb also auf dem Schlosse zurück, und wie sie aus dem Tor hinauszogen, stieg ich auf den höchsten Turm des Schlosses. Sieh, es ist dort jener weiße Turm, worauf das Bäumchen steht. Ich sahe mich rings in der Gegend um und empfand vieles, das ich vorher nie empfunden hatte. Wie Siegmund mit seiner Mutter in das Schifflein stiegen, da erinnerte ich mich, wie ich Siegmund zum erstenmal gesehen; das war, als meine Mutter starb, da saß ich vor meines Vaters Hütte und spielte ganz fröhlich und verstand das Leid der andern Menschen nicht; da sah ich ihn auch in demselben Schifflein überfahren: »Ach, wie viel Jahre sind schon hin, jetzt bin ich auch schon unter den erwachsenen Leuten, die den Schmerz wohl verstehen, wenn ein lieber Freund von ihnen scheidet. Wie oft ist der Frühling vergangen, seit ich lebe, und ich kann mich kaum eines einzelnen Frühlings erinnern; ich weiß nur, daß es der Frühling war, wenn die Bäume blühten und die Welt freudig ward. O weh, jetzt spiele ich nicht mehr vor meines Vater Hütte, hier stehe ich und bin allein und kann weinen, ach, wie bitter weinen. O, wo wird mein guter Vater hingetragen, wo geht alle das Leben hin, wohin alle die Lust?« So war ich gar traurig und hatte ganz die Hoffnung verloren; ich sah, wie Siegmund mit seiner Mutter den Berg hinanstiegen und wie die geistlichen Herrn von dem Kloster aus dem Wald in ihren weißen Kleidern heraustraten und wie sie meinen guten Vater in dem Sarge aus der Hütte heraustrugen. Ach, da streckte ich wohl die Arme gegen Himmel und weinte sehr, da hörte ich sie auch ihre heiligen Lieder noch lange im Wald singen. Es war Abend und still, die Sonne ging unter, im Tal war es schon dunkel, nur über unsrer Hütte und dem Walde lag noch der helle Schein. Da dachte ich wohl, wie mein Vater mit mir gesprochen hatte, da die Wallfahrt den Main hinabfuhr, und wie er des Menschen Leben mit der Wallfahrt verglichen hatte, und wie er zu mir gesagt hatte: »Der geht gern von der Wallfahrt nach Hause, der seinen Kindern eine fromme Gabe mitbringen konnte«; und als ich gedachte, wie er so ruhig und freundlich gestorben war, da warf ich auch einen Blick zurück auf die Heiligtümer, die er mir zurückgelassen hatte; ich wiederholte in mir sein Andenken und die sanfte fromme Unterweisung, die er immer gegeben hatte, sah lang in mein Herz zurück und fühlte mich ruhig und mild. Dann wandte ich meine Blicke ringsum über Berg und Tal, wie der Wald grünte und still stand, wie sich die Wiesen sanft hinabsenkten und mit den gefurchten Äckern abwechselten. Zum Himmel stiegen meine Blicke ruhig aufwärts und gleiteten an dem Fluge ziehender Vögel wieder nieder zum Main, in dem die Wolken nochmal zu ziehen schienen; dann blickte ich zwischen den Türmen hinab in den einsamen Burghof, wo ein alter Knappe den Hollunderbusch an dem Fenster seiner Kammer beschnitt und ein lustig Lied sang; auf dem Dache trieben die Tauben girrend in den letzten Strahlen einander herum, und war es schon dunkel, und die ewige Lampe der Burgkapelle sah heller durch das hohe Fenster, und alles das sah ich mit gleicher Ruhe und stiller Liebe an. Es war mir nicht, als sei mein Vater gestorben; ich konnte an ihn denken, als sei er immer zugegen, nur sehe ich ihn nicht, aber ich höre ihn singen und arbeiten. Zu dieser Stunde kam ein großer inniger Glaube an die Güte Gottes und die Ewigkeit des Lebens in mich; alles, was mir der gute Vater in kurzen Sprüchen und Winken gesagt hatte, sah ich ausgeführt in seinem Leben, und sein Leben fand ich wieder über der ganzen ruhigen Gegend schweben, aus der mir mein eignes Herz wie eine freundliche Blume entgegensah. O, da fühlte ich deutlich, was mir mein guter Vater von der Wallfahrt mitgebracht hatte; er hatte mir das Leben gegeben, die freundliche gesunde Gestalt meines Leibes, das ruhige schlagende Herz in der Brust und die stille betrachtende Seele hat er mir gegeben, denn er hat mir die Schönheit und den innern Frieden der Natur durch sein stilles frommes Dasein in Geschäft und Andacht näher ans Herz gelegt, daß ich ruhig in sie verwachsen konnte, daß keine Sehnsucht mich wild hinausriß, daß gleich vor meinem Auge Gott mit der Liebe stand und mir mit milder Strenge ins Herz sah, das rein und züchtig wie die Kammer einer frommen Jungfrau aufgeschmückt war. O guter Vater, dachte ich da, du warst ein Bote Gottes, der ihn in einer unschuldigen Seele verherrlichen sollte; Gott sprach zu dir: Gehe hin und baue mir eine Kirche auf der Erde, daß ich deutlicher und verständlicher meinen Kindern, den Menschen, werden möge, dann will ich sehen, ob du meiner Liebe näher zurückkehrst. Und da hat der gute Vater mich zurückgelassen als das Zeichen des vollendeten Werks und ist wieder zurück zu Gott gegangen; sein Leben aber auf Erden hat nicht aufgehört, es ist in meiner Seele, und ich will es ruhig fortbauen, ich will fromm und tugendhaft sein, daß er nimmer sterbe; und wenn Gott auch mich einst zu sich nimmt, o, dann bleibe auch mir ewig ein Leben zurück, ein Ebenbild Gottes und ein Spiegel des freudigen segensvollen Strahls, der aus dem Glanze des Himmels zur Erde niederfällt und sich im Glauben entzündet.

Da ich mich so meinen Gedanken überlassen hatte, hörte ich das Glöckchen im Kloster läuten, das Zeichen, daß mein Vater begraben war. Der Gedanke, ihn nicht wiederzusehen, wollte mich wieder schmerzlich fassen, als Kilian, sein Falke, der bei seinem Tode weggeflogen war, plötzlich neben mich niederflog und sich sehr freundlich gegen mich bezeugte. »Guter treuer Kilian«, sagte ich, »bist du auch mit zu Grabe gewesen? Du sollst mich nun nicht mehr verlassen und immer bei mir bleiben«; und daß mich der gute Vogel wiedergefunden hatte, war mir ein gar großer Trost; ich streichelte ihn und nahm ihn auf die Hand, indem ich die Treppe des Turms hinabstieg. Da ich auf den Vorsaal gekommen war, begegnete mir der alte Knappe, den ich im Burghofe hatte singen hören; er wollte zu mir heraufkommen. Da er mich sah, sprach er: »Verlangt Ihr etwas, Jungfrau? Ich glaubte, Ihr hättet mich gerufen, wir sind allein auf dem Schlosse.« Da er aber den Falken erblickte, sprach er: »O, Ihr habet wohl nur mit meinem Paten gesprochen. Ich heiße auch Kilian, und Euer seliger Vater hat diesen Falken aus guter Freundschaft nach mir benannt, und es ist ihm auch gut angeschlagen; es ist der edelste Falke im Land.« Dann nahm er den Falken und liebkoste ihn sehr und hatte viel Freude mit ihm. »Liebe Jungfrau«, sprach er weiter, »ich habe Euch gar klein gesehen, da Ihr noch nicht lange auf der

Welt wart, nun hat sich viel verändert. Wenn Ihr wollt mit mir hinab in meine Kammer kommen, bis Herr Siegmund und die Hausfrau zurückkommen, so tut Ihr mir eine Freude. Die Zeit wird uns beiden vergehn, und Eure Traurigkeit wird nicht so bitter sein in meiner Gesellschaft, denn ich war ein gar guter Freund Eures seligen Vaters, und es ist tröstlich, die Tugenden der Menschen zu betrachten, die nun ihren Lohn schon empfangen.« Ich ging dann mit ihm hinab in sein Stübchen, das dicht neben der Schloßkapelle war, denn er war mir mit seinem ehrlichen Gesicht und seinen ehrwürdigen weißen Haaren gar ehrwürdig. Wie er so langsam vor mir her ging, sprach er immer vertraulich mit dem Falken: »Ja, Kilian«, sagte er, »ich bin auch ein Kilian, kann aber nicht fliegen, bei mir geht es gar langsam, es wird auch mit dir so kommen, drum sei hübsch tugendhaft, daß man dir eine Stange aufsteckt und die Speise nahstellt, wenn es mit den Flügeln nicht mehr recht will.« Dabei war er gar lustig und freundlich, und ich hörte ihm gerne zu, wie er so kindisch seine Freude hatte. In seiner kleinen Stube war es sehr ordentlich und traulich. »Seht, Jungfrau«, sprach er, »da wohne ich und habe Gott recht zur Hand, daneben ist die Kapelle. Es ist etwas Armseliges um einen alten Mann ohne Frau und Kind, und wenn er sich nicht recht zu Gott hält, ist er verlassen.« Da setzte ich mich zu ihm, und er erzählte mir lang von meinem Vater und seiner Freundschaft mit ihm, und daß er meine Mutter, ehe sie verheuratet gewesen sei, auch geliebt habe, und mein Vater und er darum lange entzweit gewesen seien. »Es tat uns beiden herzlich leid, aber ich konnte im Anfange ihn doch nicht gut mit Eurer Mutter sehn; es tat mir immer sehr weh, daß ich nicht auch so ein frommes Weib finden konnte; ich habe mich immer darnach umgesehn, aber es wollte mir nicht einschlagen; drum habe ich mich dann so in Ehren auch fortgebracht und mich für manchen Herrn derb schlagen lassen; um die verzweifelten Gedanken zu verlieren. Wenn mich der Flug durch Franken brachte, ging ich zu Eures Vaters Hütte und grüßte ihn. Da war ich auch einmal gekommen und hörte Euch schon laut weinen, als ich die Hütte noch nicht sah; das war wenige Tage nach Eurer Geburt. Ein Jahr drauf kam ich wieder zu Eurem Vater, da wart Ihr schon ein artiges Kind und konntet das Paternoster sprechen. Ich brachte Eurem Vater da einen Falken mit, von dem hier der edle Kilian abstammt. Euer Vater hatte große Freude über die edle Art des Falken, den hatte ich in Cypern von einem Jäger gekauft, und will Euch erzählen, was dies für ein Jäger war, und welche wundersame Geschichte er mir von dem Falken sagte. Aber zuerst muß ich Euch zeigen, was mir Euer seliger Vater für meinen Falken geschenkt hat.« Da holte der alte Kilian einen schönen Vogelbauer von der Wand, der sehr künstlich von Paternosterkörnern zusammengesetzt war, in welchem ein ausgestopfter bunter Sittich saß, und da er ihn mit einem lächelnden Gesicht auf den Tisch gesetzt hatte, rückte er das Licht näher zu ihm hin und sagte: »Nun, mein Kind, kennst du den Sittich noch?« Ich sah den Vogel mit großer Aufmerksamkeit an, und es war mir, als hätte ich ihn in früher Jugend gesehn; auch erinnerte ich mich oft meiner Mutter, wie sie mir einen schönen Vogel, der sprechen konnte, zeigte. »Nun seht Ihr, Jungfrau«, sagte da der alte Kilian, »wie Ihr vergeßlich seid; Ihr erkennet Euren eignen Lehrmeister nicht mehr und Euren treusten Gespielen; von diesem Sittich habt Ihr doch das Paternoster gelernt und den Englischen Gruß, welches er Euch gar artig vorsprechen konnte; darum hat man ihm auch ein so frommes Haus erbaut, weil er ein so frommer Sittich war. Es hatte ihn der Bruder Eberhard, Euer Oheim, ein frommer Mönch, mitsamt dem künstlichen Vogelbauer, aus dem heiligen Land gebracht und Eurem Vater geschenkt.« Nun erinnerte ich mich des Vogels, und wie ich ihm das Paternoster nachgesprochen, und auch der alte Kilian ward mir bekannter; ich erinnerte mich, wie er den Sittich wegtrug und ich heftig um ihn weinte. »Ja«, sagte der Alte, »seht, das ist Euer Schulmeister gewesen, und als er starb, habe ich ihn ausgestopft und ihn immer noch mit Freuden betrachtet, denn er hatte ordentlich Menschenverstand.« Der Vogelbauer aber war besonders sinnreich und von schönem wohlriechendem Holze, das Gitter bestand aus eingereihten Rosenkranzkörnern, oben auf dem Dache stand die Dreifaltigkeit ausgeschnitzt und die Worte: »Vater unser, der du bist im Himmel, geheiligt werde dein Nam.« Auf dem Ringlein, worauf sich der Sittich schaukelte, stand: »Zukomme uns dein Reich, dein Will geschehe im Himmel, also auch auf Erden.« Auf dem Tröglein stand: »Unser täglich Brot gib uns heut«, auf dem Türlein: »Führe uns nicht in Versuchung«, und so war alles gar schicklich angebracht. »Seht«, sagte Kilian, »an diesem Vogelbauer kann man lernen, was jegliches bedeutet, und kann man, wenn man die Gaben hat, das ganze Leben betrachten. Dieses herrliche Kunststück schenkte mir also Euer seliger Vater für den Falken, und Ihr mögt also wohl erwägen, was es für ein vortrefflicher Falke war. Da ich das nächste Mal wieder zu Euch kam, war Eure Mutter tot, und ich hab mit Eurem Vater herzlich um sie getrauert. Ich war auch des Herumstreichens müde, und einige Wunden, die ich davongetragen hatte, zwangen mich, mit dem Leben Rat zu halten: so kam ich dann durch Fürsprache Eures Vaters hierher aufs Schloß, wo ich der alte Haushüter geworden bin; meine Wege gehn nicht weit, und wo keiner zu raten weiß, fällt mir was ein, denn ich habe mancherlei gesehen und kanns brauchen.«

So sprach der alte Kilian noch lang mit mir, und ich gewann ihn sehr lieb. Auch setzte ich ein festes Vertrauen auf ihn und nahm mir vor, ihn in Zukunft immer um Rat zu fragen. Wenn ich gleich Siegmund hatte, so war Siegmund doch nicht so ruhig und erfahren wie er, und es war mir gar tröstlich, mit diesem treuen Mann, der meine Mutter so ehrlich geliebt und mich schon so früh gekannt, in vertraulicher Freundschaft zu leben; ich vermißte so den Vater nicht und konnte vieles von der Welt durch ihn erfahren, denn er war weit herumgekommen, überall geliebt worden und hatte alles, was er gesehen, mit treuen Augen aufgefaßt und gut behalten. Ich sagte ihm auch das und sprach: »Lieber Kilian, ich will nun Euer Töchterlein sein; habt Ihr meine Mutter so treulich geliebt, so will ich Euch das vergelten; Ihr sollt in Euren alten Tagen nicht ohne Liebe sein, drum will ich Euch ein gehorsam Kind sein und Euch erfreuen.« Das tat dem alten Mann gar wohl, und nahm er meine Hand und sagte: »O liebe Jungfrau, tut das nicht, denn ich werde bald sterben, und das täte uns leid, voneinander zu scheiden.« Da sprach ich zu ihm: »Das ist schon getan, ich bin Euch schon hold und halt es Euch treulich, wie Ihr meiner Mutter die Liebe gehalten habt.« »Nun, so will ich es noch einmal im Leben versuchen, dacht ich doch, mit mir spinne sich nichts mehr zusammen, und es gehe nun so gradezu ins andre Leben; seid mir dann herzlich willkommen, mein liebes Töchterlein! So bleibt mir dann meine große Treu zu Eurer Mutter nicht unbelohnt, und soll ich mich noch am Ende des Lebens so glücklich sehn.« Dabei ward er so froh, daß er Tränen vergoß, und erzählte mir in seiner Fröhlichkeit noch allerlei Geschichten, bis Siegmund und seine Mutter zurückkamen, die mich in vertraulichem Gespräch neben ihm sitzen fanden. Siegmund freute sich über uns, daß wir uns gefunden hatten, und da ich in den letzten Nächten nicht viel Ruhe gehabt hatte, gingen wir jedes nach seinem Kämmerlein. Meine Stube war über Kilians Wohnung, ich hörte ihn noch lange mit dem Falken plaudern, und dann sang er ein Schlaflied, worüber ich einschlief.

Während meine Mutter so erzählte, hatte ich immer die Augen auf sie gerichtet. Sie blickte nicht nach mir, sondern sah immer zum Fenster hinaus nach den Bergen oder wendete die Augen auf die kleine Stube. Ich saß an der Erde und hatte die Hände auf ihren Knien gefalten; sie saß am Fenster, auf den einen Arm gelehnt, und ihre andre Hand legte sie auf meinen Kopf und spielte mit meinen Haaren. Mannichmal ward ihr Anblick mir gar rührend, dann guckte ich an die Erde und weinte still, bis ihre Worte bald freundlicher wurden und ich wieder nach ihr hinsah; da hatte ich noch oft nasse Augen, wenn sie schon wieder lächelte, und ich saß da in einer sehr wunderbarlichen Bewegung, die mir unvergeßlich ist. Daher kömmt es auch, daß ich alles, was sie sprach, noch so deutlich erzählen kann, und wenn ich es erzähle, ist es mir immer noch wie damals. Es war auch nicht wie die Erzählung eines andern Menschen; es war, als träumte ich das alles, und wie ich so immer mit ihr bewegt wurde und sie immer ruhig fortsprach und es in der Hütte so still war, der Wald säuselte und wenige Vögel sangen, da hatte ich ganz vergessen, daß ich der kleine Johannes war. Ich habe auch nachmals bedacht, wie ich während der Erzählung meiner lieben Mutter ein ganzes neues Leben anfing; es gingen mir viele Sinne auf, ich ward mit der ganzen Welt vereiniget, und der andern Menschen Freude und Leiden ward nachher das meinige; auch ward mein Gebet in der Folge kräftiger und frommer, denn ich dachte dabei an meinen Großvater, an Siegmund, an den alten Kilian und an den getreuen Falken Kilian; ja alles, was ich von andrer Leben gehört hatte, war gleichsam das meinige geworden und betete mit mir.

Meine Mutter hatte immerfort gesprochen, da sie aber bemerkte, daß ich ein Stückchen Brot hervorzog und heimlich davon aß, um sie nicht zu unterbrechen, so hörte sie auf zu erzählen und sprach zu mir: »Lieber Johannes, ich merke wohl an dir, daß es Essens Zeit ist. Laß uns hinaus ins Freie gehen und unser Mittagsbrot essen, damit die Vöglein sich der Brosamen erfreuen können, die wir fallen lassen.« Da ging ich mit ihr, und wir setzten uns auf der andern Seite der Hütte in einen kleinen verwilderten Garten an einem Steine hin. Meine Mutter sah auf die andere Seite des Steines und sprach: »Es ist schon elf Uhr vorbei.« Ich verwunderte mich darüber, wie sie dies an dem Steine sehen könne, und da erklärte sie mir dies also: »Sieh da an diesem Steine die zwölf Striche, das bedeutet die zwölf Stunden des Tages, und das Eisen in der Mitte ist der

Zeiger. Wenn die Schatten der Bäume lang sind, da ist es bald Abend,
und wenn sie ganz kurz sind, da ist es Mittag; so ist es auch hier mit diesem Zeiger, der gleichsam ein kleiner Baum ist, und zu welcher Zahl sein
Schatten hinfällt, das ist die Zahl der Stunde.« Ich verwunderte mich
darüber und fragte meine Mutter, was das Kreuzlein bedeute, das an der
einen Zahl geschrieben stand, und wer den Stein gemacht habe.

  Da sagte meine Mutter: »An diesem Kreuzlein habe ich mich oft erfreut, wenn ich es sonst angesehen habe, und nun macht es mich gar
traurig. Sieh, den Stein hat der alte Kilian gemacht; wenn er vom Schloß
herüberkam zu meinem Vater, da hat er sich immer daher an den Stein
gesetzt und dran gemeißelt, bis das Werk fertig war; in der letzten Zeit,
da er Alters halber nicht mehr gut herüber konnte, hat er hier die
zwölfte Stunde gemacht, und sieh, da stehen noch einige Buchstaben,
das heißt: Lebewohl. Da nahm er Abschied und kam hernach nicht
mehr herüber. Das Kreuzlein aber hat Siegmund gemacht, es ist bei der
Stunden Zahl, in der er mich immer besuchte. Da ich aber einmal krank
war, ist er hier an den Stein gegangen und hat hier gebetet für mich und
hat das Kreuzlein zu einem Gedenken an diese Stunde eingehauen.«
»Wo ist dann Siegmund, liebe Mutter?« »O, der ist vielleicht im Himmel. Alles, was wir lieben, ist im Himmel.« »Mutter«, sprach ich, »so
will ich dich recht lieben, daß du in Himmel kömmst und ich auch.«
Und da ward es wieder still bei uns, und wir aßen das Brot und Fleisch,
das die Mutter in ihrem Korbe mitgebracht hatte. Da sie aber hinging,
Wasser in einem kleinen Kruge zu holen, der noch in meines Großvaters
Hütte stand, nahm ich ein Messer und grub ein Kreuzlein an die Stundenzahl, an der der Schatten stand, zu einem Gedenken dieses Tages,
der mir der erste merkwürdige meines Lebens gewesen. Da das Kreuzlein fertig war, welches ich mit vieler innern Bewegung gemacht, wunderte ich mich sehr über dasselbe und konnte nicht recht begreifen, wie
es nun dastand, wo sonst kein Kreuzlein war; und wenn ich viele Jahre
nachher aufschrieb, was mir begegnet war, so mußte ich mannichmal
zwischen die Worte ein solches Kreuzlein machen, denn ich empfand
etwas, was ich nicht schreiben konnte.

  Da wir unser Mittagbrot verzehrt hatten, so streuten wir die Brosamen umher für die Vögel und rüsteten uns zum Rückwege; ich bat
meine Mutter, mir noch mehr von Siegmund und dem alten Kilian zu erzählen, aber sie verschob es auf ein andermal, denn wir hatten noch zwei

Stunden nach Haus. Sie verschloß die Türen der Hütte, und wir gingen wieder stille durch den Wald. Wir waren beide traurig, aus der Hütte zu gehen, und redeten wenig. Da ich wieder in unsre Stube trat, sah ich mich um, ob auch alles noch stehe und liege wie am Morgen; ich glaubte, alles müßte sich verwandelt haben, so sehr schien ich mir selbst verändert; aber es war wieder wie vorher, und da ich abends im Bette lag, da spann meine Mutter wieder still vor sich hin und sang wie gestern:

> Gott wolle uns vereinen,
> Hier spinn ich so allein,
> Solang der Mond mag scheinen.
> Ich sing und möchte weinen.

Aber ich glaubte nun mehr zu begreifen, was sie so traurig wünschte, und betete stillschweigend für sie, bis ich entschlief...

»O lieber Johannes«, sprach da mein gnädiger Herr Ritter, der mir aufmerksam zugehört hatte, »ich verstehe recht gut, wie deine gute Mutter so traurig sang, und es kömmt mir dabei ins Gedächtnis, daß ich auch wohl oft so hätte singen mögen, wenn ich gleich ein Mann bin. Doch du hast mir schon vieles gelesen, und ich bitte dich nun, auszuruhen, deine Mutter sagte ja auch: Bis zu einem andernmal. Ich habe mich recht an deinen Worten ergötzt und bin auch lustiger durch sie geworden, auch will ich, daß du meinen Kindern das noch einmal wiederholest, damit sie in Zukunft mit zuhören können.« »O Herr Ritter«, sprach ich da, »wie erfreuet es mich, daß das, was ich getan, ehe ich Euer Diener war, mir schon Eure Gunst erwirbt. Gott gebe seinen Segen für meine zukünftigen Werke.«

Da ich diese Worte geredet, sah ich vier Jungfrauen den Baumgang zierlich gekleidet und mit züchtigen Gebärden heraufgehen und sagte es dem Herrn Ritter, wollte mich auch zurückziehen, um ihn in seiner Gesellschaft nicht zu stören. Der Ritter aber sprach: »Bleibe da, Johannes, es sind meine lieben Kinder, und ich will euch bekannt miteinander machen.« Ich aber war in mir besorgt und fühlte eine Scheu vor ihnen, denn ich hatte vorher nie mit solchen zierlichen Jungfrauen geredet, als wenn ich einen Zehrpfennig begehrte. Auch muß ich wohl bekennen, daß ich sehr beweget ward, wie ich die Jungfrauen durch den Lindengang her-

anwandeln sah. Ich habe auch nachmals dieses meinem Herrn Ritter erzählet, da wir schon so bekannt miteinander waren, daß in unsern Gesprächen keine Heimlichkeit mehr bleiben konnte. Ich sagte aber zu
ihm, daß nichts ehrwürdiger und heiliger auf Erden erscheinen könne
als ein züchtige, schöne und fromme Jungfrau, ja daß sie mir ehrwürdiger und rührender erscheine als das Alter selbsten. Das habe ich aber zuerst empfunden, da ich des Ritters Töchter erblickte, welche gleich glänzenden Engeln durch die grünen Gebüsche schritten; und war unter den
vier Jungfrauen immer eine lieblicher als die andere, doch ohne daß sie
hätten einander übertreffen können.

Sie neigten sich züchtig und freundlich vor meinem Herrn und grüß-
ten dann auch mich sehr liebreich. Der Ritter aber sprach zu ihnen: »Se-
het, das ist Johannes, mein Schreiber, ein frommer Schüler, den ich gestern auf der Straße gefunden und mitgenommen habe, daß er uns aus allerlei Geschichten zu nützlicher Ergötzung vorlese und auch meine
liebe Kinder im Lesen, Schreiben und allen Künsten unterrichte, die er
besitzet; und wollet ihn lieben und ehren wie euren Bruder, ich will ihn
lieben und schützen als einen Sohn.« Da richteten die Jungfrauen ihre
hellen Augen freundlich auf mich, und ich kniete nieder und sprach
recht aus bebendem Herzen: »Fromme Jungfrauen, ich bin ein armer
fahrender Schüler, habe auch auf Erden kein Eigentum, auch ist Vater
und Mutter bei Gott, kein Bruder und keine Schwester ist mir geboren,
die Welt war mir einsam und ein Tempel des gütigen Gottes, in dem ich
betete wie ein fremder, ewig wandlender Pilger, der seine Heimat auf
Erden nicht finden konnte; aber Gott hat mich erhöret, und wie ich auf
meinen Knien flehte, da hat er meinen gnädigen Herrn, euren Vater, zu
mir gesendet, der hat mich in die Arme geschlossen als seinen Sohn, und
da seid auch ihr freundlich vor mir erschienen und wollt meine liebe
Schwestern sein; so seid dann geduldig und mitleidig mit der Armut,
und lasset uns alle den lieben Gott bitten, daß wir uns lieben wie seine
Kinder.« So habe ich da gesprochen, und sind mir die Tränen über die
Wangen geflossen.

Zuerst aber trat die größte von den Jungfrauen zu mir und hob mich
freundlich auf mit den Worten: »O Johannes, du gleichest mir wohl;
auch ich bin einsam auf Erden und eine Waise und habe an deinem
Herrn einen Vater gefunden wie du.« Sie war vor den andern drei Jungfrauen sehr ausgezeichnet, nicht durch Schönheit, sondern durch ihr

schwarzes Haar und Augen und eine angenehme Kühnheit aller Gebärden. Die zweite Jungfrau, welche langes blondes Haar hatte, nahte sich
mir dann auch mit züchtigem Schritt und reichte mir ihren Rosenkranz
zum Geschenke dar, indem sie mit ihrer andern Hand das weiße Schleierlein, das über ihrem Angesicht hing, leise aufhob und mich gar holdselig anblickte; aber sie hat nicht zu mir gesprochen. Ich hängte ihr Geschenk an meinen Gürtel und dankte ihr höflich.

Da trat die andre Jungfrau zu mir, neigte sich und reichte mir ihre
Hand, an der sie ein goldnes Ringlein trug und sprach: »Willkommen,
lieber Bruder« und lächelte. Ich grüßte sie höflich wieder, und alle lä-
chelten, die zugegen waren, weil wir uns die Hände so munter schüttel-
ten, als hätten wir schon viel Brot miteinander gegessen. Sie hatte ein
hübsches seidnes Gewand an, und ihre Haare waren zierlich geflochten
und mit farbigen Bändern durchzogen, auch war sie die fröhlichste unter allen.

Die vierte Jungfrau hatte aber auf das, was die andern getan, nicht geachtet; sie stand allein an einem Baum und schien gar traurig zu sein. Sie
hatte Sternblümlein in der Hand und riß ihnen die Blätter aus mit einer
großen Schwermut des Herzens. Ich ging darum zu ihr hin und wollte
mir auch von ihr einen freundlichen Willkomm ausbitten, aber da ich ihr
näher kam und ihr sagte: »Liebe Schwester, was betrübet Euch?«, da
hatte sie das letzte Blättlein der Sternblumen ausgerissen und sprach mit
wehmütiger Stimme zu sich selbst: »Ach, er kömmt wieder und liebt
mich nicht.« Sie hob die Augen gegen mich auf, und da sie mich an-
blickte und ich sie wieder fragte: »Jungfräulein, was betrübet Euch?«,
da stiegen ihr die Tränen in ihre großen Augen, und hielt sie die Hand
vor das Angesicht und reichte mir mit der andern Hand die Stengel der
Sternblümlein dar, an denen keine Blätter mehr waren. Ich nahm ihr die
Blumen ab und dankte ihr, da sprach sie: »Lieber, ich habe sie in Gedanken zerrupft; ich will dir andere brechen.« Da bückte sie sich zur Erden
und wollte andere brechen, aber ihr Ringlein fiel ihr von dem Finger in
das Gras. Da suchten wir alle um das Ringlein und konnten es nicht finden, worüber sie immer noch betrübter ward. Endlich fand ich den Ring
wieder und gab ihn ihr zurück; da dankte sie mir und sprach zu den andern Jungfrauen: »Mir steht groß Leid bevor, ich habe einen traurigen
Traum gehabt, und viel heimlicher Schmerz und Sorge zehren an mir.
Vorigen Mai, nun ist es ein Jahr, da ich dies Ringlein erhielt, da war es

mir viel zu enge und schmerzte mich, aber nun fällt es mir von der Hand.
Ach, es steht keine Treue auf Erden fest.« Da weinte sie wieder, und die
andern Jungfräulein trösteten sie und vor allen jene, welche mich von
der Erde aufgehoben hatte. Die sprach zu ihr: »Liebe, Treue steht wohl
fest, das Ringlein ändert sich nicht, aber deine Hand hat sich verwandelt; könntest du das Ringlein in dein treues Herz verschließen, so wäre
es wohl verwahret. Ich habe mir den Frühling zu meinem Liebsten erwählt, der bleibt ewig treu und kehrt immer liebevoll zur Erde zurück,
und die Tautröpflein sind die Freudentränen des Wiedersehens. O
weine nicht bei so fröhlicher Zeit.«

Da sie also gesprochen hatte, läutete man zur Messe in dem Münster,
und die Jungfrau mit dem Schleierlein sprach zu der betrübten: »Laß
uns zur Kirche gehen und Gott bitten, daß er dir Frieden sende«; und
gingen also die vier Jungfräulein von uns hinweg zur Kirche.

Der alte Ritter hatte währenddem immer zugesehen und sich an den
Worten seiner Kinder ergötzet und fragte mich nun: »Johannes, wie gefallen dir meine Kinder?« »Herr«, sagte ich, »ich bin nicht so kühn, über
die Holdseligkeit dieser Jungfrauen auszusprechen; ich kann auch heute
nicht wohl sagen, wie mir der Mai gefällt und wie mir mein neues glück-
liches Leben gefällt, denn ich bin allzusehr in Freuden gefangen, und hat
die innre Bewegung meiner Seele gleichsam meinen Gedanken und
Worten Feßlen angelegt.« Da sprach der Herr wieder: »Johannes, ich
glaube, meine Kinder gefallen dir nicht wohl, weil du nicht reden
willst«, und ich erwiderte: »O gnädiger Herr, wie verdiene ich solches
Vertrauen; es ist wahrlich nicht, als erschienen mir Eure Töchter nicht
alle lieblich und fromm, aber es ist mir wohl oft schon so auf meinen
Wanderungen ergangen; wenn ich durch die Städte und Dörfer hinzog
und um das liebe Brot sang, und es trat eine schöne Jungfrau an die Türe
und reichte mir eine milde Gabe und bat mich, ich sollte ihr noch eins
singen, da konnte ich auch keinen Ton mehr vorbringen und sprach:
›Ich will Euch in mein Gebet einschließen.‹ Wenn ich dann wieder
durch die grünen Felder und Wälder hinschritt und der liebe blaue Himmel über mir lag und tausend Vögelein lustig um mich sangen, da setzte
ich mich in die Büsche und verzehrte singend mein Mittagbrot oder
kniete in einer einsamen Waldkapelle und betete für die Mitleidigen, die
mit mir geteilt hatten. Da habe ich oft über Gebet und Gesang nachgedacht und habe gefunden, daß Gebet und Gesang wohl Schwestern sein

mögen, die sich einander herzlich lieben und nie sich voneinander ganz trennen können; nichts aber ist mir dann herzlicher und entzückender vorgekommen, als wenn sich diese zwei Schwestern liebend umarmten.«

»Lieber Johannes«, sprach da der Ritter scherzhaft, »hast du wohl die zwei Schwestern gesehn? Sie müßten gar schön gestaltet sein und sich wunderbar freundlich und holdselig bezeigen.« Darauf antwortete ich ihm: »Wer diese zwei Töchter des Himmels recht begreifen und anschauen will, der muß sie selbst im Herzen tragen und muß selbst beten und singen können, dann erblickt er sie überall wieder und sieht, wie sie im Innersten alles Lebens wohnen; und dann fühlt man erst recht, wie die ganze Erde und alle Geschöpfe Gott loben, wie alles Leben mit seinem Wandel, seinen Freuden und Leiden nur ein heiliges Feuer ist, in dessen tausendfältig spielenden Flammen sich die Liebe des allmächtigen Gottes selbst entzündet hat. Ach, dann hört alle Einsamkeit auf Erden auf und aller Zweifel, und ist einem frommen Menschen das Leben recht wie der heilige Tempel zu Jerusalem, wenn um das heilige Grab des Herrn Jesus Christus tausend Pilger aus allen Weltgegenden zusammenströmen und nur eine einzige Stimme in vielen verschiedenen Sprachen zu Gottes Lobe erheben. Aber nicht in allen Menschen, nicht in allen Geschöpfen ist die Andacht dieselbe, und hat auch jedes Wesen seine eigne Art, welche es immer zu erhöhen und zu verschönern sucht, um dem Tempel Gottes eine Zierde zu werden. Der Mensch aber ist nach Gottes Ebenbild erschaffen, und er ist der Spiegel der ganzen Natur; nur wenn der Mensch verdirbt, verdirbt die Erde, und nur wenn der Mensch recht blüht in Tugend und Kraft der unsterblichen Seele, wird auch die Erde herrlich zu Gottes Lobe entflammen, denn er ist als Herr und Meister in den Garten gesetzt worden, daß er Rechenschaft davon gebe.« »Deine Rede gefällt mir gar wohl«, sprach da der Ritter, »aber es sind doch nicht alle Menschen gleich stark und mächtig erschaffen, und kann doch nicht ein jeder dem andern gleich sein in der Zahl der guten Werke.«

»Herr«, erwiderte ich ihm, »die Anzahl tut es nicht, denn der ist wohl frommer, dessen ganzes Leben ein einziges gutes Werk ist, als der, welcher seine Handlungen zählen kann. Wer vermag unsers Herrn Jesus Tugenden zu zählen? Ist er nicht wunderbar geboren aus unendlicher Liebe, und hat gelebt wie die Ewigkeit der Tugend, und ist gestorben, um den Tod der Sünde von uns zu nehmen? Die Ewigkeit ist ohne Zahl und Maß, und die Ewigkeit ist die Krone der Tugend; auch ist die Tat nicht die Tugend, sondern der ewige Wille, die unendliche Liebe, das lebendige göttliche Streben ist die Tugend; die Tat ist nur ein Kind der Tugend, die Tugend aber soll das ganze Leben sein, auf Erden das streitende und im Himmel das triumphierende Leben. Die Blume, die ihr künstlich im Winter erziehet, sie ist kein Kind des Frühlings und wird früher sterben, so auch die Tat ohne Leben. Nicht die Blümlein hier im Garten, die wohl zu zählen sind, sind der Frühling, nicht der freudige Mai, der nicht lange währet, ist die Herrlichkeit der Natur, nein, er ist gleichsam nur wieder eine Blume im Garten des Jahres. Die Ewigkeit der Natur, die unendliche lebendige Liebe und Allmacht Gottes, die nicht zu zählen und zu ermessen ist, sind das Wesen der Tugend; denn Gott hat gesagt, daß wir tugendhaft sind, wenn wir ihm ähnlich werden.

Ich habe einen Gärtner in Franken gekannt, der wohnte nur wenige Stunden von unserm Dorfe und war ein gar frommer und liebreicher Mann, der seine zahlreiche Familie und seinen eignen alten Vater mit seinem Garten ernährte, und wer schöne Blumen und Früchte verlangte, der kaufte sie bei ihm. Ich habe mich oft bei diesem frommen Mann aufgehalten und wohl bewundert, wie er seine Arbeit eingeteilt hatte. Er grub die Erde um mit seinen größeren Söhnen und setzte die jungen Bäume und Gewächse, seine gute Frau band die Stämme an Pfähle, um sie schlank und grad zu ziehen, und zog die Zweige zu Lauben und Hütten zusammen, seine frommen Töchter, die noch gar klein waren, pflegten die Blumen und begossen sie aus kleinen Gefäßen, und unter einem hohen starken Baume, den er einst selbst gepflanzt hatte, saß sein alter Vater unter den kleinen Kindern und band die Blumen zu Sträußern, die die erwachsene liebe Tochter zierlich geordnet hatte und dann an Festtagen nach der Stadt zum Verkaufe trug. So war eines jeden Werk ein anderes, aber alle taten doch das ihrige und waren fromm und von Gott gesegnet. Eine rechte Freude, ja auferbaulich war es anzusehn, wenn diese lieben frommen Gärtner in die Kirche gingen, sie machten ordentlich eine kleine Prozession. Sie waren alle mit Blumen geschmückt, und an Festtagen schmückte jedes Kind das Bild seines Patrons mit schönen Kränzen und Sträußern. In der Kirche erhob sich Gesang, klingend und lieblich über alle andre Stimmen, denn sie waren alle reinen Herzens und voll innigem christlichem Mut. Wenn sie zusammen im Garten arbeiteten, so war dieser auch gleichsam ein lebendiges Gotteshaus, denn sie waren da alle einig und fromm wie Kinder Gottes und sangen oft einstimmig ein fröhliches Loblied des Herrn; die Kleinen aber, die um den alten Großvater herum saßen, hörten ihm zu, wie er sie im christlichen Glauben unterrichtete und ihnen heilige Geschichten erzählte. Bei diesen Leuten habe ich am meisten Gutes gelernt und habe ihnen vieles zu danken, das wie Samenkörnlein in mein Herz gefallen und jetzt erst recht zur Blüte in mir emporgewachsen ist. Denn, lieber gnädiger Herr, man kann wohl sagen, daß die Tugend das ist, was ewig belebt und alles zum unvergänglichen Wachstum bringet; und daß das Böse den ewigen Tod in sich fasset und unaufhörlich zerstöret. Ich kann wohl sagen, in ihnen hatte sich Gesang und Gebet recht innig verbunden, denn sie waren jegliches in seinem Herzen still und demütig in kindlicher Anschauung Gottes und der wunderbaren Allmacht seiner Werke begriffen, und zugleich breitete sich ihr Gemüte freudig und gesund durch ihr Leben aus; sie konnten in allem, was sie sahen, den großen gütigen Meister der Natur verehren und anbeten, aber sie konnten auch in allem, was sie besaßen, mit recht lebendiger Fröhlichkeit sich ergötzen und es genießen. So waren sie glücklich und Gott lieb in Unschuld und ohne es zu wissen.

Nun aber gibt es fromme Menschen, welche in dem Leben wie einsame Waldblumen schweigend blühen, die aus innerm ruhigem Treiben ihr Haupt bescheiden zum Himmel erheben und in sich und um sich Gott in tiefer Einfachheit verehren; sie sind wie Bilder der ewigen Ruhe und des heiligen Friedens in das stürmende Leben gestellt, dessen wunderbarer Wechsel sie nicht berührt, sie sind gleichsam betrachtungsvolle Greise mit kindischen jugendlichen Locken und sehen nur Gott in allem und fürchten sich nicht vor ihm, er ist ihnen ein gütiger Vater, und ihr Gebet ist zu Gott, wie die Rede der kleinen Kinder zu ihren lieben Eltern, stammelnde unschuldige Freundlichkeit; sie sehen nichts als ihren Gott und wollen nichts als ihn lieben, wie auch die kleinen Kinder tun, und wie diese weinen, wenn sie allein sind, so liegen auch jene in tiefer Buße und flehen zu Gott, wenn er sich von ihnen wendet. In ihrem Herzen ist das Gebet, ihr Leben ist ein ewiges stilles Gebet, auf ihrem Angesicht ruht freundliche Begeisterung, und wir werden durch ihre Gegenwart erquickt und auferbaut.«

Während ich so redete, sah ich meinen Herrn ganz nachdenklich werden und schwieg derohalben stille, um ihn in seinen Gedanken nicht zu stören. Bald aber wendete er sich lächelnd wieder zu mir und sprach: »Ich habe über deine schönen Reden nachgedacht, denn ich kann nicht sogleich alles recht begreifen und habe dergleichen Worte nicht viel in meinem Leben gehört; aber es ist wahr, was du sprichst, und ich sehe dessen ein schönes Beispiel an meinen zwei Töchtern.« »Herr«, sprach ich da, »sind denn nicht alle diese Jungfrauen Eure Kinder?« »Nein, Johannes«, erwiderte mein Herr, »nur die mit dem Schleierlein und die mit dem weltlichen Röcklein, welche dir so munter die Hand schüttelte, sind meine Kinder; die beiden andern sind arme Waisen, von mir und meiner seligen Hausfrau zu Gottes Ehre aufgenommen; doch habe ich sie nicht weniger lieb als meine eignen Kinder, denn sie sind gut und fromm nach ihrer Art, wie du selbst gesagt hast, daß ein jegliches Gemüt auch seine eigne Gebärde habe. Du hast vorhin Gesang und Gebet mit zwei Schwestern verglichen, und ich fragte dich scherzhaft, ob du sie wohl je gesehen, und meinte, sie müßten gar holdselig aussehen; aber jetzt weiß ich gar wohl, wie sie aussehen. O Johannes, wie du mir sprachst von jenen gottseligen und freudigen Gärtnern in deiner Heimat, da mußte ich immer an mein fröhliches und frommes Töchterlein Gundelindis gedenken, welche dich so herzlich begrüßte; und als du von jenen redetest, die da sind wie die stillen Waldblumen, da stand mein Töchterlein Otilia immer vor meinen Augen.« Als der alte Herr diese Worte geredet, flossen ihm die Tränen über die Wangen, und reichte er mir die Hand. Ich fragte ihn um seine Betrübnis, aber er war nicht betrübt; seine Trauer war die rührende Farbe des Abendlichtes ohne Schmerz. »Johannes«, sprach er, »ich gedachte an meine selige Hausfrau, wie sie das erfreuen würde zu hören, wie ich die Kinder nur liebe, mich an deiner schönen Rede ergetze und alles nur auf die Kinder auslege, was du sprichst. Wenn ich nun diesen weiblichen Mut in mir fühle und gedenke zurück an die gewaltige Bewegung meines Lebens in Waffen und Reisen, da ich noch ein Mann war, so wird mirs nachdenklich in meiner Seele, und ich fühle, wie sich alles hinneigt zum Ziel mit Lächeln und Tränen.« »Herr«, sprach ich, »der Mensch hat einen Engel, der ist sein Geleitsmann, und wenn wir alt sind, so lehrt er uns spielen, daß wir uns des Stolzes entwöhnen über weltliches Werk und er uns als Kinder vor Gott führe, und Lächeln und Tränen sind der Kinder Weisheit und Schwachheit.« Nach diesen Worten reichte mir mein Herr die

Hand und sprach: »Gesegnet sei die Stunde, da ich dich gefunden, deine Reden sind mir wie ein Abendgebet, ich will sie mit Andacht hören und dann schlafen gehn.« »Herr«, sprach ich da, »und ich will dann wachen und beten die Nacht an Eurem Lager und harren, bis ich Euch wiederseh am Morgen.«

Da wir so geredet hatten, wurden wir still, denn man schweigt gern, wenn man mit frommen Worten den Tod berühret hat; auch habe ich das oft bemerkt auf meinen Wanderungen bei mancherlei Erzählungen und Unterredungen, da ich etwa auch selbst nach meinem kindischen Verstand mitgesprochen, daß eine recht lebendige Betrachtung geistlicher oder weltlicher Dinge gewissermaßen dem menschlichen Leben ähnlich ist. Mit kleinen unschuldigen Worten hebet sich die Unterredung an und steigt auf unter wechselnden Gedanken und hat ihre Unmündigkeit und ihren Jugendmut in anmutigem Ungestüm und wendet sich zu Gutem oder Bösem; oft auch begegnet ihr ein ernsterer, würdigerer Gedanke und führt sie wie ein erfahrner weiser Meister zu einer reinen ewigen Bahn; und wenn sie dann in wirksamer Deutlichkeit alle ihre Kraft verwendet, um in den Gemütern der Redenden und Zuhörer, in denen sie lebt wie der Mensch in der Welt, ihr Werk zu vollenden und ihr eignes Wesen durch ein zurückbleibendes Zeichen zu befestigen, dann sinkt sie wieder in kindische Unschuld und verstummt gerne mit einer lächelnden Wehmut über die Vergänglichkeit des irdischen Lebens, sich hinwendend mit Sehnsucht und Hoffnung zu Gott und dem Göttlichen; und das ist der schöne Tod einer schönen Rede, deren Ewigkeit besteht in der Heiligkeit und Würde ihres Inhalts, die in den lebendigen Boden der zuhörenden Seelen fallen und Gutes entzünden in alle Ewigkeit; ihre Sterblichkeit aber ist der Klang des Worts, das da schallt und verstummt, damit ein andres folge, und damit der Gedanke ganz hingebaut stehe, wie der Bogen einer Brücke, leicht aufwärtssteigend und niedersinkend, oben drüber gespannt der ewige Bogen des Himmels und unten hin strömend das treibende wilde Wasser. Oft auch habe ich mich getröstet über das Hinfällige des Lebens mit dem Verhallen erhebender Worte, süßen Gesanges und erfreulicher Töne, denn ich habe in meiner Seele empfunden den Nachklang bei den Tönen; und die Erinnerung und lebendige Wirkung der Rede, erhebend und stärkend zu allem Guten, die lagen in ihr wie die Wurzel in der Erde, die den Stamm nicht sieht über dem blühenden Aste wie eine andere Wurzel zum Himmel dringen, und über der lebendigen Wurzel da grünt es, wenn es unten gleich dunkel ist. So mag auch der Gedanken, der ausgesprochen ist, blühen in andrer Welt; so mag der Mensch, der im Leben steht wie die Wurzel in der Erde, blühen im Himmel; denn das Gute ist das Lebendige, und das stirbt nicht, nur das Belebte stirbt. So hatte auch unsre Rede einen schönen Tod gehabt, und ich fühlte, da wir still wurden, daß es süß ist, zu sterben nach einem schönen frommen Leben.

Die Sonne aber war unter unserm Gespräche hochgestiegen, und nahte sich der Mittag, da trat ein Diener meines Herrn in den Garten und sagte ihm hereinzugehen; es wären Herrn des Rates da, die ihn sprechen wollten. Da verließ mich der edle Herr und folgte dem Diener, und ich ging noch im Garten und gedachte an das Meinige. Ich gedachte aber, wie daß ich viel und mancherlei geredet hatte und wie es mir einigemal gewesen, als wäre ich allein und sähe meinen Herrn gar nicht, ja ich wüßte gar von mir selbsten nichts, und hob sich nur mein Herz empor, daß es überfloß. Das wunderte mich, und war mir wohl dabei, auch wünschte ich immer so zu sprechen, denn man fühlet alsdann Trost und erquickliche Ruhe, als habe man gebetet.

In solchen Gedanken schaute ich die Blumen an der Erden und den klaren Himmel an, fühlte auch eine große Liebe zu ihnen. O Lust und Freude, dein Mittelpunkt ist ein unschuldig Herz! So war mir da, und da ich dem Sommerhäuslein nahe kam, ging ich auf mein Kämmerlein und habe niedergeschrieben bis hierher, was mir an diesem Morgen begegnet, um des willen, daß es mir selbst merkwürdig war und daß ich gedachte, diese Geschichten könnten wieder jemanden erfreuen, wenn ich es gleich nicht wußte, wen; denn als ich das niederschrieb, was ich heute meinem Herrn Ritter von meiner Jugend vorgelesen, gedachte ich ja auch nicht daran, daß es ihm gefallen würde. Darum ist dies alles niedergeschrieben in Demut und nicht in Hoffart, der fern von mir ist; ich bitte auch Gott, daß er mir beistehe, in Wahrheit also fortzufahren, und jeden andern, der größere Dinge niederschreibt, mit derselben Gnade erleuchten möge. Amen. –

Zur zwölften Stunde bin ich von dem Diener zu des gnädigen Herrn Tisch gerufen worden. Der Diener aber schaute mich, da wir über den Hof gingen, öftermalen an, und als ich ihn um die Ursache fragte, sagte er, wie ihm mein neues Kleid nicht übel gefalle, und könne ich ihm wohl danken, denn er habe daselbe heute die ganze Nacht durch genäht, und freue er sich, daß es ihm so gut gelungen ohne Anmessen; er wolle mir auch noch Falten auf die Ärmel nähen, wenn mir das lieb sei. Ich dankte ihm und sagte, es sei bereits wohl zu schön für mich, und versprach ihm gute Freundschaft. Da ich in den Speisesaal trat, hatten sich der Herr und zwei Gäste bereits zum Gebet gestellt, auch standen bei der Tafel die vier Jungfräulein. Der Ritter stand zu oben, die zwei Ritter, als der Junker Ludwig von Müllenheim und Herr Conrad von Dunzenheim, zur Seiten, und dann die Jungfrauen; ich aber stand dem Ritter gegen-über. Die Jungfrau mit den schwarzen Haaren sprach das Gebet, und dann setzten wir uns nieder. Otilia aber und das traurige Mägdlein gin-gen zur Küchen, und Gundelindis diente zu Tisch als eine Magd, und saß nur, die gebetet hatte, zu Tisch. Da war mancherlei gutes Gericht und auch Weins genug, aber ich war blöd und hatte wenig Gelüsten; auch nötigte mich Gundelindis oft zu essen, aber ich hörte mehr den Re-den der Herrn zu, als daß ich auf die Speis achtete. Sie sprachen von der neuen Glocken, die sollte für den Münster gegossen werden, und waren sie nebst meinem Herrn die Pfleger des Werks. Diese Glocke ist dem Meister Görgen von Speier, einem Bürger zu Straßburg, verdingt wor-den, den Zentner um einen Gulden zu gießen, und hat man eine Hütte und Ofen auf dem Fronhof neben der Steinhauerhütte gemacht. Da habe ich mich wohl verwundert, welches große Werk das werden sollte, dann es sprachen die Herrn, wie man Meister Görgen schon außer dem alten Zeug, das man in Vorrat gehabt, an Kupfer für 1800 Gulden und an Zinn für 1032 Gulden gegeben habe. Die Herrn freuten sich sehr, daß eine solche Glocke, wie groß keine derweil bekannt war, Gott und Ma-rien, der Königin und Patronin des hohen Stifts Straßburg, zu Ehren sollte zustand kommen. Da sprach mein Herr, der Ritter Veltlin von Türlingen:

»O, was ist es eine herrliche Sache um den hellen herzgreifenden Klang einer Glocken, die, erhaben über unsre Häupter, gleich einer mächtigen Stimme des Himmels zu uns allen aus dem Gewölk spricht. Wenn ich nachts erwach und oft mancherlei Gedanken hab über das Le-ben und oft ängstliche Sorg trage über die Meinigen, da schlägt die Glock an, und mein Herz wird ruhig; denn ich freu mich, daß ich weiß: nun loben viele Gott, und mancher betet mit mir in gleichen Gedan-ken.«

Ritter Conrad von Dunzenheim sagte darauf: »Ich hab oft gedacht,

wie es wohl muß trauriger gewesen sein und noch keine rechte Frömmigkeit, kein rechter Bürgersinn unter den Leuten, da man noch keine
Glocken hatte; dann eine Stadt ohne den Klang einer lieben Glocke ist
mir gleich einem Stummen, der in Gesellschaft nicht wohl leben kann.«

Junker von Müllenheim sprach: »Wenn ich über Land reite und
höre eine Glocke schallen, wird mir immer wohl ums Herz, und find
ich mich zum Guten immer mehr gestärkt. Ich weiß nicht, ob es ist,
weil die Glocken zur Ehre Gottes gesegnet sind, oder ob es der muntre
kräftige Schall selbsten ist, der mir den Klang so mächtig macht, aber
ein Schloß oder Städtlin zu bestürmen oder zu zerbrechen, ist mir immer schwerer worden, mit dabei zu sein, wenn ich die Sturmglocken
so ängstlich summen hört und sah, wie sie so sorglich im Turm hin und
her schwankte.«

Die Reden der Herrn gefielen mir gar wohl, und da mein Herr das an
meinem Angesicht bemerken mochte, fordert' er mich auf, auch meine
Gedanken zu sagen, worauf ich sprach: »Ich bin mit Euch ganz einer
Gesinnung, daß eine Glocke gleich ist der Zunge einer Stadt, die mit einer kräftigen hellen Stimme zu ihren Bürgern spricht und sie zu dem
Gedanken ermuntert, daß sie zusammenwohnen in Eintracht und Sipp-
schaft, und es ist recht wunderbar, wie sie einem jedem sagt, was ihm gut
ist, dann derselbe Klang, der den einen zum Beten ruft, hält den andern
vom Fluchen ab; sie zeigt einem Bürger sein Ruhestündlein an und ermuntert seinen Nachbar zum Geschäft, sie ist ein Trost der Kranken,
ein Zuspruch der Gefangenen, und rufet den Mann, der auf einsamer
Wache steht, mit frischer mutiger Zunge an. Auch wie auf Erden der
Mensch kein Geschöpf erkennen mag, an dessen Vollkommenheit die
göttliche Allmacht herrlicher erkannt werde, als seinen eignen Leib und
Seele, der nach Gottes Ebenbild erschaffen ist, so ist all sein Bemühen
und Trachten, was er beginnt und vollbringt, sich und seinem Nächsten
zu Nutz gleich den Gliedern seines Leibes in wohlgeratener Ordnung
zu bilden. So ist dann oft gar schön eine wohleingerichtete Stadt dem gesunden Leibe eines Menschen verglichen worden, und so denk ich mir
dann die Kirche wie das Gewissen und Herz dieser Stadt, wo ein jeder
den lieben Gott findet und sich seiner teilhaftig macht; und ist die
Glocke wohl der Zunge zu vergleichen, die zu den einzelnen Gliedern
spricht: ›Wir sind eins in mannichfacher Verrichtung; betet, ruhet, arbeitet, helfet, lachet oder weinet, aber wir sind eins, wir leben; so lasset

uns leben, daß wir ewig leben mögen!« Auch finde ich es schön und löblich, daß man die Glocken einweihet und gleichsam tauft, daß man mit feierlicher Handlung sie empfängt aus der Hand des Werkmeisters und sie aufnimmt mit geistlichen Zeichen zu ihrem geistlichen Gebrauch, und ob mich rühre der helle muntere Klang des Metalls oder die Macht des Segens, der über das Metall gesprochen ist, mag ich nicht wohl unterscheiden; denn, so wie die Zunge des Menschen gesegnet ist und auch seine Rede durch seine Seele, also ist die Glocke gesegnet durch die Weihe des Priesters, und die Weihe ist wieder Klang von Gott, so wie die Seele und die Rede auch von ihm ist.«

Da ich also gesprochen hatte, belobte mich dessen mein Herr und auch seine Gäste, die aufmerksam zugehört hatten, und sprach: »Ich muß mich wohl verwundern, wie du so schön von Glocken redest und ganz bewegt dabei wirst; sag mir doch auch deine besondere Ursache, daß du die Glocken so liebst.«

Da sprach ich: »Eins hab ich vergessen zu melden von der Glocke, und das ist nicht die geringste ihrer Eigenschaften, mit denen sie des Menschen Herz erfreut; das ist die Gastfreiheit und Milde ihres Klangs, der hoch über die Mauren der Stadt hinüber die müden und armen Wanderer begrüßt und ihr Vertrauen zu Gott und den Menschen ermuntert; ihr Klang ist den Heimatlosen und armen Waisen eine tröstliche Einladung und erweitert die Ringmauren der Stadt geistlicher Weise für die, welche die Nacht auf einsamer Straße ohne Hülfe als die Gottes findet. Und das habe ich so gar herzlich vorgestern abend empfunden, da ich noch ohne Obdach und Aussicht ein Bettler auf der Straße war; da wollte mir beinah der Mut entsinken, da ich die Sonne so rötlich am Himmel untergehn sah und es schon still ward im Wald. Sieben Wochen war ich nacheinander gereist, keinen Tag stillgelegen, und hatten meine Schuh fast keine Böden mehr, da riet mir zu Basel ein freundlicher Mann, ich sollt nach Straßburg ziehen, daselbst sei leichtlich unterzukommen. Da ich nun zu Abend bis in den Wald kommen war, wollt mir aus Müdigkeit und Hunger der Weg gar weit werden, auch dacht ich mir, der Weg könne wie viele Stunden, die ich schon gemacht, gar umsonst sein, und war also gar traurig; und da ich ans Ende des Blobsheimer Waldes nah bei einer alten Kirche stand, sah ich von ferne drei feine Dörfer, mit Schlössern und Kirchen gezieret, als Blobsheim, Wibelsheim und Eschau, die lagen am rötlichen Himmel gar schön abgezeich-

net. Da setzt ich mich unter einen Baum, zu ruhen und mein Abendgebet zu verrichten, klagte Gott dem Herrn unter Tränen meine Armut,
der ich nun so lange im Elend herumgewandert und meines Elends kein
Ende wußte. Und was Elias unter der Wacholderstaude von Gott erbeten, eben darum flehte ich unter dem Eichbaum; er wolle nunmehr
meine Wanderschaft zu einem seligen Ende führen, meinen Leib der
Ruhe geben und meine Seele zu sich nehmen oder aber mit mir, wie mit
seinen Jüngern zu Emmaus, heute in einem der vorliegenden Örtlein
und morgen zu Straßburg hülfreich einkehren. Da ich nun in diesem
meinem Gebet und fast in traurigen Gedanken einschlief, erweckte
mich der helle liebliche Klang der Abendglocke von Eschau; da fühlt ich
mich mit einem wunderbarlichen Vertrauen durchdrungen und ging
stracks auf Eschau los, und da war auch mein Engel nicht fern, und hatte
Gott mein Gebet erhört, denn allda fand ich Euch, mein gnädiger Herr.
Darum mögt Ihr mir wohl meinen Eifer, mit dem ich von der Glocke geredet, zugut halten.« Und da der Diener herein kam und meinen Herrn
hinausrief in den Vorsaal, es wollten zwei Handwerker mit ihm reden,
begab er sich hinaus. Da sagte der Junker von Müllenheim zu mir: »Ihr
seid für Euer Ansehen gar gelehrt und sprechet tiefsinniger als ein Doktor, und wundert es mich zu hören, wer Ihr seid.«

Da sagt ich, wie ich, Johannes, ein fahrender Schüler sei aus Burg
Eberach und seit gestern abend ein Schreiber des Ritters Veltlin von
Türlingen. Da fragte mich Herr Conrad von Dunzenheim: »Wie seid
Ihr dann an Herrn Veltlin gekommen und durch wessen Empfehl?«

Da sprach ich: »Durch des Herrn Ritters Barmherzigkeit und Gottes
Güte. Ich fand nahe bei dem Stift oder der Schaffenei zwischen sieben
und acht Uhre Herrn Veltlin von Türlingen, neben ihm standen der
Kirchherr von Eschau und etliche andere Vornehme von Adel, mir als
einem fremden Wanderer alle unbekannt; da blieb ich mit meinem Bündel aus Scheu fern von den Herrn und bat bloß den geistlichen Herrn um
einen Zehrpfenning an. Da rief mich Herr Veltlin mit gemeinen bürgerlichen Worten zu sich und fragte mich, von wannen ich käme, wohinaus
ich wollte und was auf diesmal mein Begehren wäre. Da sagt ich ihm
höflich, ich bin ein armer Schüler aus Frankenland gebürtig, sei auch etliche Wochen der Schule nachgezogen, habe jetzt meine Reise nach
Straßburg gerichtet und werde durch meine äußerste Armut gezwungen, fromme Leute demütig um einen Zehrpfennig anzusprechen. Dar-

auf antwortete mein gnädiger Herr: »Bist du ein armer Schüler und mußt dein Nahrung erbettlen, so bin ich auch deines Handwerks; ich bin vor Gott ein Bettler und muß noch täglich lernen. Zieh aber in Gottes Namen nach Straßburg zu, dann zu Straßburg sind noch viel frommer Leute, und wann du fromm bist, so wird dir Gott auch bei frommen Leuten unterhelfen.« Darauf befahl er seinem Diener, mir den Zehrpfennig zu geben. Der gab mir zwei Mönchköpfe oder sechs Batzen; worüber ich nächst seiner tröstlichen Rede so froh war, daß mir die Augen überliefen, denn ich gar wohl bedachte, was ich erst vor zwei Stunden unter der Eichen zu meinem Gott gesprochen hatte. Da ich nun meinem Herrn gedankt hatte, eilte ich mit großer Freude der Herberg zu, blieb allda über Nacht und trank eine halbe Maß Wein um einen Kreuzer und brachte in inniger Fröhlichkeit meinem Wohltäter manchen heimlichen Trunk zu, worauf ich mich mit leichtem frohem Herzen zu Ruhe begab. Gestern morgen nun stund ich früh auf und reiste nach Straßburg. Unterwegs kam Herr Veltlin auch geritten mit seinem Diener, er grüßte mich mit einem ›Bona dies‹; auch hatte er die Liebe, und ließ sich in ein lang Gespräch ein mit mir, und da ich ihm wohlgefiel, nahm er mich auf als einen Schreiber und sagte mir seinen Namen, daß ich ihn erfragen könnte; worauf er mich verließ und schneller ritt. Solang ich ihn sehen konnte, stand ich still und sagte: ›O Gott, wolle diesem Herrn hier die zeitliche Wohlfahrt und dort das ewige Leben geben!‹ Und da er hinter einem Hügel verschwand, war mir es, als sei alles ein Traum, und dacht ich: Ach, wenn dein Glück wirklich verschwunden wäre! Da rafft ich mich zusammen und lief bis vor Straßburg hin und kam heran zu dem Herrn, der mich mit Liebe überhäuft hat.«

Da ich also gesprochen hatte, kam Herr Veltlin wieder herein mit zwei Zimmergesellen und sprach zu seinen Gästen: »Hier bring ich zwei wackre Männer, die haben sich was gar Großes verheißen, das ihnen bei Gott und der Welt Segen bringen mag. Sie haben sich erboten, den Glockenstuhl zur großen Glocken zu Gottes Ehre und ihrer Freundschaft zum Gedächtnis ohne Lohn zu machen, und wollen um die Vergünstigung bei den Pflegern des Werks ansuchen.«

Die Herrn verwunderten sich darüber und stellten ihnen vor, das Vorhaben wohl zu bedenken, da solches kein Leichtes sei und sie gereuen könnte. Da haben sie sich aber mit großem Eifer anerboten, ihres Vorhabens gerichtliche Gewährschaft zu leisten, und nannte sich der

eine Medard von Landau; der andre, Hans Eckstein, war ein Bürgers-
sohn von Straßburg; und als die Herrn sie fragten, warum sie an solch
großes Gelübd als noch ledige Leute gekommen seien, wollten sie es
nicht gern offenbaren und sprachen: »Das mag bei uns bleiben und vor
Gott.« Da schaute ich mich um nach ihnen, denn sie standen hinter mir,
und ich wundert mich sehr, weil ich sie wohl erkannte; auch kannte
mich der Medard von Landau und grüßte mich; da grüßte mich auch
Hans Eckstein und schüttelte mir die Hand. Herr Veltlin sprach: »Woher kennt ihr euch?« Da sprach der von Landau: »Gestrenge Herrn, der
weiß darum.« Da stritten sie untereinander, ob sie ihr Gelübd offenbaren sollten, und ich ward ganz rot unter den Augen. Da ward ein kleiner
Stillstand der Rede, und die Jungfrau Pelagia stand auf, schenkt drei Becher Weins ein und reicht den einen gar freundlich dem Medard, den andern dem Hans, den dritten stellt sie mir vor; da lachten die Ritter und
sagten, sie hätte ihre Zeit recht weislich genommen. Die Gesellen stießen da die Becher an und brachtens der Jungfrau zu, die dankt und
sprach: »Nun sollt ihr auch eure Geschichte sagen.«

Da waren sie willig und sprachen, wie ihre Eltern schon in Feindschaft gelebt hätten eines gemeinschaftlichen Werks wegen, und sei der
Zorn leider mit ihnen ins Grab kommen; und nun wären auch sie lang
unfreund gewesen und hätten sich Schaden gesucht; Medard sähe des
Ecksteins Schwester nicht ungern, habe sich aber Gewalt angetan und
auf sie geschimpft; da habe Hans ihm vorgeworfen, daß er von unge-
rechtem Gut lebe, denn sein Vater habe den seinen betrogen; da seien sie
so im Zorn erblindet, daß sie sich zugesagt, vorgestern im Blobsheimer
Wald, wo sie Holz fällen sollten, gegeneinander zu stehn und ritterlich
mit ihren Äxten auf Tod und Leben zu fechten. Da hätten sie sich aufgesucht, wären aber nicht gleich aufeinander gestoßen und dadurch noch
erbitterter geworden.

Als sie so weit gesprochen, wollte ihre Rede nicht mehr recht fort,
und schauten sie mich an. Da dies Herr Veltlin merkte, bat er mich weiter zu sprechen, und da erzählt ich also: »Da ich im Blobsheimer Wald,
wo er sich endet, unter einer Eichen lag, zu ruhen und zu beten, und darüber entschlafen war, erweckte mich ein heftiges Reden, worüber ich erschrocken erwachte; und da erblickte ich zwei Männer, mit geschürzten
Armen und jeglicher eine Axt in der Rechten, zornig sich einander gegenüberstehen. Ich sprang zwischen sie und suchte sie mit freundlichen

Worten auseinander zu bringen, nicht ohne große Gefahr meines Lebens, denn sie waren gar zornig; und wie ich mir so alle Mühe gab, Friede zu schaffen, da hat Gott meine Worte gesegnet und gab ihnen eine große Gewalt; auch hörten wir die Abendglocke von Eschau gar friedlich läuten. Da sprach ich ihnen zu, darauf zu hören, und fleht sie an, das Friedensglöcklein zu ehren und sich zu verzeihen um des Herrn Jesus willen, der uns allen verzeihen möchte. Der Friede kam auch über sie, sie boten sich die Hände, und wollte mir Medard von Landau ein Stück Geld geben. Ich nahms aber nicht und bat ihn, es den Armen zu geben, denn ich fühlte mich gar reich zur Stunde, hatte doch keinen Heller.« Da fuhr Hans fort: »Und dieser Sühne zum Gedächtnis hat Medard sich verlobt, den Glockenstuhl zu machen, und ich will ihm treulich helfen zur ewigen Gedächtnis des Friedens, der mit der Glocken über uns gekommen ist.« Da erwidert Medard: »Eckstein, sprich recht, deine Schwester Anna hat uns dazu beredet; da ich sie um Verzeihung meiner Rede bat, da sprach sie auch, nachher wenn die Glocke zum erstenmal läute, wolle sie mir die Hand am Altar geben.«

So ward da noch manche Rede, und baten die Gesellen die Herrn und mich, die Ursach nicht bekannt zu machen; das wär ihnen lieb und könnt Aufsehens geben. Da versprachen es die Herrn, daß es in der Still bleiben sollt, und gaben uns allen ihr Lob. Die Gesellen gingen von dannen und wurden über zwei Tag aufs Frauenhaus, wo des Münsters Sach betrieben wird, beschieden, ihr Vorhaben den Pflegern zu erklären.

Wie großes unverdientes Lob mir die Herrn gegeben, will ich nicht hier schreiben; Gott gebe, daß all mein Wesen ihm wohlgefällig und den Menschen erbaulich sei!

Gegen Abend ließ Herr Veltlin mich in den Garten rufen und sprach zu mir: »Ich muß dir nun sagen, Johannes, von den vier Jungfräulein, wer sie sind und was ihr Wesen ist, auf daß du dein Dasein ihnen angemessen und nützlich machen mögest. Die älteste, welche du in geistlicher Tracht einhergehen siehst, ist meine Tochter Otilia; sie ist ein frommes Kind und hat sich vorgenommen, in St. Otilien Kloster zu Hohenheim aufs Jahr das Gelübde abzulegen. Die zweite aber, welche du heute zu Tisch aufwarten sahst, ist meine jüngere Tochter, Gundelindis mit Namen; sie ist eine weltliche Braut und einem Edelmann verlobt, der auf einer Fahrt nach Italien begriffen ist und dessen Heimkehr wir täglich entgegensehn. Das traurige Mägdlein aber heißt Athala; sie ist eines Schlossers Tochter, welcher sonst mein Nachbar war und viel kunstreiche Arbeiten an der Uhr im Münster verrichtet hat; er war in seinem Gemüt ein gar trauriger Mann, und liegt über seinem ganzen Stamm ein wunderbares finsteres Geschick, das hat ihn auch bis zu seinem Tode begleitet. Ihre Mutter war ein ehrliches und menschenfreundliches Weib, eine hülfreiche Freundin meiner seligen Hausfrau; und als diese mir in der Geburt Gundelindis' für dies zeitliche Leben genommen wurde, so übernahm sie Gundelindis zu säugen, da sie auch kaum die Athala zur Welt gebracht hatte. So sind dann beide Milchschwestern, und Athala ist, da sie eine Waise ward, welches nun zwei Jahre sind, nun als mein Kind in mein Haus eingetreten. Sie hat aber ein unglückliches Gemüt von ihrem Vater ererbt, ist stets voll Zweifel und Besorgnis und kann ihre Hoffnung nicht recht von irdischem Gute abwenden. Auch bei der kleinsten Verrichtung ist sie zum voraus eines übeln Ausgangs besorgt, und wenn es dann gelingt, so hat sie keine Freude und nennt es einen Zufall.«

»Ach«, unterbrach ich den Herrn, »das ist wohl ein armer Mensch, der seine einzige Hoffnung nicht auf Gott stellt und auch irdischem Glück nicht vertrauen mag; ein solcher ist wohl ohne Himmel, ohne Erde; er ist wohl nichts als bloß ein trauriger Gedanke. O wie sehr bedaure ich diese Jungfrau!«

Da fuhr mein Herr fort: »Nun ist ihr Leid gar schwer, wie ich heut von Gundelindis vernommen, und hatte ich dessen Ursprung noch nicht recht erkannt. Athala schläft aber mit Gundelindis in einer Kammer, und haben sie ein besonder Vertrauen zueinander. Da ich nun heut meine Tochter gefragt, ob sie nicht wisse, warum Athala gestern im Garten so wunderlich von ihrem Ringe gesprochen habe, antwortete sie mir, daß diese Nacht Athala viel heimlich geseufzet und in der Meinung, als schlafe sie, einigemal zu sich selbst gesprochen: ›Ach, so besteht dann keine Liebe für mich auf Erden, so soll ich dann hinsterben, ohne ihn wiederzusehn‹ – und andre bewegliche Worte; worüber Gundelindis sie angeredet und gesagt: ›Athala, mein Schwesterlein, was fehlt dir? Hast du deine Sinne in eines Mannes Anblick verloren?‹ und hat sie beschworen bei ihrer Mutter, deren Brust sie beide getrunken, ihr zu vertrauen; aber Athala hat nicht geredet und hat gesagt, sie hab im Traum gesprochen. Was ich nicht glaube, denn sie hat oft und vielmal so gesprochen, da doch die Seele im Traum nicht lange verweilt und von einem zum andern eilt. Nun ist mir kein Zweifel, daß sie in irgendeines Mannes Liebe unglücklich gefangen liegt, und muß ihr Leid schon lang und nicht zu helfen sein, da sie bescheiden ist in allem, was sie begehrt, und leicht entbehren mag, wenngleich mit stillem Schmerz.

Nun aber muß ich noch reden von Pelagia, der jüngsten unter den vier Mägdlein, die doch älter erscheint in Erkenntnis, Rede und Gebärde; denn sie ist nicht aus diesen Landen, ich habe sie als eine arme Waise in Jerusalem aufgefunden und hier in Straßburg taufen lassen. Diese Jungfrau besitzt eine herrliche Seele, und von ihren Lippen kommen gar wunderbare Reden gleich den listigen Erfindungen der Dichter, oft wenn man sich solcher gar nicht vermutet. Mit großer Freude hört sie Geschichten und Lieder und erfindet auch selbst allerlei Abenteuer, die sie ihren Schwestern gar lebhaft darzustellen weiß, daß ich oft selbst mit allen Sinnen aufmerken muß. Eine innere tiefe Heiterkeit ist in ihrer Seele, sie betrachtet die Natur mit aufmerksamer Liebe und ist oft lange ernsthaft, ohne traurig zu sein. Wenn sie betrübt wird, so bricht sie schnell in heftige Tränen aus, wird aber gleich fröhlich und singt: ›Es hat einmal geregnet, die Läublein tröpflen noch.‹ Vor allem hat sie gar große Lust zur Musik und kann die Orgel schön schlagen; auch singt sie viel geistliche und weltliche Gesänge mit einer ganz anderen herzergreifendern Art als andere, wenn es gleich dieselben Weisen sind. Ich kann nicht sagen, daß sie Gott ergeben sei; ich muß sagen, sie sei ganz voll von allem, was Gottes ist, wenn ich sagen will, daß sie gar fromm ist. Doch hat sie keine Verachtung vor weltlichen Dingen und weiß in allem, was sie mit Rede oder Handlung berührt, ein Wesen zu erwecken, das, wo nicht heilig, doch sehr ehrwürdig ist. Doch du solltest beinah glauben, Johannes, als liebe ich Pelagia mehr als die andern, da ich so viel von ihr rede und doch nicht zu sagen weiß, wie sie ist.«

»Herr«, sprach ich da, »ich glaube das nicht; aber es ist schwer zu sagen, was die Gestalt des Bewunderungswürdigen sei. Wenn wir von dem Wesen des Menschen sprechen, so sagen wir von ihm Weltliches oder Geistliches; wir sagen, wie er sich entweder der Erde oder dem Himmel ergibt. Ich möchte die Rede vergleichen mit dem Betrachten der Pflanzen, die entweder an der Erde kriechen oder ihr Haupt als Blume zum Himmel richten; aber es mag wohl noch etwas geben, was wir mit beiden nicht vergleichen können, was nicht wegen der Welt weltlich, wegen dem Geist geistlich ist, was um seiner selbst willen in

sich selbst weltlich und geistlich ist, was schön ist vor den Augen der
Menschen und der Engel, was betet aus innerer Lust und scherzet in tiefer Andacht und von allem nichts weiß als vom Leben, dem ewigen Leben, nicht von jenem nach dem Tode, nein, vom Anfange her bis zum
Ausgang. Und wenn wir solche Menschen finden, sind wir lang mit ihnen, ohne sie zu kennen, tun ihnen auch wohl oft Unrecht, weil wir sie
bezwingen wollen, um sie zu begreifen; aber wir müssen sie bewundern,
und ist es fast, als wären sie ohne Erbsünd geboren, und wie dem sei, so
hat Gottes Gnade groß an ihnen gewirkt, da er sie als Lehrer und Dichter gesetzt hat, ihn und das Leben zu verkündigen und zu preisen. Gar
schön steht also Pelagia zwischen Euren beiden Töchtern, da Otilia sich
Gott allein und Gundelindis sich ehlicher Zucht will ergeben; in ihre
Hand mögen beide ihre Hände legen.

Ich habe einstens von einem großen Meister gehört, der es in wunderbaren Kunstwerken über den Begriff unkundiger Männer nächst weit
hinausgetrieben, daß man ihn nächst für einen Zauberer hielt; der hatte
auch von Metall so sinnreiche Spiegel gemacht, daß auch die unsichtba-
ren Geister darin als liebliche Gestalten erschienen. Wenn in der Ferne
geredet oder gesungen ward, so klang es in dem Spiegel weit lieblicher
und klarer, ja, und wenn die Sonne hineinschien, ward die Wärme so gewaltig, daß man in ihrem Abstrahl Metall konnte fließen machen. Diesen Spiegel hatte der Meister mit großem Fleiß und in steter Bewunderung der Allmacht Gottes endlich zustande gebracht, nur seine Freunde
und Schüler wußten davon, und viel Freude und Andacht hat er mit seinem Kunstwerke unter ihnen erweckt. Da aber die Bürger der Stadt davon hörten, mußte er sein Werk öffentlich ausstellen, und entstand daraus mannichfaltiger Mißbrauch, auch war der Zulauf des Volkes so
groß, daß er ein Diener seines eignen Werkes werden mußte. Er mußte
immer bei dem Spiegel stehen und den törichten Menschen Antwort geben, welche bald ihre Zukunft in weltlichem Glück oder ihr Geschick in
der Liebe in seinem Spiegel sehen wollten; und so entstand viel Sünde
durch ihn, indem die Menschen durch den Spiegel von Glauben, Hoffen
und Lieben gewendet wurden, ja es entstand schreckliche Ketzerei, da
ein teuflischer Zweifler den heiligen Leib Christi figürlich vor dem Spiegel sehen wollte. Der Meister erhielt großen Reichtum und ging endlich
in weltlicher Hoffart unter, denn er ergab sich zügelloser Liebe und
richtete großes Elend an; denn als die Sonne von Wolken verhüllt war,

legte sich sein Kind an der Erde schlafen, und da der Meister nicht zugegen war, stand der Spiegel ohne Herr, die Sonne trat hervor und der Abstrahl des Spiegels traf und tötete das Kind. Da kehrte der Meister zurück und erkannte das Elend, und da er keinen Trost mehr in Gott fand, legte er sich nieder über sein Kind in die Flamme und verbrannte sich das Herz; da traf die Flamme das Haus und verbrannte das Haus und die Stadt.«

»Das ist eine gar nachdenkliche Geschichte«, sprach Herr Veltlin, »aber wie du deine Rede von Pelagia so plötzlich auf den unglücklichen Spiegel gewendet, habe ich nicht recht verstehen mögen; du mußt mit deinen Gedanken nicht also eilen; gedenke, daß ich ein Greis bin und in anderem Leben als du ergrauet; daher sage mir, wie verstehst du das?« Da bat ich meinen Herrn um Verzeihung meiner Schnelligkeit und sprach: »Es ist wunderbar, daß man so lebendig wird in der Betrachtung solcher Menschen, als ihr Pelagia geschildert; es ist, als könne man das Feuer nicht anschauen, ohne zu erröten und zu erwarmen. Ich habe aber das Gleichnis des Spiegels also herbeigeleitet. Da ich gesagt, Otilia, die Braut des Himmels, und Gundelindis, die Braut der Erde, könnten in Pelagiens Schoß sich die Hände reichen, war mir, als müßte ich sie den seligen schönen Bund Himmels und der Erde nennen, welcher das eigentliche höchste menschliche Leben ist. Solche Menschen sehen alles in Gott und Gott in allem; sie sind diejenigen, denen Gottes Ebenbild noch nicht durch die Schuld der Eltern zerstört ist, ihre Seele ist geschaffen gleich einem schaffenden Spiegel der Schöpfung. So wie der geistliche Mensch zum Himmel ringt von der Erde und wie der irdische Mensch den Himmel zur Erde niederruft, also schweben solche Seelen zwischen beiden; in ihnen ist kein Ringen, kein Ruhen, sie sind unschuldige Kinder des Lebens, auf denen Gottes Segen tauet; ihr Blick ist wie das Licht auf alles blickend, nach ihnen schaut Himmel und Erde. Aber das Böse hat ein Ärgernis an ihnen und dringt zu ihrem Sitze, der nicht in Mauern klösterlicher Zucht, noch in dem schützenden Hause des Staates verborgen ist, und so werden sie leicht, gleich den Dichtern und Weltweisen, Beute der Eitelkeit, Schöpfer des Unglücks und gehen unter in den Flammen ihrer Seele, welche dem kunstreichen Spiegel zu vergleichen ist. Darum sollen sie wandeln in Unschuld und Demut und sollen fliehen allen Lohn, weil sie der Lohn des Herrn selber sind.«

»Du meinst also, Johannes, es gebe dreierlei Arten von gottgefälligen

Menschen, die geistlichen, welche ihr ganzes Leben schon vor dem Tode bloß dem Herrn aufopfern, und die weltlichen, welche in häuslicher Treue und Zucht ihre Kinder zur Gottesfurcht und Arbeit erziehen, dann aber noch welche, in denen sich beides verbinde, und diesen gesellest du Pelagia zu. Ich muß dir wohl gestehen, daß ich früher solcher Menschen nicht gedacht habe und nun gar wohl begreife, wie sie auf gefährlicher Bahn zwischen Himmel und Erde wandlen, denn sie können leicht straucheln, und sollen sie wohl sich mit ihren Künsten und tiefen Gedanken zu Gott halten, damit sie nicht mächtige Diener der Welt werden.«

Da sprach ich: »Ich kann besser noch sagen, daß es gebe betende, arbeitende und lehrende Menschen, denn lehrend soll sein und ist alle wahre Kunst. Wenn sie gleich oft eine bloße Ergötzung der Sinne scheint, so führt sie doch die geheimeren, wunderbarlicheren Eigenschaften Gottes, der Seele und der Welt vor unser Gemüt, das sie mit mannigfacher Rührung bewegt, von dem alltäglichen befangenen Leben die Augen zu erheben und sich nicht verloren zu geben an die kurze Zeit und ihren Dienst; auch reicht sie der betenden und beschauenden Einfalt, welche sich selbst dem Herrn aufopfert, mannigfache Sprache und Gestalt, seinen kindlichen Willen mit allem, was der unermeßliche Gott dem Menschen Göttliches verliehen, zu verherrlichen; und wenn ich es Euch so recht deutlich machen wollte, möchte ich sagen: Wenn der geistliche Mensch einem Kinde gleicht, das mit heftigem Verlangen seine Händlein zur Sonne erhebt, so ist die Kunst ein Kindlein, welches ihm in das eine Händlein eine brennende Kerze und in das andere eine schöne Lilie gibt, daß es mit Licht und Duft seinem Herrn bildlich näher komme und nicht verzweifle durch seine Armut; und wenn der weltliche Mensch, umringt von Werkzeugen, an den Gebäuden seiner Zeit arbeitet und, geängstet von dem Bedürfnis und ermüdend in der Arbeit, in irdischen Zweifel fällt, so singt ihm die Kunst ein Lied, daß das behaune Holz wieder zu ergrünen scheint und der Schlag der fallenden Axt nur der Takt und Klang erquickender Gesänge scheint. Aus der toten Wand läßt sie das Antlitz des Göttlichen hervorscheinen, sie befestigt die Bilder der Heiligen, der Patrioten und der Freunde auf die tote Leinwand und bezwingt die Zeit und die Ferne, die sie von uns nahm. Sie macht das Heilige und Teure des Lebens ewig, gibt den verborgenen tiefen Geistern der Seele einen scheinbaren Leib, fördert alle Schätze des Geheimnisses in Wort und Gestalt zu Tag; sie übersetzt allen geistlichen Reichtum aller Völker in die allgemeine Sprache der Sinne und gibt dem unaussprechlichen Gefühle die herrliche Tonkunst; sie ist Gottes ewiges unaufhörliches Werde, insoweit es seinem Ebenbild, dem Menschen, verliehen ist. Ach, wie herrlich ist sie schon, wenn sie auch nur eine Sonnenblume dem ist, der den Anblick der Sonne nicht ertragen mag mit kranken Augen.«

Also hatte ich, in dem Laubgang auf und nieder gehend, mit meinem gnädigen Herrn gesprochen, und ging die Sonne bereits unter; da wurden wir still. Das währte nicht lang, da hörten wir gar herrlich auf der Orgel schlagen und mehrere klare Stimmen dazu singen. Herr Veltlin faßte meine Hand und blieb mit mir stehn. O, das war eine herrliche Musik, und sangen sie in abwechselndem Liede fragend und antwortend, und dann fielen wieder die Stimmen zusammen in vereinter Glut. Da wir stillstanden, hatten wir uns gen Abend gekehrt, und der Schein der Sonne gegen das Gewölk gab manche glühende Farbe; auch war es wunderbar zu schauen, dann die Sonne ging hinter dem Münster unter, und stand der hohe durchbrochene Turm schwarz vor uns, und konnte man seinen Abriß von innen und außen vor dem feurigen Himmel erkennen. Und wann die Wolken durcheinander zogen und ihr Glanz sich vermischte zu höherem Purpur, fielen auch oft die klaren Stimmen der Sänger und die runden Tonfluten der Orgel zusammen, und war es, als wenn der Gesang und der Farbenhimmel sich verständen und zusammenspielten.

»Es hat die Orgel gar schön angefangen«, sagte Herr Veltlin, »auf deine Rede so recht wohltätig.« »Ja, sie hat sagen können, was ich nicht sagen konnte, was ich selbst nicht denken konnte. Ist es doch, als wäre der kunstreiche Turm das Gebäude der Orgel und ziehe der bunte Himmel wie die Töne durch ihn.« Als ich so sprach, präludierte die Orgel ein ander Lied, und Herr Veltlin sagte: »Sieh, jetzt zieht der letzte Lichtstreif am Himmel hin!« Dann hob er an, mit herzlicher Stimme in die Singweise der Orgel einzufallen:

> Ich grüß dich, zarte schöne Fraue,
> Und biet dir freundlich gute Nacht,
> Bis daß der ewge Tag im Taue
> Vor deinem Kämmerlein erwacht.

Ein heilger Engel soll zur Seiten
An deinem Bettlein wachend stehn,
Den goldnen Flügel ob dir spreiten
Und schwere Träume von dir wehn.

Daß sie sanft erwache
Aus ihres Schlummers Ruh,
Der Morgenstern, der scheine
Ihr recht mit Liebe zu.
Sie schlafe, sie wache,
Sie stehe, sie gehe,
Die Fraue meine,
Oder was sie tu.

Ich grüß vor aller Blüt die Rose,
Die an dem Abendhimmel blüht,
Ihr Herz ergießt sich dir im Schoße,
Wenn sie zur Erde niederglüht.

Ich grüß dich, klarer Abendsterne,
Du brennest auf dem Haupte mein.
Bei ihr, bei ihr so wär ich gerne
In ihrem engen Kämmerlein.

Daß ein Engel bringe
Der Zarten meinen Gruß,
Leis wie im Maienscheine
Der Honigblumen Kuß.
Sie bete, sie singe,
Daß eile die Weile,
Da ich alleine
Ohne sie sein muß.

Also sang Veltlin mit bewegter Stimme dies Abendliedlein, und da er
aufgehört hatte, sagte er ruhig zu mir: »Gelobt sei Jesus Christus.« Ich
sprach: »In Ewigkeit, Amen.« Dann sagte er: »Lasse uns nun hinauf-
gehn und uns bei den Spielleuten bedanken für die Musik.« Da wun-

derte ich mich, daß die Orgel im Hause war geschlagen worden, denn es
war an dem Münster ein so schönes Echo, daß ich geglaubt hatte, der
Gesang sei in der Kirche. Das Liedlein, welches mein Herr sang, war
aber ein altes Abendlied, das er noch als ein Junggeselle, da er um seine
selige Hausfrau warb, gesungen; er pflegte es jetzt oft an schönen
Abenden zu singen als ein Gedächtnis an sie, und weil es eine solche Art
hat, daß es leicht als eine ruhige Betrachtung des Todes und eine Sehnsucht des Wiedersehens konnte verstanden werden. Auch muß die selige Frau Herrn Veltlins eine gar tugendsame und schöne Frau gewesen
sein, denn sie ist das Fräulein Agnes von Endingen, auf welche das Lied
gedichtet worden, das hier in Straßburg noch in vieler Leute Mund:

> Eines reinen guten Weibes Angesicht
> Und fröhlich Zucht dabei,
> Die sind wahrlich gut zu sehn.
> Zu guten Weibern hab ich Pflicht

und wie es ferner lautet.

Wir gingen aber in die Buchkammer, worin die kleine Orgel stand, da
fanden wir die vier Jungfräulein. Pelagia saß vor der Orgel und spielte;
ihr zur Seiten stand Otilia, die ich nicht gleich erkannte, denn sie hatte
einen ganzen Nonnenhabit an und wollte sich bereits im Chorsingen
üben. Gundelindis aber schwebte munter auf und nieder; indem sie mitsang, trat sie die Bälge. Athala saß allein auf einem niedrigen Schemel
und sah mit gestütztem Haupte zur Erde; vor ihr lag ein großes Buch
aufgeschlagen mit schönen Bildern, aber sie war ermüdet, hineinzuse-
hen, und die Kerze neben ihr brannte trüb herunter. Herr Veltlin dankte
Pelagien, daß sie ein Abendlied angestimmt, und sagte: »Ich habe es gar
herzlich mitgesungen.« Da stritten die drei Jungfräulein, welche es zuerst gewollt habe. Gundelindis sagte: »Habe ich nicht gesagt: ›Nun
noch des Vaters Abendlied, das will ich noch treten, dann höre ich auf,
weil ich schon gar müde bin‹?« Otilie aber sagte: »Du hast früher gesagt,
daß du müde seist, und ich bat dich, noch das Abendlied zu vollenden.«
Da sprach Pelagia: »Ich spiele es ja alle Abend, wenn der Vater im Garten ist.« Da wendete sich Herr Veltlin zu Athala und sprach: »Guten
Abend, Athala; du mußt es wohl am besten wissen, da du stille zugehört; sage, wem verdanke ich das Abendlied?« Die Jungfrau aber fuhr

auf als aus schweren Träumen und hatte auf die Rede nicht gemerket. Da
sagte Herr Veltlin: »Von dir werde ich es wohl nicht erfahren, denn du
hast seit einigen Tagen gar großes Studieren vorgenommen, liest auch,
wie ich sehe, in meinen allergrößten Büchern, und wirst bald zu wissen
tun, wie die Gräslein wachsen.« Also sprach der Ritter scherzend. Da
sprach das traurige Jungfräulein: »Gnädiger Herr, entzieht mir Eure
Liebe nicht, meiner Traurigkeit halben! Ach, ich sitze wohl Stunden
lang und denke und sinne, um sie zu bekämpfen, aber ich vermag es
nicht, und wenn ich mich besinne, so bin ich immer nur traurig gewesen,
wenn ich geglaubt, mich zu trösten.« Da sprach Herr Veltlin: »Du willst
deine Traurigkeit mit Betrübnis bekämpfen, das geht wohl an; denn
man kann wohl mit Tapferkeit einen Tapfern besiegen und mit manchem Schritt legt man eine Reise zurück, aber wer der Sieger sein soll,
muß mächtiger sein als der Gegner; drum sei traurig über das Leiden des
Herrn, dann wird deine irdische Trauer zerrinnen. Aber laß sehen das
Bild, das du betrachtet hast und das dich nicht trösten konnte.« Da legte
er das Buch auf den Tisch, und wir traten alle um ihn; Otilie aber ging
ruhig nach ihrer Kammer, ihr Nonnengewand wieder abzulegen. Das
Bild aber stellte drei Jungfrauen vor, die auf offner See mit verschlung-
nen Armen in einem Schiffe saßen, das eben untergehen wollte; vom
Lande aber fuhren drei andere Jungfrauen auf sie zu. Da baten auch die
Mägdlein, daß ich ihnen die Schrift lesen möchte. Herr Veltlin setzte
sich nieder, und da Otilia zurückgekehrt war, setzte sie sich auch zu den
andern Jungfrauen, und sagte Herr Veltlin: »Nun, Athala, achte fein auf
die Geschichte und werde guten Muts.« Da las ich also, wie ich es geschrieben fand:

VON DEM TRAURIGEN UNTERGANG ZEITLICHER LIEBE

Es war Gott immer wohlgefällig und den Menschen eine Handlung der
Andacht, die Erstlinge der Früchte und Tiere dem Herrn zu opfern; er
nahm sie als einen kindlichen Beweis menschlicher Liebe, denn er ge-
nießt ihrer nicht. Durch dieses Opfer ward der Herr gleichsam ein Gast
des Menschen, und das Mahl ward geheiliget und gesegnet durch die
Gesinnung. Damit nun auch unser ganzes Leben geheiliget und gesegnet werde, so sollen wir Gott die Erstlinge, die ersten Früchte unsrer

Seele, die von ihm ist, aufopfern, und dies ist die erste Liebe. Wenn wir zuerst jene allmächtige Neigung des Wohlwollens, das durch alle Grade des Verlangens bis zur innigsten Vereinigung steigt, in unsrer Brust empfinden, so sollen wir die Knospe dieser göttlichen Flamme an Gottes Sonne erschließen, daß seine Liebe sie entwickle und jener allmächtige Trieb in uns, der göttlichen Ursprungs ist, gleich nach seiner Geburt seinem Vater in die Arme gelegt werde, zu erkennen seinen Ursprung und sich hinzukehren mit aller Macht nach dem Himmel, von dem er ausgegangen. Es liegt kein Segen auf dem Menschen, der in die Fremde geht, ohne seinen Freunden eine Träne zu weinen. Der fromme Wanderer bleibt lange auf dem Hügel stehen und schaut mit tiefer Bewegung nach seiner Heimat nochmals zurück, und dann erst setzt er mutig seinen Wanderstab vorwärts, indem er gleichsam sein Vaterland recht in seine Brust aufgenommen und wie ein heilbringendes Kleinod auf seinen Wegen mit sich trägt. Also auch soll die Bahn des Lebens begonnen werden mit dem Rückblick auf unsre Heimat in Gott; die sollen wir mit der ersten Liebe lieben und so in unsre Liebe aufnehmen, daß alle unsre Liebe, auf ewig dadurch geheiligt, von irdischen Ängsten frei wie ein Held, in dessen glänzenden Waffen sich die Sonne und der trübe Himmel abspiegelt, mutig durch das Leben schreite. Viele aber sind wie der verlorene Sohn, der sich grausam und im Streit von seinem gütigen Vater trennte, sein Erbteil begehrte und hinging in alle Welt, es zu verschleudern; also auch die Gemüter, welche mit allen herrlichen Eigenschaften der Seele in frechem Selbstvertrauen dem Leben entgegengehen, ohne sich erst mit ganzer Liebe dem Vater der Liebe zu nähern. All ihr Treiben ist zeitlich und wird untergehen in der Zeit, und sie werden trostlos weinen wie der verlorne Sohn um das vergeudete Gut im Elend; aber sie sollen zurückkehren gleich ihm und sich versöhnen mit Gott. Doch ist die Rückkehr der Seele schwerer als die des Menschen, denn die Seele vergeudete ewiges, der Mensch nur zeitliches Gut. Es ist aber das Wesen der Zeit, daß sie nie ruht und ewig verschwindet wie ein verschlingender Strudel, und hat uns der barmherzige Gott die ewige Seele gegeben, daß wir triumphieren können über die Vergänglichkeit. Wer hat aber ein Recht, sein Geschick zu beklagen, wenn er es freiwillig in den Tod säet? Wer aber seine Liebe in Gott, im Licht, im Leben aufgehen läßt, der wird eine Aussaat gewinnen, die in jeglichem Boden Früchte trägt, alle Liebe, die sich ihr verbindet, veredelt und heiliget,

über den Tod triumphierend zum Himmel treibt, ja selbst auf dem nie-
derreißenden Wirbel der Zeit, wie eine Wasserlilie schwimmend, leben
und blühen kann. So haben die drei törichten Jungfräulein, die hier abgebildet sind, nicht getan. Ihre Geschichte ist also:

Es waren drei Schwestern, denen hatte es geträumt, sie sollten am
Meeresufer schöne Perlen finden bei Aufgang der Sonnen, und gingen
sie vor Tag hinaus an den Strand. Der Sand rasselte unter ihren Füßen, es
lag Nebel auf Land und Meer und war gar einsam, auch hatten sie noch
nicht gebetet. Wie sie nun fast in Sorgen standen, hörten sie ein Glöcklein läuten und zugleich einen wunderbar lieblichen Gesang. Da warden
sie uneins, denn die Jüngste sagte: »Ich will nach dem Schall des Glöck-
leins gehen, da find ich eine Kapelle und kann ich erst mein Gebet verrichten.« Die zwei andern aber wollten dem Gesang nachgehn und sagten: »Das ist gewiß ein schöner Jüngling, der auch Perlen sucht und der
uns welche gibt, wenn er uns sieht.« Da trennten sie sich, und ging die
eine nach dem Glöcklein. Die zwei andern aber schworen sich törichte
Liebe zu und wollten beinander sein bis in den Tod, und so gingen sie
dem Gesang nach, der immer hinreißender und lieblicher tönte, ihre
jüngste Schwester rief ihnen noch zuweilen, ihr zu folgen, aber sie hörten es nicht, und ihr Schritt war stürzend immer schneller gegen den Gesang, als gingen sie einen Berg herab. Da fanden sie das Ufer und ein
kleines schlechtes Schifflein ohne Segel und Ruder, sie hatten die Arme
untereinander verschlungen und setzten sich hinein. Da hörten sie den
Gesang immer lieblicher, da kam die Flut und trieb das Schifflein auf das
offene Meer. Nun wich der Nebel, und stieg die Sonne aus den Wellen
heraus, da hörten sie den Gesang immer lieblicher, aber auch ihrer
Schwester Stimme hörten sie ängstlich von der Kapelle aus, denn diese
stand hoch und sah sie mit Schrecken auf dem weiten Meere. Da sie so
gar traurig gegen das Meer zu klagte, wendete sich ein alter Fischer zu
ihr, der auch da gebetet hatte, und fragte sie, was sie erschrecke. Da er
aber sah die zwei Jungfräulein auf dem Kahn, sagte er: »O weh, sie sind
verloren! Es ist mein Kahn, ich wohne auf jenem Felsen, in dessen Strudel der lockende Perlengeist wohnt, der bald als eine Jungfrau, bald als
ein Jüngling erscheint und die törichten Weltkinder verschlingt. Ich
fahre täglich herüber, hier zu beten, mein Ruder und Segel nehme ich
mit in die Kapelle; ach, wir wollen das Glöcklein recht anziehen, daß sie
an Gott gedenken und beten.« Da zogen sie miteinander das Glöcklein

an, daß es ängstlich hin und her schlug. Aber die Jungfrauen hörten nicht drauf, sie sahen nur nach der Seite des Gesanges; da sprachen sie: »Kühl und lieblich ist die Luft. Sieh, dort steigt der Sonnengott aus dem Ozean; o des süßen Gesanges, der mich durchdringt!« Da begannen sie ihre Locken zu ordnen, weil es Tag ward, und waren ängstlich, ihre Augen seien trüb, weil sie so früh aufgestanden. »Du bist sehr blaß«, sagte eine zur andern, und da färbten sie sich ihre Wangen mit falschem Rote.

Nun sahen sie vor sich zwei große Felsen, und plötzlich tauchte ein schöner Jüngling aus der Flut, der ihnen winkte und die süßesten Lieder sang. Der zog mit der Hand lange Perlenschnuren, mit der andern Korallen aus den Wellen und spielte damit. »Ach, die schönen Perlen!« rief die eine aus, »ach, der schöne Jüngling!« die andere. Da zog ihr Schifflein wie ein Pfeil zwischen die Felsen und kam in den Strudel und begann sich im Zirkel zu drehen. Anfangs glaubten sie, es sei zur Lust, auch blies der Jüngling einen schönen Tanz dazu auf einer schimmernden Muschel, aber es drehte sich der Strudel immer heftiger, und unter schrecklichem Angstgeschrei riß er das Schifflein mit den eitlen weltliebenden Jungfrauen hinab in seinen Schoß.

Unter großem Jammer hatte das Jungfräulein und der alte Schiffer das Schifflein der beiden Schwestern aus den Augen verloren. »Ach, lieber Schiffer«, sprach sie, »wenn wir nur einen Kahn hätten, daß wir ihnen folgen könnten; vielleicht sind sie noch zu retten.« »Hier ist kein Kahn als meiner, hier hält sich kein Fischer auf, und den meinigen haben sie mitgenommen, und ich werde nun hinüberschwimmen müssen, was ich nun Alters halben nicht mehr leicht wage. Ach, ich wollte den Kahn gern verschmerzen, wenn nur deine armen Schwestern nicht umgekommen wären!« »Ach«, weinte die Jungfrau, »so sind sie dann verloren; ach, hätte ich sie doch zurückgehalten, aber ich rief ihnen oft und bat sie, da gaben sie mir schlimme Worte.« »Gott erbarme sich ihrer!« sagte der Schiffer und sah ins Meer. »Sieh, dort treibt mein Kahn leer wieder ans Ufer!« Da gingen sie beide von der Kapelle herab in den Kahn und weinten bitterlich; die Jungfrau trug das Ruder, der Schiffer das Segel, und da sie alles geordnet hatten, sang der Schiffer ein frommes Lied, und sang die Jungfrau mit. Da erhob sich ein frischer Wind, das Segel schwoll, und fuhren sie auf einem Umweg nach der Insel. Als sie angelangt waren, wollte die Jungfrau auf den kleinen Felsentreppen schnell über das Gestein laufen, um nach ihren Schwesterlein zu suchen, aber der Schif-

fer hielt sie zurück und sprach: »Nein, meine Tochter, bleibe hier, denn
du magst sie nicht erretten, und jenseits ist der Felsen so schlüpferig,
und würde dich der Gesang des Perlengeistes so verwirren, daß du leicht
auch hinabstürztest.« Da wollte sie mit aller Gewalt hin, bis ihr der
Schiffmann versprach, ihr auf den Abend ihre Schwestern zu zeigen. Da
fragte sie ihn, wie er auf die Insel zu wohnen gekommen sei und was er
hier treibe. Da sagte ihr der Schiffer, daß er hierher gezogen sei, die Unglücklichen, welche durch den verführerischen Gesang gelockt würden,
zu warnen und, wenn er könne, die schon Untergehenden zum Gebet
zu ermahnen, für die Verlornen aber zu beten. »Wer hat dich aber zuerst
hierhergeführt?« sprach die Jungfrau. Da sprach der alte Schiffer: »Ach,
das ist eine gar traurige Geschichte, und will ich sie dir heute abend erzählen, wenn ich dir deine Schwestern zeige.«

Da gingen sie in die kleine Hütte des Schiffers, die gar reinlich war;
das Jungfräulein mußte Feuer machen, und er holte seine Netze hervor
und finge einige Fische, die sie dann brieten und freundlich miteinander
aßen; ihre Teller aber und alle ihre Küchengeräte bestanden aus mancherlei großen Muscheln, und schimmerte die ganze Wohnung von dem
bunten Perlemutter, das hie und da zu verschiedenem Gebrauch angebracht war. »Habt Ihr die Hütte gebaut?« fragte die Jungfrau. »Nein«,
sprach der Schiffer, »der Schöne Bettler hat sie gebaut.« »Wer ist der?«
sagte die Jungfrau. »Er wohnte vor mir hier, und will ich dir ihn heute
abend zeigen, wenn du deine Schwestern siehst.« Dann ging der alte
Schiffer in eine Kammer und brachte ein Buch heraus, dessen Decke
auch von schimmernden Muschelplatten war; das schlug er auf und
sprach: »Diesen letzten Teil des Buchs, Gedichte und Lieder und Abbildungen der Sterne, hat alle der Schöne Bettler geschrieben während ze-
hen Jahren, die er hier wohnte; das Buch selbst hat er hier gefunden, und
war schon vieles hineingeschrieben.«

Da betrachtete die Jungfrau das Buch, nachdem sie den Fischer versichert hatte, daß sie nicht lesen könne, denn sonst hätte er es ihr nicht erlaubt, und sah sie mit großer Verwunderung, daß mehrere der ersten
Pergamentseiten des Buchs oft halb von Perlemutter fest zusammengeschlossen waren; auch waren hie und da in der Schrift schimmernde feste Stellen, wie von zerflossenen Perlen. Da sie ihn fragte, was das sei,
wiederholte er wieder: »Das will ich alles erzählen, wenn du deine
Schwestern siehst.« Da schlug er ein Blatt auf, auf welchem der Abend-

stern abgebildet war, und las: »Wenn der Abendstern über dem Meere leuchtet und man singet *Ave maris stella,* so müssen die Lieder des Perlengeistes verstummen, und kann man von dem äußersten Felsen ohne Gefahr in das Wasserschloß sehen, wo der Becher von Thule zwischen zwei großen Platten von Bernstein eingewachsen ist; da sind viel Wunder zu schauen, aber wenn man dorten die Unglücklichen nicht sieht, so muß man in die Herzkammer der Steinernen Trauer gehen, da muß man leis die Decke des Bittern Brunnens erheben, wo man in die Kammer der Weinenden blicken mag.« Da schloß er das Buch und gab es der Jungfrau zu halten. Dann setzten sie sich vor die Hütte, und lehrte er sie das Lied. Da die Jungfrau aber vor sich nieder sah auf die glänzende Decke des Buchs, auf welchem des Himmels Abbild schimmerte, da rief sie plötzlich, nachdem sie das Lied ganz richtig nachgesprochen hatte: »Der Abendstern! Der Abendstern!« und blickte gegen Himmel. Zugleich sprang sie auf und bat den Alten, sie hinzuführen, wo sie ihre Schwestern sehen könnte. Da ging der Alte vorher und führte sie über manchen schlüpfrichen Pfad, durch Klippen und Felsen, die oft in bunten Farben schimmerten und wie Eis glatt waren, und beide sangen das Lied. Endlich kamen sie in ein altes Gemäuer, auf den äußersten Rand des Felsen gebaut; da hörten sie, wie das Lied des Perlengeistes vor ihrem verstummte, und blickten durch ein hohes Fenster hinab in den Strudel. Der war ruhig und klar, und schimmerte zwischen den tausendzackigen Felsen ein mildes Licht. Da sah sie den Becher von Thule zwischen zwei Bernsteinplatten aufrecht eingeklemmt, aber es waren ihre Schwestern nicht zu sehen, nur sah sie den Schleier der ältesten an einem Felsenhaken hängend. Da sagte der Schiffer: »So müssen wir sie im Bittern Brunnen suchen, der eine Kammer des Perlengeistes ist, denn er hat mancherlei Höhlen unter dem Felsen. Das alte Fenster ist das Fenster, von dem der König von Thule den Becher vor seinem Tode hinabwarf, den ihm seine Geliebte gegeben, wie in dem Buche steht. Nun will ich dich in die Steinerne Trauer führen.«

Nun gingen sie links immer auf Felsen hin, bis hin an eine große Klippe, da hörten sie Bäche rauschen, und die Jungfrau sprach: »Ach Gott, mir graut, denn ich sehe den Felsen wie ein trauriges Antlitz an dem hellen Himmel abgezeichnet.« Da sprach der Schiffmann: »Sei ruhig, dieses ist die Steinerne Trauer, ein Fels, der gleich einer liegenden weinenden Jungfrau gestaltet ist; aus ihren Augen fließen die Quellen,

die du rauschen hörst, und hier ist das Gewölbe, ihre Herzkammer.« Da
gingen sie in ein kleines Gewölbe, und der Schiffer steckte eine Lampe
an. Da die Jungfrau aber an den Wänden hintappte, stieß sie mit dem
Antlitz an etwas Kaltes, und da es Licht ward, sah sie vor sich das Bild
einer sitzenden Jungfrau; auf ihrem Schoß lag ein toter Jüngling, und
beide waren von einer dichten Masse verschmolzener Perlen überrindet,
die aus der Jungfrau Augen wie Tropfenstein niederwuchsen und sich
über die Erde verbreitet hatten. »Dies ist der Schöne Bettler und seine
Braut, die seinen Leichnam und sich mit ihren Tränen kristallisiert hat.
Aber jetzt helfe mir die Decke des Brunnens aufheben, und dann setze
dich still an seinen Rand und sehe hinab.« Da hoben sie die Decke des Bittern Brunnens. Da saß eine große Menge Menschen, Männer und Frauen,
in einem Zirkel unterm Wasser, und hatte jedes ein Becken vor sich und
weinten. Da sah sie mit unendlichem Jammer auch ihre zwei Schwesterlein sitzen, die waren noch ganz frisch; die andern Gestalten sahen sehr
alt aus, viele waren wie Fische mit Schuppen bedeckt und mit wildem
Schilfhaar; da sah sie auch Herrn Peter von Stauffenberg sitzen, den die
Meerfei getötet hatte, und Herr Regnard von Lusignan und viele andere.
Die schauten alle nach ihren Schwesterlein; in der Mitten aber lag ein abscheulicher Wurm auf einer großen Muschel und schlief; aber keiner der
Unglücklichen konnte schlafen, denn sie waren mit ihren Haaren in das
Gestein gewachsen, und wenn sie mit dem Kopfe nickten, litten sie
Schmerzen. So sah die Jungfrau lang hinab und weinte mit in ihren
Schoß. Der Schiffer aber ging hinaus und sah nach dem Gestirn, und da
er wiederkehrte, sprach er: »Jetzt gehe hinweg, denn ich muß den Brunnen schließen, weil ich sehe, daß ein Stern über dem Felsen steht, der
heißt Wermut, von dem in der Offenbarung Johannis steht, und wenn
er senkrecht über dem Brunnen steht, da erwacht der Perlengeist.« Da
schlossen sie den Brunnen, und da die Jungfrau in ihren Schoß sah, lag er
voller Perlen, die hatte sie geweint. Da sprach sie: »Ach, wie kommen
die Perlen in meinen Schoß?« Da sprach der Schiffer: »Das sind deine
Tränen, die du aus Mitleid um deine Schwestern geweint hast; solche
Tränen sind köstlich wie Perlen, und da du vorhin mit deinem Antlitz an
das Bild der schönen Bettlerin gerühret, haben sie auch die Gestalt der
Perlen erhalten, und kannst du nun immer Perlen weinen und durch
Kummer und Elend gar große weltliche Güter erwerben.« »Das will ich
nicht«, sprach das Jungfräulein, »ich will hier bei dir bleiben und beten;

aus den Perlen aber will ich einen Rosenkranz machen und ihn täglich für meine armen Schwestern beten, daß Gott sich ihrer erbarme.« Da lobte sie der Schiffer, und gingen sie nach Haus; es war schon Nacht, der Mond stand über dem Meere, die Quellen der Steinernen Trauer rauschten laut und wehklagend zwischen den Falten ihres Felsenkleides hinab, und der Stern Wermut ergoß einen bittern Glanz zur Erde.

Als sie nach Haus kamen und den Rest der Fische von Mittag gegessen hatten, sprach das Jungfräulein: »Nun, mein Lieber, sage mir die Geschichte des Schönen Bettlers und seiner Braut, und was mir sonst von der Insel zu wissen gut ist; denn ich will bei dir wohnen als eine Einsiedlerin oder als deine Tochter, und nach deinem Tod will ich wie du die Menschen hier warnen.« »Es ist gut«, sagte der Schiffer, »daß wir zwei sind, so ist die Insel doch nie ohne einen Schutzengel, wenn ich hinübergehe, zu beten und die Fische zu verkaufen. Daneben in der Kammer ist ein starkes Netz, in welchem eine Matte liegt, an der Decke ausgespannt, darin kannst du schlafen; oben an dem Dach aber ist eine Klappe, die du eröffnen kannst, wenn du schlaflos liegst, von da aus kannst du die Sterne sehen und freudiger beten.« Dann setzte er sich hin, schlug das Buch auf und las teils, teils erzählte er folgende Geschichte. Die Jungfrau aber zog sich mehrere ihrer langen blonden Haare aus, drehte sie in einen Faden und reihte ihre Tränen zu einem Rosenkranz an den Faden.

»Liebe Tochter«, sprach der alte Schiffer, »was von dem Ursprung dieser Insel, von der Entstehung der Felsen und vielen wunderbaren andern Geschichten in diesem Buche steht, wage ich dir nicht zu erzählen, und wenn du erst lange hier gewohnt hast und in Gebet und Tugend stark geworden bist, magst du alles selbst lesen ohne Gefahr. Denn du mußt wissen, der Schöne Bettler selbst ist durch die Lieder, die es enthält, in seiner Tugend wankend geworden und in Sünde gestorben. Was aber darin steht, sind die Lieder des Perlengeistes, die einige starke Seelen, welche in frühern Zeiten hier gewohnt, ihm abgehorcht und in das Buch geschrieben haben, um durch Erzählung derselben die Unglücklichen von ihrem Untergange abzuhalten. Sie enthalten teils die Geschichte des Perlengeistes bis vor der Sündflut, teils sind es die Geschichten der Unglücklichen, die in seine Gefangenschaft gefallen sind und das ewige Leben um zeitliche Lust hingegeben haben. Du sahst sie im Brunnen sitzen, und oft kürzen sie sich die jammervolle Zeit mit Er-

zählung ihrer Schuld. Der Perlengeist ist aber der Geist der weltlichen
Eitelkeit und Liebe, der irdischen Freude und der sie begleitenden
Trauer. Alle Menschen, die das Ewige vergessen über der Zeit, den Geist
über dem Leib, sie werden der ewigen Sünde und der Trauer hingegeben. Und die da unten sitzen, sie müssen nur weinen, weinen und immer
weinen, daß das Meer bitter werde, und so ernähren sie alles Gewürm
und Ungeheuer des Meers und sitzen in der Bitterkeit ihrer Tränen.
Aber in aller Trauer ist etwas Göttliches, denn die Trauer ist ein Streit
gegen das, was der leiblichen oder geistlichen Vollkommenheit wehe
tut, und so gibt es mancherlei Tränen. Die, welche in der Strafe um den
Schmerz fließen, sind bitter und gesalzen; also weinen die Unglücklichen, die du sahst.« Da brach das Jungfräulein abermals in Tränen aus,
und die Perlen rollten auf den Tisch. »Ach, so ist denn keine Rettung für
meine armen Schwestern?«

Da fuhr der Schiffer fort: »Die Tränen aber eines Menschen liebenden
Mitleids sind köstlich und sie verwandlen sich in Perlen, wie du siehst.
Nun will ich dir aber sagen, was die göttlichsten Tränen sind. Es sind die
Tränen der Andacht, welche fließen um das Leiden des Herrn, um die
eigne Unvollkommenheit, um die Sünde der Welt und um das Lamm,
welches sie getragen. Diese Tränen werden von der Sonne aufgeküßt,
und morgens stehen sie als Perlen des Taues segnend auf den Auen, sie
mehren die Gnade des Herrn und seinen Segen. Nun will ich dir aber
noch sagen, daß wohl eine Rettung für die Unglücklichen ist; denn wie
alle Trauer etwas Göttliches in sich hat, so haben auch ihre Tränen eine
Perle in sich, aber sie müssen oft gar lange weinen, bis sie diese Perle
weinen. Wenn sie sich endlich selbst vergessen, wenn sie ihren Schmerz
gering halten für ihre Torheit und durch die Leiden ihrer Gesellen gerührt werden, dann hört ihre Empfindung auf; sie verwandlen sich in
harte Muscheln, in denen eine Perle fest verschlossen ist, und dies ist
ihre Träne des Mitleids. Nun muß ich dir aber noch sagen, wie unrecht
es ist, sich selbst den Tränen der edleren Trauer unmäßig zu überlassen.
Da diese Trauer doch immer ein Opfer ist, welches wir der Zeitlichkeit
und ihrem Geschicke bringen, und nicht ganz göttlichen Ausgangs und
Eingangs ist, so liegt auch in den Perlen noch etwas Weltliches und kann
manch Böses dadurch entstehn, denn sie werden oft der Schmuck eitler
Frauen und buhlerischer Jungfrauen, sie sind eine Zierde irdischer Kro-
nen und haben hohen Preis in dem Kram niedrigerer Wucherer, die der

Herr aus dem Tempel geworfen hat. So mehren sie die Sünde, oft aber werden sie auch zur Zierde heiliger Gewänder und Gefäße, zum Schmuck der Reliquien und der von frommer Kunst gebildeten Kreuze und Marienbilder gebraucht, und so mehren sie die Andacht. Also hat der Herr diese Früchte der Weltlichkeit wieder der Freiheit der Menschen übergeben, denn er ist gerecht. Und darum schließen die Muschlen sich so fest um die Perlen und geben sie nur, wenn man sie erbricht und tötet, weil sie lieber sterben wollen als von neuem Böses stiften. Da sie seine Strafe, unendlichen Schmerz, fürchten, leiden sie seine Folge, die Vernichtung, und gehen über in die Materie. So sind sie aus einem Ebenbilde Gottes zurückgegangen in den rohen Stoff, weil sie sich von dem Schöpfer zur Kreatur gewendet haben.

Von der Steinernen Trauer aber will ich dir folgendes erzählen: Sie war, ehe der Herr in seinem Zorn die Menschen und Tiere von der Erde vertilgt hatte, eine herrliche Königin, nahm sich aber solches Stolzes an, daß sie ihre Schönheit der göttlichen gleich pries, und ließ sich und ihren Kindern Opfer bringen. Da trafen die Blitze Gottes ihre Kinder, und sie begann in unsäglichem Jammer zu weinen; eine ihrer Töchter hatte sich früher einem bösen Geiste des Meeres verbunden, denn die Menschen hatten in Blindheit und Laster ihr göttliches Ziel aus den Augen verloren, und alle Geschöpfe hatten sich untereinander verwirrt. Da die unglückliche Königin ihre Kinder verloren hatte, lag sie weinend am Meer und flehte nach dieser ihrer Tochter; aber sie kehrte nicht nach ihr zurück, denn sie fürchtete die Blitze des Herrn. Da aber bald hierauf die Erde von der Wasserflut gereiniget wurde, da war das ganze menschliche Geschlecht wieder in die Erde und das Gestein aufgelöst, und alle Berge, Klippen und Quellen waren dem neuen Geschlecht in wunderbaren Gestalten als warnende Bilder zurückgeblieben; so auch ist dieser Fels in Gestalt eines weinenden Weibes hervorgekommen; ihre Tochter aber wühlte unter den Steinen zu ihr herauf und hat den Bittern Brunnen unter dem Gewölbe in ihrer Herzkammer gebildet; sie aber liegt da als ein ewiges Denkmal weltlichen Stolzes und weltlichen Elends, und aus ihren Augen rinnen zwei Quellen, die ins Meer fließen. Der Perlengeist aber ist ein Nachkomme dieser Königstochter und des sündlichen Geschlechts der irdischen Lust, gegen die wir ewig kämpfen müssen, um als Sieger das ewige Leben zu gewinnen; denn nach dem Fall des ersten Menschen ist Kampf das Los des Menschen, denn der Herr sprach:

›Du sollst dein Brot im Schweiße des Angesichts erringen.‹ Er erscheint
aber bald als ein Weib, bald als ein Jüngling und zieht durch seine liebliche Musik die Menschen zu sich hinab ins Verderben; oft auch hat er
sich als eine liebliche Jungfrau in heimliche Ehe auf Erden begeben und
edle Männer mit weltlicher Liebe und Treue und großen Glücksgütern
von dem rechten Wege scheinheilig geführt. Wenn ihre Gatten aber sich
gesammelt und zu wissen begehrt, wer sie sei, hat sie dieselben verlassen
und ihren baldigen Tod verursacht. So sitzt Herr Raimund von Poitier,
Herr Peter Diemring von Stauffenberg im Bittern Brunnen, welche sie
als Melusine betrogen; auch ein armer Fischer weint da unten, den sie
hinabgelockt mit schönen Lügen; und den König von Thule, der vor
langer Zeit hier ein Schloß hatte, kannst du auch im Brunnen sehen und
sein Lied singen hören. Er hat lange mit einer schönen unbekannten
Jungfrau in unordentlicher Liebe gelebt, die ihn sehr geliebt; da er aber
in sie gedrungen, ihren Namen zu nennen, ist sie vor Gram gestorben
und gab ihm einen goldnen Becher, den er nun über alles liebte, und so
hat sie ihn noch nach ihrem Verschwinden bis an sein Ende verstrickt.
Da er nun sterben wollte, reiste er hierher auf sein Schloß, wo er sie zuerst gesehn, und warf vor seinem Tode den goldnen Becher hinunter in
die Flut, wo du ihn gesehen. Er selbst aber ließ sich in ein Felsengrab legen, das nicht mehr gefunden wird, da es der Geist unterwühlt hat. Und
nun will ich von dem Schönen Bettler sagen.

Drüben am Ufer lebte einst ein armer Fischer; er war sehr arm, aber
arbeitsam und lebte vergnügt; er hatte nur einen Kummer, das war sein
Sohn. Dieser war ein wunderschöner Jüngling, auch fromm und tugendhaft, aber er wollte nie mit seinem Vater fischen, ja warf ihm sogar
oft die gefangenen Fische wieder heimlich ins Wasser, und wenn ihn der
Vater darum strafte, so sagte er: »Das will ich gern leiden, wenn nur die
armen Fische wieder glücklich sind.« So bezeigte er ein seltsames Mitlei-
den gegen alle Tiere und wollte überhaupt kein Gewerbe ergreifen. Er
hütete die Schafe auf den Hügeln, am liebsten aber die Gänse am Meer,
denn wenn er ein Schaf dem Fleischer abliefern sollte, so weinte er wie
ein Kind, und einmal, da er wußte, morgen würden viele seiner wollich-
ten Freunde zum Tode geführt werden, führte er in der Nacht die ganze
Herde auf einsames Gebürg, um sie zu retten. So daß man ihn dieses
Amtes entsetzen mußte. Der Vater hielt ihm seine Torheit mit harten
Worten vor und bat ihn, der Schwanen, Gänse und Enten am Meeres-

strand mit mehr Menschenverstand zu hüten, und mit Vergnügen übernahm er sein neues Amt, denn er liebte sehr im Meere herumzuschwim-
men, und das tat er nun mit seinen Freunden um die Wette. Aber da nun
sein Vater sah, daß er immer im Wasser lag, bat er ihn herzlich, nie darin
zu schwimmen, ohne Gott vorher anzurufen; ›denn‹, sagte er, ›ich bin
einst in großes Unglück dadurch geraten.‹ Bei allem dem liebte er ihn
herzlich, denn er war so schön, daß man ihn nicht ohne große Liebe ansehen konnte, und wer ihn sah, der dankte Gott für seinen Anblick und
bedauerte, daß er sich zu keinem Geschäfte schicken wollte. Er aber bekümmerte sich um nichts, war stolz und nahm kein Geschenk an; auch
war er nicht faul, sondern in beständiger Arbeit mit seinen Gedanken,
nur tat er nichts von allem dem, was man so unter den Leuten Arbeiten
nennt. Er flocht sich ein künstliches Schilfhaus, schnitt sich Flöten und
blies sie auf die lieblichste Art; oft lag er ganze Nächte unter freiem
Himmel und sah die Sterne an, die ihn sehr erfreuten; auch erfand er
wunderschöne Lieder und sang sie mit entzückender Stimme. Kräuter,
Steine und Muscheln betrachtete er mit großer Aufmerksamkeit,
machte sich wunderbare Gedanken darüber und legte sie oft in eine
Ordnung an die Erde, wie er die Sterne am Himmel sah. So war er bereits achtzehn Jahre alt geworden und konnte noch nicht lesen und
schreiben. Aber seine Religion hatte er sehr gut im Gedächtnis und im
Herzen; denn morgens, wenn er am Meer saß vor Tag, da kam ein alter
Einsiedler von der Insel nach jener Kapelle gefahren, wo du mich heute
fandst, mit dem hatte er Freundschaft aufgerichtet, und dieser unterrichtete ihn mündlich von allem, wenn sie in der Kapelle gebetet hatten.
Sein Vater war aber gar alt und fühlte sein Stündlein nahen. Da rief er
seinen Sohn an sein Lager, um mit ihm vor seinem Ende nochmals herzlich zu reden.«

Hier unterbrach sich der Schiffer und sagte zu dem Jungfräulein, welches gar aufmerksam zuhörte: »Komme mit mir ans Fenster.« Da zeigte
er ihr nach der Meerseite hinaus weit in der Ferne ein Licht und sprach:
»Sieh, dort wo das Licht scheint, liegt auf einer Insel ein Schloß; das gehörte einst mein, dort wohnte mein Weib und meine Tochter!« Dabei
flossen ihm einige Tränen von den Augen, die auch Perlen waren. Da
machte er den Laden zu und gab der Jungfrau die Perlen mit den Worten: »Reihe diese Tränen auch in deinen Rosenkranz und bete sie immer
zum Heil meiner Seele, wenn ich nicht mehr bin. Ich habe lange nicht da

hinaus gesehen, lange nicht von den Meinigen geredet und will es auch nie wieder, wenn ich dir die Geschichte erzählt habe.« Dann fuhr er fort:

»Ich kannte den alten Fischer gar wohl, er fuhr mich oft nach dem Schloß zurück, wenn ich auf dem festen Lande gewesen war; und da ich einstens Frau und Kind gesegnet hatte, um eine Fahrt ins Heilige Land zu tun, kam ich morgens in seine Hütte, auch von ihm Abschied zu nehmen und ihn einzuladen, manchmal die Meinigen in der Abwesenheit im Guten zu ermahnen. Da ich aber hereintrat, wollte der Alte grade sterben, und kniete der Schöne Bettler vor seinem Lager. Der Vater unterbrach seine Ermahnungen an seinen Sohn, der kein Wort redete, und nahm im wahren Sinne des Worts Abschied von mir. Dann fuhr er in seiner Rede an seinen Sohn fort und sprach ihm besonders wegen seinem Müßiggang in die Seele, und vor allem stellte er ihm seine Schönheit vor und die Gefahr, die er laufe, in weltlicher Liebe zugrunde zu gehen. ›O mein Sohn‹, sprach er, ›verweile nie ohne Geschäft zur bloßen Lust in den Wellen dieses Meeres; denn dort drüben wohnt in den Klippen eine Sirene, die weltliche Lust und Liebe, die dich hinabziehen kann mit ihrem süßen Gesang in den Strudel der ewigen Trauer.‹ Da begann der Sohn ihn anzureden und sprach mit einer wunderbaren Begeisterung und einer rührenden Weisheit zu meiner und des Vaters Verwunderung, denn wir hatten ihn, wie alle Welt, für einen törichten Menschen gehalten. ›Teurer Vater‹, sprach er, ›Ihr brechet das Siegel meiner Lippen, denn Ihr brechet mein Herz. O, fasset die wenigen Minuten Eures Lebens, Euch mit Eurem Gott auszusöhnen, und nehmet den einzigen Dank, den ich Euch für alle Eure Liebe geben kann, nehmt aus meinen Worten die Versicherung mit in Euer Grab, daß Euer Sohn nicht als eine Beute seiner Torheit zurückbleibt; denn erfahret aus meinen Worten, daß ich gedacht habe und in der Seele gearbeitet, wenn mich gleich Ihr und das Volk den müßigen Toren nanntet.‹ Und nun begann er mit einer so erquickenden Art seinem sterbenden Vater von der Ewigkeit, von Gott und seiner Barmherzigkeit zu reden, daß der Alte und ich in Tränen zerflossen. Er aber war sehr ernst und freudig wie ein Engel, und da er seinen Vater gar sehr bewegte, sprach dieser: ›O mein Gott, wie herrlich ist dein Todesengel!‹ Dann ward der Alte unruhig und schien etwas Schweres auf dem Herzen zu haben, aber die Sprache fehlte ihm. Da ergriff sein Sohn ein Saitenspiel, das er sich selbst über eine Muschel gespannt hatte, und sang ein wunderbares beruhigendes Lied, daß sein Vater ruhig sterben möchte. Dieser sah ihn nochmals an, sehr wehmütig, und stammelte das Wort ›Sirene‹ und entschlief. Der Sohn küßte ihn und weinte nicht. Da umarmte ich diesen Menschen und fragte ihn, ob er mir auf meiner Reise folgen wollte. Er sprach aber: ›Gestern hätte ich es getan, aber jetzt will ich beten.‹ Ich wollte ihm einen Beutel mit Geld geben, aber er ward unmutig und sprach: ›Soll ich hier bei dem Tod für mein Leben sorgen?‹ Das sprach ich: ›Aber morgen willst du leben?‹ Da sprach er stolz: ›Ich will bettlen!‹ und verließ mich; worauf ich das Geld in den Kasten seines Vaters legte, damit er es als sein Erbe ansehen möge, und mich nach dem Hafen begab, wo mich die Schiffer längst erwarteten. Da sein Vater begraben ward, gingen viele arme Leute, seine ehemaligen Freunde und Standesgenossen, mit dem Zug, und der Sohn hielt eine Rede an seinem Grabe, die alle die alten Leute in Verwunderung setzte. Nachher lud er sie alle zu sich in seine Hütte ein und verschenkte alles das wenige Geräte, was sein Vater zurückgelassen hatte, und bat sie, des Verstorbenen dabei zu gedenken. Auch sogar die Türen und Fenster waren von seiner Freigebigkeit nicht sicher, und nachdem nichts Bewegliches mehr übrig war, begab er sich an das Meer und stürzte sich fröhlich hinein. Noch sahen alle die Beschenkten mit stummer Verwunderung ihm nach, wie er fortschwamm, als hinter ihnen die Hütte in Rauch aufging, denn er hatte Feuer in das Strohdach gelegt. Dann kehrten sie in die Stadt zurück und erzählten, wie der müßige Tor sich ertränkt habe.

Mit leichter Mühe gelangte der rasche Schwimmer auf diesen Felsen zu seinem Freunde, dem Einsiedler, aber in den Wellen gedachte er ernstlich der Ermahnung seines Vaters und betete fromm, daß er nicht in den Strudel kam. Nun verließ er die Insel nicht mehr und genoß einige Jahre den Unterricht des Einsiedlers über alles, was ich dir gesagt habe. Nie aber ließ ihn dieser an jenen Rand der Klippe, wo sich der Geist aufhält, weil er ihn noch nicht für stark genug hielt, seine Lieder zu ertragen. Während dieser Zeit schwamm er oft hinüber ans feste Land, für sich und den Einsiedler zu betteln; aber er kam nie vor die Hütten derer, denen er sein Habe verschenkt hatte; er begehrte auch nie mit Demut, sondern mit einer so edlen Ruhe, daß ihm jedermann gern gab, ja man erwartete ihn, man ging ihm entgegen seiner großen Schönheit wegen, und nun hieß er allgemein der Schöne Bettler. Der Einsiedler ging nun

nicht mehr nach dem festen Lande in die Kapelle, denn der Schöne Bettler richtete ihm einen Altar und ein Kreuz in einer Grotte auf, die ich dir
morgen zeigen will. Da er diesen Betort fertig hatte, fehlte ihm nur noch
ein Kelch, denn der Einsiedler war ein Priester; und da ihm dieser von
dem Becher von Thule gesprochen hatte, so konnte er der Versuchung
nicht länger widerstehen, als der Alte entschlafen war, sich hin nach den
alten Ruinen zu begeben, wo ich dich hingeführt, um zu sehen, ob er
den Becher nicht erhalten könne. Kaum aber hatte er sich dem alten
Fenster genähert und zwar mit seinem Saitenspiel in der Hand, als vor
ihm ein wunderschönes Weib aus der Flut tauchte und mit allen Liebes-
mächten des Gesangs, der Gebärde und des Lieds ihn bezaubern wollte;
er aber ließ sich nicht stören, sondern begann mit seiner nicht minder
schönen Kunst ihren Liedern und ihrem Begehren Hohn zu singen. Da
begann endlich der Geist, gar kläglich zu tun und mit rührenden Gebärden ihn anzureden: ›Was begehrest du von mir, daß du mich verspot-
test?‹ Da erwiderte der Schöne Bettler: ›Ich begehre den Becher, der hier
unten liegt.‹ Da sprach der Geist: ›Gibst du mir den Ring dafür, den du
am Finger trägst, so sollst du den Becher haben.‹ Der Schöne Bettler
wollte den Ring nicht geben, denn sein Vater hatte ihn getragen, und
sagte dies. Da sprach der Geist: ›O mein Sohn, willst du deiner Mutter
den Trauring nicht wiedergeben?‹ ›Wenn dem so ist‹, sprach er da, ›ver-
flucht die Minute, die ich ihn länger am Finger trage; gib den Becher,
hier ist der Ring!‹ Er warf ihn hinab, aber der Geist lachte ihn aus und
gab den Becher nicht. Da erzürnte der Bettler und faßte eine ganze
Wand der Ruine im Grimm und stieß sie hinab auf das Gespenst, daß
das Wasser in die Höhe schlug. Mit großem Unwill kehrte er nun zurück und trocknete sich die Wangen ab, denn die Wellen hatten ihn be-
spritzt. Plötzlich blieb er aber stehn und dachte daran, daß sein Vater
ihm nie von seiner Mutter geredet, daß er ihn immer so geheimnisvoll
vor jenem Strudel gewarnt, daß er noch sterbend ihm das Wort ›Sirene‹
zugerufen. Da ward er sehr traurig und ging in die Grotte an den Altar
und betete unter heftigen Tränen für seinen Vater und flehte zu Gott um
Stärke, gegen die Lockungen seiner Mutter zu kämpfen.

Nach einem Jahr starb der Einsiedler, und der Bettler begrub ihn in
der Kapelle. Nun begann der Zurückgebliebene eine ganz neue Ordnung. Der Einsiedler hatte, wie noch ich, die Gewohnheit, unglückliche
Verirrte zu warnen, daß er, wenn er ein Schifflein oder einen Schwim-

mer sich nahen sah, denselben entgegenfuhr und sie warnte; er aber setzte sich in seinem Saitenspiel ans Ufer und zersang mit unaussprech-licher Kunst die lockenden Lieder der Sirene, und man könnte sagen, daß, wo die Torheit der Verirrten übergroß war, das Rechte zu erwäh-len, er dieselben zum Guten verführte. Auch vermied er nicht, dem Wassergeist zu begegnen, er war so stolz, daß er ihn rief und mit ihm sprach, ihn auch wohl gar mit seinen Gesängen selbst zu bekehren such-te.

So lebte der Bettler lange und stiftete viel Gutes, aber es erzeugte sich in seiner Seele eine unendliche Wißbegierde, den ganzen Ursprung des Bösen zu wissen, um es gründlich bekriegen zu können, und dabei fühlte er nicht, daß er schon weit von der Demut entfernt war und sich ein geheimer Stolz seines Herzens bemächtigte. Er begab sich nun oft in die Herzkammer der Steinernen Trauer, deckte den Bittern Brunnen auf und lauschte auf die Gesänge der Verlornen, ja er begann sich in den Fel-sen dort ein geräumiges Lager zu meißeln, wo er ganze Nächte lag und lauschte, statt daß er wie ehedem in dem Netze geschlummert, welches ich dir heute zur Schlafstelle angewiesen habe, und dem Gesang der Sphären zugehört. Da er aber sein Lager dort erweitern wollte, fand er das Buch in einer Öffnung des Felsens verschlossen. Freudig lief er da-mit nach der Hütte, betrachtete die schimmernde Decke und, da er es öffnete, bedauerte er zum erstenmal, nicht lesen zu können. Besonders aber wunderten ihn viele Abbildungen von Gestirnen, die, mit den heid-nischen Sternbildern bezeichnet, mit wunderbar schimmernden Farben ausgeziert waren. Dann fand er zwischen dem Geschriebenen ganz un-zählig viele Bilder von mancherlei Geschichten, Könige, Ritter und Jungfrauen von so fremder Gestalt und Tracht und mit so reizenden Händen begriffen, daß er den ganzen Tag über dem Buche gesessen hatte, als ihm plötzlich einfiel, daß er noch gar nicht auf der Wache ge-wesen sei. Er verschloß daher sein Buch, so sorgsam er konnte, und eilte nach der Ruine. Kaum war er dort angekommen, als der Wassergeist sehr bestürzt und traurig erschien und ihn fragte, ob er ihm nicht ein Buch entwendet hätte? ›Ja‹, sagte der Bettler, ›ich habe ein Buch gefun-den, welches wahrscheinlich der Einsiedler zurückließ, und das du, Lü-gengeist, dir gerne zueignen möchtest.‹ ›Ach‹, klagte die Sirene, ›dies Buch ist das edelste Kleinod, das ich besaß; es ist die Chronik meines ganzen Stammes, und stehet darin all meine Natur und mein Kalender, alle meine Kunst und Wissenschaft, die Geschichte aller derer, die sich mir ergeben, meine Lieder und der Geburtstag meiner Kinder.‹ ›Wenn ich das Blatt finde, worauf das letzte steht, was du beklagst‹, sprach der Bettler zornig, ›so will ich es zerreißen und dir wiedergeben.‹ Der Geist flehte noch lang, der Bettler aber sprach: ›Ich nehme das Buch für meinen Ring, den du mir abgeschwätzt hast; ich will deine Geschichte studieren und dir dann Anmerkungen dazu machen und ein Register, das dich so peinigen soll, daß die Geschichte ein Ende kriegt‹, und nun ging er zurück. Nun lächelte der Geist für sich, denn die Schlinge zu des Bettlers Verderben war gelegt.

Da er nach Haus kam, schlug er gleich das Buch wieder auf, und seine Begierde, darin lesen zu können, wuchs ungemein. Und wer sollte es ihn lehren? Nach der Stadt wagte er mit diesem Schatze nicht zu gehen, weil er fürchtete, er möchte ihm geraubt werden; er warf also seine Augen nach jenem Inselschloß, wo er vorher nie gewesen war. Er nahm sein Saitenspiel mit und schwamm hinüber. Die Jungfrau des Schlosses befand sich in einem Garten. Der Schöne Bettler ging ruhig auf sie zu. Seine Schönheit bestürzte die Jungfrau, sie hatte nie einen Mann gesehen außer ihrem Vater, der abwesend war, und einigen Dienern. Sie fragte den Jüngling, was er wolle. Er bettelte Brot und Obst. Sie eilte, es ihm zu bringen, und bebte, ihn anzuschauen. Dann fragte sie ihn über seine Heimat und warum er bettle; aber er sprach nur wenig und bat sie, ihm zu sagen, ob niemand auf der Insel wohne, der ihn lesen und schreiben lehren könne. Die Jungfrau sprach: ›Hier ist niemand, der es kann als ich; aber ob ich es lehren kann, weiß ich nicht.‹ Der Bettler antwortete: ›Hier kann es mir auch nicht helfen, denn ich kann das Buch nicht mitbringen, das ich lesen möchte.‹ Und nun beschrieb er ihr das Buch. Da geriet die Jungfrau in ein seltsames Entzücken, ihn anzuschauen, und als er ihr einige Lieder sang, die sein Vater immer gesungen hatte, mußte er weinen. Da sah sie, daß er Perlen weinte, und ward ganz wie unsinnig um ihn. Er aber bat sie, ihn doch lesen und schreiben zu lehren; sie solle nachdenken, wie sie es machen wolle, morgen werde er wieder kommen, und dann stürzte er sich wieder ins Meer und kehrte zurück. Für die Jungfrau war nun alle Ruhe verloren, sie konnte nicht mehr leben und nicht sterben, so heftig hatte sie das Wesen des Schönen Bettlers entzündet, und da er am folgenden Tage wiederkam, versprach sie, ihm durch die Wellen zu folgen, wenn er harren wolle, bis ihre Mutter zu

Bette sei. Der Bettler harrte, die Jungfrau traf einige Vorkehrungen und schwamm mit dem Bettler hinüber. Kaum war sie in seiner Hütte und kaum hatte er ein prasselndes Feuer angezündet, als er auch gleich das Buch aufschlug und ihren Unterricht begehrte. Die unglückliche Jungfrau konnte noch kaum von ihrem ganzen Beginnen, von ihrer Leidenschaft, von ihrem Verbrechen an ihrer Mutter zu Sinnen kommen, als sie ihn schon unterrichten mußte. Er lernte mit unendlichem Fleiß, und sie lehrte ihn die Buchstaben kennen; dann mußte sie ihm noch eine Geschichte aus dem Buche lesen, er dankte ihr, gab ihr etwas zu essen und führte sie wieder hinab an das Ufer und führte sie durch die Wellen zurück. Da versprach sie ihm, daß er sie so oft holen könne, als er eine Flamme an der Gegend des Ufers gewahr werde, wo sie heute gelandet wären. Aber ihre Liebe hatte sie nicht gewagt ihm zu gestehen. Am folgenden Morgen stand der Jüngling früh auf und beging den ersten Mord, er schnitzte einen Bogen und erschoß einen Seevogel, um eine Feder zum Schreiben zu haben. Mit dem Blute des Vogels begann er die Buchstaben, die er kannte, nachzumalen. Abends sah er, sobald es dunkel ward, die Flamme und holte seine Lehrerin; sie kam ihm schon in den Wellen entgegen, und da sie bemerkte, daß er still vor sich redete, fragte sie ihn, warum. Da sagte er ihr, daß man in diesen Gewässern nicht sein dürfe, ohne zu beten. Da sagte sie: ›Ach, Lieber, wenn du nicht betetest, ich glaube, dann wärst du der Wassergeist selbst.‹ Sie lasen abermals; die Geschichten waren wunderbar süß und giftig; dem Bettler waren sie nicht gefährlich, denn er war lauter Nachsinnen, aber die Jungfrau lehrte ihr eignes Verderben. Bald kam sie allein geschwommen, wenn er ihr eine Lampe an einer hohen Stange am Ufer aufrichtete, und der Bettler konnte bereits lesen und schrieb nun auch seine eignen Gesänge in das Buch; auch malte er sich die Sternbilder anders und nach seiner Weise.

Die Liebe der unglücklichen Jungfrau zu dem Schönen Bettler stieg mit jedem Tage, da sie ihn wiedersah, aber sie wagte es ihm nie zu sagen, so fern schien es ihm zu sein, ihr Unglück zu vermuten. Da sie nun einst zu ihm kam und ihn nicht in der Hütte fand, schrieb sie das Geständnis ihrer Liebe in das Buch, und zwar in Form einer Weissagung, daß eine Jungfrau von hohem Stande mit Lebensgefahr ihn lieben und an dieser Liebe sterben werde, wenn er sich ihrer nicht erbarmte; und nun kehrte sie allein zurück. Aus Schüchternheit hatte sie diese Worte an eine Stelle geschrieben, wo er sie nicht gleich bemerkte. Den folgenden Tag steckte er seine Lampe aus, die Sirene aber machte einen Nebel um die Insel, und die Jungfrau konnte das Licht nicht sehen und war sehr traurig, nicht gerufen zu sein. Als sie nun den folgenden Tag auch nicht kam, schwamm er hinüber; aber an dem Ufer fand er viele Menschen beschäftigt, im Wasser zu suchen, und da er fragte, hörte er den Jammer der Menschen, daß die Jungfrau des Schlosses vermißt werde und man fürchte, daß sie ertrunken sei. Wie ein Pfeil kehrte er zu den Klippen zurück, er suchte rings am Strande und fand sie zu den Füßen der Steinernen Trauer mit gefalteten Händen tot von der Flut ausgeworfen. Er trug sie in die Felsenkammer, er ergriff alle Mittel, sie zu beleben; endlich fiel ihm ein, daß in seinem Buche mancherlei Arzneien stünden; er eilte nach Haus und suchte und fand das Geständnis ihrer Liebe; er nahm das Buch und eilte wieder zu ihr in die Höhle, und als er ihre Hand auf die Stelle gelegt hatte, flossen als Beteuerung einige Perlen-Tränen aus ihren Augen. Eine unendliche Trauer ergriff ihn, da hörte er im Bittern Brunnen singen:

> Eile! Eile hin nach Thule,
> Suche auf des Meeres Grund
> Jenen Becher! Deine Buhle
> Trinkt sich nur aus ihm gesund.

Er eilte nun hin an den Strudel, er war auf dem Punkte, sich hinabzustürzen, als sich ihm der Geist zeigte: ›Willst du mir mein Buch noch nicht wieder geben?‹ sprach er hohnlächelnd. ›O hätte ich es nie aus deinen Händen genommen!‹ erwiderte der Fischer. ›Gib mir den Becher, daß ich die Jungfrau wieder zum Leben bringe.‹ ›Ja‹, sagte der Geist, ›wenn du mit ihr zu mir herabkommen willst, so will ich dich als meinen Sohn aufnehmen; beuge dich nieder, daß ich dir den Becher gebe.‹ Der Jüngling beugte sich nieder, und der Geist schlug ihm mit dem Becher so heftig an die Stirne, daß sein Blut niedertroff. Er taumelte zurück, und da er zu dem Leichnam seiner Geliebten kam, nahm er ihn auf seinen Schoß und weinte, weinte nieder; und auf seiner Geliebten lag das Buch aufgeschlagen, wo sie hingeschrieben hatte, daß sie ihn liebte, und wie er so auf das Buch weinte, sah er Zeilen zwischen den andern erscheinen. Da stand sein ganzes Geschick geschrieben, und daß der Geist ein falsches Licht im Meere gemacht habe, nach dem die Jungfrau geschwommen und ertrunken; da weinte er immer mehr und ritzte sich die Adern und schrieb ein kurzes Lied von seinem Untergang, warnte vor dem Geist und weinte immer, immer in unendlicher Trauer, bis er in der Herzkammer der Steinernen Trauer sich und seine Geliebte also in Tränen verhärtet hatte, wie du gesehen. So ist die Geschichte des Schönen Bettlers und – meiner Tochter. Da ich aus dem Heiligen Lande zurückkam in Gestalt eines Pilgers, fand ich mein Weib tot. Sie war aus Kummer über meine Tochter gestorben, das Schloß war in den Händen meiner Verwandten; so gab ich mich auch nicht zu erkennen und begab mich nach dieser Insel, um hier meine Tage zu beschließen. Erst nachdem ich lange hier gewohnt, entdeckte ich die beiden Unglücklichen und das Buch, über welches sich seine Tränen also verbreitet haben, wie du an den schimmernden Stellen siehst.«

Da ward der alte Schiffer gar still; die Jungfrau aber begann den Rosenkranz, den sie vollendet hatte, laut und von Herzensgrund zu beten, und er antwortete ihrem Gebet.

So lebten sie eine lange Zeit miteinander, und täglich ging das Jungfräulein an den Bittern Brunnen und sah ihre Schwestern und betete und weinte so lange, bis sie einen großen Schatz von Perlen hatte, den gab sie dem alten Schiffer und bat ihn, ein Kloster darum auf den Felsen bauen zu lassen. Das tat der Schiffer, und da das Kloster fertig war zu Ehren der büßenden Magdalena auf dem einen Felsen, ward die Jungfrau Äbtissin darin; auf dem andern erbaute der Fischer ein Mönchskloster zu Ehren der Schmerzhaften Maria; und so lag der Strudel des Perlengeistes zwischen diesen beiden christlichen Kastellen, und alle Frauen und Männer dieser Klöster sind Gerettete aus dem Strudel der Welt und leben noch fromm, da ihre Stifter längst im Rufe der Heiligkeit zu Gott gegangen sind. Da sie aber starben, befahlen sie, daß man ihre Leichname in die Herzkammer der Steinernen Trauer tragen und, nachdem sie dort einige Tage gestanden, sie beerdigen solle. Unter großer Trauer trugen die Mönche den alten Fischer und die Nonnen die Jungfrau in die Grotte und knieten davor nieder mit Beten und Singen bis zur Nacht, da nur ein einziger zurückblieb, am Eingang zu wachen. Um die zwölfte Stunde aber hörte dieser ein wunderbar Geräusch und sah die Grotte von Menschen erfüllt; er sah die zwei törichten Jungfräulein aus dem Brunnen steigen und bei dem Leichnam ihrer Schwester niederknien.

Die Geliebte des Schönen Bettlers stand auf und kniete vor ihrem Vater nieder; auch der Schöne Bettler erhob sich und schlug dreimal in sein Saitenspiel: da stiegen aus dem Brunnen Raimund von Poitiers und der Stauffenberger, sie trugen den König von Thule auf ihren Schultern, der einen langen silbernen Bart hatte, dann folgte ein Fischer und unzähliche andere, wie sie in dem Buche abgebildet zu sehen sind. Sie versammelten sich alle und redeten kein Wort und bewegten sich wenig, nur der Bettler schlug heftige Schläge in die Saiten; da rührte es sich heftig in den Felsenadern der Steinernen Trauer, sie wollte sich aufrichten, das Gewölb zerbrach, der Bettler zog voran, die Geister ergriffen die Leichname der Verstobenen, und so zogen sie durch die Öffnung des Felsen hinaus, um die Insel herum und dann fort über die Wellen hin, wo sich eine Wolke in der Gestalt eines Schiffes niedergelassen hatte, das sie bestiegen, und verschwanden.

Indes war ein Stern senkrecht über den Bittern Brunnen gekommen und schien durch die Öffnung grade hinunter; er brannte wie eine Fakkel und fiel in den Brunnen hinunter, und sein Nam ist Wermut. Da ward der Brunnen und das Meer also bitter, daß der Geist mit Wehklagen aus diesen Gegenden entfloh.

Die Schachtel
mit der Friedenspuppe

Ein preußischer Edelmann, dessen Güter dicht an der sächsischen Grenze lagen, hatte ein junges Weib und seine zwei Knaben verlassen, um als Freiwilliger mit mehreren Männern und Jünglingen seiner Herrschaft den Fahnen des Fürsten Blücher von Wahlstadt zu folgen. Er hatte die Schlachten an der Katzbach, bei Leipzig, bei Laon und auf dem Montmartre mitgeschlagen, hatte geholfen, die entführte preußische Viktoria von Paris nach Berlin, heiliger und bedeutender als je, zurückzubegleiten. Die Sache des Vaterlandes war getan, und seiner Verpflichtungen entlassen, kehrte er nach seinem Gute zurück, und fand Weib und Kind, Freunde, Nachbarn und Untertanen liebender, treuer, bewährter und heiterer, als er sie verlassen. Nachdem er die ersten acht Tage seiner Rückkehr ganz seiner Gattin und seinen Kindern gelebt hatte, wendete er seine Aufmerksamkeit auf den Zustand seines Gutes, das, in der Nähe eines Schlachtfeldes liegend, mehrere Brandstätten aufzuweisen hatte. Bei seinen noch durch die Nachwehen vieler angestrengten Kriegsleistungen mannigfach behinderten Glücksumständen nur das Dringendste vermögend, beschloß er zuerst, eine Scheune wiederherzustellen, die niedergebrannt war. Als die Arbeiter alle berufen waren, die ihrem lieben Herrn zum Wiedersehen die Hände drückten, teilte er ihnen die Geschäfte aus, und sein Jäger wies den Zimmerleuten die Stämme im Forste an. Einige Steine, zum Fundamente nötig, schienen schwieriger herbeizuschaffen, denn da jene Gegend durchaus eine Ebene von leichtem Sandboden ist, waren die nächsten Felder um das Schloß seit langer Zeit zu vorkommenden Bauten von allen Steinen abgelesen worden. Sein Amtsbote sagte ihm, daß einige hundert Schritte vor dem Dorfe auf einer kleinen Anhöhe, wo das französische Bivouak gestanden, durch ausgehöhlte Feuerstellen ein großer Steinblock entblößt worden sei. Der Baron begab sich mit dem Amtsboten nach jener Stelle, und fand den entblößten Stein noch angeschwärzt von dem Feuer der Feldküche jener Feinde, die nie wieder im freien Felde bei uns kochen sollen. Indem er, den Stein anschauend, unwillkürlich ausrief: »Die Flamme ist hinausgefahren, der Ruß ist geblieben!«, bemerkte er in dem Betragen des neben ihm stehenden Amtsboten ein Zucken und ungeduldiges Zurückhalten, und da er ihn deshalb schärfer anblickte, wollte dieser seine Unachtsamkeit hinter einem untertänigen Lächeln verstecken, aber zur großen Verwunderung des Barons sah dieser den schmunzelnden Mund des Amtsboten sich in ganz widernatürliche Lachfalten ziehen; die rechte Wange blieb unbewegt, und die linke, das ganze Lachgeschäft auf sich nehmend, zog den Mund bis zum Ohrläppchen hinauf. »Was Teufel schneidet Er für Gesichter?« sprach der Baron. Worauf der Amtsdiener wieder seine gewöhnliche Amtsmiene annahm, und seinem Herrn antwortete: »Ach, Herr Baron, hier auf der Stelle ist mir die Fatalität geschehen, hier an dem Stein, und darum übernahm mich der Zorn und die Ungeduld, als ich hierher trat, daß es mir in allen Gliedern zuckte. Als die Franzosen hier bivouakierten, war ich im Schlosse ziemlich allein; Weiber und Kinder aus dem Dorfe waren mit dem Vieh in den Wald geflüchtet, die Bauern hatten sich bewaffnet gegen Groß-Beeren gezogen, und ich war zurückgeblieben, um doch das Schloß nicht ganz leer dem Feinde zu überlassen. Sie hatten mich bald erwischt, ich hatte mir den Kopf verbunden und mich krankstellend zu Bette gelegt. Die Türen flogen durch Kolbenstöße auf. Zu plündern war nicht viel, wir hatten alles geflüchtet und vergraben, ich schien ihnen noch das Beste, was sie gefunden. Sie rissen mich aus dem Bette, da war ich bald frisch und gesund; aber die Not ward noch größer, ich sollte einem fatalen kümmerlichen blassen Gesellen, dem der Geiz und die Habsucht aus den Augen sah, tausend Fragen beantworten, die ich nicht verstand, denn er sprach französisch. Er war Sergeant, so nannte ihn sein Geselle, und während dieser, der besser Deutsch zu können glaubte, mein Examen übernahm, und auch nichts weiter vorbrachte als: ›Vor dich Coujon, vor dich Spißbub, vor mich *du vin, de l'eau de vie,* vor mich *du pain, du beurre, poulets, poulets!*‹ und ich immer lamentierte: ›Allfort, allfort!‹, schnitt der Sergeant mit dem Säbel die rotseidene Tapete an den Wänden herunter, denn ich hatte mich in die Gerichtsstube gelegt, weil ich da den ganzen Hof übersehen konnte. Ich protestierte gegen die verletzte Tapete, aber er gab mir ein Messer in die Hand, und trieb mich mit den Worten: ›Allons! coupez, Monsieur Allforte!‹ an, mit zu schneiden. Wir waren im besten Schneiden, als er mich etwas von Kosaken fragte, und da ich ihm hierauf antwortete: ›Viel, viel Kosaken!‹, ärgerte er sich, daß ich nicht auch ›Allfort‹ erwidert hatte. Er mußte nun in dem Schlosse nicht mehr recht trauen, und gab, indem er den Rock auszog, dem anderen mehrere Befehle, und ich mußte ihm die Tapete um den Leib herumwinden, wobei er einigemal sagte: ›Kolik, Kolik!‹ Nun gingen sie in den Hof, der sich währenddem mit Soldaten angefüllt hatte, ich mußte folgen. Der Offizier sprach noch etwas von Kosaken, und führte die Schar, die aus höchstens 150 Mann bestand, hierher auf den Hügel, weil hier die Heerstraße zu übersehen ist. Sie hatten bald ihre Einrichtung getroffen. Hier brieten sie einen Hammel am Spieß, und ich mußte den Braten wenden, der Sergeant begehrte wieder allerlei von mir; da ich aber immer ›Allfort‹ erwiderte, faßte er im Zorn mir die Haare hier über dem linken Ohr und riß sie mir mit solcher Gewalt aus, daß mir der Mund schief davon in die Höhe fuhr. Ich fing ein heftiges Geschrei an, und in demselben Augenblick schlug die Flamme aus dem Scheunendach. Einige Franzosen, die mit Licht unter dem Strohdach versteckten Vorrat gesucht, hatten die Scheune angesteckt. Als der Offizier die Flamme sah, wurde er äußerst ergrimmt. Es war Abend, er fürchtete sich, durch sie verraten zu werden, und mit Recht, denn ein Trupp Kosaken, der in der Nähe streifte, zog sich nach der Flamme heran. Es fiel ein Schuß der ausgestellten Vorposten, bald hörten wir Hurrah, und sahen am hellen Schein des Abendhimmels die Spieße der Kosaken vorüberfliegen. Es schien eine große Menge zu sein; die Franzosen waren schnell beisammen, sie eilten dem Walde zu, doch dort drüben am Jägerhaus, wo sie etwas vorsichtiger gingen, weil sie die Stangen von des Jägers Bohnenfeld, das verdächtig gegen den Abendschein abstach, etwa auch für Kosaken hielten, kamen sie in die Mache; es fielen noch einige Schüsse, die Flamme der brennenden Scheune leuchtete über das Feld; ich sah, wie das Getümmel sich in den Wald verlor, und eilte sodann mit mehreren Bauern, welche das Feuer herbeigelockt, die Scheune vollends niederzureißen, damit das Feuer nicht um sich griffe. Bis gegen Morgen waren wir fertig, in der Angst und Arbeit hatte ich die Schmerzen nicht so an meiner Kopfwunde empfunden, am Morgen wurden sie heftig, ich bekam einen Gesichtskrampf, und erst seit die gnädige Frau mir etwas Balsam gegeben, leide ich keine Schmerzen mehr, nur daß mir das Maul beim Lachen so hinauffährt. Das wird mir wohl ewig anhängen! – Wie ich nun mit dem gnädigen Herrn hierher trat, kam mir die ganze Geschichte wieder in die Glieder.« Der Baron gab hierauf dem Amtsboten einen Taler, und bezeigte ihm sein Mitleid, scherzhaft schließend: »Er muß sich des Lachens enthalten und immer eine rechte Amtsmiene machen.«

Schon begann der getröstete Amtsbote mit der Schaufel den Stein noch mehr zu entblößen, und der Baron hieb eine Birke um, den Block damit zu lüften, als die Baronin mit der Zeitung den Hügel heraufkam. Er warf sein Beil nieder und durchlief die Blätter mit der Begierde, die ihm, der lange von dem Vaterlande im Kriegstreiben getrennt, sehr natürlich war. Alles ist an den Blättern, die ruhig das Forum und den Gemüsemarkt des täglichen Lebens ausstellen, unter solchen Umständen interessant, ja selbst die ewig wiederkehrenden Namen der Auktionskommissaire, Buchhändler, und Schenkwirte. Die Baronin folgte seinen Blicken; die Ungeduld, mit welcher er las und alles Vaterländische liebzukosen schien, tat ihr selbst wohl – »Gut! das muß geschehen«, sagte der Baron, »und zwar hier auf der Stelle.« Die Baronin fragte, was er meine, und er las ihr aus der Vossischen Zeitung die Aufforderung eines deutschen Patrioten vor, den 18. Oktober, den Jahrestag der Leipziger Schlacht, mit Freudenfeuern auf allen Anhöhen zu feiern. – »Das geht in einem hin, gnädiger Herr«, sagte der Amtsbote, »wir werden den Stein hier doch mit Feuer sprengen müssen.« – »Desto besser«, erwiderte der Baron, »das Freudenfeuer der errungenen Freiheit sprengt dem Frieden die Fundamentsteine.« – »Wir müssen den Stein nun etwas in die Höhe wuchten«, sagte der Amtsbote, »und kleinere Steine unterlegen, damit die Flamme unter ihm wegziehen kann.« Der Baron brachte seinen Birkenstamm herbei, doch sie bemühten sich vergebens den Block zu bewegen. Indem sie in der Arbeit einhaltend über den Weg hinabsahen, erblickten sie gegen den Wald hin einen Zug aus russischer Gefangenschaft rückkehrender Franzosen. – »Das sind Zugvögel«, sagte der Amtsbote, »die bringen den Frühling, wann sie gehen.« – »Glück auf den Weg!« sagte der Baron. Der Trupp war schon den Wald hinein, sie versuchten von neuem, den Stein in die Höhe zu wuchten, als ein einzelner Franzose, der neben einer schwer bepackten Kibitke herschlenderte, ihre Anstrengungen bemerkend, sich mit Höflichkeit zu ihrer Hilfe anbot und, sein Fuhrwerk verlassend, ohne ihre Antwort abzuwarten, den Hügel herauf eilte. Schnell und heftig ergriff er den Hebebaum, und der Stein wich bald ihren vereinten Anstrengungen. Der Baron dankte, und fragte ihn, wo er geboren sei, wo er gefangen worden. Doch kaum hatte er gesagt, daß er das Unglück gehabt, in Paris geboren, und das Glück gehabt, in Moskau gefangen worden zu sein: so hörten sie unten am Wege den Schrei einer weiblichen Stimme. – »Ach, meine Frau!« rief der Gefangene aus, und eilte hinab. Der Baron und seine Frau folgten ihm auf dem Fuße, und fanden ihn unten hinter einem kleinen Busche beschäftigt, eine junge Person von sehr angenehmer Bildung einer Ohnmacht zu entreißen. Aber wie groß war des Barons Erstaunen, als er sie eine ihm wohlbekannte bunte Schachtel fest umklammern sah, und seine beiden Kinder neben ihr, welche ihn und die Mutter um Hülfe anflehten, weil die Französin die Pariser Friedenspuppe fortnehmen wolle. Der Baron beruhigte die Kinder, wenn es ihm gleich selbst verdächtig vorkam, die Französin die Schachtel mit solchem Eifer umfassen zu sehen, welche eine Pariser Modepuppe von Wachs, von der ersten Friedensmode, mit einem *Chapeau à l'Angoulême au Bouquet de Lys* enthielt, die er seiner Frau von Paris mitgebracht hatte. Die Baronin sagte ihm, daß die Kinder ihr mit der Schachtel, als sie herausgegangen, gefolgt seien, um sie hier unten, wo sie oft im Schatten spielten, zu betrachten; das weitere verstehe sie nicht. Sie könne unmöglich die feingebildete hübsche Frau für eine Diebin halten. Und nun verband sie ihre Bemühungen mit jenen des Franzosen, seine Frau zu sich zu bringen. Diese schlug kaum die Augen auf, als ihr Mann sie der Sorge der Baronin überließ und die Schachtel, von welcher nur der Zustand seiner Frau ihn zurückgehalten hatte, mit Heftigkeit und einem an den tiefsten Ingrimm grenzenden Ausdruck von Schmerz erfaßte. Der Baron näherte sich ihm fragend, was ihn und seine Frau so sehr an dieser Schachtel interessiere, die er von Paris mitgebracht habe. – »Ach«, rief er, »von Paris! – So ist sie es dann gewiß! – Was meine Frau angeht, so kann ich nicht begreifen, wie diese Schachtel sie interessieren kann, aber für mich ist es die Büchse der Pandora; all mein Unglück ist aus dieser Schachtel hervorgegangen.« Während er dieses sagte, hatte sich seine Frau erholt, und sich ihm am Arme der Baronin genähert; als sie aber die Schachtel in seinen Händen sah, begann sie von neuem zu wanken, indem sie ausrief: »*Ah, la boîte fatale!*« Der Franzose blickte sie zürnend an, aus seinen Augen funkelte Angst und Verdacht. »Wie«, rief er aus, »wie, Antoinette, du kennst diese Schachtel?« – Sie schien über seine Heftigkeit zu erschrecken, und irgend etwas in ihrer Seele zu verbergen, was sie ungern bekannt wußte. Die Anstrengung brachte sie mehr zu sich selbst, und sie sagte mit einer Sammlung, die ihrem Zustande nicht natürlich schien: »Louis, die kleine Puppe darin hat mich so wunderbar erschreckt, sie erinnerte mich an die Leiche eines Kindes!« – »Ha! die Leiche eines Kindes! Unglückliche«, rief der Franzose aus, »welches Kindes? sprich!« – »Des Kindes meiner Freundin zu Moskau; erinnerst du dich nicht, Louis, wie ich damals betrübt war?« – »Zu Moskau«, sagte der Franzose kalt, »zu Moskau! – Hm, wohlan! laß uns unsere Reise fortsetzen«; und, sich ganz vergessend, wollte er die Schachtel nach seinem Wagen tragen, der am Wege hielt. Die Kinder des Barons, welche die geliebte Puppe nicht eine Minute aus den Augen verloren hatten, wollten schon schreien: »Er nimmt der Mutter ihre Puppe mit«, als auch der Baron ihm in den Weg trat, und ihn ersuchte, er möge nicht vergessen, daß die Schachtel seines Unglücks ihm nicht gehöre, und ihm das Seinige zurückgeben. Auch die Französin rief ihrem Manne heftig zu: »Louis, du vergißt dich; gib die Schachtel zurück, nimmermehr werde ich mit der unseligen Schachtel reisen.« – »Mit der unseligen Schachtel?« sagte der Franzose, und blickte sie forschend an, indem er sich beschämt dem Baron näherte. – »Mein Herr!« fuhr er fort, »verzeihen Sie mir eine Handlung, aus deren Unüberlegtheit Sie die Heftigkeit meines Interesses für diesen Gegenstand sehen können.« – »Ach«, sagte die Französin bestürzt zu der Baronin, »sie interessiert ihn so heftig!« – »Diese Schachtel«, fuhr der Franzose zu dem Baron fort, »mein Herr, ist mir von ungemeinem Wert, Ihnen kann eine jede dieselben Dienste tun; begehren Sie, was ich vermag, nehmen Sie die Puppe zurück, lassen Sie mir die Schachtel.« – Die kleine Französin sank bei diesem heftigen Anteil ihres Mannes an der Unglücksschachtel von neuem in Ohnmacht. »Mein Herr«, sagte der Baron, »sie wird mir durch die wunderbare Angst, die Sie und Ihre Frau mit derselben verknüpfen, mit jedem Augenblick geheimnisvoller; denn sie ward mir schon in Paris mit seltsamen Anmerkungen verkauft; ich überlasse sie Ihnen um keinen anderen Preis als um ein offenes Eingeständnis der Umstände, welche sie Ihnen so wert macht. Ihre arme kleine Frau ist überdem in einem Zustande, der ihr einige Ruhe nötig macht; können Sie sich von Ihrer Kolonne trennen, so bringen Sie die Nacht bei mir zu, und erzählen Sie mir Ihre Geschichte, die nicht ohne Merkwürdigkeit sein kann.«

Der Franzose erklärte, daß er mit jener Kolonne, die wir hatten in den

Wald ziehen sehen, nur zufällig zusammengetroffen sei, und daß er auf einen eigenen russischen Paß reise. Wenn der Baron seine Gastfreundschaft auch auf seinen Schwiegervater, der vorausgehend, mit einem Gefangenen jenes Transports in ein Gespräch vertieft, sich in den Wald verloren habe, ausdehnen wolle, so sei er bereit, sein Anerbieten anzunehmen. Der Baron bat ihn, die Frauen nach dem Schlosse zu bringen, und übernahm es, den Schwiegervater selbst im Walde einzuholen, da er doch dort ein Geschäft habe; er möge ihm nur sagen, wie er ihn erkennen könne. – »Sie beschämen mich mit Ihrer Güte«, erwiderte der Franzose. »Sie werden meinen Schwiegervater an einem grünen russischen Pelzrock und einer Zobelmütze leicht erkennen; er muß unter den letztern sein, sein Name ist St. Luce.« – Nun hoben sie die Französin in den Wagen, die Baronin saß neben ihr, und der Franzose lenkte die Pferde nach dem Schlosse. Der Baron hatte kaum den Wald betreten, als er auch besorgte, er würde die Gefangenen nicht mehr einholen, denn er konnte sie auf einer ziemlich langen geradelaufenden Wegstrecke nicht mehr erblicken. Da hörte er plötzlich neben sich im Gebüsch ein Geräusch, wie von zwei heftig ringenden Menschen: »*Tu ne retourneras pas, malheureux!*« schrie der eine; der andere rief: »*A l'aide, à l'aide! au meurtre! on me tue!*« Der Baron eilte zu, er sah den ihm beschriebenen Schwiegervater, den er suchte, von einem Franzosen niedergeworfen, der im Begriff war, ihm ein Messer ins Herz zu stoßen. Indem er den Mörder niederreißen wollte, hörte er deutsche Stimmen, und ein Schuß fiel, der seine Hilfe unnötig machte. Der Franzose fiel; er war in den Unterleib getroffen. Ein Korporal, von der Eskorte, einen seiner Gefangenen vermissend, war zurückgeeilt, und hatte ihn, als er ihn in der Gewalttätigkeit begriffen sah, niedergeschossen. Der Mann, den der Baron gesucht hatte, und den wir künftig St. Luce nennen, erhob sich, mit Blut bedeckt; er hatte zwar keine tödliche Wunde, aber das Messer war ihm mehrere Male durch die Hand gezogen, und er schwer an den Fingern verletzt. Der Korporal, der den Baron kannte, weil er in dem Feldzug unter ihm auf den Vorposten gestanden, begrüßte ihn, und bat ihn um seinen Rat in diesem Vorfall. Der Baron erklärte ihm, daß der Verwundete nicht transportiert werden könne, daß er ihn und den Angefallenen auf sein Schloß bringen lassen wolle, um die Sache untersuchen zu lassen. Ihm, dem Korporal, wolle er ein paar Zeilen an den die nächste Marschstation kommandierenden Offizier zu seiner Beglaubigung mit-

geben, und er könne sich sodann, wenn er aufgefordert werde, einstellen. Während der Baron dem Korporal diese Nachricht mit Bleistift in
seine Schreibtafel schrieb, waren durch den Lärm die nahen Zimmerleute und der Amtsbote, der früher zu ihnen gegangen war, um Späne zu
sammeln, auf den Tummelplatz gekommen; der Baron fertigte den Unteroffizier ab, schickte den Amtsboten nach einem Wundarzt und dem
Justiziar des Guts, und ließ den verwundeten Franzosen von den Zimmerleuten nach dem Schlosse tragen. St. Lucen hatte er die Hand mit
Schnupftüchern verbunden, und führte ihn, den der Schreck und der
Blutverlust auch sehr geschwächt hatte, am Arm. Auffallend war es, daß
St. Luce dem Baron als seinem Retter noch nicht gedankt hatte; er ging
in einer wunderbaren Unruhe neben ihm her, und als sie an einer offenen Kartoffelgrube mit dem Verwundeten vorüberkamen, unterbrach
er zuerst sein Stillschweigen, und rief den Zimmerleuten heftig zu:
»Halt, halt, *ici, enterrez ce malheureux*!« Der Baron versicherte ihn, der
Mann sei keineswegs tot. – »Nicht tot?« schrie St. Luce, und riß sich
vom Arm des Barons los. Er trug das Messer, womit jener ihn verwundet hatte, in seiner gesunden Hand, und stürzte gegen den Verwundeten, um ihn zu durchbohren; doch riß ihn der Baron glücklicherweise
schnell genug zurück. Er verwies ihm heftig seine unzeitige Rachsucht,
die ihn selbst verdächtig mache, wand ihm das Messer aus der Hand,
und faßte ihn etwas fester am Arm. Als sie in die Nähe des Schlosses kamen, fragte St. Luce den Baron, ob er nicht eine Kibitke mit Schimmeln
bespannt gesehn habe, und dieser erwiderte ihm, daß er seinen Schwiegersohn und seine Tochter auf dem Schlosse finden werde. Der Baron
ging mit seinem Zuge hinter dem Schlosse herum, um seine Frau und die
Französin nicht zu erschrecken. Er brachte den St. Luce in eine Garten-
stube, und befahl seinem Jäger, bei ihm zu bleiben; den Verwundeten
aber ließ er auf ein Bett in die Gerichtsstube legen, und berief die Gerichte des Dorfes zu seiner Bewachung. Nun begab er sich zu den Gästen hinab, und bat seine Frau, die kleine Französin, die weinend auf
dem Sofa lag, auf die Verwundung ihres Vaters vorzubereiten. Er selbst
ging mit dem Franzosen, dessen Name Frenel war, in eine andere Stube,
um ihn von dem gewaltsamen Vorfall zu unterrichten; doch dieser war
so voll von der Schachtel, daß er sich wenig um seines Schwiegervaters
Wunde zu bekümmern schien. Als er aber die lange freundliche Unterhaltung desselben mit seinem Gegner vor der Tätlichkeit, sodann des

letztern Worte: *»Non, tu ne retourneras pas«*, und zuletzt wieder den Wunsch des St. Luce, seinem bereits gefangenen Gegner den Rest zu geben, vernommen hatte, wurde er sehr bedenklich. Er ergriff plötzlich die Hand des Barons, und sprach heftig: »Ach, mein Herr, wenn mein Schwiegervater ein Verbrecher wäre, wenn meine geliebte Antoinette« – hier übernahm ihn der Schmerz, und er brach in heftige Tränen aus. Der Baron sagte ihm: »Ich nehme allen Anteil an Ihnen, den mir die gänzliche Unbekanntheit mit Ihren Umständen erlaubt; die Ereignisse haben sich um Sie so schnell gehäuft, daß wir eines nach dem andern vornehmen müssen. Wollen Sie mir vor allem zu Ihrem Schwiegervater folgen? Ich glaube, es wird, ehe sein schwer verwundeter Gegner stirbt, wichtig sein, Nachrichten von der Ursache ihres Handels von ihm zu erhalten.« – Sie waren im Begriffe, zu ihm zu gehen, als die Baronin mit Madame Frenel hereinkam, die auch zu ihrem Vater wollte. Sie ersuchte ihren Mann, allein mit ihm reden zu dürfen. Dieser ward über diese Zumutung verdrießlich, ja es schien, als wenn sich ein tiefer Verdacht gegen sie in ihm regte. Er versagte es ihr platterdings, allein mit ihrem Vater zu sprechen, und so begab er sich denn mit ihr und dem Baron zu St. Luce. Dieser saß sehr niedergeschlagen in einer Ecke, und während die Seinigen sich mit ihm unterhielten, meldete der Jäger dem Baron, daß er ihm eine goldene Uhr geboten habe, wenn er ihn hinauf zu dem andern Gefangenen lassen wolle. Dieses machte den Baron noch aufmerksamer auf St. Luce, und er war sehr froh, daß der Gerichtshalter und der Chirurg angefahren kamen. Der Baron schickte den letzteren sogleich zu dem schwer Verwundeten, und machte den Gerichtshalter mit allen Umständen bekannt, besonders anmerkend, daß die Trödlerin, welche ihm die Schachtel in Paris verkaufte, ihm dieselbe mehrere Male als eine wahre Unglücksschachtel voll Zank und Streit geschildert, und vom Ankauf abgeraten habe. Der Gerichtshalter, ein kluger umsichtiger Mann, entwarf bald den Plan der Untersuchung. »Den Verwundeten«, sagte er, »wollen wir, so noch Hoffnung zu seiner Rettung ist, ganz den Händen des Arztes überlassen, er entgeht uns nicht; den St. Luce müssen wir zuerst vernehmen, und zwar ganz allein; auch darf er nicht wissen, in welcher Lage sein Feind ist, ob tot oder lebendig. Die Geschichte mit der Schachtel scheint mir durch die Tochter mit dem Vater, durch diesen vielleicht wieder mit dem Mörder zusammenzuhängen. Diese Geschichte lassen wir uns vor allem von Frenel freundschaftlich erzäh-

len, und nehmen sie zu Protokoll. Doch«, unterbrach er sich, »lassen Sie
uns diese Schachtel sogleich einmal oben dem schwer Verwundeten vor
Augen bringen, so ganz zufällig; vielleicht entdecken wir etwas durch
sie.« Der Baron ging, die Schachtel zu holen; der Gerichtshalter ersuchte Frenel und seine Gattin, kraft seines Amtes, den St. Luce zu verlassen, welches sie sogleich taten. Hierauf begab er sich mit dem Baron,
der die Schachtel trug, zu dem schwer Verwundeten. Der Chirurg hatte
soeben seine Wunde verbunden, die er für sehr gefährlich hielt; doch
könne er, meinte er, in jedem Falle noch einige Tage leben. Der Gerichtshalter sendete ihn nun hinab, die Hand des St. Luce zu verbinden.
Nun näherte sich der Amtsbote dem Baron und trug in der Hand eine
rotseidene Binde; er lächelte, und der Mund fuhr ihm wieder links am
Ohr hinauf: »Sehen Sie, Herr Baron, der Vogel hat sich gefangen; sehen
Sie, das ist das Stück Tapete, das er hier herabgeschnitten« (die entblößte
Fläche war noch an der Wand, und der Kranke hatte sie vor Augen), »er
hat sie noch um den Leib gehabt; es ist derselbe, der mir das schiefe Maul
gemacht.« – Der Baron bewunderte die Menge der Zufälle, und schickte
den Amtsboten nach andern Verrichtungen. Nun setzte er die Schachtel
auf einen Tisch, dem Verwundeten im Gesicht, zu den Füßen seines
Bettes. Der Gerichtshalter beobachtete denselben; er schien bei dem
Geräusch in seiner Nähe anfangs unempfindlich, und öffnete die Augen
nur halb; kaum aber sah er die Schachtel zu seinen Füßen, als Schrecken
sich aller seiner Gesichtszüge bemeisterte, und er leise die Worte ausrief: *»Ah, mon dieu, je suis perdu!«* – »Meine Vermutung«, flüsterte der
Gerichtshalter dem Baron zu, »ist gerechtfertigt; lassen wir die Schachtel noch hier stehen, und den Verwundeten für jetzt in Ruhe.« Sie gingen
hinab, und befahlen vorher dem wachhabenden Schulzen, dem Gefangenen, so er es verlangte, die Schachtel in der Nähe zu zeigen, doch sie
ihm nicht in die Hände zu geben. Als sie zu St. Luce kamen, erkundigte
dieser sich mit großer Angst um den Zustand seines Gegners. Der Gerichtsdiener sagte ihm, er sei tot, und er erscheine hier bei ihm, die Veranlassung ihres Handels zu erfahren. Bei dem Worte »tot« erheiterte
sich das Angesicht von St. Luce auffallend, ja er stand vom Stuhle auf,
und sagte mit großer Lebhaftigkeit: »Er ist den Händen der Gerechtigkeit entgangen, seine öffentliche Strafe, die seine Familie hätte beschimpfen können, ist ihm erspart; das freut mich herzlich.« – »Kennen
Sie seine Familie?« fragte der Gerichtshalter. – »Ich kenne sie nicht«, er-

widerte St. Luce, »ich habe ihn früher nie gesehen, als heute, da uns der Weg als Landsleute zufällig zusammenführte.« Als der Gerichtshalter diese Erklärungen aufgeschrieben, trat der Chirurg mit der Schachtel herein, und sagte, er habe den Verwundeten über diese Schachtel in größter Unruhe gefunden, und bringe sie deswegen herab. – »Er lebt also noch«, rief St. Luce aus, und veränderte die Farbe. Der Chirurg setzte die Schachtel auf den Tisch, St. Luce erblickte sie, und war wie vom Blitz getroffen, er verhüllte das Gesicht, und rief aus: »Gott, das ist Zauberei!« – »Kennen Sie diese Schachtel?« fragte der Gerichtshalter; St. Luce sammelte sich, und erwiderte: »Welche Schachtel?« – »Diese«, sagte der Gerichtshalter, sie ihm vorhaltend, »welche Ihr Schwiegersohn auch erkannt hat.« – »Mein Schwiegersohn«, sagte St. Luce bestürzt, »mein Schwiegersohn kann sie nicht kennen.« – »Aber Sie?« fuhr der Gerichtshalter fort. – »Ich sage, er kann sie ebenso wenig kennen als ich«, versetzte St. Luce. – »Ich sehe diese Unmöglichkeit nicht ein«, sagte der Gerichtshalter, »er kennt sie, er ist über sie bestürzt gewesen, und Ihre Tochter ist sogar in Ohnmacht über dieselbe gefallen.« – »Meine Tochter«, sagte St. Luce, »ist eine Visionnaire, sie weiß nicht, was sie will.« Nun setzte er sich verdrossen nieder. Der Gerichtshalter tat mehrere Fragen an ihn, aber er antwortete nur mit Ausflüchten. Man eröffnete hierauf ein ordentliches Protokoll mit ihm, die Antworten waren: Er heiße Pierre St. Luce, sei zu Lyon Kürschner gewesen, als ein treuer Anhänger der königlich Gesinnten beim Ausbruch der Revolution mit seiner Frau und damals vierjährigen Tochter emigriert, im Dienste eines russischen Edelmanns nach Moskau gekommen, und habe sich dort etabliert. Seine Frau sei gestorben, Frenel, sein Schwiegersohn, sei bei dem Eintritt der Franzosen in Moskau in sein Haus gekommen, habe es vor Brand und Plünderung geschützt; sei bei dem Rückzuge der Franzosen als Gefangener freiwillig zurückgeblieben, habe durch seine Fürsprache die Erlaubnis erhalten, in Moskau in seinem Hause sich aufzuhalten; dort habe er sich seines Geschäfts, des Rauhwarenhandels, ernsthaft angenommen, und da er ihm erklärt, daß er von rechtlichen Eltern und nicht unvermögend sei, da er zu seiner Tochter und diese zu ihm eine große Zuneigung gehabt, so habe er sie ihm zur Ehe gegeben. Jetzt, da der königliche Thron wieder in Frankreich aufgerichtet sei, habe er seine Handlung in Moskau einem Freunde übergeben, um seinen Schwiegersohn in sein Vaterland zu begleiten und sich entweder in

Lyon ansässig zu machen oder, sobald er gesehen, ob Frenel seiner Tochter wirklich ein so reichliches Auskommen geben könne, als er es verheißen, wieder nach Moskau zurückzukehren. Da er auf dieser Reise heute, seinem Wagen vorausgehend, mit der Kolonne der Gefangenen zusammengetroffen sei, habe er mit seinem Gegner ein Gespräch über sein Vaterland angeknüpft, und so hätten sie die Vorangehenden aus dem Gesichte verloren. Sie hätten aber über die Wiederherstellung des alten königlichen Hauses und die Aufhebung der Bonapartischen Dynastie gesprochen, und da sein Gegner sehr gegen den König geredet, und ihm auch sogar die weiße Kokarde von seiner Pelzmütze habe herabreißen wollen, sei ein heftiger Wortwechsel aus ihrem Gespräche geworden, worauf sein Gegner ihn plötzlich mit dem Messer angefallen. Daß er aber, als dieser bereits gefangen gewesen, mit dem Messer gegen ihn gelaufen, sei aus einem plötzlich aufwallenden Rachegefühl gegen denselben entstanden, teils aber auch aus patriotischem Eifer, um sein aufblühendes Vaterland von einem übelgesinnten Mitgliede zu befreien. –

Als er dem Gerichtshalter erklärt hatte, daß dies alles sei, was er zu sagen habe, rückte ihm dieser die Schachtel vors Gesicht, und sagte: »Aber, mein Herr, Sie würden mich verbinden, wenn Sie mir aufrichtig erklärten, was Sie bei dem Anblicke dieser Schachtel so bestürzt hat, daß Sie ausriefen: es sei Zauberei!« – St. Luce sagte: »Ich muß wirklich gestehen, die Schachtel brachte mich in einige Verlegenheit; eine ähnliche wurde bei mir in Moskau von einem Franzosen als Beutegut von unschätzbarem Inhalt, voll Kleinodien, gegen die Summe von 15 000 Livres versetzt, die ich ihm bei dem Rückzuge darauf vorgeschossen; diesen Schatz hatte ich zu Moskau in meinem Garten vor meiner Abreise vergraben. Sie können denken, wie sehr ich erschrecken mußte, dieses jener so ähnliche Gerät, das vielleicht gar dasselbe ist, in Ihren Händen vor meinen Augen zu sehen. Ist es jene Schachtel, so habe ich erstens die 15 000 Livres verloren, zweitens kann ich in meinem Vaterlande zum Ersatz angehalten werden, wenn der Eigentümer mich auskundschaftet, drittens hänge ich von Ihrer Verschwiegenheit ab, denn es war Todesstrafe darauf gesetzt, wer deponierten Raub zurückhalte. Ich ersuche Sie daher flehentlich, mir nicht zu verbergen, woher Ihnen die Schachtel zugekommen, und mich aus meiner Unruhe zu reißen.« – »Ihre Erklärung ist mir einstweilen genug«, sagte der Gerichtshalter,

»aber der Schrecken Ihrer Tochter und Ihres Schwiegersohnes bei dieser Schachtel, wie sollen wir diesen erklären?« – St. Luce antwortete hierauf: »So Sie meiner Tochter meine Aussage über die Schachtel vorlegen, zweifle ich nicht, daß sie dieselbe eingestehen wird; sie wußte um jene Deponierung. Mein Schwiegersohn aber wird nicht klar darüber aussagen können, es sei denn, daß seine Frau geschwatzt hätte, und sollte er verwirrt darüber aussagen, so hat sie ihm vielleicht Unwahrheiten gesagt. Das muß sich finden.« – »Das muß sich finden!« sagte der Gerichtshalter mit jener Kälte, die einem Lügner vor Gericht durch Mark und Bein schneidet. St. Luce aber war ruhig, und sagte nochmals: *»Sans doute, cela doit se trouver! s'il vaudra la peine de démêler les contes qu'une jolie femme aime à faire à son époux en cas de nécessité.«* – Dies sagte er mit einer so französischen Leichtigkeit und einem so frivolen Lächeln, als wisse er, daß es auch Deutsche gibt, die solchen allerliebsten Lug und Trug zu den sogenannten läßlichen Sünden rechnen, die mit Küssen gebüßt werden, oder mit Wurst wider Wurst. Der Gerichtshalter aber sagte nochmals: »Das wird sich finden, und es wird sich auch finden, warum Ihr Gegner bei dem Anblicke der Schachtel ausgerufen hat: ›O mein Gott, ich bin verloren!‹ Wie wäre es, mein Herr, wenn er der Depositair jener Schachtel in Moskau bei Ihnen wäre; wie wäre es, wenn er im Walde die Rückgabe derselben von Ihnen begehrt hätte; wie wäre es, wenn Sie ihn verleugnet hätten; wie wäre es, wenn er zu den Worten, mit welchen er Sie anfiel: ›*Non, tu ne retourneras pas*‹, noch hinzugesetzt hätte: ›*avant de me rendre le trésor, que j'ai déposé chez vous*‹?« – St. Luce war auf diesen Einwurf des Gerichtshalters nicht vorbereitet, er konnte seine Bestürzung nicht verbergen; doch bald sammelte er sich wieder, und sagte: »Mein Herr, eine allgemeine Amnestie und Gnade wird jetzt überall von den erhabenen Herstellern der bürgerlichen Ordnung gehandhabt; Sie sind ein Repräsentant dieser erhabenen Monarchen, lassen auch Sie solche Milde gegen mich obwalten; erklären Sie meinem Gegner, daß ich bereit bin, ihm seine 15 000 Livres zu lassen, wenn er nicht weiter von der Schachtel reden will.« – »Wie hoch war von Ihnen der Wert der Schachtel angenommen?« fragte der Gerichtshalter. – »Auf 30 000 Livres«, erwiderte St. Luce, »und ich Unglücklicher muß die 15 000 Livres verlieren; ich will sie auch gern verlieren, und ihm ewige Verschwiegenheit versprechen, wenn er mich wegen der Schachtel nicht in Anklage bringt.« – »Er wird schlecht mit diesem

Vorschlag zufrieden sein«, sagte der Gerichtshalter, »und Sie würden gut dabei fahren, da die Schachtel noch bei Ihnen in Moskau steht; denn dieses ist die Schachtel nicht, die müßte denn über Paris von Moskau hierher gekommen sein.« – Auf diese Erklärung konnte St. Luce kaum mehr zur Fassung kommen, und er sah die Schachtel von neuem mit großer Unruhe an. Endlich brach er aus: »Wohlan, so erklären Sie ihm, daß ich bereit bin, ihm noch 15000 Livres zu geben, so er weiter gar nichts mehr von dieser Schachtel erwähnt, und obenein, daß ich bereit bin, seinen Anfall auf mich als eine Ehrensache anzusehen.« – »Obgleich dieses keine Aufträge für eine untersuchende Gerichtsperson sind«, sagte der Gerichtshalter, »so werde ich doch alles für Sie tun, was ich tun kann; Sie selbst aber bringen sich in einen ungeheuren Verlust, da ich es Ihrer Regierung nicht verschweigen kann, daß Sie in Moskau einen so bedeutenden Schatz geraubtes Gut verborgen haben, das Sie werden ausliefern müssen.« – St. Luce sagte hierauf: »Das muß ich verschmerzen; ich werde Ihnen die Designation des Ortes einliefern, wo ich es vergraben habe; hoffentlich wird es noch dort ruhen; sollte es aber durch Verräterei entkommen sein, so bleibt kein Mittel, mir zu helfen.« – Der Baron und der Gerichtshalter begaben sich nun wieder zu dem Verwundeten; er war etwas aufgerichtet, und imstande zu sprechen. Auf die Frage des Gerichtshalters sagte er folgendes aus: »Ich heiße Pigot, und bin ein Douanenoffizier von Rouen, wo ich, mit den Kohorten nach Lützen ziehend, meine Frau verließ; in der Lützner Schlacht ward ich von den Russen gefangen, und kehre jetzt nach Hause zurück. Hier im Walde stieß ich auf den Totengräber Dumoulin von Paris; er leugnete mir ab, daß er es sei, und wollte sich für einen Pelzhändler St. Luce aus Lyon ausgeben; diese Unverschämtheit ärgerte mich, und wir kamen in Streit; ich erklärte ihm, er solle aus Frankreich bleiben, es sei nur zu bekannt, welchen schmählichen Handel er in der Schreckenszeit mit Kleidern, Kleinodien und Altertümern aus den Grüften der größten französischen Familien getrieben. Dieses mein Drohen machte ihn wütend, und er drohte mir mit seinem Stockdegen, worüber ich ergrimmt mit dem Messer auf ihn zuging; das Übrige ist Ihnen bekannt.«

Der Gerichtsverwalter sagte nun zu ihm: »Dumoulin oder St. Luce erklärt, daß er Sie nicht kenne, nämlich, daß er Ihren Namen nicht wisse.«

PIGOT: Das ist wahr.

GERICHTSHALTER: Aber er erklärt doch, ein Geschäft mit Ihnen in Moskau gemacht zu haben.

PIGOT: Ich war nie in Moskau.

GERICHTSHALTER: Besinnen Sie sich; ist er Ihnen nicht noch 15000 Livres schuldig?

Bei den Worten 15000 Livres veränderte Pigot die Farbe. »15000 Livres?« sagte er, »ich wüßte nicht.«

GERICHTSHALTER: Kennen Sie diese Schachtel?

PIGOT: Sie scheint mir bekannt.

GERICHTSHALTER: Sind Sie zufrieden, wenn Sie sie ohne ihren Inhalt zurückerhalten?

PIGOT: Allmächtiger Himmel, ich verlange ihren Inhalt nie mehr zu sehen!

GERICHTSHALTER: Sie riskieren auch nichts dabei, denn diese Schachtel ist nicht die, welche Sie meinen; jene ist noch in Moskau in Ihres Gegners Hause vergraben. Sind Sie zufrieden, daß die Juwelen, welche jene Schachtel enthält, an die russische Regierung zurückgestellt werden?

Pigot ward bei dem Worte »Kleinodien« sehr vergnügt und sagte: »Ich bin alles zufrieden.«

Diese Bereitwilligkeit zu den Vorschlägen seines Gegners, verbunden mit der Verschiedenheit ihrer Aussagen, befremdete den Gerichtshalter, und er brach das Verhör ab, weil er fürchtete, daß er beiden zu irgend einem Einverständnis durch seine Fragen Hülfe geleistet. Überdem war es Abend geworden, und dieser bot Gelegenheit zu vertraulicher Erforschung Frenels und seiner Gattin. Diese letztere war bereits durch die Baronin so gewonnen, daß sich alles von ihrer Offenheit erwarten ließ. Der Baron ließ den beiden Arrestanten ein gutes Abendbrot auf ihre Stuben bringen, und die übrige Gesellschaft setzte sich auch zu Tische. Beim Nachtische trank der Baron die Gesundheit der alliierten Monarchen und Ludwigs des Achtzehnten, worauf Frenel herzlich Bescheid tat. Hiernach trank der Gerichtshalter das Wohl aller tapferen Streiter für die gute Sache, und auch der edlen Frauen, welche in dieser Zeit, wo das ganze Vaterland zu *einer* Familie geworden, dem Hause so treulich beigestanden; dann trank man die Gesundheit der Gegenwärtigen, und der Gerichtshalter wendete sich mit dem Glase zu Frenels Gattin und sagte: »Es gilt dem Andenken Ihrer verewigten Frau Mutter, der Frau Dumoulin.« Frenel wendete sich bei diesem Namen zu seiner Frau, die bestürzt schien, und fragte: »Antoinette! hieß deine Mutter nicht St. Luce, wie dein Vater?« Antoinette sagte: »Ich weiß nicht, woher der Herr Gerichtshalter diesen Namen hat; ich habe ihn in Moskau einigemal auf alten Briefen bei meinem Vater gesehen, und er hat mir gesagt, er habe sie von einem Stiefbruder geerbt.« – »Weil wir auf die Sache kommen«, fuhr der Gerichtshalter fort, »so muß ich Sie bitten, mir zu erzählen, ob denn die Schachtel, welche heute so mancherlei Bewegungen bei uns hervorgebracht, jener, auf welche Ihr Herr Vater in Moskau seinem verwundeten Gegner 15 000 Livres vorgeschossen, und die, mit Kleinodien gefüllt, dort in seinem Garten vergraben liegt, so sehr ähnlich ist, daß auch Sie, als Sie ihr Ebenbild erblickten, durch die Furcht, jenes teure Pfand möge dort entwendet sein, erschüttert wurden?« – Antoinettens Verwunderung stieg bei diesen Reden mit jedem Augenblick. Sie sagte: »Ich weiß nichts von einer solchen deponierten Schachtel.« – Der Gerichtshalter bat sie, der Erforschung der Wahrheit kein unnötiges Hindernis in den Weg zu legen, da ihr Vater und sein Gegner, eben der, welcher die Schachtel bei ihm verpfändet gehabt, bereits alles eingestanden. Sie schüttelte den Kopf und sagte: »Ich weiß, bei Gott! nichts von jener deponierten Schachtel.« Frenel, der seine Gattin mit gespannter Erwartung ihres Geständnisses angeblickt hatte, sagte nun zu ihr: »O meine liebe Antoinette, gestehe es, diese Schachtel hat dich nur durch die Ähnlichkeit mit jener deponierten so erschüttert; meine Ruhe, meine Liebe zu dir hängt an dem Geständnisse der Wahrheit.« Antoinette erwiderte ihm: »Du setzest mir einen hohen Preis, ja den höchsten, um diese Erklärung oder um die Wahrheit?« Frenel sagte: »Ja, um die Wahrheit allein.« – »So erkläre ich dir dann«, versetzte Antoinette, »um den Preis deiner Ruhe und deiner Liebe, daß ich von einer deponierten Schachtel nichts weiß.« – Dies war ein Donnerschlag für Frenel. »Meine Herren«, sagte er zu dem Gerichtshalter und zum Baron, »nach dieser Erklärung sehe ich, daß Sie von Ihren Inquisiten belogen sind, die auf eine ganz andere Art mit der Schachtel zusammenhängen dürften. Darf ich Sie ersuchen, Herr Baron, mir zu erzählen, wo Sie in Paris zu dieser Schachtel gekommen sind?« – Der Baron nahm das Wort und sagte: »Als ich die Friedensmodepuppe in Paris gekauft, sah ich bald, daß ich sie in meinem militärischen Felleisen unbeschädigt nicht transportieren könnte, und suchte mir also bei einer Trödlerin, die gleich an der Ecke meiner Straße« – »Welcher Straße?« unterbrach ihn

Frenel – »der Rue St. Mathurin in der Vorstadt St. Antoine«, versetzte der Baron, und fuhr fort: »Die Trödlerin, eine junge, hübsche Frau, suchte ihre Schachteln durch, und keine wollte sich schicken. Nur diese alte bunte Schachtel, die hoch oben in einem Winkel stand, überging sie immer. Ich machte sie darauf aufmerksam, und bat sie, dieselbe auch zu versuchen, denn sie schien mir passend. Sie erwiderte aber: ›Ach diese! das ist die Unglücksschachtel, die mag ich Ihnen nicht geben, so sehr sie mir zuwider ist. Meine selige Mutter machte mich immer mit ihr zu fürchten; sie hatte sie mit vielem alten Geräte von einer Dame, bei der sie diente, erhalten. Sie sagte mir immer, da liege Zank und Streit, ja der Tod selbst darin, und drohte mir, sie zu öffnen, wenn ich nicht artig war. Nein, ich möchte die einem so artigen Herrn nicht verkaufen; sie könnte sie mit der schönen Dame brouillieren, der Sie die schöne Puppe schikken wollen.‹ – Die Schachtel wurde mir dadurch nur interessanter; ich nahm sie herab, die Puppe paßte genau hinein, ich wurde des Handels einig, und trug die Friedenspuppe in der Schachtel des Kriegs, Streits und Todes triumphierend davon. Sie können sich denken, wie mich nun heute die mannigfaltige Intrige um diese Schachtel interessieren muß. Sollte die gute selige Mutter der Trödlerin doch recht gehabt haben? Ich bitte Sie, Herr Frenel, halten Sie nun Ihr Versprechen, und erzählen Sie uns Ihre Geschichte und die der Schachtel.«

Hierzu ließ sich nun Frenel bereit finden, und erzählte folgendes:

»Der Chevalier Montpreville war Witwer; er hatte eine einzige Tochter, die ihrer verstorbenen trefflichen Mutter nicht würdig war, doch durfte man sie damit entschuldigen, daß sie ihre Mutter früh verloren und ihr Vater eben nicht glücklich in der Wahl ihrer Erzieherinnen mag gewesen sein. Er hatte einen Geschäftsfreund, den Advokaten Sanseau; dessen Frau, welche auch eine Tochter und einen Sohn hatte, ward die Pflegemutter der Mademoiselle Montpreville. Als sie erwachsen war, nahm sie der Chevalier wieder zu sich, denn er liebte sie, als sein einziges Kind und den letzten Sprossen seines Hauses, das mit ihr erlöschen sollte. Die Revolution brach aus, die Prinzen, der Adel wanderten aus. Der Chevalier blieb; er wagte es weder sein Kind zu verlassen, noch sie dem Verlust seiner Güter auszusetzen, überdies lebte er einsam und ohne Zusammenhang mit dem Hofe. Sein Ratgeber war immer der Advokat Sanseau, dessen Familie seine Tochter fleißig besuchte, und dort recht in eine Schule des neuen Systems ging. Der Advokat Sanseau war ein naher Verwandter des bekannten Bierbrauers und großen Revolutionärs Sanseau. Dieser besuchte täglich sein Haus, und wenn der Advokat nicht ganz in sein System einging, so war es nur, um sich mancherlei Verhältnisse mit Andersgesinnten zu schonen, die ihm einträglich waren. Er suchte nach und nach überzutreten, doch sein Sohn und seine Tochter standen schon mitten im Haufen der Freien und Gleichen. Mademoiselle Sanseau wurde einst von dem Bierbrauer eingeladen, die Freiheit bei einem allegorischen Zuge vorzustellen, und da Mademoiselle Montpreville zugegen war, machte er ihr den Antrag, die Rolle der Gleichheit zu übernehmen. Sie hatte große Lust dazu, nur fürchtete sie, ihren Vater, der solche Grundsätze noch nicht bekannt hatte, dadurch zu kränken. Der junge Sanseau, welcher bereits einen Teil der Geschäfte seines Vaters übernommen hatte, und als einer der feurigsten republikanischen Redner im Klub und an den Straßenecken bekannt war, war schon seit mehreren Jahren der Liebhaber der Mademoiselle Montpreville. Der Advokat, sein Vater, unterstützte dieses Verhältnis in der Stille, weil er noch die Gesinnungen des Chevaliers fürchtete, den er nach und nach zu dem neuen System, und endlich zu dieser Verbindung zu stimmen gedachte.

Zu dem Feste hatte der junge Sanseau mehrere Gedichte verfertigt; er bestürmte seine Geliebte, die Mademoiselle Montpreville, die Rolle der Gleichheit zu übernehmen, und sie wich endlich seinen Beschwörungen, und ihrer Eitelkeit, öffentlich zu erscheinen. Der Gleichheitsrock wurde geschneidert und angezogen. Der dezenteste war er eben nicht; die Gesellschaft fand die Mademoiselle bezaubernd, der junge Sanseau umarmte sie, und der ganze Unterschied zwischen ihr und der schlechten Gesellschaft, in der sie sich befand, ihre Unschuld, gingen an diesem Tage verloren. Sie waren alle frei und gleich, obschon sie eine ziemlich garstige Gleichheit vorstellte, denn sie war häßlich; und so gleich und eben sie überall war, wo man Unebenheiten nicht uneben findet, so war sie doch auf der einen Schulter etwas zu uneben, und die Pariser Witzlinge bemerkten, als sie in dem Tempel der Vernunft spazierte, daß sie etwas *hautaine*, daß sie eine Achselträgerin, daß sie noch nicht ganz gleich sei. Der Advokat schien den Schritt der Mademoiselle Montpreville zu ignorieren, aber er benutzte ihn; er bearbeitete den Chevalier zu dem Entschluß, auf seinen Adel zu resignieren, um sein Vermögen zu retten. Der Chevalier war beinahe entschlossen; den letzten Stoß sollte

eine rührende Szene geben. Am Abende vor dem öffentlichen Feste lud
er den Chevalier zu sich ein. Da erschien auf einer kleinen Bühne der
junge Sanseau als der Patriotismus, der zum Kampfe ziehen wollte; er
sah die Noblesse, Mademoiselle Montpreville, unter einem Stammbaum
mit vielen Wappen schlummern, der, vom Blitze getroffen, niederzu-
stürzen und sie zu zerschmettern drohte; er bedauerte ihre Gefahr, er
wollte sie wecken. Da erschien ein Liebesgott in dem Baum, und schoß
ihm einen Pfeil in das Herz. Der im Baum herumkletternde Liebesgott
brach mehrere Äste nieder, der Patriotismus riß die Noblesse auf, er
machte ihr seine Erklärung. Der Liebesgott schoß auch ihr einen Pfeil in
das Herz, doch zierte sie sich noch, ehe sie sich ergab. Sie umarmte den
Stammbaum, da führte sie der Patriotismus in den Tempel der Freiheit;
diese riet ihnen, sich eine Hütte aus dem alten Stammbaum zu bauen,
und kleidete die Noblesse als *Egalité* ein, und nun stürzte sich die *Egalité* und der Patriotismus dem Chevalier Montpreville zu Füßen und baten um seinen Segen. Der Chevalier war überrascht, aber er war nicht
ungeneigt; auch wäre Weigerung gefährlich gewesen, denn das ganze
Festspiel war unter den Augen und dem lauten Beifalle der heftigsten Jakobiner, die der Bierbrauer mitgebracht hatte, vorgegangen. Der Chevalier gab seine Einwilligung, seinen Segen, der Stammbaum ward niedergerissen, ja der wirkliche Stammbaum des Chevaliers, welchen der
Advokat unter anderen Papieren im Hause hatte, ward herbeigebracht
und auf dem Altar des Vaterlandes verbrannt. Der Chevalier weinte dabei: ›Tränen der Rührung‹, rief der Patriotismus aus, und die Gleichheit
setzte ihm eine Bürgerkrone auf, worauf der Bierbrauer ein ›*Vive la nation, vive la liberté, vive l'égalité, vive le citoyen Montpreville!*‹ ausrief,
das die ganze Gesellschaft nachbrüllte, worauf das Fest mit Champa-
gner und *Ça ira* geschlossen wurde. Am folgenden Tage ging die Citoyenne Montpreville als etwas bucklichte *Egalité* neben der *Liberté*,
Citoyenne Sanseau, im öffentlichen Aufzuge, und am Abend ward sie
von dem Maire zur Citoyenne Sanseau erklärt. Der alte Montpreville
nahm das junge Paar in sein Haus; sein Schwiegersohn war ein Tauge-
nichts, seine Tochter nicht viel besser. Die frechen Reden und Handlungen seiner Kinder bewegten den Vater oft zu Ermahnungen, und nun
nannte man ihn einen Aristokraten. Der Advokat starb, mit ihm verlor
Montpreville seinen letzten Beistand gegen die Insolenzen des Schwie-
gersohns, dem er zu lange lebte. Sein Unglück wuchs mit jedem Tage,

und so entschloß er sich endlich, um seine Tochter und ihren Mann zu
bestrafen, wieder zu heiraten. Eine jüngere Freundin seiner verstorbenen Frau, arm und ohne Unterstützung, die ihm aus der Provinz ihre
Lage geschildert hatte, war sein Augenmerk. Er besuchte sie, er brachte
sie als sein Weib zurück. Er trennte sich von seinen undankbaren Kindern, und hatte bald die Freude, daß ihm seine Gattin ihre Schwanger-
schaft ankündigte. Montpreville verschwieg seinem Schwiegersohne
seine Hoffnung, er wollte seines Glückes erst recht gewiß sein. Aber der
Arme sollte diese Freude nicht erleben. Er starb im fünften Monate vor
meiner Geburt, denn ich bin die Frucht dieser Ehe, und ließ eine tiefbe-
trübte Witwe zurück. Sanseau hatte kaum den Tod meines Vaters erfahren, als er unter den beleidigendsten Äußerungen mit einigen Gerichtspersonen seines Gelichters in die Wohnung meiner Mutter drang, um
sich in den Besitz der Verlassenschaft meines Vaters zu setzen. Meine
Mutter saß weinend in ihrem Kabinette, sie war fremd, und hatte, da sie
der verwilderten Zeit wegen sehr einsam gelebt, keine Freunde und keinen Beistand. Endlich drangen Sanseau und der Kommissair auch in
dieses Gemach, und Sanseau kündigte ihr auf die beleidigendste Art an,
sie möge ihr Bündel schnüren und in Zeit von vierundzwanzig Stunden
das Haus verlassen, denn alles, was hier zurückgeblieben, sei sein rechtmäßiges Eigentum. Meine Mutter stellte ihm mit bittern Tränen vor, er
möge sie jetzt doch nicht in ihrem Schmerze mißhandeln und dies Haus,
das der Leichnam ihres Gatten und seines Schwiegervaters noch nicht
verlassen habe, nicht durch seine Gewalttätigkeiten schänden. Aber er
setzte ihr mit solcher Härte und Grausamkeit zu, daß sie endlich in der
Bitterkeit ihres Schmerzes ausrief: ›Mein Herr, wenn Sie mein Geschlecht und meinen Stand, wenn Sie die Gattin Montprevilles, wenn Sie
den Leichnam Ihres Schwiegervaters nicht ehren, so haben Sie Achtung
vor seinem Kinde, das ich seit fünf Monden unter meinem Herzen
trage.‹ – Sanseau war hierdurch stumm gemacht; der Kommissair sagte
zu ihm: ›Citoyen, hier ist jetzt nichts mehr für Sie zu tun.‹ Er faßte über
die Aussage meiner Mutter ein Instrument ab, und die Barbaren verließen das Haus unter Fluchen und Schimpfen. Sie ergab sich ihrem
Schmerz, die Leiche meines Vaters ward zur Erde bestattet, und die Unglückliche lebte bis zur Zeit meiner Geburt mit einer treuen Magd, einsam und fromm, doch nicht ohne mannigfaltige Kränkung von Seiten
Sanseaus, der ihr mehrmals drohte, sie untersuchen zu lassen, weil er ih-

ren Zustand für verstellt halte, und der ihre Wohnung beständig von seinen Kreaturen bewachen ließ, damit sie nicht etwa inzwischen etwas aus der Verlassenschaft des Vaters verschleppe. Endlich fühlte meine Mutter die Stunde meiner Geburt nahe. Sie schickte den Diener meines Vaters nach der Hebamme, aber ich schien zu ungeduldig, auf diese traurige Welt zu kommen: die Hebamme kam zu spät; meine Mutter brachte mich unter dem Beistande ihrer Magd zur Welt. Als der Diener mit der weisen Frau zurückkkam, schickte ihn meine Mutter sogleich an Sanseau, um ihm meine Geburt bekannt zu machen. Die Wut und die Verzweiflung dieses Elenden und seines Weibes war nicht auszusprechen; sie erklärten, sie würden sich, sobald es schicklich sei, von meinem Dasein überzeugen. Morgens war ich geboren, und als gegen Abend die Wöchnerin etwas Ruhe in ihrem Gemach begehrte, und das Gesinde in dem Vorsaal sich zusammen an das Kamin setzen wollte, fand die Magd auf einem Stuhle am Fenster in einer Schachtel, in *dieser* Schachtel, die Sie alle kennen –«

»O Jesus!« schrie hier Madame Frenel auf, »o ich Unglückliche! Ich habe sie hingesetzt, ich war dazu gezwungen! –« und ihre Sinne verließen sie.

»Unseliges Weib!« rief hier Frenel aus, »du hast die Leiche des neugeborenen Kindes hingesetzt; du, mein Weib, mußtest mich um alles bringen!« Hier sprang er auf, und überließ sich einer vollkommenen Verzweiflung. Mit vieler Mühe brachte ihn der Baron und der Gerichtshalter zur Ruhe. Antoinette wurde in das Gemach der Baronin gebracht, und Frenel erzählte, als er sich gefaßt, doch nicht mehr so ruhig als zuvor: »Sie fanden die Leiche eines Kindes, nackt, nur mit einem Vorhange bedeckt. Sie waren bestürzt, sie scheuten sich, es meiner Mutter zu sagen. Endlich übernahm es die Amme, das Kind, da es bereits dämmerte, wegzutragen und zu begraben; aber kaum war sie vor der Türe, als Sanseau und seine Gattin ihr begegneten, sie aufhielten, sie untersuchten, und das Kind, das sie, um es besser zu verbergen, aus der Schachtel in ihre Schürze genommen hatte, entdeckten. Sie lärmten, sie riefen Zeugen, sie gingen zum Kommissair des Viertels, der Prozeß eröffnete sich, man erklärte mich für untergeschoben, und das tote Kind für die Frucht meiner Mutter. Sanseau ward zum Erben eingesetzt, meiner Mutter blieben 30000 Livres, die ihr als Wittum in den Ehepakten ausbedungen waren, und ich selbst durfte den Namen meines Vaters

nicht tragen. Sie fand an ihrem Arzt einen rechtschaffenen Mann, der ihr
das Leben zwar nicht erhalten konnte, aber sie doch in der Hoffnung
sterben ließ, daß er mir die 30000 Livres, die sie mir als eine Schenkung
versicherte, weil ich als ihr rechtmäßiger Erbe nicht anerkannt war, treu
bewahren und, als mein Vormund, sich meiner annehmen werde.

Dieses, meine Herren, ist meine Geschichte. Sollte ich nicht erschrek-
ken, als ich hier diese unglückliche Schachtel wieder sah, deren Inhalt
mich um Mutter, um Hab und Gut, um Ehre und Namen gebracht, und
nun, nun muß ich gar erfahren, daß mein Weib, die ich über alles zärtlich
liebte, diese unselige Schachtel dort hingesetzt hat! O das ist, um sich
den Tod zu geben! Und es ist bestimmt dieselbe Schachtel, denn die
Mutter der Trödlerin, bei welcher Sie sie gekauft haben, Herr Baron, ist
dieselbe vertraute Magd meiner Mutter gewesen, welche ihr in ihrer Ge-
burtsstunde beigestanden. Sie erzog mich bis in mein achtes Jahr, und
hat mir oft von der Schachtel erzählt. Nachher kam ich in eine Pension.
Die *bonne Marguerite*, so hieß die Magd, heiratete den Trödler; ich bin
oft aus der Schule mit meinen vertrauten Kameraden bei ihr gewesen,
um diesen die fatale Schachtel zeigen zu lassen. Übrigens ward mir diese
unselige Geschichte noch die Veranlassung zu manchem Verdruß,
meine Mitschüler schimpften mich Wechselbalg, und ich mußte mich
darum oft abwechselnd mit ihnen balgen. Als ich endlich in die Konskription fiel, hatte ich auch mit manchem meiner Kameraden darum
Händel, wenn ich gleich vor den Kugeln der Feinde immer glücklich davon kam. Bei dem Brande von Moskau, als ich durch die Straßen irrte,
um irgend jemand zu retten, sprang mir Antoinette aus dem Hause ihres
Vaters entgegen, und flehte mich auf französisch um Hülfe gegen einige
trunkene Plünderer an, die sie verfolgten. Ich war Sergeant, ich befahl
ihren Verfolgern, sie in Ruhe zu lassen, führte sie in ihre Wohnung zurück, und trat in die Türe mit gezogenem Degen. Die Gegner schimpften mich; es mochte mich einer kennen, sie schimpften mich Wechselbalg, ich drang mit dem Degen auf sie ein, es gelang mir, sie gut zu bezahlen; aber auch ich hatte mein Teil; ich sank, von mehreren Wunden
entkräftet, unter ihrer Türe. Ich ward in das Haus gebracht, sie pflegte
mich, ich lernte sie lieben. Der Rückzug der Armee begann, ich war vergessen. Ich genas, ich zeigte mich dem Gouverneur als Gefangener an,
der Aufenthalt ward mir vergönnt, ich half meinem Schwiegervater in
seinem Geschäft, der Frieden ward geschlossen, ich heiratete Antoinet-

ten, sie ist zwei Monate mein Weib, wir ziehen nach Frankreich, mein Vermögen in Besitz zu nehmen, und hier muß ich auf eine so überraschende Art erfahren, daß sie, die ich über alles liebe, an jenem mir gespielten Betruge teilhat! – Doch, meine Herren, ich muß nun alles wissen; Sie werden nicht zweifeln, daß ich im höchsten Grade gespannt bin, die Auflösung einer Intrige zu erfahren, die mir so teuer zu stehen gekommen ist. Erlauben Sie, daß ich mich zu meiner Frau begebe, um von ihr zu erfahren, auf welche Weise sie Teilnehmerin eines so schändlichen Betruges geworden ist.«

»Ihre Frau ist zu jung«, sagte der Baron, »um wissentlich Anteil an diesem Handel gehabt zu haben.«

»Sie ist nur vier Jahre älter als ich«, erwiderte Frenel, »man wird sie gemißbraucht haben, wie mich selbst; aber es ist doch ein schreckliches Ereignis, das sie befleckt.«

Der Baron ging zu Bette, Frenel zu seiner Frau. Beide waren unerschöpflich in Klagen und Erklärungen. Die Angst lag über dem Haupte Sanseaus; St. Luce hatte die ganze Lüge durchstudiert, in welche er die Untersuchung aufgelöst hatte, und bereitete sich auf den folgenden Tag vor. Aber es sollte ihm leichter und schwerer werden. Die Stube, in welcher Frenel und seine Frau schlief, war dicht neben der Gerichtsstube, ihr Bett stand an der Wand, die Sanseaus Lager berührte, eine ehemalige Tür, die in einen Wandschrank verwandelt worden war, machte jedes Wort in der Stille der Nacht hörbar. Frenel und seine Frau hatten das Herz zu voll, um zu flüstern, sie durchliefen in ihrem Gespräche alles, was sie erfahren, und was sie sich zu eröffnen hatten. Sanseau erwachte, hörte, verstand, und erfuhr, daß sein Feind neben ihm sei, daß man seine Geschichte ganz wisse, daß aller Ausweg vergebens sei. Feig war er nicht, er löste den Verband seiner Wunde. Schon rann sein Blut über das Bett zur Erde nieder, er fiel in Krämpfe. Der Schulz, der bei ihm zur Wache war, ward munter; der Chirurg eilte zum Kranken, er sah, was vorgefallen war, und ergriff die schleunigsten Mittel, die ihm zu Gebote standen, das wenige Leben, das dem Kranken noch übrig blieb, zurückzuhalten. Über den Bemühungen des Arztes erwachte das Haus; der Gerichtshalter und der Baron eilten herbei. Als der Kranke zur Besinnung gekommen war und sie bemerkte, winkte er ihnen, zu seinem Lager zu treten, und redete sie mit folgenden Worten an: »Die göttliche Gerechtigkeit will nicht, daß ich sterbe, ohne wieder gutgemacht zu ha-

ben, was mir noch gutzumachen übrig ist. Der Selbstmord, den ich vor
zwei Stunden durch die Auflösung meines Verbandes an mir versuchte,
ist mir nicht gelungen. Ich weiß alles, mein Neffe ist hier; der rächende
Himmel hat ihn zum Schwiegersohne des Mannes gemacht, von dessen
niedriger Gesinnung ich um 15 000 Livres das Mittel erkaufte, mich in
den Besitz seines Vermögens zu setzen; ich habe heute nacht die Unterredungen der beiden Eheleute gehört, die neben mir schliefen. Ich fühle,
wenige Minuten bleiben mir noch zur Wiedererstattung. Zu erforschen
ist nichts mehr von mir, die Wahrheit ist in Ihren Händen. Dumoulin
wußte nichts von dem Gebrauch, den ich mit der Leiche des Kindes vor-
hatte; er tat, was ums Geld bedungen war; auch meinen Namen hat er
nicht gewußt, so wie ich ganz ohne Kenntnis des Kindermordes bin, den
er zu diesem Zwecke begangen. Alles dieses erkläre ich Ihnen frei, und
in der Hoffnung auf das Erbarmen Gottes, und bitte Sie, meinen letzten
Willen zu empfangen.« – Der Gerichtshalter setzte nun das Testament
Sanseaus auf, in welchem er die ganze Geschichte seines Betruges einge-
stand, seinen Schwager zum Erben seines ganzen Vermögens einsetzte,
ihn um Schonung für seine Frau und um Stiftung einer Totenmesse für
ihn an seinem Sterbetage in der Kirche St. Denis zu Paris bat. Nachdem
ihm dieses Instrument vorgelesen war, und er es unterzeichnet hatte,
diktierte er noch einen sehr rührenden Brief an seine Frau, und bat, man
möge seinen Schwager, den Chevalier de Montpreville, und dessen Gattin zu ihm rufen. Der Baron ging, bereitete sie vor, und brachte sie an
das Bett des Kranken. Montpreville wollte ihm die Hand reichen; Sanseau aber reichte ihm das Testament, und sagte nichts als: *»Ayez pitié de
moi, mon beau-frère, pardonnez à un malheureux, et priez Dieu, qu'il
me pardonne.«* Mehr konnte er nicht hervorbringen, er starb unter dem
Ausruf Frenels: *»Oui, oui, que Dieu vous pardonne, mon pauvre cousin,
comme je vous pardonne de tout mon cœur.«* – Ohne Tränen der Umstehenden ist er nicht verschieden. Frenel weinte aufrichtig, und seine gute
Frau weinte auch um ihren bittersten Feind; sie hatten ihm herzlich verziehen. Sie verließen die Stube, und der Gerichtshalter protokollierte
den Willensakt und den Tod Sanseaus. Hierauf begab er sich mit dem
Baron, Frenel und seiner Frau zu dem angeblichen St. Luce; er ging den
beiden letztern lebhaft entgegen, und grüßte sie mit den Worten: »Endlich sehe ich euch wieder, liebe Kinder!« Aber Frenel zog seine Frau zurück, und reichte ihm Sanseaus Testament hin, indem er sagte: »Du-

moulin, leset den letzten Willen von Sanseau, meinem Schwager; er bittet Euch wegen dem Anfall auf Euer Leben um Verzeihung; er hat ihm
das seine gekostet. Auch ich habe ihm verziehen, denn die Leiche, die
Ihr ihm um 15 000 Livres verkauftet, ward, als ich zur Welt kam, meiner
Mutter untergeschoben, und somit ich aus meines Vaters Erbschaft gestoßen. Alles ist gutgemacht, Ihr fehlt allein noch; bekennet, und gebt
Mademoiselle Marie Geneviève de Renaut, die Ihr als Kind geraubt, ihren Eltern zurück, oder wollt Ihr mir diesen Auftrag überlassen?«

Diese Worte, kalt und scharf ihm in das Angesicht gesprochen, waren
zu viel für die unverschämteste Stirne; er wankte, erblaßte und sank auf
sein Bett nieder, und die gute Frenel, von gewohnter Kindesliebe gerührt, fiel ihrem Mann weinend in die Arme: »O Louis!« rief sie aus,
»laß ihn nicht verderben, er hat auch mich nicht verderben lassen!« – Da
hob Dumoulin die Hand empor, ohne sein Antlitz zeigen zu können,
und rief aus: »Antoinette, du bist mein Kind nicht, aber erbarme dich
meiner, du bist ja nicht schlecht durch mich geworden; ach verzeih, verzeih! und dann verlasse mich!« – Da reichte ihm Antoinette die Hand
und sprach: »Ihr habt mir vieles geraubt, vielleicht zu meinem Besten;
seid aufrichtig, Ihr habt es mit guten Menschen zu tun; Gott lohne Euch
alles, was Ihr für mich getan, und erleichtere Euer Herz!« – »Das ist zuviel! zuviel!« rief Dumoulin aus; »weg, weg, verlaß mich, daß ich nicht
verzweifle!« – Und als sie von neuem ihn beruhigen wollte, ward sein
rohes Gemüt von so heftiger Leidenschaft zerrissen, daß der Baron die
weinende Frau wegbringen mußte. Frenel aber faßte Dumoulin in seine
Arme und sagte: »Entsetzlicher Mensch, mäßige dich, und tue das
Deine; wir sind keine grausamen Richter, heute aber ist ein Tag der Rechenschaft. Heute vor einem Jahre rechneten die Völker mit einander;
es ist dir für dein Gericht ein sehr heiliger Tag anberaumt; geh in dich,
lies den letzten Willen Sanseaus, und füge hinzu, was du verschuldet
hast.« – »O mein Herr«, rief Dumoulin aus, »das will ich, das will ich!
verlassen Sie mich, gönnen Sie mir einige Stunden Zeit, ich will Ihnen alles niederschreiben, was ich weiß.« – Da gab ihm Frenel das Testament,
und sie ließen ihn allein.

Wir überlassen ihn nun der Vorbereitung zu seiner Generalbeichte,
die beiden Eheleute den mannigfaltigen Erklärungen, Tröstungen und
Hoffnungen in ihrer sehr veränderten Lage, den Gerichtshalter seinen
vielen Schreibereien über die vorliegende Geschichte, und folgen dem

Baron nach seiner Baustelle und dem Hügel, wo er heute abend sein Freudenfeuer auf die Leipziger Schlacht anbrennen wollte. Er fand schon den größten Teil des Grundes seiner Scheune, der durch das Feuer nicht viel gelitten hatte, wiederhergestellt und die Bauern beschäftigt, die Reste des verbrannten Gebälkes auf der Anhöhe zusammenzulegen. Er ließ den Scheiterhaufen nun nicht mehr über dem Steine anbringen, denn er wollte diesen nun nicht sprengen, sondern als einen Denkstein für seine Nachkommen hier ruhen lassen. Schon wurden die gefällten und behauenen Stämme auf der Baustelle zusammengelegt, die Zimmerleute begannen zu schnüren, zu hauen, zu sägen, zu fügen, und zu bohren, und alle Kinder des Dorfes trugen Späne, Reisig und gefallenes Laub auf dem Hügel zusammen. Die Baronin kam zu ihrem Manne, und erzählte ihm von einem ganz gewaltigen Kuchenbacken, das in der Küche losgehe, und daß ihr Madame Frenel allerlei fremdartige Teige eingerührt habe. Es sollte heute abend ein rechtes Fest werden. Der Tag war ein schöner gelinder Herbsttag, und aus den nahen sächsischen Festungen hörte man rings den Kanonendonner. Die Arbeiter erzählten sich ihre Sorgen von dem vergangenen Kriegsjahr, und der Baron umarmte seine Frau herzlich und mit stillem Danke zu Gott, daß er ihn heil aus dem heißen Streite habe zurückkehren lassen. So kam unter mancherlei Verrichtungen der Abend heran; der Gerichtshalter überlegte, was mit Dumoulin nach seinem Geständnisse zu tun sein werde, und sie erkannten, daß notwendig seine Sache der Regierung übergeben werden müsse, wenngleich Frenel und seine Gattin dringend vorstellten, daß man ihm seine Freiheit geben sollte. Die Sonne war gesunken, und die Gesellschaft im Begriff hinauszugehen, als der Jäger, der bei Dumoulin wachte, dem Gerichtshalter dessen schriftliches Bekenntnis und das Testament Sanseaus zustellte. Er wollte hierauf auf seinen Posten zurückgehen, aber als der Gerichtshalter gehört hatte, daß er die Stube Dumoulins wohl verschlossen habe, gestattete ihm der Baron, bei dem Freudenfeste zugegenzusein. Der Gerichtshalter steckte die Papiere zu sich, um sie nachher zu lesen, und so gingen sie den Hügel hinan, der schon ganz von den Bewohnern des Dorfs umgeben war. Der Amtsbote hatte viele Kienfackeln bereitet, und die Kinder des Barons führten, mit Eichenlaub geschmückt, die ganze Dorfschule heran. Es hatte sich jedes noch ein Reiserbündelchen für sich gemacht, die warfen sie alle auf den Haufen. Dann nahmen der Baron, seine Frau, und Frenel und seine

Frau, und der Gerichtshalter, und alle, welche unter den Anwesenden im Kriege mitgekämpft hatten, die Kienfackeln und steckten den Scheiterhaufen in lichte Flammen. Stumm stand die Menge um die Lohe herum, und rings am Himmel sah man die Freudenfeuer benachbarter Deutschen. Da sangen die Kinder folgende Verse, die ihnen der Schulmeister gemacht hatte, und die ganze Versammlung stimmte im Chor ein:

Zu Moses sprach im brennenden Dorn
Der Herr auf Horebs Höhe:
Auf Pharao komme der Rache Zorn,
Mein Volk führ ich aus dem Wehe.

CHOR:

Heil uns, Heil uns! wer ist uns gleich!
Der Herr war unsrer Hülfe Schild,
Durch seines Siegesschwertes Streich
Fiel unsres stolzen Feindes Bild,
Wir schreiten über seine Höhe!

Und in der Feuersäule zur Nacht
Zog Gott auf ihren Wegen,
Führt sie durch Wüste, durch Not und Schlacht,
Zu der Verheißung Segen.

CHOR:

Heil uns! usw.

In unsrer Zeit war Gott in der Glut
Im Norden auf Moskaus Zinnen;
Da starrte des wilden Zornes Flut,
Da kamen die Völker zu Sinnen.

CHOR:

Heil uns! usw.

Da ist die mißhandelte Erde erwacht,
Und schlug mit den Fesseln zusammen,
Da begann die dunkle slavische Nacht
Mit tausend Gestirnen zu flammen.

CHOR:

Heil uns! usw.

Und heute zur Nacht, vor einem Jahr,
Da hatten die Völker geschlagen
Und sangen zu Leipzig am Siegsaltar,
Bis die Sonne des Friedens wollt tagen.

CHOR:

Heil uns! usw.

Herr Gott, dich loben, dir danken wir,
Schau auf uns in diesen Feuern,
Und wolle mit deinen Kindern hier
Den Bund des Heils erneuern!

CHOR:

Heil uns! usw.

Und der Himmel schien das fromme Lied zu erhören. Gegen zehn
Uhr erschien hoch im nördlichen Meridian eine Feuerkugel, sie zog von
Süden nach Norden. Sie begann mit einem blitzähnlichem Glanze, der
fast eine Viertelstunde den Weg der Kugel begleitete und langsam er-
losch, und nun erhoben die Freudenfeuer der Deutschen, welche vor
der himmlischen Erscheinung zu verlöschen schienen, um so sehnsüch-
tiger und dankender ihre Flammen zur Nacht empor. Es war, als habe
der Himmel sagen wollen: »Ihr leuchtet mit Freudentränen, wenn ich
aber mit meinem Lichte euch erleuchte und die Nacht euch nehme, so
sinken eure Flammen ein. Seht, mir gefällt euer kindisches Spiel, und ich
gönne euch die heilige Nacht; aber wie ihr alle meine Feuer gesehen

habt, unter einander aber nur jeder das seine, oder das der nächsten Nachbarn, so gedenket, daß nur das Licht von oben ein einigendes ist, und seid nicht eigensinnig, und bedenket nicht jeder seinen Vorteil, sondern gehört euch alle einander an, denn nur in allen ist Friede, und Kraft, und Dauer!«

Die Erscheinung des Meteors hatte über die ganze Versammlung eine tiefe Feierlichkeit gebracht, alle sanken ohne Aufforderung auf die Knie nieder und sangen mit einer heiligen Rührung: »Herr Gott, dich loben wir!« und umarmten sich nachher unter Freudengejauchze und Tränen. – Wie muß die Erscheinung dieses Meteors die trefflichen Männer gerührt haben, welche aus eigner frommer Gesinnung diese Feste durch unser befreites Vaterland in Ausführung gebracht. In der wahren Begeisterung hört aller Zufall auf, sie ist unendliche Harmonie.

Dem Geiste aber war nun genug getan, und der Leib, der bei dem Kampfe für unsre Freiheit sich so tapfer auf das Spiel gesetzt, schien seine Freude auch zu fodern, daher ließ der Baron ein Faß treffliches Bier, welches er für diesen Festtag hatte brauen lassen, herbeischaffen, und auch die Küche lieferte ihre Kuchen in Überfluß. Der Herr und die Frau tranken zuerst das Wohl des Vaterlandes und aller deutschen Könige, und aller deutsch- und königlichgesinnten Kämpfer. Das Volk erwiderte das Lebehoch, der Schulmeister und der Schulze tranken das Wohl ihrer Herrschaft, Frenel aber das Wohl seines Königs und der teuren Streiter, die ihn wieder auf seinen Thron gesetzt. Nun ward die Freude allgemein, Raketen und Freudenrufe durchschnitten die Nacht, die Musikanten spielten Kriegsmärsche, und wer ein Feuerrohr hatte, schoß es in die Luft. Die Mädchen aber wollten tanzen, und die jungen Bursche nicht minder; die Musikanten griffen sich recht an, und als alles recht im Zuge war, begab sich der Baron mit den Seinigen nach Hause. Sie saßen um den schön geschmückten Tisch, Madame Frenel aber war nicht fröhlich, und als ihr Mann sie dazu aufforderte, erklärte sie, daß sie der Gedanke an ihren unglücklichen Pflegevater betrübe, der von aller dieser Freude ausgeschlossen sei. »Wollen Sie mir wohl erlauben, daß ich ihm ein Glas Wein bringen darf und ein Stück Kuchen?« sprach sie freundlich zu dem Baron. Dieser sah den Gerichtshalter an, welcher mit dem Jäger, als sie ins Haus gegangen, den Gefangenen besucht hatte und soeben zu der Gesellschaft eingetreten war. »Madame«, sagte der Gerichtshalter, »wir alle würden mit Freuden Ihrem gefühlvollen, menschlichen Herzen diese Genugtuung erlauben, aber der unglückliche Dumoulin ist bereits entschlafen; er hat mit großem Schmerz an unserm Feste teilgenommen, das er aus seinem Fenster übersehen konnte, und unter den vielen Freudenschüssen, die rings gefallen sind, war auch der, der seinem Leben ein Ende machte. Der Jäger, welcher ihn verlassen hatte, mir sein Bekenntnis zu überreichen, hatte seine Büchse bei ihm zurückgelassen, und durch diese starb er, wie ein Feind der Freiheit und des Friedens, während unsers Festes. Möchten alle Feinde des Guten, alle Diener des Eigennutzes, alle Sünder, die den Mut nicht haben, Buße zu tun, heute mit ihm gestorben sein!« –

Die Leser mögen sich denken, welcher Ernst durch diese Nachricht über die Gesellschaft kam. Madame Frenel lag in den Armen ihres Mannes, er schaute ernsthaft auf sie hin, aber plötzlich riß er sie empor, und rief aus: »Nein, nein, meine liebe gute Marie, du sollst nicht so vernichtet sein durch den Tod eines Elenden. Schlage deine Augen auf; was ist er in der Waagschale mit soviel herrlichen Seelen, die heute vor einem Jahre im scharfen Kampfe den Himmel erstürmten!« – »Ich will ruhig sein, lieber Frenel«, sagte Marie, »aber laß mich auf meine Stube gehen, daß ich für ihn bete. Ich habe alle Abende für ihn gebetet, als ich glaubte, daß er mein Vater sei; jetzt, jetzt muß ich auch für ihn beten.« – Frenel umarmte sie herzlich, und die Baronin führte sie nach ihrem Zimmer.

»Unser Prozeß ist sehr einfach geworden«, sagte der Gerichtshalter: »Er hat sich selbst gerichtet!« – Nun las er den Anwesenden das Geständnis Dumoulins vor, welches wir hier im Auszuge mitteilen. Dumoulin war ein Jude gewesen, der aus Gewinnsucht schon in seinem vierzehnten Jahre die Rolle eines Christen zu spielen angefangen; er war eigentlich nie getauft, und hatte eine Menge Stände durchlaufen, bis er endlich die Tochter eines Totengräbers heiratete und mit ihr den Dienst erhielt. Er hatte lange Zeit die Gräber geplündert, und war dadurch zu einem ansehnlichen Vermögen gekommen, das meistens in Ringen und Kleinodien bestand, die er aber nicht zu veräußern wagte. Einst erschien Sanseau, den er nicht kannte, bei ihm, und foderte ihn auf, ihm die Leiche eines neugebornen Kindes zu anatomischen Untersuchungen zu verschaffen. Der Käufer war so dringend und so ängstlich, daß Dumoulin seinen Vorteil verstand, und mit ihm um 15 000 Livres einig wurde, denn die schwere Bedingung war dabei, daß Dumoulin die Leiche selbst nach einem gewissen Hause schaffen mußte. Madame de Renaut gebar

ein totes Kind und starb selbst hernach; dieses wurde ausgeliefert, und
da die kleine Marie Geneviève, welche während der Krankheit ihrer
Mutter bei einer Freundin derselben war, sich auf dem Kirchhofe bei ihrem Brüderchen einfand, mißbrauchte Dumoulins Weib die Kleine, wie
wir bereits gehört haben, um die Leiche des Kindes statt ihrer zur Stelle
zu bringen. Da dieses am Abend gelungen war, floh Dumoulin mit seinem Weibe und der kleinen Renaut in derselben Nacht, setzte seinen
Weg fort bis Moskau, kaufte sich dort an, und ward Pelzhändler. Das
übrige ist uns bereits bekannt. In seinem Testamente erklärte er, daß
15 000 Livres, die er von Sanseau empfangen, natürlich dessen Erben
Frenel gehörten, sein übriges Vermögen gehöre den Toten in Paris oder
ihren Erben. Hernach folgte eine Spezifikation seines sämtlichen Vermögens und eine Klage, daß das schöne Geld wieder auseinanderkom-
men sollte, das er mit so mancher Gefahr und Arbeit zusammenge-
bracht. Der Schluß war: »Das Gewehr des Jägers steht vor mir, ich habe
noch niemals eine Flinte losgedrückt, ich will es probieren; erschrick
nicht, Antoinette, ich brauche keine Gnade, was soll mir die Gnade?
Mein Geld werden Sie mir doch nehmen!«

Die Kälte und Niederträchtigkeit dieser letzten Erklärung milderte
sehr das Mitleid der Anwesenden, und Frenel sagte: »Der Mensch ist
recht ekelhaft; meine Marie soll nicht mehr lang um ihn trauern.« So
trennte man sich diesen Abend, der Baron aber ging noch hinaus zu seinem Lustfeuer und nahm teil an der Freude seiner Angehörigen und
Deutschlands, bis der junge Tag den Himmel rötete. Als er auf den Hof
zurückkehrte, fand er Frenel an seinem Reisewagen beschäftigt, und auf
die Frage, was ihn so früh herausgetrieben, erklärte ihm dieser, seine
Frau sei durch den Selbstmord und die letzte Erklärung Dumoulins so
unangenehm ergriffen worden, daß er sich entschlossen habe, sobald die
Sonne in der Höhe sei, abzureisen, und deswegen alles in Ordnung
bringe. Der Baron erwiderte, daß er ihm dies nicht verdenken könne, so
angenehm es ihm auch sein würde, noch einige Tage mit ihm zu leben;
doch wolle er nebst der Baronin ihn bis zur nächsten Station begleiten,
wo er ihm rate, seine Kalesche und seine Pferde zu verkaufen, einen be-
quemen Reisewagen zu erhandeln, seine überflüssige Bagage einem
Kaufmann zur Spedition zu übergeben, und mit Extrapost nach Paris zu
reisen, um seine Frau so schnell als möglich allen unangenehmen Ein-
drücken zu entziehen. Frenel dankte ihm für seinen Rat, und der Baron

traf die Anstalten zur Abfahrt. Als sie nachher mit dem Gerichtshalter zusammenkamen, bevollmächtigte Frenel diesen, die Beerdigung der beiden Verstorbenen zu besorgen; er bat den Baron um die Erlaubnis, seinen Schwager Sanseau unter dem Steine, durch dessen Aufrichten sie sich kennengelernt hatten, begraben lassen zu dürfen, er wolle ihm dann, da er doch bald wieder aus Frankreich nach Moskau, um den Nachlaß zu ordnen, zurück müsse, hier ein Denkmal setzen lassen. Der Baron war dies wohl zufrieden. Für das Grab Dumoulins begehrte er jene Kartoffelgrube bei dem Walde, in welche dieser den Sanseau hatte wollen begraben haben, für einstweilen, denn man könne der nächsten israelitischen Gemeinde erlauben, ihn sich abzuholen, wofür er derselben den Pelzrock und die Zobelmütze des Verstorbenen zum Preise aussetzte. Hierauf beschenkte er den Gerichtshalter, den Chirurg und alle Dienerschaft des Barons reichlich, erklärte dem Amtsdiener, er werde ihn bei seiner Rückkehr wegen dem schiefen Munde, den ihm Sanseau einst verursacht, noch reichlich bedenken, und schloß den Baron mit den Worten in seine Arme: »Und Sie, edler Mann, wie auch Ihre Gattin, werden mir dann ebenfalls erlauben, meinen Dank abzustatten; aber die Schachtel mit der Friedenspuppe müssen Sie mir nach Paris mitgeben, daß ich sie dort meinen Freunden vorzeige.« Der Baron war es gern zufrieden, sein Wagen fuhr vor, sie saßen alle miteinander ein, und rollten mit stillem Nachdenken an den schicksalsvollen Stellen vorüber.

Die folgenden Monate gingen hin, den Bau des Barons zu vollenden, und als er gegen die Mitte des Dezembers seine Anstalten bereits traf, mit seiner Familie nach der Stadt zu ziehen, fuhr eines Abends ein eleganter Reisewagen auf den Hof, aus dem der nunmehr in alle seine Rechte eingesetzte Chevalier de Montpreville heraussprang, und ihn umarmte. Er reiste mit Empfehlungen seines Hofes nach Moskau, dort die Verlassenschaft Dumoulins in Anspruch zu nehmen, und wollte den Baron besuchen, um ihm sowohl seinen Dank abzustatten, als ihm auch den Ausgang seiner Angelegenheiten zu eröffnen. Da er seine Frau bei ihren Verwandten und namentlich bei ihrer Firmungspate Madame de la Bigautière, die mit andern Ausgewanderten zurückgekehrt war, in Paris gelassen hatte, wo sie im Begriff war, ein ansehnliches Erbe in Besitz zu nehmen, wollte er seine Geschäftsreise so sehr beschleunigen als möglich, und eröffnete dem Baron, daß er schon am nächsten Morgen weiterreisen würde. Es wurde daher sogleich alles erzählt, was den Baron

interessieren konnte, nämlich daß Sanseaus Frau, seine Stiefschwester,
sobald er ihr seine Eröffnungen durch einen Sachwalter mitgeteilt, dem
letzten Willen ihres Mannes beigetreten sei, ihm die ganze Erbschaft
übergeben habe, und sich in das Kloster der Barmherzigen Schwestern
habe aufnehmen lassen. Er erklärte dem Baron, daß er nun ein Mann
von wenigstens 12 000 Livres jährlicher Einkünfte sei, und bat ihn, da er,
nebst dem Zufall, seiner Güte sein Glück zu verdanken zu haben glaube,
einige kleine Andenken von ihm anzunehmen. Das eine war eine schöne
Hautelisse-Tapete, das Urteil Salomons vorstellend, die er im Nachlaß
Sanseaus gefunden hatte. »Es ist billig«, sprach er, »daß ich Ihre Gerichtsstube neu tapezieren lasse, welche mein Schwager Ihnen einst verletzte; die Tapete schien mir für eine Gerichtsstube recht schicklich, um
so mehr, da hier auch ein Prozeß über ein totes und lebendes Kind sich
wunderbar entwickelte.« Der Baronin hatte er zur Entschädigung für
die Schachtel mit der Friedenspuppe, die er ihr entführt, einige sehr
schöne moderne Anzüge und den Kindern sehr artige Puppen mitgebracht. Sodann übergab er dem Baron die Zeichnung eines Denkmals,
welches er mit seiner Erlaubnis über dem Grabe seines Schwagers aufgerichtet wünschte; es bestand in einer kleinen gothischen Kapelle. Jener
Stein sollte roh drin liegen bleiben, und auf demselben das Bild der
Jungfrau Maria, welche die Schlange zertritt, aufgerichtet werden; sie
sollte eine Lilie und das Jesuskind eine Palme in der Hand tragen, auf ihr
Haupt aber die Taube sich mit dem Ölzweig niederlassen, die Aufschrift
des Tempels aber: *Paci et Providentiae* sein. Er wies dem Baron, um
diese Arbeiten den Winter über in der Residenz ausführen zu lassen, die
gehörigen Summen an, und sie trennten sich am folgenden Morgen mit
dem Versprechen, den nächsten Frühling hier wieder zusammenzutreffen, und den kleinen Tempel des Friedens und der Vorsehung einzuwei-
hen.

   Da sich auf dem Dache desselben ein zierlicher Turm und auf diesem
ein kupferner Knopf erheben wird, so soll diese Geschichte, zur Freude
einer forschenden Nachwelt, in diesem Knopfe niedergelegt werden.

Der arme Raimondin

Es war in der Zeit, als der große Revolutionskrieg in den Niederlanden eine für die deutschen Waffen günstigere Wendung zu nehmen schien, als eines Abends der würdige alte Rochus, ein Priester aus Aquiscinet, nach einem kleinen Walde ging, in welchem an diesem Tage die zu weit vorausgeschickte Vorwacht der Franzosen von einem Hinterhalte französischer Emigranten überfallen und nach starkem Widerstande teils getötet, teils gefangen worden war. Der Pater Rochus tat diesen Gang nach Anweisung eines Zettels, der ihm von einem französischen Offizier der siegenden Partei durch einen Bauern gebracht worden war und dessen Inhalt in folgenden Worten bestand:

»Euer Hochwürden werden von einem Soldaten, der Ihnen vor einigen Tagen unter vielen andern beichtete und mit Gottes Gnade Ihre Ermahnungen zur Menschlichkeit in seinem ernsten Beruf nie wieder vergessen wird, dringend aufgefordert, heute abend noch in dem Wäldchen, wo wir heute das Gefecht bestanden, einen jungen feindlichen Soldaten aufsuchen zu lassen. Ich habe ihn verwundet in dem Gehölz links der Heerstraße einige hundert Schritte von der überschwemmten Torfgrube sinken sehen. Seine Gegenwehr war so verzweifelt, daß er mir die höchste Achtung einflößte, ich bot ihm vergebens die ehrenvollste Gefangenschaft an, endlich streckte ihn ein Schuß aus meinem Haufen nieder, welcher schon im Abzug begriffen war. Ich konnte nichts für ihn tun als ihn bei den Meinigen für tot angeben und ihn jetzt Euer Hochwürden empfehlen, dessen Gebet sich ebenso empfiehlt ein armer französischer Offizier, welchen der Segen des Allmächtigen finden wird, so Ihr ihm denselben herabflehet.«

Der Pater Rochus befahl sogleich, ein reinliches Bett in seiner Kammer aufzuschlagen und etwas warmen Wein und eine Hühnersuppe auf seine Zurückkunft bereitzuhalten, und begab sich mit einem Bader und einigen Kirchendienern, die eine Tragbahre mit einer Matratze und Decke trugen, nach dem Wäldchen. Sie hatten Leuchten und einige Kirchenfackeln bei sich, um im Walde gehörig nachsuchen zu können. Aber sie hätten derselben gar nicht bedurft; denn sie fanden auf dem Tummelplatz schon mancherlei Leute, welche bei Fackelschein die Toten ausplünderten, eine Verrichtung, die nicht ohne empörende Greul verrichtet zu werden pflegt. Als Pater Rochus mit seinen Begleitern unter diesen Leuten einige arme Bürger von Aquiscinet erkannte, ermahnte er sie zur Ordnung und Menschlichkeit. »Liebe Nachbarn«, sagte er, »die Toten zu begraben ist ein Werk der Barmherzigkeit; ich hoffe, daß ihr die unglücklichen Opfer des Kriegs nicht berauben und sie dann hier als eine Beute der Vögel unter dem Himmel verwesen lassen wollet. Folget mir, meine Freunde, gebet den armen Erschlagenen ein ehrliches Grab, und alles, was ihr bei ihnen findet, das noch zum menschlichen Gebrauche dienlich ist, lasset uns der Obrigkeit einhändigen!« Die guten Leute von Aquiscinet nahmen die Ermahnung ihres verehrten Priesters gerne an, und da einige fremde Bauern nicht einstimmen und davongehen wollten, drohten ihnen die Aquiscineter, so sie nicht ehrlich hülfen, sie nie mehr weder an den Markt- noch Wallfahrtstagen in Aquiscinet zu dulden. Worauf sie alle Hand anlegten, die Leichname zusammentrugen, entkleideten und der Erde in den Schoß legten. Die Drohung der Aquiscineter wirkte besonders stark auf die Bauern, weil Aquiscinet ein sehr besuchter Wallfahrtsort ist, indem das dortige Jungfrauenkloster ein Gnadenbild der Muttergottes besitzt, das sich durch eine besonders verehrte Reliquie, durch den Vermählungsring der Jungfrau Maria, auszeichnet.

Während die Leute ihr mit wilder Habsucht begonnenes Werk nun christlich mit frommem Gesang vollendeten, suchte Pater Rochus nach dem ihm angezeigten Verwundeten. Er und seine Begleiter hatten sich nach verschiedenen Seiten getrennt, und er war bald so glücklich, den verwundeten Jüngling zu finden. Er war noch am Leben, wenn ihm gleich die Verblutung eine tiefe Ohnmacht zugezogen hatte. Ein Schuß durch die Lende war seine Wunde. Der Bader hielt es nicht für gefährlich, ihn erst in der Wohnung des Geistlichen zu verbinden, weil er dort mehrere Bequemlichkeit dazu habe, und schon hatten sie den Jüngling auf die Tragbahre gebettet, als die beiden Kirchendiener, welche nach der andern Seite gesucht hatten, ihnen zuriefen, daß sie so glücklich gewesen wären, den Verwundeten zu finden, und bald heranliefen, um die Trage nach dem Orte seines Lagers abzuholen. »Gott sei Dank«, sagte

Pater Rochus, »daß wir uns trennten; so können wir vielleicht auch noch an einem zweiten Barmherzigkeit üben, der ohne dieses vielleicht elend verschmachtet wäre.« Sie trugen nun die Tragbahre mit dem einen Verwundeten zu dem anderen hin, in welchem sie einen blühend schönen französischen Offizier von der zartesten Jugend fanden. Sie betteten ihn neben seinen verwundeten Kameraden, und sie ruhten so still und selig nebeneinander, als lägen sie unter einem Herzen. Sie schienen einander sehr wohl zu kennen in ihren Blicken, aber sie sprachen doch nicht zueinander, wie es den Leuten schien, aus Schwäche wegen des starken Blutverlustes.

Die beiden Kirchendiener nahmen nun die Riemen der Bahre über ihre Schultern, ergriffen die Arme derselben und gingen langsam mit ihrer schweren Last nach Aquiscinet, das nicht eine Viertelstunde von dem Wäldchen entfernt war. Der Priester und Bader gingen zur Seite und leuchteten mit Fackeln, und Pater Rochus sah oft mit frommer Sorgfalt nach den beiden Verwundeten. Als sie schon die Lichter in dem Städtchen sahen, läutete eine Sterbeglocke in Aquiscinet. Da setzten die Träger die Bahre nieder und zogen ihre Hüte ab, und Pater Rochus betete drei Vaterunser und Avemaria mit seiner Begleitung, wie dieses mit Unterbrechung jeglicher andern Verrichtung bei solchen Glockenzeichen in diesem streng katholischen Lande üblich ist. Pater Rochus bemerkte, daß der französische Jüngling während dem Gebete die Hand winkend gegen ihn bewegte, und er näherte sein Ohr dem Munde des Verwundeten, der einige leise Worte zu ihm sagte, worauf der Pater zu den Trägern sagte, er wolle schneller vorausgehen, um auch für den zweiten Kranken eine Pflegestatt zu bereiten, sie möchten ihm nur nach seiner Wohnung folgen. Pater Rochus war der Seelsorger der Klosterjungfrauen von St. Clara zu Aquiscinet, und seine Wohnung war dicht an der Kirche angebaut. Als die Träger mit den Verwundeten an seiner Türe ankamen, ließ er sie vorerst in die Kirche eintreten, und der kranke Franzose ward daselbst in eine durch Gitter und Vorhang von dem Mittelraum der Kirche abgesonderte Kapelle gebracht, wo die Klosterfrauen zu seiner Pflege bereits ein Bett aufgeschlagen hatten, neben welchem ein Tisch und ein Stuhl stand. In dieser Kapelle befand sich außerdem ein Grabmal und ein kleiner Altar, der Muttergottes geweiht, und die Klosterfrauen hatten, dem armen Verwundeten seinen Aufenthalt angenehmer zu machen, die Blumenkrüglein auf dem Altar nicht nur mit frischen Blumen versehen, sondern auch auf das Tischchen neben seinem Lager ein Kreuz zwischen zwei Blumenkrüglein aufgestellt. Als der Verwundete behutsam auf sein Lager gebettet worden war, sagte Pater Rochus zu dem Bader: »Lieber Gevatter, lasset uns nun den andern nach meiner Kammer bringen, diesen hier will die Frau Äbtissin von dem Klosterarzte heilen lassen.« »Das ist wohl getan«, erwiderte der Bader, »denn ich würde hier keine Binde mit sicherer Hand fest um die Wunde legen können.« Nach diesen Worten sahen sich die beiden Ehrenmänner in die Augen, und da sie beide Tränen drinnen sahen, umarmten sie sich ohne weiter zu reden und winkten sodann den Trägern, ihnen mit dem ersten Verwundeten nach des Paters Wohnung zu folgen.

Als der Verwundete behutsam die Treppe hinaufgebracht und auf das Bett gelegt war, wendete nun der Wundarzt alle Mittel an, ihm Hilfe zu leisten, und man bemerkte bald, daß seine Regungslosigkeit mehr eine Folge seines Willens als seiner gänzlichen Entkräftung war; denn wenngleich die Verblutung ihn sehr geschwächt hatte, so wendete er doch das erste höhere Erwachen seiner Lebensgeister durch stärkende und reizende Mittel sogleich dazu an, sich der Hilfe, die ihm geleistet wurde, zu widersetzen.

»Oh, kein Verband, kein Verband, laßt mich sterben!« waren die ersten Worte, die er in französischer Sprache ausrief. Pater Rochus hielt diese Worte etwa für einen Ausbruch kriegerischen Stolzes und sagte zu ihm: »Mein Freund, nehmen Sie Gottes Hilfe dankbar von unsern Händen an, Sie sind nicht in Feindes Händen, Sie sind bei dem Pfarrer von Aquiscinet, wir haben Sie auf der Walstatt aufgefunden, welche die Feinde verließen.« »Ach«, sagte der Verwundete wieder, »mir ist alles gleich, aber sterben will ich, leben kann ich nicht mehr.« Dabei richtete er sich empor und wollte den Verband wegreißen, den der Wundarzt ihm eben umlegte. Da drängte ihn Pater Rochus mit frommem Unwill auf das Lager nieder und sprach: »Mensch, welches Recht hast du über dein Leben, hast du gelebt wie ein Christ, so harre auf den Tod aus den Händen deines Heilands!« Diese Worte aus dem Munde des ehrwürdigen Greises, mit Ernst und einem befehlenden Nachdruck gesprochen, schienen den Verwundeten heftig zu rühren; er drückte seine beiden Hände gegen sein Gesicht und fing heftig an zu weinen. Der Wundarzt und der Priester ermahnten ihn zur Ruhe; da streckte er seine Hand gegen den letzteren aus und sprach mit wehmütiger Stimme: »O mein Va-

ter, habet Mitleid mit dem unglücklichsten Menschen auf der Erde!«
»O diese Worte, diese Worte«, erwiderte der Priester, »sie genügten,
mein Herz in seinem tiefsten Grunde zu erschüttern, wenn Ihr im persönlichen Gefechte gegen mich verwundet wäret. Beruhigen Sie sich, Sie
sind bei einem Manne, dem Schmerzen nicht fremd sind, für alle Leiden
der Erde hat die Religion unermeßlichen Trost, mir hat sie ihn gegeben,
ich will ihn gern mit Ihnen teilen, so Sie es verlangen.« Der Verwundete
hatte während diesen Worten seine Augen nicht von dem Angesichte
des Priesters gewandt, und tief von seiner Würde und Milde durchdrungen, zog er seine Hand zu sich, drückte sie an sein Herz und an seine
Lippen und küßte sie ehrerbietig mit den Worten: »O mein hochwürdiger Herr, befehlet mir, was ich tun soll, ich will Euch gehorsamen wie
ein Kind.« »So beruhigen Sie sich vor allem und nehmen einige Erquik-
kungen zu sich«, versetzte der Priester in dem Augenblick, als seine
Wirtschafterin dem Verwundeten einen guten Teller voll Suppe und
Fleisch brachte. Er aß und trank, und weil der Wundarzt ihm Ruhe gebot, so verließ ihn der Priester. Es schlug ein Uhr, als sie sich gute Nacht
sagten, und die Klosterfrauen sangen die Metten so nahe, als wenn die
Fenster der Kammer in die Kirche gingen. Der Verwundete stutzte, als
er diesen Gesang plötzlich hörte, und der Priester sagte: »Die Fenster
der Kammer sehen in die Kirche; so Sie gern dem Herrn dienen, haben
Sie auf Ihrem Krankenlager die schönste Gelegenheit. Sie können ruhig
mitbeten.« Nun kniete der Pater auf einer Fußbank am Fenster nieder,
betete eine Zeitlang, nahm sodann Weihwasser aus einem kleinen zin-
nernen Becken an der Türe und wollte es zu guter Nacht seinem Gaste
reichen, aber er fand ihn im tiefsten Schlaf, segnete ihn und begab sich in
seine Stube nebenan zur Ruhe.

Am anderen Morgen öffnete sich leise die Türe, der Priester näherte
sich behutsam dem Bette des Verwundeten, weil er ihn noch schlummern sah, und stellte ihm einen duftenden Rosenstrauß auf das Tischchen bei seinem Lager, damit ihn etwas erfreuen möge, wenn er erwache, ehe er zurückkomme. Dann ging er hinab in die Kirche, die Messe
zu lesen. Kaum war der Priester hinab zur Kirche gegangen, als der Verwundete durch den Klang der Meßglocke erweckt wurde. Er schlug die
Augen auf und gab sich dem Gefühl einer andern Umgebung ruhiger
hin, als er es sonst wohl nach seiner heftigen und leidenschaftlichen Gemütsart getan haben mochte. Die heftige Spannung, in welche er in dem

Gefechte durch einen Flintenschuß gefallen war und die in seinen Äußerungen am vorigen Abend noch krampfhaft nachwirkte, hatte sich
durch den Blutverlust aufgelöst, und seine Seele nahm von dem Leben,
wie ein umflorter Spiegel von dem Bilde, einen träumerischen Besitz. So
folgten seine Augen willenlos dem Lichte, welches durch ein großes
Fenster in die Kammer fiel, und er bemerkte, als er sich mehr besann,
daß es aus einer Kirche hereinfiel, in deren Kreuzbogen er hineinsah. Er
hörte das Flüstern der Betenden, dann und wann von den Worten des
messelesenden Priesters und den Antworten des Messedieners unterbrochen. Er hatte lange nicht gebetet, Erinnerungen der frühsten Jugend legten sich wie unschuldige Kinder an sein Herz, der wilde Krieg
aber, die Angst und Raserei, das gräßliche, ja teuflische Treiben einer ei-
sernen Gewalt zog durch seine Seele, wie ein Keilschwarm von ächzen-
den Geiern durch einen blauen Himmel, über welchen der Sturmwind
die Wolkenlämmer treibt. Seine Gedanken flogen aus, wie der Rabe aus
der Arche, ahndeten, aber fanden nicht einen Grund, wo sich niederlassen, und kehrten zurück in sein Haupt ohne Trost, doch nicht ohne
Hoffnung. So lag er mit geteilter Seele zwischen Traum, Erinnerung,
Leid, Angst und Ermattung. Wer am Totenbette des Geliebtesten vom
Schmerz in den Traum begraben worden, der wacht also auf und starrt
das Licht an wie das blutige Schwert von gestern. Wenn die Tage öfters
kehren und sinken, wird endlich ein rührendes Morgenrot daraus, im
Alter aber tritt der Schmerz der Jugend zu seiner Zeit wie ein drohendes,
mahnendes Meteor an den Himmel. In so willenlosem Schwimmen der
Seele unterbrach ihn ein Rascheln unter seinem Bette, er ward aufmerksam, und seine Gedanken wurden ganz klar, als er einen Saitenklang
über seinem Haupte hörte. Er wendete sich um und sah eine Harfe an
der Wand hängen, an welcher eine zahme Taube, die unter seinem Bette
ihr Futter stehen hatte, hinaufgeflogen war. Dieser Anblick ergriff mit
tiefer Erinnerung sein Herz, er rief aus: »Ach, Therese, Therese, warum
hast du mich betrogen?« und drückte sein Gesicht unter heftigen Tränen in die Kissen. In diesen Tränen fand ihn der Pater Rochus, der aus
der Kirche zurückkam, er brachte ihm einen duftenden Rosenstrauß
mit, den er im Klostergarten für ihn gebrochen hatte. Als sich der Verwundete zu ihm wendete, sprach der Priester: »Guten Morgen und
Willkomm, lieber Leidensbruder! Hier schicket Ihnen die heilige Jungfrau einen Strauß aus ihrem Garten zu Aquiscinet. Fassen Sie einen gu-

ten Mut, welches Leid der Heiland auch über Ihre Seele verhängt hat, so ist es zum Besten Ihrer Seele.« Der Kranke dankte und drückte seine weinenden Augen in den süßduftenden Busen der liebevollsten Blumen nicht ohne eine innige Erquickung. Aber alle Lust wird im Verlust zu einem Gespenst des Verlorenen, und er ließ die Hand traurig mit den Rosen sinken. »Ehrwürdiger Herr«, sprach er, »verzeihet einem Unbekannten, dem alle Liebe und Milde einen Himmel vorstellt, der sich ihm vor den Augen in eine Hölle verwandelte.« »Sie mögen sehr betrübt sein, mein Freund«, erwiderte der Priester, »aber ich sage Ihnen, der Schmerz, der auf Ihrer Brust lastet wie eine ungeheure Last, wird einst wie ein Gewitter an Ihrem Himmel vorüberziehn und endlich wie ein fernes blaues Gebirg, hinter welchem das Land der Sehnsucht liegt, den Horizont Ihres Lebens begrenzen. Möge Ihnen Ihr gegenwärtiges Leid einen Weg zur einzigen Quelle des Trostes zeigen, zu dem Heiland, vor dem alle irdische Leiden zerbrechen müssen. So es Ihnen ein Trost ist, Ihr Herz durch die Ergießung seiner Leiden in die Brust eines Freundes zu erleichtern, der nichts mehr auf Erden hat als die Liebe des Herrn, so vertrauen Sie mir; ich habe so Bitteres ertragen, daß ich Sie verstehen werde und Ihnen mit Gottes Gnade den Trostquell eröffnen, welcher mich selbst von irdischer Verzweiflung geheilt hat.« »Ehrwürdiger Herr«, erwiderte der Verwundete, »so Sie als ein Greis mein Leid, welches ein Leid der Jugend ist, gelten lassen wollen, so folge ich Ihrem ernsten Anspruche auf Vertrauen gern. Ach, ich habe geliebet und liebe noch ein Wesen, das sich mir auf dem Gipfel der Seligkeit als eine schändliche, verworfene Betrügerin gezeigt, und ich kann diese Schlange, die ich so teuer erkauft, ja mit allem, was mir heilig auf Erden sein mußte, die ich mit meiner Ruhe, mit meinem Gewissen, mit einem Leben genährt, ich kann sie nicht vergessen, ewig trage ich sie in meinem Busen und muß sie liebevoll an das Herz drücken, das sie vergiftet.« »Erzählen Sie ruhig«, erwiderte der Priester, »ich habe nie ein Bekenntnis empfangen, dessen Schuld ich nicht im eignen Herzen fühle, alle Herzen sind mir nur eines, das menschliche, und wer sich anklaget, klaget auch mich an; so ich Sie aber zu trösten vermag, werde ich auch mich trösten.« Da begann der Kranke also:

»Ich bin ein Elsässer und heiße Heinrich Winningen. Mein Vater hieß vor der Revolution von Winningen, aber er war ein eifriger Republikaner und einer der ersten, der seinen Adelsbrief und seine Wappen unter dem Freiheitsbaum verbrannte. Meine Mutter, aus einem alten französischen Geschlecht, litt unendlich durch die politische Ansicht meines Vaters, ihre Eltern waren rechtschaffene Edelleute gewesen und seit Geschlechtern Freunde von meines Vaters Vorfahren. Sie hatte meinem Vater Zwillinge geboren, mich und meine Schwester Antonie. Wir waren am Tage, da mein Vater jenes öffentliche Opfer seiner fanatischen Meinung brachte, beide vier Jahre alt geworden. Die Mutter hatte uns ein kleines Geburtsfest bereitet, wobei sie, gereizt von der damaligen Lage Frankreichs, uns allerlei Gutes von ihren Vorfahren erzählte, welche aus dem Hause Lusignan herstammten, das sich eines mythischen Ursprungs in der Nymphe Melusine rühmt. Sie besaß eine alte Handschrift von dem Roman der Melusine mit wunderschönen Miniaturen aus der Verlassenschaft ihrer Eltern und außerdem einen großen Stammbaum auf Pergament, auf welchem auch unten diese Sirene abgebildet war, wie sie sich von ihrem Gemahl trennt, weil er seinen Schwur, sie an den Tagen, da sie eine Fischgestalt hatte, nicht zu belauschen, gebrochen hatte. Auf diesem Stammbaum waren die Gesichtsbilder aller ihrer Vorfahren aus jeder Zeit nach ihrer Tracht aus Blättern und Blumen hervorsehend bunt gemalt. Er war für die Geschichte der Kunst und der Kleidersitte von ungemeiner Wichtigkeit und von so ungemeinem lebendigem Reiz, daß ich ihn nie wieder vergessen konnte, wenn ich ihn gleich an meinem vierten Geburtstage zum ersten und letzten Male gesehen habe. Die gute Mutter rollte den schönen Bilderbaum, wie wir ihn nannten, nach und nach vor uns auf. Zuerst sahen wir nichts als die schöne Meerfei Melusina und hörten ihre Geschichte mit kindischem Entzücken. Dann rollte sie weiter auf und erzählte uns einige Züge von jedem Bildchen, das in einer Blume saß; denn in solchen waren immer die ausgezeichneten ihrer Vorfahren abgebildet worden. Als wir schon beinahe zum höchsten Gipfel gebildert hatten und der Großvater und Großmutter aus zwei Lilien schauend uns viele Freude gemacht hatten, sagte die Mutter: ›Wer kömmt nun?‹ ›Du, liebe Mutter!‹ erwiderte meine Schwester Melusine; ich aber sagte: ›Der Vater kömmt‹, und wendete mich gegen die Türe; denn ich hörte seinen raschen und festen Schritt die Treppe herauf. Die Mutter ward sehr ernsthaft und wollte den Stammbaum schnelle in ihren Schreibeschrank verschließen, aber wir Kinder waren von Schauen und Hören so bewegt, daß wir uns an das Kleid der Mutter mit freudiger Angst anhielten und

baten, sie möge den schönen Bilderbaum uns erst auszeigen bis auf das
alleroberste Blättchen, und der Vater müsse ihn auch sehen, den wir auf-
forderten, seine Bitten mit den unsrigen zu vereinen. Die Mutter stand,
den Schlüssel in der Hand, verlegen bei dem Schranke, der Vater war
freundlich und sagte: ›Ich werde euch auch einen Baum zum Geburtstage schenken; aber‹, wendete er sich zur Mutter, ›Citoyenne, warum
verbirgst du bei meinem Eintritt, womit du den Kindern in meiner Abwesenheit Freude machtest?‹ Bei dem Worte ›Citoyenne‹ veränderte
meine Mutter die Farbe, der Vater nannte eine geborne Marquise zum
ersten Male so; doch, unsre Gegenwart achtend, sammelte sie sich und
erwiderte mit einem begütigenden, aber doch schmerzhaften Lächeln:
›Weil eine Citoyenne nicht auf solchem Baume gewachsen ist; es war
mein Stammbaum.‹ Der Vater schüttelte leis tadelnd den Kopf und
sprach: ›Oh, wohl ist eine Bürgerin auf deinem Stammbaume gewachsen; das Vaterland hat einen freien Boden gewonnen, falle ab, liebe
Frucht, und werde ein neuer Stamm!‹ Dabei reichte er ihr freundlich die
Hand. Sie erwiderte dies, aber lässig nur mit einem Finger. Der Vater,
dadurch gekränkt, hielt diesen Finger in seiner Hand fest, näherte sich
ihr und sprach: ›Ist dieser Finger das einzige Zweiglein des Lusignani-
schen Stammes, dessen die Hand des Bürgers Winningen nicht unwür-
dig ist?‹ Die Mutter antwortete hierauf tief gekränkt: ›Mein Herr, ich
gab die Hand einer Fräulein von Lusignan an den Baron von Winningen, für einen Bürger Winningen habe ich keinen Finger übrig.‹ Und bei
diesem Schlusse riß sie mit der Hand und wollte meinem Vater ihren
Finger schnell entziehen, er aber hielt sie fest dabei und sprach mit drän-
gender Angst: ›O Melusine, Melusine, besinne dich, du redest ein hartes
Wort.‹ Da ward die Mutter heftiger, weil er sie nicht losließ, und sprach,
indem sie den Kopf scheinbar verwundert emporrichtete: ›Wie? Kann
ein Edelmann, der das ganze Heiligtum seiner Geschichte, der die Ehre
seiner Geschichte umsonst veräußert, ein so feines Gefühl haben, die
Wahrheit hart zu finden? O feines Gefühl eines Bürgers!‹ Da stieg meinem Vater das Blut ins Gesicht, und mit dem heftigen Ausruf: ›Denke,
denke, du Marquisenfinger, daß du in der Hand eines Bürgers warst!‹
kniff er der Mutter so heftig in den Finger, daß sie laut aufschrie: ›Weh,
weh, ich Unglückselige!‹ Da riß sie sich von meinem Vater los, aber der
Treuring, den ihr mein Vater abgezogen hatte, rollte an die Erde fallend
in die Stube. Wir Kinder weinten, ich suchte den Ring, meine Schwester

hielt die Knie der Mutter umarmt, die sie mit sich in ihr Kabinett riß, das sie hinter sich verschloß. Ich reichte dem zürnenden Vater den Ring, er sah ihn mit heftiger Bewegung an und nahte der Türe des Kabinetts und rief hinein: ›O Melusine, heute ist es vier Jahre, daß wir uns vermählten.‹ Die Mutter noch in heftiger Bewegung rief weinend und schluchzend: ›Des Edelmanns Hand ist grausam wie die Hand eines Henkers geworden, es hätte nicht bedurft, mir den Finger zu zerbrechen, um mir den Ehering zu nehmen, das Herz ist mir längst gebrochen. Ich habe nichts mehr mit Ihnen gemein.‹ Da steckte der Vater den Ring an seinen Finger, sah ihn lange an, rang dann die Hände, und heftig auf- und abgehend sprach er mit sich, wo ich öfter die Worte hörte: ›O mein Vaterland, ich muß dir ein schweres Opfer bringen, es muß biegen oder brechen.‹ Ich hatte mich währenddem wieder an den Stammbaum geschlichen, der auf der niedergelassenen Schlußplatte des Schreibschrankes lag, und versuchte umsonst der großen Pergamentrolle, welche sich immer wieder zusammendrehte, mächtig zu werden. Da meine Begierde zu sehen durch das Einzelne, was mir immer wieder von dem zusammenrollenden Pergament verborgen wurde, noch mehr wuchs, rief ich den Vater zu Hilfe mit den Worten: ›Vater, zeige mir die Mutter auf dem Baum, und mich und Lusine!‹ So nannte man meine Schwester. Der Vater war schon wieder ruhiger und rollte das Bild bis oben auf. Da war meine Mutter in einer Lilie sitzend abgemalt, und ich und meine Schwester waren auch sehr lieblich auf zwei Knospen sitzend abgebildet, und die Mutter deckte uns mit einem Schilde vor einer dreifarbigen Schlange, welche, eine rote Mütze im Maule tragend, sich an dem äußersten Gipfel emporringelte. Sie hatte uns beide und die Schlange selbst drauf gemalt. Der Vater war von ihrer Kunst und der tiefen Mutterliebe in der Darstellung seiner Kinder ganz gerührt. ›Welches Weib, welche Mutter!‹ rief er aus und nahte sich der Kabinettstüre, durch welche er zu der Mutter sprach: ›Melusine, wie allerliebst hast du die Kinder gemalt; aber sage, was soll die Schlange, Melusine, wen meinst du mit der Schlange?‹ Die Mutter antwortete lange nicht, und als er immer dringender ward, sprach sie: ›Niemand anderen als Sie selbst, mein Herr.‹ Da ward mein Vater sehr verändert und antwortete kalt: ›Nein, Sie meinten die alte Schlange, die Hoffart, welche das Weib schon im Paradiese verführte.‹ Nun nahm er mich bei der Hand und sagte: ›Komm, Raimondin, ich will dich zu einem lebendigen Baume führen.‹ Den

Stammbaum hatte er noch unter dem Arme, in seiner Stube nahm er mehrere andre Dokumente mit, und so ging er, schneller als es meinen kleinen Beinen bequem war, mit mir auf den Platz, wo der Freiheitsbaum mit der roten Mütze drauf und von tausend dreifärbigen Bändern durchwimpelt von einem weiten Kreise vieler Menschen jedes Alters, Geschlechtes und Standes, die sich einander bei den Händen gefaßt hatten, umtanzt wurde. Dazu sangen sie *Ça ira,* von den Musikanten begleitet, die neben dem Baum spielten, bei dem ein Feuer brannte. Alles das machte einen heftigen Eindruck auf mich; ich war in meinem Leben wenig auf die Straße gekommen und zu Fuße mitten ins Getümmel nie. Als einige der Tanzenden meinen Vater bemerkten, schwieg die Musik, und der Kreis nahm ihn in seine Mitte auf. Da hielt er unter beständigem Beifallgejauchze eine Rede, bei welcher er so in Eifer geriet, daß ihm die Tränen herabflossen, und als er geendigt hatte, gab er mir die Dokumente und Schriften, die er bei sich hatte, und befahl mir, sie in das Feuer zu werfen. Ein Kind und betäubt von dem Tumult um mich her, wußte ich nicht, was ich tat. Ich trug die Rollen ins Feuer, und alles klatschte umher in die Hände. Aber welcher Jammer ergriff mich, als sich die eine Rolle von der Glut zusammengezogen etwas aufwand und ich stolz nach meinem Werke sehend bemerkte, daß ich den herrlichen Bilderbaum der Mutter verbrannt habe; ach, es war mir, als sähe ich die gute Meerfrau Melusine sich in den Flammen winden, und wie rasend wollte ich in die Flammen springen, die Rollen herausreißen, aber mein Vater hielt mich zurück und achtete nicht auf mein Geschrei: ›*O ma pauvre Mélusine, Raimondin t'a brûlé le cœur!*‹ In dem Augenblick begann die Musik den Carmagnoletanz. Ein Weib, welches das Holz zu dem Feuer in einem Korbe herbeigetragen hatte, der ihr noch auf dem Rücken hing, setzte mich in diesen Korb, und da der Kreistanz, dem sie sich anschloß, wieder begann, mußte ich mittanzen, und mein Geschrei wurde von dem allgemeinen Getümmel übertobt. Bald entstand eine Unterbrechung. Mein Vater ward von Herrn de Lescure, einem Freunde meiner Mutter, aus dem Kreise gezogen. Sie sprachen heftig miteinander, den Inhalt dieses Gesprächs erzählte mir mein Vater nachmals. Lescure sprach: ›Herr Baron, ein Auftrag Ihrer Frau Gemahlin zwinget mich, Sie an einem so unanständigen Orte aufzusuchen. Sie begehrt dringend ihre Familiendokumente von Ihnen, welche sie vermißt.‹ Mein Vater erwiderte: ›Das Feuer hat sie verzehrt; wollen Sie die Asche

vielleicht sammeln, so verbrennen Sie sich die Finger nicht! Meine Frau
hätte niemanden besser wählen können, um mich zu ärgern, als Sie. Sie
hat wohl Lust, mir, da ich mein Wappen mit dem Adler verbrannt, ein
neues zu geben, in welchem Sie als Kuckuck paradieren wollen. Wie
können Sie es wagen, mich hier mit Baron anzureden? Bedenken Sie,
daß man Ihnen den Hals brechen wird, so ich Ihre Art zu reden laut
werden lasse. Gehen Sie, meiden Sie mein Haus, am besten aber das
Land!‹ Da erwiderte Lescure mit tiefem Unwill: ›Mein Herr, ich eile,
Ihnen das Maß meines Degens anzubieten; Ihre Ehre ist so im abneh-
menden Lichte, daß ich fürchte, wenn wir den Gang verschieben,
möchte mir es zur Schande gereichen, Ihnen gegenüberzustehn.‹ ›Ich
bin es zufrieden, Sie möchten mir sonst davonlaufen mit der Erklärung,
die ich Ihnen hier gebe, daß Sie ein Elender sind.‹ Lescure sagte kalt hierauf: ›Sie werden noch mehrere dazu machen, die es nicht verdienen, da
Sie bei sich selbst anfingen. Meine Geschäfte sind geordnet, so es die Ihrigen auch sind, folgen Sie mir!‹ Mein Vater nahm die Aufforderung an.
Er kam, eh er wegging, zu der Frau, die mich trug, und da er sah, daß ich
in dem Korbe eingeschlafen war, küßte er mich und befahl ihr, mich
nach ihrer Wohnung zu nehmen, bis er mich abholen werde. Dann ging
er mit Lescure. Dieses Weib war die Witwe eines Gärtners, die sonst allerlei Dienste in unserm Hause getan hatte, und sie wohnte nicht fern
von uns. Ich erwachte in ihrer kleinen Kellerstube, und da ich sehr nach
Papa und Mama schrie und immer klagte, *que j'avais brûlé le cœur à la
bonne fée Mélusine,* erzählte sie mir, um mich zu trösten, das Märchen
von der Melusine ausführlich und ließ mich mit einigen Kaninchen spielen, welche sie in ihrer Kammer ernährte. So kam der Abend, ohne daß
mein Vater sich einstellte, und ich mußte ihr unterdessen blaue, rote und
weiße Garnstränge halten, die sie auf Knäule wickelte, um Kokarden
draus zu stricken. Da ich schläfrig ward, legte sie mich auf ihr Bett, wo
ich entschlief. Es mochte um Mitternacht sein, als ich erwachte und den
Diener meiner Mutter, Royer, neben der Frau am Tische sitzen sah. Er
zählte ihr Geld auf, gab ihr allerlei Kleider, und sie weinten beide heftig.
Da ich Royer erblickte, rief ich ihn beim Namen, worüber er heftig erschrak, an das Bett trat und, indem er mich auf seine Arme nahm, zu mir
sagte: ›Ach, mein lieber Raimondin, ich suchte dich den ganzen Tag, wie
kömmst du hierher?‹ Dann geriet er mit Toinette – so hieß die Frau – in
einen lebhaften Wortwechsel, den sie mir später selbst erklärte. Meine

Mutter wollte in dieser Nacht mit uns Kindern über den Rhein entflie-
hen, wohin de Lescure, der meinen Vater stark verwundet hatte, früher
schon entwichen war. Royer sollte sie begleiten, er war ihr sehr anhäng-
lich und von ihrem Vater erzogen worden. Den ganzen Tag hatte er
nach mir suchen müssen und kam jetzt, von Toinette, mit der er versprochen war, Abschied zu nehmen. Sie hatte mich ihm verborgen, weil
sie von der Wohltätigkeit meines Vaters lebte. Als arme Dienstboten
konnten sie nicht auf die äußersten Spitzen der öffentlichen Meinung
treten, sie sangen dessen Lied, dessen Brot sie aßen, und wenn sie beieinander saßen, sangen sie ihr eignes, das sehr vermittelnd klang. Royer gab
der Toinette bald nach, welche nicht zugeben wollte, daß er mich zu
meiner Mutter bringe, die mich meinem Vater entführen wollte, weil
sich dieser nachher an sie halten werde. Aber Toinette gestand auch dem
Royer zu, daß es nicht vorteilhaft für sie sei, daß sie mich bei sich versteckt halte, man wisse nicht, wie die öffentlichen Händel ablaufen würden, und wenn mein Vater an seiner Wunde stürbe, so habe sie mich auf
dem Hals und könne in allerlei Händel verwickelt werden. Überhaupt
sei ich hier hinderlich, da er sich scheue, in meiner Gegenwart recht of-
fenherzig vor ihr zu sein, weil ich ein aufmerksamer Junge sei und ihre
Unterhaltung verraten würde. Über diesen ihren Erklärungen war ich
wieder entschlafen, und sie wurden einig, daß mich Royer unter seinem
Mantel nach Haus tragen und mich dort in mein Bett legen sollte. Da
meine Mutter mit meiner Schwester und ihrer Kammerfrau schon an
den Rhein gegangen sei, werde man glauben, sie habe mich freiwillig
meinem Vater zurückgelassen, wenn man mich morgen fände. Er selbst
wolle gleich wieder zu ihr kommen, da er mit einigem Gepäck erst morgen früh überfahre. So trug er mich nach Haus und brachte mich zu
Bett, ohne daß ich erwachte, und verschloß dann das Haus.

Am andern Morgen erwachte ich mit Schrecken, ein großer Hund
meines Vaters sprang freudig auf mein Bett; er hatte im ganzen Hause
vergebens jemand gesucht und war sehr froh, die Türe der Stube, in der
ich schlief, nur angelehnt zu finden. Ich schrie nicht wenig, um diesen
beschwerlichen Gesellen loszuwerden, aber es ließ sich weder Louison,
meine Wärterin, noch Royer erblicken, und endlich ward ich und der
Hund vertraut, denn er schien mich zu verstehn und verband sein Ge-
heul mit meinen Wehklagen. Ich war in einem sehr verwirrten Zustand,
wie ich nach Haus in mein Bett gekommen war, konnt ich nicht begrei-

fen, alles, was ich gestern erlebt hatte, stand mir dunkel in der Seele, vergebens rief ich meiner Schwester Lusine, die eigentlich in dem Bette mir
gegenüber schlafen sollte, aber alles war still im Hause, und niemand
hörte auf mein Rufen. Da stand ich auf und zog mich zum erstenmal in
meinem Leben allein an. Ich lauschte an der Türe meiner Mutter, ich
schlich hinein an ihr Bett, es war noch geordnet, sie hatte nicht drin geschlafen, aber Schränke und Schiebladen standen auf, es war überall, wo
ich hintrat im Hause, die Art von Unordnung, die ein Abreisender zu-
rückläßt, hinter welchem nicht aufgeräumt worden. Das Überraschende in meiner Lage zerstreute mich, und allerlei Bänder, gemachte
Blumen, Perlen und Flitter, die in der Stube herumlagen, fingen an,
meine ganze Aufmerksamkeit auf sich zu ziehen. Ich sammelte alles in
einen Pappkasten, und da ich endlich an den offnen Schreibepult der
Mutter kam, sah ich die samtene Scheide drin liegen, aus welcher sie gestern den Bilderbaum gezogen hatte. Da ward meine ganze Betrübnis
erregt, der Gedanke, daß ich das schöne Melusinenbild ins Feuer geworfen hatte, ward wieder so lebendig in mir als gestern, da ich die Rolle sich
im Feuer winden sah, und mit Tränen rief ich aus:

> O pauvre Raimondin,
> il faut que tu te meures,
> à la belle Mélusine
> tu as brûlé le cœur.

Der zufällige Reim erhöhte noch meine Spannung. Die Erzählungen
meiner Mutter und der Toinette von der Melusine, wie sie den Raimond
verlassen und wie er klagend um sein Verbrechen das Schloß durchwan-
delt und bei jedem Gegenstande in den öden Gemächern an sein verlorenes Glück gedacht, schienen an mir wahr geworden; meine Mutter,
meine Schwester waren fort, und ich war allein im Hause. Ich fühlte
mich ganz als den schuldigen verlassenen Raimond und wünschte ihm
auch von außen zu gleichen. Darum behängte und besteckte ich mich
mit alle dem Flitterkram, den ich in der Stube aufgesammelt hatte, und
der große Hund schien meinen Kammerdiener vorstellen zu wollen;
denn er brachte einen alten Tafthut à la Montgolfier, auf dem Sonne,
Mond und Sterne von Folie funkelten, aus einem Winkel der Garderobe
angeschleppt. Ich setzte ihn auf, nahm ein stählernes Spazierstöckchen

meiner Mutter als Lanze in die Hand und rief vor dem Spiegel mein
›*Pauvre Raimondin*‹ mit höherer Bewegung als vorher aus. In diesem
Aufzug mit dieser Wehklage durchzog ich das ganze Haus, und der
Hund heulte neben mir; endlich trat ich in unsern kleinen Garten, der,
von hohen Seitengebäuden umgeben, sonnenlos, voll trauriger Taxuspyramiden wenig Erfreuliches bot. Hier wandelte ich auf und ab und
überließ mich ganz meiner Phantasie. Im Winkel der Gartenmauer war
ein Ziehbrunnen eingemauert, welchen wir mit einem Nachbarn, einem
Advokaten Lodie, gemein hatten. Es reizte mich besonders, in ihn hinab
meine Klagen ertönen zu lassen; denn es hallte so dumpf nach, und der
Spiegel des Wassers tief unten schien so kühl, dunkel und geheimnisvoll
herauf, daß ich glaubte, da unten müsse Melusine nun wohnen. Es war
schon gegen Mittag, der Hunger vermehrte mein Leid, ich stand am
Brunnen und klagte, da hörte der Hund die Teller in des Prokurators
Küche rasseln, und wahrscheinlich mit der Köchin in gutem Einverständnis, setzte er über den Brunnen weg und folgte dem Bratengeruch.
Dies brachte mich auch auf den Gedanken, hinüberzusteigen, aber ich
konnte nicht so gut springen wie der Hund und faßte deswegen die
Brunnenkette, indem ich in den oben schwebenden leeren Eimer hin-
eintrat. Meine Angst ward ungeheuer, als der Eimer mit mir leise sich in
den Brunnen hinabließ, indem der zweite volle gegenwiegende Eimer
emporstieg. Ich konnte vor Schrecken nicht mehr schreien und besann
mich erst, als der volle steigende Eimer mich erreichte und ich ihn auf-
wiegend neben ihm mitten im Brunnen hängen blieb. Da schrie ich erst
recht laut: ›O *pauvre Raimondin* usw.‹ Endlich kam die Magd des Prokurators um Salat zu waschen an den Brunnen, und als sie meine Stimme
aus der Tiefe tönen hörte, lief sie mit dem Geschrei ins Haus zurück, es
sei ein Gespenst im Brunnen, ein Wasserfräulein, sie habe es klagen hören: *il faut que tu te meures*. Man lachte sie aus, aber ihr Entsetzen und
Beteuern führte endlich den Prokurator und sein Weib und alles Gesinde an den Brunnen. Sie hörten dieselben Klagen nicht ohne große Bewegung, die Frau drang schon drauf, man solle den Brunnen zudecken
oder verschütten lassen, um das Gespenst zu versperren, der Prokurator
aber lachte und zog mich lachend herauf. Wenig aber fehlte, daß er mich
mitsamt dem Eimer hinabwarf, als er mich mit meinem Hut à la Montgolfier, mit Perlenschnüren, Bändern, Flören und allerlei bunten Nadel-
kissen behängt wie eine Brunnennymphe aus dem Kindermärchen er-

blickte. Eine kleine Tochter des Advokaten, die meiner Mutter Patchen war und Melusine hieß, erkannte mich zuerst und rief aus: ›Ach, was ist der Chevalier Raimondin schön geputzt!‹ Da nahmen mich die guten Leute aus dem Eimer und brachten mich nach ihrer Stube, wo ich erquickt und gepflegt wurde und alle meine Leiden seit dem vorigen Abend erzählen mußte, was ich jetzt, Hochwürdiger, gegen Euch wiederholte, um Euch die Lage und Stimmung zu beschreiben, in welcher ich das Wesen zum ersten Male gesehen, das mich zum unglücklichsten Menschen gemacht hat. Die kleine Melusine bei dem Advokaten ist es, um derentwillen ich jetzt sagen kann: *O pauvre Raimondin, il faut que tu te meures, la perfide Mélusine t'a rompu le cœur.*«

Hier drückte er sein Gesicht in die Kissen und schwieg einige Minuten, während welchen der Priester zu ihm sprach: »Lieber Freund, ich wünsche nicht, daß die Erinnerung an Ihre Leidenschaften Ihnen die ernste Ruhe nehmen möge, welche immer die Betrachtungen eines Christen begleiten soll, dem der gütige Gott das Leben erhalten hat, auf daß er nicht lodernd von irdischer Flamme zu anderm Dasein übergehe.« Da ergriff Raimondin noch mit abgewendetem Haupte die Hand des Priesters, die er heftig drückte, und Pater Rochus sprach: »Mut, Vertrauen, nur recht nach dem Herrn verlangt, er wird uns allen den Frieden geben.« Nun sammelte sich Raimondin und erzählte weiter:

»Ich werde von dieser meiner frühen Jugend nur noch einiges erwähnen, um dann mein trügerisches Glück auf seinem höchsten Gipfel dicht neben dem tiefen Abgrunde zu berühren, in welchem es mich zerschmetterte. Die Familie des Advokaten hatte weder eine besondere Vorliebe zu meinem Vater noch zu meiner Mutter, deren Entzweiung sie mit besonderer Neutralität betrachtete, um sich dem Intresse der Partei, welche den Herrn Lodie zuerst als Rechtsbeistand auffordern dürfte, desto eifriger ergeben zu können. Übrigens waren sie unsre gute Nachbarn, hörten meine Leidengeschichte mit vieler Liebe an und mußten herzlich lachen, als ich die Worte aussprach: ›*O pauvre Raimondin, il faut que tu te meures, à la belle Mélusine tu as brûlé le cœur*‹, und nun die kleine Melusine mich dabei umarmte und küßte und herzlich mit mir weinte. ›Ei, ei, Melusine‹, sagte Frau Lodie, ›ist es wahr, hat er dir dein kleines Herz verbrannt?‹ ›Ich weiß nicht‹, sagte das Kind und schmiegte sich an mich. Nun spielten wir den ganzen Tag, und ich teilte allen meinen phantastischen Putz mit ihr. Am Abend wollte man mich über den

Bronnen hinüber wieder in mein Bett bringen, aber ich wollte mich auf keine Weise von meiner kleinen Gespielin trennen lassen, und auch sie verhinderte es mit heftigem Geschrei. Sie warteten darum, bis wir beide nebeneinander eingeschlafen waren, dann nahm mich der Advokat auf den Arm, die Magd ging mit einer Laterne voraus, ein starkes Brett war über den Brunnen gelegt und über dieses brachten sie mich, ohne daß ich erwachte, nach meinem Bette und begaben sich zurück. Sie behielten mich aber aus keiner andern Ursache nicht in ihrer Wohnung über Nacht, als weil sie fürchteten, durch diese Sorgfalt eine besondere Hinneigung zu meinem Vater oder meiner Mutter zu zeigen, da sie nicht wußten, wer sich meiner von beiden vor dem andern annehme. Um Mitternacht erweckte mich ein Kneifen in die Nase, und als ich die Augen aufschlug, war es hell in der Stube, und ich sah eine Reihe fingerlanger Husaren über die Bettdecke gegen meine Nase attackieren und mich kneipen, worauf sie sich auf mein Geschrei schnell zurückzogen. Zu dem ganzen Manöver blies eine Pfennigstrompete. Ich war so durch das Plötzliche und den Schmerz verblüfft, daß ich hoch im Bett mit Zetergeschrei in die Höhe fuhr. Da sah ich einen großen Mann in rotem Taftmantel vor mir, er hatte einen Federhut auf und eine weiße Maske vor sich, worüber ich noch mehr erschrak. Der Unbekannte, besorgend, sein ungeschickter Scherz möge mir gar den Verstand zerrütten, riß nun die Maske ab, und ich erkannte Herrn Verdier, den Sekretär meines Vaters, in ihm. Er riß mich aus dem Bett auf seinen Arm und sprach: ›Weine nicht, Raimondin, ich bin es, sieh, da schenke ich dir die kleinen Husaren, welche dich in die Nase zwickten‹, und somit gab er mir die kleinen hölzernen Reiter, welche, auf sich in die Länge und Breite verschiebenden Kreuzstäben steckend, von ihm, um mich scherzhaft zu wecken, gegen meine Nase waren gerichtet worden. Mit Mühe ward ich erst getröstet, als er mir ein ganzes Körbchen voll Spielzeug zeigte, das er unter seinem Mantel anhängen hatte. Nun mußte ich mit ihm das Haus verlassen, er sagte mir, daß er mich zu meinem Vater bringen wolle, der krank sei, und ohne sich weiter auf meine Fragen nach Melusine und die Ursache seiner wunderlichen Kleidung einzulassen, nahm er mich, wie ich war, in meinem kindischen Putz bei der Hand, denn Herr Lodie hatte mich, damit ich nicht aufwachen möge, in meinem ganzen Flitterornat ins Bett gelegt. In der Vorstube wartete schon ein Diener mit einem Korb voll Wäsche und anderen Bedürfnissen meines

Vaters auf ihn. Der Sekretär pfiff dem großen Hund, der vergnügt herbeisprang, und gab ihm zwei Laternen, an die beiden Enden eines Stokkes befestigt, im Maule zu tragen. So verließ er, den leuchtenden Hund voraus, mich unter seinem Mantel an der Hand, in der Begleitung des lasttragenden Dieners das Haus, welches er sorgsam verschloß. Er ging stark, ich mußte immer neben ihm traben, durch seinen roten Taftmantel schimmerten die Laternen des Hundes, unten sah ich nichts als erleuchtete Pfützen, über die er mich immer am Arme reißend hinüberschwang, und seine Füße. Ich kann diesen Weg in meinem Leben nicht vergessen. Nach einem guten Stück Weg kamen wir an eine Kutsche, aus welcher ein paar andere Masken herausriefen: ›Endlich sind Sie da! Wir haben lange gewartet.‹ Wir stiegen ein, der Diener setzte sich hinten auf, der Hund mußte die Laternen in den Wagen abliefern und nebenherlaufen. Die Verlarvten in dem Wagen wollten mich necken, aber Verdier deckte den Mantel über mich und so schlief ich im Winkel der Kutsche ein, um von neuem auf eine sehr abenteuerliche Weise erweckt zu werden. Mein Vater hatte sich mit Herrn de Lescure in einem Gebüsche geschlagen, welches eine kleine Stunde von der Stadt den Park eines öffentlichen Gasthauses bildet, in welches er, schwer verwundet, von Herrn Verdier, der ihm als Sekundant gefolgt war, gebracht wurde; denn man hielt es für gefährlich, ihn nach der Stadt zu fahren. In diesem Hause war in dieser Nacht ein maskierter Ball angestellt worden, und da mein Vater Herrn Verdier in die Stadt schickte, ihm allerlei Bedürfnisse zu holen, Nachricht von seiner Familie zu geben und mich zu ihm herauszubringen, hatte dieser mich bei der Gärtnerin Toinette gesucht, welche ihm die Abreise meiner Mutter gemeldet, und daß mich Royer nach Hause gebracht, wo ich wohl sein müsse. Verdier, der früher zu diesem Maskenball sich schon verbindlich gemacht hatte, wollte die Gelegenheit benutzen, steckte sich in einen Domino und hängte einen Korb mit Spielwaren um, den er witzig austeilen wollte. So trat er, nachdem er alle Geschäfte im Hause beendet und einen Brief meiner Mutter an meinen Vater, den sie auf seinem Schreibtisch zurückgelassen, zu sich gesteckt hatte, an mein Bett und weckte mich, wie ich vorher erzählte. Wir kamen in dem Wirtshause an, Verdier trug mich schlafend aus dem Wagen, und da wir durch den Ballsaal mußten, um zu der Stube meines Vaters zu kommen, hatte er den Mutwill, im Vorübergehen eines meiner Ohren an das Fagott der Tanzmusik zu halten, worüber ich plötzlich erwachte und rings um mich die bunten Larven im grellen Lichte sich herumtreiben sah. Der Schrecken und die Verwunderung machten mich wie unsinnig, und ich begann ein so heftiges Geschrei, daß die Tänzer ihr Vergnügen unterbrachen und sich alles um mich her drängte. Verdier brachte mich schnell zu meinem Vater; denn die Frauen waren über seine Unbesonnenheit so erbittert, daß er sehr unangenehme Auftritte zu erwarten gehabt hätte, wenn er nicht gleich gewichen wäre. Da wir durch den Erfrischungssaal mußten, stopfte er mir den Mund voll Zuckerwerk und brachte mich so mechanisch beruhigt an den andern Flügel des Hauses zu meinem Vater...«

Die drei Nüsse

Daniel Wilhelm Möller, Professor und Bibliothekar zu Altorf, lebte im Jahr 1665 in Kolmar als Hofmeister der drei Söhne des Bürgermeisters Maggi. Im Oktober dieses Jahres hatte der Bürgermeister einen reisenden Alchimisten zum Gaste, und als bei dem Nachtische der Abendmahlzeit unter anderm Obste auch welsche Nüsse auf die Tafel gesetzt wurden, sprach die Gesellschaft mancherlei von den Eigenschaften dieser Frucht. Da aber die drei Zöglinge Möllers etwas unmäßig zu den Nüssen griffen und sie lustig nacheinander aufknackten, verwies Möller es ihnen freundlich und gab ihnen folgenden Vers aus der *Schola Salernitana* zu verdeutschen auf: »*Unica nux prodest, nocet altera, tertia mors est.*« – Da übersetzten sie: »Eine Nuß nützt, die zweite schadet, der Tod ist die dritte.« Möller aber sagte zu ihnen, diese Übersetzung könne unmöglich die rechte sein, da sie die dritte Nuß längst genossen und doch noch frisch und gesund seien; sie möchten sich eines Bessern besinnen. Kaum waren diese Worte gesprochen, als der Alchimist mit Bestürzung plötzlich vom Tische aufsprang und sich in der ihm angewiesenen Stube verschloß, worüber alle Anwesende in nicht geringer Verwunderung waren. Der jüngste Sohn des Bürgermeisters folgte dem Fremden, um ihn auf Befehl seines Vaters zu fragen, ob ihm etwas zugestoßen sei; da er aber die Türe verschlossen fand, sah er durch das Schlüsselloch den Fremden auf den Knien liegen und unter Tränen und Händeringen mehrere Male ausrufen: »*Ah, mon Dieu, mon Dieu!*«

Kaum hatte der Knabe seinem Vater dies hinterbracht, als der Fremde sich von dem Diener zu einer einsamen Unterredung melden ließ. Alle entfernten sich. Da trat der Alchimist herein, fiel auf die Knie, umfaßte die Füße des Bürgermeisters und flehte ihn unter heftigen Tränen an: er möge ihn nicht vor Gericht bringen, er möge ihn vor einem schmählichen Tode erretten.

Der Bürgermeister, heftig über seine Rede erschrocken, fürchtete, der

Mensch möge den Verstand verloren haben, hob ihn von der Erde auf und bat ihn freundlich: er möge ihm sagen, wie er auf so schreckliche Reden komme. Da erwiderte der Fremde: »Herr, verstellen Sie sich nicht, Sie und der Magister Möller kennen mein Verbrechen; der Vers von den drei Nüssen beweist es: *tertia mors est,* die dritte ist der Tod; ja, ja, eine bleierne Kugel war es, ein Druck des Fingers, und er schlug nieder. Sie haben sich verabredet, mich zu peinigen, Sie werden mich ausliefern, ich werde durch Sie unter das Schwert kommen.«

Der Bürgermeister glaubte nun die Verrücktheit des Alchimisten gewiß und suchte ihn durch freundliches Zureden zu beruhigen. Er aber ließ sich nicht beruhigen und sprach: »Wenn Sie es auch nicht wissen, so weiß es doch Ihr Hofmeister gewiß, denn er sah mich durchdringend an, als er sagte: ›*tertia mors est.*‹« Nun konnte der Bürgermeister nichts anders tun, als ihn bitten, ruhig zu Bette zu gehen, und ihm sein Ehrenwort zu geben, daß weder er noch Möller ihn verraten würden, wenn irgend etwas Wahres an seinem Unglücke sein sollte. Der Unglückliche aber wollte ihn nicht eher verlassen, bis Möller gerufen war und ihm auch heilig beteuerte, daß er ihn nicht verraten wolle; denn daß auch er nicht das mindeste von seinem Unglücke wisse, wollte er sich auf keine Weise überreden lassen.

Am folgenden Morgen entschloß sich der Unglückliche, von Kolmar nach Basel zu gehen, und bat den Magister Möller um eine Empfehlung an einen Professor der Medizin. Möller schrieb ihm einen Brief an den Doktor Bauhinus und reichte ihm denselben offen, damit er keine Art von Verdacht schöpfen könne. Er verließ das Haus mit Tränen und nochmaligem Flehen, ihn nicht zu verraten.

Im folgenden Jahre um dieselbe Zeit, etwa drei Wochen später, als der Bürgermeister mit den Seinigen wieder Nüsse aß und sie sich dabei alle lebhaft an den unglücklichen Alchimisten erinnerten, ließ sich eine Frau bei ihm melden. Er hieß sie hereintreten; sie war eine Reisende in anständiger Tracht, sie trauerte und schien vom Kummer ganz zerstört, doch hatte sie noch Spuren von großer Schönheit. Der Bürgermeister bot ihr einen Stuhl an, stellte ihr ein Glas Wein und einige Nüsse vor; aber sie geriet bei dem Anblick dieser Frucht in eine heftige Erschütterung, die Tränen liefen ihr die Wangen herab: »Keine Nüsse, keine Nüsse!« sagte sie und schob den Teller zurück.

Diese ihre Weigerung, mit der Erinnerung an den Alchimisten, brachte unter den Tischgenossen eine eigene Spannung hervor. Der Bürgermeister befahl dem Diener, die Nüsse sogleich wegzubringen, und bat die Frau, nach einer Entschuldigung, daß er ihren Abscheu vor den Nüssen nicht gekannt, um die Angabe des Geschäftes, das sie zu ihm geführt.

»Ich bin die Witwe eines Apothekers aus Lyon«, sagte sie, »und wünsche mich hier in Kolmar niederzulassen. Die traurigsten Schicksale nötigen mich, meine Vaterstadt zu verlassen.« – Der Bürgermeister fragte sie um ihre Pässe, auf daß er versichert sein könne, daß sie ihr Vaterland frei von allen gerichtlichen Ansprüchen auf sie verlassen habe. Sie übergab ihre Papiere, die in der besten Ordnung waren und ihr den Namen der Witwe des Apothekers Pierre du Pont oder Petrus Pontanus gaben. Auch zeigte sie dem Bürgermeister mancherlei Atteste der medizinischen Fakultät von Montpellier, daß sie im Besitz der Fabrikationsrezepte vieler trefflicher Arzeneien sei.

Der Bürgermeister versprach ihr alle mögliche Unterstützung bei ihrer Niederlassung und bat sie, ihm in sein Arbeitszimmer zu folgen, wo er ihr Empfehlungen an einige Ärzte und Apotheker der Stadt schreiben wollte. Als er nun die Frau die Treppe hinauf führte und oben über den Flur weg, kam dieselbe bei dem Anblick eines kindischen Gemäldes in eine solche Bestürzung, daß der Bürgermeister fürchtete, sie möchte an seinem Arme ohnmächtig werden; er brachte sie schnell auf seine Stube, und sie ließ sich unter bittern Tränen auf einen Stuhl nieder.

Der Bürgermeister wußte die Veranlassung ihrer Gemütsbewegung nicht und fragte sie, was ihr fehle. Sie sagte ihm: »Mein Herr, woher kennen Sie mein Elend, wer hat das Bild an die Stubentüre geheftet, an welcher wir vorübergingen?« Da erinnerte sich der Bürgermeister an das Bild und sagte ihr, daß es die Spielerei seines jüngsten Sohnes sei, welcher eine Neigung habe, alle Ereignisse, die ihn näher interessierten, in solchen Malereien auf seine Art zu verewigen. Das Bild aber bestand darin, daß der Knabe, welcher das Jahr vorher den Alchimisten kniend und die Hände ringend in dieser Stube: *»Ah, mon Dieu, mon Dieu!«* hatte ausrufen hören, diesen in derselben Stellung und über ihn drei Nüsse mit dem Spruche: *»Unica nux prodest, nocet altera, tertia mors est!«* auf eine Pappe gemalt und an die Stubentüre, wo der Alchimist gewohnt, befestigt hatte.

»Wie kann Ihr Sohn das schreckliche Unglück meines Mannes wissen?« sagte die Frau; »wie kann er wissen, was ich ewig verbergen möchte, und weswegen ich mein Vaterland verlassen habe?«

»Ihres Mannes?« erwiderte der verwunderte Bürgermeister; »ist der Chemiker Todénus Ihr Mann? Ich glaubte nach Ihrem Passe, daß Sie die Witwe des Apothekers Pierre du Pont aus Lyon seien.«

»Die bin ich«, entgegnete die Fremde, »und der Abgebildete ist mein Mann, du Pont; mir zeigt es die Stellung, in welcher ich ihn zuletzt gesehen, mir zeigt es der fatale Spruch und die Nüsse über ihm.«

Nun erzählte ihr der Bürgermeister den ganzen Vorfall mit dem Alchimisten in seinem Hause und fragte sie, wie er sich befinde, wenn er wirklich ihr Mann sei, der vielleicht unter fremdem Namen bei ihm gewesen wäre.

»Mein Herr«, erwiderte die Frau, »ich sehe wohl, das Schicksal selbst will, daß meine Schmach nicht soll verborgen bleiben; ich erwarte von Ihrer Rechtschaffenheit, daß Sie mein Unglück nicht zu meinem Nachteil bekanntmachen werden. Hören Sie mich an. Mein Mann, der Apotheker Pierre du Pont, war wohlhabend; er würde reich gewesen sein, wenn er nicht durch seine Neigung zur Alchimie vieles Geld verschwendet hätte. Ich war jung und hatte das große Unglück, sehr schön zu sein. Ach, mein Herr, es gibt schier kein größeres Unglück als dieses, weil keine Ruhe, kein Friede möglich ist, weil alles nach einem verlangt und verzweifelt und man in solche Bedrängnisse und Belagerungen kömmt, daß man sich manchmal gar, nur um des ekelhaften Götzendienstes los zu werden, dem Verderben hingeben könnte. Eitel war ich nicht, nur unglücklich; denn ich mochte mich auch absichtlich schlecht und entstellend kleiden, so wurde doch immer eine neue Mode daraus, und man fand es allerliebst. Wo ich ging und stand, war ich von Verehrern umgeben, ich konnte vor Serenaden nicht schlafen, mußte einen Diener halten, die Geschenke und Liebesbriefe abzuweisen, und alle Augenblick mein Gesinde abschaffen, weil es bestochen war, mich zu verführen. Zwei Diener in der Apotheke meines Mannes vergifteten einander, weil ein jeder von ihnen entdeckt hatte, daß der andere ein Edelmann sei, der aus Leidenschaft zu mir unter fremdem Namen in unsre Dienste gegangen war. Alle Leute, die in unsrer Offizin Arznei holten, waren dadurch schon im Verdacht, liebeskrank zu sein. Ich hatte von allem diesem nichts als Unruhe und Elend, und nur die Freude meines Mannes an meiner Gestalt hielt mich ab, mich an meiner Larve zu vergreifen und mich auf irgendeine Weise zu entstellen. Oft fragte ich ihn, ob er denn an meinem Herzen und guten Willen nicht genug habe; er möchte mir doch erlauben, mein Gesicht, das so vieles Unheil stifte, durch irgendein beizendes Mittel zu verderben. Aber er erwiderte mir immer: ›Schöne Amelie! Ich würde verzweifeln, wenn ich dich nicht mehr ansehen könnte; ich würde der unglücklichste Mensch sein, wenn ich den ganzen Tag in meinem rußigen Laboratorium vergebens geschwitzt habe und meine Augen abends nicht mehr an deinem Anblick erquicken könnte. Du bist der einzige klare Punkt in meiner finstern Bestimmung, und wenn ich alle meine Hoffnung habe nach schwerem Tagewerk zum Rauchfang hinausfliegen sehen, tritt mir alle meine Hoffnung am Abend in deiner Schönheit wieder entgegen.‹ Er liebte mich zärtlich, aber Gott segnete unsre Liebe nicht, wir hatten keine Kinder. Als ich ihm meine Trauer hierüber einst sehr lebhaft mitteilte, ward er finster und sprach: ›So Gott will und mir nicht alles mißlingt, wird uns auch diese Freude werden.‹ An einem Abend kam er spät nach Hause, er war ungewöhnlich froh und gestand mir, daß er heute mit einem sehr tief eingeweihten Adepten sich unterhalten habe, der einen lebhaften Anteil an ihm und mir zu nehmen scheine, und unsre Wünsche würden bald erfüllt werden. Ich verstand ihn nicht.

Nach Mitternacht erwachte ich durch ein Geräusch; ich sah meine ganze Stube voll fliegender, leuchtender Johanniskäfer; ich konnte nicht begreifen, wie die Menge dieser Insekten in meine Stube gekommen sei; ich erweckte meinen Mann und fragte ihn, was das nur zu bedeuten habe. Zugleich sah ich auf meinem Nachttische ein prächtiges venetianisches Glas voll der schönsten Blumen stehen und daneben neue seidene Strümpfe, Pariser Schuhe, wohlriechende Handschuhe, Bänder und dergleichen liegen. Mir fiel ein, daß morgen mein Geburtstag sei, und glaubte, mein Mann habe mir diese Galanterie gemacht, wofür ich ihm herzlich dankte. Er aber versicherte mir mit den heiligsten Schwüren, daß diese Geschenke nicht von ihm herrührten, und die heftigste Eifersucht faßte zum erstenmal in ihm Wurzel. Er drang bald auf die rührendste und dann wieder heftigste Weise in mich, ihm zu erklären, wer diese Dinge hierher gebracht; ich weinte und konnte es ihm nicht sagen. Aber er glaubte mir nicht, befahl mir aufzustehen, und ich mußte mit ihm das ganze Haus durchsuchen, aber wir fanden niemand. Er begehrte die Schlüssel meines Schreibepultes, er durchsuchte alle meine

Papiere und Briefschaften, er entdeckte nichts. Der Tag brach an, ich verzweifelte in Tränen. Mein Mann verließ mich sehr unmutig und begab sich nach seinem Laboratorium. Ermüdet legte ich mich wieder zu Bett und dachte unter bittern Tränen über den nächtlichen Vorfall nach; ich konnte mir auch gar nicht einbilden, wer den Handel könne angestellt haben, und verwünschte, indem ich mich selbst in einem Spiegel sah, der meinem Bette gegenüberstand, meine unglückliche Schönheit; ja, ich streckte gegen mich selbst, vor innerem Ekel, die Zunge heraus; aber leider blieb ich schön, ich mochte Gesichter schneiden, wie ich wollte. Da sah ich in dem Spiegel, aus einem der neuen Schuhe, die auf dem Nachttische standen, ein Papier hervorsehen. Ich griff hastig darnach und las unter heftiger Bestürzung folgendes Billett:

Geliebte Amelie! Mein Unglück ist größer als je; Dich mußte ich meiden bis jetzt, und nun muß ich auch das Land fliehen, in dem Du lebst; ich habe in meiner Garnison einen Offizier im Duelle erstochen, der sich Deiner Begünstigung rühmte; man verfolgt mich, ich bin hier in verstellter Kleidung. Morgen ist Dein Geburtstag; ich muß Dich sehen, zum letzten Male sehen. Heute abend vor dem Tore findest Du mich in dem kleinen Wäldchen, unter den Nußbäumen, etwa hundert Schritte vom Wege, bei der kleinen Kapelle rechts. Wenn Du mir einiges Geld zu meiner Hülfe mitbringen kannst, so wird Dir es Gott vergelten. Ich Tor habe es nicht unterlassen können, die letzten wenigen Louisdore meines Vermögens an das kleine Geburtstagsgeschenk zu verwenden, das Du vor Dir siehst. Wie Du es erhalten, und was ich dabei gelitten, sollst Du selbst von mir hören. Schweigen mußt Du, kommen mußt Du, oder meine Leiche wird morgen in Deine Wohnung gebracht.

Dein unglücklicher Ludewig.

Ich las diese Zeilen mit der heftigsten Trauer; ich mußte ihn sehen, ich mußte ihn trösten, ich mußte ihm alles bringen, was ich hatte, denn ich liebte ihn unaussprechlich und sollte ihn auf ewig verlieren.«

Hier schüttelte der Bürgermeister lächelnd den Kopf und sprach: »So haben Sie also doch, meine Dame, für einen fremden Mann Zärtlichkeit empfunden?«

Die Fremde erwiderte mit einem ruhigen Selbstgefühl: »Ja, mein Herr; aber verdammen Sie mich nicht zu früh, und hören Sie meine Erzählung ruhig aus. Ich raffte den ganzen Tag alles, was ich an Geld und Geschmeide hatte, zusammen und packte es in einen Bündel, den ich mir gegen Abend von unserer Magd nach einem Badehaus in der Gegend jenes Tores, vor welchem Ludewig mich erwarten sollte, tragen ließ. Dieser Weg hatte nichts Auffallendes, ich war ihn oft gegangen. Als wir dort angekommen waren, sendete ich meine Magd mit dem Auftrage zurück, mir um neun Uhr einen Wagen an das Badehaus zu senden, der mich nach Hause bringen solle. Sie verließ mich, ich aber ging nicht in das Badehaus, sondern begab mich mit meinem Bündelchen unter dem Arm vor das Tor nach dem Walde, wo ich erwartet wurde. Ich eilte nach dem bestimmten Orte, ich trat in die Kapelle, er flog in meine Arme, wir bedeckten uns mit Küssen, wir zerflossen in Tränen; auf den Stufen des Altares der kleinen Kapelle, die von Nußbäumen beschattet waren, saßen wir mit verschlungenen Armen und erzählten uns unter den zärtlichsten Liebkosungen unsre bisherigen Schicksale. Er verzweifelte schier, daß er mich nun nie, nie wiedersehen sollte. Der Abschied nahte; es war halb neun Uhr geworden, der bestellte Wagen erwartete mich. Ich gab ihm das Geld und die Juwelen, und er sagte zu mir: ›O Amelie, hätte ich mich nur heute nacht vor deinem Bette erschossen, aber der Anblick deiner Schönheit im Schlafe entwaffnete mich. An dem Rebengeländer deines offenen Fensters bin ich in deine Stube geklettert und habe die Johanniskäfer fliegen lassen, an denen ich auf meiner ganzen Reise gesammelt, weil ich mich erinnerte, daß du sie liebtest; dann legte ich dir die neuen Schuhe und Strümpfe hin und nahm mir die mit, welche du am Abend abgelegt hattest; dein trockner, ehrlicher Mann schien mir über seinen tollen Gedanken zu träumen, ich habe ihn gestern schon gesprochen, er begegnete mir hier im Walde botanisierend; es war schon düster, und da ich selbst Waldblumen dir zum Strauße suchte, hielt er mich für seinesgleichen, und wir gerieten in ein langes alchimisches Gespräch. Ich teilte ihm die Anweisung eines Mönches mit, der mich auf meiner letzten Reise in der Provence, als ich in einem Kloster übernachtete, lange von dem Geheimnis unterhielt, einen lebendigen Menschen auf chimischem Wege in einem Glase heraus zu destillieren. Dein guter Mann nahm alles für bare Münze, umarmte mich herzlich und bat mich, ihn bald zu besuchen, worauf er mich verließ; ach, er wußte nicht, daß ich ihn in derselben Nacht wirklich auf halsbrechendem Wege besuchen sollte. Wie muß ich dich bedauern, daß du kinderlos und eines solchen Toren Gattin bist!‹

Ich war noch unwillig auf meinen Mann wegen seiner nächtlichen Eifersucht und sagte: ›Ja, ich habe ihn als einen Toren kennengelernt.‹ Aber da die Zeit der Trennung fast verflossen war und ich meine Arme um ihn schlang und ausrief: ›Lebe wohl, lieber, lieber Ludewig! Sieh, wie diese heilige Stunde des Wiedersehens verflossen ist, so geht auch bald das ganze elende Leben dahin, habe ein wenig Geduld, alles ist bald zu Ende‹, da brach er drei Nüsse von einem Baume bei der Kapelle und sprach: ›Diese Nüsse wollen wir zu ewigem Angedenken noch zusammen essen, und sooft wir Nüsse sehen, wollen wir aneinander gedenken.‹ Er biß die erste Nuß auf, teilte sie mit mir und küßte mich zärtlich; ›ach‹, sagte er, ›da fällt mir ein alter Reim von den Nüssen ein, er fängt an: *Unica nux prodest,* eine einzige Nuß ist nützlich; aber es ist nicht wahr, denn wir müssen bald scheiden. Die folgenden Worte sind wahrer: *Nocet altera,* die zweite schadet; jawohl, jawohl, denn wir müssen bald scheiden!‹ Da umarmte er mich unter heftigen Tränen und teilte die dritte Nuß mit mir und sagte: ›Bei dieser sagt der Spruch wahr; o Amelie, vergiß mich nicht, bete für mich! *Tertia mors est,* die dritte Nuß ist der Tod!‹ – Da fiel ein Schuß, Ludewig stürzte zu meinen Füßen; ›*tertia mors est!*‹ schrie eine Stimme durch das Fenster der Kapelle; ich schrie: ›O Jesus, mein Bruder, mein armer Bruder Ludewig erschossen!‹«

»Allmächtiger Gott! Ihr Bruder war es?« rief der Bürgermeister aus.

»Ja, es war mein Bruder«, erwiderte sie ernst; »und nun erwägen Sie mein Leid, da mein Mann, als der Mörder, mit einer Pistole vor mich trat; er hatte noch einen Schuß in dem Gewehr, er wollte sich selbst töten; ich aber entriß ihm die Waffe und warf sie in das Gebüsch. ›Flieh, flieh!‹ rief ich aus, ›die Gerechtigkeit verfolgt dich, du bist ein Mörder geworden!‹ Er war in Schmerzen versteinert, er wollte nicht von der Stelle; wir hörten Leute, die sich auf den Schuß von der Landstraße nahten, ich gab ihm das Geld und die Geschmeide, die ich meinem Bruder bestimmt hatte, und stieß ihn aus der Kapelle hinaus.

Nun ließ ich meinem Wehgeschrei vollen Lauf, und die Ankommenden, unter welchen Männer waren, die mich kannten, brachten mich, wie eine halb Wahnsinnige, nach Hause. Der Leichnam meines Bruders ward auf das Rathaus gebracht; es begann eine gräßliche Untersuchung. Glücklicherweise fiel ich in ein hitziges Fieber und war lange genug ohne den Gebrauch meiner Sinne, um meinen Gemahl nicht eher verraten zu können, als bis er bereits in völliger Sicherheit über der Grenze war. Kein Mensch zweifelte, daß er der Mörder sei, weil er an demselben Abend verschwunden war. Die Verleumdung fiel nun mit ihren greulichsten Zungen über mich her. – Alles, was andre Frauen von mir sagten, die mich meines Elends, meiner Schönheit wegen beneideten, alle Schandreden der Männer, welche nichts an mir ärgern konnte als meine Tugend, will ich hier nicht wiederholen; genug, wenn ich sage, daß man mir den Beweis, der Ermordete sei mein Bruder, durch den schändlichsten Verdacht zu erschweren suchte. Alles wollte mich in den Staub treten, um über meine gehässige Tugend zu triumphieren. Dabei genoß ich der ekelhaftesten Teilnahme aller jungen Advokaten und war im Begriffe, vor Bedrängnis und Jammer wirklich den Verstand zu verlieren. Auf ein Testament meines Mannes, zugunsten meiner, ließ ich die Apotheke unter Administration setzen und zog mich auf mehrere Jahre in ein Kloster zurück. So verstummte endlich das Gespräch, und ich beschäftigte mich während dieser Zeit mit der Zubereitung der Arzneien für die Armen, welche die Klosterfrauen verpflegten.«

»Ihr Unglück rührt mich ungemein«, entgegnete der Bürgermeister, »aber die Art, wie Sie von dem Betragen Ihres Bruders sprachen, machte auch mir eher den Eindruck eines Geliebten als eines Bruders.«

»O mein Herr«, erwiderte die Fremde, »dies eben war eine Hauptursache meines Leides; er liebte mich mit größerer Leidenschaft, als er sollte, und mit der kräftigsten Seele arbeitete er dieser bösen Gewalt meiner Schönheit entgegen. Er sah mich manchmal in mehreren Jahren nicht, ja, er durfte mir selbst nicht mehr schreiben; nur die Not hatte ihn bei dem letzten Vorfalle zu mir getrieben, und so konnte ich ihm meinen Anblick doch nicht versagen. Mein Mann kannte ihn nicht, und ich hatte ihn allein geheiratet, um die Leidenschaft meines Bruders entschieden zu brechen. Ach, er hat sie selbst gebrochen mit seinem Leben! Mein Mann, von seiner Eifersucht beunruhigt, hatte sein Laboratorium früh verlassen; die Magd sagte ihm, daß ich nach dem Badehause sei; es fuhr ihm der Gedanke an Verrat durch die Seele, er steckte eine doppelte Pistole zu sich und suchte mich in dem Badehause auf. Er fand mich nicht, aber hörte die Aussage der Bademeisterin, sie habe mich zum nahgelegenen Tore hinausgehen sehen. Da erinnerte er sich des Fremden, der gestern mit ihm in dem Wäldchen geredet und ihn auch nach seiner Frau gefragt hatte; er erinnerte sich, daß derselbe Johanniswürmer gefangen, sein Verdacht erhielt Gewißheit; er eilte nach dem Wäldchen, nahte der Kapelle, hörte das Ende unsrer Unterredung: *tertia mors est* – er beging die schreckliche Tat.«

»O, der unglückliche, arme Mann!« rief der Bürgermeister aus; »aber wo ist er, was macht er, was führt Sie hieher, konnten Sie ihm verzeihen, werden wir ihn hier wiedersehen?«

»Wir werden ihn nicht wiedersehen, ich habe ihm verziehen, Gott hat ihm verziehen!« versetzte die Fremde; »aber Blut will Blut, er konnte sich nicht selbst verzeihen! Acht Jahre lebte er in Kopenhagen an dem Hofe des Königs von Dänemark, Christian des Vierten, als Hoflaborant; denn dieser Fürst war den geheimen Künsten sehr zugetan. Nach dem Tode desselben zog er an manchen norddeutschen Höfen herum. Er war immer unstet und von seinem Gewissen gepeinigt, und wenn er Nüsse sah und von Nüssen hörte, fiel er oft plötzlich in die heftigste Trauer. So kam er endlich zu Ihnen, und als er hier den unglücklichen Vers hörte, floh er nach Basel. Dort lebte er, bis die Nüsse wieder reiften; da ward seine Unruhe unaufhaltsam; seine Zeit war abgelaufen; er reiste ab nach Lyon und lieferte sich selbst den Gerichten aus. Er hatte vor drei Wochen ein rührendes Gespräch mit mir, er war gut wie ein Kind, er bat mich um Vergebung – ach, ich hatte ihm längst vergeben. Er sagte mir, ich solle nach seiner schimpflichen Todesstrafe Frankreich verlassen und nach Kolmar reisen, dort sei der Bürgermeister ein sehr redlicher Mann. Zwei Tage hierauf ward er unter unzähligem Volkszulauf, bei der Kapelle, wo der Mord geschehen, enthauptet. Er kniete nieder in dem Kreise, brach drei Nüsse desselbigen Baums, welcher meinem Bruder die Todesnuß getragen hatte, teilte sie alle drei mit mir und umarmte mich nochmals zärtlich; dann brachte man mich in die Kapelle, wo ich betend an den Altar niedersank. Er aber sprach draußen: ›*Unica nux prodest, altera nocet, tertia mors est*‹, und bei diesem letzten Worte machte der Schwertstreich seinem elenden Leben ein Ende. – Dieses ist meine Geschichte, Herr Bürgermeister.«

Mit diesen Worten endete die Dame ihre Erzählung, der Bürgermeister reichte ihr gerührt die Hand und sagte: »Unglückliche Frau, nehmen Sie die Versicherung, daß ich von Ihrem Unglücke tief gerührt bin und das Vertrauen Ihres armen Mannes auf meine Redlichkeit auf alle Weise zu Ihrer Beruhigung wahr machen will.«

Indem er dies sprach und, seine Tränen unterdrückend, auf ihre Hand niedersah, bemerkte er einen Siegelring an ihrem Finger, der einen lebhaften Eindruck auf ihn machte; er erkannte auf ihm ein Wappen, das ihn ungemein interessierte. Die Dame sagte ihm, es sei der Siegelring ihres Bruders. – »Und sein Familienname heißt?« fragte der Bürgermeister lebhaft. – »Piautaz«, erwiderte die Fremde; »unser Vater war ein Savoyarde und hatte einen Kram in Montpellier.«

Da wurde der Bürgermeister sehr unruhig, er lief nach seinem Pulte, er holte mehrere Papiere hervor, er las, er fragte sie um das Alter ihres Bruders, und da sie zu ihm sagte: »Heute würde er sechsundvierzig Jahre alt sein, wenn er noch lebte«, sagte er mit freudigem Ungestüme: »Recht, ganz recht! Heute ist er so alt, denn er lebt noch. Amelie, ich bin dein Bruder! Ich bin von der Amme deiner Mutter gegen das Söhnlein des Mechanikus Maggi ausgewechselt worden; dein Bruder hat dich nicht geliebt, es war Maggis Sohn, der deines Bruders Namen trug und eines so unglücklichen Todes starb. Wohl mir, daß ich dich fand!«

Die gute Dame konnte sich in diese Rede gar nicht finden; aber der Bürgermeister überzeugte sie durch ein über diesen Austausch von der Amme auf ihrem Todesbett aufgenommenes Protokoll, und sie sank ihrem neugefundenen Bruder in die Arme.

Sie soll nachher dem Bürgermeister drei Jahre die Haushaltung geführt haben und, als er gestorben, in das Kloster zu St. Klara in Kolmar gegangen sein und demselben ihr ganzes Vermögen vermacht haben.

Die mehreren Wehmüller
und
ungarischen Nationalgesichter

Gegen Ende des Sommers, während der Pest in Kroatien, hatte Herr Wehmüller, ein reisender Maler, von Wien aus einen Freund besucht, der in dieser östreichischen Provinz als Erzieher auf dem Schlosse eines Grafen Giulowitsch lebte. Die Zeit, welche ihm seine Geschäfte zu dem Besuche erlaubten, war vorüber. Er hatte von seiner jungen Frau, welche ihm nach Siebenbürgen vorausgereist war, einen Brief aus Stuhlwei-ßenburg erhalten, daß er sie nicht mehr länger allein lassen möge; es er-warte ihn das Offizierkorps des dort liegenden hochlöblichen ungari-schen Grenadier- und Husarenregiments sehnsüchtig, um, von seiner Meisterhand gemalt, sich in dem Andenken mannigfaltiger schöner Freundinnen zu erhalten, da ein naher Garnisonswechsel manches eng-verknüpfte Liebes- und Freundschaftsband zu zerreißen drohte. Dieser Brief brachte den Herrn Wehmüller in große Unruhe, denn er war vier-mal so lange unterwegs geblieben als gewöhnlich und dermaßen durch die Quarantäne zerstochen und durchräuchert worden, daß er die ohne-dies nicht allzu leserliche Hand seiner guten Frau, die mit oft gewässer-ter Dinte geschrieben hatte, nur mit Mühe lesen konnte. Er eilte in die Stube seines Freundes Lury und sagte zu ihm: »Ich muß gleich auf der Stelle fort nach Stuhlweißenburg, denn die hochlöblichen Grenadier- und Husarenregimenter sind im Begriff, von dort abzuziehen; lesen Sie, der Brief ist an fünf Wochen alt.« Der Freund verstand ihn nicht, nahm aber den Brief und las. Wehmüller lief sogleich zur Stube hinaus und die Treppe hinab in die Hauskapelle, um zu sehen, ob er die 39 Nationalge-sichter, welche er in Öl gemalt und dort zum Trocknen aufgehängt hatte, schon ohne große Gefahr des Verwischens zusammenrollen könne. Ihre Trockenheit übertraf alle seine Erwartung, denn er malte mit Terpentinfirnis, welcher trocken wird, ehe man sich umsieht. Was übrigens diese 39 Nationalgesichter betrifft, hatte es mit ihnen folgende Bewandtnis: Sie waren nichts mehr und nichts weniger als 39 Porträts von Ungarn, welche Herr Wehmüller gemalt hatte, ehe er sie gesehen.

Er pflegte solcher Nationalgesichter immer ein halb Hundert fertig bei sich zu führen. Kam er in einer Stadt an, wo er Gewinn durch seine Kunst erwartete, so pflegte er öffentlich ausschellen oder austrommeln zu lassen: der bekannte Künstler, Herr Wehmüller, sei mit einem reichassortierten Lager wohlgetroffener Nationalgesichter angelangt und lade diejenigen unter einem hochedlen Publikum, welche ihr Porträt wünschten, untertänigst ein, sich dasselbe, Stück vor Stück zu einem Dukaten in Gold, selbst auszusuchen. Er fügte sodann noch, durch wenige Meisterstriche, einige persönliche Züge und Ehrennarben oder die Individualität des Schnurrbartes des Käufers unentgeltlich bei; für die Uniform aber, welche er immer ausgelassen hatte, mußte nach Maßgabe ihres Reichtums nachgezahlt werden. Er hatte diese Verfahrungsart auf seinen Kunstreisen als die befriedigendste für sich und die Käufer gefunden. Er malte die Leute nach Belieben im Winter mit aller Bequemlichkeit zu Haus und brachte sie in der schönen Jahreszeit zu Markte. So genoß er des großen Trostes, daß keiner über Unähnlichkeit oder langes Sitzen klagen konnte, weil sich jeder sein Bildnis fertig nach bestimmtem Preise, wie einen Weck auf dem Laden, selbst aussuchte. Wehmüller hatte seine Gattin vorausgeschickt, um seine Ankunft in Stuhlweißenburg vorzubereiten, während er seinen Vorrat von Porträts bei seinem Freunde Lury zu der gehörigen Menge brachte; er mußte diesmal in vollem Glanze auftreten, weil er in einer Zeitung gelesen: ein Maler Froschauer aus Klagenfurt habe dieselbe Kunstreise vor. Dieser aber war bisher sein Antagonist und Nebenbuhler gewesen, wenn sie sich gleich nicht kannten, denn Froschauer war von der entgegengesetzten Schule; er hatte nämlich immer alle Uniformen voraus fertig und ließ sich für die Gesichter extra bezahlen.

Schon hatte Wehmüller die 39 Nationalgesichter zusammengerollt in eine große, weite Blechbüchse gesteckt, in welcher auch seine Farben und Pinsel, ein paar Hemden, ein Paar gelbe Stiefelstulpen und eine Haarlocke seiner Frau Platz fanden; schon schnallte er sich diese Büchse mit zwei Riemen wie einen Tornister auf den Rücken, als sein Freund Lury hereintrat und ihm den Brief mit den Worten zurückgab: »Du kannst nicht reisen; soeben hat ein Bauer hier auf dem Hofe erzählt, daß er vor einigen Tagen einen Fußreisenden begleitet habe, und daß dieser der letzte Mensch gewesen sei, der über die Grenze gekommen, denn auf seinem Rückwege hierher habe er, der Bote, schon alle Wege vom

Pestkordon besetzt gefunden.« Wehmüller aber ließ sich nicht mehr zurückhalten, er schob seine Palette unter den Wachstuchüberzug auf seinen runden Hut, wie die Bäcker in den Zipfel ihrer gestrickten spitzen Mützen eine Semmel zu stecken pflegen, und begann seinen Reisestab zusammenzurichten, der ein wahres Wunder der Mechanik, wenn ich mich nicht irre, von der Erfindung des Mechanikus Eckler in Berlin, war; denn er enthielt erstens: sich selbst, nämlich einen Reisestock; zweitens: nochmals sich selbst, einen Malerstock; drittens: nochmals sich selbst, einen Meßstock; viertens: nochmals sich selbst, ein Richtscheit; fünftens: nochmals sich selbst, ein Blaserohr; sechstens: nochmals sich selbst, ein Tabakspfeifenrohr; siebentens: nochmals sich selbst, einen Angelstock; darin aber waren noch ein Stiefelknecht, ein Barometer, ein Thermometer, ein Perspektiv, ein Zeichenstuhl, ein chemisches Feuerzeug, ein Reißzeug, ein Bleistift und das Brauchbarste von allem, eine approbierte hölzerne Hühneraugenfeile, angebracht; das Ganze aber war so eingerichtet, daß man die Masse des Inhalts durch den Druck einer Feder aus diesem Stocke, wie aus einer Windbüchse, seinem Feind auf den Leib schießen konnte. Während Wehmüller diesen Stock zusammenrichtete, machte Lury ihm die lebhaftesten Vorstellungen wegen der Gefahr seiner Reise, aber er ließ sich nicht halten. »So rede wenigstens mit dem Bauer selbst«, sprach Lury; das war Wehmüller zufrieden und ging, ganz zum Abmarsche fertig, hinab. Kaum aber waren sie in die Schenke getreten, als der Bauer zu ihm trat und, ihm den Ärmel küssend, sagte: »Nu, gnädiger Herr, wie kommen wir schon wieder zusammen? Sie hatten ja eine solche Eile nach Stuhlweißenburg, daß ich glaubte, Euer Gnaden müßten bald dort sein.« Wehmüller verstand den Bauer nicht, der ihm versicherte, daß er ihn, mit derselben blechernen Büchse auf dem Rücken und demselben langen Stocke in der Hand, nach der ungarischen Grenze geführt habe, und zwar zu rechter Zeit, weil kurz nachher der Weg vom Pestkordon geschlossen worden sei, wobei der Mann ihm eine Menge einzelne Vorfälle der Reise erzählte, von welchen, wie vom ganzen, Wehmüller nichts begriff. Da aber endlich der Bauer ein kleines Bild hervorzog mit den Worten: »Haben Euer Gnaden mir dieses Bildchen, das in Ihrer Büchse keinen Platz fand, nicht zu tragen gegeben, und haben es Euer Gnaden nicht in der Eile der Reise vergessen?« – ergriff Wehmüller das Bild mit Heftigkeit. Es war das Bild seiner Frau, ganz wie von ihm selbst gemalt, ja der Name Wehmüller war unterzeichnet. Er wußte nicht, wo ihm der Kopf stand. Bald sah er den Bauer, bald Lury, bald das Bild an. »Wer gab dir das Bild?« fuhr er den Bauer an. »Euer Gnaden selbst«, sagte dieser; »Sie wollten nach Stuhlweißenburg zu Ihrer Liebsten, sagten Euer Gnaden, und das Botenlohn sind mir Euer Gnaden auch schuldig geblieben.« – »Das ist erlogen!« schrie Wehmüller. »Es ist die Wahrheit!« sagte der Bauer. »Es ist nicht die Wahrheit!« sagte Lury, »denn dieser Herr ist seit vier Wochen nicht hier weggekommen und hat mit mir in einer Stube geschlafen.« Der Bauer aber wollte von seiner Behauptung nicht abgehen und drang auf die Bezahlung des Botenlohns oder auf die Rückgabe des Porträts, welches sein Pfand sei, und dem er, wenn er nicht bezahle, einen Schimpf antun wolle. Wehmüller ward außer sich. »Was?« schrie er, »ich soll für einen andern das Botenlohn zahlen oder das Porträt meiner Frau beschimpfen lassen? Das ist entsetzlich!« Lury machte endlich den Schiedsrichter und sagte zu dem Bauer: »Habt Ihr diesen Herrn über die Grenze gebracht?« – »Ja!« sagte der Bauer. »Wie kommt er dann wieder hierher, und wie war er die ganze Zeit hier?« erwiderte Lury. »Ihr müßt ihn daher nicht recht tüchtig hinüber gebracht haben und könnt für so schlechte Arbeit kein Botenlohn begehren; bringt ihn heute nochmals hinüber, aber dermaßen, daß auch kein Stümpfchen hier in Kroatien bleibt, und laßt Euch doppelt bezahlen.« Der Bauer sagte: »Ich bin es zufrieden, aber es ist doch eine sehr heillose Sache; wer von den beiden ist nun der Teufel, dieser gnädige Herr oder der andre? Es könnte mich dieser, der viel widerspenstiger scheint, vielleicht gar mit über die Grenze holen, auch ist der Weg jetzt gesperrt, und der andre war der letzte; ich glaube doch, er muß der Teufel gewesen sein, der bei der Pest zu tun hat.« – »Was«, schrie Wehmüller, »der Teufel mit dem Porträt meiner Frau! Ich werde verrückt; gesperrt oder nicht gesperrt, ich muß fort, der scheußlichste Betrug muß entdeckt werden. Ach, meine arme Frau, wie kann sie getäuscht werden! Adie, Lury, ich brauche keinen Boten, ich will schon allein finden.« Und somit lief er zum offnen Hoftore mit solcher Schnelligkeit hinaus, daß ihn weder der nachlaufende Bauer noch das Geschrei Lurys einholen konnte.

Nach dieser Szene trat der Graf Giulowitsch, der Prinzipal Lurys, aus dem Schlosse, um auf seinen Finkenherd zu fahren. Lury erzählte ihm die Geschichte, und der Graf, neugierig, mehr von der Sache zu hören, bestieg seinen Wurstwagen und fuhr dem Maler in vollem Trabe nach;

das leichte Fuhrwerk, mit zwei raschen Pferden bespannt, flog über die Stoppelfelder, welche einen festeren Boden als die moorichte Landstraße darboten. Bald war der Maler eingeholt, der Graf bat ihn, aufzusitzen, mit dem Anerbieten, ihn einige Meilen bis an die Grenze seiner Güter zu bringen, wo er noch eine halbe Stunde nach dem letzten Grenzdorf habe. Wehmüller, der schon viel Grund und Boden an seinen Stiefeln hängen hatte, nahm den Vorschlag mit untertänigstem Dank an. Er mußte einige Züge alten Slibowitz aus des Grafen Jagdflasche tun und fand dadurch schon etwas mehr Mut, sich selbst auf der eignen Fährte zu seiner Frau nachzueilen. Der Graf fragte ihn, ob er denn niemand kenne, der ihm so ähnlich sei und so malen könne wie er. Wehmüller sagte nein, und das Porträt ängstige ihn am meisten, denn dadurch zeige sich eine Beziehung des falschen Wehmüllers auf seine Frau, welche ihm besonders fatal werden könne. Der Graf sagte ihm, der falsche Wehmüller sei wohl nur eine Strafe Gottes für den echten Wehmüller, weil dieser alle Ungarn über einen Leisten male; so gäbe es jetzt auch mehrere Wehmüller über einen Leisten. Wehmüller meinte, alles sei ihm einerlei, aber seine Frau, seine Frau, wenn die sich nur nicht irre. Der Graf stellte ihm nochmals vor, er möge lieber mit ihm auf seinen Finkenherd und dann zurückfahren; er gefährde, wenn er auch höchst unwahrscheinlich den Pestkordon durchschleichen sollte, jenseits an der Pest zu sterben. Wehmüller aber meinte: »Ein zweiter Wehmüller, der zu meiner Frau reist, ist auch eine Pest, an der man sterben kann«, und er wolle so wenig als die Schneegänse, welche schreiend über ihnen hinstrichen, den Pestkordon respektieren; er habe keine Ruhe, bis er bei seiner Tonerl sei. So kamen sie bis auf die Grenze der Giulowitschschen Güter, und der Graf schenkte Wehmüllern noch eine Flasche Tokaier mit den Worten: »Wenn Sie diese ausstechen, lieber Wehmüller, werden Sie sich nicht wundern, daß man Sie doppelt gesehn, denn Sie selbst werden alles doppelt sehn; geben Sie uns so bald als möglich Bericht von Ihrem Abenteuer, und möge Ihre Gemahlin anders sehen, als der Bauer gesehen hat. Leben Sie wohl!«

Nun eilte Wehmüller, so schnell er konnte, nach dem nächsten Dorf, und kaum war er in die kleine, dumpfichte Schenke eingetreten, als die alte Wirtin, in Husarenuniform, ihm entgegenschrie: »Ha, ha! da sind der Herr wieder zurück, ich hab es gleich gesagt, daß Sie nicht durch den Kordon würden hinübergelassen werden.« Wehmüller sagte, daß er hier niemals gewesen, und daß er gleich jetzt erst versuchen wolle, durch den Kordon zu kommen. Da lachte Frau Tschermack und ihr Gesinde ihm ins Gesicht und behaupteten steif und fest, er sei vor einigen Tagen hier durchpassiert, von einem Giulowitscher Bauer begleitet, dem er das Botenlohn zu zahlen vergessen; er habe ja hier gefrühstückt und erzählt, daß er nach Stuhlweißenburg zu seiner Frau Tonerl wolle, um dort das hochlöbliche Offizierkorps zu malen. Wehmüller kam durch diese neue Bestätigung, daß er doppelt in der Welt herumreise, beinahe in Verzweiflung. Er sagte der Wirtin mit kurzen Worten seine ganze Lage, sie wußte nicht, was sie glauben sollte, und sah ihn sehr kurios an. Es war ihr nicht allzu heimlich bei ihm. Aber er wartete alle ihre Skrupel nicht ab und lief wie toll und blind zum Dorfe hinaus und dem Pestkordon zu. Als er eine Viertelmeile auf der Landstraße gelaufen war, sah er auf dem Stoppelfeld eine Reihe von Rauchsäulen aufsteigen, und ein angenehmer Wacholdergeruch dampfte ihm entgegen. Er sah bald eine Reihe von Erdhütten und Soldaten, welche kochten und sangen; es war ein Hauptbivouac des Pestkordons. Als er sich der Schildwache näherte, rief sie ihm ein schreckliches »Halt!« entgegen und schlug sogleich ihr Gewehr auf ihn an. Wehmüller stand wie angewurzelt. Die Schildwache rief den Unteroffizier, und nach einigen Minuten sprengte ein Szekler-Husar gegen ihn heran und schrie aus der Ferne: »Wos willstu, *quid vis? Wo kommst her, unde venis?* An welchen Ort willst du, *ad quem locum vis?* Bist du nicht vorige Woche hier durchpassiert, *es tu non altera hebdomada hic perpassatus?*« Er fragte ihn so auf deutsch und husarenlateinisch zugleich, weil er nicht wußte, ob er ein Deutscher oder ein Ungar sei. Wehmüller mußte aus den letzten Worten des Husaren abermals hören, daß er hier schon durchgereist sei, welche Nachricht ihm eiskalt über den Rücken lief. Er schrie sich beinah die Kehle aus, daß er grade von dem Grafen Giulowitsch komme, daß er in seinem Leben nicht hier gewesen. Der Husar aber lachte und sprach: »Du lügst, *mentiris!* Hast du nicht dem Herrn Chirurg sein Bild gegeben, *non dedidisti Domino Chirurgo suam imaginem!* – daß er durch die Finger gesehen und dich passieren lassen, *ut vidit per digitos et te fecit passare!* Du bist zurückgekehrt aus den Pestörtern, *es returnatus ex pestiferatis locis!*« Wehmüller sank auf die Knie nieder und bat, man möge den Chirurgen doch herbeirufen.

Während diesem Gespräch waren mehrere Soldaten um den Husaren

herum getreten, zuzuhören; endlich kam der Chirurg auch, und nachdem er Wehmüllers Klagen angehört, der sich die Lunge fast wegge-
schrien, befahl er ihm, sich einem der Feuer von Wacholderholz zu nähern, so daß es zwischen ihnen beiden sei, dann wolle er mit ihm reden.
Wehmüller tat dies und erzählte ihm die ganze Aussage über einen zweiten Wehmüller, der hier durchgereist sei, und seine große Sorge, daß ihn
dieser um all sein Glück betrügen könne, und bot dem Chirurgen alles
an, was er besitze, er möge ihm nur durchhelfen. Der Chirurg holte nun
eine Rolle Wachsleinwand aus seiner Erdhütte, und Wehmüller erblickte auf derselben eines der ungarischen Nationalgesichter, grade wie
er sie selbst zu malen pflegte, auch sein Name stand drunter, und da der
Chirurg sagte, ob er dies Bild nicht gemalt und ihm neulich geschenkt
habe, weil er ihn passieren lassen, gestand Wehmüller, er würde nie dies
Bild von den seinigen unterscheiden können, aber durchpassiert sei er
hier nie und habe nie die Gelegenheit gehabt, den Herren Chirurgen zu
sprechen. Da sagte der Chirurg: »Hatten Sie nicht heftiges Zahnweh?
Habe ich Ihnen nicht noch einen Zahn ausgezogen für das Bild?« –
»Nein, Herr Chirurg«, erwiderte Wehmüller, »ich habe alle meine
Zähne frisch und gesund, wenn Sie zuschauen wollen.« Nun faßte der
Feldscher einigen Mut; Wehmüller sperrte das Maul auf, er sah nach
und gestand ihm zu, daß er ganz ein andrer Mensch sei; denn jetzt, da er
ihn weder aus der Ferne noch von Rauch getrübt ansehe, müsse er ihm
gestehen, daß der andre Wehmüller viel glatter und auch etwas fetter sei,
ja daß sie beide, wenn sie nebeneinander ständen, kaum verwechselt
werden könnten; aber durchpassieren lassen könne er ihn jetzt doch
nicht. Es habe zuviel Aufsehens bei der Wache gemacht, und er könne
Verdruß haben; morgen früh werde aber der Kordonkommandant mit
einer Patrouille bei der Visitation hieher kommen, und da ließe sich sehen, was er für ihn tun könne; er möge bis dahin nach der Schenke des
Dorfs zurückkehren, er wolle ihn rufen lassen, wenn es Zeit sei; er solle
auch das Bild mitnehmen und ihm den Schnauzbart etwas spitzer malen,
damit es ganz ähnlich werde. Wehmüller bat, in seiner Erdhütte einen
Brief an sein Tonerl schreiben zu dürfen und ihm den Brief hinüber zu
besorgen. Der Chirurg war es zufrieden. Wehmüller schrieb seiner
Frau, erzählte ihr sein Unglück, bat sie um Gottes willen, nicht den falschen Wehmüller mit ihm zu verwechseln und lieber sogleich ihm entgegen zu reisen. Der Chirurg besorgte den Brief und gab Wehmüllern

noch ein Attestat, daß seine Person eine ganz andre sei als die des ersten Wehmüllers, und nun kehrte unser Maler, durchgeräuchert wie ein Quarantänebrief, nach der Dorfschenke zurück.

Hier war die Gesellschaft vermehrt, die Erzählung von dem doppelten Wehmüller hatte sich im Dorfe und auf einem benachbarten Edelhof ausgebreitet, und es waren allerlei Leute bei der Wirtin zusammengekommen, um sich wegen der Geschichte zu befragen. Unter dieser Gesellschaft waren ein alter invalider Feuerwerker und ein Franzose die Hauptpersonen. Der Feuerwerker, ein Venetianer von Geburt, hieß Baciochi und war ein Allesinallem bei dem Edelmanne, der einen Büchsenschuß von dem Dorfe wohnte. Der Franzose war ein Monsieur Devillier, der, von einer alten reichen Ungarin gefesselt, in Ungarn sitzen geblieben war; seine Gönnerin starb und hinterließ ihm ein kleines Gütchen, auf welchem er lebte und sich bei seinen Nachbarn umher mit der Jagd und allerlei Liebeshändeln die Zeit vertrieb. Er hatte gerade eine Kammerjungfer auf dem Edelhofe besucht, der er Sprachunterricht gab, und diese hatte ihn mit dem Hofmeister des jungen Edelmanns auf seinem Rückwege in die Schenke begleitet, um ihrer Herrschaft von dem doppelten Wehmüller Bericht zu erstatten. Die Kammerjungfer hieß Nanny, und der Hofmeister war ein geborner Wiener mit Namen Lindpeindler, ein zartfühlender Dichter, der oft verkannt worden ist. Die berühmteste Person von allen war aber der Violinspieler Michaly, ein Zigeuner von etwa dreißig Jahren, von eigentümlicher Schönheit und Kühnheit, der wegen seinem großen Talent, alle möglichen Tänze ununterbrochen auf seiner Violine zu erfinden und zu variieren, bei allen großen Hochzeiten im Lande allein spielen mußte. Er war hieher gereist, um seine Schwester zu erwarten, die bis jetzt bei einer verstorbenen Großmutter gelebt und nun auf der Reise zu ihm durch den Pestkordon von ihm getrennt war. Zu diesen Personen fügte sich noch ein alter kroatischer Edelmann, der einen einsamen Hof in der Nähe der türkischen Grenze besaß; er übernachtete hier, von einem Kreistage zurückkehrend. Ein Tiroler Teppichkrämer und sein Reisegeselle, ein Savoyardenjunge, dem sein Murmeltier gestorben war, und der sich nach Hause bettelte, machten die Gesellschaft voll, außer der alten Wirtin, die Tabak rauchte und in ihrer Jugend als Amazone unter den Wurmserschen Husaren gedient hatte. Sie trug noch den Dolman und die Mütze, die Haare in einen Zopf am Nacken und zwei kleine Zöpfe an den Schlä-

fen geknüpft, und hatte hinter ihrem Spinnrad ein martialisches Ansehen. Diese bunte Versammlung saß in der Stube, welche zugleich die
Küche und der Stall für zwei Büffelkühe war, um den lodernden, nie-
dern Feuerherd und war im vollen Gespräch über den doppelten Wehmüller, als dieser in der Dämmerung an der verschlossenen Haustüre
pochte. Die Wirtin fragte zum Fenster hinaus, und als sie Wehmüller
sah, rief sie: »Gott steh uns bei! Da ist noch ein dritter Wehmüller; ich
mache die Türe nicht eher auf, bis sie alle drei zusammen kommen!«

Ein lautes Gelächter und Geschrei des Verwunderns aus der Stube
unterbrach des armen Malers Bitte um Einlaß. Er nahte sich dem Fenster und hörte eine lebhafte Beratschlagung über sich an. Der kroatische
Edelmann behauptete, er könne sehr leicht ein Vampyr sein oder die
Leiche des ersten an der Pest verstorbenen Wehmüllers, die hier den
Leuten das Blut aussaugen wolle; der Feuerwerker meinte, er könne die
Pest bringen, er habe wahrscheinlich den Kordon überschritten und sei
wieder zurückgeschlichen; der Tiroler bewies, er würde niemand fressen; die Kammerjungfer verkroch sich hinter dem Franzosen, der, nebst
dem Hofmeister, die Gastfreiheit und Menschlichkeit verteidigte. Devillier sagte, er könne nicht erwarten, daß eine so auserwählte Gesellschaft, in der er sich befände, jemals aus Furcht und Aberglauben die
Rechte der Menschheit so sehr verletzen werde, einen Fremden wegen
einer bloßen Grille auszusperren, er wolle mit dem Manne reden; der
Zigeuner aber ergriff in dem allgemeinen, ziemlich lauten Wortwechsel
seine Violine und machte ein wunderbares Schariwari dazu, und da die
ungarischen Bauern nicht leicht eine Fiedel hören, ohne den Tanz-
krampf in den Füßen zu fühlen, so versammelte sich bald Horia und
Klotzka vor der Schenke – was so viel heißt als Hinz und Kunz bei uns
zulande – die Mädchen wurden aus den Betten getrieben und vor die
Schenke gezogen, und sie begannen zu jauchzen und zu tanzen.

Durch den Lärm ward der Vizegespan, des Orts Obrigkeit, herbeigelockt, und Wehmüller brachte ihm seine Klagen und das Attestat des
Chirurgen vor, versprach ihm auch, sein Porträt unter den Nationalgesichtern sich aussuchen zu lassen, wenn er ihm ein ruhiges Nachtquartier verschaffe und seine Persönlichkeit in der Schenke attestiere. Der
Vizegespan ließ sich nun die Schenke öffnen und las drinnen das Attestat des Herren Chirurgen, das er allen Anwesenden zur Beruhigung
mitteilte. Durch seine Autorität brachte er es dahin, daß Wehmüller

endlich hereingelassen wurde, und er nahm, um der Sache mehr Ansehen zu geben, ein Protokoll über ihn auf, an dem nichts merkwürdig
war, als daß es mit dem Worte »sondern« anfing. Indessen hatten die
Bauern den musikalischen Zigeuner herausgezerrt und waren mit ihm
unter die Linde des Dorfs gezogen, der Tiroler zog hinterdrein und jou-
delte aus der Fistel, der Savoyarde gurgelte sein *»Escoutta Gianetta«*
und klapperte mit dem Deckel seines leeren Kastens den Takt dazu bis
unter die Linde. Monsieur Devillier forderte die Kammerjungfer zu einem Tänzchen auf, und Herr Lindpeindler gab der schönen Herbstnacht und dem romantischen Eindruck nach. So war die Stube ziemlich
leer geworden; Wehmüller holte seine Nationalgesichter aus der Blechbüchse, und der Vizegespan hatte bald sein Porträt gefunden, versprach
auch dem Maler ins Ohr, daß er ihm morgen über den Kordon helfen
wolle, wenn er ihm heute nacht noch eine Reihe Knöpfe mehr auf die
Jacke male. Wehmüller dankte ihm herzlich und begann sogleich bei einer Kienfackel seine Arbeit. Der Feuerwerker und der kroatische Edelmann rückten zu dem Tisch, auf welchem Wehmüller seine Flasche Tokaier preisgab; die Herren drehten sich die Schnauzbärte, steckten sich
die Pfeifen an und ließen es sich wohlschmecken. Der Vizegespan
sprach von der Jagdzeit, die am St. Egiditag, da der Hirsch in die Brunst
gehe, begonnen habe, und daß er morgen früh nach einem Vierzehn-
ender ausgehen wolle, der ihm großen Schaden in seinem Weinberge getan; zugleich lud er Herrn Wehmüller ein, mitzugehen, wobei er ihm
auf den Fuß trat. Wehmüller verstand, daß dies ein Wink sei, wie er ihm
über den Kordon helfen wolle, und wenn ihm gleich nicht so zumute
war, gern von Hirschgeweihen zu hören, nahm er doch das Anerbieten
mit Dank an, nur bat er sich die Erlaubnis aus, nach der Rückkehr das
Bild des Herrn Vizegespans in seinem Hause fertig malen zu dürfen.
Der kroatische Edelmann und der Feuerwerker sprachen nun noch
mancherlei von der Jagd, und wie der Wein so vortrefflich stehe, darum
sei das Volk auch so lustig; wenn der unbequeme Pestkordon nur erst
aufgelöst sei; aller Verkehr sei durch ihn gestört, und der Kordon sei eigentlich ärger als die Pest selbst. »Es wird bald aus sein mit dem Kordon«, sagte der Kroate, »die Kälte ist der beste Doktor, und ich habe
heute an den Eicheln gesehen, daß es einen strengen Winter geben wird;
denn die Eicheln kamen heuer früh und viel, und es heißt von den Eicheln im September:

Haben sie Spinnen, so kömmt ein bös Jahr,
Haben sie Fliegen, kömmt Mittelzeit zwar,
Haben sie Maden, so wird das Jahr gut,
Ist nichts darin, so hält der Tod die Hut,
Sind die Eicheln früh und sehr viel,
So schau, was der Winter anrichten will:
Mit vielem Schnee kömmt er vor Weihnachten,
Darnach magst du große Kälte betrachten.
Sind die Eicheln schön innerlich,
Folgt ein schöner Sommer, glaub sicherlich;
Auch wird dieselbe Zeit wachsen schön Korn,
Also ist Müh und Arbeit nicht verlorn.
Werden sie innerlich naß befunden,
Tuts uns einen nassen Sommer bekunden;
Sind sie mager, wird der Sommer heiß,
Das sei dir gesagt mit allem Fleiß.

Diesen September waren sie aber so früh und häufig, daß es gewiß bald kalt und der Frost die Pest schon vertilgen wird.« – »Ganz recht«, sagte der Vizegespan, »wir werden einen frühen Winter und einen schönen Herbst haben, denn tritt der Hirsch an einem schönen Egiditag in Brunst, so tritt er auch an einem schönen Tag heraus, und wenn er früh eintritt, wie dieses Jahr, so naht der Winter auch früh.«

Über diesen Wetterbetrachtungen kamen sie auf kalte Winter zu sprechen, und der Kroate erzählte folgende Geschichte, die ihm vor einigen Jahren im kalten Winter in der Christnacht geschehen sein sollte, und er beschwor sie hoch und teuer. Aber eben, als er beginnen wollte, schallte ein großer Spektakel von der Linde her. Lindpeindler und die Kammerjungfer stürzten mit dem Geschrei in die Stube, auf dem Tanzplatz sei wieder ein Wehmüller erschienen. »Ach«, schrie die Kammerjungfer, »er hat mich wie ein Gespenst angepackt und ist mit mir so entsetzlich unter der Linde herumgetanzt, daß mir die Haube in den Zweigen blieb.« Auf diese Aussage sprangen alle vom Tisch auf und wollten hinausstürzen. Der Vizegespan aber gebot dem Maler, sitzen zu bleiben, bis man wisse, ob er oder der andere es sei. Da näherte sich das Spektakel, und bald trat der Zigeuner, lustig fiedelnd, von den krähenden Bauern begleitet, mit dem neuen Wehmüller vor die Schenke. Da klärte sich denn bald der Scherz auf. Devillier hatte den grauen Reisekittel und den Hut Wehmüllers im Hinausgehen aufgesetzt und ein blechernes Ofenrohr, das in einem Winkel lag, umgehängt, die furchtsame Kammerjungfer zu erschrecken. Nanny ward sehr ausgelacht, und der Vizegespan befahl nun den Leuten, zu Bette zu gehen; da aber einige noch tanzen wollten und grob wurden, rief er nach seinen Heiducken, setzte selbst eine Bank vor die Türe, legte eigenhändig einen frechen Burschen über und ließ ihm fünf aufzählen, auf welche kleine Erfrischung die ganze Ballgesellschaft mit einem lauten »*Vivat noster Dominus Vicegespannus!*« jubelnd nach Haus zog. Nun ordnete sich die übrige Gesellschaft in der engen Stube, wie es gehen wollte, um Tisch und Herd, auf Kübeln und Tonnen und den zur Nachtstreue von der Wirtin angeschleppten Strohbündeln. Devillier ließ einige Krüge Wein bringen, und der erschrockenen Kammerjungfer wurde auf den Schreck wacker zugetrunken. Man bat dann den Kroaten, seine versprochene Geschichte zu erzählen, welcher, während Wehmüller in schweren Gedanken an sein Tonerl Knöpfe malte, also begann:

Das Pickenick des Katers Mores
Erzählung des kroatischen Edelmanns

Mein Freihof liegt einsam, eine halbe Stunde von der türkischen Grenze, in einem sumpfichten Wald, wo alles im herrlichsten und fatalsten Überfluß ist, zum Beispiel die Nachtigallen, die einen immer vor Tag aus dem Schlafe wecken, und im letzten Sommer pfiffen die Bestien so unverschämt nah und in solcher Menge vor meinem Fenster, daß ich einmal im größten Zorne den Nachttopf nach ihnen warf. Aber ich kriegte bald einen Hausgenossen, der ihnen auf den Dienst paßte und mich von dem Ungeziefer befreite. Heut sind es drei Jahre, als ich morgens auf meinen Finkenherd ging, mit einem Pallasch, einer guten Doppelbüchse und einem Paar doppelten Pistolen versehen, denn ich hatte einen türkischen Wildpretdieb und Händler auf dem Korn, der mir seit einiger Zeit großen Wildschaden angetan und mir, da ich ihn gewarnt hatte, trotzig hatte sagen lassen, er störe sich nicht an mir und wolle unter meinen Augen in meinem Wald jagen. Als ich nach dem Finkenherd kam, fand ich alle meine ausgestellten Dohnen und Schlingen ausgeleert und merkte, daß der Spitzbube mußte da gewesen sein. Erbittert stellte ich meinen Fang wieder auf, da strich ein großer schwarzer Kater aus dem Gesträuch murrend zu mir her und machte sich so zutulich, daß ich seinen Pelz mit Wohlgefallen ansah und ihn liebkoste mit der Hoffnung, ihn an mich zu gewöhnen und mir etwa aus seinen Winterhaaren eine Mütze zu machen. Ich habe immer so eine lebendige Wintergarderobe im Sommer in meinem Revier, ich brauche darum kein Geld zum Kürschner zu tragen, es kommen mir auch keine Motten in mein Pelzwerk. Vier Paar tüchtige lederne Hosen laufen immer als lebendige Böcke auf meinem Hofe, und mitten unter ihnen ein herrlicher Dudelsack, der sich jetzt als lebendiger Bock schon so musikalisch zeigt, daß die zu einzelnen Hosenbeinen bestimmten Kandidaten, sobald er mekkernd unter sie tritt, zu tanzen und gegeneinander zu stutzen anfangen, als fühlten sie jetzt schon ihre Bestimmung, einst mit meinen Beinen nach diesem Dudelsack ungarisch zu tanzen. So habe ich auch einen neuen Reisekoffer als Wildsau in meinem Forste herumlaufen, ein prächtiger Wolfspelz hat mir im letzten Winter in der Gestalt von sechs tüchtigen Wölfen schon auf den Leib gewollt; die Bestien hatten mir ein tüchtiges Loch in die Kammertüre genagt, da fuhr ich einem nach dem andern durch ein Loch über der Türe mit einem Pinsel voll Ölfarbe über den Rücken und erwarte sie nächstens wieder, um ihnen das Fell über die Ohren zu ziehen.

Aus solchen Gesichtspunkten sah ich auch den schwarzen Kater an und gab ihm, teils weil er schwarz wie ein Mohr war, teils weil er gar vortreffliche Mores oder Sitten hatte, den Namen Mores. Der Kater folgte mir nach Hause und wußte sich so vortrefflich durch Mäusefangen und Verträglichkeit mit meinen Hunden auszuzeichnen, daß ich den Gedanken, ihn aus seinem Pelz zu vertreiben, bald aufgegeben hatte. Mores war mein steter Begleiter, und nachts schlief er auf einem ledernen Stuhl neben meinem Bette. Merkwürdig war es mir besonders an dem Tiere, daß es, als ich ihm scherzhaft bei Tage einigemal Wein aus meinem Glase zu trinken anbot, sich gewaltig dagegen sträubte und ich es doch einst im Keller erwischte, wie es den Schwanz ins Spundloch hängte und dann mit dem größten Appetit ableckte. Auch zeichnete sich Mores vor allen Katzen durch seine Neigung, sich zu waschen, aus, da doch sonst sein Geschlecht eine Feindschaft gegen das Wasser hat. Alle diese Absonderlichkeiten hatten den Mores in meiner Nachbarschaft sehr berühmt gemacht, und ich ließ ihn ruhig bei mir aus und ein gehen, er jagte auf seine eigne Hand und kostete mich nichts als Kaffee, den er über die Maßen gern soff. So hatte ich meinen Gesellen bis gegen Weihnachten immer als Schlafkameraden gehabt, als ich ihn die zwei letzten Tage und Nächte vor dem Christtag ausbleiben sah. Ich war schon an den Gedanken gewöhnt, daß ihn irgendein Wildschütze, vielleicht gar mein türkischer Grenznachbar, möge weggeschossen oder gefangen haben, und sendete deswegen einen Knecht hinüber zu dem Wildhändler, um etwas von dem Mores auszukundschaften. Aber der Knecht kam mit der Nachricht zurück, daß der Wildhändler von meinem Kater nichts wisse, daß er eben von einer Reise von Stambul zurückgekommen sei und seiner Frau eine Menge schöner Katzen mitgebracht habe; übrigens sei es ihm lieb, daß er von meinem trefflichen Kater gehört, und wolle er auf alle Weise suchen, ihn in seine Gewalt zu bringen, da ihm ein tüchtiger Bassa für sein Serail fehle. Diese Nachricht erhielt ich mit Verdruß am Weihnachtsabend und sehnte mich um so mehr nach meinem Mores, weil ich ihn dem türkischen Schelm nicht gönnte. Ich legte mich an diesem Abend früh zu Bette, weil ich in der Mitternacht eine Stunde Weges nach der Kirche in die Metten gehen wollte. Mein Knecht weckte mich zur gehörigen Zeit; ich legte meine Waffen an und hängte meine Doppelbüchse, mit dem gröbsten Schrote geladen, um. So machte ich mich auf den Weg, in der kältesten Winternacht, die ich je erlebt; ich war eingehüllt wie ein Pelznickel, die brennende Tabakspfeife fror mir einigemal ein, der Pelz um meinen Hals starrte von meinem gefrornen Hauch wie ein Stachelschwein, der feste Schnee knarrte unter meinen Stiefeln, die Wölfe heulten rings um meinen Hof, und ich befahl meinen Knechten, Jagd auf sie zu machen.

So war ich bei sternheller Nacht auf das freie Feld hinaus gekommen und sah schon in der Ferne eine Eiche, die auf einer kleinen Insel mitten in einem zugefrornen Teiche stand und etwa die Hälfte des Weges bezeichnete, den ich zum Kirchdorf hatte. Da hörte ich eine wunderbare Musik und glaubte anfangs, es sei etwa ein Zug Bauern, der mit einem Dudelsack sich den Weg zur Kirche verkürzte, und so schritt ich derber zu, um mich an diese Leute anzuschließen. Aber je näher ich kam, je toller war die kuriose Musik, sie löste sich in ein Gewimmer auf, und, schon dem Baume nah, hörte ich, daß die Musik von demselben herunter schallte. Ich nahm mein Gewehr in die Hand, spannte den Hahn und schlich über den festen Teich auf die Eiche los; was sah ich, was hörte ich? Das Haar stand mir zu Berge; der ganze Baum saß voll schrecklich heulender Katzen, und in der Krone thronte mein Herr Mores mit krummem Buckel und blies ganz erbärmlich auf einem Dudelsack, wozu die Katzen unter gewaltigem Geschrei um ihn her durch die Zweige tanzten. Ich war anfangs vor Entsetzen wie versteinert, bald aber zwickte mich der Klang des Dudelsacks so sonderbar in den Beinen, daß ich selbst anfing zu tanzen und beinahe in eine von Fischern gehauene Eisöffnung fiel; da tönte aber die Mettenglocke durch die helle Nacht, ich kam zu Sinnen und schoß die volle Schrotladung meiner Doppelbüchse in den vermaledeiten Tanzchor hinein, und in demselben Augenblick fegte die ganze Tanzgesellschaft wie ein Hagelwetter von der Eiche herunter und wie ein Bienenschwarm über mich weg, so daß ich auf dem Eise ausglitt und platt niederstürzte. Als ich mich aufraffte, war das Feld leer, und ich wunderte mich, daß ich auch keine einzige von den Katzen getroffen unter dem Baume fand. Der ganze Handel hatte mich so erschreckt und so wunderlich gemacht, daß ich es aufgab, nach der Kirche zu gehen; ich eilte nach meinem Hofe zurück und schoß meine Pistolen mehrere Male ab, um meine Knechte herbeizurufen. Sie nahten mir bald auf dieses verabredete Zeichen; ich erzählte ihnen mein Abenteuer, und der eine, ein alter, erfahrener Kerl, sagte: »Sei'n Ihr Gnaden nur ruhig, wir werden die Katzen bald finden, die Ihr Gnaden geschossen haben.« Ich machte mir allerlei Gedanken und legte mich zu Hause, nachdem ich auf den Schreck einen warmen Wein getrunken hatte, zu Bett.

Als ich gegen Morgen ein Geräusch vernahm, erwachte ich aus dem unruhigen Schlaf, und sieh da: mein vermaledeiter Mores lag – mit versengtem Pelz – wie gewöhnlich neben mir auf dem Lederstuhl. Es lief mir ein grimmiger Zorn durch alle Glieder; »Passaveanelkiteremtete!« schrie ich, »vermaledeite Zauberkanaille! bist du wieder da?« und griff nach einer neuen Mistgabel, die neben meinem Bette stand; aber die Bestie stürzte mir an die Kehle und würgte mich; ich schrie Zetermordio. Meine Knechte eilten herbei mit gezogenen Säbeln und fegten nicht schlecht über meinen Mores her, der an allen Wänden hinauf fuhr, endlich das Fenster zerstieß und dem Walde zustürzte, wo es vergebens war, das Untier zu verfolgen; doch waren wir gewiß, daß Herr Mores seinen Teil Säbelhiebe weghabe, um nie wieder auf dem Dudelsack zu blasen. Ich war schändlich zerkratzt, und der Hals und das Gesicht schwoll mir gräßlich an. Ich ließ nach einer slavonischen Viehmagd rufen, die bei mir diente, um mir einen Umschlag von ihr kochen zu lassen, aber sie war nirgends zu finden, und ich mußte nach dem Kirchdorf fahren, wo ein Feldscher wohnte. Als wir an die Eiche kamen, wo das nächtliche Konzert gewesen war, sahen wir einen Menschen darauf sitzen, der uns erbärmlich um Hülfe anflehte. Ich erkannte bald Mladka, die slavonische Magd; sie hing halb erfroren mit den Röcken in den Baumästen verwickelt, und das Blut rann von ihr nieder in den Schnee; auch sahen wir blutige Spuren von da her, wo mich die Katzen über den Haufen geworfen, nach dem Walde zu. Ich wußte nun, wie es mit der Slavonierin beschaffen war, ließ sie schwebend, daß sie die Erde nicht berührte, auf den Wurstwagen tragen und festbinden und fuhr eilend mit der Hexe nach dem Dorfe. Als ich bei dem Chirurg ankam, wurde gleich der Vizegespan und der Pfarrer des Orts gerufen, alles zu Protokoll genommen, und die Magd Mladka ward ins Gefängnis geworfen; sie ist zu ihrem Glück an dem Schuß, den sie im Leibe hatte, gestorben, sonst wäre sie gewiß auf den Scheiterhaufen gekommen. Sie war ein wunderschönes Weibsbild, und ihr Skelett ist nach Pest ins Naturalienkabinett als ein Muster schönen Wachstums gekommen; sie hat sich auch herzlich bekehrt und ist unter vielen Tränen gestorben. Auf ihre Aussagen sollten verschiedene andere Weibspersonen in der Gegend gefangengenommen werden, aber man fand zwei tot in ihren Betten, die anderen waren entflohen.

Als ich wiederhergestellt war, mußte ich mit einer Kreiskommission über die türkische Grenze reisen; wir meldeten uns bei der Obrigkeit mit unserer Anzeige gegen den Wildhändler, aber da kamen wir schier in eine noch schlimmere Suppe; es wurde uns erklärt, daß der Wildhändler nebst seiner Frau und mehreren türkischen, serbischen und slavonischen Mägden und Sklavinnen von Schrotschüssen und Säbelhieben verwundet zu Hause angekommen, und daß der Wildhändler gestorben sei mit der Angabe: er sei, von einer Hochzeit kommend, auf der Grenze von mir überfallen und so zugerichtet worden. Während dies angezeigt wurde, versammelte sich eine Menge Volks, und die Frau des Wildhändlers mit mehreren Weibern und Mägden, verbunden und bepflastert, erhoben ein mörderliches Geschrei gegen uns. Der Richter sagte: er könne uns nicht schützen, wir möchten sehen, daß wir fortkämen; da eilten wir nach dem Hof, sprangen zu Pferde, nahmen den Kreiskommissär in die Mitte, ich setzte mich an die Spitze der sechs Szekler-Husaren, die uns begleitet hatten, und so sprengten wir, Säbel und Pistole in der Hand, früh genug zum Orte hinaus, um nicht mehr zu erleiden als einige Steinwürfe und blinde Schüsse, eine Menge türkischer Flüche mit eingerechnet. Die Türken verfolgten uns bis über die Grenze, wurden aber von den Szeklern, die sich im Walde setzten, so zugerichtet, daß wenigstens ein paar von ihnen dem Wildhändler in Mahomeds Paradies Nachricht von dem Erfolg werden gegeben haben. Als ich nach Haus kam, war das erste, daß ich meinen Dudelsack visitierte, den ich auch mit drei Schroten durchlöchert hinter meinem Bette liegen fand. Mores hatte also auf meinem eigenen Dudelsack geblasen und war von ihm gegen meinen Schuß gedeckt worden. Ich hatte mit der unseligen Geschichte noch viele Schererei, ich wurde weitläufig zu Protokoll vernommen, es kam eine Kommission nach der andern auf meinen Hof und ließ sich tüchtig aufwarten; die Türken klagten wegen Grenzverletzung, und ich mußte es mir am Ende noch mehrere Stücke Wild und ein ziemliches Geld kosten lassen, daß die Gerichtsplackerei endlich einschlief, nachdem ich und meine Knechte vereidigt worden waren. Trotzdem wurde ich mehrmals vom Kreisphysikus untersucht, ob ich auch völlig bei Verstand sei, und dieser kam nicht eher zur völligen Gewißheit darüber, bis ich ihm ein Paar doppelte Pistolen und seiner Frau eine Verbrämung von schwarzem Fuchspelz und mehrere tüchtige Wildbraten zugeschickt hatte. So wurde die Sache endlich stille; um aber in etwas auf meine Kosten zu kommen, legte ich eine Schenke unter der Eiche auf der Insel in dem Teiche an, wo seither die Bauern und Grenznachbarn aus der Gegend sich sonntags im Sommer viel einstellen und den ledernen Stuhl, worauf Mores geschlafen, und an den ich ein Stück seines Schweifs, das ihm die Knechte in der Nacht abgehauen, genagelt habe, besehen; den Dudelsack habe ich flicken lassen, und mein Knecht, der den Wirt dort macht, pflegt oben in der Eiche, wo Mores gesessen, darauf den Gästen, die um den Baum tanzen, vorzuspielen. Ich habe schon ein schönes Geld da eingenommen, und wenn mich die Herrschaften einmal dort besuchen wollen, so sollen sie gewiß gut bedient werden.

Diese Erzählung, welche der Kroat mit dem ganzen Ausdruck der Wahrheit vorgebracht hatte, wirkte auf die verschiedenste Weise in der Gesellschaft. Der Vizegespan, der Tiroler und die Wirtin hatten keinen Zweifel, und der Savoyarde zeigte seine Freude, daß man noch kein Beispiel gehabt habe: ein Murmeltier sei eine Hexe gewesen. Lindpeindler äußerte: es möge an der Geschichte wahr sein, was da wolle, so habe sie doch eine höhere poetische Wahrheit; sie sei in jedem Falle wahr, insofern sie den Charakter der Einsamkeit, Wildnis und der türkischen Barbarei ausdrücke; sie sei durchaus für den Ort, auf welchem sie spiele, scharf bezeichnend und mythisch und darum dort wahrer als irgendeine Lafontainesche Familiengeschichte. Aber es verstand keiner der Anwesenden, was Lindpeindler sagen wollte, und Devillier leugnete ihm grade ins Gesicht, daß Lafontaine irgendeine seiner *Fabeln* jemals für eine wahre Familiengeschichte ausgegeben habe; Lindpeindler schwieg und wurde verkannt.

Nun aber wendete sich der Franzose zu der Kammerjungfer, welche sich mit stillem Schauer in einen Winkel gedrückt hatte, sprechend: »Und Sie, schöne Nanny, sind ja so stille, als fühlten Sie sich bei der Geschichte getroffen.« – »Wieso getroffen?« fragte Nanny. »Nun, ich meine«, erwiderte Devillier lächelnd, »von einem Schrote des kroatischen Herrn. Sollte das artigste Kammerkätzchen der Gegend nicht zu dem Teedansant eingeladen gewesen sein? – Das wäre ein Fehler des Herrn Mores gegen die Galanterie, wegen welchem er die Rache seines Herrn allein schon verdient hätte.« Alle lachten, Nanny aber gab dem Franzosen eine ziemliche Ohrfeige und erwiderte: »Sie sind der Mann dazu, einen in den Ruf zu bringen, daß man geschossen sei, denn Sie haben selbst einen Schuß!« und dabei zeigte sie ihm von neuem die fünf Finger; worauf Devillier sagte: »Erhebt das nicht den Verdacht, sind das nicht Katzenmanieren? Sie waren gewiß dabei! Frau Tschermack, die Wirtin, wird es uns sagen können, denn die hat gewiß nicht gefehlt; ich glaube, daß sie die Blessur in der Hüfte eher bei solcher Gelegenheit als bei den Wurmserschen Husaren erhalten.« Alles lachte von neuem, und der Zigeuner sagte: »Ich will sie fragen.«

Der Kroate fand sich über die Ungläubigkeit Devilliers gekränkt und fing an, seine Geschichte nochmals zu beteuern, indem er seine pferdehaarne steife Halsbinde ablöste, um die Narben von den Klauen des Mores zu zeigen. Nanny drückte die Augen zu, und indessen brachte der Zigeuner die Nachricht: Frau Tschermack meine, Mores müsse es selbst am besten wissen. Er setzte mit diesen Worten die große schwarze Katze der Wirtin, welche er vor der Türe gefangen hatte, der Kammerjungfer in den Schoß, welche mit einem heftigen Schrei des Entsetzens auffuhr. – »Eingestanden!« rief Devillier; aber der Spaß war dumm, denn Nanny kam einer Ohnmacht nah, die Katze sprang auf den Tisch, warf das Licht um und fuhr dem armen Wehmüller über seine nassen Farben; der Vizegespan riß das Fenster auf und entließ die Katze, aber alles war rebellisch geworden; die Büffelkühe im Hintergrund der Stube an den Ketten, und jeder drängte nach der Türe. Wehmüller und Lindpeindler sprangen auf den Tisch und stießen mit dem Tiroler zusammen, der es auch in demselben Augenblick tat und mit seinen nägelbeschlagenen Schuhen mehr Knopflöcher in das Porträt des Vizegespans trat, als Knöpfe darauf waren. Devillier trug Nanny hinaus; der Kroate schrie immer: »Da haben wir es, das kömmt vom Unglauben!« Frau Tschermack aber, welche mit einem vollen Weinkrug in die Verstörung trat, fluchte stark und beruhigte die Kühe; der Zigeuner griff wie ein zweiter Orpheus nach seiner Violine, und als Monsieur Devillier mit Nanny, die er am Brunnen erfrischt hatte, wieder hereintrat, kniete der kecke Bursche vor ihr nieder und sang und spielte eine so rührende Weise auf seinem Instrument, daß niemand widerstehen konnte und bald alles stille ward. Es war dies ein altes zigeunerisches Schlachtlied, wobei der Zigeuner endlich in Tränen zerfloß, und Nanny konnte ihm nicht widerstehen, sie weinte auch und reichte ihm die Hand; Lindpeindler aber sprang auf den Sänger zu und umarmte ihn mit den Worten: »O, das ist groß, das ist ursprünglich! Bester Michaly, wollen Sie mir Ihr Lied wohl in die Feder diktieren?« – »Nimmermehr!« sagte der Zigeuner, »so was diktiert sich nicht, ich wüßte es auch jetzt nicht mehr, und wenn Sie mir den Hals abschnitten; wenn ich einmal wieder eine schöne Jungfer betrübt habe, wird es mir auch wieder einfallen.«

Da lachte die ganze Gesellschaft, und Michaly begann so tolle Melodien aus seiner Geige herauszulocken, daß die Fröhlichkeit bald wieder hergestellt wurde und Devillier den Kroaten fragte, ob Mores nicht diesen Tanz aufgespielt hätte; Herr Lindpeindler notierte sich wenigstens den Inhalt des extemporierten Liedes; es war die Wehklage über den Tod von tausend Zigeunern. Im Jahr 1537 wurde in den Zapolischen Unruhen das Kastell Nagy-Ida in der Abanywarer Gespanschaft mit

Belagerung von kaiserlichen Truppen bedroht. Franz von Perecey, der das Kastell verteidigte, stutzte, aus Truppenmangel, tausend Zigeuner in der Eile zu Soldaten und legte sie unter reichen Versprechungen von Geld und Freiheiten auf Kindeskinder, wenn sie sich wacker hielten, gegen den ersten Anlauf in die äußeren Schanzen. Auf diese vertrauend hielten sich diese Helden auch ganz vortrefflich, sie empfingen die Belagerer mit einem heftigen Feuer, so daß sie umwendeten. Aber nun krochen die Helden übermütig aus ihren Löchern und schrien den Fliehenden nach: »Geht zum Henker, ihr Lumpen, hätten wir noch Pulver und Blei, so wollten wir euch anders zwiebeln.« Da sahen sich die Abziehenden um, und als sie statt regulierter Truppen einen frechen Zigeunerschwarm auf den Wällen merkten, ergriff sie der Zorn, sie drangen in die Schanze und säbelten die armen Helden bis auf den letzten Mann nieder. Diese Niederlage, eine der traurigsten Erinnerungen der Zigeuner in jener Gegend, hatte Michaly in der Klage einer Mutter um ihren Sohn und einer Braut um ihren gefallenen Geliebten besungen. Devillier sagte nun zu dem Kroaten: »Damit Sie nicht länger meinen Glauben an den Hexenmeister Mores in Katzengestalt bezweifeln, will ich Ihnen eine Geschichte erzählen, bei welcher ich selbst geholfen habe, ein paar hundert solcher Zauberer zu töten.« – »Ein paar hundert!« riefen mehrere in der Gesellschaft. »Ja!« erwiderte Devillier, »und das will ich ebenso getrost beschwören als unser Freund den musizierenden Katzenkongreß.«

Devilliers Erzählung von den Hexen auf dem Austerfelsen

Vor mehreren Jahren, da ich als Lieutenant zu Dünkirchen in Garnison lag, genoß ich der vertrauten Freundschaft meines Majors, eines alten Gascogners. Er war ein großer Liebhaber von Austern, und zu seiner Majorschaft gehörte der Genuß von einem großen Austerfelsen, der hinter einem Lustwäldchen einen halben Büchsenschuß weit vom Ufer in der See lag, so daß man ihn bei der Ebbe trocknen Fußes erreichen konnte, um die frischen Austern vom Felsen zu schlagen. Da der Major eine Zeit her bemerkt hatte, daß in den meisten zutage liegenden Austern nichts drinnen war, konnte er sich gar nicht denken, wer ihm die Austern aus den Schalen hinwegstehle, und er bat mich, ihn in einer Nacht, mit Schießgewehr bewaffnet, nach dem Austerfelsen zu begleiten, um den Dieb zu belauern. Wir hatten kaum das kleine Gehölz betreten, als uns ein schreckliches Katzengeheul nach der See hin rief, und wie groß war unser Erstaunen, als wir den Felsen mit einer Unzahl von Katzen besetzt fanden, die, ohne sich von der Stelle zu bewegen, das durchdringendste Jammergeschrei ausstießen. Ich wollte unter sie schießen, aber mein Freund warnte mich, indem es gewiß eine Gesellschaft von Zauberern und Hexen sei und ich durch den Schuß ihre Rache auf uns ziehen könnte. Ich lachte und lief mit gezogenem Säbel nach dem Felsen hin; aber wie ward mir zumute, da ich unter die Bestien hieb und sich doch keine einzige von der Stelle bewegte! Ich warf meinen Mantel über eine, um sie ungekratzt von der Erde aufheben zu können, aber es war unmöglich, sie von der Stelle zu bringen, sie war wie angewurzelt. Da lief es mir eiskalt über den Rücken, und ich eilte, zu meinem Freunde zurückzukommen, der mich wegen meiner tollkühnen Expedition tüchtig ausschmälte. Wir standen noch, bis die Flut eintrat, um zu sehen, wie sich die Hexenmeister betragen würden, wenn das Wasser über sie her strömte; aber da ging es uns wie unserem kroatischen Freunde, als die Kirchglocke das Katzenpickenick auf der Eiche unterbrach. Kaum rollte die erste Welle über den Felsen, als die ganze Hexengesellschaft mit solchem Ungestüm gegen das Ufer und auf uns los stürzte, daß wir in der größten Eile Reißaus nahmen. Am andern Morgen begab sich der alte Major zum Gouverneur der Festung und zeigte ihm an: wie die ganze Festung voll Hexen und Zauberern sei, deren Versammlung er auf seinem Austerfelsen entdeckt habe. Der Gouverneur lachte ihn anfangs aus und begann, als er ernsthaft Truppen begehrte, diese Zauberer in der nächsten Nacht niederschießen zu lassen, an seinem Verstande zu zweifeln. Der Major stellte mich als Zeugen auf, und ich bestätigte, was ich gesehen, und die wunderbare Erscheinung von Unbeweglichkeit der Katzen. Dem Gouverneur war die Sache unbegreiflich, und er versprach, in der nächsten Nacht selbst zu untersuchen. Er ließ allen Wachen andeuten, ehe er in der Nacht mit uns und hundert Mann Voltigeurs ausmarschierte, keine Rücksicht darauf zu nehmen, wenn sie schießen hörten.

Als wir dem Gehölz nahten, tönte dasselbe Katzengeschrei, und wir hatten vom Ufer dasselbe eigentümlich-schauerliche Schauspiel: den lebendigen heulenden Felsen im Mondschein über der weiten, unbegrenzten Meeresfläche. Der Gouverneur stutzte, er wollte hin, aber der

Major hielt ihn mit ängstlicher Sorge zurück; nun ließ der Gouverneur die hundert Mann von der Landseite den Felsen umgeben und zwei volle Ladungen unter die Hexenmeister geben, aber es wich keiner von der Stelle, wenngleich eine Menge Stimmen unter ihnen zu schweigen begannen. Hierüber verwundert ließ sich der Gouverneur nicht länger halten, er ging nach dem Felsen, und wir folgten ihm; er versuchte, eine der Katzen wegzunehmen, aber sie waren alle wie angewachsen; da entdeckte ich, daß sie alle mit einer oder mehreren Pfoten, manche auch mit dem Schwanz in die fest geschlossenen Austern eingeklemmt waren. Als ich dies angezeigt, mußten die Soldaten heran und sie sämtlich erlegen. Da aber die Flut nahte, zogen wir uns ans Land zurück, und die ganze Katzenversammlung, welche gestern so lebhaft vor der ersten Woge geflohen war, wurde jetzt von der Flut mausetot ans Ufer gespült, worauf wir, den guten Major herzlich mit seinen Hexen auslachend, nach Hause marschierten. Die Sache aber war folgende: Die Katzen, welche die Austern über alles lieben, zogen sie mit den Pfoten aus den Schalen, und das gelang nicht länger, als bis sie von den sich schließenden Muscheln festgeklemmt wurden, wo sie sich dann so lange mit Wehklagen unterhielten, bis die Austern, von der Flut überschwemmt, sich wieder öffneten und ihre Gefangenen entließen; und ich glaube, bei strenger Untersuchung und weniger Phantasie würde unser Freund bei seinem Katzenabenteuer ebenso gut lauter Fischdiebe, wie wir Austerdiebe, entdeckt haben.

Baciochis Erzählung vom wilden Jäger

Nachdem die Aufklärung dieses Ereignisses die Erzählung des Kroaten in ihrer Schauerlichkeit sehr gemildert hatte, kam man auf allerlei Jagdgespenster zu sprechen, und Lindpeindler fragte: ob einer in der Gesellschaft vielleicht je den wilden Jäger gesehen oder gehört habe? Da sagte der Feuerwerker: »Mir kam er schon so nahe, daß ich das Blanke in den Augen sah, und wenn die Jungfer Nanny sich tapfer halten und die ganze ehrsame Gesellschaft wenigstens so lange daran glauben will, bis die Geschichte zu Ende ist, so will ich sie erzählen.« Nanny erwiderte: »Erzähle nur, Baciochi, du kennst mein Temperament und wirst es nicht zu arg machen.« – »Erzählen Sie«, fiel Devillier ein; »wenn wir die

Geschichte auch am Ende für eine Lüge erklären, so soll Ihnen bis dahin geglaubt werden.« Und bald waren alle Stimmen vereint, den Feuerwerker einzuladen, welcher alle aufforderte, sich an ihre Plätze zu setzen, und seiner Erzählung einen eigentümlichen theatralischen Charakter zu geben wußte. Alle saßen an Ort und Stelle, er machte eine Pause, steckte sich eine Pfeife Tabak an und schlug mit der Faust so unerwartet heftig auf den Tisch, daß die Lichter verlöschten und alle laut aufschrien.

»Meine Feuerwerke fangen immer mit einem Kanonenschuß an«, sagte er, »erschrecken Sie nicht!« und in demselben Augenblick brannte er mehrere Sprühkegel an, die er aus Pulver und vergoßnem Weine in der Stille geknetet hatte, und sagte: »Stellen Sie sich vor, Sie wären bei meinem großen Feuerwerke in Venedig, welches ich am Krönungstage Napoleons dort abbrannte. Es mußten mir einige Körner prophetischen Schießpulvers in die Masse gekommen sein; kurz gesagt: als der Thron und die Krone und das große Notabene, NB, Napoleon Bonapartes Namenszug, im vollen Brillantfeuer, von hunderttausend Schwärmern und Raketen umzischt, kaum eine Viertelstunde von einer hohen Generalität und dem verehrten Publikum beklatscht worden waren, fing mein Feuerwerk an, ein wenig zu fröateln; es platzte und zischte manches zu früh und zu spät ab, eine gute Partie einzelner Sonnen und Räder brannten mir in einer Scheune nieder, die dabei das Dach verlor. Das Schauspiel war so grandios angelegt, daß man diesen ganzen kunstlosen Scheunenbrand für seinen Triumph hielt, man klatschte, und ich paukte und trompetete; schnell ließ ich alle meine übrigen Stücke in die Lücken stellen und von neuem losfigurieren. Aber der Satan fuhr mir mit dem Schwanz drüber, und die ganze Pastete flog mit einem großen Geprassel auf einmal in die Luft, die Menschen fuhren gräßlich auseinander, Gerüste brachen ein, alle Einzäunungen wurden niedergerissen, die Menge stürzte nach den Gondeln, die Gondelführer wehrten ab, die Bürger prügelten sich mit den französischen Soldaten, meine Kasse wurde geplündert; es war eine Verwirrung, als sei der Teufel in die Schweine gefahren und diese stürzten dem Meer zu. Unsereins kennt sein Handwerk, man ist auf dergleichen gefaßt, mein persönlicher Rückzug war gedeckt. Ich ließ nichts zurück als alle meine Schulden, meine Reputation und meinen halben Daumen. Meine selige Frau, welcher der Rock am Leibe brannte, riß mich in die Gondel ihres Bruders, eines Schiffers, und der brachte mich an einen Zufluchtsort, worauf wir am folgenden

Morgen die Stadt verließen. Als wir das Gebirg erreichten, nahten wir uns auf Abwegen einer Kapelle, bei welcher ich mit meinem liebsten Gesellen Martino verabredet hatte, wieder zusammenzutreffen, wenn wir durch irgendein Unglück auseinander gesprengt werden sollten. Mein gutes Weib hatte ein Stück von einer Wachsfackel, die bei der Leiche unsers seligen Töchterleins gebrannt hatte, in der Tasche und pflegte, wenn sie nähte, ihren Zwirn damit zu wichsen; aus diesem Wachs hatte sie während unseres Weges die Figur eines Daumens geknetet und hängte dieselbe, nebst einem Rosenkranz von roten und schwarzen Beeren, den sie auch sehr artig eingefädelt hatte, dem kleinen Jesulein auf dem Schoße der Mutter Gottes in der Kapelle als ein Opfer an das Händchen, und wir beteten beide von Herzen, daß mein Daumen heilen und wir glücklich über die Grenze in das Österreichische kommen möchten. Wir lagen noch auf den Knien, als ich die Stimme Martinos rufen hörte: ›*Sia benedetto il San Marco!*‹; da schrie ich wieder: ›*E la Santissima Vergine Maria!*‹, wie wir verabredet hatten, und lief mit meinem Weibe vor die Kapelle. Da trat uns Martino in einem tollen Aufzug entgegen. Er hatte bei dem Feuerwerk den Meergott Neptun vorgestellt und in seinem vollen Kostüm Reißaus genommen; er hatte den Schilfgürtel noch um den Leib, einen Wams von Seemuscheln an und eine Binsenperücke auf, sein langer Bart war von Seegras, auf der Schulter trug er den Dreizack, auf welchem er ein tüchtiges Bauernbrot und drei fette Schnepfen, die er mitsamt dem Neste erwischte, gespießt hatte. Nach herzlicher Umarmung erzählte er uns: wie ihn seine Kleidung glücklich gerettet habe; die Strickreiter seien ihm auf der Spur gewesen, da habe er sich in das Schilf eines Sumpfes versteckt, und sein Schilfgürtel machte ihn da nicht bemerkbar. Als er stille liegend sie vorüberreiten lassen, hätten sich die drei Schnepfen sorglos neben ihm in ihr Nest niedergelassen, und er habe sie mit der Hand alle drei ergriffen. Das Brot hatte er von einem Contrebandier um einige Pfennige gekauft, der ihm zugleich die nächste Herberge auf der Höhe des Gebirges beschrieben, aber nicht eben allzu vorteilhaft: denn der ganze Wald sei nicht recht geheuer, der wilde Jäger ziehe darin um und pflege grade in dieser Herberge sein Nachtquartier zu halten. ›Wohlauf denn!‹ sagte ich, ›so haben wir heute nacht gute Gesellschaft; ich hätte den Kerl lange gern einmal gesehen, um seinen Jagdzug recht natürlich in einem Feuerwerk darstellen zu können.‹ Mein Weib Marinina aber, welche, um ja nichts zu versäumen, alles miteinander glaubte, machte ein saures Gesicht zu der Herberge. Das konnte aber nichts helfen, wir mußten den Weg wählen; er war ganz entlegen und sicher und ein Schleichweg der Contrebandiers, mit welchen Martino einige Bekanntschaft hatte. Die Nacht brach herein, es nahte ein Gewitter, und wir mußten uns auf den Weg machen. Martino machte unsere Wanderschaft etwas lustiger, er übergab meiner Marinina die Schnepfen und sagte: ›Rupft sie unterwegs, damit wir in der Herberge dem wilden Jäger bald einen Braten vorsetzen können‹, und nun marschierte er mit tausend Späßen in seinem tollen Habit, wie ein vazierender Waldteufel, voraus. Ich folgte ihm auf dem schmalen Waldpfade und hatte meinen halben Daumen, der mich nicht wenig schmerzte, meistens in dem Munde, und hinter mir zog – daß Gott erbarm! – meine selige Marinina und rupfte die Schnepfen unter Singen und Beten. Über der rechten Hüfte war ihr ein ziemliches Loch in den Rock gebrannt, und sie schämte sich, vorauszugehen, daß Martino, der seinen Witz in allen Nestern auszubrüten pflegte, an ihrer Blöße nicht Ärgernis nehmen möchte. Der Weg war steil, unheimlich und beschwerlich; der Sturm sauste durch den Wald, es blitzte in der Ferne, Marinina schlug ein Kreuz über das andre. Aber die Müdigkeit vertrieb ihre Furcht vor dem wilden Jäger immer mehr, von welchem Martino die tollsten Geschichten vorbrachte. ›Es ist gut‹, sagte er, ›daß wir selbst Proviant bei uns haben, denn wenn wir mit ihm essen müßten, dürften wir leicht mit dem Schenkel eines Gehängten oder mit einem immarinierten Pferdekopf bewirtet werden. Fasset Mut, Frau Marinina, schaut mich nur an, ärger kann er nicht aussehen!‹

Unter solchen Gesprächen hatten wir die Gebirgshöhe erstiegen und waren ein ziemlich Stück Wegs in den wilden, finstern Wald geschritten, da hörten wir ein abscheuliches Katzengeheul und kamen bald an eine Hütte, mit Stroh und Reisern gedeckt; alte Lumpen hingen auf dem Zaun, und an einer Stange war ein großes Stachelschwein über der Türe herausgesteckt als Schild. ›Da sind wir‹, sagte Martino; ›wie glaubt ihr, daß dies vornehme Gasthaus heiße?‹ – ›Zum Stachelschwein!‹ sagte ich. – ›Nein!‹ erwiderte Martino, ›es hat mehrere Namen; einige nennen es des Teufels Zahnbürste, andre des Teufels Pelzmütze, andre gar seinen Hosenknopf.‹ Wir lachten über die närrischen Namen. Die Katze saß vor der Türe auf einem zerbrochenen Hühnerkorb, machte einen Buckel gegen uns und ein Paar feurige Augen und hörte nicht auf zu solfeggieren. In dem Hause aber rumpelte es wie in einem Raspelhause und leeren Magen. Nun schlug Martino mit der Faust gegen die Türe und schrie: ›Holla, Frau Susanna, für Geld und gute Worte Einlaß und Herberge; Eure Katze will auch hinein.‹ Da krähte eine Stimme heraus: ›Wer seid ihr Schalksknechte zu nachtschlafender Zeit?‹ Und Martino, der in Reimen wie ein Improvisatore schwatzen konnte, schrie: ›Ich bin ja der Rechte und komme von weit!‹ Nun keifte die Stimme wieder: ›Wenn die Katze nicht draußen wär, ich ließ Euch nimmermehr ein!‹ Und Martino sagte: ›Ihr denket so zärtlich ungefähr wie Euer Schild, das Stachelschwein.‹ Marinina war in tausend Ängsten; sie bat immer den Martino, die alte Wirtin nicht zu schelten, sie sei gewiß eine Hexe und werde uns nichts Gutes antun. Da ging die Tür auf, ein schwarzbraunes, zerlumptes, sonst glattes und hübsches Mägdlein, glänzend und schlank wie ein brauner Aal, leuchtete uns aus der Küche mit einer Kienfackel ins Gesicht und war nicht wenig erschrocken, als Martino in seinem wilden Aufzug ihr rasch entgegenschritt und, indem er drängend sie verhinderte, die Türe wieder zuzuschlagen, ihr sagte: ›Brauner Schatz, mach uns Platz! Menschen sind wir, schönes Kind, hier: hast zum Zeichen diesen Schmatz!‹ und somit küßte er sie herzlich; wir drangen indessen hinein. Die kleine Braune aber sagte: ›Und wenn du auch nicht der Satan selbst bist, so könnt ihr heute hier doch nicht bleiben; meine Großmutter ist sehr brummig, sie fürchtet, das Waldgespenst komme heut nacht, und da nimmt sie keine Gäste, um die Herberge nicht in bösen Ruf zu bringen; unsre Kammer, wo wir schlafen, ist eng, und sie rückt schon allen Hausrat vor ihr Bett, um das Gespenst nicht zu sehen, welches oft quer durch unsre Hütte zieht.‹ Martino aber erwiderte: ›Eben in dieser Kammer wollen wir schlafen, und eben dieses Waldgespenst wollen wir mit gebratenen Schnepfen bewirten; wir sind des wilden Jägers Küchengesinde!‹ Und somit packte er ein Bund Stroh auf, das in der Ecke lag, und marschierte in die Kammer; wir kamen nach, trotz allen Zeremonien, welche die nußbraune Jungfer machen wollte.

Es war gar keine alte Großmutter in der Hütte; das Mädchen log uns etwas vor. Martino breitete das Stroh an die Erde, und Marinina, furchtsam und müde, legte sich gleich, mit dem Gesicht, über das sie noch ihre Schürze deckte, gegen die Wand gekehrt, nieder und rührte sich nicht. Martino begab sich mit den Schnepfen wieder in die Küche, in welcher die braune Jungfer schmollend und brummend zurückgeblieben war, und ich sah mich einstweilen in der Stube um. Eine Kienfackel brannte in der Mitte; sie war in einen Kürbis festgesteckt, der neben schmutzigen Spielkarten auf einem breiten Eichenstumpf lag, welcher als Tisch und Hackstock diente und fest genug stand, denn er steckte noch mit allen seinen Wurzeln in der Erde, welche ungedielt der ganzen Hütte ihren Grund und Boden gab. Ein paar Bretter, auf eingepfählte Stöcke befestigt, waren die unbeweglichen Sitze; die Wände bestanden aus Flechtwerk, mit Lehm und Erde verstrichen, und einzelne hereinragende Äste bildeten mancherlei Wandhaken, an denen zerlöcherte Körbe, Lumpen, Zwiebelbündel, Hasen-, Hunde-, Katzen- und Dachsfelle hingen, auch einige zerbrochene Gartenwerkzeuge. Auf einem derselben aber saß ein greuliches Tier, eine ungeheure Ohreule, welche gegen die Kienfackel mit den Augen blinzte und sich in die Schultern warf wie ein alter Professor, der soeben den Theriak erfunden hat. In einem ausgebauten Winkel der Stube lag, auf zwei Baumstücken, die Bettstelle der Großmutter, die sehr dauerhaft in einer ausgehöhlten Eiche bestand, an der die Rinde noch saß. Sonst war das Bett wohl bedacht, denn seine schmutzigen Federkissen lagen so hoch aufgebauscht, daß die niedre Hüttendecke, aus der das Stroh herabhing, weder hoch noch hart gefallen wäre, wenn sie einstürzte; aber, sich noch zu besinnen, schien sie unentschlossen hin und her zu schwanken. Der Hausrat, von welchem das Mädchen gelogen hatte: daß die Großmutter ihn vor das Bett rücke, bestand in einer zerbrochenen Türe und einer alten Tonne, mit welcher wahrscheinlich der Lärm gemacht worden war, den wir in der Hütte hörten. Sie waren beide vor den Bettrog der Großmutter gerückt. Außer allem diesen sah man nichts als eine sehr baufällige Leiter, die an einem Loche in der Ecke lehnte, durch welches ich einige Hühner oben gackern hörte, die das Geräusch unsrer Ankunft erweckt hatte, die Katze nicht zu vergessen, welche auf einer alten Trommel hinter der Türe schlief. Eine Geige, ein Triangel und ein Tambourin hingen an der Wand, und neben ihnen ein zerrissener bunter Tiroler Teppich.

Ich hatte kaum alle diese Herrlichkeiten betrachtet, als Martino hereintrat und zu mir sagte: ›Meister, ich habe alle Schwierigkeiten geebnet und weiß, wo wir sind. Wir hausen bei einer alten Zigeunerin, welche außer ihren Privatgeschäften: der Wahrsagerei, Hexerei, Dieberei, Viehdoktorei, auch eine Hehlerin der Contrebandiers macht; die Kleine draußen ist ihr Tochterkind, das auf der hohen Schule bei ihr ist und der Großmutter Tod abwarten soll, um hinter einen Topf von Gold zu kommen, von dem sie immer spricht, ohne doch je zu sagen, wo sie ihn hin versteckt hat. Das hat mir das Mädchen alles anvertraut; ich habe ihr Herzchen gerührt, sie ist kirre wie ein Zeisig, und wenn wir wollen, läßt sie die Großmutter und den Goldtopf im Stich, läuft morgen mit uns und verdient uns das Brot mit Burzelbäumen, deren sie ganz wunderbare schlagen kann. Für all dies Vertrauen habe ich ihr versprechen müssen, zu glauben: daß der wilde Jäger heute nacht wirklich durch die Hütte zieht; wir sollen uns nur um Gottes willen ruhig halten. Die Großmutter wird in kurzer Zeit zurückkommen; sie ist mit Lebensmitteln zu einem Zug Schleichhändler gegangen, der über das Gebirge zieht. Der wilde Jäger, sagt sie, treibe um Mitternacht durch die Stube, und wenn wir uns ruhig hielten, werde er uns kein Haar krümmen, sonst aber riskieren wir Leib und Leben; ich denke aber, wir wollen es mit ihm versuchen.‹ Nun legte er meinen Prügel und seinen Dreizack neben uns auf das Stroh nieder und fuhr fort: ›Es ist beinahe eilf Uhr, die Kleine hat es an ihrer Sanduhr gesehen; die Schnepfen weiß sie nicht am Spieß zu braten, sie hat sie mit Zwiebeln gefüllt in einen Topf gesteckt, und wenn wir die Schnepfensuppe gegessen, sollen wir das Fleisch mit Essig und Olivenöl als Salat verzehren; Wein muß hier in der Kammer ein Schlauch voll sein.‹ Da suchte Martino herum und fand unter einigen alten Brettern ein tiefes Loch in der Erde, das, als Keller, einen alten Dudelsack voll Wein enthielt. Er zog ihn heraus, wir setzten die zwei Pfeifen an den Mund und drückten den vollen Sack so zärtlich an das Herz, daß uns der süße Wein in die Kehle stieg. Nie hat ein Dudelsack so liebliche Musik gemacht. Wir labten uns herzlich; ich weckte meine Marinina, und sie mußte auch eins drauf spielen; dazu verzehrten wir unser Brot und einige Zwiebeln aus dem Vorrat, der an der Wand hing, und streckten uns, in der Erwartung des weiteren, zur Ruhe auf das Stroh. Marinina schlief fest ein. Ich betete mit Martino noch eine Litanei; dann legten wir uns neben unsere Waffen bequem, und Martino sagte: ›Laßt uns nun ruhen; mir ist so rund und so wohl, daß mir das Blut in den Adern flimmert; wer den wilden Jäger zuerst sieht, stößt den andern, dann springen wir mit unseren Tröstern über ihn her und schlagen den Kerl zu Brei; ich habe noch einen Schwärmer in der Tasche, den will ich dem Schelm unter die Nase brennen.‹ Ich freute mich an seinem frischen

Herzen; wir empfahlen uns dem Schutz des heiligen Markus und
lauschten dem Schlafe entgegen, der uns den Rücken hinaufkroch und
uns schon hinter den Ohren krabbelte. Nun ward alles mäuschenstill;
der Donner rollte fern, der Sturm hatte sich in den Waldwipfeln schlafen
gelegt, die ihn mit leisem Rauschen einwiegten. Die Kienfackel kni-
sterte, Grillen sangen, die Katze schnurrte auf der Trommel, welche,
von dem Tone erschüttert, das ferne Donnern zu begleiten schien; Marinina pfiff durch die Nase, denn sie hatte sich einen Schnupfen geholt,
in der Küche knackte das grüne Holz im Feuer, die Schnepfensuppe
sauste im Topf, und unsere braune Köchin sang mit einer klaren und
starken Stimme, wie ich noch keine Primadonna gehört, folgendes Lied:

> Mitidika! Mitidika!
> Wien üng quatsch,
> Ba nu, Ba nu n'am tsche fatsch,
> Waja, Waja, Kur libu,
> Ich bin ich und du bist du;
> *Ich* spricht Stolz,
> *Du* spricht Lieb!
> Wer sich scheut vor Galgenholz,
> Wird im grünen Wald zum Dieb.

> Mitidika! Mitidika!
> Wien üng quatsch,
> Ba nu, Ba nu n'am tsche fatsch,
> Singt die Magd, so kocht der Brei,
> Singt das Huhn, so legts ein Ei;
> *Er* spricht Schimpf,
> *Sie* spricht Fremd;
> Fehlen mir gleich Schuh und Strümpf,
> Hab ich doch ein buntes Hemd.

> Mitidika! Mitidika!
> Wien üng quatsch,
> Ba nu, Ba nu n'am tsche fatsch,
> Hör, was pocht dort an der Tür?
> Draußen schrein sie nach Quartier.

Ists der *Er*?
Ists der *Sie*?
Mach ich auf wohl nimmermehr,
Nur *du* Lieber, *du* schläfst hie.

Mitidika! Mitidika!
Wien üng quatsch,
Ba nu, Ba nu n'am tsche fatsch,
Waja, Waja, Kur libu,
In dem Topf hats nimmer Ruh;
Saus und Braus
'rab und 'rauf,
Küchenteufel drinnen haus:
Daß es mir nicht überlauf!«

Als der Feuerwerker den Anfang dieses Liedes: »Mitidika! Mitidika!«
gesagt, nahm der Zigeuner Michaly seine Violine und sang es unter den
lieblichsten Variationen der Gesellschaft vor; alle dankten ihm, der Feuerwerker aber sagte: »Michaly, du sangst das nämliche Lied, wie die
kleine Braune, und hast eine Ähnlichkeit mit ihr in der Stimme.« –
»Kann sein«, sagte Michaly lächelnd, »aber erzähl nur weiter, ich bin auf
den wilden Jäger sehr begierig.« – »Ich hob a a Schneid uf den soakrische
Schlankl!« sagte der Tiroler; alle drangen auf die weitere Erzählung, und
der Feuerwerker fuhr fort:
»Als die Kleine das Lied sang, ward sie von einem Schlag gegen die
Türe unterbrochen: ›Mitidika!‹ rief es draußen mit einer rauhen, heise-
ren Stimme. ›Gleich, Großmutter!‹ antwortete sie, öffnete die Türe und
erzählte ihr von den Gästen; die Großmutter brummte allerlei, was ich
nicht verstand, und trat sodann zu uns in die Stube. Ihr Schatten sah aus
wie der Teufel, der sich über die Leiden der Verdammten bucklicht gelacht, und wäre er nicht vor ihr her in die Stube gefallen, um einen ein
wenig vorzubereiten, ich hätte geglaubt, der Alp komme, mich zu wür-
gen, als sie eintrat. Sie war von oben und rings herum eine Borste, ein
Pelz und eine Quaste und sah darin aus wie der Oberpriester der Sta-
chelschweine. Sie ging nicht, lief nicht, hüpfte nicht, kroch nicht,
schwebte nicht, sie rutschte, als hätte sie Rollen unter den Beinen wie
großer Herren Studierstühle. Wie die kleine flinke Braune hinter ihr

drein und um sie her schlüpfte, um sie zu bedienen, dachte ich: so mag
des Erzfeinds Großmutter aussehen und die Schlange, ihre Kammerjungfer.

›Mache mir das Bett, Mitidika!‹ sagte sie, ›und wenn ich ruhe, kannst
du die Gäste besorgen.‹ Während das Mädchen die Kissen aufschüttelte,
begann die Alte sich zu entkleiden, und ich weiß nicht zu sagen, ob ihre
Kleidung oder ihr Bett aus mehreren Stücken bestand. Sie zog einen
Schreckenswams, eine Schauderjacke und Zauberkapuze um die andre
aus, und die ganze Wand, an der sie die Schalen aufhängte, ward eine Art
Zeughaus; ich dachte alle Augenblick: noch eine Hülse herunter, so
liegt ein bißchen Lung und Leber an der Erde, das frißt die Katze auf,
und die Großmutter ist all; keine Zwiebel häutet sich so oft. Bei jedem
Kissen, welches die Kleine ins Bett legte und aufschüttelte, brummte die
Alte und legte es anders, befahl ihr dann, es ganz sein zu lassen und ihr
ein Rauchbad zu geben, sie müsse in einen Ameisenhaufen getreten haben; das Gewitter mache alles Vieh lebendig. Da setzte sich die Alte auf
die zerbrochene Leiter und hängte die Tiroler Decke über sich, und die
Junge zündete Kräuter unter ihr an und machte einen scheußlichen
Qualm, den sie uns, da sie von neuem anfing, die Federbetten hin und
her zu werfen, in dicken Wolken auf den Leib jagte, als gehörten wir
auch zu den Ameisen, die vertrieben werden sollten. Es sah ziemlich
aus, als wenn man eine Hexe verbrennte oder einen ungeheuren Ta-
schenkrebs räuchre, als die Alte so über dem Dampf wie eine Mumie, in
den bunten Tiroler Teppich gehüllt, auf der Leiter saß.«

»Da sieht man, Wastl«, sprach der Zigeuner zu dem Tiroler, »wozu
ihr die Teppiche fabriziert: um die Hexen darin zu räuchern.« – »Potz
Schlakri«, erwiderte Wastl, »wonn's daine sakrische ziganerische Groß-
muetta is, so loß i's poassiera; i bin gawis, es möga a Legion Spodifankerl
aus ihr raussi floga sein, un du bist a ains dervo.« Die Gesellschaft lachte
über Wastls Antwort, und die Kammerjungfer wie auch Lindpeindler
baten den Feuerwerker: er möge machen, daß die Alte ins Bett komme,
die Schnepfen könnten übergar werden. »Ganz recht«, sagte Baciochi,
»das meinte Martino auch; denn als der sie in der Decke zappeln sah wie
Hunde und Katzen, die in einen Sack gesteckt sind, und der Rauch zu
dick zu werden begann, sprang er vom Stroh auf, trat vor die Alte hin
und sagte: ›Hochverehrte Frau Wirtin, ich versichere Euch im Namen
Eurer Gäste, daß wir kein Rauchfleisch zu essen bestellt haben, und daß

wir auch von keinem verpesteten Orte kommen, um eines so kostbaren Rauchkerzchens zu bedürfen; seid so gütig, dem Wohlgeruch ein Ende zu machen, wir müssen sonst mit all den Ameisen, die Euch plagen, davonlaufen.‹ Da fing die Alte eine weitläufige Gegenrede an und sagte: ›Schicksalen und Verhältnissen haben mich so weit gebracht.‹ Martino aber nahm keine Vernunft an, packte die Alte mit beiden Händen und warf sie von der Leiter in ihre Federbetten; sie zappelte wie eine Meerspinne, aber er wälzte ein Federbett über sie und sang ihr ein Wiegenlied mit so viel gutem Humor vor, indem er sie mit beiden Händen festhielt, daß sie endlich selbst mit lachte und sagte: ›Nun, legt Euch nur wieder nieder, hätte ich doch nicht gedacht, heute von einem so lustigen Gesellen zu Bette gebracht zu werden. Mitidika, gib den Kavalieren zu essen!‹ Und somit kriegte sie den Martino beim Kopf und gab ihm unter großem Gelächter einen Kuß. ›Profiziat!‹ sprach dieser, ›schlaf wohl, du allerschönster Schatz!‹ und legte sich mit einem sauern Gesichte wieder neben mich. ›Gott sei Dank, Martino, daß sie weg ist!‹ flüsterte ich. ›Hast du gewacht, Meister?‹ sprach der Schelm. ›Leider Gottes!‹ erwiderte ich, ›du hast ein Kunststück gemacht; sie rauchte wie ein nasses Feuerwerk; für einen Hutmacher wäre sie ein sauberes Gestell, alle seine Mützen daran aufzuhängen, er brauchte keinen Nagel einzuschlagen.‹ – ›Ich werde mich wohl häuten müssen, da sie mich geküßt hat‹, sagte Martino. ›Warum?‹ fragte ich. ›Ei‹, entgegnete er, ›ich werde sonst die Augen nie wieder zukriegen können und die Zähne immer blecken wie ein Mops; die Haut ist mir vor Schrecken zu kurz geworden.‹ – Unter diesen Scherzreden hörten wir die Alte einschnarchen, und Mitidika ging ab und zu und verbaute leise das Bett der Alten mit der Tonne und der alten Türe, die Küchentüre ließ sie auf, daß der Dampf hinauszog. Dann zupfte sie den Martino bei den Haaren und flüsterte: ›Komm hinaus, deine Schnepfen sind gar, ich habe die Brühe abgegossen, ich muß das Feuer löschen, die zwölfte Stunde naht; denn fährt der wilde Jäger mir durch das Feuer, steckt er uns die ganze Hütte an.‹ Martino ging hinaus, und ich streckte den Kopf nach der Türe und hörte ihre Scherzreden. Mitidika sagte: ›Ich habe dir deine Vögel trefflich gekocht und dir auch Kräuter an die Suppe getan; was gibst du mir nun?‹ – ›Geben?‹ sagte Martino, ›ich will dich mit der Münze bezahlen, welche hier zu gelten scheint, und in der mich deine Großmutter zahlte; einen Kuß will ich dir geben.‹ – ›Das läßt sich hören‹, erwiderte sie; ›aber die Großmutter gab dir ein altes Schaustück, das kann ich nicht brauchen, die Münze ist verschlagen.‹ – ›Auch du bist verschlagen, Schelm!‹ erwiderte Martino, ›ich will dir kleine Münze geben, wenn du herausgeben und wechseln kannst; wärst du nur nicht so schwarz!‹ – ›Und du nicht so weiß‹, sagte sie; ›ich werde dir einen Schein geben, einen Wechsel schwarz auf weiß, aber gib mir keine Scheidemünze!‹ sagte sie. ›Die kriegst du morgen früh beim Abschied‹, erwiderte Martino, faßte sie beim Kopf, küßte sie herzlich und sagte: ›Ich habe dich lieb und bleibe dir treu.‹ – ›Ei so lüge, daß du schwarz wirst!‹ sprach sie. ›Dann wäre ich deinesgleichen, und es könnte etwas daraus werden‹, sprach Martino und schenkte ihr eine Nadelbüchse von Elfenbein und Ebenholz, die er bei sich trug. Das Mädchen dankte und sprach: ›Sieh, wie artig schwarz und weiß zusammen aussehn; bleib bei uns; wenn die Alte stirbt, finden wir den Goldtopf und contrebandieren.‹ – ›Ja, auf die Galeere!‹ sprach Martino. ›Ich gehe mit auf die Galeere!‹ sagte sie; ›pitsch, patsch! geht das Ruder, und ich singe dir dazu.‹ – ›Das wollen wir überlegen‹, meinte Martino, ›es ist eine zu glänzende Aussicht um Mitternacht.‹ Da traten sie mit der Suppe und den Schnepfen herein und stellten sie auf den Eichenblock; die Suppe tranken wir aus dem Topf, ich wollte meine Marinina nicht wekken und ließ ihr Teil in die warme Asche setzen, die Vögel wollten wir morgen früh verzehren. Nun begann sich der Sturm in dem Walde wieder zu heben, und das Gewitter zog mit Macht heran. ›Ach Gott‹, sagte Mitidika, ›lege dich nieder, Martino, und schlafe ein! Hörst du das Wetter? Der Jäger bläst sein Horn, er wird gewiß bald kommen; lege dich nieder, gleich, gleich!‹ Dabei sah sie ängstlich in der Stube umher. ›Nun, nun, was fehlt dir?‹ fragte Martino, und sie sagte: ›Schlafen sollst du und das Angesicht von mir kehren, denn ich muß mich entkleiden und schlafen gehn, und das sollst du nicht sehen; ach, dreh dich um, Blanker!‹ – ›Bravo!‹ sagte Martino; ›es freut mich, daß du so auf Zucht hältst, putze nur den Kien aus, bei der Nacht sind alle Kühe schwarz, selbst die schwarzen.‹ – ›Ja‹, sagte sie, ›auch die blanken Esel! Dreh dich um, ich bitte dich, ich will den Kien schon löschen, wenn es Zeit ist.‹ Da drehte sich der ehrliche Martino um. ›Gute Nacht, Mitidika!‹ sagte er. – ›Gute Nacht, Martino!‹ sprach sie.

   Nun breitete sie sich eine bunte wollene Decke an die Erde aus neben dem Eichenblock, stellte einen halben Kürbis voll Wasser darauf, holte einen kleinen, zierlichen Kasten gar heimlich unter der Trommel hervor

und setzte ihn neben sich auf die Bank, wobei sie sich ängstlich nach uns
umsah. Ich blinzte durch die Augen und schnarchte, als läge ich im tiefsten Schlaf. Mitidika traute und schloß das Kästchen leise auf, musterte
alle die Herrlichkeiten, die darin waren, und suchte sich einen Raum
aus, die Nadelbüchse des Martino bequem hineinzulegen. Ihr könnt
euch meine Verwunderung nicht denken, als ich, in dieser wüsten Zi-
geunerherberge, die Kleine auf einmal in einem so zierlichen und reich-
gefüllten Schmuckkästchen kramen sah. Es sah nicht ganz so aus, als sei
ein Affe hinter die Toilette seiner Herrschaft geraten, auch nicht, als
richte der Satan einen Juwelenkasten ein, um einem unschuldigen Mädchen die Augen zu blenden; aber eine indianische Prinzessin, welche die
Geschenke eines englischen Gouverneurs mustert, mag wohl so aussehn. Als sie so die Perlen- und Korallenschnüre, die brillantenen Ohrringe und die Zitternadeln durch die schwarzen Hände laufen ließ,
konnte ich vor Augenlust gar nicht denken, daß dies gestohlnes Gut sein
müsse. Nun stellte sie mehrere Kristallfläschchen mit Wohlgerüchen
und Salben aus dem Kästchen auf den Block, zog feine Kämme und
Zahnbürsten hervor und begann sich zu putzen und zu schmücken, wie
die Nacht, die mit dem Monde Hochzeit machen will. Sie nahm die
kleine, von buntem Stroh geflochtene Mütze von ihrem Kopf, und ein
Strom von schwarzen Haaren stürzte ihr über die Schultern; sie gewann
dadurch ein reizendes und wildes Ansehn, wenn ihre weißen Augäpfel
und die blanken Zähne aus den schwarzen Mähnen hervorfunkelten. Sie
kämmte sich, schlängelte sich goldene Schnüre in die Zöpfe, die sie
flocht und kunstreich wie eine Krone um das schöne runde Köpfchen
legte. Sie wusch sich das Gesicht und die Hände, putzte die Zähne, beschnitt sich die Nägel und tat alles mit so unbegreiflicher Zierlichkeit,
Anmut und hinreißender Schnelligkeit der Bewegungen, daß es mir vor
den Augen zitterte und bebte. Als sie die brillantenen Ohrringe in die
kleinen schwarzen Muschelöhrchen befestigte und die glitzernden Zitternadeln in den Flechtenkranz steckte und die Korallen- und Bern-
steinschnüre um das braune Hälschen legte und dabei hin und her
zuckte wie ein Wunderwerkchen, gingen mir die Augen über. Sie begoß
sich mit Wohlgerüchen, rieb sich die schwarzen Patschchen mit duften-
dem Öl und steckte sich ein blitzendes Ringlein um das andere an die
schlanken Fingerchen. Nun stellte sie einen Spiegel auf und bleckte die
Zähnchen so artig hinein, es ist nicht zu beschreiben. Und bei allem dem

donnerte und blitzte es draußen, und ihre Eile ward immer größer; ich verstehe mich auf Lichtwirkungen in der Nacht, aber ich habe mein Lebtag kein solches Feuerwerk gesehen, kein Blitzen auf so schönem dunkeln Grund als das Spiel der Diamanten und Perlen auf ihr; denn sie war ein wunderschönes, frei, kühn, scheu und züchtig bewegtes Menschenbild.

Flüchtig packte sie nun alle Geräte wieder in das Kästchen, steckte noch eine Handvoll weißes Zuckerwerk in das Mäulchen und knupperte wie eine Maus, während sie das Kästchen mit scheuen Blicken um sich her: ob wir auch schliefen, wieder unter die alte Trommel stellte. Die schwarze Katze, die auf derselben schlief, erhob sich dabei und machte einen hohen Buckel, als verwundere sie sich über sie, da sie ihr mit den funkelnden Händen über den Rücken strich. Nun brachte sie ein feines Hemd von weißer Seide, legte es über den Arm und fing an, ihr Mieder aufzuschnüren, wobei sie uns den Rücken kehrte; es sah aus, als werfe sie Kußhändchen aus, wenn sie die Nestel zog; nun aber schlüpfte sie in die Küche und trat in wenigen Minuten wieder herein in einem schneeweißen Röckchen und einem Mieder von rotem venetianischen Samt. So stand sie mitten auf der Decke und betrachtete ihren Staat mit kindischem Wohlgefallen; der Donner rollte heftiger, Martino wachte auf, Mitidika faßte den Teppich mit beiden Händen über die Schultern, stieß mit dem Fuß die Kienfackel aus, wickelte sich schnell ein wie eine Schmetterlingslarve, ein heller Blitz erleuchtete die Kammer, sie schoß wie eine Schlange an die Erde nieder und krümmte sich zusammen. Martino hatte sie im Leuchten des Blitzes noch gesehen, aber er wußte nicht, was es war; er sprach: ›Meister, saht Ihr etwas?‹ Ich war aber so erstaunt, daß ich stumm blieb; da sprach er: ›Mitidika, schläfst du?‹, aber sie schwieg; Martino drehte sich um und schlief auch wieder. Meine Gedanken über das, was ich gesehen, ließen mich nicht ruhen, der wunderbare Schmuck in dem Besitz der kleinen braunen Bettlerin, und daß sie ihn jetzt so sorgsam und heimlich angelegt, befremdete mich ungemein; alles kam mir wie Zauberei vor. Sie erwartet ein Waldgespenst und schmückt sich wie eine Braut. War dies gestohlnes Gut? Ist sie eine verkleidete, versteckte Prinzessin? Warum geht sie in dieser Pracht schlafen, und warum wickelt sie sich mit all der Herrlichkeit in den alten Teppich ein? Sollte alles dies geheim sein, wie war es möglich, da wir sie morgen früh doch in ihrem Putz finden mußten? So lag ich nachsin-

nend; das Gewitter war in vollem Grimme über uns, und das Licht der
zuckenden Blitze zeigte mir öfters das Bild der Mitidika, welche, wie
eine Mumie in den Teppich gehüllt, an der Erde ausgestreckt lag. Als ich
aber durch das wilde Wetter ein Horn schallen hörte, stieß ich Martino
an und flüsterte ihm zu: ›Halte dich bereit, ich glaube, der wilde Jäger ist
im Anzug.‹ Wir hörten das Horn nochmals und Pferdegetrapp und Ge-
wieher, und ich bemerkte, daß Mitidika aufstand; ich kroch aber quer
vor die offene Küchentüre, und als sie mit dem Fuße an mich anstieß,
glaubte sie umgegangen zu sein und wendete sich nach einer andern
Seite. Martino stand auf, die Haustüre öffnete sich, und es trat eine Gestalt mit raschem Schritt durch die Küche auf uns zu; ich faßte sie bei
den Beinen, daß sie niederschlug, und Martino drosch so gewaltig auf
ihn los, daß der wilde Jäger Zetermordio zu schreien begann. ›Mitidika,
Hülfe, Hülfe! man mordet mich!‹ schrie er. – ›Ha ha! Herr wilder Jäger‹,
schrie nun Martino, ›wir haben dich!‹ und so zerrten wir ihn in die Stube
herein und machten die Türe zu. Der Lärm ward allgemein; der Kerl
wehrte sich verzweifelt. Meine Marinina erwachte und schrie: ›Jesus,
Maria, Joseph! Licht her, Licht her! was ist das, o Baciochi, Martino!‹
Die Alte fuhr aus ihren Betten auf, warf die alten Bretter um, die vor ihr
standen, und schrie: ›Mörder, Hülfe, Mitidika!‹ Dabei wurden die Hühner auf dem Boden rebellisch, die Trommel kollerte brummend durch
die Stube; Mitidika allein ließ sich nicht hören. ›Martino, schlage Feuer!‹
rief ich und drückte meinen fremden Gast fest in die Gurgel, daß er sich
nicht rühren konnte. Da stieß Martino einen Schwärmer in die glühende
Asche des Herds, der leuchtend durch die Kammer zischte und dem
ganzen Spektakel ein noch tolleres Ansehen gab. Mein Gefangener fing
von neuem an zu ringen, und indem ich ihn gegen die Wand drückte,
trat ich gegen einige Bretter, die auswichen – ich warf ihn nieder. Ein
großer Bock, der hinter den Brettern geruht hatte, sprang auf und fing
nicht schlecht an zu stoßen, und ich warf meinen wilden Jäger so kräftig
zur Erde, daß er keinen Laut mehr von sich gab. Martino brachte nun
eine brennende Kienfackel herein, und wir sahen die ganze Verwirrung.
Der wilde Jäger war ein schöner, schlanker Kerl in galanter Jagduni-
form. Er rührte sich nicht; der Gedanke, daß ich ihn gar totgedrückt
hätte, fuhr mir unheimlich durch die Glieder, ich stürzte zur Küche
nach Wasser; Martino faßte die Alte, die fluchend und schreiend aus
dem Bett gesprungen war, und warf sie wieder in die Federn mit den

Worten: ›Schweig still, Drache! Wir wollen dir kein Haar krümmen; wir haben nur den wilden Jäger abgefangen.‹ Nun trat ich mit einem Eimer Wasser hinein und goß ihn pratsch! über den leblosen wilden Jäger; da sprang er wie eine nasse Katze in die Höhe –.«

»Das Wasser, das kalte Wasser«, schrie hier Devillier aufspringend, »war das Allerfatalste!« und die ganze Gesellschaft sah ihn verwundert an. »Nun, was schauen Sie«, fuhr er fort, »soll ich länger schweigen? Habe ich nicht schrecklich ausgehalten und mich hier in der Erzählung nochmals mißhandeln lassen?« Baciochi wußte nicht, was er vor Erstaunen sagen sollte über Devilliers Unterbrechung; dieser aber sprach heiter: »Ja, Herr Baciochi, ich war der wilde Jäger, mich habt Ihr so kräftig zugedeckt, ich habe es von Anfang der Geschichte gewußt und hätte gern geschwiegen, aber das kalte Wasser lief mir wieder erweckend über den Rücken.« Da ward die ganze Gesellschaft vergnügt, der Feuerwerker reichte Devillier die Hand, und dieser sagte: »Es freut mich, Euch wiederzusehen; alles ist längst vergessen, nur Mitidika nicht!« – »Das will ich hoffen«, meinte der Zigeuner ernsthaft, »ich bitte mir das Ende der Geschichte aus.« Da tranken alle lustig herum, und Devillier trank die Gesundheit der Mitidika, wozu Michaly einen Tusch geigte und Lindpeindler das hochpoetische freie Leben der Zigeuner pries; der Vizegespan meinte jedoch: sie hätten nicht die reinsten Hände. Die Kammerjungfer aber fragte: »Wo hat sie nur den Schmuck hergehabt?« Der Tiroler sagte: »Den wilda Jaaga hobt's maisterli zuagdeckt!« und alle drangen, Devillier möge weiter erzählen.

»Wohlan!« sagte dieser: »Ich hatte damals Geschäfte mit der Contrebande und manche andere politische Berührungen diesseits und jenseits auf der Grenze. Ich dirigierte den ganzen Schleichhandel und forschte auf höhere Veranlassung dem Orden der Carbonari nach. Auf meinen Streifereien hatte ich Mitidika kennengelernt und mich leidenschaftlich in dies schöne, unschuldige und geistvolle wilde Naturkind verliebt. In bestimmten Nächten besuchte ich sie; der Schmuck, den Ihr, Baciochi, sie anlegen sahet, war ein Geschenk von mir. Sie hatte den Glauben der Alten an den wilden Jäger benutzt, um sich unentdeckt einige Stunden von mir unterhalten zu lassen. Wenn ich kommen sollte, schmückte sie sich immer wie eine Zauberin; ich setzte sie dann mit auf mein Pferd und brachte sie nach einer Höhle, eine Viertelstunde von ihrer Hütte, welche das Warenlager meines Schleichhandels war; da saß sie in einem mit dem feinsten englischen bunten Kattun ausgeschlagenen Raum mit mir und ergötzte mich und einen verstorbenen Freund mit Tanz, Gesang und freundlicher Rede. Gegen Morgen ging sie zurück, einen Bündel Holz in die Küche tragend, und wurde von der Großmutter wegen ihrem Fleiß gelobt. Ich liebte sie unaussprechlich um ihrer Tugend und Schönheit, und ihr ganzes Wesen war so wunderbar und bei allem Mutwillen und aller kindlichen Ergebenheit so gebieterisch, daß ich nie daran denken konnte, ihre Unschuld auch nur mit einem Gedanken zu verletzen. O, sie war gar nicht mehr wie ein Mensch, sie war wie eine Zauberin, wie ein Berggeist, wenn sie in dem Edelsteinschmuck vor uns tanzte, sang, lachte und weinte; ich kann sie nie vergessen. In der Nacht, wo Ihr und Martino mich so häßlich zerprügeltet, ging die ganze Herrlichkeit zu Ende. Anfangs hielt ich meine Angreifer für italienische Gendarmen, die mir auf die Spur kamen; als wir uns aber erklärt hatten, nahm mir die Entdeckung vom Gegenteil allen Zorn hinweg, und unsere erste Sorge war: wo Mitidika hingekommen sei. Die alte Zigeunerin jammerte auch nach ihr, wir suchten alle Winkel aus und fanden sie nicht, bis die Alte die Leiter vermißte. Baciochi sagte: zur Türe könne sie nicht hinausgekommen sein, er habe davorgelegen; da machte uns der Regen, der durch das Loch in der Decke hereinströmte, aufmerksam; Martino kletterte auf den Schultern Baciochis hinan und fand die Leiter, aber Mitidika, welche die Leiter nach sich gezogen, war durch das Strohdach hinaus geklettert und nirgends zu finden. Ich eilte nach der Türe und vermißte mein Pferd; nun war ich gewiß, daß sie nach meinem Schlupfwinkel entflohen sein müsse, und war ruhig. Ich durfte diesen weder an Baciochi noch an die Zigeunerin, die nichts von meinem Verhältnisse mit Mitidika wußte, verraten und suchte deshalb noch lange mit. Das Wetter war aber so abscheulich, daß wir bald wieder zurückkehrten, und die Alte jammerte nicht mehr lange; da hörten wir Hufschlag, und Mitidika stürzte in ihrem ganzen Schmuck mit wilder Gebärde in die Stube auf mich zu: ›Geschwind, fort, geflohen!‹ schrie sie, ›die italienischen Gendarmen streifen in der Nähe, Euren Freund haben sie mit einem ganzen Zug Schleichhändler gefangen; es ist ein Glück, daß hier der Spektakel losging, ich bin aus Angst durch das Dach geschlüpft, dadurch habe ich die nahe Gefahr entdeckt; geschwind fort!‹ – ›Wohin?‹ schrie ich, und Baciochi, Martino und Marinina, die sich auch vor der Entdeckung fürchteten, folgten alle mit mir der treibenden Mitidika zur

Türe hinaus. Sie schwang sich auf mein Pferd, ich hinter sie, und so sprengten wir beide nach unserem Schlupfwinkel, unbekümmert um Euch, Herr Baciochi, und die Eurigen.«

»Ja«, sagte der Feuerwerker, »Ihr rittet nicht schlecht, und wir hatten in dem wilden Wetter übles Nachsehen; übrigens war es Euch nicht zu verargen, daß Ihr uns nicht eingeladen, mitzugehen; wir hatten Euch schlecht bewillkommt. Ich will mein Lebtag an den Mordweg denken. Meine Marinina ward krank und starb zwei Monate nachher in Kroatien; Gott habe sie selig! Martino ließ sich bei der österreichischen Artillerie anwerben und war neulich mit in Neapel, wenn er noch lebt. Ich fand mein Brot – Gott sei gelobt! – bei unserm gnädigen Herrn. Es freut mich, daß Ihr so gut davongekommen; aber was ist denn aus der braunen Mitidika geworden?«

»Ja, wer das wüßte!« sagte Devillier; »wir kamen vor der Höhle an und zogen das Pferd herein. Sie war voll Sorge um mich, wusch mir meine Kopfwunden und Beulen mit Wein und bewies mir unendliche Liebe. So brachten wir die Nacht in steter Angst und Sorge zu. Gegen Morgen hatte sie keine Ruhe mehr, sie verlangte nach der alten Mutter; sie beschwor mich, sogleich die Höhle zu verlassen und zu fliehen. Das Schicksal meines Freundes erschütterte mich tief, ich war entschlossen, ihn aufzusuchen. Sie schwur mir ewige Treue; ich versprach ihr, wenn ich sie nach einiger Zeit hier wieder fände, sie zu meiner Frau zu machen; sie lachte und meinte: sie wolle nie einen Mann, der kein Zigeuner sei, und nun auch keinen Zigeuner, sie wolle gar keinen Mann. Dabei scherzte und weinte sie, tanzte und sang noch einmal vor mir, und als ich sie umarmen wollte, schlug sie mich ins Gesicht und floh zur Höhle hinaus. Ich verließ den Ort gegen Abend. Als ich vom Tode meines Freundes gehört hatte und zu Mitidika zurückkehrte, war ihre Hütte abgebrannt; ich ging nach der Höhle, sie war ausgeplündert. Auf der Wand aber fand ich mit Kohle geschrieben: ›Wie gewonnen, so zerronnen! Ich behalte dich lieb, tue, was du kannst, ich will tun, was ich muß.‹ Ich habe das holdselige Geschöpf durch ganz Ungarn aufgesucht, aber leider nicht wiedergefunden; hundert Mitidikas sind mir vorgestellt worden, aber keine war die rechte.«

»Es gibt auch nur *eine*«, sagte hier Michaly, »und wird alle tausend Jahre nur *eine* geboren.« – »Kennt Ihr sie?« sprach Devillier heftig. »Was geht es Euch an«, erwiderte Michaly, »ob ich sie kenne? Habt Ihr nicht die Ehe ihr versprochen und doch eine Ungarin geheiratet? Sie hat Euch Treue gehalten bis jetzt, sie ist meine Schwester, und ich wollte sie abholen, da die Großmutter in Siebenbürgen gestorben, wo sie sich mit Goldwaschen ernährten; der Pestkordon hat mir aber den Weg abgeschnitten.« Da ward Devillier äußerst bewegt; er sagte: »Ich habe sie lange gesucht und nicht gefunden, sie hatte mir ausdrücklich gesagt, sie werde nie einem Blanken die Hand reichen und nun auch keinem Zigeuner; nur in der Hoffnung, sie wiederzusehen, blieb ich bis jetzt in Ungarn, und ich würde nicht die Mittel gehabt haben, hier zu bleiben, wenn ich die alte Dame nicht geheiratet hätte, die mir jetzt mein schönes Gütchen zurückgelassen. Könnt Ihr mich mit Mitidika wieder zusammenbringen, so will ich sie gern heiraten und ihr alles lassen, was ich habe.« – »Das ist ein nicht zu verachtender Vorschlag, Michaly«, sagte der Vizegespan, »schlagt das nicht so in den Wind, Ihr habt Zeugen!« Michaly aber lachte und sprach: »Mitidika wird nicht an dem Stückchen Erde kleben, sie wird nicht in einem gemauerten Hause gefangen sein wollen und sich um Abgaben und Zinsen zerquälen. Wer nichts hat, hat alles; es war immer ihr Sprüchwort: ›Der Himmel ist mein Hut; die Erde ist mein Schuh; das heilige Kreuz ist mein Schwert; wer mich sieht, hat mich lieb und wert.‹« – »Das ist echt zigeunerisch gesprochen«, sagte der Vizegespan, »drum bleibt ihr auch immer vogelfreies Gesindel.« Michaly nahm da seine Geige und wollte ein Lied auf die Freiheit singen, aber der Nachtwächter blies zwölf Uhr und mahnte die Gesellschaft zur Ruhe. Lindpeindler hatte sich mit dem Feuerwerker und der Kammerjungfer, welche durch die erwachte Neigung Devilliers für Mitidika sehr gekränkt worden war (denn sie spitzte sich selbst auf ihn), noch eine Viertelstunde nach dem Edelhof begeben. Als sie sich der Gesellschaft empfahlen, bot Devillier der Zofe seine Begleitung an; sie sagte aber: »Ich danke, ich möchte das werte Andenken an die unbeschreibliche Mitidika nicht stören.« Damit machte sie einen höhnischen Knicks und verließ die Stube mit Lindpeindler, der diese Nacht als eine der romantischsten seines Lebens pries.

Der Kroate, der Tiroler und der Savoyarde waren bereits eingeschlummert, und der Vizegespan lud Wehmüllern, der mit seiner Arbeit ziemlich fertig war, wie auch den Zigeuner und Devillier zu sich in sein Haus ein. Sie nahmen es mit Freuden an, da sie dort doch ein Bett zu erwarten hatten. Frau Tschermack, die Wirtin, ward bezahlt und schloß die Türe mit der Bitte: wenn sie länger hier blieben, nochmals eine so schöne Gesellschaft bei ihr zu halten. Vor Schlafengehen wußten Devillier und der Zigeuner den Vizegespan zu bereden, am andern Morgen den Kordon mit durchschleichen zu dürfen, denn Michaly und Devillier sehnten sich ebenso sehr nach Mitidika, die jenseits war, als Wehmüller nach seiner Tonerl. Sie schliefen bis zwei Uhr, da packte der Vizegespan jedem eine Jagdflinte auf, und sie zogen, als Jäger, einem Waldrücken zu; aber kaum waren sie hundert Schritt vor dem Dorf, als sie seitwärts bei den Kordonpiketten verwirrtes Lärmen und Schießen hörten und bald einen Husaren, dem das Pferd erschossen war, querfeldein laufen sahen, welcher auf das Anrufen des Vizegespans schrie: »*Cordonus est ruptus cum armis in manibus a pestiferatis loci vicini*, der Kordon ist mit bewaffneter Hand von den Pestkranken des benachbarten Ortes durchbrochen.« Als der Vizegespan dies hörte, ließ er seine Gesellschaft im Stich und lief über Hals und Kopf nach dem Dorfe zurück, um seine Bauern unter die Waffen zu bringen. Wehmüller und der Zigeuner schrien: »Gott sei Dank, nun laßt uns eilen!« Devillier besann sich auch nicht lange, und sie liefen spornstreichs nach dem verlassenen Pikettfeuer hin, wo sie Bauern beschäftigt fanden, unter großem Geschrei das Brot und die anderen Vorräte zu teilen, welche das Pikett zurückgelassen hatte. Als sie sich näherten, kam ihnen ein Reiter entgegen und schrie: »Steht, oder ich schieße euch nieder!« Sie standen und warfen die Waffen hinweg. Sie wurden gefragt, wer sie seien? und als sie erklärt: sie wollten über den Kordon, und der Reiter ihre Stimmen vernommen, stürzte er vom Pferde und fiel dem Zigeuner und Devillier wechselsweise um den Hals und schrie immer: »Michaly! Devillier! Ich bin Mitidika.«

Vor Freude des Wiedersehens ganz zitternd, riß das Mädchen sie in die Erdhütte des Piketts, wo sie dieselbe in männlicher Kleidung, mit Säbel und Pistole bewaffnet, erkannten, und sie wollte eben zu erzählen anfangen, als sie Wehmüllern scharf ansah und zu ihm sprach: »Bist du noch immer hier, Betrüger? Ich meinte, du seist gestern zu deiner angeblichen Frau nach Stuhlweißenburg gereist.« Alle sahen bei diesen Worten auf den bestürzten Wehmüller; dieser sperrte das Maul auf vor Verwunderung. »Ich?« fragte er endlich, »ich, gestern zu meiner angeblichen Frau?« – »Ja, du!« sagte Mitidika, »du, der du dich Wehmüller nennst und es nicht bist, du, der du deine Frau nicht einmal kennst.« –

»O, das ist um rasend zu werden!« schrie Wehmüller, »welche tolle Beschuldigungen, und das von einer wildfremden Person, die ich niemals gesehen!« – »Unverschämter Gesell!« schrie Mitidika; »du kenntest mich nicht! Hast du mir nicht seit mehreren Tagen mit deinen Liebesversicherungen zugesetzt? Hat der wirkliche Wehmüller dir nicht deswegen schon ins Gesicht bewiesen: daß du Wehmüller nicht sein könnest, weil der rechte Wehmüller an niemand denkt als an sein liebes Tonerl?« – »Der rechte Wehmüller?« schrie nun Wehmüller, »wo haben Sie den je gesehen? Er wenigstens kennt Sie nicht.« – »Kennt mich nicht?« erwiderte Mitidika, »und reist mit mir?« – »Ich werde verrückt!« schrie Wehmüller, »nun ist gar noch ein dritter auf dem Tapet; wo sind die zwei andern? Geschwind, ich will sie sehn, ich will sie erwürgen!« – »Den dritten lügst du hinzu«, versetzte Mitidika; »der echte wird nicht weit von hier sein, ich will ihn holen, da sollst du beschämt werden!« Nun lief sie schnell zur Hütte hinaus.

Dieser Wortwechsel war so schnell und heftig und die Veranlassung so wunderbar, daß Michaly und Devillier nicht Zeit hatten, dem verblüfften Maler zu bezeugen: daß er seit gestern in ihrer Gesellschaft sei und unmöglich der sein könne, welchen Mitidika kannte. Sie waren eben noch beschäftigt, den weinenden Wehmüller zu trösten, als eine ganz ähnliche Figur wie er selbst in die Hütte trat; bei dem erloschenen Feuer war es unmöglich, jemand bestimmter zu erkennen. Kaum hatte Wehmüller sein Ebenbild in derselben Gestalt und Kleidung erkannt, als er wie eine Furie darauf losstürzte; der andre tat ein gleiches, und beide schrien: »Ha, ertappe ich dich bei deiner Buhlerei unter meinem ehrlichen Namen!« Sie rissen sich wie zwei Hähne herum. Devillier und Michaly brachten sie mit Gewalt auseinander, und Mitidika führte den dritten Wehmüller herein. Wie groß war die Bestürzung aller, da nun wirklich drei Wehmüller zugegen waren. »Nein, das ist zum Verzweifeln!« rief der Wehmüller, den Mitidika mitgebracht hatte, »da ist noch einer!« – »Herr Jesus!« schrie nun unser Wehmüller, »Tonerl, bist du es, bist du hier, Tonerl?« – »Franzerl, lieber Franzerl!« schrie der andere, und sie sanken sich als Mann und Frau in die Arme. Da wurde es dem einen Wehmüller, den Devillier festhielt, nicht recht wohl, und er sank vor Schreck zur Erde. Michaly schürte nun das Feuer wieder an, daß man sehen konnte, und Mitidika bezeugte die größte Freude, daß Tonerl, die in einem ganz ähnlichen Kleide wie ihr Mann von Stuhlweißenburg mit ihr diesem entgegengereist war, ihn endlich gefunden habe, nachdem sie zu ihrem großen Schrecken von dem falschen Wehmüller in dem Dorfe, das man wegen Pestverdacht eingeschlossen, sehr geplagt worden war, ohne sich ihm als Wehmüllers Weib zu entdecken, denn sie war auf einen alten Paß ihres Mannes gereist.

Sie hatten sich kaum von der ersten Freude erholt, als Mitidika sagte: »Wir müssen doch den falschen Wehmüller, der die Sprache verloren hat, wieder zu sich bringen.« Da aber ihr Rütteln und Schütteln ganz vergeblich war, sagte sie: »Ich habe ein untrüglich Mittel von der seligen Großmutter gelernt; das Herz ist ihm gefallen, wir wollen es ihm wieder heraufziehen.« Da nahm sie ein Schoppenglas und gab es Michaly nebst einem Endchen Licht – das sie am Feuer anzündete – und einem Scheibchen Brot. »Aha, ich weiß schon!« sagte Michaly und öffnete dem Ohnmächtigen die Weste über dem Magen, setzte ihm das Licht, auf der Brotscheibe befestigt, auf den Leib und stülpte das Glas darüber. Das brennende Licht, welches die Luft unter dem Glas verzehrte, machte ihm den Leib wie in einem Schröpfkopf in das Glas aufsteigen. Die ganze Gesellschaft lachte über dieses zigeunerische Kunststück, und der falsche Wehmüller kam bald zu Sinnen; der echte ging auf ihn zu und sprach: »Wer sind Sie, der auf eine so unverschämte Weise meinen Namen mißbrauchte?« Da antwortete der Patient, welchen Devillier und Michaly an der Erde festhielten: »Was Guckuck habe ich auf dem Leib? Es ist, als wollten Sie mir den Magen herausreißen; tun Sie mir die vermaledeite Laterne vom Leibe, eher sage ich kein Wort; ich bin Wehmüller und bleibe Wehmüller!« – »Gut«, sagte Mitidika, »wenn du noch nicht bei Sinnen bist, wollen wir dir etwas Süßes eingeben.« – »Recht«, sagte Michaly, »Katzenkot mit Honig, Zigeunertheriak.« Auf dieses Rezept bekam der Patient andere Gesinnung und sprach: »Um Gottes willen, laßt mich aufstehen, ich will alles bekennen! Ich bin der Maler Froschauer von Klagenfurt.« – »Das habe ich gleich gedacht«, sagte Wehmüller, »jetzt habe ich Sie in meinen Händen, ich kann Sie als einen Falsarius bei der Obrigkeit angeben, aber ich will großmütig sein, wenn Sir mir einen körperlichen Eid schwören: daß Sie auf ewige Tage resignieren, ungarische Nationalgesichter in meiner Manier zu malen.« – »Das ist sehr hart«, sagte Froschauer, »denn ich habe ganz darauf studiert und müßte verhungern; den Eid kann ich nicht schwören.« – »Er ist noch hartnäckig!« sagte Michaly; »geschwind den Zigeunertheriak her!« Und da Mitidika sich stellte, als wolle sie ihm etwas eingeben, entschloß er sich kurz und schwor alles, was man haben wollte, worauf sie ihn losließen und ihm die Laterne vom Leib nahmen.

Die Freude und der Mutwille ward nun allgemein; aber der Tag näherte sich, und Mitidika rief eben die Kordonbrecher zusammen, um mit ihrem erbeuteten Proviant sich dahin zurückzuziehen, wo sie hergekommen waren. Aber der Vizegespan kam mit dem Kroaten, dem Feuerwerker, dem Gutsbesitzer und einigen Heiducken und Panduren herbei und brachte die freudige Nachricht, daß sie gar nicht nötig hätten, sich zurückzuziehen, denn der Kordonkommandant habe soeben bekanntgemacht: nur durch Mißverständnis sei das Dorf, in dem sie vierzehn Tage blockiert waren, in den Kordon eingeschlossen worden. Es solle ihnen deshalb verziehen sein, daß sie den Kordon durchbrachen, wenn sie dagegen auch keine Klage über den Irrtum erheben wollten; der Kordon habe sich schon nach einer andern Richtung bewegt. Der Gutsbesitzer bestätigte dies und lud die Gesellschaft, von der ihm Baciochi, Nanny und Lindpeindler so viel Interessantes erzählten, sämtlich nach seinem Edelhofe ein.

Die Bauern und Zigeuner, die unter der Anführung Mitidikas den Kordon durchbrochen hatten, waren hoch erfreut über diese Nachricht, dankten ihrer Anführerin herzlich und kehrten singend nach ihrer Heimat zurück. Michaly aber nahm seine Violine und spielte lustig vor der Gesellschaft her, die dem Edelmanne folgte. Unterwegs gab es viele Aufklärungen und Herzensergießungen. Devillier und Mitidika hatten ihre Neigung bald zärtlich erneuert und gingen Arm in Arm; dann aber folgten die drei Wehmüller, Tonerl in der Mitte, und die andern gingen hinterdrein über das Stoppelfeld. Mitidika sagte, daß sie Tonerl in Stuhlweißenburg kennengelernt, die, sehr bekümmert über das Ausbleiben ihres Mannes, eine Reisegesellschaft nach Kroatien gesucht, und da sie selbst, nach dem Tode ihrer Großmutter, zu ihrem Bruder Michaly habe ziehen wollen, hätten sie sich entschlossen, zusammen zu reisen in männlicher Kleidung. Frau Tonerl sei in einem Habit ihres Mannes und sie als ungarischer Arzneihändler gereist, bis sie in dem Dorfe plötzlich von dem Kordon eingeschlossen worden seien, wo sie auch Froschauer unter dem Namen Wehmüller ganz in derselben Kleidung vorgefunden, was die arme Tonerl nicht wenig erschreckt habe. Nach vierzehn Tagen sei die Ungeduld und der Mangel der Einwohner, die wohl Hunger,

aber keine Pest gehabt, über alle Grenzen gestiegen, und so habe sie sich
an ihre Spitze gesetzt und den Kordon durchbrochen; das sei ihr aber
gar leicht geworden, denn die Kordonisten wären, aus Furcht, angesteckt zu werden, gleich ausgerissen, als sie mit ihrem Haufen unter ihnen erschien.

Nun mußte Froschauer erzählen; er war eigentlich ein guter Schelm
und sagte: »Lieber Herr Wehmüller, ich will Ihnen die Wahrheit sagen;
der Spaß kostet mich fünfundzwanzig Dukaten und meine Braut. Ich
bin der Maler Froschauer von Klagenfurt und liebe die Tochter eines
Fleischhauers; das Mädchen aber wählte immer zwischen mir und einem wohlhabenden Siebmacher, der auch um sie freite. Er setzte dem
Vater des Mädchens in den Kopf: es sei in den kaiserlichen Erblanden
kein Maler, der eine Frau ernähren könne, und der überhaupt Genie
habe, als der Wehmüller in Wien, der die ungarischen Nationalgesichter
male, und der so und so gekleidet gehe; dabei hörte er nicht auf, von Ihnen und Ihrer Arbeit zu reden, so daß der alte Fleischhauer und seine
Tochter mir endlich erklärten: sie würden den Siebmacher vorziehen,
wenn ich Ihnen in Ungarn den Rang nicht abliefe, und nun wettete ich
mit dem Siebmacher: daß ich ihm in Jahr und Tag das Mädchen abtreten
und noch fünfundzwanzig Dukaten dazu geben wollte, wenn ich Ihnen
den Rang nicht ablaufen könne. Ich reiste nach Wien und nach Ungarn,
forschte nach allen Ihren Bildern und warf mich so in Ihre Manier, daß
man unsre Bilder nicht mehr unterscheiden konnte. Da ich nun erfuhr,
daß Sie die Reise nach Stuhlweißenburg machen würden, wo Sie noch
nicht gewesen, und sich auf dem Gute des Grafen Giulowitsch vorberei-
teten, benutzte ich die Gelegenheit, Ihnen zuvorzukommen, denn ich
wußte durch einen Freund bei der Hofkriegskanzlei, daß die dortigen
Regimenter verlegt werden würden. Mit einem Vorrate von Nationalgesichtern in einer Blechbüchse und ganz gekleidet wie Sie, machte ich
mich nun als neuer Wehmüller auf, und als ich auf der Grenze an der
Maut ein Päckchen liegen sah, ›an Herrn Wehmüller, wenn er durch-
reist‹ überschrieben, ward es mir von dem Mautbeamten ausgeliefert. Es
war dies das Bild Ihrer Gemahlin, welches sie auf ihrer Reise in einem
Posthause hatte liegen lassen; ich nahm es mit, um es ihr einhändigen zu
lassen, habe es aber vergessen dem Boten abzunehmen, der es trug, als er
mich durch den Kordon brachte; denn meine Eile war groß, und ich tri-
umphierte schon, daß ich, indem der Kordon Sie aussperrte, Ihnen ge-

wiß zuvorkommen würde. Aber wie war mir zumute, da ich mich mit Ihrer Frau, als einem zweiten Wehmüller, den ich auch nicht für den echten erkannte, weil er von der Malerei gar nichts verstand, eingesperrt sah; bald ward ich aber von der Kühnheit und Schönheit Mitidikas, die es kein Hehl hatte, daß sie eine verkleidete Jungfer sei, so hingerissen, daß ich gern auf meine Braut und Wehmüllerschaft resigniert und alles gleich eingestanden hätte; aber Ehrgeiz und die fünfundzwanzig Dukaten hielten mich zurück. Ihr Erscheinen fuhr mir aber so durch alle Glieder, daß ich die Besinnung verlor; die fatale Laterne auf dem Magen und der angedrohte Theriak haben mich gänzlich hergestellt, und nun bleibt mir nichts übrig, als Sie herzlich um Verzeihung zu bitten, mit dem Vorschlag: mich in Ihren Unternehmungen zum Kompagnon zu machen; Sie können meine Arbeiten untersuchen, und gehen Sie den Vorschlag ein, so glaube ich, daß wir einen solchen Vorrat von Nationalgesichtern anfertigen, daß unser Glück begründet ist, wenn wir redlich teilen.« – »Das läßt sich hören!« sagte Wehmüller, »die ganze Geschichte macht mir jetzt Spaß, und wenn ich meine Tonerl nicht so lieb hätte, so möchte ich, um es Ihnen wettzumachen, nach Klagenfurt reisen und Ihre Fleischerstochter und die fünfundzwanzig Dukaten Ihnen wegschnappen, aber so geht es nicht.« Da umarmte er Tonerl herzlich und ward mit Froschauer eins: daß er ihm, wenn er seine Arbeiten untersucht, ein eigenhändiges Attest schreiben wolle: daß er ihn in allem sich gleich achte; gewänne er dann seine Wette, so könne er sein Mädchen heiraten und sich mit ihm auf gleichen Vorteil vereinigen. »Ja«, sagte Tonerl, »da habe ich doch eine Gesellschaft an Frau Froschauer, wenn ihr herumzieht.«

So ward der Friede gestiftet, und sie kamen auf dem Edelhofe an. Die Kammerjungfer und Lindpeindler standen unter der Türe und waren in großem Erstaunen über die drei Wehmüller, noch mehr aber über Mitidika; schnell liefen sie, der gnädigen Frau und dem jungen Baron die interessante Gesellschaft anzukündigen, und diese trat, von dem Edelmann geführt, in eine geräumige Weinlaube, wo die Hausfrau bald mit einem guten Frühstück erschien und alle die Abenteuer nochmals berichtet werden mußten; der Tiroler und der Savoyarde stellten sich auch ein, und der Edelmann bat alle, bei der Weinlese ihm behülflich zu sein, was zugesagt wurde.

Am Abend, als noch viel über die drei Wehmüller gescherzt worden

war, wollte Devillier der Gesellschaft eine Geschichte erzählen, die er
selbst erlebt, und bei welcher die Verwechselung zweier Personen noch
viel unterhaltender war, als der Graf Giulowitsch und Lury, sein Hofmeister, mit seinen Eleven bei dem Edelmann zum Besuch kamen; sie
freuten sich ungemein, den guten Wehmüller zu finden und die Aufklärung seines Abenteuers zu hören. Die Erzählung Devilliers ward aufge-
schoben, aber nach dem Abendessen mußte die schöne Mitidika all ihren Schmuck, den sie einst von Devillier empfing, anlegen; die Edeldame half ihr selbst bei ihrer Toilette, denn Nanny, die Kammerjungfer,
wurde unpäßlich. So geschmückt trat das braune Mädchen wie eine
Zauberin vor die Gesellschaft; der Tiroler breitete seine Teppiche aus,
und das reizende Geschöpf tanzte, schlug das Tambourin und sang –
wozu Michaly sie begleitete – so ganz wunderbar hinreißend, daß alles
vor Erstaunen versteinert war. Sie schloß ihren Tanz damit, daß sie den
Teppich plötzlich erfaßte, sich schnell in ihn einpuppte und an die Erde
niederstreckte, wie damals in der Hütte. Ein lebhaftes Beifallklatschen
rauschte durch den Saal; Devillier aber kniete vor ihr, weinte wie ein
Kind und wurde ausgelacht; so schied die Gesellschaft für diesen Abend
auseinander.

   Die Erzählung, welche Devillier versprochen, eine andere des Tiro-
lers und eine des Savoyarden unterhielten an den folgenden Tagen, und
ich werde sie mitteilen, wenn ich Lust dazu habe.

Geschichte vom braven Kasperl
und dem schönen Annerl

Es war Sommersfrühe, die Nachtigallen sangen erst seit einigen Tagen durch die Straßen und verstummten heut in einer kühlen Nacht, welche von fernen Gewittern zu uns herwehte; der Nachtwächter rief die elfte Stunde an, da sah ich, nach Hause gehend, vor der Tür eines großen Gebäudes einen Trupp von allerlei Gesellen, die vom Biere kamen, um jemand, der auf den Türstufen saß, versammelt. Ihr Anteil schien mir so lebhaft, daß ich irgendein Unglück besorgte und mich näherte.

Eine alte Bäuerin saß auf der Treppe, und so lebhaft die Gesellen sich um sie kümmerten, so wenig ließ sie sich von den neugierigen Fragen und gutmütigen Vorschlägen derselben stören. Es hatte etwas sehr Befremdendes, ja schier Großes, wie die gute alte Frau so sehr wußte, was sie wollte, daß sie, als sei sie ganz allein in ihrem Kämmerlein, mitten unter den Leuten es sich unter freiem Himmel zur Nachtruhe bequem machte. Sie nahm ihre Schürze als ein Mäntelchen um, zog ihren großen schwarzen, wachsleinenen Hut tiefer in die Augen, legte sich ihr Bündel unter den Kopf zurecht und gab auf keine Frage Antwort.

»Was fehlt dieser alten Frau?« fragte ich einen der Anwesenden; da kamen Antworten von allen Seiten: »Sie kömmt sechs Meilen Weges vom Lande, sie kann nicht weiter, sie weiß nicht Bescheid in der Stadt, sie hat Befreundete am andern Ende der Stadt und kann nicht hinfinden.« – »Ich wollte sie führen«, sagte einer, »aber es ist ein weiter Weg, und ich habe meinen Hausschlüssel nicht bei mir. Auch würde sie das Haus nicht kennen, wo sie hin will.« – »Aber hier kann die Frau nicht liegen bleiben«, sagte ein Neuhinzugetretener. »Sie will aber platterdings«, antwortete der erste; »ich habe es ihr längst gesagt, ich wolle sie nach Haus bringen, doch sie redet ganz verwirrt, ja sie muß wohl betrunken sein.« – »Ich glaube, sie ist blödsinnig. Aber hier kann sie doch in keinem Falle bleiben«, wiederholte jener, »die Nacht ist kühl und lang.«

Während allem diesem Gerede war die Alte, grade als ob sie taub und blind sei, ganz ungestört mit ihrer Zubereitung fertig geworden, und da der letzte abermals sagte: »Hier kann sie doch nicht bleiben«, erwiderte sie, mit einer wunderlich tiefen und ernsten Stimme:

»Warum soll ich nicht hier bleiben? Ist dies nicht ein herzogliches Haus? Ich bin achtundachtzig Jahre alt, und der Herzog wird mich gewiß nicht von seiner Schwelle treiben. Drei Söhne sind in seinem Dienst gestorben, und mein einziger Enkel hat seinen Abschied genommen; – Gott verzeiht es ihm gewiß, und ich will nicht sterben, bis er in seinem ehrlichen Grab liegt.«

»Achtundachtzig Jahre und sechs Meilen gelaufen!« sagten die Umstehenden, »sie ist müd und kindisch, in solchem Alter wird der Mensch schwach.«

»Mutter, Sie kann aber den Schnupfen kriegen und sehr krank werden hier, und Langeweile wird Sie auch haben«, sprach nun einer der Gesellen und beugte sich näher zu ihr.

Da sprach die Alte wieder mit ihrer tiefen Stimme, halb bittend, halb befehlend:

»O laßt mir meine Ruhe und seid nicht unvernünftig; ich brauch keinen Schnupfen, ich brauche keine Langeweile; es ist ja schon spät an der Zeit, achtundachtzig bin ich alt, der Morgen wird bald anbrechen, da geh ich zu meinen Befreundeten. Wenn ein Mensch fromm ist und hat Schicksale und kann beten, so kann er die paar armen Stunden auch noch wohl hinbringen.«

Die Leute hatten sich nach und nach verloren, und die letzten, welche noch da standen, eilten auch hinweg, weil der Nachtwächter durch die Straße kam und sie sich von ihm ihre Wohnungen wollten öffnen lassen. So war ich allein noch gegenwärtig. Die Straße ward ruhiger. Ich wandelte nachdenkend unter den Bäumen des vor mir liegenden freien Platzes auf und nieder; das Wesen der Bäuerin, ihr bestimmter, ernster Ton, ihre Sicherheit im Leben, das sie achtundachtzigmal mit seinen Jahreszeiten hatte zurückkehren sehen, und das ihr nur wie ein Vorsaal im Bethause erschien, hatten mich mannigfach erschüttert. »Was sind alle Leiden, alle Begierden meiner Brust? Die Sterne gehen ewig unbekümmert ihren Weg – wozu suche ich Erquickung und Labung, und von wem suche ich sie und für wen? Alles, was ich hier suche und liebe und erringe, wird es mich je dahin bringen, so ruhig wie diese gute, fromme Seele die Nacht auf der Schwelle des Hauses zubringen zu kön-

nen, bis der Morgen erscheint, und werde ich dann den Freund finden
wie sie? Ach, ich werde die Stadt gar nicht erreichen, ich werde wege-
müde schon in dem Sande vor dem Tore umsinken und vielleicht gar in
die Hände der Räuber fallen.« So sprach ich zu mir selbst, und als ich
durch den Lindengang mich der Alten wieder näherte, hörte ich sie
halblaut mit gesenktem Kopfe vor sich hin beten. Ich war wunderbar
gerührt und trat zu ihr hin und sprach: »Mit Gott, fromme Mutter, bete
Sie auch ein wenig für mich!« – bei welchen Worten ich ihr einen Taler
in die Schürze warf.

Die Alte sagte hierauf ganz ruhig: »Hab tausend Dank, mein lieber
Herr, daß du mein Gebet erhört.«

Ich glaubte, sie spreche mit mir, und sagte: »Mutter, habt Ihr mich
denn um etwas gebeten? Ich wüßte nicht.«

Da fuhr die Alte überrascht auf und sprach: »Lieber Herr, gehe Er
doch nach Haus und bete Er fein und lege Er sich schlafen. Was zieht Er
so spät noch auf der Gasse herum? Das ist jungen Gesellen gar nichts
nütze; denn der Feind geht um und suchet, wo er sich einen erfange.
Es ist mancher durch solch Nachtlaufen verdorben. Wen sucht Er?
Den Herrn? Der ist in des Menschen Herz, so er züchtiglich lebt, und
nicht auf der Gasse. Sucht Er aber den Feind, so hat Er ihn schon;
gehe Er hübsch nach Haus und bete Er, daß Er ihn loswerde. Gute
Nacht!«

Nach diesen Worten wendete sie sich ganz ruhig nach der andern
Seite und steckte den Taler in ihren Reisesack. Alles, was die Alte tat,
machte einen eigentümlichen ernsten Eindruck auf mich, und ich sprach
zu ihr: »Liebe Mutter, Ihr habt wohl recht, aber Ihr selbst seid es, was
mich hier hält; ich hörte Euch beten und wollte Euch ansprechen, meiner dabei zu gedenken.«

»Das ist schon geschehen«, sagte sie; »als ich Ihn so durch den Lindengang wandeln sah, bat ich Gott, er möge Euch gute Gedanken geben. Nun habe Er sie, und gehe Er fein schlafen!«

Ich aber setzte mich zu ihr nieder auf die Treppe und ergriff ihre dürre
Hand und sagte: »Lasset mich hier bei Euch sitzen die Nacht hindurch,
und erzählet mir, woher Ihr seid, und was Ihr hier in der Stadt sucht; Ihr
habt hier keine Hülfe, in Eurem Alter ist man Gott näher als den Menschen; die Welt hat sich verändert, seit Ihr jung wart.«

»Daß ich nicht wüßte«, erwiderte die Alte, »ich habs mein Lebetag ganz einerlei gefunden; Er ist noch zu jung, da verwundert man sich über alles; mir ist alles schon so oft wieder vorgekommen, daß ich es nur noch mit Freuden ansehe, weil es Gott so treulich damit meinet. Aber man soll keinen guten Willen von sich weisen, wenn er einem auch grade nicht not tut, sonst möchte der liebe Freund ausbleiben, wenn er ein andermal gar willkommen wäre; bleibe Er drum immer sitzen, und sehe Er, was Er mir helfen kann. Ich will Ihm erzählen, was mich in die Stadt den weiten Weg treibt. Ich hätt es nicht gedacht, wieder hierher zu kommen. Es sind siebenzig Jahre, daß ich hier in dem Hause als Magd gedient habe, auf dessen Schwelle ich sitze, seitdem war ich nicht mehr in der Stadt; was die Zeit herumgeht! Es ist, als wenn man eine Hand umwendet. Wie oft habe ich hier am Abend gesessen vor siebzig Jahren und habe auf meinen Schatz gewartet, der bei der Garde stand! Hier haben wir uns auch versprochen. Wenn er hier – aber still, da kömmt die Runde vorbei.«

Da hob sie an, mit gemäßigter Stimme, wie etwa junge Mägde und Diener in schönen Mondnächten, vor der Tür zu singen, und ich hörte mit innigem Vergnügen folgendes schöne alte Lied von ihr:

> Wann der Jüngste Tag wird werden,
> Dann fallen die Sternelein auf die Erden.
> Ihr Toten, ihr Toten sollt auferstehn,
> Ihr sollt vor das Jüngste Gerichte gehn;
> Ihr sollt treten auf die Spitzen,
> Da die lieben Engelein sitzen.
> Da kam der liebe Gott gezogen
> Mit einem schönen Regenbogen.
> Da kamen die falschen Juden gegangen,
> Die führten einst unsern Herrn Christum gefangen.
> Die hohen Bäum erleuchten sehr,
> Die harten Stein zerknirschten sehr.
> Wer dies Gebetlein beten kann,
> Der bets des Tages nur einmal,
> Die Seele wird vor Gott bestehn,
> Wann wir werden zum Himmel eingehn!
> Amen.

Als die Runde uns näher kam, wurde die gute Alte gerührt. »Ach«, sagte sie, »es ist heute der sechzehnte Mai, es ist doch alles einerlei, grade wie damals, nur haben sie andere Mützen auf und keine Zöpfe mehr. Tut nichts, wenns Herz nur gut ist!« Der Offizier der Runde blieb bei uns stehen und wollte eben fragen, was wir hier so spät zu schaffen hätten, als ich den Fähnrich Graf Grossinger, einen Bekannten, in ihm erkannte. Ich sagte ihm kurz den ganzen Handel, und er sagte, mit einer Art von Erschütterung: »Hier haben Sie einen Taler für die Alte und eine Rose« – die er in der Hand trug –; »so alte Bauersleute haben Freude an Blumen. Bitten Sie die Alte, Ihnen morgen das Lied in die Feder zu sagen, und bringen Sie mir es. Ich habe lange nach dem Lied getrachtet, aber es nie ganz habhaft werden können.« Hiermit schieden wir, denn der Posten der nah gelegenen Hauptwache, bis zu welcher ich ihn über den Platz begleitet hatte, rief: »Wer da?« Er sagte mir noch, daß er die Wache am Schlosse habe, ich solle ihn dort besuchen. Ich ging zu der Alten zurück und gab ihr die Rose und den Taler.

Die Rose ergriff sie mit einer rührenden Heftigkeit und befestigte sie sich auf ihren Hut, indem sie mit einer etwas feineren Stimme und fast weinend die Worte sprach:

> Rosen die Blumen auf meinem Hut,
> Hätt ich viel Geld, das wäre gut,
> Rosen und mein Liebchen.

Ich sagte zu ihr: »Ei, Mütterchen, Ihr seid ja ganz munter geworden«, und sie erwiderte:

> Munter, munter
> Immer bunter,
> Immer runder.
> Oben stund er,
> Nun bergunter,
> 's ist kein Wunder!

»Schau Er, lieber Mensch, ist es nicht gut, daß ich hier sitzen geblieben? Es ist alles einerlei, glaub Er mir; heut sind es siebenzig Jahre, da saß ich hier vor der Türe, ich war eine flinke Magd und sang gern alle

Lieder. Da sang ich auch das Lied vom Jüngsten Gericht wie heute, da
die Runde vorbeiging, und da warf mir ein Grenadier im Vorübergehn
eine Rose in den Schoß – die Blätter hab ich noch in meiner Bibel liegen –, das war meine erste Bekanntschaft mit meinem seligen Mann. Am
andern Morgen hatte ich die Rose vorgesteckt in der Kirche, und da fand
er mich, und es ward bald richtig. Drum hat es mich gar sehr gefreut, daß
mir heut wieder eine Rose ward. Es ist ein Zeichen, daß ich zu ihm kommen soll, und darauf freu ich mich herzlich. Vier Söhne und eine Tochter sind mir gestorben, vorgestern hat mein Enkel seinen Abschied genommen – Gott helfe ihm und erbarme sich seiner! – und morgen verläßt mich eine andre gute Seele, aber was sag ich morgen, ist es nicht
schon Mitternacht vorbei?«

»Es ist zwölfe vorüber«, erwiderte ich, verwundert über ihre Rede.

»Gott gebe ihr Trost und Ruhe die vier Stündlein, die sie noch hat!«
sagte die Alte und ward still, indem sie die Hände faltete. Ich konnte
nicht sprechen, so erschütterten mich ihre Worte und ihr ganzes Wesen.
Da sie aber ganz stille blieb und der Taler des Offiziers noch in ihrer
Schürze lag, sagte ich zu ihr: »Mutter, steckt den Taler zu Euch, Ihr
könntet ihn verlieren.«

»Den wollen wir nicht weglegen, den wollen wir meiner Befreundeten schenken in ihrer letzten Not!« erwiderte sie. »Den ersten Taler
nehm ich morgen wieder mit nach Haus, der gehört meinem Enkel, der
soll ihn genießen. Ja seht, es ist immer ein herrlicher Junge gewesen und
hielt etwas auf seinen Leib und auf seine Seele – ach Gott, auf seine Seele!
– Ich habe gebetet den ganzen Weg, es ist nicht möglich, der liebe Herr
läßt ihn gewiß nicht verderben. Unter allen Burschen war er immer der
reinlichste und fleißigste in der Schule, aber auf die Ehre war er vor allem ganz erstaunlich. Sein Leutnant hat auch immer gesprochen: ›Wenn
meine Schwadron Ehre im Leibe hat, so sitzt sie bei dem Finkel im
Quartier.‹ Er war unter den Ulanen. Als er zum erstenmal aus Frankreich zurückkam, erzählte er allerlei schöne Geschichten, aber immer
war von der Ehre dabei die Rede. Sein Vater und sein Stiefbruder waren
bei dem Landsturm und kamen oft mit ihm wegen der Ehre in Streit;
denn was er zuviel hatte, hatten sie nicht genug. Gott verzeih mir meine
schwere Sünde, ich will nicht schlecht von ihnen reden, jeder hat sein
Bündel zu tragen: aber meine selige Tochter, *seine* Mutter, hat sich zu
Tode gearbeitet bei dem Faulpelz, sie konnte nicht erschwingen, seine

Schulden zu tilgen. Der Ulan erzählte von den Franzosen, und als der Vater und Stiefbruder sie ganz schlecht machen wollten, sagte der Ulan: ›Vater, das versteht Ihr nicht, sie haben doch viel Ehre im Leibe!‹ Da ward der Stiefbruder tückisch und sagte: ›Wie kannst du deinem Vater so viel von der Ehre vorschwatzen? War er doch Unteroffizier im N… schen Regiment und muß es besser als du verstehn, der nur Gemeiner ist!‹ – ›Ja‹, sagte da der alte Finkel, der nun auch rebellisch ward, ›das war ich und habe manchen vorlauten Burschen fünfundzwanzig aufgezählt; hätte ich nur Franzosen in der Kompanie gehabt, die sollten sie noch besser gefühlt haben, mit ihrer Ehre!‹ Die Rede tat dem Ulanen gar weh, und er sagte: ›Ich will ein Stückchen von einem französischen Unteroffizier erzählen, das gefällt mir besser. Unterm vorigen König sollten auf einmal die Prügel bei der französischen Armee eingeführt werden. Der Befehl des Kriegsministers wurde zu Straßburg bei einer großen Parade bekanntgemacht, und die Truppen hörten in Reih und Glied die Bekanntmachung mit stillem Grimm an. Da aber noch am Schluß der Parade ein Gemeiner einen Exzeß machte, wurde sein Unteroffizier vorkommandiert, ihm zwölf Hiebe zu geben. Es wurde ihm mit Strenge befohlen, und er mußte es tun. Als er aber fertig war, nahm er das Gewehr des Mannes, den er geschlagen hatte, stellte es vor sich an die Erde und drückte mit dem Fuße los, daß ihm die Kugel durch den Kopf fuhr und er tot niedersank. Das wurde an den König berichtet, und der Befehl, Prügel zu geben, ward gleich zurückgenommen. Seht, Vater, das war ein Kerl, der Ehre im Leib hatte!‹ – ›Ein Narr war es‹, sprach der Bruder. ›Freß deine Ehre, wenn du Hunger hast!‹ brummte der Vater. Da nahm mein Enkel seinen Säbel und ging aus dem Haus und kam zu mir in mein Häuschen und erzählte mir alles und weinte die bittern Tränen. Ich konnte ihm nicht helfen; die Geschichte, die er mir auch erzählte, konnte ich zwar nicht ganz verwerfen, aber ich sagte ihm doch immer zuletzt: ›Gib Gott allein die Ehre!‹ Ich gab ihm noch den Segen, denn sein Urlaub war am andern Tage aus, und er wollte noch eine Meile umreiten nach dem Orte, wo ein Patchen von mir auf dem Edelhof diente, auf die er gar viel hielt; er wollte einmal mit ihr hausen. – Sie werden auch wohl bald zusammenkommen, wenn Gott mein Gebet erhört. Er hat seinen Abschied schon genommen, mein Patchen wird ihn heut erhalten, und die Aussteuer hab ich auch schon beisammen, es soll auf der Hochzeit weiter niemand sein als ich.« Da ward die Alte wieder still

und schien zu beten. Ich war in allerlei Gedanken über die Ehre, und ob
ein Christ den Tod des Unteroffiziers schön finden dürfe. Ich wollte, es
sagte mir einmal einer etwas Hinreichendes darüber.

Als der Wächter ein Uhr anrief, sagte die Alte: »Nun habe ich noch
zwei Stunden. Ei, ist Er noch da, warum geht Er nicht schlafen? Er wird
morgen nicht arbeiten können und mit seinem Meister Händel kriegen;
von welchem Handwerk ist Er denn, mein guter Mensch?«

Da wußte ich nicht recht, wie ich es ihr deutlich machen sollte, daß ich
ein Schriftsteller sei. »Ich bin ein Gestudierter«, durfte ich nicht sagen,
ohne zu lügen. Es ist wunderbar, daß ein Deutscher immer sich ein wenig schämt, zu sagen, er sei ein Schriftsteller; zu Leuten aus den untern
Ständen sagt man es am ungernsten, weil diesen gar leicht die Schriftgelehrten und Pharisäer aus der Bibel dabei einfallen. Der Name Schriftsteller ist nicht so eingebürgert bei uns, wie das *homme de lettres* bei den
Franzosen, welche überhaupt als Schriftsteller zünftig sind und in ihren
Arbeiten mehr hergebrachtes Gesetz haben, ja, bei denen man auch
fragt: »*Où avez-vous fait votre philosophie?* Wo haben Sie Ihre Philosophie gemacht?«, wie denn ein Franzose selbst viel mehr von einem ge-
machten Manne hat. Doch diese nicht deutsche Sitte ist es nicht allein,
welche das Wort Schriftsteller so schwer auf der Zunge macht, wenn
man am Tore um seinen Charakter gefragt wird, sondern eine gewisse
innere Scham hält uns zurück, ein Gefühl, welches jeden befällt, der mit
freien und geistigen Gütern, mit unmittelbaren Geschenken des Himmels Handel treibt. Gelehrte brauchen sich weniger zu schämen als
Dichter; denn sie haben gewöhnlich Lehrgeld gegeben, sind meist in
Ämtern des Staats, spalten an groben Klötzen oder arbeiten in Schach-
ten, wo viel wilde Wasser auszupumpen sind. Aber ein sogenannter
Dichter ist am übelsten daran, weil er meistens aus dem Schulgarten
nach dem Parnaß entlaufen, und es ist auch wirklich ein verdächtiges
Ding um einen Dichter von Profession, der es nicht nur nebenher ist.
Man kann sehr leicht zu ihm sagen: »Mein Herr, ein jeder Mensch hat,
wie Hirn, Herz, Magen, Milz, Leber und dergleichen, auch eine Poesie
im Leibe; wer aber eines dieser Glieder überfüttert, verfüttert oder mä-
stet und es über alle andre hinüber treibt, ja es gar zum Erwerbszweig
macht, der muß sich schämen vor seinem ganzen übrigen Menschen. Einer, der von der Poesie lebt, hat das Gleichgewicht verloren, und eine
übergroße Gänseleber, sie mag noch so gut schmecken, setzt doch im-

mer eine kranke Gans voraus.« Alle Menschen, welche ihr Brot nicht im
Schweiß ihres Angesichts verdienen, müssen sich einigermaßen schämen, und das fühlt einer, der noch nicht ganz in der Tinte war, wenn er
sagen soll, er sei ein Schriftsteller. So dachte ich allerlei und besann mich,
was ich der Alten sagen sollte, welche, über mein Zögern verwundert,
mich anschaute und sprach:

»Welch ein Handwerk Er treibt, frage ich; warum will Er mirs nicht
sagen? Treibt Er kein ehrlich Handwerk, so greif Ers noch an, es hat einen goldnen Boden. Er ist doch nicht etwa gar ein Henker oder Spion,
der mich ausholen will? Meinethalben sei Er, wer Er will, sag Ers, wer
Er ist? Wenn Er bei Tage so hier säße, würde ich glauben, Er sei ein Lehnerich, so ein Tagedieb, der sich an die Häuser lehnt, damit er nicht umfällt vor Faulheit.«

Da fiel mir ein Wort ein, das mir vielleicht eine Brücke zu ihrem Verständnis schlagen könnte: »Liebe Mutter«, sagte ich, »ich bin ein Schreiber.« – »Nun«, sagte sie, »das hätte Er gleich sagen sollen. Er ist also ein
Mann von der Feder; dazu gehören feine Köpfe und schnelle Finger und
ein gutes Herz, sonst wird einem drauf geklopft. Ein Schreiber ist Er?
Kann Er mir dann wohl eine Bittschrift aufsetzen an den Herzog, die
aber gewiß erhört wird und nicht bei den vielen andern liegen bleibt?«

»Eine Bittschrift, liebe Mutter«, sprach ich, »kann ich Ihr wohl aufsetzen, und ich will mir alle Mühe geben, daß sie recht eindringlich abgefaßt sein soll.«

»Nun, das ist brav von Ihm«, erwiderte sie, »Gott lohn es Ihm und
lasse Ihn älter werden als mich und gebe Ihm auch in Seinem Alter einen
so geruhigen Mut und eine so schöne Nacht mit Rosen und Talern wie
mir und auch einen Freund, der ihm eine Bittschrift macht, wenn es Ihm
not tut. Aber jetzt gehe Er nach Haus, lieber Freund, und kaufe Er sich
einen Bogen Papier und schreibe Er die Bittschrift; ich will hier auf Ihn
warten, noch eine Stunde, dann gehe ich zu meiner Pate, Er kann mitgehen; sie wird sich auch freuen an der Bittschrift. Sie hat gewiß ein gut
Herz, aber Gottes Gerichte sind wunderbar.«

Nach diesen Worten ward die Alte wieder still, senkte den Kopf und
schien zu beten. Der Taler lag noch auf ihrem Schoß. Sie weinte. »Liebe
Mutter, was fehlt Euch, was tut Euch so weh, Ihr weinet?« sprach ich.

»Nun, warum soll ich denn nicht weinen? Ich weine auf den Taler, ich
weine auf die Bittschrift, auf alles weine ich. Aber es hilft nichts, es ist

doch alles viel, viel besser auf Erden, als wir Menschen es verdienen, und gallenbittre Tränen sind noch viel zu süße. Sehe Er nur einmal das goldne Kamel da drüben, an der Apotheke, wie doch Gott alles so herrlich und wunderbar geschaffen hat! Aber der Mensch erkennt es nicht, und ein solch Kamel geht eher durch ein Nadelöhr als ein Reicher in das Himmelreich. – Aber was sitzt Er denn immer da? Gehe Er, den Bogen Papier zu kaufen, und bringe Er mir die Bittschrift.«

»Liebe Mutter«, sagte ich, »wie kann ich Euch die Bittschrift machen, wenn Ihr mir nicht sagt, was ich hineinschreiben soll?«

»Das muß ich Ihm sagen?« erwiderte sie; »dann ist es freilich keine Kunst, und wundre ich mich nicht mehr, daß Er sich einen Schreiber zu nennen schämte. wenn man Ihm alles sagen soll. Nun, ich will mein Mögliches tun. Setz Er in die Bittschrift, daß zwei Liebende beieinander ruhen sollen, und daß sie einen nicht auf die Anatomie bringen sollen, damit man seine Glieder beisammen hat, wenn es heißt: ›Ihr Toten, ihr Toten sollt auferstehn, ihr sollt vor das Jüngste Gerichte gehn!‹« Da fing sie wieder bitterlich an zu weinen.

Ich ahnete, ein schweres Leid müsse auf ihr lasten, aber sie fühle bei der Bürde ihrer Jahre nur in einzelnen Momenten sich schmerzlich gerührt. Sie weinte, ohne zu klagen, ihre Worte waren immer gleich ruhig und kalt. Ich bat sie nochmals, mir die ganze Veranlassung zu ihrer Reise in die Stadt zu erzählen, und sie sprach: »Mein Enkel, der Ulan, von dem ich Ihm erzählte, hatte doch mein Patchen sehr lieb, wie ich Ihm vorher sagte, und sprach der schönen Annerl, wie die Leute sie ihres glatten Spiegels wegen nannten, immer von der Ehre vor und sagte ihr immer, sie solle auf ihre Ehre halten und auch auf seine Ehre. Da kriegte dann das Mädchen etwas ganz Apartes in ihr Gesicht und ihre Kleidung von der Ehre; sie war feiner und manierlicher als alle andere Dirnen. Alles saß ihr knapper am Leibe, und wenn sie ein Bursche einmal ein wenig derb beim Tanze anfaßte oder sie etwa höher als den Steg der Baßgeige schwang, so konnte sie bitterlich darüber bei mir weinen und sprach dabei immer, es sei wider ihre Ehre. Ach, das Annerl ist ein eignes Mädchen immer gewesen. Manchmal, wenn kein Mensch es sich versah, fuhr sie mit beiden Händen nach ihrer Schürze und riß sie sich vom Leibe, als ob Feuer drin sei, und dann fing sie gleich entsetzlich an zu weinen; aber das hat seine Ursache, es hat sie mit Zähnen hingerissen, der Feind ruht nicht. Wäre das Kind nur nicht stets so hinter der Ehre her gewesen und hätte sich lieber an unsren lieben Gott gehalten, hätte ihn nie von sich gelassen, in aller Not, und hätte seinetwillen Schande und Verachtung ertragen statt ihrer Menschenehre. Der Herr hätte sich gewiß erbarmt und wird es auch noch; ach, sie kommen gewiß zusammen, Gottes Wille geschehe!

Der Ulan stand wieder in Frankreich, er hatte lange nicht geschrieben, und wir glaubten ihn fast tot und weinten oft um ihn. Er war aber im Hospital an einer schweren Blessur krank gelegen, und als er wieder zu seinen Kameraden kam und zum Unteroffizier ernannt wurde, fiel ihm ein, daß ihm vor zwei Jahren sein Stiefbruder so übers Maul gefahren: er sei nur Gemeiner und der Vater Korporal, und dann die Geschichte von dem französischen Unteroffizier, und wie er seinem Annerl von der Ehre so viel geredet, als er Abschied genommen. Da verlor er seine Ruhe und kriegte das Heimweh und sagte zu seinem Rittmeister, der ihn um sein Leid fragte: ›Ach, Herr Rittmeister, es ist, als ob es mich mit den Zähnen nach Hause zöge.‹ Da ließen sie ihn heimreiten mit seinem Pferd, denn alle seine Offiziere trauten ihm. Er kriegte auf drei Monate Urlaub und sollte mit der Remonte wieder zurückkommen. Er eilte, so sehr er konnte, ohne seinem Pferde wehe zu tun, welches er besser pflegte als jemals, weil es ihm war anvertraut worden. An einem Tage trieb es ihn ganz entsetzlich, nach Hause zu eilen; es war der Tag vor dem Sterbetage seiner Mutter, und es war ihm immer, als laufe sie vor seinem Pferde her und riefe: ›Kasper, tue mir eine Ehre an!‹ Ach, ich saß an diesem Tage auf ihrem Grabe ganz allein und dachte auch: wenn Kasper doch bei mir wäre! Ich hatte Blümelein Vergißnichtmein in einen Kranz gebunden und an das eingesunkene Kreuz gehängt und maß mir den Platz umher aus und dachte: hier will ich liegen, und da soll Kasper liegen, wenn ihm Gott sein Grab in der Heimat schenkt, daß wir fein beisammen sind, wenns heißt: ›Ihr Toten, ihr Toten sollt auferstehn, ihr sollt zum Jüngsten Gerichte gehn!‹ Aber Kasper kam nicht, ich wußte auch nicht, daß er so nahe war und wohl hätte kommen können. Es trieb ihn auch gar sehr, zu eilen; denn er hatte wohl oft an diesen Tag in Frankreich gedacht und hatte einen kleinen Kranz von schönen Goldblumen von daher mitgebracht, um das Grab seiner Mutter zu schmükken, und auch einen Kranz für Annerl, den sollte sie sich bis zu ihrem Ehrentage bewahren.«

Hier ward die Alte still und schüttelte mit dem Kopf; als ich aber die letzten Worte wiederholte: »Den sollte sie sich bis zu ihrem Ehrentage bewahren«, fuhr sie fort: »Wer weiß, ob ich es nicht erflehen kann; ach, wenn ich den Herzog nur wecken dürfte!« – »Wozu?« fragte ich, »welch Anliegen habt Ihr denn, Mutter?« Da sagte sie ernst: »O, was läge am ganzen Leben, wenns kein End nähme; was läge am Leben, wenn es nicht ewig wäre!« und fuhr dann in ihrer Erzählung fort:

»Kasper wäre noch recht gut zu Mittag in unserm Dorfe angekommen, aber morgens hatte ihm sein Wirt im Stalle gezeigt, daß sein Pferd gedrückt sei, und dabei gesagt: ›Mein Freund, das macht dem Reiter keine Ehre.‹ Das Wort hatte Kasper tief empfunden; er legte deswegen den Sattel hohl und leicht auf, tat alles, ihm die Wunde zu heilen, und setzte seine Reise, das Pferd am Zügel führend, zu Fuße fort. So kam er am späten Abend bis an eine Mühle, eine Meile von unserm Dorf, und weil er den Müller als einen alten Freund seines Vaters kannte, sprach er bei ihm ein und wurde wie ein recht lieber Gast aus der Fremde empfangen. Kasper zog sein Pferd in den Stall, legte den Sattel und sein Felleisen in einen Winkel und ging nun zu dem Müller in die Stube. Da fragte er dann nach den Seinigen und hörte, daß ich alte Großmutter noch lebe, und daß sein Vater und sein Stiefbruder gesund seien, und daß es recht gut mit ihnen gehe; sie wären erst gestern mit Getreide auf der Mühle gewesen, sein Vater habe sich auf den Roß- und Ochsenhandel gelegt und gedeihe dabei recht gut, auch halte er jetzt etwas auf seine Ehre und gehe nicht mehr so zerrissen umher. Darüber war der gute Kasper nun herzlich froh, und da er nach der schönen Annerl fragte, sagte ihm der Müller: er kenne sie nicht, aber wenn es die sei, die auf dem Rosenhof gedient habe, die hätte sich, wie er gehört, in der Hauptstadt vermietet, weil sie da eher etwas lernen könne und mehr Ehre dabei sei; so habe er vor einem Jahre von dem Knecht auf dem Rosenhof gehört. Das freute den Kasper auch; wenn es ihm gleich leid tat, daß er sie nicht gleich sehen sollte, so hoffte er sie doch in der Hauptstadt bald recht fein und schmuck zu finden, daß es ihm, als einem Unteroffizier, auch eine rechte Ehre sei, mit ihr am Sonntag spazieren zu gehn. Nun erzählte er dem Müller noch mancherlei aus Frankreich, sie aßen und tranken miteinander, er half ihm Korn aufschütten, und dann brachte ihn der Müller in die Oberstube zu Bett und legte sich selbst unten auf einigen Säcken zur Ruhe. Das Geklapper der Mühle und die Sehnsucht nach der Heimat ließen den guten Kasper, wenn er gleich sehr müde war, nicht fest einschlafen. Er war sehr unruhig und dachte an seine selige Mutter und an das schöne Annerl und an die Ehre, die ihm bevorstehe, wenn er als Unteroffizier vor die Seinigen treten würde. So entschlummerte er endlich leis und wurde von ängstlichen Träumen oft aufgeschreckt. Es war ihm mehrmals, als trete seine selige Mutter zu ihm und bäte ihn händeringend um Hülfe; dann war es ihm, als sei er gestorben und würde begraben, gehe aber selbst zu Fuße als Toter mit zu Grabe, und schön Annerl gehe ihm zur Seite; er weinte heftig, daß ihn seine Kameraden nicht begleiteten, und da er auf den Kirchhof komme, sei sein Grab neben dem seiner Mutter; und Annerls Grab sei auch dabei, und er gebe Annerl das Kränzlein, das er ihr mitgebracht, und hänge das der Mutter an ihr Grab, und dann habe er sich umgeschaut und niemand mehr gesehen als mich und die Annerl; die habe einer an der Schürze ins Grab gerissen, und er sei dann auch ins Grab gestiegen und habe gesagt: ›Ist denn niemand hier, der mir die letzte Ehre antut und mir ins Grab schießen will als einem braven Soldaten?‹ und da habe er sein Pistol gezogen und sich selbst ins Grab geschossen. Über dem Schuß wachte er mit großem Schrecken auf, denn es war ihm, als klirrten die Fenster davon. Er sah um sich in der Stube, da hörte er noch einen Schuß fallen und hörte Getöse in der Mühle und Geschrei durch das Geklapper. Er sprang aus dem Bett und griff nach seinem Säbel; in dem Augenblick ging seine Türe auf, und er sah beim Vollmondschein zwei Männer mit berußten Gesichtern mit Knitteln auf sich zustürzen, aber er setzte sich zur Wehre und hieb den einen über den Arm, und so entflohen beide, indem sie die Tür, welche nach außen aufging und einen Riegel draußen hatte, hinter sich verriegelten. Kasper versuchte umsonst, ihnen nachzukommen; endlich gelang es ihm, eine Tafel in der Türe einzutreten. Er eilte durch das Loch die Treppe hinunter und hörte das Wehgeschrei des Müllers, den er geknebelt zwischen den Kornsäcken liegend fand. Kasper band ihn los und eilte dann gleich in den Stall, nach seinem Pferde und Felleisen, aber beides war geraubt. Mit großem Jammer eilte er in die Mühle zurück und klagte dem Müller sein Unglück, daß ihm all sein Hab und Gut und das ihm anvertraute Pferd gestohlen sei, über welches letztere er sich gar nicht zufrieden geben konnte. Der Müller aber stand mit einem vollen Geldsack vor ihm, er hatte ihn in der Oberstube aus dem Schranke geholt und sagte zu dem Ulan: ›Lieber Kasper, sei Er zufrieden, ich verdanke Ihm die Rettung meines Vermögens; auf diesen Sack, der oben in Seiner Stube lag, hatten es die Räuber gemünzt, und Seiner Verteidigung danke ich alles, mir ist nichts gestohlen. Die Sein Pferd und Sein Felleisen im Stall fanden, müssen ausgestellte Diebeswachen gewesen sein, sie zeigten durch die Schüsse an, daß Gefahr da sei, weil sie wahrscheinlich am Sattelzeug erkannten, daß ein Kavallerist im Hause herberge. Nun soll Er meinethalben keine Not haben, ich will mir alle Mühe geben und kein Geld sparen, Ihm Seinen Gaul wiederzufinden, und finde ich ihn nicht, so will ich Ihm einen kaufen, so teuer er sein mag.‹ Kasper sagte: ›Geschenkt nehme ich nichts, das ist gegen meine Ehre; aber wenn Er mir im Notfall siebzig Taler vorschießen will, so kriegt er meine Verschreibung, ich schaffe sie in zwei Jahren wieder.‹ Hierüber wurden sie einig, und der Ulan trennte sich von ihm, um nach seinem Dorfe zu eilen, wo auch ein Gerichtshalter der umliegenden Edelleute wohnt, bei dem er die Sache berichten wollte. Der Müller blieb zurück, um seine Frau und seinen Sohn zu erwarten, welche auf einem Dorfe in der Nähe bei einer Hochzeit waren. Dann wollte er dem Ulanen nachkommen und die Anzeige vor Gericht auch machen.

Er kann sich denken, lieber Herr Schreiber, mit welcher Betrübnis der arme Kasper den Weg nach unserm Dorfe eilte, zu Fuß und arm, wo er hatte stolz einreiten wollen; einundfunfzig Taler, die er erbeutet hatte, sein Patent als Unteroffizier, sein Urlaub, und die Kränze auf seiner Mutter Grab und für die schöne Annerl waren ihm gestohlen. Es war ihm ganz verzweifelt zumute, und so kam er um ein Uhr in der Nacht in seiner Heimat an und pochte gleich an der Türe des Gerichtshalters, dessen Haus das erste vor dem Dorfe ist. Er ward eingelassen und machte seine Anzeige und gab alles an, was ihm geraubt worden war. Der Gerichtshalter trug ihm auf, er solle gleich zu seinem Vater gehn, welches der einzige Bauer im Dorfe sei, der Pferde habe, und solle mit diesem und seinem Bruder in der Gegend herum patrouillieren, ob er vielleicht den Räubern auf die Spur komme; indessen wolle er andere Leute zu Fuß aussenden und den Müller, wenn er komme, um die weiteren Umstände vernehmen. Kasper ging nun von dem Gerichtshalter weg nach dem väterlichen Hause; da er aber an meiner Hütte vorüber mußte und durch das Fenster hörte, daß ich ein geistliches Lied sang, wie ich denn vor Gedanken an seine selige Mutter nicht schlafen konnte, so pochte er an und sagte: ›Gelobt sei Jesus Christus, liebe Großmutter, Kasper ist hier.‹ Ach, wie fuhren mir die Worte durch Mark und Bein!

Ich stürzte an das Fenster, öffnete es und küßte und drückte ihn mit unendlichen Tränen. Er erzählte mir sein Unglück mit großer Eile und sagte, welchen Auftrag er an seinen Vater vom Gerichtshalter habe; er müsse drum jetzt gleich hin, um den Dieben nachzusetzen, denn seine Ehre hänge davon ab, daß er sein Pferd wiedererhalte.

Ich weiß nicht, aber das Wort Ehre fuhr mir recht durch alle Glieder, denn ich wußte schwere Gerichte, die ihm bevorstanden. ›Tue deine Pflicht und gib Gott allein die Ehre!‹ sagte ich; und er eilte von mir nach Finkels Hof, der am andern Ende des Dorfs liegt. Ich sank, als er fort war, auf die Knie und betete zu Gott, er möge ihn doch in seinen Schutz nehmen; ach, ich betete mit einer Angst wie niemals und mußte dabei immer sagen: ›Herr, dein Wille geschehe wie im Himmel, so auf Erden.‹

Der Kasper lief zu seinem Vater mit einer entsetzlichen Angst. Er stieg hinten über den Gartenzaun, er hörte die Plumpe gehen, er hörte im Stall wiehern, das fuhr ihm durch die Seele; er stand still, er sah im Mondschein, daß zwei Männer sich wuschen, es wollte ihm das Herz brechen. Der eine sprach: ›Das verfluchte Zeug geht nicht herunter‹; da sagte der andre: ›Komm erst in den Stall, dem Gaul den Schwanz abzuschlagen und die Mähnen zu verschneiden. Hast du das Felleisen auch tief genug unterm Mist begraben?‹ – ›Ja‹, sagte der andre. Da gingen sie nach dem Stall, und Kasper, vor Jammer wie ein Rasender, sprang hervor und schloß die Stalltüre hinter ihnen und schrie: ›Im Namen des Herzogs! Ergebt euch! Wer sich widersetzt, den schieße ich nieder!‹ Ach, da hatte er seinen Vater und seinen Stiefbruder als die Räuber seines Pferdes gefangen. ›Meine Ehre, meine Ehre ist verloren!‹ schrie er, ›ich bin der Sohn eines ehrlosen Diebes.‹ Als die beiden im Stall diese Worte hörten, ist ihnen bös zumute geworden; sie schrien: ›Kasper, lieber Kasper, um Gottes willen, bringe uns nicht ins Elend, Kasper, du sollst ja alles wiederhaben, um deiner seligen Mutter willen, deren Sterbetag heute ist, erbarme dich deines Vaters und Bruders!‹ Kasper aber war wie verzweifelt, er schrie nur immer: ›Meine Ehre, meine Pflicht!‹, und da sie nun mit Gewalt die Türe erbrechen wollten und ein Fach in der Lehmwand einstoßen, um zu entkommen, schoß er ein Pistol in die Luft und schrie: ›Hülfe, Hülfe, Diebe, Hülfe!‹ Die Bauern, von dem Gerichtshalter erweckt, welche schon herannahten, um sich über die verschiedenen Wege zu bereden, auf denen sie die Einbrecher

in die Mühle verfolgen wollten, stürzten auf den Schuß und das Geschrei ins Haus. Der alte Finkel flehte immer noch, der Sohn solle ihm
die Türe öffnen; der aber sagte: ›Ich bin ein Soldat und muß der Gerechtigkeit dienen.‹ Da traten der Gerichtshalter und die Bauern heran. Kasper sagte: ›Um Gottes Barmherzigkeit willen, Herr Gerichtshalter,
mein Vater, mein Bruder sind selbst die Diebe, o daß ich nie geboren
wäre! Hier im Stalle habe ich sie gefangen, mein Felleisen liegt im Miste
vergraben.‹ Da sprangen die Bauern in den Stall und banden den alten
Finkel und seinen Sohn und schleppten sie in ihre Stube. Kasper aber
grub das Felleisen hervor und nahm die zwei Kränze heraus und ging
nicht in die Stube, er ging nach dem Kirchhofe an das Grab seiner Mutter. Der Tag war angebrochen. Ich war auf der Wiese gewesen und hatte
für mich und für Kasper zwei Kränze von Blümelein Vergißnichtmein
geflochten; ich dachte: er soll mit mir das Grab seiner Mutter schmükken, wenn er von seinem Ritt zurückkommt. Da hörte ich allerlei ungewohnten Lärm im Dorf, und weil ich das Getümmel nicht mag und am
liebsten alleine bin, so ging ich ums Dorf herum nach dem Kirchhof. Da
fiel ein Schuß, ich sah den Dampf in die Höhe steigen, ich eilte auf den
Kirchhof – o du lieber Heiland, erbarme dich sein! Kasper lag tot auf
dem Grabe seiner Mutter, er hatte sich die Kugel durch das Herz geschossen, auf welches er sich das Kränzlein, das er für schön Annerl mitgebracht, am Knopfe befestigt hatte; durch diesen Kranz hatte er sich
ins Herz geschossen. Den Kranz für die Mutter hatte er schon an das
Kreuz befestigt. Ich meinte, die Erde täte sich unter mir auf bei dem Anblick, ich stürzte über ihn hin und schrie immer: ›Kasper, o du unglück-
seliger Mensch, was hast du getan? Ach, wer hat dir denn dein Elend erzählt? O warum habe ich dich von mir gelassen, ehe ich dir alles gesagt!
Gott, was wird dein armer Vater, dein Bruder sagen, wenn sie dich so
finden!‹ Ich wußte nicht, daß er sich wegen diesen das Leid angetan; ich
glaubte, es habe eine ganz andere Ursache. Da kam es noch ärger. Der
Gerichtshalter und die Bauern brachten den alten Finkel und seinen
Sohn mit Stricken gebunden; der Jammer erstickte mir die Stimme in
der Kehle, ich konnte kein Wort sprechen; der Gerichtshalter fragte
mich, ob ich meinen Enkel nicht gesehn. Ich zeigte hin, wo er lag. Er trat
zu ihm; er glaubte, er weine auf dem Grabe; er schüttelte ihn, da sah er
das Blut niederstürzen. ›Jesus, Marie!‹ rief er aus, ›der Kasper hat Hand
an sich gelegt.‹ Da sahen die beiden Gefangenen sich schrecklich an;

man nahm den Leib des Kaspers und trug ihn neben ihnen her nach dem Hause des Gerichtshalters; es war ein Wehgeschrei im ganzen Dorfe, die Bauernweiber führten mich nach. Ach, das war wohl der schrecklichste Weg in meinem Leben!«

Da ward die Alte wieder still, und ich sagte zu ihr: »Liebe Mutter, Euer Leid ist entsetzlich, aber Gott hat Euch auch recht lieb; die er am härtesten schlägt, sind seine liebsten Kinder. Sagt mir nun, liebe Mutter, was Euch bewogen hat, den weiten Weg hierher zu gehen, und um was Ihr die Bittschrift einreichen wollt?«

»Ei, das kann Er sich doch wohl denken«, fuhr sie ganz ruhig fort, »um ein ehrliches Grab für Kasper und die schöne Annerl, der ich das Kränzlein zu ihrem Ehrentag mitbringe; es ist ganz mit Kaspers Blut unterlaufen, seh Er einmal!«

Da zog sie einen kleinen Kranz von Flittergold aus ihrem Bündel und zeigte ihn mir; ich konnte bei dem anbrechenden Tage sehen, daß er vom Pulver geschwärzt und mit Blut besprengt war. Ich war ganz zerrissen von dem Unglück der guten Alten, und die Größe und Festigkeit, womit sie es trug, erfüllte mich mit Verehrung. »Ach, liebe Mutter«, sagte ich, »wie werdet Ihr der armen Annerl aber ihr Elend beibringen, daß sie gleich nicht vor Schrecken tot niedersinkt, und was ist denn das für ein Ehrentag, zu welchem Ihr dem Annerl den traurigen Kranz bringet?«

»Lieber Mensch«, sprach sie, »komme Er nur mit, Er kann mich zu ihr begleiten, ich kann doch nicht geschwind fort, so werden wir sie gerade zu rechter Zeit noch finden. Ich will Ihm unterwegs noch alles erzählen.«

Nun stand sie auf und betete ihren Morgensegen ganz ruhig und brachte ihre Kleider in Ordnung, und ihren Bündel hängte sie dann an meinen Arm; es war zwei Uhr des Morgens, der Tag graute, und wir wandelten durch die stillen Gassen.

»Seh Er«, erzählte die Alte fort, »als der Finkel und sein Sohn eingesperrt waren, mußte ich zum Gerichtshalter auf die Gerichtsstube; der tote Kasper wurde auf einen Tisch gelegt und, mit seinem Ulanenmantel bedeckt, hereingetragen, und nun mußte ich alles dem Gerichtshalter sagen, was ich von ihm wußte, und was er mir heute morgen durch das Fenster gesagt hatte. Das schrieb er alles auf sein Papier nieder, das vor ihm lag. Dann sah er die Schreibtafel durch, die sie bei Kasper gefunden;

da standen mancherlei Rechnungen drin, einige Geschichten von der
Ehre und auch die von dem französischen Unteroffizier, und hinter ihr
war mit Bleistift etwas geschrieben.« Da gab mir die Alte die Brieftasche, und ich las folgende letzte Worte des unglücklichen Kaspers:
»Auch ich kann meine Schande nicht überleben. Mein Vater und mein
Bruder sind Diebe, sie haben mich selbst bestohlen; mein Herz brach
mir, aber ich mußte sie gefangennehmen und den Gerichten übergeben,
denn ich bin ein Soldat meines Fürsten, und meine Ehre erlaubt mir
keine Schonung. Ich habe meinen Vater und Bruder der Rache übergeben um der Ehre willen. Ach, bitte doch jedermann für mich, daß man
mir hier, wo ich gefallen bin, ein ehrliches Grab neben meiner Mutter
vergönne! Das Kränzlein, durch welches ich mich erschossen, soll die
Großmutter der schönen Annerl schicken und sie von mir grüßen; ach,
sie tut mir leid durch Mark und Bein, aber sie soll doch den Sohn eines
Diebes nicht heiraten, denn sie hat immer viel auf Ehre gehalten. Liebe
schöne Annerl, mögest du nicht so sehr erschrecken über mich, gib dich
zufrieden, und wenn du mir jemals ein wenig gut warst, so rede nicht
schlecht von mir! Ich kann ja nichts für meine Schande! Ich hatte mir so
viele Mühe gegeben, in Ehren zu bleiben mein Leben lang, ich war
schon Unteroffizier und hatte den besten Ruf bei der Schwadron, ich
wäre gewiß noch einmal Offizier geworden, und Annerl, dich hätte ich
doch nicht verlassen und hätte keine Vornehmere gefreit – aber der Sohn
eines Diebes, der seinen Vater aus Ehre selbst fangen und richten lassen
muß, kann seine Schande nicht überleben. Annerl, liebes Annerl, nimm
doch ja das Kränzlein, ich bin dir immer treu gewesen, so Gott mir gnädig sei! Ich gebe dir nun deine Freiheit wieder, aber tue mir die Ehre und
heirate nie einen, der schlechter wäre als ich. Und wenn du kannst, so
bitte für mich, daß ich ein ehrliches Grab neben meiner Mutter erhalte;
und wenn du hier in unserm Ort sterben solltest, so lasse dich auch bei
uns begraben; die gute Großmutter wird auch zu uns kommen, da sind
wir alle beisammen. Ich habe funfzig Taler in meinem Felleisen, die sollen auf Interessen gelegt werden für dein erstes Kind. Meine silberne
Uhr soll der Herr Pfarrer haben, wenn ich ehrlich begraben werde.
Mein Pferd, die Uniform und Waffen gehören dem Herzog, diese meine
Brieftasche gehört dein. Adies, herztausender Schatz, adies, liebe Großmutter, betet für mich und lebt alle wohl! – Gott erbarme sich meiner –
ach, meine Verzweiflung ist groß!«

Ich konnte diese letzten Worte eines gewiß edeln unglücklichen Menschen nicht ohne bittere Tränen lesen. – »Der Kasper muß ein gar guter Mensch gewesen sein, liebe Mutter«, sagte ich zu der Alten, welche nach diesen Worten stehen blieb und meine Hand drückte und mit tiefbewegter Stimme sagte: »Ja, es war der beste Mensch auf der Welt. Aber die letzten Worte von der Verzweiflung hätte er nicht schreiben sollen, die bringen ihn um sein ehrliches Grab, die bringen ihn auf die Anatomie. Ach, lieber Schreiber, wenn Er hierin nur helfen könnte!«

»Wieso, liebe Mutter?« fragte ich, »was können diese letzten Worte dazu beitragen?« – »Ja, gewiß«, erwiderte sie, »der Gerichtshalter hat es mir selbst gesagt. Es ist ein Befehl an alle Gerichte ergangen, daß nur die Selbstmörder aus Melancholie ehrlich sollen begraben werden, alle aber, die aus Verzweiflung Hand an sich gelegt, sollen auf die Anatomie; und der Gerichtshalter hat mir gesagt, daß er den Kasper, weil er selbst seine Verzweiflung eingestanden, auf die Anatomie schicken müsse.«

»Das ist ein wunderlich Gesetz«, sagte ich, »denn man könnte wohl bei jedem Selbstmord einen Prozeß anstellen, ob er aus Melancholie oder Verzweiflung entstanden, der so lange dauern müßte, daß der Richter und die Advokaten drüber in Melancholie und Verzweiflung fielen und auf die Anatomie kämen. Aber seid nur getröstet, liebe Mutter, unser Herzog ist ein so guter Herr, wenn er die ganze Sache hört, wird er dem armen Kasper gewiß ein Plätzchen neben der Mutter vergönnen.«

»Das gebe Gott!« erwiderte die Alte. »Sehe Er nun, lieber Mensch: als der Gerichtshalter alles zu Papier gebracht hatte, gab er mir die Brieftasche und den Kranz für die schöne Annerl, und so bin ich dann gestern hierher gelaufen, damit ich ihr an ihrem Ehrentag den Trost noch mit auf den Weg geben kann. – Der Kasper ist zu rechter Zeit gestorben; hätte er alles gewußt, er wäre närrisch geworden vor Betrübnis.«

»Was ist es denn nun mit der schönen Annerl?« fragte ich die Alte; »bald sagt Ihr, sie habe nur noch wenige Stunden, bald sprecht Ihr von ihrem Ehrentag, und sie werde Trost gewinnen durch Eure traurige Nachricht. Sagt mir doch alles heraus; will sie Hochzeit halten mit einem andern, ist sie tot, krank? Ich muß alles wissen, damit ich es in die Bittschrift setzen kann.«

Da erwiderte die Alte: »Ach, lieber Schreiber, es ist nun so, Gottes Wille geschehe! Sehe Er, als Kasper kam, war ich doch nicht recht froh;

als Kasper sich das Leben nahm, war ich doch nicht recht traurig; ich hätte es nicht überleben können, wenn Gott sich meiner nicht erbarmt gehabt hätte mit größerem Leid. Ja, ich sage Ihm: es war mir ein Stein vor das Herz gelegt, wie ein Eisbrecher, und alle die Schmerzen, die wie Grundeis gegen mich stürzten und mir das Herz gewiß abgestoßen hätten, die zerbrachen an diesem Stein und trieben kalt vorüber. Ich will Ihm etwas erzählen, das ist betrübt:

Als mein Patchen, die schöne Annerl, ihre Mutter verlor, die eine Base von mir war und sieben Meilen von uns wohnte, war ich bei der kranken Frau. Sie war die Witwe eines armen Bauern und hatte in ihrer Jugend einen Jäger liebgehabt, ihn aber wegen seines wilden Lebens nicht genommen. Der Jäger war endlich in solch Elend gekommen, daß er auf Tod und Leben wegen eines Mordes gefangen saß. Das erfuhr meine Base auf ihrem Krankenlager, und es tat ihr so weh, daß sie täglich schlimmer wurde und endlich in ihrer Todesstunde, als sie mir die liebe schöne Annerl als mein Patchen übergab und Abschied von mir nahm, noch in den letzten Augenblicken zu mir sagte: ›Liebe Anne Margret, wenn du durch das Städtchen kömmst, wo der arme Jürge gefangen liegt, so lasse ihm sagen durch den Gefangenwärter, daß ich ihn bitte auf meinem Todesbett, er solle sich zu Gott bekehren, und daß ich herzlich für ihn gebetet habe in meiner letzten Stunde, und daß ich ihn schön grüßen lasse.‹ – Bald nach diesen Worten starb die gute Base, und als sie begraben war, nahm ich die kleine Annerl, die drei Jahr alt war, auf den Arm und ging mit ihr nach Haus.

Vor dem Städtchen, durch das ich mußte, kam ich an der Scharfrichterei vorüber, und weil der Meister berühmt war als ein Viehdoktor, sollte ich einige Arznei mitnehmen für unsern Schulzen. Ich trat in die Stube und sagte dem Meister, was ich wollte, und er antwortete, daß ich ihm auf den Boden folgen solle, wo er die Kräuter liegen habe, und ihm helfen aussuchen. Ich ließ Annerl in der Stube und folgte ihm. Als wir zurück in die Stube traten, stand Annerl vor einem kleinen Schranke, der an der Wand befestigt war, und sprach: ›Großmutter, da ist eine Maus drin; hört, wie es klappert; da ist eine Maus drin!‹

Auf diese Rede des Kindes machte der Meister ein sehr ernsthaftes Gesicht, riß den Schrank auf und sprach: ›Gott sei uns gnädig!‹, denn er sah sein Richtschwert, das allein in dem Schranke an einem Nagel hing, hin und her wanken. Er nahm das Schwert herunter, und mir schauderte. ›Liebe Frau‹, sagte er, ›wenn Ihr das kleine liebe Annerl liebhabt, so erschreckt nicht, wenn ich ihm mit meinem Schwert, rings um das Hälschen, die Haut ein wenig aufritze; denn das Schwert hat vor ihm gewankt, es hat nach seinem Blut verlangt, und wenn ich ihm den Hals damit nicht ritze, so steht dem Kinde groß Elend im Leben bevor.‹ Da faßte er das Kind, welches entsetzlich zu schreien begann, ich schrie auch und riß das Annerl zurück. Indem trat der Bürgermeister des Städtchens herein, der von der Jagd kam und dem Richter einen kranken Hund zur Heilung bringen wollte. Er fragte nach der Ursache des Geschreis, Annerl schrie: ›Er will mich umbringen!‹ Ich war außer mir vor Entsetzen. Der Richter erzählte dem Bürgermeister das Ereignis. Dieser verwies ihm seinen Aberglauben, wie er es nannte, heftig und unter starken Drohungen; der Richter blieb ganz ruhig dabei und sprach: ›So habens meine Väter gehalten, so halt ichs.‹ Da sprach der Bürgermeister: ›Meister Franz, wenn Ihr glaubtet, Euer Schwert habe sich gerührt, weil ich Euch hiermit anzeige, daß morgen früh um sechs Uhr der Jäger Jürge von Euch soll geköpft werden, so wollt ich es noch verzeihen; aber daß Ihr daraus etwas auf dies liebe Kind schließen wollt, das ist unvernünftig und toll. Es könnte so etwas einen Menschen in Verzweiflung bringen, wenn man es ihm später in seinem Alter sagte, daß es ihm in seiner Jugend geschehen sei. Man soll keinen Menschen in Versuchung führen.‹ – ›Aber auch keines Richters Schwert‹, sagte Meister Franz vor sich und hing sein Schwert wieder in den Schrank. Nun küßte der Bürgermeister das Annerl und gab ihm eine Semmel aus seiner Jagdtasche, und da er mich gefragt, wer ich sei, wo ich her komme und wo ich hin wolle, und ich ihm den Tod meiner Base erzählt hatte und auch den Auftrag an den Jäger Jürge, sagte er mir: ›Ihr sollt ihn ausrichten, ich will Euch selbst zu ihm führen; er hat ein hartes Herz, vielleicht wird ihn das Andenken einer guten Sterbenden in seinen letzten Stunden rühren.‹ Da nahm der gute Herr mich und Annerl auf seinen Wagen, der vor der Tür hielt, und fuhr mit uns in das Städtchen hinein.

Er hieß mich zu seiner Köchin gehn; da kriegten wir gutes Essen, und gegen Abend ging er mit mir zu dem armen Sünder; und als ich dem die letzten Worte meiner Base erzählte, fing er bitterlich an zu weinen und schrie: ›Ach Gott, wenn sie mein Weib geworden, wäre es nicht so weit mit mir gekommen.‹ Dann begehrte er, man solle den Herrn Pfarrer doch noch einmal zu ihm bitten, er wolle mit ihm beten. Das versprach ihm der Bürgermeister und lobte ihn wegen seiner Sinnesveränderung und fragte ihn, ob er vor seinem Tode noch einen Wunsch hätte, den er ihm erfüllen könne. Da sagte der Jäger Jürge: ›Ach, bittet hier die gute alte Mutter, daß sie doch morgen mit dem Töchterlein ihrer seligen Base bei meinem Rechte zugegen sein mögen; das wird mir das Herz stärken in meiner letzten Stunde.‹ Da bat mich der Bürgermeister, und so graulich es mir war, so konnte ich es dem armen, elenden Menschen nicht abschlagen. Ich mußte ihm die Hand geben und es ihm feierlich versprechen, und er sank weinend auf das Stroh. Der Bürgermeister ging dann mit mir zu seinem Freunde, dem Pfarrer, dem ich nochmals alles erzählen mußte, ehe er sich ins Gefängnis begab.

Die Nacht mußte ich mit dem Kinde in des Bürgermeisters Haus schlafen, und am andern Morgen ging ich den schweren Gang zu der Hinrichtung des Jägers Jürge. Ich stand neben dem Bürgermeister im Kreis und sah, wie er das Stäblein brach. Da hielt der Jäger Jürge noch eine schöne Rede, und alle Leute weinten, und er sah mich und die kleine Annerl, die vor mir stand, gar beweglich an, und dann küßte er den Meister Franz, der Pfarrer betete mit ihm, die Augen wurden ihm verbunden, und er kniete nieder. Da gab ihm der Richter den Todesstreich. ›Jesus, Maria, Joseph!‹ schrie ich aus; denn der Kopf des Jürgen flog gegen Annerl zu und biß mit seinen Zähnen dem Kinde in sein Röckchen, das ganz entsetzlich schrie. Ich riß meine Schürze vom Leibe und warf sie über den scheußlichen Kopf, und Meister Franz eilte herbei, riß ihn los und sprach: ›Mutter, Mutter, was habe ich gestern morgen gesagt? Ich kenne mein Schwert, es ist lebendig!‹ – Ich war niedergesunken vor Schreck, das Annerl schrie entsetzlich. Der Bürgermeister war ganz bestürzt und ließ mich und das Kind nach seinem Hause fahren; da schenkte mir seine Frau andre Kleider für mich und das Kind, und nachmittag schenkte uns der Bürgermeister noch Geld, und viele Leute des Städtchens auch, die Annerl sehen wollten, so daß ich an zwanzig Taler und viele Kleider für sie bekam. Am Abend kam der Pfarrer ins Haus und redete mir lange zu, daß ich das Annerl nur recht in der Gottesfurcht erziehen sollte und auf alle die betrübten Zeichen gar nichts geben, das seien nur Schlingen des Satans, die man verachten müsse; und dann schenkte er mir noch eine schöne Bibel für das Annerl, die sie noch hat, und dann ließ uns der gute Bürgermeister, am andern Morgen, noch an drei Meilen weit nach Haus fahren. Ach, du mein Gott, und alles ist doch eingetroffen!« sagte die Alte und schwieg.

Eine schauerliche Ahnung ergriff mich, die Erzählung der Alten hatte mich ganz zermalmt. »Um Gottes willen, Mutter«, rief ich aus, »was ist es mit der armen Annerl geworden; ist denn gar nicht zu helfen?«

»Es hat sie mit den Zähnen dazu gerissen«, sagte die Alte; »heut wird sie gerichtet; aber sie hat es in der Verzweiflung getan, die Ehre, die Ehre lag ihr im Sinn. Sie war zuschanden gekommen aus Ehrsucht, sie wurde verführt von einem Vornehmen, er hat sie sitzen lassen, sie hat ihr Kind erstickt in derselben Schürze, die ich damals über den Kopf des Jägers Jürge warf, und die sie mir heimlich entwendet hat. Ach, es hat sie mit Zähnen dazu gerissen, sie hat es in der Verwirrung getan. Der Verführer hatte ihr die Ehe versprochen und gesagt, der Kasper sei in Frankreich geblieben. Dann ist sie verzweifelt und hat das Böse getan und hat sich selbst bei den Gerichten angegeben. Um vier Uhr wird sie gerichtet. Sie hat mir geschrieben, ich möchte noch zu ihr kommen; das will ich nun tun und ihr das Kränzlein und den Gruß von dem armen Kasper bringen und die Rose, die ich heut nacht erhalten; das wird sie trösten. Ach, lieber Schreiber, wenn Er es nur in der Bittschrift auswirken kann, daß ihr Leib und auch der Kasper dürfen auf unsern Kirchhof gebracht werden.«

»Alles, alles will ich versuchen!« rief ich aus, »gleich will ich nach dem Schlosse laufen; mein Freund, der Ihr die Rose gab, hat die Wache dort, er soll mir den Herzog wecken, ich will vor sein Bett knien und ihn um Pardon für Annerl bitten.«

»Pardon?« sagte die Alte kalt. »Es hat sie ja mit Zähnen dazu gezogen; hör Er, lieber Freund, Gerechtigkeit ist besser als Pardon; war hilft aller Pardon auf Erden? Wir müssen doch alle vor das Gericht:

Ihr Toten, ihr Toten sollt auferstehn,
Ihr sollt vor das Jüngste Gerichte gehn.

Seht, sie will keinen Pardon, man hat ihn ihr angeboten, wenn sie den Vater des Kindes nennen wolle; aber das Annerl hat gesagt: ›Ich habe sein Kind ermordet und will sterben und ihn nicht unglücklich machen; ich muß meine Strafe leiden, daß ich zu meinem Kinde komme, aber ihn

kann es verderben, wenn ich ihn nenne.‹ Darüber wurde ihr das Schwert
zuerkannt. Gehe Er zum Herzog, und bitte Er für Kasper und Annerl
um ein ehrlich Grab! Gehe Er gleich! Seh Er: dort geht der Herr Pfarrer
ins Gefängnis; ich will ihn ansprechen, daß er mich mit hinein zum
schönen Annerl nimmt. Wenn Er sich eilt, so kann Er uns draußen am
Gerichte vielleicht den Trost noch bringen mit dem ehrlichen Grab für
Kasper und Annerl.«

Unter diesen Worten waren wir mit dem Prediger zusammengetroffen; die Alte erzählte ihr Verhältnis zu der Gefangenen, und er nahm sie
freundlich mit zum Gefängnis. Ich aber eilte nun, wie ich noch nie gelaufen, nach dem Schlosse, und es machte mir einen tröstenden Eindruck, es war mir wie ein Zeichen der Hoffnung, als ich an Graf Grossingers Hause vorüberstürzte und aus einem offenen Fenster des Gar-
tenhauses eine liebliche Stimme zur Laute singen hörte:

> Die Gnade sprach von Liebe,
> Die Ehre aber wacht
> Und wünscht voll Lieb der Gnade
> In Ehren gute Nacht.
>
> Die Gnade nimmt den Schleier,
> Wenn Liebe Rosen gibt,
> Die Ehre grüßt den Freier,
> Weil sie die Gnade liebt.

Ach, ich hatte der guten Wahrzeichen noch mehr! Einhundert Schritte
weiter fand ich einen weißen Schleier auf der Straße liegend; ich raffte
ihn auf, er war voll von duftenden Rosen. Ich hielt ihn in der Hand und
lief weiter, mit dem Gedanken: ach Gott, das ist die Gnade. Als ich um
die Ecke bog, sah ich einen Mann, der sich in seinem Mantel verhüllte,
als ich vor ihm vorübereilte, und mir heftig den Rücken wandte, um
nicht gesehen zu werden. Er hätte es nicht nötig gehabt, ich sah und
hörte nichts in meinem Innern als: Gnade, Gnade! und stürzte durch
das Gittertor in den Schloßhof. Gott sei Dank, der Fähndrich, Graf
Grossinger, der unter den blühenden Kastanienbäumen vor der Wache
auf und ab ging, trat mir schon entgegen.

»Lieber Graf«, sagte ich mit Ungestüm, »Sie müssen mich gleich zum

Herzog bringen, gleich auf der Stelle, oder alles ist zu spät, alles ist verloren!«

Er schien verlegen über diesen Antrag und sagte: »Was fällt Ihnen ein, zu dieser ungewohnten Stunde? Es ist nicht möglich; kommen Sie zur Parade, da will ich Sie vorstellen.«

Mir brannte der Boden unter den Füßen; »jetzt«, rief ich aus, »oder nie! Es muß sein, es betrifft das Leben eines Menschen.«

»Es kann jetzt nicht sein«, erwiderte Grossinger scharf absprechend, »es betrifft meine Ehre; es ist mir untersagt, heute nacht irgendeine Meldung zu tun.«

Das Wort Ehre machte mich verzweifeln; ich dachte an Kaspers Ehre, an Annerls Ehre und sagte: »Die vermaledeite Ehre! Gerade um die letzte Hülfe zu leisten, welche so eine Ehre übriggelassen, muß ich zum Herzoge, Sie müssen mich melden, oder ich schreie laut nach dem Herzog.«

»So Sie sich rühren«, sagte Grossinger heftig, »lasse ich Sie in die Wache werfen, Sie sind ein Phantast, Sie kennen keine Verhältnisse.«

»O, ich kenne Verhältnisse, schreckliche Verhältnisse! Ich muß zum Herzoge, jede Minute ist unerkauflich!« versetzte ich; »wollen Sie mich nicht gleich melden, so eile ich allein zu ihm.«

Mit diesen Worten wollte ich nach der Treppe, die zu den Gemächern des Herzogs hinaufführte, als ich den nämlichen in einen Mantel Verhüllten, der mir begegnete, nach dieser Treppe eilend bemerkte. Grossinger drehte mich mit Gewalt um, daß ich diesen nicht sehen sollte. »Was machen Sie, Töriger?« flüsterte er mir zu, »schweigen Sie, ruhen Sie, Sie machen mich unglücklich!«

»Warum halten Sie den Mann nicht zurück, der da hinaufging?« sagte ich; »er kann nichts Dringenderes vorzubringen haben als ich. Ach, es ist so dringend, ich muß, ich muß! Es betrifft das Schicksal eines unglücklichen, verführten, armen Geschöpfs.«

Grossinger erwiderte: »Sie haben den Mann hinaufgehen sehen; wenn Sie je ein Wort davon äußern, so kommen Sie vor meine Klinge; gerade, weil *er* hinaufging, können *Sie nicht* hinauf, der Herzog hat Geschäfte mit ihm.«

Da erleuchteten sich die Fenster des Herzogs. »Gott, er hat Licht, er ist auf!« sagte ich, »ich muß ihn sprechen, um des Himmels willen, lassen Sie mich, oder ich schreie Hülfe.«

Grossinger faßte mich beim Arm und sagte: »Sie sind betrunken, kommen Sie in die Wache. Ich bin Ihr Freund, schlafen Sie aus und sagen Sie mir das Lied, das die Alte heut nacht an der Tür sang, als ich die Runde vorüberführte; das Lied interessiert mich sehr.«

»Gerade wegen der Alten und den Ihrigen muß ich mit dem Herzoge sprechen!« rief ich aus.

»Wegen der Alten?« versetzte Grossinger, »wegen der sprechen Sie mit mir, die großen Herrn haben keinen Sinn für so etwas; geschwind kommen Sie nach der Wache!«

Er wollte mich fortziehen; da schlug die Schloßuhr halb vier. Der Klang schnitt mir wie ein Schrei der Not durch die Seele, und ich schrie aus voller Brust zu den Fenstern des Herzogs hinauf:

»Hülfe! Um Gottes willen, Hülfe für ein elendes, verführtes Geschöpf!« Da ward Grossinger wie unsinnig. Er wollte mir den Mund zuhalten, aber ich rang mit ihm; er stieß mich in den Nacken, er schimpfte; ich fühlte, ich hörte nichts. Er rief nach der Wache, der Korporal eilte mit etlichen Soldaten herbei, mich zu greifen; aber in dem Augenblick ging des Herzogs Fenster auf, und es rief herunter:

»Fähndrich Graf Grossinger, was ist das für ein Skandal? Bringen Sie den Menschen herauf, gleich auf der Stelle!«

Ich wartete nicht auf den Fähndrich; ich stürzte die Treppe hinauf, ich fiel nieder zu den Füßen des Herzogs, der mich betroffen und unwillig aufstehen hieß. Er hatte Stiefel und Sporen an, und doch einen Schlafrock, den er sorgfältig über der Brust zusammenhielt.

Ich trug dem Herzoge alles, was mir die Alte von dem Selbstmorde des Ulans, von der Geschichte der schönen Annerl erzählt hatte, so gedrängt vor, als es die Not erforderte, und flehte ihn wenigstens um den Aufschub der Hinrichtung auf wenige Stunden und um ein ehrliches Grab für die beiden Unglücklichen an, wenn Gnade unmöglich sei. – »Ach, Gnade, Gnade!« rief ich aus, indem ich den gefundenen weißen Schleier voll Rosen aus dem Busen zog; »dieser Schleier, den ich auf meinem Wege hierher gefunden, schien mir Gnade zu verheißen.«

Der Herzog griff mit Ungestüm nach dem Schleier und war heftig bewegt; er drückte den Schleier in seinen Händen, und als ich die Worte aussprach: »Euer Durchlaucht! Dieses arme Mädchen ist ein Opfer falscher Ehrsucht; ein Vornehmer hat sie verführt und ihr die Ehe versprochen; ach, sie ist so gut, daß sie lieber sterben will als ihn nennen« – da unterbrach mich der Herzog, mit Tränen in den Augen, und sagte: »Schweigen Sie, ums Himmels willen, schweigen Sie!« – Und nun wendete er sich zu dem Fähndrich, der an der Türe stand, und sagte mit dringender Eile: »Fort eilend zu Pferde mit diesem Menschen hier; reiten Sie das Pferd tot; nur nach dem Gerichte hin: heften sie diesen Schleier an Ihren Degen, winken und schreien Sie Gnade, Gnade! Ich komme nach.«

Grossinger nahm den Schleier; er war ganz verwandelt, er sah aus wie ein Gespenst vor Angst und Eile; wir stürzten in den Stall, saßen zu Pferde und ritten im Galopp; er stürmte wie ein Wahnsinniger zum Tore hinaus. Als er den Schleier an seine Degenspitze heftete, schrie er: »Herr Jesus, meine Schwester!« Ich verstand nicht, was er wollte. Er stand hoch im Bügel und wehte und schrie: »Gnade, Gnade!« Wir sahen auf dem Hügel die Menge um das Gericht versammelt. Mein Pferd scheute vor dem wehenden Tuch. Ich bin ein schlechter Reiter, ich konnte den Grossinger nicht einholen, er flog im schnellsten Karriere; ich strengte alle Kräfte an. Trauriges Schicksal! Die Artillerie exerzierte in der Nähe, der Kanonendonner machte es unmöglich, unser Geschrei aus der Ferne zu hören. Grossinger stürzte, das Volk stob auseinander, ich sah in den Kreis, ich sah einen Stahlblitz in der frühen Sonne – ach Gott, es war der Schwertblitz des Richters! – Ich sprengte heran, ich hörte das Wehklagen der Menge. »Pardon, Pardon!« schrie Grossinger und stürzte mit wehendem Schleier durch den Kreis, wie ein Rasender, aber der Richter hielt ihm das blutende Haupt der schönen Annerl entgegen, das ihn wehmütig anlächelte. Da schrie er: »Gott sei mir gnädig!« und fiel auf die Leiche hin zur Erde; »tötet mich, tötet mich, ihr Menschen; ich habe sie verführt, ich bin ihr Mörder!«

Eine rächende Wut ergriff die Menge; die Weiber und Jungfrauen drangen heran und rissen ihn von der Leiche und traten ihn mit Füßen, er wehrte sich nicht; die Wachen konnten das wütende Volk nicht bändigen. Da erhob sich ein Geschrei: »Der Herzog, der Herzog!« – Er kam im offnen Wagen gefahren; ein blutjunger Mensch, den Hut tief ins Gesicht gedrückt, in einen Mantel gehüllt, saß neben ihm. Die Menschen schleiften Grossinger herbei. »Jesus, mein Bruder!« schrie der junge Offizier mit der weiblichsten Stimme aus dem Wagen. Der Herzog sprach bestürzt zu ihm: »Schweigen Sie!« Er sprang aus dem Wagen, der junge Mensch wollte folgen, der Herzog drängte ihn schier unsanft zurück, aber so beförderte sich die Entdeckung, daß der junge Mensch die als Offizier verkleidete Schwester Grossingers sei. Der Herzog ließ den mißhandelten, ohnmächtigen Grossinger in den Wagen legen, die Schwester nahm keine Rücksicht mehr, sie warf ihren Mantel über ihn; jedermann sah sie in weiblicher Kleidung. Der Herzog war verlegen, aber er sammelte sich und befahl, den Wagen sogleich umzuwenden und die Gräfin mit ihrem Bruder nach ihrer Wohnung zu fahren. Dieses Ereignis hatte die Wut der Menge einigermaßen gestillt. Der Herzog sagte laut zu dem wachthabenden Offizier: »Die Gräfin Grossinger hat ihren Bruder an ihrem Hause vorbeireiten sehen, den Pardon zu bringen, und wollte diesem freudigen Ereignis beiwohnen; als ich zu demselben Zwecke vorüberfuhr, stand sie am Fenster und bat mich, sie in meinem Wagen mitzunehmen; ich konnte es dem gutmütigen Kinde nicht abschlagen. Sie nahm einen Mantel und Hut ihres Bruders, um kein Aufsehen zu erregen, und hat, von dem unglücklichen Zufall überrascht, die Sache gerade dadurch zu einem abenteuerlichen Skandal gemacht. Aber wie konnten Sie, Herr Leutnant, den unglücklichen Grafen Grossinger nicht vor dem Pöbel schützen? Es ist ein gräßlicher Fall, daß er, mit dem Pferde stürzend, zu spät kam; er kann doch aber nichts dafür. Ich will die Mißhandler des Grafen verhaftet und bestraft wissen.«

Auf diese Rede des Herzogs erhob sich ein allgemeines Geschrei: »Er ist ein Schurke, er ist der Verführer, der Mörder der schönen Annerl gewesen, er hat es selbst gesagt, der elende, der schlechte Kerl!«

Als dies von allen Seiten hertönte und auch der Prediger und der Offizier und die Gerichtspersonen es bestätigten, war der Herzog so tief erschüttert, daß er nichts sagte, als: »Entsetzlich, entsetzlich, o, der elende Mensch!«

Nun trat der Herzog blaß und bleich in den Kreis; er wollte die Leiche der schönen Annerl sehen. Sie lag auf dem grünen Rasen in einem schwarzen Kleide mit weißen Schleifen. Die alte Großmutter, welche sich um alles, was vorging, nicht bekümmerte, hatte ihr das Haupt an den Rumpf gelegt und die schreckliche Trennung mit ihrer Schürze bedeckt; sie war beschäftigt, ihr die Hände über die Bibel zu falten, welche der Pfarrer in dem kleinen Städtchen der kleinen Annerl geschenkt hatte; das goldene Kränzlein band sie ihr auf den Kopf und steckte die Rose vor die Brust, welche ihr Grossinger in der Nacht gegeben hatte, ohne zu wissen, wem er sie gab.

Der Herzog sprach bei diesem Anblick: »Schönes, unglückliches Annerl! Schändlicher Verführer, du kamst zu spät! – Arme alte Mutter, du bist ihr allein treu geblieben, bis in den Tod.« Als er mich bei diesen Worten in seiner Nähe sah, sprach er zu mir: »Sie sagten mir von einem letzten Willen des Korporal Kasper, haben Sie ihn bei sich?« Da wendete ich mich zu der Alten und sagte: »Arme Mutter, gebt mir die Brieftasche Kaspers; Seine Durchlaucht wollen seinen letzten Willen lesen.«

Die Alte, welche sich um nichts bekümmerte, sagte mürrisch: »Ist Er auch wieder da? Er hätte lieber ganz zu Hause bleiben können. Hat Er die Bittschrift? Jetzt ist es zu spät; ich habe dem armen Kinde den Trost nicht geben können, daß sie zu Kasper in ein ehrliches Grab soll; ach, ich hab es ihr vorgelogen, aber sie hat mir nicht geglaubt.«

Der Herzog unterbrach sie und sprach: »Ihr habt nicht gelogen, gute Mutter; der Mensch hat sein Möglichstes getan, der Sturz des Pferdes ist an allem schuld. Aber sie soll ein ehrliches Grab haben bei ihrer Mutter und bei Kasper, der ein braver Kerl war; es soll ihnen beiden eine Leichenpredigt gehalten werden über die Worte: ›Gebt Gott allein die Ehre!‹ Der Kasper soll als Fähndrich begraben werden, seine Schwadron soll ihm dreimal ins Grab schießen, und des Verderbers Grossingers Degen soll auf seinen Sarg gelegt werden.«

Nach diesen Worten ergriff er Grossingers Degen, der mit dem Schleier noch an der Erde lag, nahm den Schleier herunter, bedeckte Annerl damit und sprach: »Dieser unglückliche Schleier, der ihr so gern Gnade gebracht hätte, soll ihr die Ehre wiedergeben; sie ist ehrlich und begnadigt gestorben, der Schleier soll mit ihr begraben werden.«

Den Degen gab er dem Offizier der Wache mit den Worten: »Sie werden heute noch meine Befehle wegen der Bestattung des Ulanen und dieses armen Mädchens bei der Parade empfangen.«

Nun las er auch die letzten Worte Kaspers laut mit vieler Rührung; die alte Großmutter umarmte mit Freudentränen seine Füße, als wäre sie das glücklichste Weib. Er sagte zu ihr: »Gebe Sie sich zufrieden, Sie soll eine Pension haben bis an Ihr seliges Ende, ich will Ihrem Enkel und der Annerl einen Denkstein setzen lassen.« Nun befahl er dem Prediger, mit der Alten und einem Sarge, in welchen die Gerichtete gelegt wurde, nach seiner Wohnung zu fahren und sie dann nach ihrer Heimat zu bringen und das Begräbnis zu besorgen. Da währenddem seine Adjutanten mit Pferden gekommen waren, sagte er noch zu mir: »Geben Sie meinem Adjutanten Ihren Namen an, ich werde Sie rufen lassen; Sie haben einen schönen menschlichen Eifer gezeigt.« Der Adjutant schrieb meinen Namen in seine Schreibtafel und machte mir ein verbindliches Kompliment. Dann sprengte der Herzog, von den Segenswünschen der Menge begleitet, in die Stadt. Die Leiche der schönen Annerl ward nun mit der guten alten Großmutter in das Haus des Pfarrers gebracht, und in der folgenden Nacht fuhr dieser mit ihr nach der Heimat zurück. Der Offizier traf, mit dem Degen Grossingers und einer Schwadron Ulanen, auch daselbst am folgenden Abend ein. Da wurde nun der brave Kasper, mit Grossingers Degen auf der Bahre und dem Fähndrichspatent, neben der schönen Annerl, zur Seite seiner Mutter begraben. Ich war auch hingeeilt und führte die alte Mutter, welche kindisch vor Freude war, aber wenig redete; und als die Ulanen dem Kasper zum drittenmal ins Grab schossen, fiel sie mir tot in die Arme. Sie hat ihr Grab auch neben den Ihrigen empfangen. Gott gebe ihnen allen eine freudige Auferstehung!

> Sie sollen treten auf die Spitzen,
> Wo die lieben Engelein sitzen,
> Wo kömmt der liebe Gott gezogen
> Mit einem schönen Regenbogen;
> Da sollen ihre Seelen vor Gott bestehn,
> Wann wir werden zum Himmel eingehn.
> Amen.

Als ich in die Hauptstadt zurückkam, hörte ich, Graf Grossinger sei gestorben; er habe Gift genommen. In meiner Wohnung fand ich einen Brief von ihm; er sagte mir darin:

»Ich habe Ihnen viel zu danken. Sie haben meine Schande, die mir lange das Herz abnagte, zutage gebracht. Jenes Lied der Alten kannte ich wohl, die Annerl hatte es mir oft vorgesagt, sie war ein unbeschreiblich edles Geschöpf. Ich war ein elender Verbrecher. Sie hatte ein schriftliches Eheversprechen von mir gehabt und hat es verbrannt. Sie diente bei einer alten Tante von mir, sie litt oft an Melancholie. Ich habe mich durch gewisse medizinische Mittel, die etwas Magisches haben, ihrer Seele bemächtigt. – Gott sei mir gnädig! – Sie haben auch die Ehre

meiner Schwester gerettet. Der Herzog liebt sie, ich war sein Günstling
– die Geschichte hat ihn erschüttert – Gott helfe mir, ich habe Gift genommen   Joseph Graf Grossinger.«

Die Schürze der schönen Annerl, in welche ihr der Kopf des Jägers
Jürge bei seiner Enthauptung gebissen, ist auf der herzoglichen Kunst-
kammer bewahrt worden. Man sagt, die Schwester des Grafen Grossinger werde der Herzog mit dem Namen: *Voile de Grace*, auf deutsch
»Gnadenschleier«, in den Fürstenstand erheben und sich mit ihr ver-
mählen. Bei der nächsten Revue in der Gegend von D… soll das Monument auf den Gräbern der beiden unglücklichen Ehrenopfer, auf dem
Kirchhofe des Dorfs, errichtet und eingeweiht werden, der Herzog
wird mit der Fürstin selbst zugegen sein. Er ist ausnehmend zufrieden
damit; die Idee soll von der Fürstin und dem Herzoge zusammen erfunden sein. Es stellt die falsche und wahre Ehre vor, die sich vor einem
Kreuze beiderseits gleich tief zur Erde beugen; die Gerechtigkeit steht
mit dem geschwungenen Schwerte zur einen Seite, die Gnade zur andern Seite und wirft einen Schleier heran. Man will im Kopfe der Gerechtigkeit Ähnlichkeit mit dem Herzoge, in dem Kopfe der Gnade
Ähnlichkeit mit dem Gesichte der Fürstin finden.

Aus der Chronika
eines fahrenden Schülers

Vorwort

Vor funfzehn Jahren machte es mir Freude, die folgende einfache Geschichte niederzuschreiben. Sie sollte nur die Einfassung mehrerer schöner altdeutschen Erzählungen sein, die sie mit mancherlei Ereignissen aus dem Zusammenleben des alten Ritters Veltlin von Türlingen und seiner drei Töchter unterbricht, mit deren Versorgung und der Abreise des Erzählers sie schließt. So lieb ich das Gedicht hatte, blieb es doch unterbrochen; der Sinn der Leser schien dazu zu fehlen. Jetzt, da diese Erzählung mehr, ja selbst die altdeutschen Röcke vor sich hat, fiel sie mir wieder in die Hände, und ich versuche es, sie den Lesern vorzulegen mit der Erinnerung, daß sie zu pädagogischen Zwecken entworfen worden, als ich von der sogenannten Romantik noch wenig wußte, und daß sie daher neben den allerneuesten Ritterromandichtern in ihrer redseligen Einfalt um Schonung bittet. Sollte dem Leser, durch Eisenfresserei und Isländisches Moos verwöhnt, diese Geschichte wie unsre deutsche Kamillen- und Hollunderblüte nicht behagen, so bringe er sie einem kranken Freunde oder Mägdelein, denen sie Gott gesegnen möge!

Im Jahr, da man zählte nach Christi, unsers lieben Herrn, Geburt 1358, am zwanzigsten Tage des Maimonats, hörte ich, Johannes, der Schreiber, die Schwalbe in der Frühe an meinem Kammerfenster singen und ward innigst von dem Morgenlied des frommen Vögeleins erbauet, bedachte auch auf meinem Bettlein, wie die Schwalbe in daurender Freude lebet, gegen den Winter in ferne wärmere Länder ziehet und, der Heimat getreu, gegen den Frühling wiederkehrt; also nicht der Mensch, der arme fahrende Schüler, der wohl viel gegen Sturm und Wetter ziehen muß, ja der oft kein Feuer findet, die erstarrten Hände zu erwärmen, daß er sie falte zum Gebet; aber so er es ernstlich meinet, haucht er hinein.

Da ich in solchen Betrachtungen versunken war und das Schwälblein auch auf seine Weise fortphantasierte, wäre ich schier wieder eingeschlummert, aber der Wächter auf dem Münster blies: »In süßen Freuden geht die Zeit«, welches ich hier noch nie gehöret; denn ich war zum ersten Male in Straßburg erwacht.

Nun richtete ich mich in meinem Bettlein auf, und schaute in meinem Gemache umher; das hatte aber Fenster rings herum und war in einem Sommerhäuslein des Gartens. Links stand der Mond noch blaß am Himmel, und rechts war der Himmel wie das lauterste Gold. Da fand ich mich zwischen Nacht und Tag und faltete die Hände, und es fiel mir freudig aufs Herz, daß heute mein zwanzigster Geburtstag sei, und wie mir es viel besser geworden als in dem letzten Jahre, da ich meinen lieben Geburtstag auf freiem Felde in einem zerrissenen Mäntelein empfangen und mit einem Bissen Almosenbrot bewirten mußte. O Freude und Ehre! dachte ich bei mir selbst und schaute zum Morgenlichte hin und sprach: »Du bist mein Licht, du wirst mein Tag!«, glaubte auch schier in meiner Einfalt, der Himmel sei golden um meines Besten willen, die Schwalbe habe nur gesungen, mir Glück zu wünschen, und der Türmer habe allein so lieblich geblasen mir zur Feier; da der Himmel sich doch nur gerötet vor der Sonne, die der Herr gerufen, da die Schwalbe doch nur gesungen in Gottes Frühlingslust, und der Wächter nur geblasen zu Gottes Ehren, ja wohl gern noch ein Stündlein geschlafen hätte, so es ihm von den Münsterherren verstattet wäre. Also wird der Mensch leicht übermütig in der Freude, und glaubet, er sei recht der Mittelpunkt aller Dinge, und sei er mit allem gemeint. Da ließ ich die Augen fröhlich in der Kammer umherschweifen, und sah auf dem Schemel ein neues Gewand liegen, das mir mein gütiger Herr und Ritter Veltlin von Türlingen am Abend im Dunkeln hatte herauftragen lassen, und konnte ich meine Begierde nun nicht länger zurückhalten, sprang auf von meinem Lager, und legte diese Kleider nicht ohne Tränen des Dankes an. Es war dies aber ein feines blaues Wams, um die Lenden gefaltet und gestutzet, und rot und weißes Beinkleid von ländschem Tuch, auch stumpfe Schuh und eine schwarze Kogel mit einer blauen Feder, nicht zu vergessen ein Hemmet von weißem Hauslinnen, am Halse bunt genäht und gekrauset, dergleichen ich vorher nie getragen. Da ward es mir fast leicht und fröhlich zumute, und hätte ich wohl mögen einen Sprung tun, als hätte ich einen neuen Menschen angezogen mit dem neuen Kleide.

Aber meine Hoffart währte nicht lange; denn mein zerrissenes Mäntelein, welches ich als einen Vorhang vor das Fenster gehängt hatte, erleuchtete sich durch die aufgehende Sonne, und alle seine Löcher waren so viele Mäuler und alle seine Fetzen so viele Zungen, die mich meiner törichten Hoffart zeihten. Es war, als sage das Mäntelein zu mir: »O Johannes, bist du ein so eitler Kaufherr, daß du, angelanget in den Hafen, des zerrissenen Segels vergißt, das dich in denselben geführet? Johannes, bist du ein so stolzer Schiffbrüchiger, daß du das Brett, welches dich mit Gottes Hülfe an ein grünes Eiland getragen, mit dem Fuße undankbar in die Wellen zurückstößest? O Johannes, du undankbarer Freund, willst du, gerettet, mich nicht auf deinen Schultern in ein Gotteshaus tragen und aufstellen als ein Gedächtnis, daß sich Gott deiner erbarmet?«

Ach, das waren wohl harte und wahre Worte meines Mänteleins, und ich nahm es mit Schämen von dem Fenster, und legte es um über meinen neuen Staat, und faßte es fest mit den Händen um die Brust, als wollte ich es um Verzeihung bitten, und ging mit dem Gedanken die Treppe hinab in den Garten: Wenn ich ein armer fahrender Schüler gewesen bin, so werde ich immer ein armer fahrender Schüler bleiben; denn auf Erden sind wir alle arm und müssen mannigfach mit unserm Leben herumwandeln, und lernen, und bleiben doch arme Schüler, bis der Herr sich unser erbarmet, und uns einführet durch seinen bittern Tod in das ewige Leben.

Da ich nun in den Garten gekommen war, den ich vorher auch noch nicht gesehen – denn mein gnädiger Herr und Ritter war den Abend spät mit mir angekommen und ich im Finstern in mein Stüblein gebracht worden –, konnte ich vor Staunen und Betrachten der neuen Dinge um mich her auch nicht zum Gebete kommen. Ich fand mich von den schönen Laubgängen, Zierfeldern und Pflanzen und den blühenden Bäumen schier ebenso sehr überraschet als von meinem neuen Gewande. Ich fand mich gleich einem neugebornen Kinde, welches mit allem spielet, und noch nicht beten kann, und erst nach einiger Erfahrung in der Süßigkeit des Lebens seine Hände zum Danke falten lernet. Der blühende Mai, das lustige Singen der Vögel, die vielen jungen Kräuter und Blümlein, die mit Taublicken vor der Sonne erwachten, der kühle Wasserstrahl, welcher in einem mit bunten Kieseln und Muscheln ausgelegten

Brunnen tanzte, schienen mir alle so neu und wunderbar, als hätte ich dergleichen niemals gesehen, und wußte ich auch nicht, was aus allem diesem werden sollte.

So wie die lieben Kinder durch die Blumen gehen und sie brechen, und Kränze winden und sich bei den Händen fassen und mit den Kränzen im Kreise tanzen, gleichsam selbst ein lebendiger Blumenkranz; wie sie aber nicht gedenken der Frucht im treibenden Sommer, und der Ernte im reichen Herbst, und des Todes in dem trüben, tiefsinnigen Winter: also wandelte auch ich armer Schelm wie ein einfältiges Kind ohne Witz durch den Garten und konnte vor großer Bewegung über mein neues Glück, das mir gestern früh noch nicht geträumt hatte, nicht zum Gebete gelangen.

Mein freudiges Erstaunen wollte aber nicht lange dauern; denn als ich meine Augen ersättiget hatte, ward es mir als einem Hungrigen, der sich ohne Gebet zu einer reichlichen Mahlzeit gesetzet hat, welche ihm Gott darum nicht gesegnet. Alle das häusliche, wohlgepflegte Behagen des schönen Ziergartens erfüllte mich mit traurigen Gedanken, und die Armut, die Einsamkeit meines eigenen Lebens trat mir in dieser reichen Umgebung zum erstenmal recht lebendig vor die Seele. Was mag trauriger sein als das Bild eines Bettlers, auf goldnem Grunde gemalet?

»O meine Mutter«, sagte ich mir, »wer war sanfter und schöner, und feiner und edler als du, wer war würdiger, zwischen Blumen zu wandeln, als du, die wohl ihre Schwester und Gespielin sein konnte? Standen die Tränlein nicht auf den Wangen wie die Tautröpflein auf diesen Rosen, gingst du nicht durch den Wald wie ein Lüftlein durch die Blüten, und waren deine Augen nicht getreu und süß schauend wie die blauen Veilchen, deine Lippen nicht wie die rosinfarbenen Nelken, und flog dein gelbes Haar nicht wie der Sonnenschein? Aber du mußtest gehen wie Hagar mit deinem Ismael durch die Dornen in der Wüste. Ach, warum ward nicht dir so ein Garten und so ein Haus, und warum wohnest du zwischen fünf Brettern und zwei Brettlein und bist deines Lebens nicht froh geworden noch deines Todes? Sie haben dir keinen Kranz geflochten. Mir aber ist nichts geblieben als deine Zucht, und ich kann dein nicht gedenken in Freuden, denn mir gehöret nichts als die Armut, und ich habe keinen Säckel, aus dem ich dir das schönste Grab könnte erbauen lassen von Marmelstein und Gold.«

Wie traurig ward ich da und wendete meine Augen von allem, was ih-

nen wohlgefiel, und wollte nichts anschauen, weil sie es nicht mit mir sehen konnte, weil sie ihre Augen nie mit so erlaubter Lust erquicken
konnte. Auch fiel es mir bittrer noch auf die Seele, daß ich eines Ritters
Sohn sei, ohne Wappen und ohne Waffen. Tränen füllten mir die Augen,
und Unwill erfüllte meinen ganzen Leib, der in dem neuen geschenkten
Gewand zu brennen schien, und ich spannte mein enges, durchlöchertes
Mäntelein so um mich, daß es noch mehr zerrissen.

So schritt ich, als suche ich die Wildnis, nach einem einsamern unge-
pflegten Teile des Gartens, und kaum stand ich im hohen Gras unter hohen Linden, so konnte ich schon nicht mehr begreifen, wie dieser innre
Schmerz und Zorn in mich zum ersten Male in meinem Leben gekommen sei, und gegen die Mauer des Gartens schreitend, sah ich an derselben in einem tiefen Bogenraum ein Heiligenhäuslein angebracht, darinnen war wohlvergittert ein buntgemaltes Schnitzwerk, die Anbetung
der heiligen drei Könige im Stall zu Bethlehem, aufgestellt. Davor kniete
ich nieder ins Gras und betete von ganzem Herzen. Da zerrann bald all
mein Leid und meine Hoffart vor dem Sohne Gottes, der nackt und arm
in einer Krippe vor mir lag, und dem doch die Könige dienten. Wie
fühlte ich mich in meiner Ungebärdigkeit beschämt! Und da ich mich
mit Tränen angeklagt hatte, dankte ich von ganzem Herzen dem Herrn,
daß er mich armen fahrenden Schüler nicht vergessen, und mich durch
seine Barmherzigkeit zu meinem gnädigen Herrn und Ritter gebracht,
gelobte auch, ferner mich aller Hoffart zu enthalten und die Künste,
welche ich durch seinen Beistand mit schwachen Sinnen erlernet, zur
Mehrung seines Reiches auf Erden treu anzuwenden.

Da ich nun nach solchem Gebete einen merklichen Trost in meinem
Herzen spürte, nahm ich ein gülden gewirktes Band, worauf das *Ave
Maria* stand, aus meinem Gebetbüchlein, und hängte es, durch das Gitter langend, dem Bilde der Jungfrau Maria über den Arm, als das Opfer
eines törichten Menschen, der vor ihrem Sohne betend Trost gefunden
hatte. Dieses Band aber war mir das Liebste, was ich hatte. Eine fromme
Klosterfrau, meiner selgen Mutter Befreundte, hatte es mir einst für ein
Lied, das ich ihr gedichtet und gesungen, geschenket, und war es zu
Marburg an St. Elisabethen Grab angerühret worden; ich aber hatte es
bisher als einen Blattzeiger in meinem Gebetbüchlein geführt. Dann
nahm ich auch mein Mäntelein ab, und rollte es zusammen in einen langen Wulst und flocht es durch die obern Stäbe des Gitters vor dem Bilde,

als einen aufgerollten Vorhang, zum Gedenken meiner zeitlichen Armut, welche durch Gott sich in Freud und Fülle gewandelt hatte. Nun wendete ich mich nach dem Garten zurück, der mir ganz anders erschien als vorher.

So mag nichts vor dem Gemüte des Menschen bestehen, welches alles nach sich umgestaltet. Jetzt, da ich gebetet hatte, erschienen mir alle die roten, leibfarben und weißen Blümlein des Gartens jene Blumen, durch die der König Ahasverus in seinem Schloßgarten zu Süsan gewandelt, seines Zornes zu vergessen. Ja, es war mir, als sei der liebe Gott durch diese Blumen gegangen und habe seinen gerechten Zorn über meine Ungebärde hier an der Lieblichkeit seiner Werke gesänftiget; denn hier an diesem ersten Morgen meines zwanzigsten Jahres ist mir vieles Licht in der Seele aufgegangen, und ist mir der Frühling ein weiser Lehrer geworden.

Besonders aber hat mich der hohe Münsterturm erschüttert, als ich aus einem schattichten Baumgang hervortrat und ihn über die Dächer der Nachbarhäuser auf mich niederschauen sah. War mir es doch im Anfang so bange vor ihm, wie es einer Grasmücke sein muß, wenn ein Riese den Busch über ihrem Neste öffnet und auf sie niederblickt. Alles Menschenwerk, so es die gewöhnlichen Grenzen an Größe oder Vollendung überschreitet, hat etwas Erschreckendes an sich, und man muß lange dabei verweilen, ehe man es mit Ruhe und Trost genießen kann.

Ich habe dieses aber nicht allein bei dem Anblick dieses schwindelhohen Turmes empfunden, sondern auch bei gar lieblichen und feinen Werken, von welchen ich nur nennen will die überaus feinen und natürlichen Gemälde des Malers Wilhelm in Köln, der von den Meistern als der beste Meister in allen deutschen Landen geachtet wird, denn er malet einen jeglichen Menschen von aller Gestalt, als lebe er. Die Werke dieses Wilhelms aber, die ich zu Köln gesehen, sind dermaßen zart, fein, scharf und lebendig, daß man schier glauben sollte, sie seien von Händen der Engel gemacht, und erbebet man bei ihrem Anblick, weil sie zu leben scheinen und doch nicht leben. Man fühlet da wohl, daß der Mensch etwas sein und schaffen kann, was viel herrlicher ist als sein gewöhnliches Sein und Schaffen, und man erschrickt darüber, daß diese Herrlichkeit so fremd und selten ist; daher wohl eine Menge Sprossen auf der Leiter zu dieser Vollkommenheit wo nicht fehlen, doch unsichtbar sein müssen und wir alle wohl tief herunter geworfen sind.

Die gewaltige Künstlichkeit des wunderwürdigen Münsterturms
hätte mich beinahe wieder niedergeschlagen; denn ich bedachte mit
Verwunderung, wie ich doch unter den hohen Eichen, in finstern Wäldern, auf hohen Bergen, an steilen Abgründen und bei stürzenden Wasserfällen in einsamen Tälern recht in Einöde, ja ganz verlassen, auch
wohl gar hungrig gesessen und mich doch nicht so bewegt gefühlt als bei
dem Anblick dieses Turmes. Wenn ich die Blätter und Zweige der
Bäume betrachte, so frage ich nicht, wie sie da hinauf gekommen, und
erschrecke nicht, wenn sie sich hin und her bewegen mit Rauschen; aber
wenn ich diesen wunderbaren Turm anschaue mit seinen vielen Türmlein, Säulen und Schnörkeln, die immer auseinander heraustreiben und
durchsichtig sind wie das Gerippe eines Blattes, dann scheint er mir der
Traum eines tiefsinnigen Werkmeisters, vor dem er wohl selbst erschrecken würde, wenn er erwachte und ihn so fertig vor sich in den
Himmel ragen sähe; es sei denn, daß er auf sein Antlitz niederfiele und
ausriefe: »Herr, dies Werk ist nicht von mir in seiner Vollkommenheit,
du hast dich nur meiner Hände bedienet, mein ist nichts daran als die
Mängel, diese aber decke zu mit dem Mantel deiner Liebe, und lasse sie
verschwinden im Geheimnis deiner Maße.« Keiner aber hat dieses wohl
erlebet, keiner hat einem solchen Werke seiner Erfindung die Krone
aufgesetzt, ganze Geschlechter sind von den Baugerüsten herabgestie-
gen und haben sich zu Ruhe in die Gräber zu den Füßen des Turmes gelegt, der nichts davon weiß, und dasteht ernst und steinern, der kein
Herz und keinen Verstand hat, ja eigentlich ein recht unvernünftiger
Turm ist, und doch dasteht, als wäre er aus sich selbst hervorgewachsen
und brauche es keinem Menschen zu danken. Dieser gewaltige Ausdruck der Erhabenheit aber in einem solchen Werke, an welchem die
Weisheit und Mühe und Andacht von Jahrhunderten an unendlichen
Linien des Gesetzes, des Verhältnisses, der Not und der Zier mit hals-
brechender Kühnheit hinangeklommen, um auf dem Gipfel dem Herrn
zu lobsingen, verbunden mit seinem eigentlichen inneren Tode, so daß
er, der alles durch sein Dasein im tiefsten Herzen rührt, doch gar nichts
davon mitempfindet, das ist es, was seinem Anblick und der Erscheinung aller gewaltigen Menschenwerke einen Schrecken beimischet. Es
ist, als frage er: Was bin ich, und warum bin ich, und was ist es, das dich
also rühret in mir? Was können wir ihm aber anderes antworten als: Die
Werke des Herrn sind unbegreiflich, er treibt uns, zu bauen und schaf-

fen über das Leben hinaus, denn wir waren unsterblich und vollkommen, und wir sind gefallen in den Tod durch die Sünde; du Turm aber
stehe, als ein Zeuge, daß wir dunkel fühlen, was wir waren vor dieser
Zeit, und daß wir noch ringen nach unendlichem Ziel; so stehe du dann
als ein Träger unsrer Mühe und unsrer Buße zu Ehren unsres Heilands
und Seligmachers Jesu Christi, der uns erlöset hat durch sein bittres Leiden und Sterben. Amen.

Also gedachte ich in mir, und wenngleich umgeben von lebenden
Bäumen und Blumen, in welchen, wie selbst in den harten Felsen, eine
Seele zu wohnen scheint, welche mit dem Menschen atmet und fühlet,
im Frühling sich mit ihm freuet, und im Winter mit ihm trauert, konnte
ich doch meine Augen nicht von dem Turme wenden. Der Sinn des
Menschen strebet immer nach dem Unbegreiflichen, als sei dort das Ziel
der Laufbahn und der Schlüssel des Himmels; denn bewundern kann
der Mensch allein, und alles Bewunderung Erregende ist ein Bote Gottes, der uns mahnet an das Licht, das wir verloren, und das uns wieder
verheißen ist durch das Blut Christi, so wir uns dessen teilhaftig machen. Also ist mir auch immer alle meine Drangsal erschienen als eine
Sehnsucht nach einem bessern Leben, und alle meine bittern Stunden
waren nur die kalten, stürmenden Tage des Winters, denen der liebliche
Frühling, angekleidet mit Blumen und Gesang, folget, so ich säe guten
Samen und fülle meine Seele mit dem Lobe Gottes.

In solchen Betrachtungen wollte ich wieder nach dem Sommerhäuslein gehn, sah aber meinen gnädigen Herrn und Ritter gar tiefsinnig mit
gefalteten Händen unter einem Baume im Sonnenschein sitzen, und
traute nicht, ihm vorüberzugehen, damit ich ihn nicht störe. Ich stellte
mich darum in seiner Nähe bescheidentlich an die Laubwand, und nahm
mein Barett in die Hände, erwartend, ob er seine Augen vielleicht nach
mir wenden möge.

Der Anblick meines Herrn erweckte eine große Ehrfurcht in mir. Ich
hatte ihn gestern nicht recht gesehen, denn es dunkelte schon, da er mich
am Wege barmherzig zu sich nahm. Er hatte ein schneeweißes Haar am
Haupt und Bart, und mochten wohl viele Sorgen über ihn hingeflogen
sein. Ich erinnerte mich, nie einen so frommen alten Ritter gesehen zu
haben, der mit seinem ernsten und milden Antlitz ein solches Vertrauen
in mein Herz senkte. Gott gebe, daß ich also in Ehren grau werden
möge! dachte ich bei mir und fühlte mich mit ganzer Seele zu dem lieben

Herrn hingezogen. Er aber schien sehr betrübt zu sein, seufzte auch oft und tief, und die kleinen Vöglein, die über ihm in dem Baume so lustig sangen, konnten ihn nicht trösten.

Da ich so eine Weile nach ihm hingesehen hatte, wendete er die Augen zufällig zu dem Orte, an dem ich stand, und redete mich freundlich an mit den Worten: »Wie ist dir, Johannes, daß du so stille dastehest?« Worauf ich ihm entgegnete: »Ich wollte Eure Ruhe nicht stören, Herr; Ihr scheinet mir in schweren Gedanken.«

Der Ritter aber sprach hierauf: »Johannes, wie gefällt dir deine neue Heimat; bist du zufrieden bei mir?«

Da sagte ich: »Herr, sollte ich nicht froh sein? Da ich nun weiß, wo schlafen und wo Brot finden und wem dienen um des Herren willen, da weiß ich nun auch, wen lieben, wem danken außer Gott, und für wen beten außer für mich. Herr, meine neue Heimat gefällt mir wohl; Gott gebe, daß ich auch ihr wohlgefalle, und ihrer würdig werde.« Da lächelte der Ritter und sprach: »Johannes, wenn dir deine Worte ernst sind, so werden wir gute Gesellen sein, denn deine Rede gefällt mir wohl. Aber was willst du tun, mir wohlzugefallen; was willst du mir geben, da du nichts hast?«

Hierauf erwiderte ich: »Herr, ich bleibe Euer Schuldner vor der Welt, denn ich kann Euch kein Wams geben für das Wams, das ich durch Eure Gnade trage; aber vor Gott gebe ich Euch einen guten Zahlmann, denn vor ihm schenke ich Euch mein Herz.«

Da versetzte der Ritter scherzhaft: »Wenn ich dir nun auch mein Herz geben wollte für das deinige, so behielt ich doch das Wams zugute; wie dann, Johannes?«

Worauf ich entgegnete: »Herr, Ihr rechnet so gestreng, als wolltet Ihr mich versuchen in Gegenrechnung, und so muß ich dann schon sagen, daß mein Herz gewiß nicht Wert hat gegen das Eure, welches geprüfet ist durch lange Jahre, da das meinige arm ist und ohne Verdienst, ja da ihm alles Gute, was es gewollt hat, nicht zugute kömmt, da es keinen Wert hat, den es Euch mit sich geben kann, weil der Glaube an die Barmherzigkeit des Heilands nicht mit dem Herzen geschenkt werden kann und dieser Glaube allein doch ein Herz zu beseligen und selig zu machen vermag. So nehmt es denn hin, wie es ist, und füget hinzu, was man nicht mitgeben kann. Doch habe ich noch eine Gabe, deren ich Euch genießen lassen will, und die Ihr mir nicht so leicht einholen sollet;

denn sie ist rasch und fliehet davon, auch werdet Ihr sie mit allem Ernste nicht leicht verdrängen mögen; denn sie ist lieblich und lustig anzuschauen, und könnte ich sie Euch wirklich zu eigen geben, so würdet Ihr sie nicht gerne wieder lassen, eine also gute Gesellin ist sie.«

Mein Herr, der sehr ernst geworden war, sagte hierauf, traurig vor sich niederschauend: »Und was ist das vor ein Kleinod, Johannes, mit dem du so prahlest?«

Da erwiderte ich: »Herr, es ist meine Jugend; deren will ich Euch genießen lassen, wie ich kann. Damit Ihr Euer Alter vergesset bei mir, will ich Euch erfreuen mit mancherlei fröhlichen Reden und Gedanken.«

Aber was ich da zuletzt gesprochen hatte, war wohl töricht und ein schlechter Anfang meiner versprochenen erfreulichen Reden; denn mein gnädiger Herr ward nun sehr stille und finster. Weil ich ihn an sein Alter erinnert hatte, glaubte ich. Da redete ich ihn schüchtern an: »Herr, ich habe Euch mit törichten Worten erzürnet.«

Er aber sprach: »Das hast du nicht getan, Johannes, du hast die Wahrheit gesprochen, aber mir ist schwerer aufs Herz gefallen, was mir lange schon darauf liegt, mein Unwert. Nun aber bedenke ich, ob dein fröhlicher Mut mir wohl diese Last von der Brust nehmen wird; aber das mag wohl nicht sein; hast du mich nicht gefunden hier im Grünen, in einem lustigen Garten, von der lieben Sonne beschienen, und angesungen von den unschuldigen Vögelein, nachdenklich und betrübt? Wirst du können, was der Frühling nicht vermag? So du aber Künste gelernt hast, die ich nicht besitze, so wirst du mein Schuldner nicht bleiben, wenn ich gleich selbst ewig Gottes Schuldner bleibe. Setze dich zu mir und sage mir treulich, wie du zur Armut gekommen bist im Guten, und wie es sich mit dir begeben, bis ich dich gestern an der Eiche gefunden habe im Blobsheimer Wald, und dann sollst du ebenfalls von mir hören, warum ich betrübt bin.«

Da ich die große Freundlichkeit meines Herrn aus dieser Rede vernommen hatte, faßte ich einen guten Mut, setzte mich zu ihm unter den Baum, und sprach also: »Mein gnädiger Herr und Ritter, es gibt keinen ehrlicheren Weg ins Leben als die Geburt, denn unser Heiland ist ihn auch gewandelt, und so gibt es auch keinen ehrlicheren Weg zur Armut, als in ihr geboren zu sein, denn auch unser Heiland ward in ihr geboren, und so kam ich zur Armut, als ich zur Welt kam. Aber ich bin doch nicht

lang arm geblieben; denn ich fand eine unaussprechlich liebe Mutter; die
ließ mich an ihrem Herzen schlummern, und sah auf mich nieder mit
sorgenden Liebesblicken, und weckte sie mich nicht mit ihren Tränlein,
die auf mich niederfielen, so weckte sie mich mit Küssen, und ließ mich
ihr eignes Leben aus ihren Brüsten trinken; o Herr, war ich nicht reich,
wer ist reicher als ein neugebornes Kindlein? – Ja, ich war so reich, daß
ich meiner lieben Mutter Freud und Leid verdoppeln konnte, was Ihr
wohl aus einem Liede vernehmen werdet, das meine Mutter oft sang,
wenn sie mich in frühster Jugend einschläferte, und habe ich es nach ihrem Tode in ihrem Gebetbüchlein liegend gefunden; es ist aber gestellt,
bald als rede ein Kindlein zur Mutter, bald die Mutter zu ihm; nun hö-
ret:

> O Mutter, halte dein Kindlein warm,
> Die Welt ist kalt und helle,
> Und trag es fromm in deinem Arm
> An deines Herzens Schwelle.
>
> Leg still es, wo dein Busen bebt,
> Und, leis herab gebücket,
> Harr liebvoll, bis es die Äuglein hebt,
> Zum Himmel selig blicket. –
>
> Und weck ich dich mit Tränen nicht,
> So weck ich dich mit Küssen;
> Aus deinem Aug mein Tag anbricht,
> Sonn, Mond dir weichen müssen,
>
> O du unschuldger Himmel du!
> Du lachst aus Kindesblicken,
> O Engelsehen, o selge Ruh,
> In dich mich zu entzücken!
>
> Ich schau zu dir so Tag als Nacht,
> Muß ewig zu dir schauen,
> Und wenn mein Himmel träumend lacht,
> Wächst Hoffnung und Vertrauen.

Komm her, komm her, trink meine Brust,
Leben von meinem Leben;
O, könnt ich alle fromme Lust
Aus meiner Brust dir geben!

Nur Lust, nur Lust, und gar kein Weh,
Ach, du trinkst auch die Schmerzen;
So stärke Gott in Himmelshöh
Dich Herz aus meinem Herzen!

Vater unser, der du im Himmel bist,
Unser täglich Brot gib uns heute,
Getreuer Gott, Herr Jesus Christ,
Tränk uns aus deiner Seite. –

Du strahlender Augenhimmel du,
Du taust aus Mutteraugen,
Ach Herzenspochen, ach Lust, ach Ruh,
An deinen Brüsten saugen!

Ich schau zu dir so Tag als Nacht,
Muß ewig zu dir schauen;
Du mußt mir, die mich zur Welt gebracht,
Auch nun die Wiege bauen.

Um meine Wiege laß Seide nicht,
Laß deinen Arm sich schlingen,
Und nur deiner milden Augen Licht
Laß zu mir niederdringen.

Und in deines keuschen Schoßes Hut
Sollst du deine Kindlein schaukeln,
Daß deine Kinder, so lieb, so gut,
Wie Träume mich umgaukeln.

Da träumt mir, wie ich so ganz allein
Gewohnt dir unterm Herzen;

Da waren die Freuden, die Leiden dein
Mir Freuden auch und Schmerzen.

Und ward dir dein Herz ja allzu groß,
Und hattest nicht, wem klagen,
Und weintest du still in deinen Schoß,
Half ich dein Herz dir tragen.

Da rief ich: Komm, lieb Mutter, komm!
Kühl dich in Liebeswogen!
Da fühltest du dich so still, so fromm
In dich hinabgezogen.

So mutterselig ganz allein
In deiner Lust berauschet,
Hab ich die klare Seele dein,
Du reines Herz, belauschet.

Was heilig in dir zu aller Stund,
Das bin ich all gewesen;
Nun küß mich, süßer Mund, gesund,
Weil du an mir genesen.

O selig, selig ohne Schuld,
Wie konnt ich mit dir beten;
O wunderbare Ungeduld,
Ans scharfe Licht zu treten!

O Mutter, halte dein Kindlein warm,
Die Welt ist kalt und helle,
Und trag es fromm, bist du zu arm,
Hin an des Grabes Schwelle.

Leg es in Linnen, die du gewebt,
Zu Blumen, die du gepflücket,
Stirb mit, daß, wenn es die Äuglein hebt,
Im Himmel es dich erblicket.

So lallt zu dir ein frommes Herz,
Und nimmer lernt es sprechen,
Blickt ewig zu dir, blickt himmelwärts
Und will in Freuden brechen.

Brichts nicht in Freud, brichts doch in Leid,
Bricht es uns allen beiden.
Ach, Wiedersehen geht fern und weit,
Und nahe geht das Scheiden!

Als ich das Lied ganz hergesagt, waren ich und mein Herr Ritter ein bißchen stille. Dann hob er an und sprach: »Du hast recht, lieber Johannes, du warst recht reich, eine so liebe Mutter auf Erden zu finden; das ist ein schönes Lied, aber es ist auch viel Trauer darin; wer hat es denn also gesetzet, daß es am Ende so schmerzlich vom Scheiden spricht?«

Da sagte ich: »Mein Vater hat es gesetzt, als ich noch nicht geboren war, da er von meiner Mutter scheiden mußte, und hat sie ihn nie wiedergesehn, und kenne ich ihn auch nicht.« Da brachen mir die Tränen aus, aber mein gnädiger Herr fuhr mir freundlich mit der Hand über das Haupt und sagte: »Sei wohlgemut! Ich will dein Vater sein, das reicht auf Erden hin, Gott gebs!« Da küßt ich ihm die Hand und fuhr fort: »Ach, Herr Ritter, solcher Reichtum an einer so lieben Mutter war noch nicht genug; denn gute Leute nahmen mich auf ihre Arme und trugen mich in die Kirche; da ward ich durch die heilige Taufe aufgenommen unter die Kinder Gottes und ward gereinigt von aller Sünde und ward teilhaftig der Versühnung unseres Herrn Jesu Christi. Da ward ich erst reich über alle Maßen, da hatte ich das ewige Leben und den Schlüssel des Himmels geschenket. Dann aber auch ward mir gegeben viele irdische Herrlichkeit, und was zum Leben nötig und lustig ist; denn ich ward gelehret, daß der Glanz der Sonne all mein Gold sei, der Spiegel der Flüsse all mein Silber, die grünen Wiesen mit ihren Blumen all meine Teppiche und Tapezereien, der Himmel mit seinen blauen gestirnten Gewölben und der grüne hohe Wald alle meine Gebäude und Hallen; ja endlich bin ich so reich geworden, daß mir die ganze Welt offen stand, und alle guten Menschen meine Diener warden, zu denen ich sprechen durfte: Gib mir dies, gib mir jenes; und hatte ich auch keinen Herrn, als den Herrn aller Herren, den lieben Gott, der mir das Leben zu einem

Lehen gegeben, und in dessen Hände ich es, so der heilige Geist seine
Gnade verleiht, und mein Herr Jesus sich meiner erbarmt, ohne große
Makel zurückzugeben hoffe, und habe ich mir zum Spruche auf mein
Schild erwählt – denn ich bin eines Ritters Sohn –:

> Der Himmel ist mein Hut,
> Die Erde ist mein Schuh,
> Das heilge Kreuz ist mein Schwert,
> Wer mich sieht, hat mich lieb und wert.«

Da lächelte Herr Veltlin und sprach: »Dein Hut ist besser als deine
Schuh, die wirst du dir bald ablaufen, aber dein Schwert ist das mächtig-
ste auf Erden und hat einen guten Waffenschmied gehabt, du bist ein guter Ritter, und deine Fahrt mag friedlich abgehen, denn die dich sehen,
haben dich lieb und wert. Aber erzähl mir nun dein Herkommen!«
Da zog ich ein Buch aus meinem Buchbeutel und sprach: »Ich will es
Euch lesen, denn ich habe angefangen, es mir aufzuschreiben, und zwar
so recht ausführlich, wie es mir eingefallen, mit allerlei Rede und Betrachtung; wie mir bewußt ward, daß es gewesen ist und gewesen sein
kann.« Da sprach Herr Veltlin: »Du kannst schreiben? Johannes, das
kann ich nicht, und bin ich begierig zu hören, ob du auch alles so aufgeschrieben, daß ich es wohl genießen mag; denn da die Schrift als etwas
Künstlicheres und dem Menschen Merkwürdigeres gegeben wird als gewöhnliche Rede, die schnell dahin fliegt, so soll sie auch des Aufbehal-
tens würdiger dem Menschen dargereicht werden, und also wohlgesetzt
und deutlich sein. Lies nun!« Da hob ich an:

Chronika des fahrenden Schülers
Johannes Laurenburger,
von Polsnich an der Lahn

> Dieses Buch ist mir wert und lieb;
> Wer es mir stiehlt, der ist ein Dieb.

Ich bin geboren am 20. Mai 1318 zu Polsnich an der Lahn; das ist ein
Hof, der gehört zum Kloster Arnstein, darin ich getauft wurde Johannes. Meine Mutter selig wohnte in einem kleinen Häuslein vor dem Hof,

und nannte man sie die schöne Laurenburger Els; mein Vater aber, den ich nie gesehen, war der Ritter von der Laurenburg, die dem Kloster Arnstein gegenüber an der Lahn liegt. Was es aber für eine Beschaffenheit mit ihm habe, will ich hier niederschreiben, so viel ich erfahren, wenn ich zu der Zeit in meinem Leben gelange, da es mir selbst bekannt worden.

Das erste, dessen ich mich aus frühster Jugend von meiner Mutter recht deutlich erinnre, ist, daß sie mich lehrte, mich mit dem Zeichen des heiligen Kreuzes zu bezeichnen und die Hände zu falten und das Vaterunser und den englischen Gruß zu beten. Sie sagte mir die Gebete vor, ich schaute nach ihren Lippen und sprach ihr nach, und ich erinnere mich noch recht sehr deutlich meiner großen Freude, als ich zum ersten Male abends neben ihr an ihrem Betschemel kniete, und diese heiligen Gebete mit ihr fertig und ohne Fehl sprach. Jetzt noch, wenn ich bete, ist es mir oft, als schaute ich nach ihren Lippen und spräche ihr nach.

Sie war arm, fromm und arbeitsam, und wenn ich sie gleich später in mancherlei Geschäft gesehen, schwebt mir ihr Bild doch meistens betend, singend oder spinnend vor Augen. Wenn sie mich manchmal abends schon im Bette entschlafen glaubte, wachte ich noch und horchte auf das Schnurren ihrer Spindel und ihren rührenden Gesang; denn sie saß spät auf, ihr Brot in Ehren zu verdienen.

Der Anblick meiner holdseligen Mutter, wenn sie so bei Lampenschein vor sich hinsang und spann, rührte mich oft bis zu Tränen; warum, das weiß der liebe Gott gewiß, zu dem ich wohl zuhörend mit kindischem Herzen für sie gebetet habe.

Einmal weiß ich, daß ich gar sehr weinen mußte; als ich sie nachts bei ihrem Rocken so vor sich hin singen hörte, da fing eine Nachtigall vor unserm Fenster auch an zu singen; es war schon sehr spät, und der volle Mond schien klar und hell. Meine Mutter aber hörte nicht auf zu singen, und sang das Vögelein und sie zugleich. Da habe ich zum erstenmal Traurigkeit empfunden und kindische Sorgen um den Ernst des Lebens gehabt, die ich wohl noch fühle, aber nicht auszusprechen vermag; da habe ich mich auch leise im Bette aufgerichtet und meiner Mutter zugehört. Sie sang aber ein Lied, das lautete also:

Es sang vor langen Jahren
Wohl auch die Nachtigall;
Das war wohl süßer Schall,
Da wir zusammen waren.

Ich sing und kann nicht weinen
Und spinne so allein
Den Faden klar und rein,
Solang der Mond wird scheinen.

Da wir zusammen waren,
Da sang die Nachtigall;
Nun mahnet mich ihr Schall,
Daß du von mir gefahren.

So oft der Mond mag scheinen,
Gedenk ich dein allein;
Mein Herz ist klar und rein,
Gott wolle uns vereinen!

Seit du von mir gefahren,
Singt stets die Nachtigall;
Ich denk bei ihrem Schall,
Wie wir zusammen waren.

Gott wolle uns vereinen,
Hier spinn ich so allein;
Der Mond scheint klar und rein,
Ich sing und möchte weinen!

Besonders traurig aber kam es mir vor, daß der Vogel und meine Mutter zugleich sangen und doch nicht recht miteinander, und hätte ich damals wohl wissen mögen, ob der Vogel auch in seinem Gesange meiner Mutter gedachte, und ob er auch lieber geweint als gesungen hätte. Ich fragte darum meine Mutter mit den Worten: »Mutter, was singt denn die Nachtigall dazu?«

Da sagte sie: »Die Nachtigall sehnt sich und lobet Gott; also tue ich auch. Aber, Johannes, warum wachst du? Schlafe, du mußt morgen früh heraus und mit mir nach Kloster Arnstein gehn; wenn du nicht schläfst, so nehme ich dich nicht mit.« Da löschte sie die Lampe aus, und trat vor mein Bettlein und machte mir das Zeichen des Kreuzes auf Stirne, Mund und Herz und küßte mich, und da ich fühlte, daß sie weinte, schlang ich meine Arme um ihren Hals und drückte ihr Antlitz fest an das meinige, und da weinten wir beide.

Ich fragte sie aber: »O liebe Herzmutter, was weinest du, und warum machst du mir nochmals das Kreuz? Ich habe ja schon gebetet.«

»Lieber Johannes«, sprach sie hierauf, »ich mache dir immer das Kreuz und küsse dich, wenn ich schlafen gehe, daß dir Gottes und deiner Mutter Segen in der Nacht zugute komme; aber du hast bisher immer schon geschlafen, wenn ich es tat, und wußtest es darum nicht.« Aber warum sie weine, sagte sie mir damals nicht. Darauf entkleidete sie sich und legte sich zu Bette, und betete laut, ich aber sprach ihr nach:

> Herr Jesus, ich will schlafen gehn,
> Laß vierzehn Engel bei mir stehn,
> Zwei zu meiner Rechten,
> Zwei zu meiner Linken,
> Zwei zu meinen Häupten,
> Zwei zu meinen Füßen,
> Zwei, die mich decken,
> Zwei, die mich wecken,
> Zwei, die mich weisen
> Zum himmlischen Paradeise!

Worauf wir ruhig einschliefen.

Am folgenden Morgen wachte ich früher auf als die Mutter. Die Schwalbe begann zu singen. Ich kleidete mich leise an und trat an das Bett meiner Mutter; die hatte die Hände ruhig gefaltet, und der junge Tag schien auf ihr Angesicht. Ihr Anblick erfüllte mich mit Liebe und Trauer, denn ich hatte Barbara, die Tochter des Hofmeiers, neulich also mit gefalteten Händen stille im Sarge liegen sehn, und ergriff mich eine so tiefe Angst, daß ich meine Mutter mit ungestümen Küssen erweckte. Sie erwachte in meinen Armen, und als ich ihr die Ursache meiner Tränen sagte, nahm sie meine Hände von ihrem Hals und faltete sie, und

schloß sie in ihre lieben Hände, und so beteten wir zusammen zu Gott,
und dankten ihm, daß er uns diese Nacht erhalten und uns verliehen
habe, diesen Tag zu unserer Besserung anzutreten. Am Schlusse des Ge-
betes sagte die Mutter: »Du hast gefürchtet, ich sei tot, Johannes; sterben müssen wir alle, halte dich an unsern Herrn Jesum und die himmlische Mutter Maria, die werden dir Vater und Mutter sein, besser als dein
irdischer Vater und ich, wenn auch ich dich verlassen muß. Und wenn
ich einst die Hände so schließe, um zu beten, da ich zur ewigen Ruhe
entschlafe, so schließe auch deine Hände so in die meinigen und bete mit
mir, auf daß uns der Heiland zusammen in die ewige Herrlichkeit seines
Angesichts schauen lasse.«

Da wurd ich still und trat an das Fensterlein unsrer Kammer und sah
nach dem kommenden Tag. Als sich aber meine Mutter angekleidet
hatte, trat sie hinter mich, und hielt mir freundlich die Augen zu, mit
den Worten: »Warte ein wenig, liebes Kind, gleich wirst du etwas sehen,
das du nie gesehen.« Während sie mir so die Augen zuhielt, fragte ich
sie: »Liebe Mutter, ist das Gebet dann kräftiger, und gefällt es dem lieben Gott dann besser, wenn man die Hände so zusammen faltet, wie du
mit mir getan?« – »Gewiß«, sagte die Mutter, »wenn die, so es tun, sich
so lieben wie wir, aber den lieben Gott doch noch viel mehr als einander,
und wenn in der Kirche alle Leute zusammen beten und der Priester am
Altare betet, da ist das Gebet des Priesters die Hand, in die sie alle ihre
Hände gefalten haben. Was habe ich dich von der christlichen Liebe gelehrt?« Da sprach ich: »Du sollst Vater und Mutter lieben, auf daß du
lang lebest auf Erden; du sollst deinen Nächsten lieben wie dich selbst
und Gott über alles.« – »Recht«, sagte die Mutter, »o wie selig wäre die
Welt, wenn alle Menschen so vereinet beteten, wie wir es heut tun konnten, und wie es eine fromme Gemeinde in der Kirche tut.« Da sagte ich
kindisch: »Aber alle Menschen können doch nicht ihre Hände zu zwei
Händen zusammenlegen.« – »O gewiß, das können sie«, erwiderte die
Mutter, »und das in unsers lieben Erlösers Jesus Christi Hände, der
überall und an allen Orten ist, und seine heiligen Hände für uns am
Kreuze ausgespannt hat, uns zu erlösen von der Sünde. Denn er hat uns
ja das Gebet gelehret, und er ist die Hand, in welche wir unsre Hände legen müssen, so unser Gebet zu Gott dringen soll; denn er selbst hat auf
Erden gesagt: ›Alle Dinge sind mir übergeben von meinem Vater, und
niemand erkennet den Sohn, als nur der Vater, und niemand kennet den

Vater, als nur der Sohn, und wem es der Sohn will offenbaren. Kommet her zu mir, alle, die ihr mühselig und beladen seid, ich will euch erquikken.‹ Und der heilige Johannes sagt: ›Der Vater hat den Sohn lieb und hat ihm alles in seine Hand gegeben. Wir haben einen Fürsprecher beim Vater, Jesum Christum, den Gerechten; der ist die Versöhnung für unsre Sünden, doch nicht allein für die unsrigen, sondern für die Sünden der ganzen Welt. Es ist ein Gott und ein Mittler zwischen Gott und den Menschen, der Mensch Jesus Christus, der sich selbst für uns alle zur Erlösung hingegeben hat.‹ Ach, möchten nur alle ihre Hände in des Heilands Hand, in die Gott alles gegeben hat, glaubend, hoffend und liebend legen; dann würden wir alle zusammen schauen in das Angesicht Gottes.« Nach diesen Worten tat die liebe Mutter ihre Hände von meinen Augen und sprach: »Gelobet sei Jesus Christus!«, und ich erwiderte: »In Ewigkeit, Amen!« und sah mit großer Seligkeit in den Glanz der Morgensonne, die über dem Lahntal hervorstieg. »Ach, Mutter«, rief ich aus, »ist dieses Gottes Angesicht?« – »Nein, mein Kind«, erwiderte sie, »das ist nur seine erschaffene Sonne, die er über uns arme sündige Menschen scheinen läßt; aber denen, die ihn lieben, hat Gott bereitet, was kein Auge gesehn und kein Ohr gehört hat, und was in keines Menschen Herz gekommen ist.«

Ich habe aber damals die Sonne zum ersten Male aufgehen sehen, weil ich so früh vorher nie aufgestanden. Dieses Morgens und aller meiner Mutter Rede und Tun an demselben habe ich bis jetzt gar oft mit großem Nutzen gedacht. Nun aber nahm meine Mutter Linnen, das sie gewebt, und Garn, das sie gesponnen und gezwirnet, um es in dem Kloster zu verkaufen. Sie trug es in dem Korbe auf dem Kopfe, und da ich sie darum gebeten, gab sie mir einige Stränge des Garns zu tragen, welche ich mit einer großen Liebe zu meiner Mutter sehr sorgfältig bis nach Arnstein getragen habe. Wir kamen daselbst in des Abtes Stube, die war mit schönen Bildern ausgemalt; auch handelte der Abt selbst um das Tuch mit der Mutter und war ein heiliger, aber sonst gar freundlicher und lustiger Mann, fragte mich auch, da ich die schönen Bilder an den Wänden so fleißig betrachtete: »Hans, dir gefällt wohl meine Zelle; hast du auch Lust, ein geistlicher Ordensherr zu werden? Wenn du fromm und fleißig bist, kannst du mit der Zeit diese meine Bilder besitzen und Abt sein, wenn ich in dem stillen Konvent unter der Kirche schlafe.«

Da erwiderte ich: »Ich hätte wohl Lust dazu, Abt in der schönen Zelle

zu sein, Hochwürdiger Herr, wenn meine liebe Mutter mit drinnen
wohnen wollte.« Da lachte der Abt und sprach: »Lieber Hans, wenn die
schöne Laurenburger Els mit in den Zellen wohnen dürfte, möchte
wohl das kleine Klosterpförtlein zu enge werden, so viele sollten den
heiligen Orden suchen; aber das geht nicht, denn der Herr spricht, wir
sollen das Kreuz auf uns nehmen, alles verlassen und ihm nachfolgen;
und doch wohnet eine Mutter mit uns in unsern Zellen, die ist noch viel
lieblicher und milder als die deine.« Da sah ich bald den Abt, bald meine
Mutter an und konnte seine Rede nicht recht glauben, sagte auch zuletzt: »Ach, Hochwürdiger Herr, zeiget mir sie!« Da lachte der Abt
wieder und sprach: »Mein Hans, zeigen kann man sie nicht, aber wir leben alle in ihrem Schoße, und auch du; es ist die heilige Mutter, die Kirche, welche unser lieber Herr Jesus sich zu einer Braut erkoren; aber das
verstehest du noch nicht.« Da sagte ich: »Nein!«, und er gab mir drei
Bildlein aus seinem Gebetbuch, das war St. Jörgen Bild, meines Vaters,
Ritter Jörgen von der Laurenburg, Patron, St. Elsbethen Bild, meiner
Mutter Patronin, und St. Johannsen mit dem gülden Mund Bild, mein
Patron, worüber ich große Freude empfand, und als ich ihm den Ärmel
küssen wollte, reichte er mir die Hand und sprach: »Johannes, bitte
Frau Else, deine Mutter, daß sie dich bald herauf zur Schule tut, da sollst
du zur Messe dienen lernen, und für jede Messe einen halben Heller von
mir erhalten.« Da bat die Mutter den Abt um seinen Segen, und knieten
wir beide vor ihm, und er legte seine Hände auf uns und betete.

Meine Mutter ließ aber von dem Geld, das er ihr für die Linnen gegeben, zurück, eine heilige Messe für ihr Anliegen in Sankt Jörgen Kapelle
zu lesen, und da der Abt fragte: »Laurenburgerin, was ist Euer Anliegen?«, traten meiner Mutter die Tränen in die Augen, und sie sprach mit
Schämen: »Das stell ich Gott anheim, Hochwürdiger Herr.« Der Abt
erwiderte hierauf mit ernster und freundlicher Stimme: »Laurenburgerin, nehmet Euer Geld zurück und wendet es Eurem Kinde zu; ich weiß,
Ihr lebet bedrängt, ich will das heilige Meßopfer selbsten für Euch halten und von ganzem Herzen für Euch beten; aber ergebet Euch auch in
den Willen des Herrn, und hanget nicht weltlichem Kummer allzu sehr
nach.« Meine Mutter aber wollte das Geld nicht wieder nehmen und
sprach: »Der Himmel segne Euch, Hochwürdiger Herr, für Eure
Milde, aber ich bedarf des Geldes nicht, welches ich zu heiligem Opfer
erarbeitet; tut des edlen Laurenburgers Weib den Schimpf nicht an, als

könne sie nicht ein kleines Opfer erarbeiten.« Da sprach der Abt: »So Ihr Euch das zu Herzen nehmet, will ich dafür ein Kerzlein vor St. Jörgen Bild aufstecken lassen. Linnen und Garn gebet unten im Kloster dem Bruder Sulpizius, daß er Chorhemden daraus mache; denn Eure Linnen sind gar fein.« Da nahm die Mutter die Linnen, und gaben wir sie unten dem Bruder Schneider; der hielt aber der Mutter den Korb zurück, bis wir aus der Kirche kamen.

In der Kirche gingen wir zur Linken in eine Kapelle; da stand auf dem Altar St. Jörgen Bild, wie er den Drachen durchbohret; den Altar haben die Ritter von der Laurenburg gestiftet und viele Gaben zu dem Kloster getan, haben auch ihr Begräbnis in dieser Kapelle, wie ich nachmals erfahren. Zur Rechten des Altars kniete ich mit meiner Mutter nieder, bei einem steinernen Bilde, das in die Wand gemauert war. Dieses stellte aber einen alten Ritter vor, der hatte ein langes geistliches Gewand an, und legte einem jungen Ritter, der vor ihm kniete, die Hände auf das Haupt. Meine Mutter sah oft und mit recht innerlicher Bewegung nach dem knienden Ritter. Ich betrachtete ihn auch, und empfand eine große Freude an ihm, hätte ihm auch gern etwas Liebes getan und setzte ihm drum einen grünen Kranz auf sein steinern Haupt, den ich mir im Walde geflochten und noch spielend in der Hand trug. Da meine Mutter dies sah, fuhr es wie ein Blitz durch ihre Augen, und umarmte sie mich heftig in der Kirche, aber ihre Wangen wurden schamrot und ihre Augen voll Tränen; da ließ sie mich los und senkte das Haupt auf den Betstuhl. Ich empfand große Bangigkeit um ihre rührende Gebärde. Da trat ein Ordensbruder aus der Sakristei mit einer schönen bunten Wachskerze; die zündete er an der ewigen Lampe an, nahte dann unserm Betstuhl und reichte sie meiner Mutter und mir zu küssen, und als wir dies getan, steckte er sie auf St. Jörgen Leuchter, der neben St. Jörgen Altar stand und gestaltet war wie eine Lanze, die durch einen Lindwurm gestochen ist. Das war die Opferkerze, die uns der Herr Abt versprochen. Nun klang das Glöcklein, und der fromme liebreiche Herr trat mit dem Ministranten zum Altar und las uns die heilige Messe selbst mit großer Andacht. Da sagte mir meine Mutter ins Ohr: »Bete hübsch fromm, Johannes, der stehende alte Ritter ist der alte Laurenburger, dein Großvater, bete hübsch für ihn!« Nun hatte ich den Mut nicht mehr, nach dem Bilde zu schauen, und ward mir mein Großvater von damals an ein gar ernster und sorglicher Gedanke, aber ich habe zum ersten Male gebetet mit einer recht innerlichen Herzensangst, wie früher nie; warum ich aber so gebetet, kann ich mich nicht mehr deutlich entsinnen.

Da die Messe zu Ende war, fragte ich meine Mutter wieder nach dem steinernen Bilde mit den Worten: »Mutter, was macht denn der alte Laurenburger da?« Aber sie antwortete nicht, und sah mit nassen Augen den knienden Ritter an, dem ich das Kränzlein aufgesetzet. Als ich sie nochmals fragte, sagte sie: »Der alte Laurenburger tut, was ich dir gestern abend tat, da ich dich im Bette mit dem heiligen Kreuze bezeichnete.« Da fragte ich sie weiter: »Will denn der alte Laurenburger auch schlafen gehn?« Und sie sprach: »Ja, er will schlafen gehn in die ewige Ruhe.« Ich aber fragte weiter: »Will denn der kniende Ritter auch schlafen gehn?« Da sprach sie: »Ach, Gott gebe ihm ein seliges Erwachen, so er schon schläft!« und ward wieder sehr traurig, und hob mich hinauf an dem Bilde, mit den Worten: »Küsse den Knienden, habe ihn recht lieb, es ist dein guter Vater.« Da küßte ich ihn herzlich und setzte ihm das Kränzlein zurecht auf seinem Haupt, wollte ihn auch nicht lassen. Meine Mutter aber behielt mich auf dem Arme und trug mich aus der Kirche hinaus, und hätte sie schier auch ihren Korb vergessen, der noch bei dem Bruder Sulpizius stand. Der aber kam uns nachgelaufen und brachte den Korb; da war ein schönes weißes Klosterbrot drinnen und ein Krüglein voll Weins, das schenkte uns der Herr Abt.

Sie dankte und ging ruhig mit mir links dem Walde zu, einen andern Weg, als wir hergekommen waren. Sie hatte den Korb am rechten Arme und trug mich auf dem linken; ich sagte ihr, daß ich nicht müde sei, und es ihr sauer werde, sie solle mich gehen lassen. Aber sie wollte mich nicht loslassen, und ich merkte in ihr eine geheime Lust, mich zu tragen, und sie schloß mich manchmal fester mit dem Arme an ihre Brust, so daß ich den Schlag ihres Herzens fühlte. Da ward ich mir so recht lebendig ihrer Liebe bewußt, und genoß ihrer Güte mit kindlicher Freude; denn sie pflegte mich sonst nicht zu tragen, weil sie, wenn gleich groß und schlank, doch durch manche Sorge und Nachtwache entkräftet war. Sie war zart und weiß mit langen blonden Haaren, und wie goldne Strahlen waren die Wimpern über ihren reinen blauen Augen, die mich noch immer mit Friede, Liebe und Warnung anblicken. Ja, ihr liebes Angesicht war wie ein durchsichtiges Fensterlein ihres Herzens, aus dem ihre Seele mit jeder innern Bewegung errötend und erbleichend zum Himmel schaute. Ihr Mund aber war ruhig und zart geschlossen, und erregte eine züchtige Ehrfurcht. Ich sage dies hier; denn ich werde nimmermehr vergessen, mit welcher Liebe ich damals ihr edles Angesicht betrachtete, und wie gut und holdselig sie aussah, da sie mich so zärtlich durch die freie Luft über die grüne Wiese hintrug, und meine Härlein und ihre langen blonden Haare in dem Winde durcheinanderflogen, und die Lerche über uns, gegen die Sonne schwebend, lobsang. Da war mir unendlich wohl, und meine Sehnsucht, sie nicht zu ermüden, ward so inbrünstig, daß ich glaubend fühlte, ich ermüde sie nicht, und, mit ihren Haaren spielend, zu ihr sagte: »Liebe Mutter, bin ich nicht recht leicht? Mir ist, als träume ich, ich flöge.« Sie aber antwortete nicht, als mit einem zärtlichen Druck ihres Arms, und ich begann ihr ihre Haare in Zöpfe zu flechten, daß ihr der spielende Wind nicht beschwerlich fallen möge, und sie ließ es mit freundlichem Hinneigen ihres Kopfes gern geschehen. Da ich aber fertig war und sie mich durch den Wald unter den Bäumen hintrug, brach ich einen grünen Eichenzweig ab, wand ihn in einen Kranz, und setzte ihn ihr auf das Haupt mit den Worten: »Liebe Mutter, nun bist du geschmückt wie der kniende Ritter in St. Jörgen Kapelle, nun hast du auch ein Kränzlein auf, und wenn er uns nun durch den Wald entgegengeschritten käme, würdet ihr euch beide wohl sehr aneinander erfreuen über die schönen Kränze?« Meine Mutter aber antwortete nicht und ging traurig fort, worüber ich auch betrübt wurde.

So zogen wir still und einsam wohl eine Stunde lang durch den dichten Wald, als wären wir die einzigen Menschen auf der Welt, und hätten nicht viel Freude. Nun ward es lichter in den Zweigen, und der Wald endete sich gegen den Rand des Berges, der sich in das einsame Lahntal senkte; hier küßte mich die Mutter und ließ mich an die Erde. Wir standen aber auf einer grünen Waldwiese, die ein frischer Quell erquickte, der mit Umwegen an dem mannigfaltig unterbrochenen Abhange zu der Lahn hinabeilte. Wo wir standen, war die Gegend sanft und mild, ein großer alter Birnbaum hing schwer voll gelber Birnen, und um ihn her standen mehrere Vogelbeerbäume, die mit ihren feuerfarbenen Früchten lustig gegen den dunkeln Wald abstachen; außerdem begrenzten und durchschnitten den Platz mancherlei Fruchtsträucher, Haselbüsche, Johannis- und Klosterbeersträucher, und ich hatte die Fülle zu brechen und zu genießen. Gegen uns über erschien die Gegend ernster. Das Lahntal schließt, von diesem Punkte gesehen, den Spiegel des Flus-

ses mit einer Krümme wie einen tiefliegenden See ein, und die Berge lagen, mit dunklem Walde bedeckt, streng und finster um diesen her, als
hätten sie tiefsinnige Gedanken über ein Leid, das hier geschehen. Die
Mutter stand stille und schaute ruhig in die Gegend hinein, ich hatte
aber den Deckel des Korbes genommen, ihn mit breiten Haselnußblät-
tern bedeckt, und sammelte mit ängstlichem Fleiße die schönsten Brom-
beeren und Himbeeren, und was sonst an wohlschmeckenden Träub-
lein zu reichlicher Lese sich darbot. Zwischen der Arbeit schaute ich oft
nach ihr, sah auch mit Freude, wie der Anblick der Gegend ihr Antlitz
zu erheitern schien, und als ich meine Ernte ihr darbot, lächelte sie
freundlich, strich mir mit der Hand über die Stirne und sagte: »Schönen
Dank, Johannes, du bist ein gutes Kind.«

Dann führte sie mich rechts dem Dickicht zu, wo wir nach wenigen
Schritten vor einer kleinen verlassenen Hütte standen; der Efeu hatte
frei die Wände umrankt, und selbst die verschlossene Tür mit seinem
Gitter umzogen. Die Mutter hob mich an einem alten Wacholderbaum
in die Höhe, der neben der Türe stand, und ich mußte ihr aus einem Loche in demselben einen Schlüssel holen, mit welchem sie die Türe auf-
schloß, nachdem ich ihr geholfen hatte, die Efeuranken behutsam, ohne
sie zu zerreißen, von der Türe abzulösen. Nun gingen wir durch eine
kleine, gerätlose Küche in eine viereckte Stube. Ich trat mit Scheu hinein; denn die wenigen Strahlen, welche durch die verschlossenen Fensterladen fielen, zeigten mir allerlei große Vögel an den Wänden in un-
bestimmtem Lichte. Meine Mutter aber stieß sogleich einen Fensterladen auf, und da sah man nach der andern Seite des Lahntals, wo das alte
Laurenburger Schloß aus schwarzem Bergwald hervorragte. An den
Wänden der kleinen Stube sah ich auf eingemauerten Hirschgeweihen
vielerlei ausgestopfte Vögel befestigt, und besonders eine Reihe alter
Falken; außerdem lehnten und hingen mancherlei Jagdgeräte, Armbrust, Speere, Netze u. dgl., in schöner Ordnung um einen einfachen
Betschemel, der vor dem holzgeschnitzten heiligen Hubertusbilde
stand. Da war St. Hubertus abgebildet, wie er vor einem Hirsche kniet,
der ihm mit einem Kreuze zwischen den Geweihen auf der Jagd entge-
gengetreten, da ihm der Herr sein wildes Herz gerührt. Ich betrachtete
alle diese Dinge, die ich früher nie gesehen, mit bangem Staunen, während meine Mutter, auf einem hölzernen Stuhle sitzend, still dem Fenster hinaus nach der Laurenburg sah. Alles, was mir seit dem letzten

Abend begegnet war, hatte die ruhige Folge der gewohnten Eindrücke in meiner Seele unterbrochen, und wenn ich jetzt zurückgedenke, möchte ich meine damalige Empfindung wohl dem Gefühl eines Rades vergleichen, wenn es in der Mühle plötzlich lebendig werden und sehen könnte, wie es sich selbst und alle die andern Räder sich mit ihm herumdrehen, ohne sich doch gleich vorstellen zu können, was es selbst und die andern Räder eigentlich sollen, und was überhaupt eine Mühle ist. Besonders aber befremdete es mich, daß meine Mutter mit allem dem Geräte der Hütte ganz vertraut war, und in der Hütte tat, als wäre sie immer darin gewesen; darum fragte ich sie mit den Worten: »Liebe Mutter, bleiben wir nun hier, ist dies auch unser Häuslein? Dann will ich uns einen kleinen Garten bauen und ein Vogelsteller werden.« Da entgegnete sie freundlich: »Was willst du dann mit den Vöglein anfangen?«, worauf ich sagte: »Ich will sie das Vaterunser beten lehren.« Da fragte sie: »Weißt du denn, wo dein Vater ist?« Und ich antwortete: »Im Himmel.« Nun nahm sie mich zu sich, und ich mußte mich zu ihren Füßen setzen, und da erzählte sie mir ohngefähr das, was ich hier weiter niederschreibe.

Wenn ich auch gleich jedes ihrer lieben Worte jetzt, da ich erwachsen bin, nicht mehr so recht eigentlich wissen kann, dürfte es doch nicht viel anders gelautet haben; denn ich habe mir alles scharf in das Gedächtnis gefaßt, und es mir oft wieder von ihr erzählen lassen, so daß wohl eher zu viel als zu wenig hier stehen mag. Sie sprach aber: »Lieber Johannes, du hast mich seit gestern wohl trauriger als je gesehen, denn ich dachte gestern, da die Arbeit vollendet war, schon daran, wie ich heute alle die Wege gehen würde, die du mit mir gegangen bist. Du hast mich auch gestern abend gefragt, warum ich weine, da ich vor deinem Bettlein stand, aber ich habe dir keine Antwort gegeben, sondern nur mit dir gebetet, damit wir ruhig schlafen möchten. Jetzt aber will ich dir vieles erzählen; denn ich glaube, es wird dir frommen, wenn du früh weißt, wie auf Erden viel Traurigkeit ist, und im Himmel allein die Freude, die wir durch unwandelbare Treue und Stärke in dem irdischen Leide allein verdienen können. Du wirst dann deine Sinne immer mehr zu Gott wenden, und dich führen lassen von seinen Engeln auf Erden, dem Glauben an Jesus, der Hoffnung auf Jesus, und der Liebe zu Jesus, deren Gespielen sind die Einfalt, die Demut, die Unschuld und die Wahrheit. Auch sollst du nicht traurig sein um des Leides willen, das dich auf Erden treffen wird, nein, nur um deine und aller Schuld, deren Strafe das Leid ist. Auch sollst du nicht trauren um deinen Schmerz, sondern allein um die Leiden deines Erlösers am Kreuze, an dem er gestorben ist wie ein unschuldiges Lamm, das dahinnimmt die Schuld der Welt, und zu dieser Versöhnung sollst du dich wenden, und fest an sie glauben und auf sie hoffen, und dich rein erhalten von aller Sünde, damit du deine Seele nicht wieder befleckest, die dein Jesus, dein Erlöser, dein Heiland, dein Gott dir mit seinem heiligen Blute rein gewaschen hat; dann wird dein Glaube, dein Vertrauen alles Leid überwachsen, und du wirst dir ein freudiges Herz erkämpfen zu deinem Gott, der dich erschaffen hat im Vater, erlöset im Sohn und geheiliget im Heiligen Geist.«

Was mir meine selige Mutter, die schöne Laurenburger Els, in dem Häuslein meines seligen Großvaters, des Voglers Kilian, auf der Hirzentreu von sich und dem lieben Großvater erzählt hat

Diese Berghöhe heißt die Hirzentreu, und dieses Häuslein, worin wir sitzen, gehörte meinem lieben seligen Vater, dem Vogelsteller Kilian, den man weit und breit nur den guten Kilian und den frommen Falkenmeister nannte. Er ist zu Gott gegangen vor zehn Jahren, und liegt begraben auf dem Kirchhofe zu Kloster Arnstein. Er ist geboren zu Kitzing in Franken, und hat sich dies Häuslein hier selbst erbauet, da er als ein Falkenier des Grafen von Nassau meine selige Mutter, eines Jägers zurückgelassene Waise, zu seiner Hausfrau wählte, und sich hier mit ihr niederließ. Es stehet auch draußen im Garten noch der Baum, an welchem mein Vater meine Mutter zum ersten Male gesehen; da rettete er ihr das Leben; denn als mein Vater einen Hirsch verfolgte, fand das erzürnte Tier hier meine Mutter, welche als ein armes Mägdlein Kräuter für die Klosterherren in Arnstein sammelte, und faßte der Hirsch in seinem Grimm meine Mutter auf die Geweihe. Mein Vater, der herzulaufend dieses sah, schoß einen Bolz von seiner Armbrust nach dem Hirsch, und traf ihn nicht ohne Gefahr meiner Mutter in das rechte Auge, und das verwundete Tier trat ihm, geblendet, nun grade entgegen; da faßte mein Vater einen guten Mut, und riß ihm die halbtote Jungfrau von dem Geweihe, legte sie unter jenen Baum und erquickte sie an dem Bächlein, das hier entspringt. Als sie sich wieder erholt hatte, sahen sie zu ihrer großen Verwunderung, daß der Hirsch neben ihnen im Gebüsche stand, und mit Schmerzen das Haupt bald hin und her schwenkte, bald traurig zur Erde senkte. Da rührte das niederrinnende Blut meinen guten Vater, er trat zu dem leidenden Tiere, zog ihm den Bolz aus dem Auge, und wusch ihm die Wunde mit Wasser aus, welches alles der Hirsch ruhig geschehen ließ. Als aber mein Vater die erschreckte Jungfrau nach Kloster Arnstein begleitete, lief ihnen der Hirsch durch den ganzen Wald nach, was sie beide sehr rührte und ihrem Gespräche eine größere Vertraulichkeit gab. Vor Kloster Arnstein reichten sie sich die Hände, und trennten sich mit der gegenseitigen Versicherung, miteinander in christlicher Ehe zu leben.

Nun machte sich mein Vater von seinen herrschaftlichen Diensten los, baute mit Erlaubnis der Klosterherren diese Hütte, und führte meine Mutter Agnes, als seine liebe Hausfrau, hinein. Der gute Hirsch war durch die Hülfe, die ihm mein Vater geleistet, so mild und zahm geworden, daß er ihm immer zur Seite war, wenn er hier an seiner Hütte mit der Mutter baute. Mein Vater pflegte dabei immer des Hirsches krankes Auge, welches bald ausheilte, aber blind wurde. Hernach, als meine Eltern hier wohnten, hielt sich der Hirsch immer freundlich zu ihnen, und ich weiß noch recht wohl, daß er, wenn wir aßen, den Kopf hier zum Fenster hereinsteckte, und ich als ein Kind ihm Brot gab. Einstens aber hörte mein Vater ihn in der Nacht heftig schreien; da stand er mit der Mutter auf, und sie gingen hinaus, zu sehen, was dem guten Tiere fehlte. Er war aber im Kampf mit andern Hirschen, welche ihm seines blinden Auges wegen überlegen waren, so heftig verwundet, daß er mit anbrechendem Tage zu den Füßen meiner Eltern starb. Wir weinten um ihn, wie um einen treuen und dankbaren Freund, und hat ihn mein Vater unter demselben Baume, wo er ihn geschossen, begraben, sein Geweih aber in den Baum so befestigt, daß es, zu ewigem Gedächtnis in denselben verwachsen, noch zu sehen ist, und hat mein Vater diese Hütte wegen des treuen Hirschen Hirzentreu genannt.

Meine gute Mutter ist auch bald gestorben, und ich war noch ein so kleines Mägdelein, daß ich nicht recht wußte, was Sterben ist. Ich erinnre mich noch recht wohl, daß ich auf ihrem Bette saß, als sie krank war, und ihr die Fliegen wehrte und ihr alle die kleinen Gebete und Sprüche, die sie mich gelehrt, vorsagte, und meinem Vater zur Hand ging, sie zu pflegen, soviel es ein Kind vermag. Da ich nun oft, wenn

meine Mutter Arzneikräuter suchte, mit ihr im Walde gewesen war, und
sie mir dabei allerlei Heilkräfte der Pflanzen mitgeteilt hatte, so war
meine Seele damals so erfüllt von der Begierde, ihr zu helfen, daß ich
einstens in der Nacht vor einbrechendem Tage in den Wald hinauslief,
um ihr einige Kräuter zu suchen, von welchen mir geträumt hatte. Ich
lief lange herum und suchte mit unbeschreiblicher Angst die Kräuter,
welche ich mich vorher gesehen zu haben nicht erinnerte. Schon stand
die Sonne hoch am Himmel, und ich war weit von unsrer Hütte verirrt,
aber ich vergaß, vor Begierde, das Arzneikraut zu finden, meinen Hunger, und als ich endlich in großer Ermüdung niederkniete und mit Tränen zu dem lieben Jesuskinde betete, es möge mir doch das Kraut suchen helfen, ich wolle ihm auch mein Brot schenken, bin ich darüber vor
Müdigkeit entschlafen. Nach einigen Stunden erwachte ich, und sah
eine schöne edle Frau vor mir stehen; ein Diener führte ihr Roß, auf welchem ihr Söhnlein saß, und war sie abgestiegen, als sie mich so allein im
wilden Walde liegen sah. Sie fragte mich, wer ich sei, und da ich ihr gesagt, ich sei Voglers Els von der Hirzentreu, und heute früh ausgegangen, ein Kräutlein für die kranke Mutter zu suchen, küßte sie mich und
sagte, daß sie mich heimführen wolle mit sich nach der Laurenburg,
denn sie war die Hausfrau des alten Laurenburgers, deine Großmutter;
von da wolle sie mich über die Lahn nach der Hirzentreu bringen lassen.
Sie setzte sich nun auf das Roß und nahm mich vor sich auf des Pferdes
Hals; ihr Söhnlein aber, Jörg, saß hinter ihr und hatte sie mit den Armen
umfaßt.

So zogen wir ein Stück Wegs nach dem Lahntal hinab, und hatte ich
schier auch alles vergessen; denn das Reiten, die fremde Frau und ihr
Söhnlein, das mancherlei kleine Lieder mit ihr sang, beschäftigten meine
Seele. Aber der Hunger fing mich an zu drücken, und ich bemerkte mit
Weinen, daß ich mein Brot nicht mehr in meiner Tasche fand. Da fragte
mich die Edelfrau: »Els, was weinst du?« und ich sagte ihr: »Ich hungre,
denn ich habe dem Jesuskind mein Brot gegeben, und das Kräutlein von
ihm erhalten, aber nun habe ich das Kräutlein verloren und hungre«,
und dabei verlangte ich heftig, sie möge mich in den Wald zurücklassen,
das Kräutlein zu suchen. Ich mußte der Edelfrau das Kraut aber beschreiben, denn seinen Namen wußte ich nicht. Da sagte sie auf einmal:
»Mein liebes Kind, du hast wohl geträumt, aber die Barmherzigkeit
Gottes ist groß, denn sieh, mein Diener trägt ein solches Kraut in einem

feuchten Tuche eingeschlagen in seinem Wadsack auf dem Rücken; dies Kraut aber wächst nicht hier zu Lande, sondern habe ich es im Kloster Arnstein, wo ich zur Beichte war, von dem Gärtner erhalten, der es von einem Priester aus fremden Landen jenseits des Meeres hat.« Da mußte der Knecht den Wadsack öffnen, und siehe da, es war dasselbe Kraut darinnen, das ich im Traume gesehen. Meine Freude war unaussprechlich, und die gute Edelfrau befahl dem Knechte, sogleich das Kraut meinem Vater zu bringen, und ihm zu erzählen, wie ich es gesucht, und wie mich die Edelfrau mit nach der Laurenburg genommen. Der Diener kannte meinen Vater gar wohl und lief mit Freuden die Waldstege nach unsrer Hütte zu. Nun ritt die Edelfrau mit mir und ihrem Söhnlein allein vollends zur Lahn hinab und an einer seichten Stelle hinüber nach der Laurenburg, wohin der Diener bald auch kam und mich auf dem Kahne zu meinen Eltern hieher zurückbrachte. Die gute Edelfrau hatte mir viele Liebe erwiesen und gab mir noch ein Krüglein mit altem Wein, und einige stärkende Gewürzküchlein für die kranke Mutter mit, und versprach, sie selbst morgen zu besuchen. Ihr Söhnlein aber, das nicht zugegen war, als ich aus der Laurenburg ging, kam mir bis zum Wasser nachgelaufen und gab mir einen ganzen Rosmarienstock, den er aus seinem Gärtlein ausgerissen, und sprach: »Du Kleine, das stell an deiner Mutter Bett, das ist ein guter Ruch, wenn man siech ist. Elslein, komm wieder!« Da gab er mir die Hand, und wir schieden.

Als wir auf Hirzentreu ankamen, trug mich mein Vater an der Mutter Bette; die umarmte mich und sagte: »Els, ich habe den ganzen Tag nicht leben und nicht sterben gekonnt aus Sorge, daß du verloren seist; Gott aber hat mich wunderbar getröstet durch das, was geschehen, und hat mir dein Vater von dem Kraute einen Trank gekocht, der hat mich wunderbar erquicket.« Da gab ich dem Vater den Rosmarienstock, der pflanzte ihn in einen schönen neuen Krug neben der Mutter Lagerstätte, und nun nahm der Diener Abschied, nachdem er den Wein und die Würzküchlein dem Vater gegeben.

Es war darüber Abend geworden, mein Vater gab der Mutter noch von dem Weine und der Würze, und sie fand sich so gestärkt, daß sie das Abendlied mit dem Vater mit großer Andacht leise mitsang, worüber ich zu ihren Füßen auf ihrem Lager entschlief. Gegen Morgen aber weckte mich der Vater und sagte mir mit Weinen: »Wach auf, lieb Els-

lein, und schau nach der Mutter, und gib ihr, was sie verlangt; sie ist gar
krank, und ich will nach Kloster Arnstein laufen um die letzte heilige
Wegzehrung für sie. Halte dich still, so sie schläft, und bete still, und so
sie es verlangt, reiche ihr zu trinken, auch schaue nach dem brennenden
Kienspan im Kamin, daß kein Unglück entsteht.« Dann trat er zur Mutter, trocknete ihr das Antlitz und sprach: »Gott erhalte dich, liebe
Agnes, zu christlichem Geleite, ich geh nach Kloster Arnstein; o wie ist
dir, liebe Agnes?« Da sagte die Mutter: »Ich lege wie ein Kind mein
krankes Haupt in den Schoß dessen, der gesagt hat: ›Ich will euch trösten, wie einen seine Mutter tröstet‹, und ich habe das Vertrauen, er
wird mich mit vollem Troste von dir scheiden lassen; so gehe dann hin,
und bringe mir den letzten Trost!« Da küßte sie der Vater und ging
fort.

Ich aber redete leise zu Füßen des Bettes: »Mutter, darf ich zu dir
kommen?« Da sagte sie: »Ja, lieb Elslein, doch steh erst auf und bringe
mir das kleine Kreuz aus meiner Truhe; mich verlanget sehr darnach.«
Geschwind eilte ich an die Truhe, doch der Deckel war so schwer, daß
ich ihn nicht erheben konnte; das klagte ich der Mutter, die sagte: »Elslein, bete! Der dir das Kraut gebracht, das mich so erquickte, wird dir
auch helfen, die Truhe zu eröffnen, so du ihm vertrauest.« Da fiel ich vor
der Truhe auf die Knie und betete, Jesus möge mir die Truhe eröffnen,
und Gott erbarmte sich meiner, ich öffnete die Truhe mit kleiner Mühe
und brachte der Mutter das kleine Kreuz. Es ist dasselbe, welches noch
in Polsnich an meinem Bette hängt, und unsre Truhe zu Haus ist auch
dieselbe Truhe. Die Mutter nahm das Kreuz in ihre gefalteten Hände
und küßte es, und drückte es an ihr Herz, und ich legte mich zu ihr auf
das Hauptkissen und drückte meine Wange an die ihrige. Sie sprach
nicht, sie flüsterte betend, und so entschlief ich; bald aber weckten mich
laute Worte von ihr, und ich hörte sie sagen: »Hüter, ist die Nacht schier
hin? Wer da? Gut Freund! Sei getrost! Ich bins! Fürchte dich nicht!
Herr, bist du es, so heiße mich zu dir kommen auf dem Wasser!« und
nach diesen Worten bewegte sie sich mühsam im Traume. Ich verstand
sie nicht, und weckte sie mit Küssen: »Lieb Mutter, was verlangt dein
Herz?« Da schlug sie die Augen auf und sagte: »O mein Jesus, ich bin
noch nicht bei dir! Elslein, mein Kind, sage, hast du den lieben Heiland
gesehn, wo ist er hingegangen?« Ich verstand sie nicht, und suchte ihr
das Kreuzlein in dem Bette, das ihren Händen entfallen war, und legte es

ihr wieder in die Hände mit den Worten: »Herzmutter, da ist der liebe Heiland.« Da küßte sie das Kreuz wieder, und sagte dann: »Elslein, ich war allein auf einem Kahn auf einem großen Wasser eine lange, lange Nacht, kein Stern am Himmel, und sehnte mich nach dem Tage; endlich sah ich ein Sternlein, das zog leise über das Wasser, wie ein Wächter durch die Flur, und da rief ich mit aller Macht: ›Hüter, ist die Nacht schier hin?‹ und der Stern antwortete: ›Wenn der Morgen schon kömmt, so wird es doch Nacht sein; wenn du schon fragest, so wirst du doch wieder kommen und wieder fragen.‹ Da kam es gegen mich über die Wogen geschritten, und ich sah, daß es eine einsame Gestalt war. Da rief ich: ›Wer da?‹ und es antwortete: ›Gut Freund!‹ Ach, da ward mein Herz so freudenvoll, und ich gedachte: Sollte es wohl mein Jesus sein? Da sprach er: ›Sei getrost, ich bins, fürchte dich nicht‹, und ich sprach: ›Herr, bist du es, so heiße mich zu dir kommen auf dem Wasser.‹ Da winkte er mir, und ich trat aus dem Kahn auf das Wasser, konnte aber den Herrn nicht erreichen, der vor mir herschwebte, wie eine Wolke oder ein Schatten, und wenn ich so recht mutig und begierig auf ihn zuging, und recht glaubte, daß er es gewiß sei, daß er sich meiner erbarmen werde und einen Eliaswagen vom Himmel rufen, mich zu sich hineinsetzen und zu dem himmlischen Paradiese fahren werde, ach, da war er mir so nah, so nah, daß ich schon das Wehen der Seligkeit fühlte; dann kam aber plötzlich eine Welle und erhob sich ein Wind, und ich verzagte und glaubte zu versinken auf dem Wasser, und wie meine Sorge wuchs, schwand das Bild des Herrn vor mir in die Ferne, ja, es ward wieder zu dem einsamen Stern, den ich zuerst gesehen, und auch der verschwand. Da war ich ganz allein auf dem Wasser, und der Kahn trieb zu mir her, da sah ich dich drauf sitzen und nach mir weinen, und ich wandelte mit Mühe zu dir hin, und saß bei dir im Kahn, und herzte dich, und du entschliefst in meinem Arme. Ich aber wachte, und die Nacht ward wieder so lang, so lang. Da hörte ich den Flügelschlag einer Taube durch die Luft, und ich rief abermals mit großer Sehnsucht: ›Hüter, ist die Nacht schier hin?‹ Es flog aber ein Täublein über meinem Haupt, das rief zu mir: ›Lege Flügel der Liebe an, und folge mir nach, deine Seele findet nicht, da sie ruhe auf der Sündflut; sieh, der himmlische Noah strecket seine Hand aus der gestirnten Arche, aus der du ausgeflogen, um dich wieder hineinzunehmen; aber achte, daß dein Gefieder rein sei!‹ Da sah ich den Himmel voll Sterne; aus dem blickten die Hände, die Füße und die Seite des Herrn, und die heiligen fünf Wunden leuchteten wie Rubin und bluteten hernieder, und die Taube flog ihnen zu; ich aber hatte Flügel und breitete sie aus und wollte sie schwingen, aber sie waren schwer und unrein; ich rief aber: ›O Herr, nur einen Tropfen deines Blutes auf meine Flügel, und sie werden gereinigt sein.‹ Und es floß nieder zu ihnen, da waren sie rein, und ich schwang sie freudig, aber du lagst in meinem Schoß; da wollte ich dich küssen und Abschied nehmen von dir, da schlangst du die Hände um mich und wolltest mich nicht lassen, und deine Worte erweckten mich von dem seligen Traume.«

So erzählte mir die kranke Mutter, was ihr geträumet, und ich hörte ihr mit noch größerer Aufmerksamkeit zu, als wenn sie mir sonst eine Geschichte erzählte. Da sie geendet hatte, sagte ich zu ihr: »Mutter, das war sehr schön, aber schlafe wieder ein, und wenn die Taube wieder kömmt, so bitte sie, daß ich auch mit fliegen darf, ich will auch recht beten; der mir das Kräutlein gegeben, und mir die Truhe geöffnet, der wird mir auch gewiß Flügel geben, daß ich mit dir fliegen kann.« – »Das wird er gewiß, liebes Elslein, so es dir gut ist«, sagte die Mutter, »aber wenn ich wieder einschliefe, und das Täublein käme wieder, und ich flöge mit ihm fort, so würdest du gewiß gern zurückbleiben bei deinem Vater, daß er nicht allein sei, so ich dich darum bitten würde.« Da sagte ich zu ihr: »Ja, das will ich, so du bald wiederkehrst, und mir etwas mitbringest.« Sie aber antwortete: »Ich werde nicht wiederkehren, doch werdet ihr mir nachfolgen, und da wird alles voll Herrlichkeit sein; aber hörst du, Elslein, du mußt mir den Abschied nicht schwer machen, und auch den Vater trösten, wenn er weinen sollte, und ihm erzählen, wie ich dir gesagt, daß ihr mir nachkommen werdet; denn das Täublein wird bald kommen, mir ist, als höre ich schon seinen Flügelschlag.« Da küßte ich die Mutter und sagte: »Ich will tun, wie du willst, und will dein gutes Elslein sein«, und die Mutter küßte mich wieder mit den Worten: »O du gutes, gutes Elslein!« Dann bat sie mich, ihr das Lied von der Taube zu sagen, das sie mich gelehrt; da sprach ich:

> Hör, liebe Seel! Wer rufet dir?
> Dein Jesus aus der Höhe:
> »Komm, meine Taube, komm zu mir!«
> Den Ruf ich wohl verstehe.

Wenn ich soll deine Taube sein,
Mußt du mir Flügel geben;
Die wasch in deinem Blut ich rein,
Und werde glaubend schweben.

Du rufest mir! Wie arm ich bin,
Darf ich zu dir doch kommen;
Die Mängel hat dein treuer Sinn
Ja all von mir genommen.

Sag, Herr, wird auch ein Nestlein fein
Für mich bei dir gefunden?
»Ja, meine Taube, komm herein,
Wohn hier in meinen Wunden!«

Mein Jesu, ach, was willst du mir
In deinen Wunden geben?
»Durch meine Wunden, sag ich dir,
Fliegst sterbend du zum Leben.«

Wohlan, es zielt des Todes Pfeil,
Er wird mich nicht verderben;
Zu deinen Wunden, Herr, ich eil,
Da werd ichs Leben erben.

Da ich der Mutter das Lied hergesagt, war sie leise wieder eingeschlummert. Der Tag brach an, und ich nahm ein Zweiglein von dem
Rosmarienstock, der bei ihrem Lager stand, und gab es ihr zu dem
Kreuze in ihre gefalteten Hände. Da flog auch die Turteltaube, welche
bei unserm Haus nistete, an das Fenster und pickte daran und rief:
»Ruckuck.« Sie tat es sonst alle Morgen, denn ich streute ihr Futter dahin, aber heute hatte ich nicht den Mut, und gedachte: Ach, da kömmt
die Taube schon, welche die Mutter mitnehmen will, aber ich soll ihr
den Abschied nicht schwer machen. So stand ich leise, leise von der Seite
der Mutter auf, und ging hinaus und kniete an dem Bächlein in das Gras
und betete für sie. Da hörte ich ein Glöcklein im Walde und sah bald
meinen Vater kommen; der trug eine Leuchte, und zwei Ordensherren

gingen mit ihm, deren einer trug das Hochwürdige Gut, und der andere das heilige Öl, und ihnen folgten einige fromme Männer und Frauen, die stille beteten. Da lief ich meinem Vater entgegen und sprach: »Herzvater, die Himmelstaube ist schon da, welche die Mutter abholen will; wir dürfen aber nicht gleich mit, ich habe es ihr versprochen, bei dir zu bleiben und dich zu trösten, bis wir nachkommen in die Herrlichkeit.« Mein Vater verstand mich wohl und trat mit dem Geistlichen in die Hütte, ich aber blieb draußen und betete mit den Begleitern. Hernach kam die Edelfrau von der Laurenburg mit ihrem Söhnlein, dem Junker Jörg, über die Lahn zur Hirzentreu, wie sie den Abend vorher mir versprochen, und derselbe alte Diener war wieder bei ihr. Die Edelfrau ging zu meiner Mutter hinein, der Junker aber blieb bei mir, und wir spielten im Gras an der Quelle; er fragte mich auch nach dem Rosmarin, den er mir gegeben für meine Mutter; da erzählte ich ihm von der Taube und von allem. Nach einiger Zeit aber trat die Edelfrau heraus und nahm mich mit in die Hütte, da lag die Mutter ganz still, und der Vater kniete an ihrem Bette und weinte; da ich zu ihm trat, hob er mich zur Mutter, und sprach: »Agnes, segne das Elslein, ehe du scheidest«, und er legte der Mutter Hand auf mein Haupt. Die Mutter aber sagte: »Gott segne dich, tröste den Vater, bis ihr nachkommet. Elslein, ich fliege schon.« Da sah sie mich mit unaussprechlicher Liebe an und wendete dann den Blick zum Himmel. Ich sprach: »Geleit dich Gott, lieb Mutter!« und weinte laut. Da trug mich die Edelfrau hinaus zu ihrem Söhnlein, dem erzählte ich alles, und da ein paar Tauben hinüber zur Laurenburg flogen, streckten wir beide kindisch die Hände aus und riefen: »Da fliegen sie, da fliegen sie, geleit dich Gott, liebe Herzmutter!«

Hernach nahm mich die Edelfrau mit nach der Laurenburg, und ich blieb bis zum andern Tag dort, da die Mutter schon im Kloster Arnstein begraben war. Der alte Knecht aber war bei meinem Vater geblieben, und war mein Vater einen ganzen Tag in Kloster Arnstein gewesen, des Trostes der geistlichen Herren zu genießen. Die Edelfrau ist auch mit zu Grabe gewesen, und da sie nach der Laurenburg kehrte, brachte sie ihren Herrn, den Ritter von der Laurenburg, und den ältern Sohn, Johann, mit welchem der alte Laurenburger bei dem Grafen zu Nassau gewesen, der des Johann Taufpate war, und hatte die Laurenburgerin ihnen auf der Heimkehr begegnet. Der Ritter war mir freundlich und gab mir Wecken von des Grafen von Nassau Tisch, und da seine Hausfrau ihm den frommen Tod meiner Mutter erzählet, war er sehr mitleidig mit meinem Vater, und sprach: »Der Graf Johann hat noch heute zu Tisch von dem frommen Falkenmeister gesprochen, und vor allen seinen Dienern sein in Ehren gedacht; ich habe ihm auch versprechen müssen, den Vogler von ihm zu grüßen, und will er ihm nächstens einen kranken Falken schicken, daß er ihn pflege. Komm, Elslein«, sagte der Ritter dann zu mir, »ich will dich selbst zu deinem Vater bringen; es ist noch hoch am Tage, und mag er wohl Trostes bedürfen.« Da brachte mich der Ritter wieder zur Hirzentreu, und ging Georg wieder mit. Die Edelfrau aber blieb mit Johann zurück; der sollte ihr von dem Wesen des Grafen von Nassau erzählen. Wir fanden aber meinen Vater mit dem Laurenburger Knecht vor der Türe sitzen in stillem Gespräch, und als dieser seinen Herrn herankommen sah, der mich auf dem Arm den steilen Pfad herauf trug, stand er auf und trat beiseite; mein Vater aber lief mir entgegen, nahm mich von des Ritters Armen und herzte mich unter Tränen. Da sprach ihm der Laurenburger ehrlich zu und getröstete ihn, so gut er es vermochte, setzte sich auch zu ihm auf die Bank und erzählte ihm von des Nassauers Gunsten zu ihm, und sprachen sie mancherlei, nicht als ein Ritter zu einem Knecht, sondern als gute Nachbarn und Freunde, denn das Unglück machet Gesellen. Es war aber dem Laurenburger auch seine erste Hausfrau mitsamt dem Kindlein in dem Kindelbett gestorben; deren gedachte er mit vieler Liebe. Unter solchem Gespräch stand ich zwischen meines Vaters Knien, und Georg neben dem Laurenburger, und spiegelten uns in dessen blankem Brustharnisch, und lachten, weil es, hohl geschliffen, unsre Gesichter auf mancherlei Weise verstellte. Dann sagte mir der Vater ins Ohr, ich möge den Wein und die Würze von der Mutter Tischlein bringen; da ging ich zur Stube, aber die war ganz anders geworden; wo das Bett gestanden, stand der Betschemel und das Altärlein, und hing ein neu Muttergottesbild an der Wand, und an demselben der Mutter und des Vaters Brautkränzlein, ihre Spindel aber stand vor meinem Bänklein, und war alles gar verändert. Das hatte meinem Vater der gute alte Laurenburger Knecht so geordnet, daß er seines Leids desto eher vergessen und ein neues Leben anfangen möge.

Nachdem ich mich genugsam über alles gewundert, nahm ich den Wein und die Würze, was von dem Geschenk der Laurenburgerin noch übrig war, und brachte es dem Vater hinaus; der reichte den Krug dem

Ritter. Da trank der Herr, und mußte ihm der Vater Bescheid tun. Auch
sagte der Ritter: »Das ist ein köstlicher Wein, den man wohl dem Kaiser
bieten dürfte; Ihr habt ihn wohl aus einem Klosterkeller? Einem Edelmann wächst solcher Wein nicht um die Lanze, der schmeckt nach dem
Krummstab.« Mein Vater lächelte und sagte: »Gnädiger Herr, Ihr habt
von dem Euren getrunken, aber er hat auf einem milden Fasse gelegen;
denn Eure liebe Frau Ida hat diesen Trunk meiner seligen Agnes zur Labung gebracht, und wenn er Euch besser schmeckt als zu Haus, so ists,
weil Ihr Gottes Segen schmecket.« Da trank der Laurenburger nochmals, und sprach: »Wahrhaftig, in Gottes Segen soll man den Wein legen, in Gottes Segen soll man des Weines pflegen, in Gottes Segen ge-
deiht der Wein auf allen Wegen. Das Faß, aus dem Frau Ida diesen Krug
gefüllt, muß mir ebenso gut werden; Ihr müßt mir wohl erlauben, daß
ich es mit Euch hier oben austrinke, Kilian, da es mir so wohl bei Euch
geschmeckt.« Da dankte mein Vater dem Ritter herzlich, und sprach:
»So Ihr einen armen Mann nicht verschmähet, will ich Euren Zuspruch
hoch in Ehren halten, aber Ihr müßt dann auch von meiner Wasser-
quelle hier trinken, da fließt auch Gottes Segen drin.« Nun schied der
Ritter freundlich von uns mit den Seinen, und ich ging mit dem Vater in
unser einsames Häuslein, worin die Mutter nicht mehr war.

Anhang

Für Helma und Mirjam

Abkürzungsverzeichnis

Mit wenigen Ausnahmen (FBA, Preitz und Werke) werden hier nur Abkürzungen und Siglen solcher Titel verzeichnet, die nicht in den ›Bibliographischen Hinweisen‹ aufgeführt sind. Alle anderen in den Anmerkungen und im Nachwort abgekürzt zitierten Titel finden sich in den ›Bibliographischen Hinweisen‹ unter den Rubriken ›Untersuchungen zu Brentanos Erzählungen‹ und ›Zum Leben und Gesamtwerk Brentanos‹. Die diesen Rubriken entnommenen, gekürzten Titelangaben bestehen aus dem Nachnamen des Verfassers sowie aus dem Erscheinungsjahr des betreffenden Buches oder Aufsatzes.

Adelung	Johann Christoph Adelung: Grammatisch-kritisches Wörterbuch der Hochdeutschen Mundart. 2., vermehrte und verbesserte Ausgabe. 4 Theile. Leipzig 1793–1801; reprografischer Nachdruck: Hildesheim/New York 1970
AM	Die Andacht zum Menschenbild. Unbekannte Briefe von Bettine Brentano. Hrsg. von Wilhelm Schellberg und Friedrich Fuchs. Jena 1942
Arnim	Achim und Bettina in ihren Briefen. Briefwechsel Achim von Arnim und Bettina Brentano. Hrsg. von Werner Vordtriede, Bd. I–II. Frankfurt a. M. 1961
Beitl	Wörterbuch der Deutschen Volkskunde. Begründet von Oswald A. Erich und Richard Beitl. 3. Aufl. Neu bearbeitet von Richard Beitl unter Mitarbeit von Klaus Beitl. Stuttgart 1974 (= Kröners Taschenausgabe, Bd. 127)
DWb	Deutsches Wörterbuch. Hrsg. von Jacob und Wilhelm Grimm. 32 Bde. Leipzig 1854–1960

Faust	Fasti Limpurgenses. Das ist: Eine wohlbeschriebene Chronick von der Stadt und den Herren zu Limpurg auff der Lahn [...]. Im Jahr 1617 durch Joh. Frider. Faust von Aschaffenburg zum Erstenmahl in Druck befördert; Anjetzo [...] wieder von neuem auffgelegt. Wetzlar 1720
FBA	Frankfurter Brentano-Ausgabe. Clemens Brentano: Sämtliche Werke und Briefe. Historisch-kritische Ausgabe. Veranstaltet vom Freien Deutschen Hochstift. Hrsg. von Jürgen Behrens, Wolfgang Frühwald, Detlev Lüders. Stuttgart 1975 ff.
Friedens-blätter	Friedensblätter. Eine Zeitschrift für Leben, Literatur und Kunst. Von einer Gesellschaft herausgegeben. Erstes Jahr, 1814. Zweytes Jahr, 1815; Reprint: Bern 1970
Gajek	Clemens und Christian Brentanos Bibliotheken. Die Versteigerungskataloge von 1819 und 1853. Mit einem unveröffentlichten Brief Clemens Brentanos hrsg. von Bernhard Gajek. Heidelberg 1974 (= Beihefte zum Euphorion, 6. Heft)
Grellmann	Heinrich Moritz Gottlieb Grellmann: Die Zigeuner. Ein historischer Versuch über die Lebensart und Verfassung, Sitten und Schicksahle dieses Volks in Europa, nebst ihrem Ursprunge. Dessau und Leipzig 1783
HDA	Handwörterbuch des deutschen Aberglaubens. Hrsg. unter besonderer Mitwirkung von E. Hoffmann-Krayer und Mitarbeit zahlreicher Fachgenossen von Hanns Bächtold-Stäubli. Bde. I–X. Berlin und Leipzig 1927–1942
Himmel	Hellmuth Himmel: Geschichte der deutschen Novelle. Bern und München 1963 (= Sammlung Dalp, Bd. 94)
Holtei	Briefe an Ludwig Tieck. Ausgewählt und hrsg. von Karl von Holtei. Bde. I–IV. Breslau 1864
Keller	Hiltgart L. Keller: Reclams Lexikon der Heiligen und der biblischen Gestalten. Legende und Darstellung in

der bildenden Kunst. 4., durchgesehene u. ergänzte Aufl. Stuttgart 1979

Kolloquium   Clemens Brentano. Beiträge des Kolloquiums im Freien Deutschen Hochstift 1978. Hrsg. von Detlev Lüders. Tübingen 1980

Lämmert   Eberhard Lämmert: Bauformen des Erzählens. 4. Aufl. Stuttgart 1970

Paul/Betz   Hermann Paul: Deutsches Wörterbuch. Bearbeitet von Werner Betz. 6. Aufl. Unveränderte Studienausgabe nach der 5., völlig neu bearbeiteten und erweiterten Aufl. Tübingen o. J. [1968]

Preitz   Brentanos Werke. Hrsg. von Max Preitz. Kritisch durchgesehene und erläuterte Ausgabe. Bde. I–III. Leipzig und Wien 1914

Sachs   Hannelore Sachs, Ernst Badstübner, Helga Neumann: Christliche Ikonographie in Stichworten. München 1975

Schadaeus   Summum Argentoratensium Templum: Das ist: Auszführliche und Eigendtliche Beschreibung deß viel Künstlichen / sehr Kostbaren / und in aller Welt berühmten Münsters zu Straßburg [...]. Durch M. Oseam Schadaeum [...]. Straßburg 1617

Schilter   Die Alteste Teutsche so wol Allgemeine als insonderheit Elsassische und Straßburgische Chronicke. Von Jacob von Königshoven [...]. Anjetzo zum ersten mal heraus und mit Historischen Anmerckungen in Truck gegeben von D. Johann Schiltern. Straßburg 1698

Seebaß   Clemens Brentano: Briefe. Hrsg. von Friedrich Seebaß. Bde. I/II. Nürnberg 1951

Sengle II   Friedrich Sengle: Biedermeierzeit. Deutsche Literatur zwischen Restauration und Revolution 1815–1848. Band II: Die Formenwelt. Stuttgart 1972

Steig   Achim von Arnim und die ihm nahe standen. Hrsg. von Reinhold Steig und Herman Grimm. Bd. I: Achim von Arnim und Clemens Brentano. Stuttgart 1894; Bd. II: Achim von Arnim und Bettina Brentano. Stuttgart und Berlin 1913; Bd. III: Achim von Arnim und

Jacob und Wilhelm Grimm. Stuttgart und Berlin 1904

UL   Das unsterbliche Leben. Unbekannte Briefe von Clemens Brentano. Hrsg. von Wilhelm Schellberg und Friedrich Fuchs. Jena 1939

Vordtriede   Clemens Brentano. Hrsg. von Werner Vordtriede in Zusammenarbeit mit Gabriele Bartenschlager. München 1970 (= Dichter über ihre Dichtungen)

Wander   Deutsches Sprichwörter-Lexikon. Ein Hausschatz für das deutsche Volk. Hrsg. von Karl Friedrich Wilhelm Wander. Bde. I–V. Leipzig 1867–1880; Reprint: Darmstadt 1964

Weber   Dietrich Weber: Theorie der analytischen Erzählung. München 1975

Weinrich   Harald Weinrich: Tempus. Besprochene und erzählte Welt. 2., völlig neu bearbeitete Aufl. Stuttgart u. a. 1971 (= Sprache und Literatur 16)

Werke   Clemens Brentano: Werke. Bd. I: hrsg. von Wolfgang Frühwald, Bernhard Gajek und Friedhelm Kemp; Bde. II–IV: hrsg. von Friedhelm Kemp. München 1963–1968

Nachwort

Vom gescheiterten Dramatiker zum erfolgreichen Erzähler

Daß Brentano zu den großen Lyrikern der deutschen, ja der Weltliteratur zählt, ist schon fast ein Gemeinplatz der Literaturkritik. Daß er auch als Erzähler ein Autor weltliterarischen Zuschnitts ist, scheint dagegen bisher bestenfalls ein Geheimtip unter Literaturkennern zu sein. Die breitere »deutsche Leserwelt« jedenfalls ist sich – nach der Auffassung des amerikanischen Germanisten Heinrich Henel – noch immer »kaum bewußt«, daß neben dem Lyriker auch der Erzähler Brentano mit einigen seiner Märchen und Erzählungen einen »einzigartigen, von keinem anderen Dichter geleisteten Beitrag zur Weltliteratur« (H. Henel in: Kolloquium, S. 96) geliefert hat.

Seine weltliterarische Bedeutung als Erzähler ist um so erstaunlicher, als Brentano die Literaturform der Erzählung bzw. Novelle nicht besonders hoch eingeschätzt zu haben scheint, jedenfalls nicht so hoch wie das Drama oder das Versepos. Indirekt läßt sich dies Brentanos Brief vom 10. Dezember 1811 entnehmen, in dem er kurze Zeit nach Kleists Selbstmord über dessen Erfolg beim Lesepublikum berichtet: »Überhaupt werden seine Arbeiten oft über die Maßen geehrt, seine Erzählungen verschlungen. Aber das war ihm nicht genug; ja Pfuel sagt mir, daß sich vom Drama zur Erzählung herablassen zu müssen, ihn grenzenlos gedemütigt hat« (Seebaß II, S. 84). Diese Briefstelle ist nicht nur ein aufschlußreicher Beleg für die Gültigkeit jenes noch in der Biedermeierzeit (1815–1848) allgemein anerkannten ästhetischen Dogmas, nach dem das Drama »als die höchste Stufe der Poesie und der Kunst überhaupt« (Hegel) anzusehen ist (vgl. Sengle II, S. 322 ff.), sie ist darüber hinaus auch aufschlußreich im Hinblick auf Brentanos künftigen Werdegang als Dramatiker und Erzähler. Denn hat sich nicht auch Brentano, nachdem er in Wien als Theaterdichter des Burgtheaters gescheitert war, notgedrungen »vom Drama zur Erzählung« herabgelassen? Hat nicht auch er das Drama lange Zeit der Erzählung vorgezogen? Für diese These spricht die Chronologie seiner Dramen und Erzählungen im zweiten Jahrzehnt des 19. Jahrhunderts, hat sich Brentano der Produktion von Erzählungen doch erst dann zugewandt, als er für die Realisierung seiner theatralischen Pläne keine Chance mehr sah, als er »am Rande«, d. h. am Ende aller seiner »Bemühungen für das Theater« war (Seebaß II, S. 121).

Brentano hat sich das Scheitern seiner Bemühungen um eine theatralische Karriere in einem am 23. Februar 1814 begonnenen, am 5. April 1814 abgeschickten Brief an Arnim enttäuscht und verbittert eingestanden, kurze Zeit also nach der Uraufführung seines Stücks ›Valeria oder Vaterlist‹, der Bühnenfassung seines Lustspiels ›Ponce de Leon‹, das am 18. Februar bei der Premiere am Wiener Burgtheater durchgefallen war und daher kein zweites Mal mehr aufgeführt wurde. Bedenkt man, daß Brentanos literarische Aktivitäten während seines zehnmonatigen Aufenthalts in Wien (Juli 1813 bis Anfang Mai 1814) fast ausschließlich auf das Theater gerichtet waren – abgesehen vom ›Ponce de Leon‹ hat er in dieser Zeit auch sein Drama ›Die Gründung Prags‹ für die Wiener Bühne bearbeitet und darüber hinaus eine auf der Leopoldstädter Bühne aufgeführte Kantate, eine beträchtliche Anzahl von Theaterrezensionen sowie drei Festspiele (vgl. Werke IV, S. 899 f.) geschrieben –, bedenkt man, daß Brentano in der Wiener Zeit als Dichter und Dramatiker mit einem Ehrgeiz, einem Engagement und einer Intensität »wie nie« zuvor »gearbeitet« hat (Seebaß II, S. 121), so kann man ermessen, was der Mißerfolg als Dramatiker für ihn bedeutet haben wird: die vielleicht ärgste Enttäuschung in seiner Karriere als Schriftsteller überhaupt, die um so schlimmer für ihn sein mußte, je höher er den Dramatiker über den lyrischen und epischen Dichter stellte.

Im Zusammenhang mit dem gescheiterten Theaterdichter Brentano interessieren uns jedoch hier nicht so sehr das Faktum und die Gründe des Scheiterns, als vielmehr die Fragen, wie er mit dem Mißerfolg als Dramatiker fertig wurde, wie er auf ihn reagierte und wie er ihn schriftstellerisch kompensierte. Der Mißerfolg am Wiener Theater hat bei Brentano nicht nur eine schwere existentielle und künstlerische Krise ausgelöst, er hat auch – falls man darin nicht ein Symptom dieser Krise sehen will – entscheidend dazu beigetragen, daß Brentano in den folgenden Jahren (1814–1817) seine literarischen Interessen und Aktivitäten

auf das bis dahin vernachlässigte Gebiet der erzählenden Prosa verlager-
te.

Die Hinwendung zur Erzählprosa kündigt sich schon in dem bereits
zitierten Brief Brentanos vom 5. April 1814 an, in dem er Arnim darüber
informiert, daß in Wien »bald von einer Gesellschaft trefflicher Menschen eine Art Morgenblatt« erscheinen werde unter dem Titel ›Friedensblätter‹: »ich habe es projektiert und Deine und meine Mitarbeit
versprochen. Das Honorar soll im Anfang 20 Gulden für den Bogen
sein, bis es besser wird. Ich lade Dich herzlich ein zu einfachen Erzählungen« (Seebaß II, S. 123). Zwar findet sich in den seit Mitte Juni 1814
(bis Ende November 1815) erscheinenden ›Friedensblättern‹ keine Erzählung von Achim von Arnim, dafür aber eine ›Die Schachtel mit der
Friedenspuppe‹ betitelte ›Erzählung‹ Brentanos, die im Januar 1815 in
den ersten zwölf Nummern des 2. Jahrgangs der ›Friedensblätter‹ publiziert worden ist. Bei dieser im Herbst 1814 verfaßten Erzählung handelt
es sich nicht nur um die erste zu Lebzeiten des Autors gedruckte, sondern höchstwahrscheinlich auch um die zuerst entstandene Erzählung
Brentanos.

Diese Aussage läßt sich – was die entstehungsgeschichtliche Priorität
unter den Erzählungen angeht – freilich nur dann aufrechterhalten,
wenn man hier von der zwischen 1802 und etwa 1810 entstandenen Urfassung der ›Chronika des fahrenden Schülers‹ absieht oder wenn man
die ›Chronika‹ gattungspoetisch nicht als Erzählung qualifiziert. Um
diese Auffassung zu stützen, könnte man sich durchaus auf Brentano
berufen, der in seinen Briefen die ›Chronika‹ niemals als Erzählung bezeichnet, sondern im Hinblick auf sie immer nur von einem »Buch«
bzw. »Büchelgen«, vom ›Armen Heinrich‹ oder vom ›Alten Ritter und
den Seinigen‹ gesprochen hat, wobei er von Anfang an eine durch einen
Rahmen zusammengehaltene Prosakomposition aus mehr oder weniger
locker aneinander gereihten Geschichten plante, die – wäre sie zustande
gekommen – den Umfang einer Erzählung sicher überschritten und
wohl das Ausmaß eines Romans erreicht hätte. Man könnte daher die
von Brentano intendierte, aber nur fragmentarisch realisierte ›Chronika‹ in Analogie zu dem Gattungsterminus ›Novellenroman‹* einen

---

* Vgl. Wolfgang Düsing: Der Novellenroman. Versuch einer Gattungsbestim-
mung. In: Jahrbuch der Deutschen Schillergesellschaft 20, 1976, S. 539–556.

›Geschichten-Roman‹ oder einen Rahmenroman in Geschichten nennen. Wie man es mit der Gattungszugehörigkeit der Ur-Chronika auch
halten mag: entstehungs- und formgeschichtlich, thematisch und struk-
turell nimmt die Erstfassung der ›Chronika‹ gegenüber den zwischen
1814 und 1817 entstandenen und veröffentlichten Erzählungen Brentanos eine Sonderstellung ein, so daß es angebracht erscheint, sie hier vorläufig außer Betracht zu lassen.

Zurück zu unserer Ausgangsthese, daß Brentano erst nach seinem
Mißerfolg als Dramatiker zum Erzähler avancierte, daß er sich erst und
deshalb auf die Gattung der Erzählung verlegte, nachdem und weil er
zuvor als Dramatiker gescheitert war. Hierfür ist die im Herbst 1814
entstandene und kurze Zeit später publizierte Erzählung ›Die Schachtel
mit der Friedenspuppe‹, mit der Brentano erstmals als Autor einer Erzählung vor die literarische Öffentlichkeit trat, ein handfester Beleg, der
freilich weniger Beweiskraft hätte, wenn es im epischen Werk Brentanos in den Berliner Jahren bei dieser einen Erzählung geblieben wäre.
Aber die ›Schachtel mit der Friedenspuppe‹ war nur ein Auftakt zu einer
ganzen Reihe von Erzählungen, die zwischen Ende 1814 und dem Frühjahr 1817 offenbar recht kontinuierlich entstanden sind. Auf die
›Schachtel‹ folgen in ziemlich regelmäßigen zeitlichen Abständen das
wahrscheinlich Ende 1814 / Anfang 1815 niedergeschriebene Erzählfragment ›Der arme Raimondin‹, die zum großen Teil nach Ende Mai
1815 verfaßte Erzählung von den ›Mehreren Wehmüllern‹, die 1815
oder 1816 zu Papier gebrachte Erzählung ›Die drei Nüsse‹, die mit ho-
her Wahrscheinlichkeit im Laufe des Jahres 1816 ausgearbeitete Spätfassung der ›Chronika‹ und die nach neuerer Datierung wohl erst im Frühjahr 1817 entstandene ›Geschichte vom braven Kasperl‹ (vgl. hierzu die
in den Anmerkungen zur Entstehung der einzelnen Erzählungen ge-
machten Datierungsvorschläge).

In den Berliner Jahren (1814–1818), in denen er mit Ausnahme der
›Schachtel mit der Friedenspuppe‹ und wohl auch des ›Armen Raimondin‹ alle seine Erzählungen schrieb und veröffentlichte, hat sich Brentano jedoch nicht nur als Produzent, sondern auch als Rezipient und
Herausgeber von Erzählungen betätigt. So hat er sich Anfang 1816 mit
einem vertraglich mit dem Berliner Buchhändler Fink bereits fixierten,
dann jedoch nicht realisierten »Plan der Monatlichen Erzählungen« beschäftigt, einem zwar nicht näher beschriebenen, aber wohl an E. T. A.

Hoffmanns ›Fantasiestücken‹ orientierten Projekt, für das er von Arnim
»eine Erzählung« anfordert mit dem Hinweis, daß sein Freund Achim
»mehr Vorrat« (Seebaß II, S. 167) an Erzähltexten habe als er selbst.
Hieraus erhellt, daß Brentano Anfang 1816 (sein Brief an Arnim datiert
vom 3. Februar 1816) wenn auch gewiß keinen großen, so doch immer-
hin bereits einen bescheidenen »Vorrat« an Erzählungen in der Schublade gehabt haben muß (wahrscheinlich ›Die drei Nüsse‹ und ›Die mehreren Wehmüller‹). Auch für das von Friedrich Förster unter dem Titel
›Die Sängerfahrt‹ herausgegebene ›Taschenbuch‹, in dem die Spätfassung der ›Chronika‹ erschien, hat sich Brentano im Frühjahr 1816 ausdrücklich um »eine Erzählung« seines Freundes Arnim bemüht (vgl.
Steig I, S. 345).

Nimmt man zu all diesen Bemühungen in Sachen Erzählliteratur
noch die wohl 1815/16 entstandene Urfassung des Gockelmärchens sowie die 18 Nacherzählungen von zumeist älteren Parabeln und Schwän-
ken hinzu (vgl. Werke II, S. 846–870), die 1817/18 gedruckt und wohl
ebenfalls in der Berliner Zeit verfaßt worden sind, so ist als schriftstelle-
rischer Ertrag der Berliner Jahre Brentanos eine erstaunliche Fülle und
Vielfalt erzählender Prosawerke zu konstatieren. Zumindest die ersten
Berliner Jahre (1815–1817) stehen eindeutig im Zeichen des Erzählers
Brentano, der in keiner anderen Phase seines Schaffens – im Vergleich
zum Lyriker, Dramatiker oder religiösen Zweckschriftsteller – so ton-
angebend und prädominierend war wie in dieser Zeit. Mit Gerhard
Kluge, dem derzeit wohl besten Kenner der Erzählungen Brentanos,
läßt sich vermuten: »Wenn es dem Dichter Brentano denn wirklich
ernst war« mit seiner seit der Berliner Zeit ausgesprochenen »Verdam-
mung der Poesie, so wollte er vielleicht als Erzähler einen *ordentlichen*
Abschied nehmen und sein Talent, dem er selbst so skeptisch gegenüberstand, noch einmal in allen erdenklichen Farben und mit allem ihm
zur Verfügung stehenden magischen Sprachzauber spielen lassen?«
(Kluge 1980, S. 103) Bei seiner Karriere als Erzähler darf man jedoch
nicht übersehen, daß sich Brentano als Verfasser von Erzählungen erst
dann zu profilieren begann, als er die – übrigens von vielen Autoren des
19. Jahrhunderts gehegte – Hoffnung, ein erfolgreicher, bedeutender
Dramatiker zu werden, aufgegeben hatte. Brentanos kurze Karriere als
Erzähler – wenn man denn seinen Erfolg als Autor von Erzählungen so
qualifizieren will – war eine Karriere aus einer gewissen Verlegenheit,

eine Karriere fast wider Willen, eine aus einer schriftstellerischen Krise hervorgegangene Karriere, eine aus seiner »Theaternoth« (Steig I, S. 337) geborene Karriere, kurz: eine Art Kompensationskarriere, mit der er sich über sein Scheitern als Theaterdichter hinweghelfen und -trösten wollte.

Brentanos Erzählungen als Brotarbeiten?

Daß sich Brentano seit Ende 1814 / Anfang 1815 für einige Zeit auf das Schreiben von Erzählungen verlegte, hat nicht nur autorpsychologische Gründe. Bei der Verlagerung seiner literarischen Interessen und Ambitionen auf das Terrain der Erzählprosa dürften durchaus auch finanzielle Erwägungen eine Rolle gespielt haben. Um diesen in der Brentano-Forschung vernachlässigten, wirtschaftlichen Aspekt besser zu verstehen, muß man sich vergegenwärtigen, daß es in der Zeit der Spätromantik und des Biedermeier (literarische Epochen, die sich bekanntlich überschneiden, ja, zum Teil decken) einen »Dualismus« gibt »zwischen der Prosa, die man um des Geldes willen schreibt, und der Poesie, der man um des Lorbeers willen huldigt« (Sengle II, S. 25). Diese Einstellung korreliert mit der im Laufe der Biedermeierzeit sich verstärkenden Neigung und Bereitschaft der Buchhändler, Verleger und Herausgeber, Prosabeiträge (sowohl Zweck- wie Erzählprosa) ungleich besser zu honorieren als Lyrisches und Dramatisches. So weist Mörike seinen Freund Friedrich Theodor Vischer 1831 darauf hin, daß Cottas »Morgenblatt das Lyrische nicht mehr mit Geld honoriert. Desto anständiger wird der Bogen Prosa, Erzählung und dergleichen mit 30 Gulden [...] bezahlt« (zitiert nach: Sengle II, S. 25). Und Gutzkow macht Büchner darauf aufmerksam, daß »theatralische Sachen für Verleger keine lokkende Artikel« sind (Brief vom 25. Februar 1835). Die verlegerische Bevorzugung der Erzählprosa gegenüber der Lyrik und der Dramatik ist keineswegs erst in den dreißiger Jahren, sondern bereits – wenn auch noch nicht so stark wie später – in der frühen Biedermeierzeit (1815–1820) ausgeprägt. Für den rasanten Aufstieg der Prosa in der ersten Hälfte des 19. Jahrhunderts lassen sich also durchaus ökonomische Motive anführen; »für die im quantitativen Sinne ungeheure Entfaltung der Erzählprosa« in dieser Zeit »dürften zunächst wirtschaftliche

Gründe«, d.h. die weitaus bessere Honorierung der Prosa gegenüber lyrischen und »theatralischen Sachen«, »bestimmend gewesen sein« (Sengle II, S. 24).

Was nun die finanziellen Erwägungen Brentanos bei seiner Hinwendung zur erzählenden Prosa angeht, so ist in seinen Briefen aus den Jahren 1814–1817 recht häufig die Rede von Geld, von Geldsorgen, von seinen Vermögensumständen, seiner angeblichen »Armut« und auch von Honoraren. Dies hängt wohl vor allem damit zusammen, daß Brentano, der im wesentlichen von den Zinsen seines väterlichen Erbteils lebte, aufgrund der Schwierigkeiten mit dem Betrieb und Verkauf des mehr verlust- als gewinnbringenden böhmischen Schloßgutes Bukowan (an dem er mit seinem Kapital beteiligt war) in den Jahren 1814/15 eine beträchtliche Verschlechterung seiner finanziellen Lage befürchtete. Seine Sorgen und Ängste, in akute Geldnot geraten zu können, veranlaßten Brentano damals zu einer Reihe von Aktivitäten, zu denen auch das Verfassen und Veröffentlichen von Erzählungen gehörte. Um »den kleinen Rest« seines »Vermögens« (UL, S. 487) sicherer anzulegen, plant er für das Jahr 1814, mit einem Jenenser Freund in Wien eine eigene Buchhandlung zu gründen. Mitte Februar 1815 bemerkt er Wilhelm Grimm gegenüber, daß ihn seine »Armut« zwinge, in Berlin zu leben, wo er durch eines Freundes »Güte freie Wohnung« habe (Seebaß II, S. 125). Von Wilhelm Grimm fordert er im Februar 1815 eine ganze Reihe diesem geliehener Bücher zurück, weil er »dergleichen zu verkaufen« gedenke, da er »Geld« zu seinen neuaufgenommenen »Studien« (Seebaß II, S. 126) in Algebra und Geometrie benötige. Etwa zur selben Zeit verhandelt Brentano mit Verlegern in Leipzig, Bamberg und Berlin wegen des Drucks seiner Rheinmärchen (vgl. Feilchenfeldt 1978, S. 96; Seebaß II, S. 169), für die er sich auch ein Jahr später vergeblich um einen Verleger bemüht. Und genau in diese Zeit seiner intensiven Bemühungen, zu Geld zu kommen, fällt die Veröffentlichung der im Herbst 1814 niedergeschriebenen Erzählung ›Die Schachtel mit der Friedenspuppe‹ in den Wiener ›Friedensblättern‹ (3. bis 28. Januar 1815), für die Brentano schon im April 1814 seinen Freund Arnim als Mitarbeiter zu gewinnen versucht hat mit dem verlockenden Hinweis auf ein zu erwartendes Honorar von »20 Gulden für den Bogen« (Seebaß II, S. 123). Die hier kurz skizzierten lebensgeschichtlichen Umstände in den Jahren 1814/15 sprechen dafür, daß Brentano die ›Schachtel mit der Friedens-

puppe‹ nicht zuletzt um des Geldes willen geschrieben und publiziert
hat. Mit dieser Feststellung ist durchaus kein negatives ästhetisches
Werturteil verbunden, braucht doch ein aus finanziellen Überlegungen
entstandener Text nicht schlechter zu sein als ein zweck- und absichts-
los für die Schublade geschriebenes Stück Literatur.

Auch bei den anderen von Brentano 1817/18 veröffentlichten Erzählungen und Nacherzählungen dürften finanzielle Motive und Erwägungen im Spiel gewesen sein, wobei es vorerst dahingestellt sei, ob solche
Motive eine entscheidende oder nur eine untergeordnete Rolle spielten.
Die hier vertretene Auffassung steht zwar im Gegensatz zu einer Aussage von Gubitz, des Herausgebers der Zeitschrift ›Der Gesellschafter‹,
der 1851 in einer späten brieflichen Erinnerung erklärte, Brentano habe
für seine Beiträge zum ›Gesellschafter‹ kein Honorar erhalten (vgl.
Kluge 1979, S. 63). Diesem Zeugnis ist aber ein gewichtigeres, ›authenti-
scheres‹, weil aus der Veröffentlichungszeit der Brentanoschen Erzählungen datierendes, Dokument entgegenzuhalten: Bettina von Arnims
Brief an ihren Mann vom 13. Juli 1817, in dem sie Achim berichtet, ihr
Bruder Clemens habe »Ursache mehr als je zu sparen, er habe auch
darum dem Gubitz einige Geschichten in seinen Gesellschafter gegeben, obschon er ihm lieber hinein kaken möchte« (Arnim I, S. 67).
Für den Fall, daß er hier in puncto Sparen nicht maßlos übertrieben
hat, können wir mithin davon ausgehen, daß Brentano damals »auf das
Honorar finanziell angewiesen« war (Feilchenfeldt 1978, S. 107) oder
doch angewiesen zu sein glaubte. Ebenso wie für die ›Schachtel mit der
Friedenspuppe‹ und seine erzählerischen Beiträge zum ›Gesellschafter‹
ist Brentano mit Sicherheit auch für die in der ›Sängerfahrt‹ gedruckte
Spätfassung der ›Chronika‹ honoriert worden, bringt er doch in seinen
Briefen an die als Mitarbeiter für die ›Sängerfahrt‹ zu gewinnenden
Freunde (Achim von Arnim und Ludwig Tieck) die Honorarfrage je-
desmal ausdrücklich zur Sprache (vgl. Steig I, S. 345, sowie Holtei I,
S. 105).

Der von vielen als Erz-Romantiker betrachtete Brentano sprach häufiger und ungeschminkter von Geld und Honoraren, als es sich – nach
den Klischeevorstellungen über die Romantik – für einen romantischen
Dichter schickt. Geld als Thema in Brentanos Werken wie auch als Fak-
tor bei der Produktion und Publikation seiner literarischen Texte sind
noch immer Desiderate der Brentano-Forschung. Insbesondere bei der

Herstellung und Veröffentlichung seiner Erzählungen und Nacherzählungen in den Jahren 1814–1817/18 spielten finanzielle Motive eine größere Rolle, als man in der Sekundärliteratur zumeist anzunehmen ge-
neigt ist (vgl. etwa Kluge 1980, S. 102 f.).

Die periodischen Druckmedien und Brentanos Erzählungen

Brentano schrieb Erzählungen, weil ihm zum erfolgreichen Dramatiker
das Zeug fehlte, weil er sein Scheitern als Theaterdichter auf dem Gebiet
der Erzählprosa zu kompensieren versuchte, um so etwas zur Gesun-
dung seines lädierten schrifstellerischen Selbstbewußtseins zu tun.
Brentano schrieb und veröffentlichte Erzählungen, weil er auf die Ho-
norare finanziell angewiesen war bzw. angewiesen zu sein vermeinte.
Brentano schrieb und veröffentlichte seine Erzählungen – wohl nicht
zufällig – zu einer Zeit, als der deutsche Buch- und Zeitschriftenmarkt
aufgrund der Nachfrage des lesenden Publikums einen merklich gestei-
gerten Bedarf an Erzählliteratur hatte, wobei es eine offene Frage bleiben muß, ob sich Brentano darüber im klaren war, daß er mit seiner Produktion von Erzählungen einer Nachfrage auf dem literarischen Markt
entgegenkam.

Bei der näheren Explizierung dieses Zusammenhangs ist von einer
auffälligen, bislang jedoch noch nicht konstatierten Koinzidenz auszugehen: Die Entstehung und Publikation der Erzählungen Brentanos
fällt ziemlich genau in die Zeit, in der die Gattung der Erzählprosa in der
literarischen Evolution des 19. Jahrhunderts erstmals einen wenn auch
noch nicht spektakulären, so doch unübersehbaren Aufstieg genommen
hat: in die frühe Biedermeierzeit der Jahre 1815–1820 (vgl. Sengle II,
S. 24 f.). Die Gründe für die Entfaltung der Erzählprosa in der Biedermeierzeit sind vielfältiger Art; hier nur einige realgeschichtliche Voraussetzungen: Die – schon erwähnte – bessere Honorierung der erzählenden Prosa gegenüber lyrischen und dramatischen Texten. – Die Zu-
nahme der allgemeinen Leselust, die man sich »so elementar und viel-
deutig wie den heutigen Drang zur Fernsehunterhaltung vorstellen«
darf (Sengle II, S. 27) und die vor allem der unterhaltenden, erzählenden
Literatur zugute kam. – Die Spezialisierung der Leihbibliotheken in der
Restaurationszeit nach 1815 auf die Erzählprosa, wobei der Anteil an

erzählender Prosa »erst in den 30er Jahren drastisch ansteigt«*. – Die
mit Beginn der Biedermeierzeit aufblühende Kultur der belletristischen
Almanache und Taschenbücher, d. h. der jährlich erscheinenden Sam-
melwerke, zweier in dieser Zeit dominierender Publikationsformen, die
zunächst durch Buntheit des Inhalts und Vielfalt der literarischen Formen gekennzeichnet sind, in denen aber im Laufe der Zeit, besonders
seit etwa 1830, Novellen und Erzählungen immer mehr an Raum und
Bedeutung gewinnen; dies erklärt sich zum Teil daraus, daß das Taschenbuch aufgrund seiner Struktur die literarischen Kleinformen (darunter auch und gerade die Erzählung) begünstigt und fördert, wie das
Taschenbuch umgekehrt fraglos »ein Ausdruck der neuen Liebe zur
Kleinform« ist (Sengle II, S. 53). Die Auswirkungen des beim Lesepublikum überaus beliebten Taschenbuchs auf die Entfaltung der Erzählprosa sind kaum zu überschätzen. »Der gewaltige Siegeszug«, den die
Novelle bzw. Erzählung »damals in der deutschen Literatur antritt, ist
ohne das Taschenbuch kaum zu erklären« (Sengle II, S. 54). Welche finanzielle Anziehungskraft das Taschenbuch bereits in der Spätromantik
bzw. der frühen Biedermeierzeit auf Autoren von Erzählungen hatte,
erhellt aus der E. T. A. Hoffmann-Biographie von Julius Eduard Hitzig,
der bemerkt, Hoffmann habe das Geld »zuletzt in großen Massen« eingenommen, zu einer Zeit, da »er fast nichts, als Erzählungen für Taschenbücher, schrieb« (zitiert nach: Sengle II, S. 47).

Nicht nur im Taschenbuch und Almanach, sondern auch in der Zeitung und in der Zeitschrift gewinnt die Erzählung (Novelle) in der Metternichschen Restaurationszeit »einen erweiterten Lebensraum«, was
damit zusammenhängt, daß damals »die Beziehungen zwischen Journa-
lismus und Prosaerzählung« (Sengle II, S. 61) viel enger waren als heute.
Hinzu kommt, daß man in dieser Zeit Roman und Erzählung durchaus
»noch zur Zweckliteratur rechnen konnte« (Sengle II, S. 61), so daß
diese beiden prosaischen Formen, gedruckt im Verein mit anderen literarischen Zweckformen, in einer Zeitung oder Zeitschrift keineswegs
als Fremdkörper empfunden wurden. Die Aufgeschlossenheit bieder-

---

* Georg Jäger: Die Bestände deutscher Leihbibliotheken zwischen 1815 und
1860. Interpretation statistischer Befunde. In: Buchhandel und Literatur. Festschrift für Herbert G. Göpfert zum 75. Geburtstag. Hrsg. von Reinhard Witt-
mann und Bertold Hack. Wiesbaden 1982, S. 247–312, hier: S. 257.

meierlicher Zeitungen für Literatur aller Art wie auch die häufig zu beobachtende Personalunion von Taschenbuch- und Zeitungs-Herausge-
ber sind Hinweise darauf, daß in der Zeit nach 1815 »der Unterschied
zwischen den jährlich erscheinenden Sammelwerken und den Zeitungen noch nicht allzu groß ist. Beide Formen dienen dem Ideal mehr oder
weniger würdiger Unterhaltung« (Sengle II, S. 61).

Ohne die Publikationsformen des Taschenbuchs, des Almanachs und
der Zeitung bzw. der Zeitschrift hätte es Brentano als Autor von Erzählungen vielleicht nicht gegeben, jedenfalls wären ohne sie zu seinen Lebzeiten wohl keine Erzählungen von ihm erschienen, weil es – abgesehen
von einer Sammelpublikation in Form eines selbständigen Buches –
kaum andere Veröffentlichungsmöglichkeiten für einen Verfasser erzählender Prosa gab. So kann es auch nicht wundernehmen, daß die fünf
zu Brentanos Lebzeiten publizierten Erzählungen allesamt in den genannten periodischen Druckmedien erschienen sind: drei Erzählungen
(›Die Schachtel mit der Friedenspuppe‹, ›Die drei Nüsse‹, ›Die mehreren Wehmüller und ungarischen Nationalgesichter‹) in einer Zeitschrift
bzw. Zeitung, und zwei Erzählungen (›Geschichte vom braven Kasperl
und dem schönen Annerl‹, ›Aus der Chronika eines fahrenden Schülers‹) in einem Taschenbuch bzw. Almanach.

Die Wiener Zeitschrift ›Friedensblätter‹, die ein Konkurrenzunter-
nehmen zu Cottas ›Morgenblatt‹ werden sollte, hat Brentano selbst mit-
projektiert (vgl. Seebaß II, S. 123); er hat für sie um Mitarbeiter gewor-
ben, die er – wie Arnim – expressis verbis um Erzählungen anging, und
es scheint, als habe er schon bei seiner im April 1814 geäußerten Absicht, für die ›Friedensblätter‹ »manches zu schmieren« (Seebaß II,
S. 123), vor allem an Erzählungen gedacht. Die dann Anfang 1815 in den
›Friedensblättern‹ erschienene Erzählung ›Die Schachtel mit der Friedenspuppe‹ ist von Brentano – darauf deutet die textbestimmende Friedensthematik der Erzählung hin – offenbar ganz gezielt im Hinblick auf
die Publikation in der unmittelbar nach dem Ersten Pariser Frieden
(30. Mai 1814) begründeten Wiener Friedens-Zeitschrift (die Nr. 1 erschien am 16. Juni 1814) konzipiert und abgefaßt worden.

Noch engagierter war Brentano an der Konzeption und Herausgabe
des Taschenbuchs ›Die Sängerfahrt‹ beteiligt. Er bestimmte zusammen
mit Friedrich Förster, dem Hauptherausgeber, die Wahl der Beiträge, er
lockte die potentiellen Mitarbeiter mit Honoraren und steuerte selbst –

außer neunzehn serbischen Liedern – die wohl von Anfang an für die
›Sängerfahrt‹ vorgesehene Spätfassung seiner ›Chronika‹ bei. Das Projekt des spätromantischen Almanachs hat Brentano im Laufe des Jahres
1816 zur Um- und Überarbeitung der Erstfassung seiner ›Chronika‹
animiert. Ohne Försters Almanach-Projekt wäre die späte ›Chronika‹
damals nicht – und das heißt: überhaupt nicht so, wie wir sie kennen –
geschrieben worden.

Großen Anteil hatte Brentano schließlich auch an der von F. W. Gubitz herausgegebenen Berliner Zeitschrift ›Der Gesellschafter‹, in der
vom Juli 1817 bis August 1818 über zwanzig Beiträge fast ausschließlich
erzählender Prosa, darunter die Erzählungen ›Die drei Nüsse‹ und ›Die
mehreren Wehmüller und ungarischen Nationalgesichter‹, von ihm erschienen sind. Gubitz vermeidet in seiner »unterhaltenden Zeitschrift«,
wie der ›Gesellschafter‹ in einer Verlagsanzeige charakterisiert wird,
»die gefährlichen Bereiche der Politik und Religion«, dafür widmet er
sich »aber der Literatur in allen möglichen Formen, nicht zuletzt der
Novelle« (Sengle II, S. 61) bzw. der Erzählung, die – zusammen mit anderen Arten erzählender Prosa – die quantitativ und qualitativ klar dominierende Literaturform der Zeitschrift ist. Wie stark das Image der
Zeitschrift durch das Genre der Erzählung bestimmt wird, zeigt sich
schon daran, daß die einzelnen Blätter eines jeden Monats »mit einer
sich auf eine in demselben befindlichen Erzählung beziehenden niedli-
chen Vignette geziert« sind, wie es in der werbenden ›Anzeige‹ des Ver-
lags heißt.

Ohne die Zeitschriften, Almanache und Taschenbücher, für die nach
dem Ende der Napoleonischen Kriege (1814/15) auf dem literarischen
Markt eine gesteigerte Nachfrage besteht (vgl. Friedensblätter 1, 1814,
S. 70), ist die Produktion, Publikation und Rezeption der Erzählungen
nicht nur Clemens Brentanos, sondern auch Achim von Arnims und
E. T. A. Hoffmanns kaum zu denken. Diese im zweiten Jahrzehnt des
19. Jahrhunderts, insbesondere seit 1814/15, auf dem Buchmarkt und
beim Publikum an Einfluß und Resonanz gewinnenden periodischen
Druckmedien waren eine überaus wichtige realgeschichtliche Voraus-
setzung für die Erzählungen der drei genannten Autoren, deren epi-
sches Werk nicht zufällig hauptsächlich in der Zeit zwischen 1810 und
1820 – bei Brentano und Hoffmann nach 1813/14 – entstanden ist.

Bei seinem Engagement als Mitarbeiter an literarischen Zeitschriften und Almanachen kann es nicht weiter verwundern, daß Brentano sowohl ein medienbewußter wie auch ein das Publikum und seine Vorlieben ins schriftstellerische Kalkül miteinbeziehender Autor war. So bemerkt er anläßlich des erfolgreichen Versuchs, Arnim als Beiträger für den Almanach ›Die Sängerfahrt‹ zu gewinnen: »Es geht mit dem Publikum einmal einen gewissen Gang; ein Almanach wird gelesen, und wer drin gefällt, steht fest.« (Steig I, S. 345 f.) Mit der Beliebtheit der Almanache in dieser Zeit beim Publikum hängt die Überheblichkeit und Arroganz der Almanach-Herausgeber gegenüber den Autoren zusammen. »Ich habe nie in einen Almanach geschrieben, weil die Herausgeber meist gar hoffärtig waren« (Holtei I, S. 105 f.), erklärt Brentano 1816 in einem Brief an Ludwig Tieck.

Dem lesenden Publikum gegenüber Konzessionen zu machen, ist Brentano keineswegs abgeneigt, fordert er doch Arnim nachdrücklich auf, für die Wiener ›Friedensblätter‹ »besonders [...] den Fouqué, der hier [in Wien] Mode ist, zu werben« (Seebaß II, S. 123); eine Äußerung, die man erst dann angemessen zu würdigen vermag, wenn man weiß, daß Brentano von Fouqué als Schriftsteller nicht allzuviel gehalten hat (vgl. Seebaß II, S. 32, 126). Seinem besten Freund Arnim hat Brentano offenbar wiederholt geraten, sich »nach dem lesenden Publikum zu bilden«, d. h. mehr Rücksichten auf den Geschmack und das Fassungsvermögen des Publikums zu nehmen, hat er doch – nach Bettinas Brief vom 13. Juli 1817 – damals »wieder« einmal überlegt, wie Arnim als Autor »recht populär werden« könnte (Arnim I, S. 68). Die zitierten Briefstellen zeigen nicht nur, welche Rolle das Publikum in Brentanos Überlegungen hinsichtlich anderer Schriftsteller spielte, sie legen auch die Vermutung nahe, daß Brentano bei der Abfassung seiner Erzählungen das Publikum nicht vergaß, ja, daß er wohl selber bereit war, beim Schreiben gewisse Konzessionen an den Geschmack des »lesenden Publikums« zu machen.

Formal-strukturelle Kontinuität
in Brentanos Erzählungen

Innerhalb einer relativ kurzen Zeitspanne von zwei bis drei Jahren, genauer: in der Zeit zwischen dem Herbst 1814 und dem Frühjahr 1817
entstanden, weisen die sechs Erzählungen Brentanos (die Urfassung der
›Chronika‹ soll hier zunächst unberücksichtigt bleiben) eine Reihe von
strukturell-formalen wie auch von motivisch-thematischen Ähnlichkeiten und Gemeinsamkeiten auf, die darauf hindeuten, daß seine novellistischen Erzähltexte »untereinander stärker verwandt« sind, »als es auf
den ersten Blick scheinen mag« (Kluge 1980, S. 104). Im Erzählstil und
Erzählverfahren Brentanos zeigt sich eine erstaunliche Kontinuität, die
im folgenden etwas ausführlicher beschrieben werden soll, um die Affinitäten und Korrespondenzen zwischen den einzelnen Erzählungen
klarer hervortreten zu lassen.

Brentanos Erzählungen sind ausnahmslos Rahmenerzählungen, d.h.
solche Erzählungen, bei denen jeweils eine Erzählung, die sog. Rahmengeschichte, wie ein Rahmen eine oder mehrere andere Erzählungen,
die sog. Binnengeschichten, umschließt. Bei jeder Erzählung Brentanos
haben wir es also streng genommen mit mehreren – mindestens mit zwei
– Erzählungen zu tun, die gleichwohl durch die Art und den Grad ihrer
Verknüpfung (sowohl der Binnenerzählungen untereinander wie auch
der Rahmengeschichte mit den Binnenerzählungen) als ein einheitliches
Erzählgebilde, als *eine* Erzählung anzusehen und zu würdigen sind:
nicht zufällig benutzt Brentano im Titel seiner bekanntesten Erzählung
den Singular: ›Geschichte‹ (nicht: Geschichten, wie es grammatikalisch
korrekter wäre) ›vom braven Kasperl und dem schönen Annerl‹.

Brentanos Rahmenerzählungen umfassen in der Regel zwei (›Chronika‹ von 1818, Kasperl/Annerl-Geschichte) oder drei Binnengeschichten (›Die Schachtel‹, ›Die mehreren Wehmüller‹). Lediglich die Erzählung ›Die drei Nüsse‹ begnügt sich mit einer einzigen Binnengeschichte.
(In dieser Erzählung hat Brentano das Verdoppelungsprinzip nicht auf
die Binnengeschichten, sondern auf die Rahmenhandlung angewandt,
hat doch hier die Rahmengeschichte nicht, wie sonst bei Brentano, eine
Gegenwartshandlung, sondern deren zwei: die Rahmengeschichte
spielt in zwei um mehr als ein Jahr voneinander getrennten Zeiträumen.)
Beim ›Raimondin‹-Fragment ist davon auszugehen, daß außer der ange-

fangenen Lebensgeschichte des verwundeten Raimondin noch eine
zweite Binnenerzählung vorgesehen war, und zwar eine Erzählung des
anderen verwundeten ›Soldaten‹, der entweder mit der verkleideten Geliebten (Therese) oder der verkleideten Schwester (Antonie) des armen
Raimondin identisch ist.

Alle Binnenerzählungen sind Ich-Erzählungen, autobiographische
Erzählungen also, in denen die erzählenden Figuren in Ich-Form aus ihrem eigenen Leben berichten. Allerdings wird in zwei Binnenerzählungen die autobiographische Ausprägung kaschiert: in der ›Schachtel mit
der Friedenspuppe‹ dadurch, daß Frenel-Montpreville vorab die Geschichte seines Vaters, d. h. die Vorgeschichte seiner Misere, erzählt, ehe
er zu seiner eigenen Lebensgeschichte kommt, und in der ›Geschichte
vom braven Kasperl und dem schönen Annerl‹ dadurch, daß die Großmutter außer ihrer eigenen die Geschichte ihres Enkels und ihres Mün-
dels erzählt, dies »aber in einer spürbar subjektiven Färbung und dadurch, daß sie sich nicht an den chronologischen Ablauf der Ereignisse
hält, auch in fortwährender Beziehung auf sich selbst«. Wie die Großmutter, so bringt auch jeder der anderen Ich-Erzähler »eine eigene Perspektive auf das Geschehen und das zu Erzählende mit, da der Erzähler
kein neutraler Beobachter, sondern unmittelbar beteiligt und betroffen ist, und so entsteht in fast allen Erzählungen Brentanos ein mehr-
fach subjektiv vermitteltes und gebrochenes Erzählen« (Kluge 1980,
S. 105).

Während in den Binnenerzählungen durchweg Ich-Erzähler auftreten, werden die Rahmengeschichten – bis auf zwei Ausnahmen – von einem auktorialen, d. h. von einem persönlichen, einem mehr oder weniger distanziert berichtenden, einem sich in Bewertungen und Kommentaren zum Erzählten kundgebenden Erzähler dargeboten. Ausnahmen
von dieser Regel stellen die letzten beiden Erzählungen Brentanos dar,
die späte ›Chronika‹ von 1818 und die ›Geschichte vom braven Kasperl‹,
die nicht nur in den Binnengeschichten, sondern auch im Rahmenteil einen Ich-Erzähler haben (Johannes, den fahrenden Schüler, bzw. den
sich als »Schreiber« bezeichnenden Schriftsteller). Ein Unterschied zwischen diesen beiden Erzählungen besteht freilich darin, daß in der
›Chronika‹ der Ich-Erzähler im Rahmen mit dem Ich-Erzähler der ersten Binnengeschichte identisch ist, während in der ›Geschichte vom
braven Kasperl‹ die Ich-Erzähler im Rahmen und in den Binnenge-

schichten verschiedene fiktive Figuren sind (der Schriftsteller und die Großmutter).

Erzählrhetorisch bedeutet und bewirkt die Wahl eines Ich-Erzählers als Medium für die Vermittlung der Rahmengeschichte: eine stärkere emotionale Beteiligung des Erzählers am Erzählten, steht doch der Ich-Erzähler »in einer anderen inneren Verantwortlichkeit gegenüber dem Erzählten« als der neutralere, überlegenere, auktoriale Erzähler (der Schriftsteller in der ›Geschichte vom braven Kasperl‹ ist ein Beispiel da-für, daß der Ich-Erzähler in das von ihm berichtete Geschehen »bis zur Identifikation hineingezogen« werden kann); damit verbunden – eine deutliche Tendenz zur Aufhebung der »inneren, seelischen Distanz zwischen dem Erzählten und dem Erzähler« (Kluge 1980, S. 112); und daraus resultierend – eine stärkere Affizierung und Emotionalisierung des Lesers, als dies durch eine von einem auktorialen Erzähler vermit-telte Rahmengeschichte erreicht werden könnte.

Erzähltechnisch bedeutet das Auftreten eines Ich-Erzählers sowohl in der Rahmen- wie in der Binnengeschichte, daß in der ›Chronika‹ und in der Kasperl/Annerl-Geschichte eine engere Verknüpfung von Rah-men und Binnengeschehen festzustellen ist. Bevor noch etwas näher auf die Verklammerung von Rahmengeschichte und Binnenerzählungen bei Brentano eingegangen werden soll, hier zunächst einige Hinweise zur Zuordnung und Verknüpfung der einzelnen Binnenerzählungen untereinander.

Die einfachste Art der Verknüpfung ist die additive Aneinanderrei-hung der Binnengeschichten. Dieses Verknüpfungsprinzip hat Bren-tano in den ›Mehreren Wehmüllern‹ angewandt, in denen die drei Bin-nenerzählungen – mit kurzen Zwischentexten als Überleitungen – fast unmittelbar aufeinander folgen, wobei jede Erzählung einen anderen Erzähler hat. So einfach die Abfolge der drei Erzählungen durch das Prinzip der additiven Reihung geregelt ist, so kunstvoll sind sie durch ein dichtes Netz motivischer und thematischer Entsprechungen, Ähn-lichkeiten und Übereinstimmungen miteinander verbunden: in allen drei Erzählungen spielen Katzen und Hexen, Diebe und Diebereien, Jagd, Jäger und Gejagte eine mehr oder weniger große Rolle; alle drei Binnengeschichten spielen in der Nacht, sind also literarische Nacht-stücke bzw. Nachtgeschichten, wie auch alle drei Schauergeschichten, besser: Parodien auf Schauergeschichten sind; und schließlich geht es

»in allen dreien um die Aufklärung rätselhafter Ereignisse« (Lüders 1966, S. 72), worin man die hauptsächliche thematische Klammer der Binnenerzählungen sehen kann.

In der Erzählung von Kasperl und Annerl werden die beiden von den Titelfiguren handelnden Binnengeschichten nicht als in sich geschlossene additiv aneinandergereiht, sondern in vielfacher Verschränkung und Unterbrechung assoziativ und diskontinuierlich erzählt, entsprechend der assoziativen Denkweise der greisen Binnenerzählerin. Verknüpft sind die Binnengeschichten von Kasperl und Annerl – ähnlich wie die in den ›Mehreren Wehmüllern‹ – durch eine Vielzahl von Motiven, wie z. B. durch die Motive der Ehre bzw. der Ehrsucht, des sozialen Aufstiegs und des Kranzes sowie durch die leitmotivische Formulierung: es hat sie (Annerl) bzw. ihn (Kasper) »mit Zähnen« zu etwas Fatalem, Unabwendbarem hingerissen. Durch die vielen »motivischen Verweisungen« zwischen den beiden Binnengeschichten werden diese förmlich zu »Parallelgeschichten« (Kluge 1980, S. 109).

Bei der Spätfassung der ›Chronika‹ scheint es nur auf den ersten Blick so, als sei hier das in den ›Mehreren Wehmüllern‹ praktizierte »Prinzip der einfachen Reihung« (Kluge 1980, S. 106) der Binnengeschichten beibehalten. Zwar folgt auf die erste Binnengeschichte, die Kindheitsgeschichte des fahrenden Schülers Johannes (vgl. S. 234–246), eine zweite Binnenerzählung, die dessen angefangene Lebensbeschreibung unterbrechende Erzählung der Mutter von ihrer Kindheit und ihren Eltern (vgl. S. 246–256), aber die zweite Binnengeschichte ist in die erste, nicht abgeschlossene Binnenerzählung eingelagert, d. h. ihr untergeordnet, so daß diese zum Rahmen für die zweite Binnengeschichte wird. Damit nicht genug der Ineinanderschachtelung, ist auch in die Kindheitsgeschichte der Mutter des fahrenden Schülers eine Art Binnenerzählung eingebettet: die von der Mutter der Laurenburger Els, d. h. von der Großmutter des fahrenden Schülers, in wörtlicher Rede gegebene Beschreibung ihres Traumes auf dem Sterbelager (vgl. S. 250–252), wodurch auch die zweite Binnengeschichte vorübergehend zur Rahmenerzählung erhoben wird. Wie in der Urfassung, so erfolgt auch in der Spätfassung der ›Chronika‹ die Zu- und Anordnung der Binnengeschichten nicht nach dem Prinzip der Reihung, sondern nach dem der Schachtelung. Mit einer glücklichen Prägung hat man die der Urchronika zugrunde liegende Erzählstruktur als »potenzierte Rahmenerzäh-

lung« bezeichnet (Huber 1976, S. 231). Wenn auch in der Spätfassung
die Potenzierung der Rahmenerzählung nicht so stark ausgeprägt ist wie
in der Frühfassung, so läßt sich doch auch die Grundstruktur der späten
›Chronika‹ adäquat in den Begriff der »potenzierten Rahmenerzählung« fassen.

Entsprechend der sukzessiven Befragung und Vernehmung der aus
russischer Gefangenschaft zurückkehrenden Franzosen durch den
deutschen Gerichtshalter sind in der ›Schachtel mit der Friedenspuppe‹
die Binnengeschichten additiv aneinandergereiht. Eng miteinander verbunden sind die Binnengeschichten vor allem durch die ihnen gemeinsame erzähltechnische Funktion, die darin besteht, zwei rätselhafte Ereignisse der Rahmenhandlung aufzuklären: den Mordanschlag auf St.
Luce und die seltsame Reaktion der französischen Fremdlinge beim Anblick der Puppenschachtel. Eine weitere Gemeinsamkeit zwischen den
Binnengeschichten ist darin zu sehen, daß es sich bei ihnen um wechselseitig einander erklärende Geschichten mehrerer, in Beziehung zueinander stehender Personen handelt. Dies trifft übrigens auch auf die beiden Binnenerzählungen der ›Geschichte‹ von Kasperl und Annerl zu,
wie ja überhaupt die Erzählstruktur dieser Geschichte »insofern in gewisser Weise eine Weiterentwicklung der in der ›Schachtel mit der Friedenspuppe‹ angewendeten Technik« ist, als hier wie dort »ein zeitlich
zurückliegendes Geschehen, das in den Binnengeschichten wachgeru-
fen wird, so in die Rahmensituation verflochten ist, daß es in dieser eine
neue Aktualität gewinnt und einer Lösung zugeführt wird« (Kluge
1980, S. 109).

Ein Charakteristikum vieler Binnengeschichten Brentanos ist der
Zeitpunkt, zu dem sie in der jeweiligen fiktiven Erzählsituation des
Rahmens erzählt werden: Bis auf wenige Ausnahmen (die am Morgen
erzählten Kindheitsgeschichten des fahrenden Schülers und des armen
Raimondin, wobei die in der Romantik beliebte, symbolische Zuordnung von Morgen und Kindheit eine große Rolle spielt) werden die Binnengeschichten am Abend oder in der Nacht vorgetragen. Die längste
und aufschlußreichste Binnengeschichte in der ›Schachtel mit der Friedenspuppe‹, die Lebensgeschichte Frenels, wird nach dem Abendessen
erzählt, und auch Amelie du Pont in den ›Drei Nüssen‹ scheint ihre Binnengeschichte – dies jedenfalls läßt sich aufgrund der ganz ähnlichen
Rahmensituation des Nüsse-Essens im Vorjahr (1665) vermuten – nach

der Abendmahlzeit (im Herbst 1666) zu erzählen. In den ›Mehreren Wehmüllern‹ werden die drei Binnenerzählungen im Verlauf eines Herbstabends bzw. einer »Herbstnacht« (S. 151), genauer: in der Zeit zwischen Eintritt der »Dämmerung« (S. 150) und etwa »zwölf Uhr« nachts (S. 181), zum besten gegeben, und in der ›Geschichte‹ von Kasperl und Annerl erzählt die Großmutter die Geschichten ihres Enkels und Patchens in der Zeitspanne zwischen zwölf Uhr nachts und etwa drei Uhr morgens.

Daß der Abend und die Nacht bevorzugte Zeiten des Erzählens sind, wußte Brentano nicht nur aufgrund seiner Erfahrungen als mündlicher Erzähler in literarischen Zirkeln und Gesellschaften, sondern auch als Kenner der europäischen und außereuropäischen Erzählliteratur in Form zyklischer Rahmenerzählungen: Man denke hier nur an die ›Erzählungen aus den Tausendundein Nächten‹, an Straparolas ›Ergötzliche Nächte‹ oder an die von Clemens und Sophie Brentano übersetzten ›Spanischen Novellen‹ der Donna Maria de Zayas y Sotomayor, deren Rahmen fünf Erzähl-Nächte bilden, in denen ein Freundeskreis einer fieberkranken Dame die Zeit mit Spielen und Geschichten vertreibt.

Ein weiteres von Brentano benutztes Motiv, das – ebenso wie das Abend- und Nachtmotiv – seit alters her zur fiktiven Erzählsituation in Rahmenerzählungen gehört, ist das etwa in Boccaccios ›Decamerone‹ und Basiles ›Pentamerone‹ begegnende Motiv der Wartezeit, das häufig den Anlaß und den Beweggrund für das Erzählen und Einfügen von Binnengeschichten in eine Rahmenhandlung abgibt. So kommt es in der Rahmenhandlung der ›Mehreren Wehmüller‹ schon nach wenigen Seiten zu einer Wartezeit, als man dem von seiner Frau Tonerl durch einen Pestkordon getrennten Maler Wehmüller verwehrt, die militärische Absperrung zu passieren, und man ihn gegen Abend in die Dorfschenke zurückschickt, wo er den nächsten Tag abwarten soll. An dieser Stelle tritt in der Rahmenhandlung eine Stockung, eine Muße- und Wartezeit ein, die durch das Erzählen von drei Binnengeschichten auf unterhaltende Weise überbrückt und verkürzt wird. Als man mit dem Geschichtenerzählen gegen Mitternacht zu Ende ist, gehen Erzähler wie Zuhörer der »schönen Gesellschaft« (S. 182) für einige Stunden zu Bett. Wehmüller, Devillier und der Zigeuner Michaly, die drei wichtigsten Handlungsträger, stehen schon am frühen Morgen wieder auf, damit die Rah-

menhandlung nach der Stauung ihren weiteren Lauf nehmen und ihren
Abschluß finden kann.

Auch in der ›Geschichte‹ von Kasperl und Annerl wird das Erzählen
der Binnengeschichten durch eine Wartezeit ermöglicht. Eine alte Bäuerin ist spät in der Nacht in einer Residenzstadt angekommen; sie bereitet sich, da sie das Haus ihrer Verwandten »am andern Ende der Stadt«
(S. 189) nicht finden kann, auf den Türstufen eines herzoglichen Hauses
ein provisorisches Nachtlager und wartet dort den frühen Morgen des
nächsten Tages ab. In der nächtlichen Wartezeit zwischen 23 und 3 Uhr
erzählt sie dem Schriftsteller auf dessen drängende Fragen, was sie »in
die Stadt den weiten Weg« (S. 192) hergetrieben hat. Es ist zum einen die
auf 4 Uhr morgens terminierte Hinrichtung ihres Patenkindes, der
schönen Annerl, die sie nach 3 Uhr im Gefängnis aufsuchen will, und
zum anderen die Hoffnung der Großmutter, für den Selbstmörder Kasper und die Kindsmörderin Annerl »ein ehrliches Grab«, d. h. ein christ-
liches Begräbnis, erwirken zu können. Die Wartezeit, in der die Binnengeschichten ›vom braven Kasperl und dem schönen Annerl‹ erzählt
werden, ist hier durch den auf 4 Uhr festgelegten Hinrichtungstermin
begrenzt. Ist in den ›Mehreren Wehmüllern‹ die abzuwartende Zeit für
fast alle erzählten Figuren (Ausnahme: Wehmüller) eine müßige, durch
Unterhaltung ausgefüllte Zeitspanne, so ist die Wartezeit in der Kas-
perl/Annerl-Geschichte je länger je mehr eine peinvolle, peinigende
Zeit, dies jedenfalls gilt, wenn auch nicht für die gelassene, ›fatalistische‹
Großmutter, so doch für den Schriftsteller und – den Leser.

Die Entwicklung der Kunstform der Rahmenhandlung ist unter anderem dadurch gekennzeichnet, daß der Integration der verschiedenen
Erzähleinheiten, insbesondere der Verbindung von Binnen- und Rahmenerzählung, immer größere Aufmerksamkeit geschenkt wird. Das
erzähltechnische Problem der Integration von Rahmen und Binnenerzählungen scheint besonders Brentano stark interessiert, ja sein ganzes
erzählerisches Können provoziert zu haben. Zur Lösung dieses Problems hat er sich vor allem zwei Verfahren zu eigen gemacht: die moti-
visch-thematische Verknüpfung von Rahmen- und Binnengeschichte
sowie das Öffnen der Binnengeschichten zum Rahmen hin bzw. das In-
einander-Übergehen von Binnen- und Rahmenerzählung.

In den ›Mehreren Wehmüllern‹ geht es sowohl in den Binnenerzählungen wie in der Rahmengeschichte um die Aufklärung von Rätseln, in

ersteren um die Aufklärung rätselhafter Ereignisse und in letzterer um die Klärung des Rätsels der Verdoppelung (Verdreifachung) Wehmüllers. Die auf den nächsten Tag verschobene Klärung des Auftretens »mehrerer Wehmüller« wird zwar nicht ihrerseits durch die Aufklärung der in den Binnengeschichten gestellten Rätsel vorweggenommen, »aber der Weg der Lösung von Rätseln wird entschieden beschritten. Die Handlungen des Rahmens und der Einschübe entsprechen einander in ihrer Grundfigur« (Lüders 1966, S. 73).

Sind es in der ›Schachtel mit der Friedenspuppe‹ und in den ›Drei Nüssen‹ die in den Titeln dieser Erzählungen apostrophierten Dingsymbole, die maßgeblich zur Integration von Rahmen und Binnengeschichten beitragen, so kommt diese Funktion in der ›Geschichte‹ von Kasperl und Annerl dem Leitmotiv der Ehre zu; denn dieses Motiv spielt keineswegs nur in den Binnengeschichten von Kasperl und Annerl, sondern auch in der Rahmengeschichte eine große Rolle, besonders in den Reflexionen des Schriftstellers wie auch in der Grossinger-Episode und in der zur Rahmenhandlung gehörenden ›Liebesgeschichte‹ zwischen dem Herzog und der Schwester des Grafen Grossinger. Als Hauptthematik der ganzen Geschichte, d. h. als das beherrschende und übergreifende Thema, durch das die verschiedenen Erzählpartien zusammengehalten und zu einer Einheit, zu *einer* Geschichte integriert werden, hat man die »Frage nach den richtigen Proportionen im Leben« bezeichnet (Kluge 1971, S. 162).

Das erzähltechnische Verfahren, durch das eine optimale Integration und Verbindung von Rahmen und Binnenerzählungen erreicht werden kann, ist die Öffnung der eingelagerten Geschichten zum Rahmengeschehen hin. Brentano hat es in allen seinen Erzählungen, auch – wie sich vermuten läßt – in seinen Erzählfragmenten angewandt. So etwa – auf ebenso einfache wie wirkungsvolle Weise – in den ›Mehreren Wehmüllern‹, deren dritte Binnenerzählung, ›Baciochis Erzählung vom wilden Jäger‹, an zwei Stellen von Zuhörern der Erzählrunde unterbrochen wird, wobei es jedesmal zu einer Rückblendung in den Rahmen kommt: zum erstenmal, als der Zigeuner Michaly das von Baciochi zitierte Lied der Mitidika aus der Binnengeschichte aufgreift und es »unter den lieblichsten Variationen der Gesellschaft« (S. 171) in der Dorfschenke vorsingt; und zum zweitenmal, als Devillier – auf dem Höhepunkt der burlesken Schauergeschichte – durch seine Reaktion sich selbst als den mit

Wasser begossenen »wilden Jäger« und damit auch als den Geliebten Mitidikas zu erkennen gibt (S. 178). Mit der unfreiwilligen Selbstentlarvung Devilliers, der die Geschichte nun weiter erzählt, mündet die Binnenerzählung vom wilden Jäger in die Rahmengeschichte ein. Die Binnengeschichte wird, »noch ehe sie zu Ende erzählt worden ist, in den Rahmen überführt und dort nicht nur zu Ende berichtet, sondern auch zu Ende gebracht« (Kluge 1980, S. 106): Devillier und Mitidika, die in der Binnengeschichte voneinander getrennt wurden, finden sich in der Rahmengeschichte wieder.

Wie die Binnengeschichte vom wilden Jäger keine in sich geschlossene Binnenhandlung aufweist, sondern offen bleibt, in die Rahmenhandlung übergeht und damit die Erzählgegenwart einholt und in sie einmündet, so handelt es sich auch bei den meisten anderen eingelagerten Geschichten um nicht abgeschlossene, offene, d. h. in den Rahmen einmündende Binnenerzählungen. Dies zu belegen, soll hier als stellvertretendes Beispiel die Erzählung ›Die drei Nüsse‹ genügen. Kaum glaubt die Binnenerzählerin Amelie du Pont, nachdem sie die Hinrichtung ihres Mannes geschildert hat, mit ihrer Geschichte zu Ende zu sein, da entdeckt der Kolmarer Bürgermeister zufällig, daß er und die Erzählerin Geschwister sind. Diese Entdeckung wirft auf die in der Binnengeschichte erzählten Ereignisse und psychologischen Verwicklungen ein anderes Licht, sie kehrt das scheinbar bereits abgeschlossene Geschehen abrupt um, »so daß die in der Vergangenheit liegende Binnenhandlung sich als noch nicht abgeschlossen erweist und in den Rahmen hineinführt, wo sie erst eigentlich beendet wird« (Kluge 1980, S. 110).

Im Unterschied zu vielen Autoren von Rahmenerzählungen entwikkelt Brentano seine Binnenerzählungen nicht aus einer »statischen Rahmensituation«, in der eine Gesellschaft beisammen sitzt und sich Geschichten von ›unerhörten‹, ›merk‹-würdigen, zumeist abgeschlossenen Begebenheiten erzählt. Er führt vielmehr unmittelbar in ein Geschehen, eine Rahmenhandlung ein, zu deren Teil die Binnenerzählung wird. Die Binnenhandlung erweist sich zumeist »als ein unabgeschlossenes Geschehen«, »welches im Rahmen, in der Gegenwartshandlung sein Ende bzw. seine Aufklärung findet. Dadurch erhalten seine Novellen Spannung, Bewegtheit, eine Pointe, ein Ziel, und das Erzählte gewinnt Aktualität, weil der Erzähler selbst beteiligt ist oder zum Beteiligten wird« (Kluge 1980, S. 111). Durch die Fortführung und Beendigung der Binnenhandlung innerhalb der Rahmenhandlung entsteht in Brentanos Erzählungen eine dynamische Rahmensituation. Nicht durch Handlungslosigkeit des Rahmens, wie sie für viele nach dem Form-Muster des ›Decamerone‹ konzipierte Rahmenerzählungen charakteristisch ist, sondern im Gegenteil durch ein beträchtliches Maß an Handlung, durch eine Reihe von Handlungselementen sind die Rahmengeschichten bei Brentano gekennzeichnet. Wie kunstvoll und raffiniert Brentano die Integration von Rahmen und Binnenerzählungen ins Werk gesetzt hat, läßt sich schließlich auch daran ersehen, daß die zunächst noch deutlich erkennbare Zäsur zwischen dem Anfang der Binnengeschichte und dem unterbrochenen Rahmen gegen Ende der ganzen Erzählung, beim Übergang des Binnengeschehens in den Rahmen, aufgehoben oder doch bis zur Unkenntlichkeit verringert wird. Dadurch verliert der Rahmen bei Brentano viel von seiner sonst distanzierenden Funktion (vgl. Kluge 1980, S. 111). Für den Rezeptionsvorgang bedeutet dies, daß der Leser in näheren Kontakt mit dem Erzählten kommen, daß er stärker in das Geschehen hineingezogen werden kann.

›Die drei Nüsse‹ als Beispiel einer analytischen Erzählung

Die erzähltechnische Kontinuität der Erzählungen Brentanos zeigt sich nicht nur darin, daß sie allesamt Rahmenerzählungen sind, sondern auch in den erzähltechnischen Verfahren, die Brentano durchgängig zur Verknüpfung und Integration von Rahmen und Binnenerzählungen anwendet. Was jedoch die Erzählungen Brentanos – abgesehen von der ›Chronika‹ – formal-strukturell am stärksten miteinander verbindet, was jedoch in makro- wie mikrostruktureller Hinsicht ihre besondere ›Familienähnlichkeit‹ ausmacht, ist die gattungstypologische Tatsache, daß sie alle – bis auf die erwähnte Ausnahme und in verschieden starker Ausprägung – ›analytische Erzählungen‹ sind, daß in ihnen allen das Erzählmuster der ›analytischen Erzählung‹ zum Vorschein kommt.

Analytisches Erzählen wird hier mit Dietrich Weber, dem Theoretiker und Systematiker der analytischen Erzählung, als »Grundmöglichkeit des Erzählens« begriffen, unabhängig von den jeweiligen Inhalten, den epischen Untergattungen und den verschiedenen historischen Verwendungen, in denen es sich manifestiert, »definiert allein durch seine

Opposition zu synthetischem Erzählen«. Analytische Erzählung wird hier also mit Weber »als systematisch-typologischer Begriff, nicht als historischer Gattungsbegriff« verwendet (Weber, S. 10). Da Weber in seiner ›Theorie der analytischen Erzählung‹ ein praktikables Instrumentarium für die Textinterpretation bereitgestellt hat, das bisher noch kaum (vgl. jedoch Weber, S. 118–121, 131 f.) auf die Erzählungen Brentanos angewendet worden ist, soll im folgenden – stellvertretend für andere – die Erzählung ›Die drei Nüsse‹ auf einige konstitutive und typische Elemente und Momente der analytischen Erzählung hin untersucht, kurz: als Beispiel analytischen Erzählens betrachtet werden.

Wie in allen analytischen Erzählungen, so läßt sich auch in den ›Drei Nüssen‹ die Ausgangs- und Grundsituation auf die Formel bringen: »Eine Figur steht vor einem Rätsel.« (Weber, S. 18) Die vor einem Rätsel stehende Figur, der Rätselempfänger, wird von Otto Ludwig als »Figur des Forschens« und von Dietrich Weber mit einem umfassenderen Terminus als »Betrachterfigur« bezeichnet (Weber, S. 18). Sie ist das Erfahrungssubjekt, der Handlungsträger, dessen Erfahrungsgeschichte erzählt wird, und zwar in der Form, wie die Betrachterfigur sie erfährt. In den ›Drei Nüssen‹ spielt von Anfang an der Kolmarer Bürgermeister Maggi die Rolle der Betrachterfigur. Mit ihrer Hilfe erzählt der Autor bzw. der fiktive Erzähler die Geschichte der »Gegenfigur«, die für die analytische Erzählung – vorausgesetzt, diese Form ist »auch nur einigermaßen komplex realisiert« – nicht weniger konstitutiv ist als die Betrachterfigur. Die Gegenfigur ist »die Figur, die mitsamt ihrer Geschichte für die Betrachterfigur ein Rätsel ist, die deren Erfahrungs- und Erforschungsobjekt bildet« (Weber, S. 25). In den ›Drei Nüssen‹ ist die Rolle der Gegenfigur von zwei Personen besetzt: erstens von dem reisenden Alchimisten, d. h. dem Lyoner Apotheker Pierre du Pont, der in der einleitenden Rahmenepisode – wie dies bei Gegenfiguren oft der Fall ist (vgl. Weber, S. 25) – als ein »Fremder« (S. 131) in Erscheinung tritt, dessen seltsames Verhalten Anlaß zu Mutmaßungen, Fragen und Nachforschungen gibt; und zweitens von dessen Frau Amelie du Pont. Letztere fungiert jedoch in ihrer Binnenerzählung an einer Stelle auch einmal als Betrachterfigur, die vor einem Rätsel steht: Amelie du Pont sieht in einer Nacht ihre Stube »voll fliegender, leuchtender Johanniskäfer«, kann sich deren Erscheinen wie auch die Herkunft einiger aparter

Geschenke nicht erklären, so daß sie ihren Mann fragt, »was das nur zu
bedeuten habe« (S. 135). Die Apothekersfrau hat die in einer analytischen Erzählung zwar nicht konstitutive, wohl aber als typisch zu bezeichnende Rolle der »Mittlerfigur« inne, ist sie doch »bald mit der Betrachterfigur gemeinsam am Klärungsprozeß beteiligt, bald zusammen
mit der Gegenfigur Objekt der Erforschung« (Weber, S. 26).

Bürgermeister Maggi, die Betrachterfigur, macht im Laufe der analytischen Handlung eine auffällige Wandlung durch. Sie betrifft die Intensität seines Fragens und Nachforschens sowie den Grad seiner Anteilnahme an dem von der weiblichen Gegenfigur (Amelie) Erzählten. Reagiert der Bürgermeister in der Rahmenhandlung auf das seltsame, rätselhafte Verhalten der beiden Gegenfiguren recht gelassen und abge-
klärt (er läßt den bestürzt in seine Stube geeilten Alchimisten von seinem Sohn fragen, »ob ihm etwas zugestoßen sei« [S. 131]; er selbst fragt
den in selbstanklägerischen Andeutungen sich äußernden Alchimisten,
»wie er auf so schreckliche Reden komme« [S. 132]; auch der in heftiger
Gemütsbewegung befindlichen Amelie du Pont stellt er zunächst recht
unbedarfte Fragen, wie die, »was ihr fehle« [S. 133] und wie sich ihr
Mann befinde), so wandelt er sich im Verlauf der Binnenerzählung
Amelies vom distanzierten Betrachter zum emotional immer stärker
Beteiligten: In seinen Fragen, mit denen er Amelies Erzählung wieder-
holt unterbricht, bekundet sich Maggi anfangs noch als distanzierter
Zuhörer: »Hier schüttelte der Bürgermeister lächelnd den Kopf und
sprach: ›So haben Sie also doch, meine Dame, für einen fremden Mann
Zärtlichkeit empfunden?‹« (S. 136); bald darauf steigert sich jedoch
seine innere Beteiligung am Erzählten und Erfahrenen: »›Allmächtiger
Gott! Ihr Bruder war es?‹ rief der Bürgermeister aus« (S. 138), bis er
schließlich gegen Ende der Binnengeschichte die Erzählerin mit einer
Fülle emphatischer Fragen überhäuft, die seine Ergriffenheit dokumentieren: »›O, der unglückliche, arme Mensch!‹ rief der Bürgermeister
aus; ›aber wo ist er, was macht er, was führt Sie hieher, konnten Sie ihm
verzeihen, werden wir ihn hier wiedersehen?‹« (S. 140) Daß die Betrachterfigur der ›Geschichte vom braven Kasperl und dem schönen
Annerl‹, der namenlose Ich-Erzähler und Schriftsteller, einen ganz ähnlichen Emotionalisierungsprozeß durchmacht wie der Bürgermeister
Maggi, sei hier nur am Rande vermerkt. Beide Betrachterfiguren werden
erst im Verlauf der analytischen Handlung zu emotional stark engagier-

ten ›Figuren des Forschens‹, des insistierenden Nachfragens und Nachforschens aus persönlicher Betroffenheit.

Außer den beiden für eine »komplexe analytische Erzählung« konstitutiven Rollen der Betrachter- und der Gegenfigur lassen sich in der Geschichte ›Die drei Nüsse‹ auch jene fünf konstitutiven und typischen
»Momente« ausfindig machen, aus denen sich – nach Webers idealty-
pisch verkürztem Modell – der Handlungsverlauf einer analytischen Erzählung zusammensetzt: das »Wahrnehmungs- und Unbestimmtheits-
moment«, das »Reflexmoment«, das »analytische Moment«, das »Widerstandsmoment« und das »Klärungsmoment« (vgl. Weber, S. 18 ff.).
Das erste Wahrnehmungsmoment in den ›Drei Nüssen‹ besteht darin,
daß der Alchimist bei der Diskussion über den Vers von den drei Nüssen »mit Bestürzung plötzlich vom Tisch« aufspringt und »sich in der
ihm angewiesenen Stube« verschließt (S. 131). Der fremde Alchimist mit
seinem seltsamen, unbegreiflichen Verhalten ist für die Tischrunde beim
Kolmarer Bürgermeister eine unerklärlich anmutende, rätselhafte, ge-
heimnisvolle Erscheinung, kurz: ein Rätsel, das es im folgenden zu lösen gilt. Bereits mit dem ersten Wahrnehmungs- und Unbestimmtheits-
moment ist hier – wie überhaupt in analytisch erzählten Geschichten –
das für die analytische Erzählung charakteristische Rätsel-Lösungs-
Schema vorgegeben.

Im direkten Anschluß an das erste Wahrnehmungsmoment folgt das
»Reflexmoment«, das die unmittelbare Reaktion der Betrachterfigu-
r(en), »den Reflex auf das Wahrgenommene« zeigt (Weber, S. 19):
»worüber alle Anwesende in nicht geringer Verwunderung waren«
(S. 131). Das Reflexmoment, das »seinen Ort meist zwischen dem mehr
passiven Wahrnehmungsmoment und dem mehr aktiven analytischen
Moment« hat, ist »Ausdruck des Erstaunens, der Verwunderung und
Verwirrung [...] der Betrachterfigur angesichts der wahrgenommenen
rätselhaften Erscheinung« (Weber, S. 19). Anders als beim Modellfall
der analytischen Erzählung ist das erste Wahrnehmungsmoment und
das Reflexmoment in den ›Drei Nüssen‹ jedoch nicht an eine einzige Betrachterfigur, sondern an eine Mehrzahl von betrachtenden Figuren gebunden: an den Bürgermeister, dessen drei Söhne und deren Hofmeister.

Auch das zweite Wahrnehmungsmoment ist noch nicht an die spätere
Hauptbetrachterfigur, den Bürgermeister, gebunden, sondern an des-

sen jüngsten Sohn, der das seltsame Gebaren des Alchimisten durch ein Schlüsselloch beobachtet und das Wahrgenommene sogleich seinem Vater mitteilt. Das zweite Wahrnehmungsmoment, das die psychische Verfassung der sich unbeobachtet fühlenden, rätselhaften Gegenfigur noch deutlicher vor Augen führt, beglaubigt und verstärkt das erste Wahrnehmungsmoment. Der Blick durch das Schlüsselloch vermindert jedoch keineswegs die Rätselhaftigkeit des Alchimisten, im Gegenteil: das zweite Wahrnehmungsmoment betont und intensiviert den Rätselcharakter der Ausgangssituation unserer analytischen Erzählung.

Erst nachdem sich die Söhne Maggis und der Hofmeister aus dem Eßraum entfernt haben – der fremde Alchimist hat sich »zu einer einsamen Unterredung« (S. 131) mit dem Kolmarer Stadtoberhaupt angemeldet –, avanciert der Bürgermeister zur alleinigen Betrachterfigur. Nach den ersten vagen Andeutungen und Vorausdeutungen des Alchimisten, der von »Gericht« und einem »schmählichen Tode« spricht (S. 131), beginnt der Bürgermeister sogleich mit der analytischen Tätigkeit, indem er den Alchimisten fragt, »wie er auf so schreckliche Reden komme« (S. 132). In dieser Frage ist das erste »analytische Moment« im Handlungsverlauf zu sehen – analytisch vorzugehen versucht freilich zuvor schon der jüngste Sohn des Bürgermeisters, der dem vom Tisch aufspringenden Alchimisten folgt, »um ihn auf Befehl seines Vaters zu fragen, ob ihm etwas zugestoßen sei« (S. 131). Da Maggi den scheinbar wirres Zeug redenden Alchimisten, der am folgenden Morgen Kolmar verläßt, für verrückt hält, kommt es vorläufig, d. h. im Verlauf der ersten, an einem Oktoberabend (und dem folgenden Morgen) des Jahres 1665 spielenden Gegenwartshandlung, zu keiner weiteren Analyse durch die Betrachterfigur. Mit anderen Worten: Im Anschluß an das erste analytische Moment tritt in der analytischen Handlung vorübergehend ein Stillstand ein. Um es in der Terminologie Webers zu formulieren: Auf das die Handlung beschleunigende analytische Moment folgt in den ›Drei Nüssen‹ ein retardierendes Moment, das »Widerstandsmoment«, das sich wie folgt umschreiben läßt: Die Betrachterfigur stößt bei ihren Analyse- und »Klärungsversuchen immer wieder auf Hindernisse« (Weber, S. 22). Zwei Hindernisse sind es, die den Bürgermeister in der ersten Gegenwartshandlung davon abbringen bzw. abhalten, den analytischen Prozeß voranzutreiben: zum einen Maggis Fehleinschätzung des Verhaltens und seine Fehlinterpretation der Reden des Alchimisten, und zum anderen die fluchtartige Abreise des Alchimisten aus Kolmar, durch die er sich der weiteren Analyse entzieht, durch die ihm weitere klärungsheischende Fragen erspart bleiben.

Die »Verdoppelung der Rahmensituation« (Kluge 1980, S. 110) in den ›Drei Nüssen‹ bringt es mit sich, daß sich in der zweiten Rahmenepisode, die sich ein Jahr und drei Wochen später als die erste wiederum im Hause des Kolmarer Bürgermeisters bei einer Tischmahlzeit abspielt, einige erzählte Situationen und charakteristische »Momente« der ersten Rahmenepisode wiederholen. Nur fungiert jetzt nicht mehr der (inzwischen hingerichtete) Alchimist und Apotheker Pierre du Pont, sondern dessen Frau bzw. Witwe Amelie du Pont als Gegenfigur. Wie ihr Mann vor einem Jahr, so gerät nun die den Bürgermeister aufsuchende Apothekersfrau beim »Anblick« der ihr angebotenen, fatalen Nüsse in eine so »heftige Erschütterung« (S. 132), daß ihr die Tränen von den Wangen herablaufen (erstes Wahrnehmungsmoment der zweiten Rahmenepisode). Amelies Gemütsbewegung beim Anblick der Nüsse, ihre Weigerung, sie zu essen, sowie die Erinnerung an den Alchimisten: all dies bringt »unter den Tischgenossen eine eigene Spannung hervor« (S. 133), eine Reaktion auf das rätselhafte Verhalten der fremden Besucherin, in der man unschwer das Reflexmoment wiedererkennt. Ein weiteres, nun allein an den Bürgermeister gebundenes Wahrnehmungsmoment bildet Amelies »Bestürzung« beim »Anblick eines kindischen Gemäldes« (S. 133), das ihren Mann in derselben Stellung wie bei der später berichteten Hinrichtungsszene (vgl. S. 140) darstellt.

Das analytische Moment besteht aus einer Reihe von Fragen, die der Bürgermeister der Witwe des Apothekers stellt (vgl. S. 133 f.), wobei er sich zunächst recht unverfänglich nach ihrem Geschäft, ihren Pässen und ihrem Gesundheitszustand erkundigt. Erst als er sie danach fragt, wie sich ihr Mann befinde (S. 134), über dessen Identität sich der Bürgermeister noch nicht genau im klaren ist, sieht sich Amelie du Pont dazu veranlaßt, ihre und ihres Mannes Geschichte, die Geschichte der beiden Gegenfiguren also, zu erzählen. Die von ihr erzählte Binnengeschichte (S. 134–140) bringt die Aufklärung der beiden durch Nüsse ausgelösten, seltsamen Vorfälle des Rahmengeschehens, sie enthält die Lösung der in den beiden Rahmenepisoden aufgeworfenen Rätsel; oder anders gewendet: Amelies Binnengeschichte stellt das »Klärungsmoment« dar.

Die Übergangsstelle von der Rahmen- zur Binnengeschichte ist eine
für analytische Erzählungen überaus charakteristische Textstelle, findet
doch hier »die Integration des Klärungsmoments in den analytischen
Prozeß bzw. die Integration der Vorzeithandlung in die Gegenwartshandlung« statt (Weber, S. 36). Konstitutiv für die analytische Erzählung ist darüber hinaus, daß sich der Übergang von der Gegenwarts- zur
Vorzeithandlung »als Schritt im Erfahrungsprozeß der Betrachterfigur
vollzieht«, wie ja überhaupt »an der Umschaltstelle nicht selten die Er-
fahrungssituation betont« wird (Weber, S. 36). Auch dieses charakteristische Merkmal findet sich – jedenfalls in rudimentärer Ausprägung –
in der analytischen Erzählung ›Die drei Nüsse‹. Den Bürgermeister, die
Betrachterfigur, ansprechend, leitet die Witwe des Apothekers ihre Binnengeschichte wie folgt ein: »›Mein Herr‹, erwiderte die Frau, ›ich sehe
wohl, das Schicksal selbst will, daß meine Schmach nicht soll verborgen
bleiben [...]. Hören Sie mich an‹« (S. 134), worauf die Binnengeschichte
erst eigentlich anfängt. Die Form, in der in der Binnenerzählung die
Vorzeithandlung nachgetragen wird, ist hier – wie oft in analytischen
Erzählungen – die »Selbsteröffnung der Gegenfigur gegenüber der Betrachterfigur« (Weber, S. 36).

Mit dem deutlich markierten Ende der Binnenerzählung: »›Dieses ist
meine Geschichte, Herr Bürgermeister‹« (S. 140), schließt Amelie ihre
Lebensgeschichte ab. Die Binnenerzählerin, der Bürgermeister und
auch der Leser können davon ausgehen, daß nun alle Rätsel gelöst, alle
Unklarheiten beseitigt, alle Ungewißheiten und Dunkelheiten aufgeklärt sind. Aber diese Annahme stellt sich in der wiederaufgenommenen
Gegenwartshandlung sogleich als voreilig und falsch heraus. Denn
kaum scheint alles geklärt und gelöst, da taucht unvermutet ein neues
Rätsel auf, das zu analysierenden Fragen der Betrachterfigur und
schließlich zur Entdeckung der geschwisterlichen Verwandtschaft zwischen dem Bürgermeister und Amelie du Pont führt. Bürgermeister
Maggi bemerkt am Finger Amelies zufällig einen Siegelring mit einem
ihm bekannten Wappen, der »einen lebhaften Eindruck« (S. 140f.) auf
ihn macht (integrales Wahrnehmungs- und Reflexmoment) und der ihn
zu Fragen und Recherchen veranlaßt (analytisches Moment), deren Er-
gebnis darin besteht, daß der Bürgermeister sich selbst als Bruder Amelies entdeckt (Klärungsmoment). Die vorletzte Erzählphase der Geschichte von den ›Drei Nüssen‹ entpuppt sich somit als eine analytische

Erzählung in nuce, die sowohl die Grundkonstellation von Betrachter-
und Gegenfigur wie auch die konstitutiven Momente und Grundsituationen analytischen Erzählens aufweist (Wahrnehmungs-, Analyse-
und Klärungsmoment).

Nicht die Binnengeschichte, sondern erst die kleine analytische Er-
zählsequenz im abschließenden Rahmenteil bringt die vollständige Aufklärung des komplizierten Dreiecksverhältnisses der ›Frau zwischen
zwei Männern‹. Der von ihrem Mann aus Eifersucht erschossene Geliebte der Amelie du Pont war nicht, wie es bis zum Abschluß der Binnengeschichte festzustehen scheint, ihr Bruder, sondern in Wahrheit
der gegen ihren Bruder (den späteren Bürgermeister Maggi) von einer
Amme als Säugling ausgewechselte Sohn des Kolmarer »Mechanikus
Maggi«, der in der Binnengeschichte unter dem falschen Namen Ludewig Piautaz auftritt. Erst gegen Ende der ›Drei Nüsse‹ stellt sich gewissermaßen als Pointe heraus: Die in der Binnengeschichte zum Ausdruck
kommende »Gefühlsverwirrung« der drei Hauptfiguren der Binnenhandlung (Furcht Amelies und ihres vermeintlichen Bruders vor Blut-
schande, grundlose Eifersucht des Apothekers Pierre du Pont) »beruhte
auf einer Täuschung, war Wahn: die Frau hat die Stimme des Herzens
verleugnet, als sie einen ungeliebten Mann heiratete, dieser richtig gefühlt, daß jener angebliche Bruder der eigentliche Geliebte seiner Gattin
ist. Die Entdeckung der richtigen Verhältnisse durch den Bürgermeister
schafft hier eine Art von exzentrischem Wendepunkt: zum Unterschied
von dem gewöhnlich am Ende stehenden Entscheidungspunkt [...]
kehrt dieses Ereignis das bereits abgeschlossene Geschehen plötzlich
um« (Himmel, S. 105).

Das von Brentano hier angewendete Verfahren der überraschenden
Schlußwendung, des »exzentrischen Wendepunkts« läßt sich mit einem
Begriff aus Webers ›Theorie der analytischen Erzählung‹ auch als »Desillusionierung« bezeichnen. Weber sieht darin eine relativ allgemeine
Funktion analytischen Erzählens, das nicht nur recht oft »überraschen-
des Erzählen« ist, weil es »am Ende Unerwartetes ans Licht« bringt,
sondern das gelegentlich »noch mehr« ist, »nämlich sozusagen doppelt
überraschend: es erweist am Ende bis dahin fraglos für zutreffend gehal-
tene Deutungen des Lesers unerwartet als bloßen Schein« (Weber,
S. 159). Unter »Desillusionierung« ist mit Weber »das listig kalkulierte
Verfahren des Autors« zu verstehen, »den Leser zur Aktualisierung be-

stimmter Vorstellungen zu verleiten und ihm am Ende deren illusionä-
ren, scheinhaften Charakter ad oculos zu demonstrieren« (Weber,
S. 159). Auf die erzählten Figuren bezogen, besagt »Desillusionierung«,
daß insbesondere »die Betrachterfigur in der erzählten Handlung einen
Prozeß nach dem Schema von Illusion und Desillusion durchläuft«
(Weber, S. 160), wobei sie eine doppelte Überraschung erfährt.

    Der »Illusionierungs-Desillusionierungs-Prozeß«, den der Bürger-
meister Maggi als Betrachterfigur durchmacht, hat folgende Phasen:
Zunächst ist Maggi der Auffassung, daß die Apothekersfrau »für einen
fremden Mann Zärtlichkeit empfunden« hat (S. 136). Die Binnenerzählerin bestärkt ihn durch ihre doppeldeutige Antwort (»›Ja, mein Herr;
aber verdammen Sie mich nicht zu früh, und hören Sie meine Erzählung
ruhig aus.‹«) in seiner Meinung. Im weiteren Verlauf der Geschichte erfährt der Bürgermeister von der Erzählerin, daß der heimliche, leidenschaftlich in sie verliebte Besucher, den ihr Mann aus Eifersucht erschossen hat, nicht ein »fremder Mann«, sondern Amelies Bruder gewesen ist (erste Überraschung, ›Illusion‹). Diese Annahme, die der Leser
mit der Betrachterfigur bis zur vorletzten Erzählphase teilt, stellt sich
jedoch durch die Entdeckung der unverhofften Verwandtschaft als
falsch, als Täuschung heraus (zweite Überraschung, ›Desillusion‹), womit sich die ursprüngliche Vermutung des Bürgermeisters (Amelies
Liebhaber war ein »fremder Mann«) im nachhinein als richtig erweist.

    Charakteristische Merkmale der analytischen Erzählung weist Bren-
tanos Erzähltext ›Die drei Nüsse‹ nicht nur in dem bisher fast ausschließlich berücksichtigten Bereich der »Handlungskonstruktion«
(vgl. Weber, S. 17–26), sondern auch im Bereich der »Darstellungskon-
struktion« auf (vgl. Weber, S. 27–41). Die analytische Darstellungskon-
struktion ist vor allem dadurch gekennzeichnet, daß die Kompositions-
form der analytischen Erzählung »auf dem Prinzip der zeitlichen Um-
stellung von Begebenheiten im Erzählvorgang beruht«: »im Begeben-
heitszusammenhang Früheres wird im Erzählzusammenhang später
vermittelt und umgekehrt.« (Weber, S. 28) Das heißt, um es in der Terminologie von Lämmerts ›Bauformen des Erzählens‹ zu formulieren:
Das »für die komplexe analytische Erzählung konstitutive Komposi-
tionsschema« (Weber, S. 28) manifestiert sich als Folge von »Gegenwartshandlung« und »Vorzeithandlung«.

    Brentanos Erzählung von den ›Drei Nüssen‹ wäre keine komplexe

analytische Erzählung, wenn sie nicht nach eben diesem kompositori-
schen Grundmuster aufgebaut wäre. Sie setzt sich im wesentlichen aus
einer zweigeteilten Rahmengeschichte und einer Binnengeschichte zusammen. In der Rahmengeschichte läuft die Gegenwartshandlung ab,
und in der eingelagerten Binnengeschichte wird die Vorzeithandlung
nachgetragen. Die Gegenwartshandlung ist auf »zwei zeitlich voneinander getrennte, aber zusammengehörende Episoden« verteilt (Kluge
1980, S. 110). Die erste Rahmenepisode spielt – wie erwähnt – an einem
Oktoberabend und dem darauffolgenden Morgen des Jahres 1665 im
Haus des Kolmarer Bürgermeisters Maggi. In ihr wird der Besuch des
»reisenden Alchimisten« und dessen seltsames Benehmen beim Aus-
spruch des Verses von den drei Nüssen erzählt. Die zweite Rahmenepisode ereignet sich »im folgenden Jahre um dieselbe Zeit, etwa drei Wochen später« (S. 132), d. h. Ende Oktober / Anfang November 1666; sie
spielt – wie die erste Episode – im Haus des Bürgermeisters von Kolmar,
als dieser »mit den Seinigen wieder Nüsse« ißt (S. 132). Geschildert wird
nun der Besuch der fremden Frau, deren »Erschütterung« beim Anblick
der Nüsse sowie deren »Bestürzung« beim Gewahrwerden des »kindischen Gemäldes«. Erzählerisch dargeboten wird die Gegenwartshandlung überwiegend in Form der szenischen Darstellung, die in der zweiten Rahmenepisode stärker als in der ersten zur Geltung kommt. Was
die »erzählte Zeit« anlangt, so erstreckt sich die Gegenwartshandlung
der beiden Rahmenepisoden jeweils über nur wenige Stunden.

In die Gegenwartshandlung der zweiten Rahmenepisode ist die Vorzeithandlung, d. h. die Binnengeschichte Amelies, integriert. In der Binnengeschichte werden die rätselhaften Vorfälle der beiden Rahmenepisoden aufgeklärt. Amelie trägt in der Binnenerzählung die für die Aufklärung erforderlichen Begebenheiten und Geschehniszusammenhänge
der Vorzeithandlung nach. Die durch die Binnenerzählerin vermittelte
Vorzeithandlung besteht nicht nur aus Begebenheiten, die sich in der
nahen Vergangenheit, d. h. in der Zeit zwischen den beiden Rahmenepisoden, abgespielt haben (wie die drei Wochen vor der zweiten Rahmenepisode erfolgte Hinrichtung des Apothekers), sondern auch aus einer
ganzen Reihe viel weiter zurückliegender Ereignisse: die »unerhörte
Begebenheit« der Erzählung beispielsweise, die Ermordung des angeblichen Bruders von Amelie durch deren Mann, ist viele Jahre (mindestens acht) vor dem Besuch des Alchimisten in Kolmar anzusetzen. Wie

zumeist in komplexen analytischen Erzählungen, erstreckt sich also
auch in den ›Drei Nüssen‹ die Vorzeithandlung über einen viel längeren
Zeitraum als die Gegenwartshandlung. Bei einer erzählten Zeit von ungefähr einem Jahrzehnt nimmt es nicht wunder, daß die Vorzeithandlung über weite Strecken in Form des gerafften Berichts präsentiert
wird. In der vorwiegend berichtenden Binnenerzählung sind jedoch einige Stationen der Vorzeithandlung, wie etwa die Mordszene (vgl.
S. 138), als Handlungshöhepunkte durch szenische Darbietung hervorgehoben. Das von Amelie in der Binnengeschichte zuletzt berichtete
Ereignis, die Hinrichtung des Apothekers in Lyon, ist auch in der Chronologie der Geschehnisabfolge der Vorzeithandlung die zuletzt stattge-
fundene Begebenheit: der Apotheker Pierre du Pont ist drei Wochen
vor Amelies Besuch bei dem Bürgermeister hingerichtet worden. Die
letzte Station der Vorzeithandlung führt also zeitlich sehr nahe an die
Gegenwarts- bzw. Rahmenhandlung heran, die nach dem Abschluß der
Binnengeschichte wiederaufgegriffen und fortgeführt wird.

Nach Weber ist es zwar »nicht konstitutiv, aber typisch«, daß am
Ende der analytischen Erzählung »noch eine Erzählphase«, die von ihm
so genannte »Nachzeithandlung«, hinzukommt, »in der die durch die
Einschaltung der Vorzeithandlung unterbrochene Gegenwartshandlung wiederaufgenommen wird, so daß sich in der Regel ein dreiteiliges
Kompositionsmuster ergibt: Gegenwartshandlung, Vorzeithandlung,
Nachzeithandlung« (Weber, S. 28). Als »Nachzeithandlung« im We-
berschen Sinne ist in den ›Drei Nüssen‹ die vorletzte Erzählphase anzusehen; sie beginnt im direkten Anschluß an die Binnengeschichte (»Mit
diesen Worten endete die Dame ihre Erzählung [...]«) und endet mit
dem zweitletzten Abschnitt der gesamten Erzählung (»und sie sank ihrem neugefundenen Bruder in die Arme.«). Besteht die Nachzeithandlung in analytischen Erzählungen »oft nur aus einer gerafften Ausleitung, die für die analytische Sequenz nicht mehr von Bedeutung ist«, so
erbringt sie in Brentanos Erzählung »durch Zusammenführung der Gegenwartshandlung und der Vorzeithandlung erst das endgültige Klärungsmoment« (Weber, S. 29), das in der Aufdeckung der engen Verwandtschaft zwischen dem Bürgermeister und der Apothekerswitwe zu
sehen ist.

Mit der Nachzeithandlung, die auch in den anderen abgeschlossenen,
d. h. nicht Fragment gebliebenen Erzählungen Brentanos die vorletzte

oder letzte Erzählphase ausmacht, ist die Erzählung von den ›Drei Nüssen‹ allerdings noch nicht zu Ende, folgt doch auf sie noch eine abschließende, aus nur einem Satz bestehende Erzählphase: »Sie [Amelie du Pont] soll nachher dem Bürgermeister drei Jahre die Haushaltung geführt haben und, als er gestorben, in das Kloster zu St. Klara in Kolmar gegangen sein und demselben ihr ganzes Vermögen vermacht haben.« (S. 141) Wie der Schlußsatz des Goetheschen ›Werther‹ (»Kein Geistlicher hat ihn begleitet.«), so ist auch die Schlußpassage dieser Erzählung durch einen auffälligen Tempuswechsel, durch den Übergang vom Präteritum zum Perfekt gekennzeichnet und dadurch besonders hervorgehoben. Mit Hilfe der Terminologie Harald Weinrichs (vgl. S. 18 ff.) läßt sich dieses am Anfang und Schluß von Erzählungen häufig zu beobachtende Textphänomen wie folgt beschreiben: Der Erzähler der ›Drei Nüsse‹ hat hier das bis dahin ausschließlich verwendete Präteritum, das häufigste der sog. »erzählenden Tempora« (Präteritum, Plusquamperfekt u. a.), das die Erzählsituation schlechthin signalisiert, verlassen; er ist zum Perfekt übergewechselt, d. h. zu einem der sog. »besprechenden Tempora« (Präsens, Perfekt u. a.). Die Schlußpassage der ›Drei Nüsse‹ ist nicht mehr Erzählung, sondern ein »besprechendes Textstück«. Der Erzähler bzw. das Tempus ist vom Erzählen zum Besprechen übergegangen. Bei diesem Übergang ändert sich das Tempus »in den beiden Merkmalen der Sprechhaltung und der Sprechperspektive«, wodurch die Erzählung an ihrem Ende »in einen ganz anderen Modus des Sprechens überführt« wird (Weinrich, S. 194). Durch die Änderung des Tempus und die damit verbundene Änderung des Sprechmodus wird die »definitive Grenzmarkierung des Textes« (Weinrich, S. 194) deutlich gemacht. Der besprechende Schlußsatz der ›Drei Nüsse‹ schließt die Erzählung unüberhörbar und definitiv ab.

Kategorial vom vorhergehenden Text abgehoben ist die Schlußsequenz nicht nur durch die Verwendung des Perfekts, sondern auch durch die Benutzung des Modalverbs ›sollen‹, das hier die Ungewißheit, die Unverbürgtheit des Ausgesagten ausdrückt: ›Man sagt (es heißt), daß sie nachher dem Bürgermeister drei Jahre die Haushaltung geführt hat‹. Dadurch, daß der Erzähler hier die weiteren Lebensstationen und Tätigkeiten Amelies als nicht verbürgt anführt, erhöht er die Glaubwürdigkeit des zuvor berichteten Geschehens, versucht er, die Erzählung von den ›Drei Nüssen‹ als ›wahre Geschichte‹ auszugeben.

Schließlich deutet auch das Zeitadverb »nachher« darauf hin, daß die Schlußpassage eine eigenständige, vom Vortext deutlich abgehobene Erzählphase ist, werden in ihr doch Geschehnisse berichtet, die nicht mehr zu der mit dem vorletzten Textabschnitt abgeschlossenen Gegenwartshandlung gehören, sondern prospektiv über sie hinausweisen. Der hier näher untersuchte Schlußabschnitt bildet die »Ausleitung« der Erzählung. Mit dem Vorbehalt der Unverbürgtheit wird in der Ausleitung eine kleine »Nachgeschichte« (Lämmert, S. 30) geboten, die einen Ausblick auf das weitere Leben und Wirken der weiblichen Hauptfigur gewährt.

Fazit: Brentanos Erzählung ›Die drei Nüsse‹ ist angefangen von kleineren und größeren Erzählgliedern bzw. den erzählten Grundsituationen (den konstitutiven und typischen Momenten der analytischen Handlung) über die Grundkonstellation der erzählten Figuren (wechselseitige Zuordnung von Betrachterfigur und Gegenfigur) bis hin zur Makrostruktur des Textes (Gliederung nach dem Schema Gegenwartshandlung, Vorzeithandlung, Nachzeithandlung mit einer kurzen Ausleitung) durch das Erzählmuster der analytischen Erzählung geprägt. In Brentanos Erzählung wird nicht nur streckenweise analytisch erzählt, bei ihr kann man nicht nur von analytischem Gang der Handlung sprechen, sie ist vielmehr durch und durch analytische Erzählung, ja, eine analytische Erzählung par excellence.

Thematisch-motivische Kontinuität

Nachdem bisher vor allem formal-strukturelle Ähnlichkeiten und Übereinstimmungen zwischen den Erzählungen Brentanos herausgearbeitet worden sind, soll im folgenden die Frage der thematisch-motivischen Kontinuität in seinen novellistischen Texten erörtert werden. Ein von Brentano wiederholt angeschlagenes Thema ist das Verhältnis bzw. die Zusammengehörigkeit von Tugend und Schönheit, ein Thema, das traditionell zumeist an eine weibliche Figur gebunden ist. Man könnte es daher als das der tugendhaft-schönen Frau bezeichnen. Als eine Variation dieses Themas ist das Thema der schönen, aber nicht unbedingt tugendhaften Frau anzusehen.

Beiläufig und formelhaft verwendet, taucht das Thema der weiblichen Tugend und Schönheit bereits in der Urfassung der ›Chronika‹ auf, in der Johannes, der fahrende Schüler, von der verstorbenen Hausfrau des Ritters Veltlin bemerkt, sie müsse – nach einem auf sie gedichteten Lied zu urteilen – »eine gar tugendsame und schöne Frau gewesen sein« (S. 57). Die Ausnahme von der Regel, daß das Thema ›Tugend und Schönheit‹ fast immer an Frauenfiguren dargestellt wird, ist der Schöne Bettler aus der die Ur-Chronika beschließenden Parabel ›Von dem traurigen Untergang zeitlicher Liebe‹. »Dieser war ein wunderschöner Jüngling, auch fromm und tugendhaft« (S. 68), heißt es zwar zunächst von dem Schönen Bettler, aber diese Charakterisierung gilt nur für die Zeit vor seinem ›Sündenfall‹, der mit der Entstehung einer »unendlichen Wißbegierde« (S. 73) in seiner Seele erfolgt. Mit und nach seinem Sündenfall ist der Schöne Bettler durch die von ihm selbst gedichteten Lieder, d. h. durch seine eigene Kunst, »in seiner Tugend wankend geworden« und schließlich »in Sünde gestorben« (S. 65), wie der »alte Schiffer« das spätere Schicksal des Schönen Bettlers vorausdeutend beschreibt.

In den ›Mehreren Wehmüllern‹ ist das Thema schon dadurch besonders hervorgehoben, daß es hier an die weibliche Hauptfigur der Erzählung, an das »schöne, unschuldige und geistvolle wilde Naturkind« Mitidika (S. 178), geknüpft ist. Von ihr bekennt der Franzose Devillier, ihr Verehrer, er liebe »sie unaussprechlich um ihrer Tugend und Schönheit« (S. 179). Da das zauberische Zigeunermädchen als Personifizierung der Poesie zu betrachten ist, hat man die Äußerung Devilliers über Mitidika zugleich als Aussage über die Poesie zu werten: Wie die Zigeunerin Schönheit und Tugend harmonisch in sich vereint, so gehören auch in der Poesie das Ästhetische und das Ethisch-Moralische untrennbar zusammen. Mitidika ist eine der bezauberndsten und interessantesten Frauengestalten im Gesamtwerk Brentanos. Wenn überhaupt in irgendeiner Gestalt, so hat Brentano in Mitidika sein Frauenideal verkörpert. Ihr hat er Eigenschaften und Wesenszüge verliehen, die er wohl im Leben zumeist nur getrennt vorfand: Tugend und Schönheit.

Eine Frauenfigur, die zwar nicht minder schön, reizend und verführerisch als Mitidika, aber ganz und gar untugendhaft ist, bei der sich Schönheit und Tugend ausschließen, ist die sechzehnjährige »schöne, falsche«, »verlorene«, »verruchte Perdita« (Werke II, S. 637, 641 f.) in Brentanos Romanfragment ›Der schiffbrüchige Galeerensklave vom

Toten Meer‹. Die als »schlecht«, »lügenhaft, treulos und verräterisch« (Werke II, S. 639) charakterisierte Perdita ist eine Kontrastfigur zur tugendhaft-schönen Mitidika. Trotz ihrer Gegensätzlichkeit hinsichtlich des Merkmals der Tugend bzw. der Tugendlosigkeit sind Perdita und Mitidika jedoch einander verwandt: durch ihre Schönheit und Attraktivität. Perdita ist eine Mitidika ohne deren Unschuld, Keuschheit und Tugendhaftigkeit – Mitidika eine Perdita ohne deren Verruchtheit, Verderbtheit und Lasterhaftigkeit. Wenn auch Perdita weder für den Ich-Erzähler des Romanfragments noch für dessen Autor ein Ideal darstellt, so ist doch der in Perdita verkörperte Frauentypus der femme fatale für beide etwas äußerst Faszinierendes.

Eine weitere Variation des Themas der tugendhaft-schönen Frau findet sich in der Erzählung ›Die drei Nüsse‹. Auch hier ist es wieder an die weibliche Hauptfigur des Textes gebunden. Brentano verknüpft es diesmal mit dem Loreley-Thema der unheilvollen, verderbenbringenden Macht der Schönheit. Amelie du Pont, die Apothekersfrau, ist von »großer Schönheit« (S. 132). Sie selbst sieht es als ein »großes Unglück« an, »sehr schön zu sein« (S. 134), denn der »Anblick« ihrer »Schönheit« (S. 137) hat nicht weniger als fünf Männer ins Verderben gestürzt. Sie alle sind bzw. werden Opfer der »bösen Gewalt« ihrer »Schönheit« (S. 139). Unter den Opfern, die ihre Schönheit fordert, befinden sich der vermeintliche Bruder sowie der Ehemann Amelies, der Apotheker Pierre du Pont, der den angeblichen Bruder seiner Frau erschießt, als er beide bei einem Rendezvous ertappt. Aus Eifersucht zum Mörder geworden, stellt sich der Apotheker schließlich den Gerichten und wird exekutiert.

Was die Tugend- und Standhaftigkeit Amelies gegenüber ihren zahlreichen Bewunderern angeht, die alle im Bann ihrer Schönheit stehen, so bemerkt sie selbst hierzu, daß die Männer »nichts« an ihr »ärgern konnte« als ihre »Tugend« (S. 139), ja, daß ihnen ihre »Tugend« außerordentlich verhaßt gewesen sei (vgl. S. 139). Aber ganz so einfach und eindeutig, wie sie selbst behauptet, scheint es mit und um Amelies Tugend nicht bestellt zu sein, jedenfalls nicht im Hinblick auf ihr enges, erotisch gefärbtes Verhältnis zu Ludewig, ihrem vermeintlichen Bruder. Die Liebe, die dieser Amelie entgegenbringt, ist zwar heftiger und leidenschaftlicher als die Gegenliebe der vermeintlichen Schwester, aber auch Amelie liebt den ›Bruder‹ mit einer Innigkeit, einer Zärtlichkeit, wie sie unter Geschwistern kaum üblich ist. Das Wiedersehen und der Abschied der beiden (vgl. S. 137 f.) spielt sich in einer Art und Weise ab, wie sie für eine Liebesszene charakteristisch ist. Mit sicherem Gespür für das ›Liebesverhältnis‹ der beiden bemerkt denn auch der Bürgermeister kommentierend zu Amelies Erzählung, daß ihm das »Betragen« Ludewigs »eher den Eindruck eines Geliebten als eines Bruders« (S. 139) gemacht habe. Fügen wir aus der Leserperspektive hinzu: Auch Amelies Verhalten macht eher den Eindruck einer Geliebten als einer ›Schwester‹. Weil Amelie fühlt, daß sie ihren vermeintlichen Bruder »mit größerer Leidenschaft« (S. 139) liebt, als sie sollte, und weil sie darin offenbar etwas Unrechtes, Verbotenes sieht, sagt sie ihrem Mann, der den vermeintlichen Bruder seiner Frau nicht kennt (vgl. S. 139), nichts von ihrer ›geschwisterlichen‹ Beziehung. Dabei stellt es sich als besonders verhängnisvoll heraus, daß sie ihrem Mann die Zusammenkunft mit Ludewig bei der Kapelle in dem Wäldchen verheimlicht. Denn der durch die Geschenke und die Johanniskäfer eifersüchtig gewordene Apotheker schöpft Verdacht, begibt sich nach dem Wäldchen und erschießt in der Annahme, es handele sich um den Geliebten seiner Frau, deren vermeintlichen Bruder.

Die mangelnde Offenheit Amelies ihrem Mann gegenüber, ihre heimliche Verabredung, ihr zweideutiges Verhalten in der Abschiedsszene, die der Ehemann beobachtet: all dies führt zur Katastrophe, zur Ermordung Ludewigs durch den eifersüchtigen Apotheker. Amelie ist mitschuldig an dem Verbrechen ihres Mannes, dem sie durchaus Anlaß zur Eifersucht gegeben hat und dessen Eifersucht, wie sich am überraschenden Ende der Erzählung zeigt, keineswegs grundlos gewesen ist. Daß sich Amelie auf irgendeine Weise mitschuldig am Tod der beiden Männer fühlt, läßt sich daraus entnehmen, daß sie nach dem Ableben ihres »neugefundenen Bruders«, des Bürgermeisters Maggi, »in das Kloster zu St. Klara in Kolmar gegangen sein und demselben ihr ganzes Vermögen vermacht haben« soll (S. 141). Es liegt nahe, den Gang ins Kloster als Akt der Buße aufzufassen, als Buße für ihre Schuld, die sie durch ihre unwissentlich für einen »fremden Mann« empfundene »Zärtlichkeit« (S. 136), durch die Verheimlichung ihres Verhältnisses zu Ludewig und nicht zuletzt durch ihre Schönheit, genauer: durch ihre »unglückliche«, d. h. Unglück und Unheil bringende »Schönheit« (S. 136), auf sich geladen hat. »Schönheit« ist bei Amelie zu einer »bösen Gewalt« (S. 139), zu einer Unheil stiftenden Macht geworden, weil sie bei ihr nicht mehr mit einer jederzeit makellosen, jederzeit unanfechtbaren Tugend gepaart ist. Im Hinblick auf ihr Verhalten dem Ehemann und dem vermeintlichen Bruder gegenüber ist Amelies Tugend keineswegs über jeden Zweifel erhaben; auf ihre Tugend ist ein Schatten gefallen; ihre Tugend ist ins Zwielicht geraten. Anders als bei Mitidika, die Schönheit und Tugend ganz selbstverständlich in ihrer ganzheitlichen Person vereint, befinden sich bei Amelie Tugend und Schönheit nicht mehr im vollkommenen Gleichgewicht. Die Schönheit hat das Übergewicht über die Tugend gewonnen. Darin ist wohl letztlich die ›Schuld‹ Amelies zu sehen, für die sie im Kloster zu St. Klara in Kolmar Buße tut.

Romantische Literatur ist zu einem guten Teil sich selbst potenzierende, sich selbst befragende und darstellende, über sich selbst reflektierende, sich selbst thematisierende und problematisierende Dichtung, kurz: sie ist – in nicht wenigen ihrer Erscheinungsformen – »autothematische Dichtung«*. Wie sehr sich insbesondere die Frühromantik für das Phänomen der literarischen Selbstreflexion und Selbstdarstellung interessierte, dokumentiert etwa – um hier nur einen Beleg anzuführen – das 238. Athenäum-Fragment Friedrich Schlegels, der von der romantischen »Transzendentalpoesie« fordert, sie sollte »in jeder ihrer Darstellungen sich selbst mit darstellen, und überall zugleich Poesie und Poesie der Poesie sein«. Da Brentano von der frühromantischen Dichtungstheorie stark geprägt worden ist, da er eine ganze Reihe frühromantischer Dichtungspostulate und -theoreme in die literarische Praxis umgesetzt und da er sich sein Leben lang mit Problemen und mit der Problematik von Kunst und Literatur auseinandergesetzt hat, kann es nicht wundernehmen, daß sowohl in Brentanos Gesamtwerk wie auch in seinen Erzählungen die Poesie- und Kunstthematik eine große, ja überragende Rolle spielt. Diese einen weitgefächerten Themenkomplex bildende Thematik, mit der sich die These von der thematischen Kontinuität weiter erhärten läßt, soll im folgenden anhand der in Brentanos Erzählun-

* Zum Begriff und zum Phänomen der »autothematischen« Literatur vgl. Manfred Schmeling: Autothematische Dichtung als Konfrontation. Zur Systematik literarischer Selbstdarstellung. In: Zeitschrift für Literaturwissenschaft und Linguistik 8 (1978), Heft 32, S. 77–97.

gen recht zahlreich vorkommenden Künstlergestalten und Personifizierungen der Poesie erörtert werden.

In drei Erzählungen Brentanos treten ausgesprochene Künstlerfiguren auf: in der ›Chronika‹, in den ›Mehreren Wehmüllern‹ und in der
›Geschichte vom braven Kasperl‹. Johannes, der fahrende Schüler der
›Chronika‹, ist ein »Schreiber« (vgl. S. 34, 47), eine ›Berufs‹-Bezeich-
nung, die Brentano auch sonst gern und häufig als »Chiffre für die Existenz des Dichters« verwendet hat (Huber 1976, S. 206). Außerdem vereinigt Johannes in sich eine Vielzahl von Aspekten, Elementen und We-
senszügen, die nach Brentanos ›Kunsttheorie‹ (vgl. Dennerle 1976,
S. 28, 56–61, 69 ff., 235) kennzeichnend für den wahren Dichter bzw.
Künstler sind: Er ist Lehrer, »Bettler«, »arm« und »einsam«, lebenslang
»Schüler«, »ewiges Kind«, »einfältig« und »demütig«, er ist Heiler, Ver-
söhner, ›Erlöser‹ und Mittler (vgl. bes. Huber 1976, S. 177 ff.). Johannes
ist demnach von Brentano in vieler Hinsicht als Inbegriff, als Prototyp
des (romantischen) Dichters gedacht und dargestellt.

Als Pendant, als weibliche Künstlerfigur ist dem fahrenden Schüler
die jüngste Adoptivtochter des Ritters, Pelagia, zur Seite gestellt; »von
ihren Lippen kommen gar wunderbare Reden gleich den listigen Erfindungen der Dichter« (S. 51); sie singt Lieder, erfindet Geschichten und
schlägt die Orgel. Ihre Affinität zu Johannes zeigt sich bereits in der Be-
grüßungsszene: sie tritt als erste der vier Jungfrauen auf ihn zu und redet
ihn freundlich an, denn auch sie ist, wie Johannes, »einsam auf Erden
und eine Waise« (S. 34). Im Hinblick auf die Fortsetzung der Fragment
gebliebenen ›Chronika‹ hat Brentano möglicherweise an eine Verbindung der beiden gleichgesinnten, dichterisch veranlagten Künstlergestalten gedacht (vgl. Stopp 1971, Nachwort, S. 120). Was Pelagia insbesondere zur Künstlerin prädisponiert, was sie als Künstlerin auszeichnet, ist ihre an mehreren Stellen deutlich hervorgehobene Mittlerfunk-
tion. Wie Johannes bemerkt, steht Pelagia »gar schön« in der Mitte
»zwischen« den beiden leiblichen Töchtern des Ritters (S. 52), zwischen
Otilia, der »Braut des Himmels«, und Gundelindis, der »Braut der
Erde«, weshalb sie Johannes »den seligen schönen Bund Himmels und
der Erde nennen« möchte (S. 53). Pelagia steht als vermittelnde Instanz
zwischen Askese und Weltlichkeit, zwischen Himmel und Erde, zwischen Gott und den Menschen; sie verkörpert auf sinnfällige Weise die
von Brentano auf sich selbst bezogene (vgl. Seebaß I, S. 162) wie über-

haupt in der Romantik verbreitete Vorstellung vom Dichter bzw. Künstler als Mittler (vgl. Dennerle 1976, S. 56ff., 235, sowie Huber 1976, S. 76).

Den beiden uneingeschränkt positiv und mit merklicher Sympathie gezeichneten Künstlergestalten des fahrenden Schülers und der ihm wesensverwandten Pelagia hat Brentano in der ›Chronika‹ als negative Gegenbilder zwei äußerst problematische Künstlerfiguren entgegengestellt: den »großen Meister« der kurzen Parabel vom »kunstreichen Spiegel« (vgl. S. 52f.) und den »Schönen Bettler« der abschließenden Parabel ›Von dem traurigen Untergang zeitlicher Liebe‹ (vgl. S. 58ff.). In beiden Parabeln hat Brentano »Verantwortung und Gefahr des Dichterberufs dargestellt« (Stopp 1971, Nachwort, S. 131). In der Parabel vom »großen Meister« wird die »Schattenseite der poetischen Existenz Pelagiens« (Huber 1976, S. 84) an einem Beispiel verdeutlicht. Im Unterschied zu Otilia und Gundelindis, die durch ihre Einbindung in die Institutionen von Kirche und Staat gegen Gefahren und Versuchungen von außen weitgehend gefeit sind, können Künstlernaturen wie Pelagia, die zwischen den »geistlichen« und »irdischen« Menschen »schweben« (S. 53) und daher bar allen institutionellen Schutzes sind, leicht den Anfeindungen und Verlockungen des »Bösen« erliegen; sie können »Beute der Eitelkeit« und »Schöpfer des Unglücks« werden und »in den Flammen ihrer Seele« untergehen, »welche dem kunstreichen Spiegel« des großen Meisters »zu vergleichen ist« (S. 53). Was das Verhältnis zwischen dem fahrenden »Schüler« und dem großen »Meister« angeht, so sind diese beiden Künstlerfiguren schon durch ihre antithetisch gewählten ›Namen‹ als Antipoden gekennzeichnet: ›schülerhaft‹ ist für Brentano ein überaus positives Kunst- und Künstlerkriterium, ›meisterhaft‹ dagegen ein negativ besetzter Begriff, der die »falsche äußerliche Kunst« (Werke II, S. 1123) charakterisiert (vgl. Huber 1976, S. 87). Daß der große Meister in der Künstlertypologie Brentanos die Gegenposition zu dem »armen«, »demütigen« fahrenden Schüler einnimmt, zeigt sich auch daran, daß er durch seine öffentlich feilgebotene Kunst, d. h. durch seinen kunstreichen Metallspiegel, »großen Reichtum« erhält und »endlich in weltlicher Hoffart« untergeht (S. 52). In Anbetracht der Tatsache, daß Brentano »grundsätzlich zwei Arten von Kunst unterscheidet« (Dennerle 1976, S. 14), läßt sich pointierend festhalten: Der fahrende Schüler verkörpert die »wahre Kunst«, der große Meister dagegen die

»falsche äußerliche Kunst«, die »ihren Meister« – wie in der Golem-
Sage und der Spiegel-Parabel – »endlich erschlägt« (Werke II, S. 1123)
bzw. verbrennt.

Die vierte Künstlerfigur der ›Chronika‹ ist der Schöne Bettler, der
»wunderschöne Lieder« erfindet und sie »mit entzückender Stimme«
singt (S. 69). Wie dem großen Meister, so fehlen auch dem Schönen Bettler (im Gegensatz zum fahrenden Schüler) die »Demut gegenüber dem
Göttlichen und das Bewußtsein der gesellschaftlichen Verantwortlichkeit des Dichters« (Huber 1976, S. 87). Zwar gelingt es dem Schönen
Bettler, die auf dem Meer Verirrten vor dem gefährlichen Strudel des
Perlengeistes zu warnen, indem er »die lockenden Lieder der Sirene«
vom Ufer aus »mit unaussprechlicher Kunst« zersingt (S. 73), da er aber
»stolz« und ohne »Demut« ist, erzeugt sich »in seiner Seele eine unendliche Wißbegierde, den ganzen Ursprung des Bösen« zu ergründen, wobei er nicht merkt, »daß er schon weit von der Demut entfernt« ist und
»sich ein geheimer Stolz seines Herzens« bemächtigt hat (S. 73), so daß
er schließlich an seinem eigenen Hochmut, theologisch gesprochen: an
der superbia, der ›Wurzel aller Laster‹, zugrunde geht. Der Schöne Bettler läßt sich als Verkörperung des Lasters der superbia und damit als
Verkörperung einer ›hochmütigen‹, ›stolzen‹, ›meisterhaften‹, perver-
tierten Kunst interpretieren, während sein Antipode, der fahrende
Schüler, der alles »in Demut und nicht in Hoffart« niederschreibt
(S. 42), als Personifizierung der Tugend der humilitas (Demut) und damit als Personifizierung einer ›demütigen‹, ›einfältigen‹, ›schülerhaften‹
Kunst zu betrachten ist. Die Deutung, daß der fahrende Schüler als ›de-
mütiger‹ Künstler und der Schöne Bettler als ›hochmütiger‹ Künstler ein
Gegensatzpaar bilden, läßt sich mit Hilfe des christlichen Tugend- und
Lastersystems erhärten: in ihm ist die humilitas die Basis-Tugend und
die superbia das Basis-Laster; in Bildwerken der christlichen Kunst
wird die humilitas als Wurzel des Tugendbaums und die superbia als
Wurzel des Lasterbaums dargestellt (vgl. Sachs, S. 333 f.).

Auch in den ›Mehreren Wehmüllern‹ ist die Poesie- und Kunstthematik an eine ganze Reihe von Künstlerfiguren gebunden. Hier sind es sogar sieben erzählte Figuren, die man als Künstlergestalten bzw. als Personifizierungen der Poesie bezeichnen kann; es sind dies: der Wiener
Porträtmaler Franz Wehmüller, sein Rivale, der Klagenfurter Maler
Froschauer, der Wiener Poet Lindpeindler, der venetianische Feuer-

werker Baciochi, sein Freund Martino, der Zigeuner Michaly und seine
Schwester Mitidika.

Der reisende Maler Wehmüller hat das Verfahren des Schnellporträ-
tierens kreiert und perfektioniert, d. h. er hat immer eine große Anzahl
vorfabrizierter »Porträts von Ungarn« bei sich, die er »gemalt« hat, »ehe
er sie gesehen« (S. 142). Beim Verkauf seiner »Nationalgesichter« fügt er
– »durch wenige Meisterstriche« – lediglich noch »einige persönliche
Züge und Ehrennarben oder die Individualität des Schnurrbartes des
Käufers unentgeltlich bei« (S. 143). Diese »Verfahrensart« hat Wehmüller »für sich und die Käufer« als »die befriedigendste« gefunden: er kann
»die Leute nach Belieben im Winter mit aller Bequemlichkeit zu Haus«
malen und »sie in der schönen Jahreszeit zu Markte« bringen, und die
Käufer können nicht »über Unähnlichkeit oder langes Sitzen« klagen,
»weil sich jeder sein Bildnis fertig nach bestimmtem Preise, wie einen
Weck auf dem Laden« (S. 143) selbst aussuchen kann. Die hier verwendete, aus dem Bereich des Handels stammende Wortwahl spricht unmißverständlich dafür, daß die Erzählung von den ›Mehreren Wehmüllern‹ unter anderem eine Satire auf die kommerzielle Kunst, auf den
Massenware statt einmalige, unverwechselbare Kunstwerke produzie-
renden Künstler ist. Daß wir es bei dieser Erzählung mit einer Kunstsatire und Kunstburleske zu tun haben, zeigt sich auch daran, daß Wehmüller für sein ›künstlerisches‹ Tun, d. h. für sein gewinnorientiertes,
entindividualisierendes Schnellporträtieren bestraft wird: durch einen
Doppelgänger, einen »falschen Wehmüller«, d. h. durch den in seiner
Kleidung, unter seinem Namen auftretenden und seine Malweise perfekt imitierenden Maler Froschauer, sowie durch die peinigende Angst,
seine Frau Tonerl könnte »den falschen Wehmüller mit ihm […] verwechseln« (S. 148). So bemerkt der Graf Giulowitsch, »der falsche Wehmüller sei wohl nur eine Strafe Gottes für den echten Wehmüller, weil
dieser alle Ungarn über einen Leisten male; so gäbe es jetzt auch mehrere Wehmüller über einen Leisten« (S. 146). Und fraglos steht »die
Leugnung der Individualität, die der Maltechnik Wehmüllers zugrunde
liegt«, »in enger Beziehung zu der Furcht, von seiner Frau nicht gekannt
zu sein« (Himmel, S. 122).

Satirisch und karikaturistisch ist auch der Wiener Poet Lindpeindler
dargestellt, »ein zartfühlender Dichter, der oft verkannt worden ist«
(S. 149), der »dem romantischen Eindruck« der »schönen Herbstnacht«

nachgibt (S. 151) und der die mit der Kammerjungfer Nanny verbrachte
»Nacht als eine der romantischsten seines Lebens« preist (S. 181). Offenbar wird in Lindpeindler der Prototyp des exaltierten, hyperroman-
tischen Dichters persifliert und karikiert, von dem Brentano freilich
selbst einige Züge hatte, so daß Lindpeindler auch als Selbstkarikatur
des Autors betrachtet werden kann. Daß bei der Charakterisierung des
Wiener Poeten Selbstironie und Selbstpersiflage mit im Spiel sind, zeigt
die überschwengliche Reaktion Lindpeindlers auf »ein altes zigeunerisches Schlachtlied«. Nachdem Michaly sein Lied zum besten gegeben
hat, springt Lindpeindler begeistert auf den Sänger zu, umarmt ihn mit
den Worten »O, das ist groß, das ist ursprünglich!« und bittet ihn eindringlich, ihm das Lied »in die Feder« zu »diktieren« (S. 160), womit
Brentano selbstpersiflierend auf seine Leidenschaft als Sammler von
Volksliedern für ›Des Knaben Wunderhorn‹ anspielt.

Auch Martino, dem Freund des venetianischen Feuerwerkkünstlers
Baciochi, hat Brentano autobiographische Züge verliehen. So pflegt
Martino, wie sein Autor, »seinen Witz in allen Nestern auszubrüten«
(S. 166), und außerdem kann er, ebenso wie Brentano, »in Reimen wie
ein Improvisatore schwatzen« (S. 167), eine Fähigkeit, die ihn zu einer
besonderen Art von Dichter macht.

Wie die Österreicher Wehmüller und Froschauer, wie die Italiener
Baciochi und Martino, so bilden auch der Zigeuner Michaly und seine
Schwester Mitidika ein Paar, nicht nur, weil sie Geschwister und Zigeuner, sondern auch, weil sie beide Künstlerfiguren bzw. -naturen, ja,
mehr noch: weil sie beide Personifizierungen der Poesie sind. Der »Violinspieler Michaly, ein Zigeuner von etwa dreißig Jahren«, besitzt nicht
nur das »große Talent, alle möglichen Tänze ununterbrochen auf seiner
Violine zu erfinden und zu variieren« (S. 149), er ist auch ein überaus begabter »Sänger« alter Lieder. Wegen seiner Doppelbegabung als Voka-
list und Instrumentalist wird er vom Erzähler als »ein zweiter Orpheus«
tituliert (S. 160). Damit ist Michaly nur zu deutlich als Personifizierung
der Dichtung und des Gesangs gekennzeichnet, war doch Orpheus als
ältester Sänger zugleich auch der älteste Dichter, so daß er in Literatur
und Kunst seit alters her als Urbild des Dichters und Sängers angesehen
wird. Sowohl seine Volkszugehörigkeit wie auch die Tatsache, daß er
sich dagegen sträubt, das von ihm gesungene alte Schlachtlied schriftlich
fixieren zu lassen (vgl. S. 160), weisen darauf hin, daß Michaly eine be-

stimmte Art des Dichtens und der Dichtung verkörpert, daß er als Figuration der von den Romantikern so sehr geschätzten Natur- bzw. Volkspoesie zu betrachten ist.

Die reinste und vollkommenste Verkörperung der Poesie in den ›Mehreren Wehmüllern‹, ja, im Gesamtwerk Brentanos, ist das Zigeunermädchen Mitidika, »dies schöne, unschuldige und geistvolle wilde Naturkind« (S. 178), »ein wunderschönes, frei, kühn, scheu und züchtig bewegtes Menschenbild« (S. 176), ein Wesen, das die Menschen »mit Tanz, Gesang und freundlicher Rede« ergötzt (S. 179), eine Gestalt, von der Devillier sagt, sie sei, wenn sie wie früher »sang« und »tanzte« und sich dabei in einen Teppich einwickelte, »gar nicht mehr wie ein Mensch«, sondern »wie eine Zauberin, wie ein Berggeist« gewesen (S. 179).

Brentano hat die Poesie- und Kunstthematik in seiner Erzählung jedoch keineswegs ausschließlich an die verschiedenen Künstlerfiguren gebunden, sondern er hat diese Thematik – nach Wolfgang Frühwalds scharfsinniger Analyse – zu einem Gutteil struktursymbolisch verschlüsselt. »Die Tätigkeit des Malers Wehmüller«, d. h. das Porträtieren von Nationalgesichtern, »überträgt Brentano dadurch auf die Struktur der Erzählung, daß er in den Binnengeschichten, in motivähnlichen Darstellungen, durch die Gestalt des jeweiligen Erzählers den Nationalcharakter des von ihm repräsentierten Volkes porträtiert: in ›Das Pickenick des Katers Mores‹ den ›Charakter der Einsamkeit, Wildnis und der türkischen Barbarei‹ Kroatiens, in ›Devilliers Erzählung von den Hexen auf dem Austerfelsen‹ – sie mildert die ›Schauerlichkeit‹ der Erzählung des Kroaten – den vernunftgläubigen, aufklärerischen Geist des zeitgenössischen Frankreich, und in ›Baciochis Erzählung vom wilden Jäger‹ schließlich den ›eigentümlichen theatralischen Charakter Italiens‹. In den Binnenhandlungen wird in der Identität des Erzählers mit dem Ort, von dem er berichtet, ›eine höhere poetische Wahrheit‹ des Erzählten belegt, da die Darstellung jeweils für die Person und für den Ort, wo seine Erzählung spielt, ›scharf bezeichnend und mythisch‹, deshalb, im Sinne romantischer Poetologie, ›wahrer [ist] als irgendeine Lafontainesche Familiengeschichte‹. [...] Die ersten beiden (Binnen-)Geschichten, die sich wechselseitig interpretieren, scheinen völlig in sich abgeschlossen und ohne Bezug zur Rahmenhandlung. Erst in der Erzählung Baciochis von der Liebe des Schmugglerhauptmanns zu der schönen Zi-

geunerin Mitidika werden Wehmüllers Leiden kontrastiert. Im Schicksal der getrennten Liebenden erscheint die alte Poesiebildlichkeit; da
dieses Schicksal das des Malers wiederholt, ist auch die Kunstsatire nicht
fern. Die schließliche Vereinigung Mitidikas, des Naturkindes, mit dem
Schmugglerhauptmann, als den sich Devillier zu erkennen gibt, ermöglicht auch die Vereinigung Wehmüllers mit seiner Tonerl. Erst die
dritte Binnengeschichte also sprengt die scheinbar hermetische Abge-
schlossenheit der Binnenhandlung und führt in die Rahmenhandlung
hinein. Weder dem Schauerlichen, dem Irrationalen, noch dem Aufklärerischen, dem Rationalen, gelingt es, den Pestkordon, der den gefallenen Menschen vom Paradies der Harmonie trennt, zu überwin-
den. Durch das ›Theatralische‹, die Kunst, finden Mitidika und Devillier, finden Phantasie und Vernunft wieder zueinander, findet auch der
Künstler, das schwache Schattenbild der die Welt fundierenden Ideen,
wieder zur Einheit des Seins zurück. Wie sich hier Rahmen- und Binnenerzählung gegenseitig durchdringen, so auch Vergangenheit und
Gegenwart, Geschichte und Mythos, das Wirkliche und das Wahre. In
der Kunst, so lautet Brentanos Maxime noch in den Jahren 1815/17,
kann das verlorene Paradies rekonstruiert, der Pestkordon zwischen
Wirklichem und Wahrem durchbrochen werden.« (Frühwald 1981,
S. 155 f.)

Wie in der ›Chronika des fahrenden Schülers‹ und in den ›Mehreren
Wehmüllern‹, so ist auch in der ›Geschichte vom braven Kasperl und
dem schönen Annerl‹ die zentrale Gestalt der Rahmenerzählung ein
Künstler bzw. Schriftsteller. Der namenlose Ich-Erzähler der Kasperl-
Annerl-Geschichte ist ein Schriftsteller mit schlechtem Gewissen, der
sich »schämt, zu sagen, er sei ein Schriftsteller« (S. 196), und der sich daher der »Alten« gegenüber als »Schreiber« bezeichnet (S. 197). Und in
der Tat: Sowohl als Verfasser einer Bittschrift an den Herzog wie auch
als Aufzeichner der von der »Alten« erzählten Binnengeschichten von
Kasperl und Annerl ist der Ich-Erzähler mehr »Schreiber« als »Schriftsteller«. »Der Icherzähler gibt die Erzählungen der Großmutter wieder,
ohne sich einzumischen, er funktioniert dabei als Schreiber und als neu-
trales Medium, der wohl seinen Kommentar gibt zu den Erzählungen
und emotional darauf reagiert, sie aber nicht interpretiert und beurteilt.
Mittler und Perspektiv ist er hingegen als Erzähler derjenigen Geschichten, die er selbst erlebt: seine eigene, die Begegnung mit Grossinger,

dem Herzog, den Ritt zum Richtplatz, Annerls Hinrichtung und den
gesamten Schluß.« (Kluge 1979, S. 107)

Die Bedeutung der Poesiethematik in der Kasperl-Annerl-Geschichte zeigt sich jedoch vor allem daran, daß Brentano im »Schreiber«
dieser Geschichte »die Tätigkeit romantischen Dichtens, die Entwicklung von Literatur aus Literatur, Sage, Märchen und Historie, zum Gegenstand des Erzählens gemacht« hat (Frühwald 1981, S. 157). Meta-Li-
teratur ist Brentanos ›Geschichte‹ auch insofern, als in ihr – wie überhaupt in Rahmengeschichten, wo in eine Erzählung eine Figur eingeführt wird, »die ihrerseits vor einer Zuhörerschaft eine Erzählung erzählt« – »das Erzählen selbst zum Gegenstand der Erzählung gemacht«,
als in ihr »über dem Erzählten das Erzählen nicht vergessen wird«, als in
ihr »das Erzählen« ebenso wichtig scheint »wie das Erzählte« (Alewyn
1974, S. 149, 152, 154). Brentanos Geschichte von Kasperl und Annerl
ist also nicht zuletzt auch eine Meta-Erzählung, eine Erzählung über das
Erzählen, weil in ihr das Erzählen thematisiert wird. Dies geschieht vor
allem durch die Anwesenheit zweier Erzähler (Ich-Erzähler, Großmutter) und durch »perspektivisches Erzählen« (vgl. bes. Kluge 1971), sowie durch »die Einführung eines Zuhörers« (des »Schreibers«) und »die
Herstellung eines Zuhörerraums, die nicht aufhören, ihre Anwesenheit
bemerkbar zu machen« (Alewyn 1974, S. 152). Ein Zuhörer wird dadurch eingeführt, daß sich die Großmutter mit ihrer Geschichte von
Kasperl und Annerl »nicht direkt an den Leser wendet, sondern ihre
Geschichte einem Zuhörer«, dem »Schreiber«, erzählt, »der nun seinerseits beides, das Erzählte und das Erzählen, als Erzähler dem Leser vermittelt« (Alewyn 1974, S. 154f.).

Was die Kontinuität der Poesie- und Kunstthematik in den Erzählungen Brentanos angeht, so ist die Fragwürdigkeit und Gefährdung der
künstlerischen bzw. poetischen Existenz ein wiederholt angeschlagenes
Thema, das schon in der Urfassung der ›Chronika‹ (in den Künstlerpa-
rabeln vom »großen Meister« und »Schönen Bettler«) und noch in der
›Geschichte vom braven Kasperl‹ eine bedeutende Rolle spielt. In letzterer ›Geschichte‹ ist es der Schriftsteller und Ich-Erzähler, der dieses
Thema in seinem Monolog über die Problematik des Schriftstellerberufs
anschneidet (vgl. S. 196f.). Selbstkritisch sich und seinem Beruf gegenüber erklärt der Schriftsteller, »einer, der von der Poesie lebt«, habe »das
Gleichgewicht verloren«, und es sei »auch wirklich ein verdächtiges

Ding um einen Dichter von Profession, der es nicht nur nebenher ist«
(S. 196). Dadurch, daß in einem poetischen Text durch einen Schriftsteller Selbstkritik der Poesie geübt wird, entsteht folgende paradoxe Situation: »der Ich-Erzähler ist eine problematische Natur, verzweifelnd an
seiner Existenz, zweifelnd an seinem Beruf und an der Kunst, aber diese
Figur erscheint als Vermittler von Ereignissen in einem Werk, das
künstlerisch ein Meisterwerk ist und auf Schritt und Tritt jeden Zweifel
an der Kunstfertigkeit, dem vollkommen beherrschten künstlerischen
Metier seines Verfassers behebt.« (Kluge 1979, S. 95; vgl. auch Frühwald
1971, S. 294) Selbstkritik, Selbstinfragestellung der Dichtung und des
Dichters im Medium der Literatur, im literarischen Kunstwerk: dies ist
spätestens seit Brentano und der deutschen Romantik eine besonders
markante Spielart autothematischer Dichtung.

Für die These der thematischen und motivischen Kontinuität in Brentanos Erzählungen läßt sich noch eine ganze Reihe weiterer Belege anführen. So etwa das Melusinen-Motiv, das sich peripher in der Ur-Chronika und zentral im ›Armen Raimondin‹ findet (vgl. Seidlin 1978,
S. 391–399); – das übrigens auch bei Achim von Arnim häufig vorkommende Selbstmord-Motiv, das Brentano in der ›Chronika‹ (vgl. S. 53), in
der ›Schachtel mit der Friedenspuppe‹ (vgl. S. 101 f., 108), im ›Armen
Raimondin‹ (vgl. S. 115: Selbstmordversuch des armen Raimondin)
und – nicht weniger als dreimal – in der ›Geschichte vom braven Kasperl‹ verwendet (vgl. S. 195, 204, 218 f.); – das Motiv bzw. Thema der
Zeitlichkeit: es fungiert in der ›Chronika‹ als »Leitmotiv« (vgl. Stopp
1971, Nachwort, S. 121, 123, 131, 136), und in der ›Geschichte vom braven Kasperl‹ wird »die Zeitlichkeit, die latent jeder Erzählung zugrunde
liegt, [...] zum Gegenstand der Erzählung« (Alewyn 1974, S. 161); – das
Thema der Französischen Revolution, das in der ›Schachtel mit der
Friedenspuppe‹ und im ›Armen Raimondin‹ zentrale Bedeutung hat; –
die Themen der Gerechtigkeit und Wiedergutmachung bzw. Wiederherstellung, die auf unterschiedliche Weise in der ›Schachtel mit der
Friedenspuppe‹, in den ›Drei Nüssen‹ und in der ›Geschichte vom braven Kasperl‹ dargestellt werden (vgl. Ziegler 1978, S. 174 ff.); – das Sündenfall-Motiv (vgl. Kluge 1980, S. 118–124), das besonders deutlich in
der ›Schachtel mit der Friedenspuppe‹ und im ›Armen Raimondin‹ (vgl.
Seidlin 1978, S. 396 ff.) in Erscheinung tritt; – das für das Gesamtwerk

Brentanos bezeichnende Motiv des verlorenen und wiederzugewinnenden Paradieses (vgl. Frühwald 1971, S. 286, 293), das in verschiedenen
Ausprägungen, z. B. als Motiv von Trennung und Wiederfinden (vgl.
Frühwald 1981, S. 153, 156), in fast allen seinen Erzählungen vorkommt
(vgl. besonders die ›Chronika‹, ›Der arme Raimondin‹, ›Die mehreren
Wehmüller‹). Im Zusammenhang mit dem Thema des verlorenen und
wiederzugewinnenden Paradieses ist der ›triadische Geschichtssymbolismus« der Romantik zu betrachten, »der davon ausgeht, daß an der
Schwelle aller Zeiten der Dichter steht, durch dessen Werk die Zukunft,
aus der Erinnerung einer goldenen Vergangenheit, in der dunklen Gegenwart schon Gestalt gewinnt« (Frühwald 1981, S. 148). Dieses »triadische Geschichtsdenken«, dieser »Geschichtssymbolismus« spielt
nicht nur im erzählerischen und lyrischen Werk Brentanos eine große
Rolle (vgl. Frühwald 1977, S. 229–233, 326 f.), er ist überhaupt – neben
der Poesiethematik und der Struktursymbolik – eine der drei »Konstanten romantischen Erzählens« (Frühwald 1981, S. 148). Kontinuität im
thematischen Bereich manifestiert sich schließlich auch darin, daß es »in
fast allen Erzählungen Brentanos [...] um den Einbruch zerstörerischer
Kräfte in eine geordnete Welt« geht und um »die Versuche zur Bewältigung des Chaos bzw. zur Zurückführung der zerrütteten Wirklichkeit
in eine befriedete« (Kluge 1980, S. 125). Wenn dies auch »ein Thema der
Novelle überhaupt« ist (Kluge 1980, S. 125), so hat es doch Brentano in
seinen Erzählungen auf seine eigene unverwechselbare Art und Weise
gestaltet und akzentuiert (vgl. Kluge 1980, S. 125–130).

Alle die hier nur angesprochenen Themen und Motive können aus
Platzgründen nicht näher untersucht werden. Schon ihre bloße Aufzäh-
lung in Form einer offenen Liste, die keinen Anspruch auf Vollständigkeit erhebt, dürfte jedoch für den Nachweis der thematisch-motivischen Kontinuität in Brentanos Erzählungen genügen.

›*Die Chronika des fahrenden Schülers*‹
(Urfassung)

Zum Zusammenhang mit dem Roman ›Godwi‹: Unter den Erzählungen Brentanos – wenn man sie denn dieser Gattung zuordnen will – nimmt die Fragment gebliebene, vom Autor nicht veröffentlichte Urfassung der ›Chronika des fahrenden Schülers‹ eine separate und zugleich exponierte Position ein: sie ist die früheste, zum größten Teil fast ein Jahrzehnt vor den anderen Erzählungen entstandene (1802–1806) und sie ist die bei weitem umfangreichste Erzählung, an der Brentano zudem am längsten gearbeitet hat (von 1802 bis 1806 oder 1810). Entstehungsgeschichtlich steht die Urchronika dem ›Godwi‹ (1801), Brentanos ›verwildertem Roman‹, ungleich näher als seinen übrigen, zwischen 1814 und 1817 verfaßten und veröffentlichten Erzählungen. Mehr noch: Die Urfassung der ›Chronika‹ ist offensichtlich einer jener literarischen Pläne, die in den Umkreis des ›Godwi‹ gehören, denn im 2. Teil des Romans ist von einem »interessanten Manuskript«, dem »selbstgeschriebenen Tagebuch« eines »Straßburger Künstlers aus dem funfzehnten Jahrhundert« die Rede, das der fiktive Autor Maria herausgeben will, sobald er »Muße« dazu habe (Werke II, S. 265).

Die entstehungsgeschichtliche Zusammengehörigkeit der beiden Prosawerke zeigt sich in einer ganzen Reihe von Parallelen und Übereinstimmungen im motivischen und personalen Bereich. So sind zwei Hauptfiguren der ›Chronika‹ im verwilderten Roman »schon vorgebildet. Fahrende Schüler erscheinen dort als Helden einer Parabel, und Godwi selbst wandert zwanzigjährig wie der fahrende Schüler der ›Chronika‹ allein durch die Welt und findet gastliche Aufnahme in Stadt und Rittersburg. [...] Sogar die Gestalt der Mutter des fahrenden Schülers ist in ihren Hauptzügen im ›Godwi‹ schon geschaffen, so in der einsamen, weinenden Spinnerin Joduno und in der armen Mutter Julie, die nachts beim Mondenschein am Bettlein des unehelichen Kindes über ihr Elend nachsinnt« (Lefftz 1923, S. X).

Genauso auffällig wie die Übereinstimmungen sind jedoch die Unterschiede zwischen den beiden Erzähltexten. Mit gutem Grund hat man denn auch die im 14. Jahrhundert spielende Ur-›Chronika‹ als »Gegenstück zum verwilderten zeitgenössischen Roman« interpretiert und erkannt, daß sich Brentano im ›Godwi‹ und in der ›Chronika‹ der künstle-

rischen Form nach »an zwei Kontrastmodellen romantischer Dichtkunst versucht« hat (Stopp 1971, Nachwort, S. 112). Wie Friedrich
Schlegel in der ›Lucinde‹, so nimmt Brentano im ›Godwi‹ sein »Verwir-
rungsrecht« (Schlegel) in Anspruch und erfindet »ein romantisches
Chaos aus Ironie, Witz und Empfindsamkeit«. Seinem ›verwilderten
Roman‹, dessen intendiertes Strukturprinzip die arabeske Verwirrung
ist, »fällt jeder ordnende Wille, wie auch Maria, der fiktive Autor selbst,
zum Opfer; der Dichter mußte sterben, denn in dieser Richtung gab es,
in der auf den Kopf gestellten Welt der Ironie und der ungezügelten Leidenschaften, für Brentano kein dichterisches Weiterkommen« (Stopp
1971, Nachwort, S. 112 f.). Mit seinem Buche vernichtet sich Maria re-
spektive Brentano »gleichsam selbst«, »um schneller zur Macht der Objektivität zu gelangen« (Werke II, S. 15). »Erst im Johannes, dem frommen Schüler und Schreiber der *Chronika* [...], kann Maria wieder aufer-
stehen und in ein neues Leben eingehen: in einen Sehnsuchtsbereich der
allgemeinen Ordnung, Klarheit und Gottergebenheit, in dem sich der
Faden der Erzählung wieder ruhig in zeitlicher Folge abwickelt und alles im Stil der alten Chroniken [...] niedergeschrieben wird [...]. Aus
der zerrissenen Welt des William Lovell, des Roquairol und der Lucinde
flüchtete sich Brentano in den gläubigen Bereich des Klosterbruders
und des Franz Sternbald, in die erlösende Einfachheit der deutschen
Volksbücher und Stadtchroniken, die ihm zuerst durch Tieck erschlos-
sen wurden.« (Stopp 1971, Nachwort, S. 113)

Brentano hat in der ›Chronika‹ die Konsequenz aus der in der Vorrede zum 1. Teil des ›Godwi‹ geäußerten Selbstkritik gezogen; »doch
besteht diese Konsequenz nicht nur im Unterlassen der am ›Godwi‹ kri-
tisierten Mängel, sondern auch im Fortführen dessen, was er als Möglichkeiten poetischen Ausdrucks andeutet.« (Mittag 1978, S. 117) Eine
Konsequenz des ›Godwi‹ ist die ›Chronika‹ etwa darin: »ohne es je auszusprechen, beschreibt sie in der schlichten Erzählung der Mutter, was
die Gestalten im ›Godwi‹ durch die vielfache Reflexion, Widerspiege-
lung in den unterschiedlichen Partnern und Situationen, versuchen und
was Brentano selbst in seinen Briefen teils offen, teils metaphorisch chif-
friert, zu erreichen strebt: Vergewisserung über Ursprung und Motive
der eigenen psychischen Bewußtseinslage und existentiellen Situation.«
(Mittag 1978, S. 119)

Daß die ›Chronika‹ offenbar von Anfang an als »Gegenstück«, als

»Kontrastmodell« zum ›Godwi‹ konzipiert worden ist, macht ein Vergleich der gegensätzlichen Anfänge beider Texte deutlich: Im ›Godwi‹
eine unheimliche, stürmische Nacht als Eingangsszenerie – Fenster-
klirren, sonderbares Windgeheule – im unwirtlichen Gemach eines
alten Schlosses der Titelheld, einen Brief schreibend, die amourösen
Ereignisse der letzten Tage verarbeitend, schließlich in ein »ungeheu-
res Riesenbett« steigend, »um heute abend zu sterben, und morgen
früh wieder neu geboren zu sein« (Werke II, S. 30); in der ›Chronika‹
dagegen eine friedliche Morgenszene »im lieblichen Monat Mai«,
mit Vogelgesang und leisem Blätterrauschen – der fahrende Schüler im Gemach eines »Sommerhäusleins« in seiner neuen Heimat er-
wachend, »einfältige Betrachtungen« (S. 7) anstellend, von seinem
Nachtlager aufstehend, in den paradiesischen Garten seines Herrn
gehend und sich dabei »gleich einem neugebornen Kindlein« (S. 8)
fühlend.

Zur Gattungsfrage: Bei seinen Plänen und Überlegungen, mit der
›Chronika‹ ein »Gegenstück« zum verwilderten Roman ›Godwi‹ zu
schreiben, mußte sich Brentano zwangsläufig die Gattungsfrage stellen.
Dabei scheinen die traditionellen epischen Gattungen der Novelle und
der Erzählung, die ja in der Frühromantik gegenüber dem Roman ohne-
hin von untergeordneter Bedeutung waren, keine Rolle gespielt zu haben. In den brieflichen Dokumenten zur Entstehungsgeschichte der
Urchronika (vgl. Vordtriede, S. 145 f.) findet sich denn auch bezeich-
nenderweise keiner der beiden Gattungsbegriffe. Erst später, im Vorwort zur Spätfassung der ›Chronika‹ von 1818, bezeichnet Brentano seinen chronikalischen Erzähltext als »Geschichte« bzw. »Erzählung«
(S. 220), zugleich allerdings auch als »Gedicht«, eine Bezeichnung, die
nicht recht zu den beiden erstgenannten Gattungsbegriffen passen will.
Im ersten brieflichen Zeugnis, das auf das später (1804) ›Chronika eines
fahrenden Schülers‹ genannte Prosawerk hindeutet, im Brief an den
Verleger Wilmans vom 28. Februar 1802, spricht Brentano von einem
»kleinen Büchelgen«, welches »das erste seiner Gattung« sei und »in
einzelnen Szenen des Lebens eines Augsburger Edelmanns und seiner
drei Töchter« bestehe (Vordtriede, S. 145). Wahrscheinlich hat Brentano schon zu dieser frühen Entstehungszeit die damals in der Literatur
noch kaum erprobte Form der Chronik als geeignete Prosaform für sein
ambitioniertes Unterfangen vorgeschwebt, ein »Gegenstück« zum

›Godwi‹ zu verfassen, ja, ein erzählerisches »Kontrastmodell« zum ›verwilderten Roman‹ zu entwickeln. Brentano dürfte schon bei der ersten Konzeption der ›Chronika‹ erkannt haben, daß die Form der Chronik dem Umfang nach eher zum Roman als zur Novelle oder zur Erzählung tendiert und daß sie daher für sein Vorhaben eines erzählerischen »Gegenstücks« zum Roman ›Godwi‹ geeigneter und angemessener sein mußte als die dem Umfang nach kleineren Erzählformen der Novelle und der Erzählung.

Da die chronikalische Erzählform, als deren Begründer in der fiktionalen Literatur Clemens Brentano gilt, in der frühen Phase ihrer Entwicklung »nur sehr bedingt der Novelle zuzurechnen« ist und »im Umfang zum Roman« neigt (Himmel, S. 165), sollte man Brentanos Urchronika nicht als »chronikalische Novelle« (Lefftz 1923, S. XV), sondern als »chronikalische Erzählung« bezeichnen, wobei ›Erzählung‹ hier im weiteren Sinne als Sammelbegriff für alle epischen Gattungen zu verstehen ist – nicht im engeren Sinn einer Gattung, die sich durch geringeren Umfang von epischen Großformen wie dem Roman unterscheidet. Bedenkt man, daß die ›Chronika‹ Fragment geblieben ist und an Umfang noch zugenommen hätte, wenn sie fortgesetzt worden wäre, so könnte man sie gattungstypologisch ebenso gut als ›chronikalischen Roman‹ kennzeichnen. Auch der bereits zu Beginn dieses Nachworts in Erwägung gezogene, noch näher zu explizierende Gattungsbegriff ›Geschichten-Roman‹, genauer: ›chronikalischer Geschichten-Roman‹, wäre auf seine Tauglichkeit zu überprüfen.

Zur Chronik-Form und Chronik-Fiktion: Die Anregung, sich der historiographischen Gebrauchsform der Chronik zu literarischen Zwecken zu bedienen, verdankt Brentano seiner Kenntnis alter Chroniken, vor allem von Stadt-Chroniken, von denen die ›Elsassische und Straßburgische Chronik‹ sowie die Limburger Chronik (vgl. Abkürzungsverzeichnis unter ›Faust‹ und ›Schilter‹) die wohl wichtigsten Quellen seiner ›Chronika‹ sind. Was Brentano an Formzügen und Eigenarten der Chroniken übernommen bzw. adaptiert hat, scheint jedoch nicht allzuviel zu sein. Zu Beginn der ›Chronika‹ imitiert er die in Chroniken häufig vorkommende einleitende Datierung, indem er im ersten Satz den genauen Zeitpunkt des Geschehens (Jahr, Monat, Tageszeit) angibt, wobei freilich die frühe Selbsteinführung des Chronisten ebenso »unchronikalisch« ist wie die relativ späte Lokalisierung des Geschehens in Straßburg, die »erst später und ganz beiläufig in einem Nebensatz« erfolgt (Reindl 1976, S. 45).

Noch eine weitere formale Eigenart der von Brentano benutzten Chroniken: die »Vermischung der literarischen Gattungen« und Formen, insbesondere die Einlage von häufig gesungenen Liedern oder »Legenden, die sich auf bestimmte Orte, Kunstwerke oder Ereignisse beziehen«, findet sich in der mehrere Lieder enthaltenden ›Chronika‹, deren drei am Morgen, Mittag und Abend spielende Hauptteile »verschiedenen Gattungen der Prosadichtung« angehören: »dem autobiographischen Erinnerungsbericht, der den ersten Hauptteil ausmacht, folgt die tagebuchartige, am meisten chronikalisch wirkende Aufzeichnung aktueller Ereignisse der Gegenwart, worauf die seltsame Märchenlegende«, d. h. die Parabel ›Von dem traurigen Untergang zeitlicher Liebe‹, »den Schluß bildet.« (Reindl 1976, S. 37)

Wenn das wichtigste Kennzeichen der Chroniken in der zeitlichen Aufeinanderfolge der mitgeteilten historischen Ereignisse besteht, so ist der am Mittag spielende mittlere Teil, in dem historische Begebenheiten (der Glockenguß und die Errichtung des Glockenstuhls zu Straßburg) berichtet werden, »der einzige Abschnitt der ›Chronika‹, dessen Inhalt wirklich dem der Chroniken entspricht, wenngleich die Form der Rückblendetechnik für die Geschichte der Zimmerleute wieder den chronikalischen Rahmen sprengt« (Reindl 1976, S. 50). Auffallend und bezeichnend ist darüber hinaus, daß im Mittelteil der ›Chronika‹, »der schon vom Inhalt her am meisten chronikalisch konzipiert ist«, die »Archaisierung des Stils«, d. h. die diskrete Imitation und Adaption des alten chronikalischen Sprach- und Erzähltons, »stärker durchgeführt« ist (Reindl 1976, S. 62) als in den beiden anderen Hauptteilen der ›Chronika‹.

Trotz der unverkennbaren chronikalischen Elemente und Momente, welche sie aufweist, ist Brentanos ›Chronika‹ selbstverständlich »etwas völlig anderes geworden als eine Chronik« (Reindl 1976, S. 37) im Sinne der alten ›historiographischen‹, Historisches und Ahistorisches oft bunt mischenden Zweckform. So stellt sich schon gleich am Beginn der ›Chronika‹ heraus, daß Johannes, der Schreiber und ›Chronist‹, »nicht die Absicht hat, von sich auf andere Gegenstände überzugehen, von denen eine Chronik sonst zu handeln pflegt, Geschehen, das öffentlichen Charakter hat und öffentliches Interesse beansprucht. Der Berichterstatter bleibt vielmehr bei seiner eigenen Person, alles wird aus seiner Perspektive betrachtet, ist auf ihn als Mittelpunkt zentriert, wodurch aus der chronikalischen Erzählung eine Ich-Erzählung, aus der Chronik ein Tagebuch wird, eine Form, in der Geschichtliches kaum in adäquater Weise berichtet werden kann, die vielmehr der geeignete Ausdruck ich-bewußter Individualität ist« (Reindl 1976, S. 46).

Nicht nur für die Form und partiell für den Inhalt seines Werkes, sondern auch für das Hauptthema der ›Chronika‹, das von »Zeit und Ewigkeit«, hat Brentano nach Elisabeth Stopp auf die alten Chroniken zurückgegriffen. Was Brentano an den Chroniken im Hinblick auf seine eigene chronikalische Erzählung interessierte und faszinierte, war wohl vor allem das Verhältnis, das die Chronisten zur Zeit und zur Geschichte hatten, »was the total setting, the whole point of view from which chronicles ever came to be written. For Königshoven, for instance, the chronicler of Strasbourg, the history of his town began, quite as a matter of course, with the creation of the world and the Garden of Eden, after which he calmly works his way through the centuries till he reaches his own day: all history is rooted in God's creative act, in his plan for the world he made out of nothing, and man's earthly time is seen as a mere episode in God's no-time, his eternity. This kind of attitude brings us straight to Brentano's main theme in the *Chronika*, that of ›Zeit und Ewigkeit‹« (Stopp 1971, Revision, S. 182), ein Thema, das Stopp in der Otilienlegende aus der ›Elsassischen und Straßburgischen Chronik‹ deutlich vorgebildet findet. Es scheint, »daß sich Brentano von der Gegensätzlichkeit« des ruhigen, chronikalischen »Zeitempfindens, für das alle Zeit und alles Geschehen von Gott ausgeht und zu Gott hinführt, zu seinem eigenen Zeitgefühl, das von immer neuer Enttäuschung über das Entschwinden des Augenblicks, von einem Leiden an der Vergänglichkeit gekennzeichnet ist, angezogen« fühlte (Reindl 1976, S. 36).

Brentano ist der erste Romantiker, der sich die Chronik-Fiktion zunutze gemacht und sie vom Anfang bis zum Ende seines Erzähltextes als »Form- und Stileigenheit« (Reindl 1976, S. 29) durchgehalten hat. Die Chronik-Fiktion ist für Brentano ein erzähltechnisches Mittel, mit dessen Hilfe er einige in der Vorrede zum 1. Teil des ›Godwi‹ angesprochene »Mängel« seiner frühen schriftstellerischen Arbeit zu beheben versuchte und zum Teil auch tatsächlich behoben hat. So die Neigung

zum extremen Subjektivismus, der Brentano bzw. der fiktive Autor
Maria nach Abschluß des 1. Teils seines Romans ›Godwi‹ mit einem ver-
stärkten Streben nach »Objektivität« zu begegnen sucht: Maria alias
Brentano will sich mit seinem Buch (dem 1. Teil des ›Godwi‹), »das nur
zu sehr mehr von« ihm »als sich selbst durchdrungen« sei, gleichsam
selbst vernichten, »um schneller zur Macht der Objektivität zu gelangen« (Werke II, S. 15). Dieses Ziel zu erreichen, d. h. zu jener »Form von
Objektivität« zu gelangen, bei welcher »der Autor ganz hinter dem
Dargestellten zurücktritt« (Mittag 1978, S. 21), ist die Chronik-Fiktion
das geeignete Mittel, tritt doch durch die Fiktion, »das chronikalische
Tagebuch eines spätmittelalterlichen Scholaren und Schreibers nach der
Handschrift herauszugeben« (Reindl 1976, S. 33), der reale Autor völlig
hinter dem fiktiven Chronisten zurück, der die Rolle des Erzählers
übernommen hat.

Da die chronikalische Einkleidung einer Erzählung nichts anderes
bedeutet, als sie als eine in der Vergangenheit von einem ›Chronisten‹
verfaßte Geschichte auszugeben, bewirkt die Chronik-Fiktion außer
der ›Objektivierung‹ zugleich auch eine zeitliche Distanzierung: Das erzählte Geschehen wird in eine mehr oder weniger weit zurückliegende
Epoche transponiert, an deren imaginärem Charakter im Falle der
›Chronika‹ »allerdings auch die präzisen ›historischen‹ Angaben gleich
zu Beginn der Erzählung keinen Zweifel lassen« (Mittag 1978, S. 118).

Eine weitere Funktion und Intention der Chronik-Fiktion besteht in
der Beglaubigung, in der Verifizierung des von dem fiktiven Chronisten
Berichteten: »so wie die Chronik Geschichte als Heilsgeschichte darstellt und die disparaten Fakten als teleologisch ausgerichtete und damit
sinnvolle begreift, soll die ›Chronika‹ des Johannes den parabolischen
Wert dessen erweisen, was er – gespeist aus eigener Erfahrung oder den
Berichten anderer – in ihr niederschreibt.« (Mittag 1978, S. 118)

Zum Fragmentcharakter des Textes: Die ›Chronika‹, sowohl die Urfassung wie die Spätfassung von 1818, ist Fragment geblieben – »Fragment allerdings durchaus im romantischen Sinne, das weniger unfertig
ist als vielmehr unabgeschlossen, d. h. offen für eine potentiell unendliche Fortsetzung, wie es ja auch wiederum dem Wesen der Chronik im
eng historischen Sinne entspricht« (Mittag 1978, S. 117f.). Elisabeth
Stopp hat das Fragmentarische des Textes in noch engeren Zusammenhang mit der von Brentano gewählten Form der Chronik gebracht: »das

Fragmentarische, Unfertige war eigentlicher und notwendiger Teil der Form selbst, die als Chronik einen werdenden, fließenden Zeitablauf und kein abgeschlossenes Zeitgebilde darstellt: die Zeit ist immer im Werden.« (Stopp 1971, Nachwort, S. 113)

Wenn auch der Fragmentcharakter der ›Chronika‹ offenbar mit der chronikalischen Form zusammenhängt, ja aus ihr zu erklären ist, so darf man doch mit Stopp Mutmaßungen über die Fortsetzung des Fragments anstellen und »annehmen, daß Brentano seinem verständigen Johannes eine glücklichere Liebe zugedacht hatte, als der Schüler es selbst in den Erzählungen der ›Chronika‹ schildert, vielleicht nach einer schmerzlichen Überwindung der ersten Liebe, die nur Gott gehören soll, möglicherweise mit der ihm gleichgesinnten, dichterisch und künstlerisch veranlagten jüngsten Pflegetochter des Ritters, der Waise Pelagia aus dem Morgenland« (Stopp 1971, Nachwort, S. 120). Nach Brentanos eigener Angabe im Vorwort zur Spätfassung der ›Chronika‹ sollte das ganze ursprüngliche Werk mit der »Versorgung« der Töchter Veltlins und der »Abreise des Erzählers« (S. 220) aus Straßburg schließen. »Durchaus möglich wäre die Versorgung der jüngsten Tochter eben durch den Dichter-Schüler selbst, der vielleicht in die Burg seiner Ahnen väterlicherseits zurückkehren würde: Einzug der Poesie und der Kunst in das fromme Erbe der Vergangenheit wäre ein echt romantischer Topos. So könnte man sich wenigstens das Ende vorstellen, wäre nicht das Unvollendete, Zeitweilige, schon im Wesen selbst der Chronik miteinbegriffen.« (Stopp 1971, Nachwort, S. 120f.)

Berücksichtigt man, daß die Rahmenhandlung der Urchronika an einem einzigen Maitag des Jahres 1358 spielt und daß das Fragment kurz nach Sonnenuntergang mit der von Johannes vorgelesenen Parabel ›Von dem traurigen Untergang zeitlicher Liebe‹ abbricht, so erlaubt es nach Michael Huber »die bis dahin vorliegende Struktur« des Textes, »den Handlungsbogen« dieses erzählten Maitages »ergänzend abzuschließen«: Nach der Diskussion der gehörten Parabel »hätte der erste Teil des geplanten Werkes« – die in Straßburg spielende Rahmenhandlung sollte über diesen ersten erzählten Tag hinaus ursprünglich wohl noch weitere Maitage umfassen – »mit der Aufzeichnung der Begebenheiten des Mittags und des Abends und dem Zubettgehen des Schreibers enden müssen« (Huber 1976, S. 231, 233). Nach dem von Huber in verschiedenen Erzählebenen der Urchronika nachgewiesenen »spiegelsymmetrischen Kompositionsverfahren« kann man in der Tat davon ausgehen, daß »dem Erwachen des Erzählers« am frühen Morgen »notwendigerweise seine Rückkehr in die beschauliche Stille und Einsamkeit der nächtlichen Schlafkammer entsprochen haben« muß (Huber 1976, S. 234).

Dem ästhetischen Rang der Urchronika tut ihr Fragmentcharakter keinen Abbruch, denn auch als Fragment stellt sie »ein in sich ruhendes Ganzes« dar, wie man ja überhaupt die Urfassung der ›Chronika‹ »der Form und dem Stil nach« als »das künstlerisch hervorragendste Prosawerk des jungen Brentano« bewertet hat (Stopp 1971, Nachwort, S. 117).

Zur Erzählstruktur: Im Vorwort zur Spätfassung hat Brentano seine ›Chronika‹, ohne dabei einen Unterschied zwischen der Urfassung und der späteren Umarbeitung zu machen, als eine »einfache Geschichte« charakterisiert. Zumindest ihrer Erzählstruktur wie auch ihrer Figurenkonstellation nach ist die Urchronika jedoch keineswegs eine »einfache«, sondern im Gegenteil eine recht komplizierte, überaus elaborierte, hochartifizielle »Geschichte«. Um die der ›Chronika‹ zugrunde liegende, komplizierte Erzählstruktur besser erfassen und genauer beschreiben zu können, hat man die treffende Bezeichnung ›potenzierte Rahmenerzählung‹ vorgeschlagen. ›Potenziert‹ ist die Rahmenerzählung in der ›Chronika‹ insofern, als »das Geschehen im Hause Veltlins zu Straßburg«, die Hauptrahmenhandlung der gesamten Erzählung also, »nicht nur den Rahmen für die beiden Binnengeschichten« bildet (die von Johannes am Morgen erzählten Kindheitserlebnisse und die am Abend von ihm vorgetragene Parabel), »sondern die beiden Binnenhandlungen« auch »ihrerseits wiederum Rahmenerzählungen« (Huber 1976, S. 231) für weitere Binnengeschichten darstellen. In die erste ›Binnenerzählung‹ (S. 13–33) – eine kurze Episode aus der Kindheit des Schreibers Johannes, die dieser am Morgen dem Ritter Veltlin vorliest – ist die Jugendgeschichte der Mutter des fahrenden Schülers eingelagert (S. 18–30), die sie ihrem Sohn am Vormittag in dem »kleinen Haus« ihres Vaters erzählt. Die Kindheitsepisode des Johannes wird so zum Rahmen für die Jugendgeschichte seiner Mutter. Auch die zweite ›Binnenerzählung‹ der ›Chronika‹, die Parabel ›Von dem traurigen Untergang zeitlicher Liebe‹ (S. 58–78), setzt sich aus zwei Geschichten zusammen: aus der als Rahmenerzählung fungierenden Geschichte von den drei Schwestern und dem alten Fischer (S. 60–78) und der in sie eingeschlossenen Binnengeschichte vom Perlengeist und dem Schönen Bettler (S. 65–77), die der alte Fischer der frommen Schwester erzählt.

Formal eng miteinander verbunden sind die beiden ›Binnenerzählungen‹ nicht nur dadurch, daß sie ihrerseits auch wieder Rahmenerzählungen sind (Huber spricht daher von »eingeschobenen Rahmenerzählungen«), sondern auch dadurch, daß sie fast denselben Umfang aufweisen (jeweils knapp 20 Seiten). Auch von der innertextlichen Zweckbestimmung her gesehen gehören die beiden ›Binnenerzählungen‹ eng zusammen. Beide werden einer betrübten, traurigen, melancholischen Person zur Linderung bzw. Bekämpfung ihrer Traurigkeit erzählt: die Kindheitsgeschichte dem ›tiefsinnigen‹, ›betrübten‹ Ritter Veltlin, der sich an der Geschichte des fahrenden Schülers »ergötzt« und durch sie »auch lustiger« wird (S. 33); und die Parabel ›Von dem traurigen Untergang zeitlicher Liebe‹ vor allem dem »traurigen Jungfräulein« (S. 58), der Melancholikerin Athala, die durch die parabolische Erzählung »guten Muts« (S. 58) werden soll.

Auch thematisch sind die ›Binnenerzählungen‹ gut aufeinander abgestimmt: beide »handeln von der Tragik der eigenmächtigen, nicht von Anfang an gottgeweihten Liebe« (Stopp 1971, Nachwort, S. 115), einem Thema, das auch in der Hauptrahmenhandlung, vornehmlich im Zusammenhang mit Athala (vgl. S. 50 f.), eine Rolle spielt.

Noch ein weiteres Moment verbindet nicht nur die beiden ›Binnenerzählungen‹ untereinander, sondern auch diese mit der Hauptrahmenerzählung, der ›Chronik‹ des ersten Straßburger Tages: die Einheit des Erzählers, die einheitliche Erzählperspektive. Dadurch, daß der fahrende Schüler, aus dessen Perspektive sich das Geschehen der Hauptrahmenerzählung darstellt, die beiden ›Binnenerzählungen‹ vorliest, bleibt in der ganzen ›Chronika‹ die einheitliche Erzählperspektive gewahrt (vgl. Huber 1976, S. 233, 236 f.).

Was den Aufbau der ›Chronika‹ angeht, so läßt sich Brentanos fester Form- und Ordnungswille hier »schon rein äußerlich an der genau eingehaltenen Dreiteiligkeit« des äußeren Rahmengeschehens erkennen. Die Rahmenerzählung »spielt sich am Morgen, Mittag und Abend eines einzigen Maitages im Jahre 1358 im Garten und im Hause des Ritters Veltlin von Türlingen in Straßburg ab« (Stopp 1971, Nachwort, S. 119), wie ja übrigens auch in den beiden »eingeschobenen Rahmenerzählungen« die erzählte Zeit jeweils etwa einen Tag beträgt (vgl. Huber 1976, S. 236f.). Das Rahmengeschehen in Straßburg setzt am frühen Morgen gegen vier Uhr ein und bricht am Abend nach Sonnenuntergang mit dem Vortrag der Parabel ab.

Zeitlich genau fixiert ist auch die Mitte des Rahmengeschehens. »Zur zwölften Stunde«, in der Mitte des erzählten Tages, als Johannes »zu des gnädigen Herrn Tisch gerufen« wird (S. 42), hat nicht nur die Rahmenerzählung gerade die Hälfte ihrer zeitlichen Erstreckung, sondern auch die gesamte ›Chronika‹-Erzählung »gerade die Hälfte ihres Umfangs erreicht« (Huber 1976, S. 231). Das Mittagsmahl ist die – im doppelten Sinne – ›zentrale‹ Szene der ganzen Erzählung, insofern nämlich, als sich in der ›Chronika‹ die »formale und geistige Mitte« als »durchaus identisch« erweisen: »Im Zentrum des Tischgesprächs steht der Entwurf eines idealen Gemeinwesens und die Bestimmung der gesellschaftlichen Funktion des Künstlers als eines ›spiritus familiaris in der Weltgemeine‹.« (Huber 1976, S. 233) Auch an dem großen Aufgebot an Personal zeigt sich die Bedeutung der Mittagsszene, in der bis zu acht Personen auftreten. »Während sich das Geschehen vor und nach dem gemeinsamen Mahl in der idyllischen Einsamkeit des Gartens und im engsten Familienkreis des Ritters vollzieht, repräsentiert die zahlreiche Gesellschaft, die sich bei Tisch einfindet, die ganze Organisation einer ›wohleingerichteten Stadt‹.« (Huber 1976, S. 233)

Die Mittagsstunde mit dem Mittagsmahl stellt nach Huber die »Mittelachse« der ersten, dem Rahmengeschehen in Straßburg gewidmeten Erzählebene und damit der ganzen Erzählung dar. Auf diese »Mittelachse« sind »die beiden Hälften der Erzählung«, die »beiden gleich strukturierten Binnenerzählungen« wie auch einzelne kleinere »Erzählabschnitte« zentralsymmetrisch bzw. spiegelbildlich bezogen (vgl. Huber 1976, S. 231 ff.), wie etwa »die beiden Begegnungen des fahrenden Schülers mit den Töchtern des Ritters«, die »in einem spiegelverkehrten Verhältnis« symmetrisch zur Mittelachse angeordnet sind und »die beiden eingeschobenen Rahmenerzählungen zur Mitte hin abgrenzen« (Huber 1976, S. 234).

Der Dreiteiligkeit der Rahmenerzählung, d. h. dem Morgen-, Mittags- und Abendteil der Rahmenhandlung, sind in symbolischer Entsprechung die eingeschobenen Binnenerzählungen und Gespräche zu-

geordnet, wobei sich in allen drei Teilen eine »symbolische Entsprechung zwischen Tageszeit und Lebensalter« nachweisen läßt (Reindl
1976, S. 48), besonders überzeugend im Morgenteil der Rahmenhandlung, in dem Episoden aus der Kindheit des fahrenden Schülers und aus
der Jugend seiner Mutter erzählt werden. »Der Symbolwert der Tageszeit des Morgens« füllt sich hier »mit dem Inhalt der zu diesem Zeitpunkt erzählten Geschichten, Morgen und Vormittag entsprechen den
Lebensaltern Kindheit und Jugend. Diese Entsprechungen sind mit großer Präzision durchgeführt. Johannes erzählt nur eine Kindheitsepisode
am frühen Morgen, seine Mutter erzählt die Geschichte ihrer ganzen Jugend bis zur Erreichung der notwendigen Selbständigkeit des Erwachsenen, und dies dauert, bis es ›elf Uhr vorbei‹ [S. 31] ist.« (Reindl 1976,
S. 47)

  Wenn der erste Teil der ›Chronika‹, d. h. der am Morgen spielende
Teil der Rahmenhandlung, »im ganzen den Blick auf das Kindheits- und
Jugendalter des Menschen gelenkt hat, so liegt es nahe«, auch im zweiten und dritten Teil der ›Chronika‹, im Mittags- und Abendteil, eine
ähnliche Korrespondenz »zwischen Tageszeit und Lebensalter zu vermuten« (Reindl 1976, S. 48), in diesen Teilen also eine Entsprechung
zwischen Mittag und dem Erwachsenenalter bzw. zwischen Abend und
dem Greisenalter, symbolische Entsprechungen, auf die es – nach
Reindls Beobachtungen (vgl. Reindl 1976, S. 48–54) – Brentano auch
hier tatsächlich angelegt zu haben scheint.

  Zur Figurenkonstellation: Literarische Figuren – ganz gleich, ob dra-
matische oder ›epische‹ – sind Produkte der Einbildungskraft, gedank-
lich-sinnliche Konstrukte, künstliche Gebilde: ebendrum Figuren,
nicht zu verwechseln mit außerfiktionalen, lebensweltlichen Charakte-
ren, Personen, Gestalten, Menschen, von denen sich literarische Figuren durch eine spezifische Seinsweise, durch ihre Fiktionalität, ihren
Konstruktcharakter unterscheiden, und das heißt auch dadurch, daß sie
Bedeutungs- und Funktionsträger in einem komplexen, fiktionalen Gebilde, dem literarischen Text, sind.

  An kaum einem anderen Erzähltext läßt sich der Konstruktcharakter,
läßt sich die ›Funktionalität‹ literarischer Figuren besser verdeutlichen
als an der Urfassung der ›Chronika‹, deren Figurenkonstellation Michael Huber einer gründlichen und subtilen Analyse unterzogen hat, bei
der er – trotz seines problematischen methodischen und philologischen

Vorgehens* – zu vielen aufschlußreichen Einsichten, Beobachtungen und Ergebnissen gekommen ist. Nach der zentralen These von Hubers Arbeit liegt der Figurenkonstellation der Urchronika die sogenannte Quaternio-Symbolik, eine in der Alchemie beliebte und bedeutsame Symbolik der Vierheit, zugrunde. Entsprechend seiner Grundthese gilt denn auch das besondere Interesse des Autors der Analyse des Quaternios der vier Töchter des Ritters Veltlin von Türlingen, wobei Huber – mit unterschiedlichem Erfolg – jeder der vier ungleichen Schwestern eines der vier Elemente, einen der vier Charaktertypen, eine der vier Jahres- und Tageszeiten sowie eine der vier Himmelsrichtungen zuzuordnen versucht. Dies gelingt Huber zwar nicht oder nur ausnahmsweise einmal bei den drei zuletzt genannten Quaternitäten, wohl aber bei den vier Elementen und Temperamenten, die sich anhand überzeugender Textbelege aus der ›Chronika‹ den vier Schwestern wie folgt zuweisen lassen: Otilia: Luft, phlegmatisches Temperament – Gundelindis: Erde, sanguinisches Temperament – Pelagia: Feuer, cholerisches Temperament – Athala: Wasser, melancholisches Temperament. Gut belegt am Text ist zumeist auch die Zuordnung der vier Schwestern zu den »vier Urformen geistiger Existenz« (Religion, Ethik, Poesie, Philosophie) wie auch zu den drei theologischen Tugenden (Glaube, Liebe, Hoffnung), einer Trinität, die Huber um die ›Sünde wider den hl. Geist‹, die Verzweiflung bzw. den Zweifel, zur Quaternität erweitert: Otilia: Religion, fides – Gundelindis: Ethik, caritas – Pelagia: Poesie, spes – Athala: Philosophie, desperatio.

Nach der Analyse der vier Glieder des Schwesternquaternios versucht Huber (1976, S. 29) die »Frage nach dem Sinn ihrer Vereinigung zu einem übergreifenden größeren Ganzen zu beantworten«. Was die Art ihrer Stellung untereinander angeht, so handelt es sich bei den Gliedern der Schwesternkonfiguration »nicht um einfache Reihung, sondern um die kreuzförmige Gegenüberstellung von zwei direkt aufeinander bezogenen Gegensatzpaaren« (Huber 1976, S. 132): Otilia–Gundelindis sowie Pelagia–Athala. Bereits in dieser geometrischen Struktur der kreuzförmig angelegten Figurenkonstellation, die der Struktur des Quaterniokreuzes entspricht, wird nach Huber »der hohe Anspruch

* Zur Kritik an der innovativen Untersuchung Hubers vgl. meine Rezension in: Colloquia Germanica 1/2, 1979, S. 165–169.

der ›Chronika‹ sichtbar, im Gleichnis die Totalität des Seins darzustellen«, ist doch der Quaternio »das Ganzheitssymbol katexochen« (Huber 1976, S. 133).

Neben dem Moment der Ganzheit darf jedoch das zweite konstitutive Moment der Quaternio-Struktur, das der Trennung bzw. Differenzierung der einzelnen Glieder, bei der Analyse der Schwesternkonfiguration nicht übersehen werden. Das einzige Mittel, dem drohenden Zerfall dieser Konstellation zu begegnen, ist die »Wiedervereinigung« der einzelnen Glieder zu einer neuen, die frühere Unterscheidung aufhebenden, »höheren Harmonie« (Huber 1976, S. 176). Diese Harmonie verkörpert die Mutter des fahrenden Schülers, in der die einzelnen Elemente des Quaternios »noch ungeschieden geeint« sind, so daß sich der Schwesternquaternio »als Projektion der Mutterfigur« deuten läßt (Huber 1976, S. 174 f.).

Auch Johannes, der fahrende Schüler, wird von Huber überzeugend als »Repräsentant der wiedergefundenen, ursprünglichen Ganzheit und unverkürzten Gottebenbildlichkeit des Menschen«, als »das Urbild des Menschen in der Totalität seiner Existenz« interpretiert (Huber 1976, S. 224, 215). Er hat vor allem die Funktion, die »Reintegration« der abseits der Trias ihrer Schwestern stehenden Athala »als der Verkörperung des ›vierten Elementes‹ in den durch Liebe und Harmonie bestimmten Zusammenhang der schwesterlichen Gemeinschaft« zu betreiben (Huber 1976, S. 221), eine Aufgabe, die Johannes durch den vornehmlich für Athala als Therapie gedachten Vortrag der Parabel ›Von dem traurigen Untergang zeitlicher Liebe‹ zu lösen versucht.

Von den Hauptfiguren der ›Chronika‹ ist der Ritter Veltlin von Türlingen bisher unerwähnt geblieben. In einem ersten Interpretationsansatz deutet ihn Huber als »exemplarischen Vater« (S. 23 f.), als »Verkörperung des väterlichen Prinzips« (S. 28) und darüber hinaus – im Hinblick auf seine Rolle als Vater der Waisen wie auch auf seine Bedeutung für Johannes – als »eine alles konkrete, ›fleischliche‹ Vatersein transzendierende Vatergestalt« (S. 25), als eine ins Mythisch-Religiöse gesteigerte Vaterfigur, deren »ganze Konzeption« durch die »Gottvater-Symbolik« (S. 27) bestimmt sei. In einem erneuten Interpretationsversuch geht Huber nicht mehr von der Bedeutung des Ritters für Johannes, sondern umgekehrt von der Bedeutung des fahrenden Schülers für den alten Ritter aus. Dabei weist Huber auf die »Erlöserfunktion« hin, die Johannes für den Ritter Veltlin hat, in dessen Augen der fahrende Schüler »die Züge des Mittlers zum Jenseits« annimmt (Huber 1976, S. 219 f.). Bedenkenswert ist außerdem der Hinweis, daß der Figurenkonstellation Johannes – Veltlin der »Archetypus der Erneuerung des alternden Gottes oder Königs durch den ›filius‹« zugrunde liegt. Durch seine »Befähigung zur Analyse und Integration der Gegensätze« scheint der zu einem ›ewigen Kind‹ wie zum ›puer senex‹ stilisierte Johannes »dazu berufen« zu sein, »die patriarchalische Gestalt des alten Ritters abzulösen«, der »seiner Aufgabe als Vater und Erzieher seiner vier Töchter« offenkundig »nicht mehr gewachsen ist« (Huber 1976, S. 220 f.).

Wenn auch an Hubers Analye der Figurenkonstellation der ›Chronika‹, aus der hier nur wenige Ergebnisse referiert werden konnten, sicher manches forciert, überzogen und problematisch ist, so hat sie doch nicht nur »die Unhaltbarkeit der gängigen Clichévorstellung von der Formlosigkeit Brentanoscher Dichtung« erwiesen (Huber 1976, S. 14), sondern auch in einem vernachlässigten Bereich, dem der Figurenkonstellation, nachdrücklich darauf aufmerksam gemacht, mit welcher Sorgfalt, mit welchem künstlerischen Planungs- und Konstruktionswillen Brentano bei der Konzeption und Konstellation seiner ›Chronika‹-Figuren vorgegangen ist.

›Die Schachtel mit der Friedenspuppe‹

Wie wichtig für den Inhalt, den Gehalt und die Tendenz einer Erzählung das Publikationsorgan sein kann, für das sie geschrieben und in dem sie veröffentlicht worden ist, dokumentiert kaum eine andere Erzählung so gut wie Brentanos ›Schachtel mit der Friedenspuppe‹. Das betreffende, für die Entstehungsgeschichte und die Thematik der ›Schachtel‹ so aufschlußreiche Publikationsorgan waren die in der Zeit zwischen dem 16. Juni 1814 und dem 30. November 1815 in Wien erschienenen ›Friedensblätter. Eine Zeitschrift für Leben, Literatur und Kunst‹. Der Titel dieser von Brentano tatkräftig mitprojektierten (vgl. Steig I, S. 336) Zeitschrift ist programmatisch zu verstehen: Unmittelbar nach dem Ersten Pariser Frieden (30. Mai 1814) begründet und dann den – der Wiederherstellung der europäischen Ordnung dienenden – Wiener Kongreß (September 1814–Juni 1815) literarisch-publizistisch begleitend und flankierend, waren die »Blätter« der Wiener Zeitschrift vornehmlich »dem Frieden und seinen Regungen« geweiht (Friedensblätter 1, 1814, S. 2). Als Hauptzweck der Zeitschrift wird angegeben: »Wie unsere Regenten und Krieger das große Werk im öffentlichen Leben tapfer und herrlich ausgeführt: so steht es dem friedlichen Bürger, Gelehrten und Künstler zu, ihr Beyspiel in der geistigen Welt nachzuahmen [...], die glorreiche Friedensstiftung in das Reich der Wissenschaft und Kunst einzuführen, und so den ruhmvoll erkämpften Lorbeer mit Oelzweigen, Blumen und erquickenden Früchten zu schmücken.« (Friedensblätter 1, 1814, S. 2) Was den Inhalt der ›Friedensblätter‹ und die in ihnen hauptsächlich vertretenen Textgattungen angeht, so lieferte die Zeitschrift »an *größeren* Aufsätzen« vor allem »*erzählende* und *beschreibende,* – aus dem Gebiete der Geschichte der Erde, der Völker und einzelner Menschen, nicht weniger aber aus dem der Phantasie, also Erzählungen, Novellen, kleine Romane« (Friedensblätter 1, 1814, S. 7).

Brentanos Geschichte von der ›Schachtel mit der Friedenspuppe‹ mutet wie eine Realisierung des Programms der Wiener ›Friedensblätter‹ an: Sie ist – wie schon ihr Titel andeutet – eine Friedens-Novelle; sie führt »die glorreiche Friedensstiftung in das Reich der [...] Kunst« ein; sie schmückt den von den Regenten und Soldaten erkämpften Lorbeer mit einem Ölzweig; sie ist eine fiktive Erzählung aus dem »Gebiete der Geschichte« der »Völker« und insbesondere aus dem Gebiete der Geschichte »einzelner Menschen«; sie ist eine fiktive Erzählung »aus der historischen Welt«, die anhand weniger erzählter Figuren damals (1814/15) besonders aktuelle Themen und Probleme wie Frieden, Gerechtigkeit, Rechenschaft, Wiedergutmachung, Wiederherstellung und Versöhnung behandelt.

Nicht nur die – in dem Artikel über ›Plan und Zweck der Zeitschrift‹ dargelegte – Programmatik der ›Friedensblätter‹ ist wichtig für ein adäquates Verständnis von Brentanos Erzählung, sondern auch eine Reihe von Aufsätzen, Artikeln und Rubriken der Zeitschrift, von denen sich manche wie ein Kommentar zu einzelnen Textpassagen der ›Schachtel mit der Friedenspuppe‹ lesen lassen. So finden sich an diesbezüglichen ›Kommentaren‹ in den ›Friedensblättern‹: eine Glosse über die von Paris nach Berlin zurückgeholte ›Victoria vom Brandenburger Thor‹ (Friedensblätter 1, 1814, S. 16), die im zweiten Satz der ›Schachtel‹ erwähnt wird; – ein Artikel über ein großes, den ›Brand von Moskau‹ darstellendes Gemälde, der wie folgt beginnt: »Unter den ewig denkwürdigen und folgenreichen Begebenheiten der Weltjahre 1813 und 14 ragen drey derselben als Anfang, Mittel und Ende am glänzendsten und bedeutendsten hervor: der Brand von Moskau, die Schlacht bey Leipzig und der Einzug in Paris. Neben ihrer so großen Wichtigkeit für die Geschichte, bieten sie der Kunst reichhaltigen Stoff zu Gebilden jeder Art« (Friedensblätter 1, 1814, S. 275); Brentano hat die drei genannten politisch-militärischen Ereignisse der Jahre 1812–1814 geschickt mit der Handlung des Rahmens und der Binnengeschichten seiner Erzählung verknüpft (Frenel und Antoinette lernen sich beim Brand von Moskau kennen; der preußische Edelmann kauft die fatale Schachtel nach dem Einzug in Paris; die Rahmenhandlung spielt im wesentlichen am 17. und 18. Oktober 1814, d. h. am Jahrestag der Leipziger Völkerschlacht); – eine ausführliche Beschreibung jenes ›einzigen‹ Festes, das am ersten Jahrestag der Schlacht bei Leipzig, am 18. Oktober 1814, in Wien unter großem Aufwand und Zulauf gefeiert wurde und das in der enthusiastischen Festbeschreibung als »eines der ersten und schönsten, das die Welt feyern sah« bezeichnet wird (Friedensblätter 1, 1814, S. 206, 210, 216); Brentanos Rahmenerzählung ist nicht nur auf den ersten Jahrestag der Leipziger Schlacht situiert, sie bietet auch eine detaillierte Beschreibung des aus Anlaß dieses Tages auf den Gütern des Barons gefeierten »Freudenfestes« (vgl. S. 104–107). Entsprechend den in allen deutschen Ländern inszenierten Festen ist das in der ›Schachtel mit der Friedenspuppe‹ erzählte Fest vor allem ein Freuden- und Friedensfest.

Darüber hinaus ist der 18. Oktober 1814 in Brentanos Erzählung aber auch »ein Tag der Rechenschaft«, des »Gerichts« (S. 103), der ›Wiedergutmachung‹, der »Wiedererstattung« (S. 101 f.), der »Wiederherstellung« (S. 90), kurz: der Restauration. Im geistig-literarischen Umfeld des Wiener Kongresses entstanden, im Januar 1815 in den Wiener ›Friedensblättern‹ veröffentlicht, d. h. entstehungsgeschichtlich mit dem Beginn der Metternichschen Restaurationsepoche (1815–1848) zusammenfallend, ist die ›Schachtel mit der Friedenspuppe‹ eine ausgesprochene Restaurations-Erzählung, eine Erzählung, die in verschiedenen Bereichen die Restauration der alten Ordnung, der alten Verhältnisse und der alten Gegebenheiten proklamiert und darstellt. Im Bereich der großen Politik geht es um die »Wiederherstellung des alten königlichen Hauses« in Frankreich, d. h. um die Wiedereinsetzung der Bourbonen

(König Ludwig XVIII. wird wiederholt erwähnt), und um die »Aufhebung der Bonapartischen Dynastie« (S. 90); im Bereich der privaten Le-
bensverhältnisse geht es um die Wiedereinsetzung des in der Französischen Revolution durch schlimme Machenschaften um sein rechtmäßiges Erbe betrogenen Chevalier de Montpreville (alias Louis Frenel) »in
alle seine Rechte« (S. 110); im Bereich der materiellen Gegebenheiten
geht es um die ›Wiederherstellung‹ einer in den Befreiungskriegen von
Franzosen angesteckten Scheune (vgl. 79, 81), deren Fundament gegen
Ende der Erzählung zum »größten Teil« bereits »wiederhergestellt« ist
(S. 104), sowie um die Ersetzung der »rotseidenen Tapete« in der Gerichtsstube des Barons, die der französische Sergeant Sanseau mit dem
Säbel von den Wänden heruntergeschnitten hat (vgl. S. 80) und die am
Schluß der Novelle vom Chevalier de Montpreville durch »eine schöne
Hautelisse-Tapete« aus dem »Nachlaß Sanseaus« (S. 111) restituiert
wird.

   Ein anderer Interpretationsansatz, der ebenfalls als ›Einstieg‹ in die
Erzählung dienen kann, ist der komparatistische, will sagen: Brentanos
›Schachtel mit der Friedenspuppe‹ ist mit einer Erzählung seines Freundes Achim von Arnim zu vergleichen, zu der sie erstaunliche Bezüge
aufweist: mit der in Arnims Novellensammlung von 1812 erschienenen
Anekdote ›Melück Maria Blainville, die Hausprophetin aus Arabien‹.
Ist auch das »Dichtergespräch«, d. h. die literarische Kommunikation
über Literatur in einem Werk der Literatur, für alle »romantische Poesie« charakteristisch (vgl. Frühwald 1981, S. 152), so bilden doch die
beiden genannten Erzählungen »ein besonders aufschlußreiches Exem-
pel der gegenseitigen künstlerischen Befruchtung« (Riley 1980, S. 352)
der »Herzbrüder« Arnim und Brentano, die sowohl in der Lyrik wie
auch in erzählenden Texten wiederholt »ein literarisches Echospiel«
versucht, ja gelegentlich sogar »jenes in ›Des Knaben Wunderhorn‹ so
glücklich bestandene Experiment fraternalen Dichtens« (Frühwald
1981, S. 152) unternommen haben.

   Die Bezüge der Brentanoschen Erzählung zu Arnims ›Melück Maria
Blainville‹ sind unübersehbar: Brentano übernimmt nicht nur die bei-
den Namen »Frenel« und »Saint Lük« (letzteren wandelt er leicht in »St.
Luce« ab) aus Arnims Anekdote, sondern zugleich auch den Antagonis-
mus zwischen diesen beiden Figuren, den er allerdings »deutlicher« als
Arnim motiviert, »indem er ihre Feindschaft darauf zurückführt, daß

der Bösewicht St. Luce auf widerrechtliche Art Frenel um sein rechtmäßiges französisches Erbe bringt« (Riley 1980, S. 353). Wie Arnims adliger Held, der Graf Saintree, so bleibt auch Brentanos Chevalier Montpreville – anders als die meisten ihrer Standesgenossen – im revolutionären Frankreich, um womöglich sein Vermögen und seine Güter zu retten. In beiden Erzählungen nimmt die Schilderung von Ereignissen in der Französischen Revolution von 1789, der sowohl Arnim wie Brentano mit deutlicher Antipathie gegenüberstehen, einen verhältnismäßig breiten Raum ein. In beiden Erzählungen, in denen »politische Symbolik« eine große Rolle spielt, geht es unter anderem um die Frage, »ob Aristokratie oder Pöbel die Herrschaft über Frankreich erhalten werden. Bei der Entstehung von Arnims ›Melück‹ war die Entscheidung noch nicht gefallen«: Ludwig XVIII., »der im Exil an den Höfen Europas das Bourbonenerbe aufrechtzuerhalten trachtete« und dessen Exiljahre Arnim in seiner Erzählung »in der auf den Dachboden verbannten Gliederpuppe« symbolisiert (Riley 1980, S. 357), war damals (1811/12) »noch Gliederpuppe, war noch Schattenfigur. Brentano kannte bereits die historische Lösung des Problems und konnte demnach die Symbolik geschichtsgetreu abwandeln. Bei ihm entbrennt der Streit auf Leben und Tod zwischen dem adligen Frenel und dem nichtswürdigen St. Luce um die Schachtel mit der Friedenspuppe, die bei der ursprünglichen Enterbung Frenels eine führende Rolle spielte. Sie enthält eine Wachspuppe, welche einen mit Lilien geschmückten Hut trägt. Da die fleurs de lis dem Wappen der französischen Könige entstammen, handelt der Streit zwischen Frenel und St. Luce offensichtlich um das Bourbonenerbe. Arnims Bourbonenkönig war in Gestalt der Gliederpuppe noch auf den Dachboden […] verbannt; Brentano dichtet nun an Arnims Novelle weiter: Frenel, das adlige Kind der französischen Aufklärung, bekommt seine Bourbonenpuppe und sein Erbe wieder, während der Bösewicht St. Luce, der die Enterbung Frenels verursachte, als verstockter Sünder den Freitod wählt« (Riley 1980, S. 353 f.).

Nach Helene M. Kastinger Riley ist die ›Schachtel mit der Friedenspuppe‹ eine »Interpretation und eine kritische Nach- und Umdichtung« der Arnimschen Erzählung ›Melück Maria Blainville‹ (Riley 1980, S. 352). »Brentanos kritische Erfassung der Kernpunkte von Arnims Novelle und deren interpretative Weiterführung im eigenen Werk ist kaum Zufall oder Spielerei, sondern ist sicher ein Produkt des Gedan-

kenaustausches der beiden Freunde bei der Niederschrift von Brentanos
Novelle auf Arnims Gut« in Wiepersdorf (Riley 1980, S. 354). Das »imi-
tative und reproduktive Schaffensverfahren« Brentanos, dessen Texte
zumeist auf Quellen und Vorlagen bezogen sind, erklärt sich nicht zuletzt »aus einem ganz handwerkshaft anmutenden Bedürfnis, dem vom
andern angeschlagenen Motiv künstlerisch gerecht zu werden und die in
ihm angelegten poetischen Möglichkeiten zu erweitern und voll auszu-
werten« (Riley 1980, S. 356).

Auch Wolfgang Frühwald geht in seiner Interpretation von den Be-
zügen der ›Schachtel‹-Erzählung zu Arnims ›Melück Maria Blainville‹
aus und betrachtet die Erzählung Brentanos als Fortsetzung der Arnimschen »Revolutionsdeutung aus den Jahren 1811/12 in die unmittelbaren Nachkriegsjahre 1814/15 hinein« (Frühwald 1981, S. 154). Nach
Frühwald hat Brentano »die Nachkriegswirren und den in diesen Wirren schon wieder gefährdeten Frieden im Bild der von den Kindern geliebten Wachspuppe gefaßt«, die »in einer wahren Unglücksschachtel
voll Zank und Streit« (S. 87) aufbewahrt wird; »der Friede erscheint so
als ein Spielzeug von Kindern und als Zankapfel der Erwachsenen, ehe
die Puppe durch ein Denkmal jener Eigenschaften ersetzt wird, die allein einen dauerhaften Frieden garantieren.« Wenn der Mensch die
»Schachtel des Kriegs, Streits und Todes« (S. 95), die auch einmal »die
Büchse der Pandora« (S. 83) genannt wird, »verschlossen hält«, wenn er
die »Friedensmodepuppe« (S. 94), »und d.h.: den falschen Frieden,
durch den wahren von Reinheit und Voraussicht garantierten Frieden
ersetzt, wird Hoffnung für die Welt sein« (Frühwald 1981, S. 154).

In dem am Ende der Erzählung projektierten und sogleich in Auftrag
gegebenen Denkmal wird der »didaktische Gehalt« der Novelle »alle-
gorisch konzentriert«. Das »in einer kleinen gothischen Kapelle«
(S. 111) bestehende Denkmal »zeigt das Grabdenkmal des Revolutionärs Sanseau über dem rußgeschwärzten Stein aus dem Biwak der Revo-
lutionssoldaten. Über diesem Stein der Erinnerung, der nun zum Grab-
stein des Revolutionärs geworden ist, erhebt sich das Denkmal des Friedens: das Bild der Jungfrau« Maria, »welche der Schlange des Streites
und der Revolution den Kopf zertritt; sie ist das Bild der aus Reinheit
und Frömmigkeit gewonnenen Macht, die Lilie in ihrer Hand kontrastiert das Lilienwappen der durch Intrige machtlosen Bourbonen. Das
Jesuskind auf ihrem Arm trägt die Palme des Friedens; Noahs Taube auf

ihrem Haupte ist Sinnbild der Versöhnung zwischen Gott und den
Menschen, wie auch der klugen Vorsehung, daß diese Versöhnung nur
im Schutz der mächtigen Mutter des Friedens und ihres Sohnes bewahrt
werden kann. Die Aufschrift des kleinen Tempels, in dessen kupfernem
Helmkopf« die Geschichte von der ›Schachtel mit der Friedenspuppe‹
»zur Freude einer forschenden Nachwelt« (S. 111) aufbewahrt werden
soll, lautet: *»Paci et Providentiae«* (S. 111). »Die Erzählung *endet* so
nicht nur mit einem Denkmalstableau, sie selbst *ist* jenes Denkmal, das
der Dichter zur Warnung aller Zeiten errichtet.« (Frühwald 1981,
S. 155)

›Der arme Raimondin‹

Wie die ›Schachtel mit der Friedenspuppe‹, so ist auch der ›Arme Raimondin‹ Bestandteil eines »Dichtergesprächs« zwischen Brentano und
Arnim, das die beiden »Herzbrüder« diesmal allerdings mit vertausch-
ten Rollen führen: Denn diesmal ist es nicht Brentano, der eine Fortsetzung, eine Nach- und Umdichtung einer Arnimschen Erzählung verfaßt, sondern es ist umgekehrt Arnim, der sich Brentanos Erzählfragment ›Der arme Raimondin‹ vornimmt und es in einer thema- und mo-
tivverwandten Erzählung, in seinem ›Melusinen-Fragment‹, fortzuset-
zen unternimmt (vgl. hierzu Brummack 1967, S. 208 f.). Arnims ebenfalls Fragment gebliebene Fortsetzung schließt sich unmittelbar an
Brentanos fragmentarische Erzählung an, sie übernimmt deren Personal
(samt einigen Namen) wie überhaupt deren Figurenkonstellation und
spielt auf wichtige Ereignisse der Binnenerzählung wie auch der Rahmengeschichte des ›Armen Raimondin‹ an, wie etwa auf den politischen
Streit der Eltern, den Stammbaum, das Duell und den Maskenball.

Fast gleichzeitig mit der oder doch nicht allzu lange Zeit nach der
›Schachtel mit der Friedenspuppe‹ entstanden, weist der ›Arme Rai-
mondin‹ eine Reihe von Affinitäten und Übereinstimmungen mit der
›Schachtel‹-Erzählung auf, die diese beiden Erzähltexte als besonders
nahe Verwandte im erzählerischen Werk Brentanos erscheinen lassen.
Die Binnengeschichten beider Erzählungen spielen größtenteils in der
Zeit der Französischen Revolution, die für die romantische Generation
der Arnim und Brentano das zentrale, immer wieder zur Darstellung

und Auseinandersetzung provozierende Ereignis war: »Die Französische Revolution, Fichtes Wissenschaftslehre und Goethes Meister sind die größten Tendenzen des Zeitalters.« (Friedrich Schlegel, 216. Athenäum-Fragment) In beiden Erzählungen Brentanos werden »der moralische Verfall, Bosheit und Verbrechen vor dem Hintergrund des Zerfalls gesellschaftlicher Ordnungen während der Zeit der französischen Revolution gesehen« (Kluge 1980, S. 120). Eng verbunden mit der Thematik der Französischen Revolution sind in beiden Erzählungen das Motiv des verbrannten Stammbaums (vgl. S. 97, 122), das Sündenfall-Motiv wie auch das Thema des verlorenen Paradieses.

Im ›Armen Raimondin‹ erscheint die Revolution »als untrennbarer Teil der Vaterwelt. Sie ist das Bild der Auflehnung des Menschen gegen seine Ursprünge, ihr sind [...] Begriffe wie ›Vaterland‹, ›Ruhm‹ und ›Ehre‹ zugeordnet. In der Welt des Vaters [des armen Raimondin], also der männlich dominierten Welt, ist der künstliche Freiheitsbaum errichtet, Surrogat des Paradiesesbaumes« (Frühwald 1981, S. 153), »der Gegen-Baum, nicht gewachsen als die natürliche Abfolge der Geschlechter, sondern, als deren Leugnung, freistehend im Leeren, ein herausforderndes Zeichen der Emanzipation des Menschen von seinem kreatürlichen Ursprung, Fanal seiner Selbst-Bestimmung und Selbst-Setzung« (Seidlin 1978, S. 395). »Der Baum der Mutter« dagegen, »das heißt der Stammbaum ihres Geschlechtes, ist in der Sprache der Kinder« (Frühwald 1981, S. 153) der »schöne Bilderbaum« (S. 120); »der kalten Verstandeswelt des Vaters, beherrscht von der dreifarbigen Schlange der Revolution, ist als Welt der Mutter die Sphäre der Bilder, der Sprache, der Kunst gegenübergestellt. Nach dieser Mutterwelt sehnt sich der verlassene Heinrich Winningen [alias der arme Raimondin], der im öden Vaterhaus ›an sein verlorenes Glück‹ [S. 125], die zerrissene Treuebindung zwischen Vater und Mutter, denkt. In der Erinnerung dieses Glückes behängt er sich mit all dem Flitterkram, den er in den von Mutter und Schwester verlassenen Stuben gefunden hat; dann betrachtet er sich im Spiegel, indem er ›mit höherer Bewegung als vorher‹ sein ›Pauvre Raimondin‹ ausruft [S. 126]. Verkleidung, Schmuck, Maskierung und Selbstbespiegelung sind hier, wie sonst im Werke Brentanos, Bild der Kunst, Surrogat der Mutterwelt, ärmliche Erinnerung an das verlorene Paradies, Sehnsuchtslied des von der Mutter verlassenen Kindes.« (Frühwald 1981, S. 153)

Verstärkte Beachtung und Wertschätzung hat der ›Arme Raimondin‹
in letzter Zeit vor allem deshalb gefunden, weil das Erzählfragment unter den vielen Gestaltungen und Variationen des Melusinen-Motivs, die
sich seit dem Jugendroman ›Godwi‹ in Brentanos Werk, vor allem im
erzählerischen, finden (vgl. Seidlin 1978, S. 369ff.), eine Sonderstellung
einnimmt. Denn »das Erstaunliche« am Raimondin-Fragment ist, daß
Brentano in ihm zum ersten und einzigen Male die alte Melusinen-Sage,
die sich in der Welt der Rheinmärchen »und in der allegorischen Szene-
rie der ›Chronika‹ durchaus zu Hause fühlen durfte, in historisch zeit-
genössischer, oder zumindest jüngstvergangener Epoche angesiedelt
hat«, im letzten Jahrzehnt des 18. Jahrhunderts, »in den Kriegswirren,
die im Gefolge der Französischen Revolution über Europa hereinge-
brochen sind. [...] Durch diese Festlegung auf einen genau fixierten
Zeitpunkt rückt die Melusinen-Sage in den Bereich des Immer; weil sie
ein Unwandelbares, eine über alles Zeitliche hinausreichende Konstellation festhält, kann sie sich in jedem historischen Moment wieder ereig-
nen. Sie wird damit zu einem stets gültigen Paradigma. Diese Allge-
meingültigkeit, die gerade dadurch erreicht wird, daß die Legende in
einmaliger geschichtlicher Konkretisierung erscheint, verrät sich auch
in der Namengebung« (Seidlin 1978, S. 393f.). Der Titelheld, der arme
Raimondin, heißt mit ›richtigem‹ Namen »Heinrich Winningen«
(S. 118), aber was heißt hier ›richtig‹, wird er doch »vom Vater und anderen Figuren, nicht zuletzt von sich selbst«, immer wieder als »Raimondin« angesprochen, fühlt er sich doch selbst, nachdem ihn Mutter und
Schwester allein gelassen haben, »ganz als den schuldigen verlassenen
Raimond«, dem er nun »auch von außen zu gleichen« wünscht (S. 125).
Diese scheinbare Inkonsequenz in der Namengebung läßt sich – nach
Oskar Seidlins trefflicher Beobachtung – nur durch die »Annahme« erklären, »daß jedes Mann-Kind ein kleiner Raimond von Poitiers-Lusi-
gnan ist und sein Raimond-Schicksal wird zu erleiden haben« (Seidlin
1978, S. 394).

Entsprechend verfährt Brentano bei der Namengebung seiner weiblichen Figuren. »Antonie« (S. 119), die Zwillingsschwester des armen
Raimondin; »Therese« (S. 117), die Tochter des Advokaten Lodie, die
Kindheitsgespielin des kleinen Raimondin, die dessen künftige Geliebte
werden soll (vgl. S. 127); »Toinette« (S. 123), die Dienerin und Kinder-
frau im Hause Winningen: sie alle werden vom armen Raimondin »Lu-

sine« (S. 121), »Melusine« (S. 127) bzw. »Louison« (S. 124) genannt. Bei
der künftigen Geliebten Raimondins kommt noch hinzu, daß sie »das
Patenkind seiner Mutter« ist, »seine Schwester also, wenn auch keine
blutsverwandte«, und daß sie als solche natürlich vor allem »Melusine«
heißen muß. »Alles Weibliche also ist [...] Melusine, obwohl doch in
Wirklichkeit nur die Mutter [des armen Raimondin] so heißt.« (Seidlin
1978, S. 394)

Obwohl die Melusinen-Problematik im ›Armen Raimondin‹ in den
Bereich des Geschichtlichen transponiert wird, bleibt das die Binnenhandlung des Erzählfragments bestimmende Melusinen-Modell doch
weitgehend erhalten. So finden sich im ›Raimondin‹-Fragment, wenn
auch nur in rudimentärer Form, das Verbots-, das Neugier- und das
Nachforschungs-Motiv der Melusinen-Sage: Der arme Raimondin
spricht, nachdem er sich »an den Stammbaum« seiner Mutter »geschlichen« hat, ausdrücklich von seiner großen »Begierde zu sehen« (S. 121),
einer Schaulust, die sich vor allem auf das ihm bis dahin ›verborgen‹ gebliebene Abbild seiner Mutter Melusine auf dem Stammbaum der Lusignans richtet, und er ›lauscht‹ an der Schlafzimmertüre seiner Mutter, an
deren »Bett« er sich ›schleicht‹ (S. 125), wobei er nicht zufällig zwei Ver-
ben benutzt, die auf etwas Verbotenes hindeuten.

Auch das Verrats-Motiv der Melusinen-Sage hat Brentano in seinem
Fragment verwendet. Es zeigt sich darin, daß der Vater des armen Raimondin von Melusine, seiner Frau, verlangt, »daß sie ihrer adligen Geburt und ihrer Standesgesinnung abschwöre. Verrat also wie in dem
überlieferten Modell, aber jetzt nicht als unerlaubte Enthüllung des My-
steriosum, sondern als ein Akt der Emanzipation, durch die der Mensch
sich aus den natürlichen und den sozialen Bindungen löst, die er durch
seine Herkunft und von seiner Herkunft her ererbt hat« (Seidlin 1978,
S. 395). Höhepunkt und Abschluß des Verrats an Melusine ist die zentrale, für Raimondin zum Trauma werdende Szene unter dem Freiheitsbaum, dem die Mutter »zum Opfer gebracht« wird, »im ganz wörtlichen Sinne, weil der kleine Raimondin vom Vater gezwungen wird, die
Pergamentrolle mit dem Stammbaum in das Feuer zu werfen, das unter
dem Freiheitsbaum flackert« (Seidlin 1978, S. 395 f.). Dabei sieht das
Kind mit Entsetzen, wie der »herrliche Bilderbaum der Mutter« verbrennt, wobei es Raimondin ist, als sehe er »die gute Meerfrau Melusine
sich in den Flammen winden« (S. 122). Was sich in dieser Szene unter

dem Freiheitsbaum ereignet, ist »die Auswanderung der alten Legende aus der Elementarwelt und ihr Einzug in die Geschichte und Geschichtlichkeit«; und es ist darüber hinaus – im Hinblick auf den am Verrat der Melusine beteiligten armen Raimondin – »die Auswanderung und Vertreibung aus dem Paradiese« (Seidlin 1978, S. 396), die für Raimondin zugleich eine Vertreibung aus dem Paradiese der Kindheit ist.

Daß Brentano hier das ihn zeitlebens beschäftigende Thema des verlorenen Paradieses anschlägt, zeigen die deutlichen Anspielungen auf den Unschuldsverlust und den biblischen Sündenfall. Der Freiheitsbaum weist auf den Baum der Erkenntnis mitten im Garten Eden hin, und die »dreifarbige Schlange«, vor der die Mutter auf der Abbildung ihres Stammbaumes ihre Kinder mit einem Schild beschützt und mit der sie ihren der Revolution verschriebenen Mann meint (vgl. S. 121), läßt an die Paradieses-Schlange als Verführerin denken. Allerdings ist mit der in den Farben der Trikolore gemalten Schlange nicht – wie der Vater das Schlangenbild gegen die Mutter zu wenden versucht – »die alte Schlange, die Hoffart« gemeint, »welche das Weib schon im Paradiese verführte« (S. 121); die Schlange verkörpert hier vielmehr das böse Prinzip der Revolution, von dem sich der Vater hat verführen lassen, der nun seinerseits dem Sohn gegenüber zum Verführer wird, offenbar mit Erfolg, denn aus dem Anfang der Erzählung geht hervor, daß der arme Raimondin bis zu seiner Verwundung in der französischen Revolutionsarmee gekämpft hat. Daß der arme Raimondin durch den Verrat an der Mutter, d.h. durch seine Mithilfe beim Verbrennen des Stammbaums, das Paradies, die Kindheit und seine Unschuld verloren hat, weiß er selbst nur zu gut, fühlt er sich doch am Morgen nach dem schrecklichen Ereignis, alleingelassen von Mutter und Schwester, »ganz als den schuldigen verlassenen Raimond« (S. 125).

Wie in den anderen Gestaltungen der Melusinen-Sage, so zeichnet sich auch im Raimondin-Fragment auf dem Hintergrund der Melusinen-Geschichte »deutlich genug das Ereignis des Sündenfalls ab, das Brentano als tiefste Schicht immer wieder in der alten Legende erspürt hat«. Darüber hinaus ist Brentanos Behandlung des Sündenfalls- und Melusinen-Motivs dadurch charakterisiert, daß in seinem Erzählfragment »neben der Mutter das Weibliche als Liebesobjekt« erscheint, »als die sündhaft tödliche Verfallenheit an die Geschlechtlichkeit«, das – wie die Mutter – »den Namen Melusine führt« (Seidlin 1978, S. 398). Diese andere, erotisch-dämonische Melusine ist die »kleine Tochter des Advokaten« Lodie, die später Raimondins Geliebte werden wird. Raimondin bezeichnet diese sich zu einer femme fatale entwickelnde Melusine als ein »Wesen«, das ihn »zum unglücklichsten Menschen gemacht« (S. 127), das sich ihm »auf dem Gipfel der Seligkeit als eine schändliche, verworfene Betrügerin gezeigt« habe, und doch könne er »diese Schlange«, die er »so teuer erkauft«, »nicht vergessen«: »ewig trage ich sie in meinem Busen und muß sie liebevoll an das Herz drücken, das sie vergiftet.« (S. 118) »Auch wenn wir nicht wissen, was die Schändliche und Verworfene ihm angetan, es zeichnet sich das Profil der anderen Melusine ab, oder besser das andere Profil der Melusine, nicht die, die mit ihrem Schild den Sohn gegen die dreifarbige Schlange schützt, sondern die, die, selbst eine Schlange, sein Herz vergiftet.« (Seidlin 1978, S. 398)

Zu Recht hat Seidlin außerdem die bezeichnende Verwundung des armen Raimondin mit der ›perfiden Melusine‹ (S. 127) in Verbindung gebracht. Wenn der Erzähler die Verwundung Raimondins wie folgt lokalisiert: »Ein Schuß durch die Lende war seine Wunde« (S. 113), so dürfte hier die im Mittelalter und auch später noch verbreitete Anschauung eine Rolle spielen, daß man gerade an dem Glied des Körpers bestraft wird, mit dem man gesündigt hat. Sexueller Verkehr mit dämonischen Elementar- und Geisterwesen wie Hexen, Melusinen u. a. galt lange Zeit als schlimme Sünde, die am entsprechenden Glied bestraft werden mußte. Hinzu kommt noch ein zweites: Die Geliebte Raimondins ist nicht nur eine Melusine und als solche ein dämonisches Wesen, sie ist auch, wie bereits erwähnt, Raimondins ›Schwester‹, weil sie das Patenkind seiner Mutter ist (vgl. S. 127). Indem sich Raimondin mit dem »Patchen« seiner Mutter einläßt, macht er sich gewissermaßen des Inzests schuldig. Diese Deutung wird einsichtig, wenn man sich vergegenwärtigt, was Pate und Patenschaft nach christlicher Lehre bedeuten. Der katholische Katechismus bezeichnet noch im 20. Jahrhundert die ›geistliche Verwandtschaft‹ von Pate zu Patenkind »als Hindernis, das die Eheschließung ungültig macht. Im Mittelalter galt dieses Verbot sogar für die Paten untereinander« (Beitl, S. 633). Der arme Raimondin wird also nicht nur wegen seines Kontakts mit einem dämonischen Wesen bestraft, sondern auch deshalb, weil er das Inzest-Verbot übertreten hat. So taucht auch hier, an unvermuteter Stelle, das in Brentanos Werk fast zwanghaft wiederkehrende Inzest-Motiv auf, und zwar keineswegs allein im Zusammenhang mit Antonie bzw. Lusine, der leiblichen Schwester des armen Raimondin, sondern gerade auch im Hinblick auf dessen ›schwesterliche‹ Geliebte. Bei dem zweiten verwundeten französischen Offizier (vgl. S. 114), dessen Name und Identität nicht verraten werden, deutet alles darauf hin, »daß es sich um ein verkleidetes Mädchen handelt«, deutet manches darauf hin, »daß es die Schwester als Geliebte, die Geliebte als Schwester sei – und Melusine heißt ja die eine wie die andre«. (Seidlin 1978, S. 398f.).

Abgesehen von der Urfassung der ›Chronika‹ ist der ›Arme Raimondin‹ die einzige Erzählung Brentanos, die nicht zu seinen Lebzeiten erschienen ist. Der Grund dafür ist in der Tatsache zu sehen, daß die Erzählung Fragment geblieben ist: Sie bricht mitten in der Kindheitsgeschichte des armen Raimondin ab, auf dessen Erzählung zumindest noch eine weitere Binnenerzählung des anderen verwundeten französischen Soldaten hätte folgen sollen. Daß der ›Arme Raimondin‹ ein Erzähl-Fragment geblieben ist, liegt gewiß nicht daran, daß seine Abfassung in eine neueinsetzende »lyrische Periode« Brentanos fiel (vgl. die Einleitung von Friedrich Fuchs zum Erstdruck des Fragments), sondern wohl vor allem an dem äußerst ambitionierten, »gewaltigen Entwurf, die sich ewig wiederholende Geschichte vom Sündenfall des Menschen durch Erkenntnis- und Sexualtrieb, im Spiegel der revolutionären und kriegerischen Ereignisse der Gegenwart darzustellen und zugleich deren Verbindung mit den mythisch-elementaren Wurzeln des Lebens zu analysieren. [...] Die Geschichte von der gefahrvollen Stellung des Menschen zwischen der Vaterwelt von Bewußtsein und Vernunft und der Mutterwelt von Gefühl und Sinnlichkeit, die Geschichte von der Flucht der ursprungsnahen Mutter aus der kontinuitäts-sprengenden Welt des Vaters und der daraus resultierenden Zerrissenheit und Verlassenheit der Kinder, ist der Plan eines Weltepos, dessen Bewältigung in einer begrenzten Erzählung nicht gelingen konnte« (Frühwald 1981, S. 152f.).

Brentanos Erzählfragment gehört weder zu den »zufälligen Fragmenten«, »die aus rein äußeren Gründen nicht zu Ende gebracht wurden«, noch zu den »notwendigen Fragmenten«, »in denen das Fragmentarische unabdinglich und gleichsam organisch ist, zur dichterischen Form selber gehört« (Benno von Wiese: Die deutsche Novelle von Goe-

the bis Kafka. Interpretationen II. Düsseldorf 1962, S. 106); es ist vielmehr eines jener Fragmente, deren Fragmentarität aus der Inadäquat-
heit von behandeltem Stoff bzw. Thema und gewählter literarischer
Gattung resultiert; es ist eines jener Fragmente, deren Verfasser bei der
Arbeit merkten, daß die Thematik den Rahmen der gewählten Gattung
sprengen würde, und die daher den angefangenen Text früher oder später abbrachen.

›Die drei Nüsse‹

Brentanos kürzeste Erzählung ist das Stiefkind der Forschung. Lediglich ein Aufsatz von Rudolf Imelmann hat sich bisher ausschließlich mit
den ›Drei Nüssen‹ beschäftigt, und der datiert aus den Jahren 1927/28,
bietet nicht mehr als drei Seiten diskursiven Text und ist für die Quellenfrage und die Interpretation der Erzählung völlig belanglos (vgl. das
in den Anmerkungen zur Quellenfrage der ›Drei Nüsse‹ Ausgeführte).
Auch in den beiden neueren, zusammenfassenden Darstellungen der
Erzählungen Brentanos von Gerhard Kluge (1980) und Wolfgang Frühwald (1981) werden die ›Drei Nüsse‹ recht stiefmütterlich bzw. gar
nicht behandelt.

Einen großen Verehrer freilich hat die Erzählung neuerdings in Heinrich Henel gefunden, für den das kleine Werk »nichts Geringeres« ist
»als die beste deutsche Nachbildung der romanischen Renaissancenovelle«, als welche es »Goethes Versuchen in den ›Unterhaltungen deutscher Ausgewanderten‹, die Novelle nach Deutschland zu verpflanzen,
weit überlegen« sei. Henel sieht den Wert der Erzählung jedoch weniger
in ihr selbst, als vielmehr in ihrer Funktion als erzählerisches Übungs-
und Gesellenstück, in dem sich Brentano einer »strengen Schulung im
Handwerk des Erzählens« unterzogen habe, ohne die ihm nach Henel
die ›Geschichte vom braven Kasperl und dem schönen Annerl‹, sein erzählerisches »Meisterstück«, nicht hätte gelingen können (H. Henel in:
Kolloquium, S. 96 f.).

Betrachtet man – wie Henel – die ›Drei Nüsse‹ vorwiegend unter dem
Aspekt der Erzähltechnik, des erzählerischen Handwerks, so ist außer
dem Hinweis auf das Vorbild der Renaissancenovelle auch eine beiläu-
fige Bemerkung Hellmuth Himmels von Belang, der im Hinblick auf

die ›Drei Nüsse‹ vermutet, daß Brentano seinen Kleist, d. h. den Erzähler Kleist, »eingehend studiert« hat (Himmel, S. 78). Dem Hinweis auf
die Bedeutung des Erzählers Kleist für die Erzählungen Brentanos (insbesondere für die ›Drei Nüsse‹ und die ›Schachtel mit der Friedenspuppe‹) weiter nachzugehen, wäre sicher eine lohnende Aufgabe.

Nicht nur in stilistisch-erzähltechnischer (vgl. unsere obige Untersuchung der Novelle als eines Beispiels analytischen Erzählens), auch in
thematischer Hinsicht stehen die ›Drei Nüsse‹ im engen Zusammenhang mit anderen Erzählungen Brentanos. Besonders eng sind die thematischen Beziehungen zwischen den ›Drei Nüssen‹ und der ›Schachtel
mit der Friedenspuppe‹ sowie der ›Geschichte vom braven Kasperl und
dem schönen Annerl‹: »All three stories deal in one way or another with
the themes of justice and restitution; all three interweave characters and
events in the ›Rahmen‹- and ›Binnenerzählungen‹ to restore as satisfac-
tory an order as possible to the lives of those involved.« (Ziegler 1978,
S. 174) In den ›Drei Nüssen‹ geht es darum, daß der Mord, den der Apotheker Pierre du Pont an Ludewig Maggi, dem vermeintlichen Bruder
seiner Frau, begangen hat, gesühnt wird. Recht und Gerechtigkeit verlangen die Bestrafung des Mörders, der sich schließlich selbst den Gerichten ausliefert und hingerichtet wird, womit die gestörte Ordnung
wiederhergestellt ist.

Wie schon an anderer Stelle des Nachworts erwähnt, geht es in fast allen Erzählungen Brentanos »um den Einbruch zerstörerischer Kräfte in
eine geordnete Welt und die Versuche zur Bewältigung des Chaos bzw.
zur Zurückführung der zerrütteten Wirklichkeit in eine befriedete«
(Kluge 1980, S. 125). Anders als in der ›Schachtel mit der Friedenspuppe‹, in der die »göttliche Gerechtigkeit«, der »rächende Himmel«
(S. 101 f.) »in die gestörte, chaotische Ordnung« (Kluge 1980, S. 134)
eingreift und sie beseitigt, ist in den ›Drei Nüssen‹ die »Wiederherstellung der in Unordnung und chaotische Verwilderung geratenen Ordnung« jedoch »nicht mehr oder nur in erzwungener, künstlicher Weise
möglich. Die Schönheit der Apothekersfrau, das schuldhafte Verschweigen des Kontakts mit ihrem vermeintlichen Bruder gegenüber
dem Ehemann und dessen Eifersucht reißen drei Menschen ins Unglück, stiften Tod, Verzweiflung, Verfolgungswahn, bis sich der Mörder schließlich selbst den Gerichten stellt. Dies ist kein Akt moralischer
Überwindung, zu der ihn sein beladenes Gewissen zu bestimmen ver-

möchte, sondern ein Akt der Verzweiflung, dazu getrieben aus ›Unruhe‹, weil ihn immer zu der Zeit, wenn die Nüsse reifen, seine Untat aufs neue einholt [...]. Daß er vor seiner Hinrichtung noch einmal den fatalen Spruch zitiert und bei dem letzten Worte ›tertia mors est‹ enthauptet wird, zeigt, daß sein Leben bis zum Schluß noch ganz unter der fatalistischen Auswirkung seiner Tat steht, die durch keine moralische oder religiöse Besinnung transzendiert wird. Wenn durch die plötzliche, unvorbereitete Wendung des Schlusses eine künstliche Harmonie herbeigezwungen wird, die zwar die Tat des Apothekers und seine Schuld nicht beseitigt, aber doch das Schrecklich-Verhängnisvolle des Verwandtenmordes, so ist diese Milderung ein Spiel des launenhaften Zufalls« (Kluge 1980, S. 129 f.).

Eine weitere thematische Konstante der Brentanoschen Erzählung ist nach Gerhard Kluge darin zu sehen, daß die erzählten Begebenheiten »in der Regel das Resultat eines merkwürdigen Zusammenspiels von Schicksal und Zufall« sind. In einigen Erzählungen Brentanos spielt das Schicksal eine so große Rolle, daß man sie nach Kluge »in gewissem Sinne« als »Schicksalsnovellen« bezeichnen kann (Kluge 1980, S. 131). Diese Gattungsbezeichnung läßt sich insbesondere auf die ›Geschichte vom braven Kasperl‹ wie auch auf die ›Drei Nüsse‹ anwenden, wenn auch in letzterer Erzählung das Schicksal keineswegs »allein verantwortlich für den Gang der Ereignisse« ist: es »bestimmt« die Binnengeschichte, der Zufall dagegen »den Rahmen« (Kluge 1980, S. 131).

In den ›Drei Nüssen‹ – nicht nur in ihnen – arbeitet Brentano mit Motiven und Requisiten der romantischen Schicksalstragödie, die nach 1810 schnell zu einer literarischen Modeerscheinung wurde, der auch Brentano, in dem Trauerspiel ›Aloys und Imelde‹, seinen Tribut zollte. Die »Koppelung von Fluch und fatalem Requisit« dient in den ›Drei Nüssen‹ »der Schürzung der Katastrophe. Auf der Ehe des Apothekers liegt ein Fluch, es ist die Schönheit seiner Frau, welche selbst ›das große Unglück, sehr schön zu sein‹ beklagt. Wegen ihrer außerordentlichen Schönheit wird sie von allen begehrt und die Ursache von Verbrechen; von allem diesen hatte sie nichts ›als Unruhe und Elend‹, überdies bedroht von der Versuchung, ›nur um des ekelhaften Götzendienstes los zu werden‹, sich ›dem Verderben‹ hinzugeben; auch in dieser Novelle ist das Thema fast aller Novellen Brentanos angeschlagen: moralisches und physisches Verderben durch die als Sündenfall erscheinende, an das

Endliche verdinglichte Existenz (hier ohne eigene Schuld der Frau). Eine theologische Intention ist auch hier deutlich: die Schönheit ist der angebetete Götze der Menschen, der sie von Gott ablenkt. Der Apotheker ist ein Alchimist, der an dunklen Versuchen laboriert, offensichtlich um ›einen lebendigen Menschen auf chimischem Wege in einem Glas heraus zu destillieren‹ und also Gott, der dem Ehepaar keine Kinder geschenkt hat und damit seinen Segen von ihm fernhält, zu hintergehen. Er macht die Schönheit seiner Frau zu seinem Idol, und darüber vergißt er Gott. [...] Aus diesen Voraussetzungen entwickelt sich mit Notwendigkeit ein unabwendbares, in Schuld führendes Geschehen, das durch nichts, was in der Macht und im Vermögen der betroffenen Personen läge, aufgehalten werden kann und die Qualität des Schicksals hat, eines Verhängnisses« (Kluge 1980, S. 131 f.).

Daß es sich bei den ›Drei Nüssen‹ um eine »Schicksalsnovelle« handelt, hat Brentano durch die implizite Leseanweisung des Titels eigens betont: Die Nüsse sind das für die Schicksalsdichtung charakteristische ›fatale Requisit‹, das Schicksalsrequisit, das ja auch in der ›Schachtel mit der Friedenspuppe‹ im und als Titel figuriert (in der ›Geschichte vom braven Kasperl‹ ist die Schürze das fatale Requisit). Erzähltechnisch haben die fatalen Nüsse die Funktion eines Leitmotivs; erzählrhetorisch dienen sie der Aufmerksamkeitserregung, denn »die zunächst unverständlichen Fingerzeige auf ein Verbrechen« erfolgen immer dann, »wenn von Nüssen die Rede ist – ein Verfahren, das an die leitmotivische Wiederkehr der Schachtel mit der Friedenspuppe erinnert« (Schönhaar 1969, S. 109). Überdies fungiert das Leitmotiv der drei Nüsse als Mittel der epischen Integration: es verknüpft die Rahmenhandlung und die Binnenerzählung der Apothekersfrau.

Die Figurenkonstellation der Binnenerzählung in den ›Drei Nüssen‹ ist durch das alte Motiv der Frau zwischen zwei Männern geprägt. Ebenso interessant und aufschlußreich wie das Verhältnis der Frau (Amelie du Pont) zu den beiden Männern (Pierre du Pont und Ludewig Maggi) ist die Relation der beiden männlichen Hauptfiguren der Binnenerzählung untereinander, die – obwohl oder gerade weil sie Antagonisten sind – viele Gemeinsamkeiten haben, die den Mörder (Pierre du Pont) und den Ermordeten (Ludewig Maggi) zu geheimen Verbündeten machen: Beide lieben Amelie leidenschaftlich, ja, ihre Liebe entartet zur Liebeskrankheit; beide können ohne Amelie nicht leben (weshalb sie sterben müssen?); beiden hat es die außerordentliche Schönheit Amelies angetan; beide sind Alchimisten bzw. haben alchimistische Neigungen; beide verüben Mord bzw. Totschlag aus Eifersucht – auch Ludewig Maggi begeht Amelies wegen einen Mord (vgl. S. 136), aus demselben Motiv wie sein Mörder; beide müssen nach dem Mord fliehen; beide ›küssen‹ bzw. ›umarmen‹ Amelie vor ihrem gewaltsamen Tod noch einmal »zärtlich« (S. 138, 140); beide essen gemeinsam mit Amelie Nüsse vor ihrem Tod, übrigens Nüsse desselben Baumes (vgl. S. 138, 140); beide werden als »Toren« bezeichnet (vgl. S. 136, 137).

Aufgrund all dieser Übereinstimmungen und Affinitäten erscheinen die beiden Gegenspieler und Nebenbuhler nicht mehr als Antagonisten und Widersacher, sondern als Opfer der verhängnisvollen Schönheit Amelies, als Leidensgenossen und Schicksalsgefährten, die durch die Schönheit Amelies und ihre Eifersucht ins Unglück und Verderben gestürzt werden. Durch die starke Annäherung der beiden Figuren wird rezeptionsästhetisch noch ein weiteres bewirkt: dem Leser erscheint der Ermordete keineswegs in einem günstigeren Licht als der Mörder. Mag der Leser bei der Erstlektüre größere Sympathien für den Liebhaber Amelies als für deren Ehemann empfinden, so wird er nach wiederholter Lektüre, wenn ihm die Gleichartigkeit und Wesensverwandtheit der beiden Männerfiguren bewußt geworden ist, den vermeintlichen Bruder Amelies wohl genauso kritisch und distanziert betrachten wie den Apotheker Pierre du Pont.

›Die mehreren Wehmüller und ungarischen Nationalgesichter‹

Gemessen an der Zahl und der Bedeutung der einschlägigen Aufsätze und Untersuchungen, gehören auch die ›Mehreren Wehmüller und ungarischen Nationalgesichter‹ eher zu den Stief- als den Hätschelkindern in der Brentano-Forschung. Die Vernachlässigung dieser »schalkhaften, lustigen Erzählung« (Heltmann 1926, S. 84) hängt nicht zuletzt damit zusammen, daß in Deutschland das Komische, Burleske, Humoristische, Launige, Ausgelassene, Kuriose in der Literatur und Kunst traditionell längst nicht so hoch eingeschätzt wird wie das Tragische, Ernste, Tiefe, gedanklich und weltanschaulich Befrachtete. In der Sekundärliteratur eher unter- als überschätzt, eher unter- als überbewertet, dürften sich die ›Wehmüller‹ bei Lesern, die »Lust am Text« haben (Roland Barthes), größerer Beliebtheit erfreuen als bei professionellen Interpreten und Literarhistorikern. Zur Ehrenrettung der Brentano-Forschung muß jedoch gesagt werden, daß sich gerade in jüngster Zeit ein Wandel zu einer größeren Wertschätzung der Erzählung abzuzeichnen beginnt (vgl. Dickens 1983), wie es ja auch früher schon vereinzelt Ansätze und Versuche zu einer angemessenen Deutung und Beurteilung der ›Wehmüller‹ gegeben hat (vgl. besonders Heltmann 1926, S. 84, 104; Lüders 1966, S. 71–79; Frühwald 1972, S. 6149; Frühwald 1981, S. 155 f.).

Nach meinem Dafürhalten ist die Geschichte von den ›Mehreren Wehmüllern‹ die schönste, interessanteste, hinreißendste, leserfreundlichste, brillanteste Erzählung Brentanos; sie ist – im Hinblick auf sein proteushaftes, unberechenbares, kapriziöses Wesen, sein geselliges, improvisatorisches Talent, sein südländisches Temperament, seine schillernde, faszinierende, elektrisierende Persönlichkeit – gewiß die typischste und charakteristischste Erzählung Brentanos, ein ästhetisch, artistisch, erzähltechnisch ebenso vollkommenes Gebilde, wie die wegen ihrer »artistischen Vollkommenheit« (Alewyn 1974, S. 133) zu Recht gerühmte ›Geschichte vom braven Kasperl und dem schönen Annerl‹.

Mit diesem – zugegeben – subjektiven Werturteil stehe ich nicht allein. Brentano selbst scheint die ›Mehreren Wehmüller‹ als seine Lieblingserzählung betrachtet zu haben, hat er sie doch gern und häufig im Freundeskreis vorgelesen (vgl. Lüders 1966, S. 78 f.); so noch gegen Ende seines Lebens, am 4. November 1841, in Frankfurt auf einem Fest seines Freundes Eduard von Steinle, der bei dieser Gelegenheit den vorlesenden Brentano in einer Bleistiftzeichnung festgehalten hat (vgl. Feilchenfeldt 1978, Abb. 8). Auf diesem Fest hat übrigens Marianne von Willemer, Brentanos Frankfurter Jugendfreundin, die ›Wehmüller‹ in Szene gesetzt, indem sie aus der viele theatralische Elemente aufweisenden Erzählung »ein ganzes Zigeuner Ballet« formierte, »das die Veitischen Töchter spielten sangen und tanzten, Steinles Schwägerin hatte einen ungeheuren Kater Mores aus Pelz dazu formirt und spielte Frau Tschermack vortreflich« (Brief Brentanos an Emilie Linder vom 5. November 1841): ein schönes Zeugnis für die große Beliebtheit der Wehmüller-Erzählung in Brentanos Freundes- und Bekanntenkreis.

Um die Eigenarten und Besonderheiten der Erzählung von den ›Mehreren Wehmüllern‹ genauer beschreiben und adäquater deuten zu können, seien im folgenden in gebotener Kürze zwei Interpretationsansätze zur Diskussion gestellt, die man bisher mit Brentanos Erzählung noch nicht in Verbindung gebracht hat:

1. ›Die mehreren Wehmüller‹ als literarisches Capriccio.
2. Karnevalistische Elemente in Brentanos Erzählung ›Die mehreren Wehmüller‹.

Zum ersten Deutungsansatz: Schon Max Preitz hat darauf hingewiesen, daß man die Erzählung »nicht eigentlich als Novelle bezeichnen sollte« (Preitz II, S. 7), ohne dabei selbst einen passenderen Gattungsterminus anbieten zu können. Auf der Suche nach einer angemesseneren literarischen Gattungsbezeichnung stößt man auf den aus der italienischen Kunst- und Musiktheorie des 16. und 17. Jahrhunderts stammenden Begriff ›Capriccio‹, der, im 18. Jahrhundert als ästhetischer Terminus in die Literaturtheorie eingeführt, zunächst als Bezeichnung für ein poetisches Gestaltungsprinzip benutzt und später, seit dem ersten Drittel des 19. Jahrhunderts, als literarische Form- bzw. Gattungsbezeichnung verwendet wird. Nach Reinhold Grimm, der bisher als einziger – soweit ich sehe – der literarischen Formbezeichnung ›Capriccio‹ einen interessanten Aufsatz* gewidmet hat, ist E. T. A. Hoffmann mit seiner 1820 erschienenen ›Prinzessin Brambilla‹, deren Untertitel ›Ein Capriccio nach Jakob Callot‹ lautet, als ›Begründer‹ der »Gattung Capriccio in der deutschen Literatur« anzusehen (Grimm, S. 102).

So anregend und innovatorisch der genannte Aufsatz ist, so problematisch ist das ›nominalistische‹ Vorgehen Grimms, der offensichtlich nur solche Werke als literarische Capricci betrachtet und gelten läßt, welche die Gattungsbezeichnung ›Capriccio‹ bzw. ›Caprice‹ im Titel oder Untertitel führen, und der daher Brentanos Erzählung von den ›Mehreren Wehmüllern‹ nicht wahrnimmt bzw. außer acht lassen muß. Gleichwohl ist diese 1817 veröffentlichte Erzählung nach den von Grimm zusammengetragenen Kriterien und Charakteristika »kapriziösen Erzählens« und »Gestaltens« (Grimm, S. 106 f.) mit ebenso guten

---

* Reinhold Grimm: Die Formbezeichnung »Capriccio« in der deutschen Literatur des 19. Jahrhunderts. In: Heinz Otto Burger (Hrsg.): Studien zur Trivialliteratur. Frankfurt a. M. 1968, S. 101–116; im folgenden zitiert als: Grimm.

Gründen als literarisches Capriccio zu klassifizieren wie die drei Jahre
später erschienene ›Prinzessin Brambilla‹ E. T. A. Hoffmanns, die
Grimm als »das erste echte Capriccio« ansieht (Grimm, S. 106). Wenn es
auch bisher noch keine Theorie des literarischen Capriccio bzw. der
kapriziösen Erzählung gibt – nach Gero von Wilperts ›Sachwörterbuch
der Literatur‹ ist Capriccio die »unscharfe Bezeichnung für ein launiges,
oft nur skizzenhaft ausgeführtes, kurioses Phantasiestück in Prosa« –,
so genügen doch die von Grimm ohne Anspruch auf Systematik oder
Vollständigkeit eruierten Merkmale und Kennzeichen der Gattung
›Capriccio‹, um die ›Mehreren Wehmüller‹ mit Fug als eine ausgesprochen kapriziöse Erzählung reklamieren zu können.

Zur Konkretisierung hier nur die wichtigsten der von Grimm heran-
gezogenen Capriccio-Kriterien: Cesare Ripa bezeichnet Capricci als
»Ideen«, »die sich in der Bildenden Kunst, in der Musik oder anderwei-
tig [also auch in der Literatur] als fern vom Üblichen darstellen«
(Grimm, S. 102 f.). Giorgio Vasari gebraucht die ästhetische Bezeichnung ›Capriccio‹ (in adjektivischer Form) im Sinne von »eigentümlich,
geistreich, die [...] Regeln durchbrechend« (Grimm, S. 103). Schon
diese beiden Belege verdeutlichen die Herkunft des antiklassischen
Capriccio-Begriffs aus dem europäischen Manierismus, an den die deutsche Romantik bekanntlich wieder anknüpft. Oft als Synonym für
»Einfall« verwendet, »meint Capriccio das Produkt der Tätigkeit des
Ingenium (oder des Witzes, oder der Phantasie)«, muß »Capriccio als
Gestaltungsprinzip« mit Notwendigkeit »zu künstlerischen Werken
führen, deren Wesen dem Nachahmungsgebot [...] nicht entspricht«,
ja, macht es gerade »das Wesen des Capriccio aus, daß es willentlich, ab-
sichtlich in Gegensatz zur Naturwirklichkeit tritt« (nach Grimm,
S. 104, der hier aus einer bis dato unveröffentlichten Arbeit von Kurt
Wölfel zitiert).

Fast schon eine Definition des literarischen Capriccio gibt E. T. A.
Hoffmann im Vorwort der ›Prinzessin Brambilla‹, in dem er von seinem
Märchen ›Klein Zaches‹ bemerkt, es enthalte »nichts weiter als die lose,
lockre Ausführung einer scherzhaften Idee«. Nach Hoffmann sind
›Klein Zaches‹ wie auch das Capriccio ›Prinzessin Brambilla‹ nichts für
Leute, »die alles gern ernst und wichtig nehmen«, sondern nur etwas für
solche Leser, die »auf einige Stunden dem Ernst zu entsagen und sich
dem kecken launischen Spiel eines vielleicht manchmal zu frechen

Spukgeistes zu überlassen« bereit sind. Den intendierten idealen Leser
seines literarischen Capriccio bittet Hoffmann, »daran zu denken,
was der Musiker etwa von einem Capriccio verlangen mag«. Nach
H. Ch. Kochs ›Musikalischem Lexikon‹ von 1802 unterscheidet sich
das Capriccio »von den gewöhnlichern Tonstücken durch seine freyere
Form, durch weniger durchgehaltenen Charakter und durch ein locke-
reres Aneinanderreihen der Gedanken«, woraus man jedoch »nicht
folgern« dürfe, »daß ein solches Tonstück [das Capriccio] aus allenthalben zusammengerafften Gliedern bestehen könne, und weder an
Zusammenhang noch Ordnung gebunden sey« (zitiert nach Grimm,
S. 107).

»Der Raum des kapriziösen Gestaltens stellt also keineswegs einen
Tummelplatz purer Willkür dar; – im Gegenteil: ›Kunst und artificium‹
[...] sind erst recht vonnöten, wenn man ein Capriccio komponieren«
(Grimm, S. 107), zeichnen, malen oder verfassen will. Charakteristisch
für das Capriccio im musikalischen, bildkünstlerischen wie literarischen
Bereich ist der scheinbare »Widerspruch zwischen Plan und Planlosig-
keit, zusammenhängender Ordnung und freier Form«. Wenn Grimm
das erzählerische Verfahren Wielands als ein Erzählen beschreibt, »das,
von der Laune verlockt, scheinbar kunstlos von Einfall zu Einfall tau-
melt, während es in Wahrheit mit höchster artistischer Präzision zu
Werke geht« (Grimm, S. 107), so trifft dies nicht nur auf die Erzählweise
Hoffmanns, sondern inbesondere auch auf Brentanos kapriziöses Erzählen in den ›Mehreren Wehmüllern‹ zu.

Die Anwendbarkeit des ästhetischen, antiklassischen, manieristi-
schen Begriffs ›Capriccio‹ auf die ›Mehreren Wehmüller‹ hier eingehend
nachzuweisen, soll uns nicht nur aus Platzgründen erspart bleiben, es
erübrigt sich vor allem auch aus Gründen der Evidenz. Sowohl als poetisches Gestaltungsprinzip wie auch als literarische Gattungsbezeichnung eignet sich der ästhetische Terminus ›Capriccio‹ vorzüglich zur
Beschreibung der Erzählweise wie auch der besonderen Form der
›Mehreren Wehmüller‹, die eines der frühesten, ästhetisch überzeu-
gendsten literarischen Capricci der deutschen Literatur sind.

Zum zweiten Deutungsansatz: In den ›Mehreren Wehmüllern‹ fin-
den sich zahlreiche »karnevalistische Elemente«, genauer: zahlreiche
Elemente der »karnevalisierten Literatur«. Bei der Explizierung und
Verifizierung dieser These stütze ich mich auf einen ›Der Karneval und

die Karnevalisierung der Literatur‹ überschriebenen Abschnitt aus dem
Rabelaisbuch des russischen Literaturwissenschaftlers Michail Bach-
tin*, der im Zusammenhang mit Rabelais und Dostojewskij das »Phänomen der Karnevalisierung«, d. h. den »bestimmenden Einfluß des
Karnevals auf die Literatur« untersucht hat (Bachtin, S. 47). Bachtin
geht davon aus, daß der Karneval »eine Sprache von konkret-sinnlichen
Symbolformen ausgearbeitet« hat, die das einheitliche »karnevalistische
Weltempfinden« differenziert ausdrückt, und daß sich diese »Sprache«
des Karnevals »in einem gewissen Maße in die ihrem konkret-sinnlichen
Charakter nach verwandte Gestaltensprache der künstlerischen Literatur transponieren« läßt. Diesen Vorgang der Übertragung des Karnevals, d. h. der karnevalistischen Formen und Symbole wie vor allem des
karnevalistischen Weltempfindens, »in die Sprache der Literatur« nennt
Bachtin »die Karnevalisierung der Literatur« (Bachtin, S. 47). In den
›Hochzeiten‹ des europäischen Karnevals, d. h. schon in der Antike und
dann vor allem im Mittelalter und in der Renaissance, erfolgte »eine tief-
gehende und beinahe durchgängige Karnevalisierung der künstlerischen
Literatur« (Bachtin, S. 58). »Der Karneval reinkarnierte sich gleichsam
in die Literatur, genauer: in eine mächtige Linie ihrer Entwicklung.«
(Bachtin, S. 61) Mit der »Verflachung und Zerstäubung des Karnevals
und seines Weltempfindens« im 17. Jahrhundert änderte »der Vorgang
der Karnevalisierung der Literatur seinen Charakter«. Hatte die Karnevalisierung der Literatur bis etwa zur zweiten Hälfte des 17. Jahrhunderts »den Charakter des Unmittelbaren«, das heißt, war bis dahin die
Quelle der Karnevalisierung »der Karneval selber«, so hörte seit dieser
Zeit »der Karneval fast völlig auf, unmittelbare Quelle der Karnevalisierung zu sein. Diese Wirkung geht fortan von der bereits früher karnevalisierten Literatur aus. Anders ausgedrückt: die Karnevalisierung wird
zu einer innerliterarischen Tradition« (Bachtin, S. 59 f.). Bei den meisten
Schriftstellern des 18. und 19. Jahrhunderts ist also »die Karnevalisierung vornehmlich eine literarisch-gattungsmäßige Tradition, deren au-
ßerliterarische Quelle, das heißt, der richtige Karneval, diesen Autoren

---

* Erstmals ins Deutsche übersetzt, findet sich dieser Abschnitt in dem Auswahl-
band: Michail Bachtin: Literatur und Karneval. Zur Romantheorie und Lachkul-
tur. München 1969 (= Reihe Hanser 31), S. 47–60 (der ganze Band wird im folgenden als ›Bachtin‹ zitiert).

wahrscheinlich nicht einmal so recht zum Bewußtsein kam« (Bachtin, S. 61).

Daß auch Brentano in dieser innerliterarischen Tradition der karnevalisierten Literatur der Renaissance, der Reformation, des Humanismus und des Barock steht, zeigt schon ein flüchtiger Blick in den Katalog seiner 1819 versteigerten Bibliothek, in dem nicht nur die Klassiker (Rabelais, Fischart, Cervantes, Charles Sorel, Paul Scarron; vgl. Gajek, S. 54, 106, 114, 124), sondern auch zahlreiche poetae minores der karnevalisierten, pikaresken, komischen Literatur zu finden sind. Brentano besaß eine regelrechte Sammlung karnevalisierter Literatur, die umfangreichste und am besten sortierte, die es damals in Deutschland gegeben haben dürfte.

Zahlreiche Elemente der Karnevalisierung, der karnevalisierten Literatur in Brentanos Erzählung ›Die mehreren Wehmüller‹ nachzuweisen, ist keine besonders schwierige Aufgabe. Beginnen wir mit den vier von Bachtin analysierten »Karnevals-Kategorien«, den Kategorien des »karnevalistischen Weltempfindens«, die »im Verlauf von Jahrtausenden in die Literatur transponiert« wurden (Bachtin, S. 49). Die erste dieser Kategorien, »der freie, intim-familiäre, zwischenmenschliche Kontakt«, bei dem »jegliche Distanz zwischen den Menschen« aufgehoben ist, der sich als ein neuer, »den allmächtigen sozialhierarchischen Beziehungen des gewöhnlichen Lebens« sich entgegensetzender »Modus der Beziehung von Mensch zu Mensch« darstellt, dieses »wichtige Moment des karnevalistischen Weltempfindens« (Bachtin, S. 48) spielt in den ›Mehreren Wehmüllern‹ eine große Rolle, wie man dies an den Besonderheiten des Personals der Erzählung leicht belegen kann. Die in den ›Wehmüllern‹ auftretenden Figuren gehören nicht nur den verschiedensten Nationen und Nationalitäten wie auch unterschiedlichen Altersgruppen an (der »Savoyardenjunge« und der »alte kroatische Edelmann« bilden die altersmäßigen Extreme), sie stammen auch aus sehr verschiedenen Berufen, Ständen und sozialen Schichten: Die Spannweite in der Sozialhierarchie reicht vom Grafen und Edelmann über einen französischen Leutnant, einen invaliden Feuerwerker, einen Hofmeister, einen Tiroler Teppichkrämer, eine Kammerjungfer, eine »alte Wirtin« bis hin zu drei Zigeunern. Trotz der großen Unterschiede der Nationalität, des Alters, des Geschlechts, des Herkommens und des Standes spürt man keine Schranken und Rangunterschiede zwischen all diesen bunt zusammengewürfelten Figuren, die gleichgestellt und gleichberechtigt in freien, »intim-familiären Kontakt« miteinander treten.

An einer Stelle der Erzählung kommt es nicht nur zu einer Nivellierung, sondern sogar zu einer Umkehrung, einer Umstülpung der im gewöhnlichen Leben herrschenden hierarchischen Ordnung: Die »Edeldame« hilft – als eine Art Kammerjungfer – der Zigeunerin Mitidika vor ihrem Auftritt als Tänzerin und Sängerin bei der »Toilette« (S. 188). Hier ist – wie im Karneval, der nach Bachtin »die umgestülpte Welt« ist – die Hierarchie des gewöhnlichen Lebens auf den Kopf gestellt, ›umgestülpt‹, wie ja überhaupt in der karnevalisierten Literatur das Motiv der »umgestülpten Welt« von großer Bedeutung ist (vgl. Bachtin, S. 48 ff.).

Der Handlungsort, an dem in der Rahmengeschichte der ›Mehreren Wehmüller‹ die »bunte Versammlung« (S. 150) zusammentrifft, an dem es zur »intim-familiären« Begegnung und Berührung der heterogenen Gesellschaft kommt, ist die »kleine, dumpfichte« Dorfschenke der Frau Tschermack an der kroatisch-siebenbürgischen Grenze. Solche Orte wie Tavernen, Straßen, Überlandwege, Badehäuser, Schiffsdecks sind in der karnevalisierten Literatur überaus beliebte Handlungsorte, die in ihr »eine zusätzliche Bedeutung als Karnevalsplatz« erhalten, wenn sie – wie in den ›Wehmüllern‹ – »Ort der Begegnung und des Kontakts verschieden gearteter Menschen zu sein vermögen« (Bachtin, S. 56). Die enge Wirtsstube der Frau Tschermack ist der ›karnevalisierte‹ Ort des freien, intim-familiären Kontakts und als solcher literarischer Abglanz des öffentlichen Karnevalsplatzes. Selbst darin, daß in den ›Mehreren Wehmüllern‹ häufig getrunken und gegessen wird und daß es wiederholt zu Handgreiflichkeiten und Prügeleien kommt, kann man – freilich recht handfeste – Äußerungen des »intim-familiären Kontakts« sehen.

Auch die zweite Karnevals-Kategorie, die Exzentrizität, ist in den ›Wehmüllern‹ wirksam. Bachtin versteht hierunter vor allem karnevalistische Figuren, die in ihrem Benehmen und Verhalten, in ihren Gesten und Worten »vom Gewöhnlichen und allgemein Üblichen« abweichen und die daher – »vom Standpunkt der Logik des gewöhnlichen Lebens« – als Sonderlinge und Exzentriker erscheinen (Bachtin, S. 48 f., 53). Exzentriker oder doch ziemlich exzentrisch in ihrem Verhalten und Aussehen sind in den ›Mehreren Wehmüllern‹: der Wiener Maler Wehmüller, der – oft »außer sich« (S. 145) – durch seine heftigen Gemüts- und

Körperbewegungen auffällt; Martino, der in einem »tollen« Neptuns-
Kostüm durch die Gegend zieht: mit Schilfgürtel, Seemuschel-Wams,
Binsenperücke, Seegras-Bart und dem obligatorischen Dreizack, »auf
welchem er ein tüchtiges Bauernbrot und drei fette Schnepfen, die er
mitsamt dem Neste erwischte, gespießt hatte« (S. 165); die Zigeuner-
Großmutter, die »von oben und rings herum eine Borste, ein Pelz und
eine Quaste« ist und darin aussieht »wie der Oberpriester der Stachel-
schweine« (S. 171); der Franzose Devillier, der am Schluß der Erzählung
vor der tanzenden Mitidika niederkniet, »wie ein Kind« weint und deshalb »ausgelacht« wird (S. 188).

   Daß über die Tradition der karnevalisierten Literatur die ›Mehreren
Wehmüller‹ auch durch die dritte und vierte Kategorie des karnevalistischen Weltempfindens, die »karnevalistische Mesalliance« und die
»Profanation«, beeinflußt und geprägt worden sind, kann schon Bach-
tins Beschreibung der beiden eng zusammengehörenden Karnevals-Kategorien verdeutlichen. Die »karnevalistische Mesalliance« umschreibt
Bachtin wie folgt: »Alles, was durch die hierarchische Weltanschauung
außerhalb des Karnevals verschlossen, getrennt, voneinander entfernt
war, geht karnevalistische Kontakte und Kombinationen ein. Der Karneval vereinigt, vermengt und vermählt das Geheiligte mit dem Profa-
nen, das Hohe mit dem Niedrigen, das Große mit dem Winzigen, das
Weise mit dem Törichten.« Und die »Profanation« betrifft nach Bachtin
»die karnevalistischen Ruchlosigkeiten, das System der karnevalistischen Erniedrigungen und ›Erdungen‹, die unanständigen Reden und
Gesten […], die karnevalistischen Parodien heiliger Texte und Aussprü-
che« (Bachtin, S. 49).

   Daß die karnevalistische »Logik der Mesalliancen und der profanie-
renden Erniedrigungen« (Bachtin, S. 50) in den ›Mehreren Wehmüllern‹
ihre Spuren hinterlassen hat, zeigen etwa die ›Erniedrigungen‹, die sich
Wehmüller und Devillier, die beiden ›Hauptpersonen‹ der Erzählung,
gefallen lassen müssen, wie auch die ›karnevalistische Erhöhung‹ des Zigeunermädchens Mitidika zur ungekrönten ›Königin‹ der am Schluß
der Erzählung bei dem Edelmann versammelten Gesellschaft. Bei der
Anwendung der genannten Karnevals-Kategorien auf die ›Wehmüller‹
ist zu bedenken, daß die karnevalistischen Elemente der karnevalisierten Literatur – »getrennt von ihrer unmittelbaren Quelle, dem Karneval« – zwangsläufig »verändert und umgedeutet« werden (Bachtin,

S. 60), so daß sich die karnevalistischen Kategorien, Sitten und Gebräuche, Handlungen und Vorgänge in der karnevalisierten Literatur zumeist nur in reduzierter, veränderter, ›übertragener‹ Form wiederfinden lassen.

Außer den erwähnten Kategorien des karnevalistischen Weltempfindens spielen in den ›Mehreren Wehmüllern‹ auch »sekundäre Karnevalsbräuche« (Bachtin, S. 52) eine beträchtliche Rolle. So vor allem »karnevalistische Wortgefechte«, von denen es regelrechte Kabinettstückchen in der Erzählung gibt (vgl. bes. S. 159, 167, 173 f.), wie auch »Verkleidungen«, d. h. der »karnevalistische Wechsel von Kleidung, Lebensstellung und Schicksal« (Bachtin, S. 52). In anderer als ihrer eigentlichen Kleidung treten in den ›Wehmüllern‹ auf: Martino, Devillier, Mitidika, Tonerl Wehmüller und der Klagenfurter Maler Froschauer. Häufiger Wechsel in der Lebensstellung ist bei Martino und besonders bei Devillier zu beobachten. Martino stellt beim Feuerwerk in Venedig den Meergott Neptun dar und dient später in Neapel als Soldat in der österreichischen Armee. Devillier ist Leutnant in Dünkirchen, Ehemann und Witwer einer »alten reichen Ungarin« (S. 149), Sprachlehrer der Kammerjungfer Nanny, Agent der französischen Regierung, Schmugglerhauptmann und Liebhaber der Zigeunerin Mitidika.

Auf die Tradition der karnevalisierten Literatur weisen außerdem die vielen Gestaltenpaare hin, die in den ›Mehreren Wehmüllern‹ auftreten (der »Tiroler Teppichkrämer und sein Reisegeselle, ein Savoyardenjunge«; Baciochi/Martino; Devillier/Mitidika; Lindpeindler/Nanny; Wehmüller/Froschauer), sind doch nach Bachtin »Gestaltenpaare, die nach dem Kontrastprinzip (hoch und niedrig, dick und dünn) oder nach dem Prinzip der Identität (Doppelgänger, Zwillinge) ausgewählt werden«, »sehr bezeichnend für das karnevalistische Denken« (Bachtin, S. 53) und damit auch für die karnevalisierte Literatur, in die insbesondere »parodierende Doppelgänger« (Bachtin, S. 55) Eingang fanden: ein Fingerzeig auf die mögliche literarische Herkunft der einander parodierenden Doppelgänger Wehmüller und Froschauer.

Auf zwei überaus wichtige karnevalistische Elemente soll abschließend noch aufmerksam gemacht werden: auf das Lachen und die Parodie (vgl. Bachtin, S. 53 ff.). Beide Phänomene sind aus der karnevalisierten Literatur nicht wegzudenken, beide Phänomene sind Charakteristika gerade auch der ›Mehreren Wehmüller‹. In keiner anderen Erzählung, keinem anderen Text Brentanos, ja, vielleicht der Romantik, wird so viel, so ausgiebig und so ausgelassen gelacht wie in den ›Wehmüllern‹, gelacht über alles und jeden. Oft ist es die »ganze Gesellschaft« (S. 160, 184), die in Lachen, ja, in ein großes, »lautes Gelächter« (S. 150) ausbricht, in ein Lachen über komische Situationen und Verhaltensweisen, über gelungene Wortwechsel und schlagfertige Antworten, über närrische Namen und kuriose Kunststückchen wie auch über einzelne Figuren, die »ausgelacht« werden. Verglichen mit dem »karnevalistischen Lachen« im karnevalistischen Leben ist das Lachen in den ›Mehreren Wehmüllern‹ fraglos ein »reduziertes Lachen« (vgl. Bachtin, S. 66ff.), aber es ist doch längst nicht so stark gedämpft und reduziert, wie dies in der karnevalisierten Literatur des 18. und 19. Jahrhunderts in der Regel der Fall ist, klingt doch durch das ausgelassene Lachen der Wehmüller-Erzählung an vielen Stellen noch deutlich das karnevalistische Lachen hindurch.

Zur großen Bedeutung der Parodie und des Parodistischen in den ›Mehreren Wehmüllern‹ sei hier nur soviel gesagt, daß in der Erzählung unter vielem anderen die Schauerliteratur des 18. und beginnenden 19. Jahrhunderts, die Pest-Situation des ›Decamerone‹ und wohl auch die Form der Rahmenerzählung, wie sie Boccaccio in der europäischen Literatur populär gemacht hat, parodiert werden. Daß in der karnevalisierten Literatur die Phänomene des Lachens und der Parodie eng zusammengehören, hängt damit zusammen, daß im karnevalistischen Weltempfinden (wie in den ›Wehmüllern‹) alles »seine Parodie, das heißt: seinen Lachaspekt« hat (Bachtin, S. 55).

Wenn auch hier keine umfassende Analyse der karnevalistischen Elemente in Brentanos Erzählung durchgeführt werden konnte, so kann man doch resümierend festhalten, daß die ›Mehreren Wehmüller‹ einen hohen Grad der Karnevalisierung aufweisen, daß sie ein bedeutendes Beispiel karnevalisierter Literatur sind.

Die beiden hier erläuterten Deutungsansätze und Vorschläge, die ›Mehreren Wehmüller‹ als literarisches Capriccio wie auch als ein Stück karnevalisierter Literatur zu betrachten, müssen nicht beziehungslos nebeneinander stehen; sie lassen sich miteinander verknüpfen, wenn man von der – freilich erst noch zu verifizierenden – These ausgeht, daß das literarische Capriccio eine karnevalisierte Literaturform ist. Der literarische Formtypus des Capriccio ist offenbar besonders geeignet und prädisponiert für die Auf- und Übernahme karnevalistischer Elemente, wobei diese Elemente nur mittelbar über die karnevalisierte Literatur Eingang in das literarische Capriccio gefunden haben dürften.

Zur Abrundung, Bestätigung und Ergänzung unseres Interpretationsansatzes sei abschließend noch kurz der interessante »Deutungsversuch« referiert, den der amerikanische Literaturwissenschaftler David B. Dickens vor kurzem vorgelegt hat. Dickens interpretiert die ›Wehmüller‹ als eine »Persiflage, in der ein ausgesprochener Romantiker sich mit allen Mitteln der Romantik auf zärtlich-liebende Weise über die Romantik und sogar über sich selbst lustig macht« (Dickens 1983, S. 13). Eine »Selbstparodie«, ein lustig verzerrtes und »mit Absicht etwas ins Groteske« gezogenes »Selbstporträt« Brentanos sieht Dickens (1983, S. 15) in dem Wiener Dichter Lindpeindler, der – wie sein Autor – »oft verkannt worden ist« (S. 149), in dem Brentano freilich zugleich die Romantik oder doch eine bestimmte Art von Romantik, die empfindsame, parodiert bzw. persifliert. »Die wenig romantische Behandlung der Requisitenstücke der Romantik« läßt sich, wie Dickens am Dudelsack- und Nachtigallen-Motiv zeigt, tatsächlich »bis in die kleinsten Details verfolgen« (Dickens 1983, S. 14 f.). Nach Dickens ist in den ›Mehreren Wehmüllern‹ die »romantische Ironie in einer hochentwickelten Form« ausgeprägt, »die es Brentano ermöglicht, alles Romantische auf den Kopf zu stellen, ohne daß es einem bei der ersten Lektüre notwendigerweise auffällt«. Nicht ein bestimmter Dichter oder ein bestimmtes Werk dient Brentano nach Dickens als »Zentralzielscheibe« seiner Parodie bzw. Persiflage (Dickens zieht den letzteren Terminus vor), es ist vielmehr »das Romantische an und für sich, das dem Dichter gleichzeitig Stoff und Behandlungsmethode liefert« (Dickens 1983, S. 18), mit anderen Worten: Gegenstand der Parodie ist in den ›Mehreren Wehmüllern‹ »das Romantische an und für sich«.

Außer dieser Kernthese ist insbesondere auch die – durch mehrere Parallelstellen gut gestützte – Beobachtung hervorzuheben, daß die Wehmüller-Erzählung »das lustige Gegenstück« zu der »viel ernsteren« Kasperl-Annerl-Geschichte ist (Dickens 1983, S. 17). Dem abschließenden Plädoyer von Dickens, der Erzählung von den ›Mehreren Wehmüllern‹ endlich einen »gebührenderen Platz im Gesamtwerk des Dichters« einzuräumen (Dickens 1983, S. 18), kann ich mich nur anschließen.

›*Geschichte vom braven Kasperl und dem schönen Annerl*‹

Die am meisten gelesene und gedruckte Erzählung Brentanos ist auch
der künstlerisch am höchsten bewertete und in der Forschung am häufigsten analysierte und interpretierte Erzähltext des Dichters. Von den
insgesamt 52 in den ›Bibliographischen Hinweisen‹ angeführten ›Untersuchungen zu Brentanos Erzählungen‹ beschäftigen sich 25 Arbeiten,
also fast genau die Hälfte aller einschlägigen Titel, mit der ›Geschichte
vom braven Kasperl und dem schönen Annerl‹, und dies zum guten Teil
in kontroversen, einander widersprechenden Deutungen. Wie erklärt
sich die anhaltende Beliebtheit dieser ›Geschichte‹ bei interpretierenden
Lesern und lesenden Interpreten? Abgesehen von Zufälligkeiten in der
Editions- und Rezeptionsgeschichte des Textes sowie bei der literarischen Kanonbildung dürfte der Hauptgrund für ihre große Beliebtheit
und ihre vielfältige Interpretierbarkeit darin zu sehen sein, daß in der
›Geschichte vom braven Kasperl‹ offenbar ein besonders hohes Maß an
Mehrdeutigkeit, Mehrschichtigkeit, ›Verschiedenverstehbarkeit‹, ›Polyfunktionalität‹ angelegt ist, ein höherer Grad der ›Polyfunktionalität‹
als in den meisten anderen Erzählungen Brentanos, wobei hier Mehrschichtigkeit bzw. ›Polyfunktionalität‹ mit Siegfried J. Schmidt (Ästhe-
tizität, 2. Aufl. München 1972, S. 19 ff.) als Bedingung der Möglichkeit
des Ästhetischen in und an Texten verstanden wird. Ein wichtiger
Grund für die ›Verschiedenverstehbarkeit‹ und damit für die vielfältige
Les- und Interpretierbarkeit, die ›Polyinterpretabilität‹ von Literatur
und Kunst liegt in der zumeist komplexen Genese von Kunstwerken, an
der die verschiedenartigsten Momente und Faktoren beteiligt sein
können. Bei der verwickelten Entstehungsgeschichte der Kasperl-Annerl-Geschichte sind vor allem lebens-, literatur-, gattungs-, geistes-,
religions-, zeit- und sozialgeschichtliche Anlässe und Anstöße im
Spiel gewesen, die im fertigen, veröffentlichten Text der ›Geschichte‹
in mehr oder weniger verschlüsselter Form als verschiedene Be-
deutungsschichten in Erscheinung treten, die dann Leser und Interpreten als verschiedene ›Lesarten‹ bzw. Interpretationen ein und desselben Textes aktualisieren. Da all die verschiedenen ›Lesarten‹ und
Deutungen der ›Geschichte vom braven Kasperl‹ hier nicht referiert
und kritisch gewürdigt werden können, beschränke ich mich im
folgenden auf die Darlegung einiger weniger Aspekte und Probleme,

die mir für das Verständnis der ›Geschichte‹ besonders wichtig erscheinen.

Zum Erzählmuster und zur Gattungsfrage: Unter erzähltypologischem Aspekt betrachtet, ist die ›Geschichte‹ von Kasperl und Annerl – jedenfalls über größere Strecken – eine »analytische Erzählung« im Sinne Dietrich Webers. Allerdings wird in ihr nicht so straff, so kontinuierlich und so textbeherrschend analytisch erzählt wie in den durchgängig analytisch erzählten ›Drei Nüssen‹, ist es doch in der Kasperl-Annerl-Geschichte nur die Großmutter, die Brentano analytisch erzählen läßt, während der ebenfalls als »Perspektiv-Figur« (Kluge 1979, S. 105) des Autors fungierende Schriftsteller, die andere Erzählerfigur der ›Geschichte‹, »synthetisch« erzählt. Die beiden für die komplexe analytische Erzählung konstitutiven Rollen der Betrachter- und der Gegenfigur spielen der mit seinen Fragen nicht locker lassende Ich-Erzähler und Schriftsteller (Betrachterfigur) sowie die durch ihr ›befremdendes‹, rätselhaftes Verhalten auffallende Großmutter (Gegenfigur), die mitsamt ihrer Geschichte, genauer: mit ihren Geschichten von Kasperl und Annerl, für die Betrachterfigur, den Ich-Erzähler, ein Rätsel ist. Daß die fragende, forschende Betrachterfigur ein Schriftsteller ist, scheint Ernst Blochs und Richard Alewyns »Beobachtung über die Verwandtschaft des romantischen Künstlertypus mit den späteren Detektivgestalten zu bestätigen« (Schönhaar 1969, S. 113).

Auch mit dem von Rainer Schönhaar beschriebenen Strukturmodell des »Kriminalschemas«, das sich mit dem Erzählmuster der analytischen Erzählung in mehrfacher Hinsicht überschneidet (vgl. Weber, S. 177, Anm. 6), läßt sich die Erzähltechnik der ›Geschichte vom braven Kasperl‹ in Zusammenhang bringen (vgl. Schönhaar 1969, S. 110–113), wenn man auch die formale Analyse der Erzählung nicht ausschließlich auf dieses Erzählmodell beschränken darf (vgl. Kluge 1980, S. 107, Anm. 12).

In der Gattungsfrage ist man sich weitgehend darüber einig, daß die ›Geschichte vom braven Kasperl und dem schönen Annerl‹ eine Novelle ist. Nach Benno von Wiese sind es sogar drei Novellen, »drei novellistische Begebenheiten, die hier kunstvoll miteinander verflochten sind: erstens die ›Novelle‹ von der Ehre, die Geschichte Kaspers«; zweitens die Novelle »von dem unglücklichen Annerl«, und drittens die Novelle von Grossingers Schwester und dem Herzog, in der ein Parallelschicksal zu dem Annerls und ihres Verführers, »nur diesmal mit glücklichem Ausgang«, gestaltet wird (von Wiese 1956, S. 76 f.).

Recht kontrovers sind dagegen die Bemühungen, »die Analyse des novellistischen Erzählens an gattungsspezifischen Konstanten der Novelle festzumachen« (Kluge 1979, S. 77), etwa an dem Kriterium der erzählten Begebenheit (sei es eine »unerhörte« oder eine ›erhörte‹), an der Rahmenstruktur oder an Kategorien wie dem »Wendepunkt« und dem »Falken«. Den »Wendepunkt« beispielsweise, also jenen »sonderbaren auffallenden« Punkt, von dem aus die Novelle »sich unerwartet umkehrt, und doch natürlich, dem Charakter und den Umständen angemessen, die Folge entwickelt« (Ludwig Tieck), findet fast jeder Interpret, der sich auf die Suche nach ihm gemacht hat, an einer anderen Stelle (vgl. Kluge 1979, S. 77 f.). Die überzeugendste Antwort auf die Frage des Wendepunkts hat nach meiner Ansicht Richard Alewyn gegeben, der in der Erklärung der Alten, daß Annerl um vier Uhr morgens hingerichtet werde, den »Wendepunkt der Geschichte« sieht, weil diese Auskunft »eine Kette fieberhafter Aktion« auslöst (Alewyn 1974, S. 172 f.), weil mit dem Hinweis der Alten auf Annerls bevorstehende Hinrichtung die Bemühungen um ein ehrliches Grab für die beiden Ehrenopfer »in eine neue Phase« geraten, »sofern das Erzählen« von nun an »der Aktion weicht« (Kluge 1979, S. 79).

Auch bei der näheren gattungstypologischen und gattungspoetologischen Bestimmung der Novelle ist man zu recht divergierenden Forschungsresultaten gelangt. »Tragische Novelle«, »balladisch getöntes Vorspiel zur lyrischen Novelle«, »volksmäßig getönte, lyrisch gestimmte Novelle«, »Problem-Novelle«, »Schicksalsnovelle«, »Charakternovelle«, »Dorf- und Bauernnovelle« (vgl. Kluge 1979, S. 75 ff.): so lauten einige der Etikette, die man der Geschichte von Kasperl und Annerl aufgeklebt hat, von denen die meisten jedoch ziemlich nichtssagend und irreführend sind. Von den angeführten Etikettierungen scheint mir – abgesehen vom Begriff der »tragischen Novelle« – lediglich die Bezeichnung »Schicksalsnovelle« angebracht und angemessen zu sein, weil Brentanos Geschichte nicht mehr die für die klassische Novelle kennzeichnende »Spannung von Schicksal und Freiheit zeigt«, sondern weil in ihr »die Übermacht des Schicksalhaften so groß ist« (Kluge 1979, S. 83; vgl. auch ebd., S. 125 ff.), daß wir sie mit gewissen Vorbehalten als »Schicksalsnovelle« bezeichnen können.

Gattungs- und literaturgeschichtlich äußerst problematisch ist es dagegen, die Geschichte von Kasperl und Annerl als »Dorfgeschichte« zu reklamieren oder sie »als Markstein auf dem Wege zu einer realistischen Erzählkunst« zu betrachten (Kluge 1979, S. 73), da sich in ihr die allgemeinsten Kennzeichen und Merkmale der »Dorfgeschichte« wie auch des literarischen Realismus nicht oder höchstens in dürftigen Ansätzen ausfindig machen lassen (vgl. Kluge 1979, S. 68–73). Für die gattungs-, literatur- und geistesgeschichtliche Einordnung der Novelle Brentanos ist es gewiß aufschlußreicher und sinnvoller, sie im Kontext der romantischen Erzählkunst zu würdigen und nach den spezifisch romantischen Besonderheiten der Brentanoschen Geschichte zu fragen, als in ihr einen Vorläufer der Dorfgeschichte oder der realistischen Erzählliteratur zu sehen.

Besonderheiten der romantischen Erzählung: Das vielleicht hervorstechendste Kennzeichen der romantischen Erzählung: die Mischung traditioneller Gattungen der europäischen Erzählkunst, insbesondere die »Verschmelzung von märchenhaftem und novellistischem Erzählen« (Benno von Wiese: Novelle. 4. Aufl. Stuttgart 1969, S. 56), ist in Brentanos ›Geschichte‹ sehr deutlich ausgeprägt. So ist die Geschichte von Kasperl und Annerl in ihrem zweiten Teil insofern Märchen, als die Geschichte Annerls »mehr und mehr jede realistische Dimension« durchbricht und sich »mit Motiven und Elementen des Irrationalen« und »Dämonischen« anreichert (das lebendig werdende Schwert des Scharfrichters, der Biß des abgeschlagenen Kopfes des Jägers Jürge in Annerls Kleid), welche »die Vorgänge realiter in eine Sphäre des Wunderbaren und Märchenhaften« heben (Kluge 1979, S. 72), wie ja überhaupt das Wunderbare* die ganze Erzählung durchzieht (vgl. Kluge 1979, S. 74). Die Affinität der Kasperl-Annerl-Novelle zum Märchen zeigt sich weiterhin in der »Verquickung des Wunderbaren [...] mit dem Psychologischen«, ein Charakteristikum, das Brentanos ›Geschichte‹ in die Nähe der »frühromantischen Märchennovellen Tiecks« rückt, »wie sie prinzipiell wohl auch E. T. A. Hoffmann näher steht, als man glaubt. Brentanos ›Geschichte vom braven Kasperl und dem schö-

---

* Zum Motiv des Wunderbaren vgl. besonders Lothar Pikulik: Romantik als Ungenügen an der Normalität. Am Beispiel Tiecks, Hoffmanns, Eichendorffs. Frankfurt a. M. 1979, S. 410–429.

nen Annerl« ist nicht realistischer, als es Hoffmanns Erzählungen sind, und nicht weniger wunderbar als diese, nur daß das Verhältnis der beiden Wirklichkeiten zueinander anders ist als bei diesem oder bei Tieck; Brentano tut nämlich nichts, um diese beiden Wirklichkeiten zu vermitteln, die eine aus der anderen hervorgehen und sie ineinander übergehen zu lassen wie Hoffmann oder Tieck« (Kluge 1979, S. 73).

Wenn »die romantischen Dichter offensichtlich weit stärker«, »als das bisher geschehen war«, »den Einbruch übergesellschaftlicher, ja dämonischer Mächte in das novellistische Ereignis miteinbezogen« (B. von Wiese: Novelle. Stuttgart 1969, S. 51), so läßt sich auch dieses Merkmal der romantischen Erzählung in Brentanos Novelle, insbesondere in der Annerl-Geschichte, leicht nachweisen.

Charakteristisch für die romantische Erzählung ist weiterhin, daß sie sich »nicht mehr im Kreise der für die klassische Novelle gültigen ›guten Gesellschaft‹ bewegte, die Goethe in den ›Unterhaltungen deutscher Ausgewanderten‹ (1795), ja noch die Brüder Schlegel anerkannten«*. Die in der Rahmengeschichte und den Binnenerzählungen der Kasperl-Annerl-Novelle auftretenden Figuren gehören zum größeren Teil nicht zur »guten Gesellschaft«: Kasper, Annerl und die Großmutter stammen aus den »untern Ständen« (S. 196), genauer aus dem Bauernstand; der Vater und der Stiefbruder von Kasper sind ehrlose Diebe; der Jäger Jürge wird wegen eines Mordes hingerichtet; und auch der Ich-Erzähler und Schriftsteller ist eher ein sozialer Außenseiter als ein Angehöriger der »guten Gesellschaft«, sowohl in seiner Selbsteinschätzung wie in der Einschätzung der Alten, die – begegnete sie ihm bei Tage – glauben würde, »Er sei ein Lehnerich, so ein Tagedieb, der sich an die Häuser lehnt, damit er nicht umfällt vor Faulheit« (S. 197). Auch in der Rahmengeschichte der ›Mehreren Wehmüller‹, die über weite Strecken in einer heruntergekommenen Dorfschenke spielt und deren Personal zum weitaus größten Teil den unteren Ständen bzw. Randgruppen der Gesellschaft entstammt, ist kaum noch etwas von der »guten Gesellschaft« der klassischen Novelle zu verspüren, bei der das Publikum des Rahmens, wie etwa in Boccaccios ›Decamerone‹ und in Goethes ›Unterhaltungen deutscher Ausgewanderten‹, zumeist adliger Herkunft ist.

* Ernst Behler: Die Zeit der Romantik. In: Handbuch der deutschen Erzählung. Hrsg. von Karl Konrad Polheim. Düsseldorf 1981, S. 118.

Beim Vergleich der Geschichte von Kasperl und Annerl »mit der ursprünglichen Form der klassischen Novelle« stößt man nach Josef Kunz
auf »zwei Formzüge«, die »charakteristisch« für das romantische Er-
zählwerk sind: »Erstens fehlt der [eine] Erzähler, der das Geschehen in
seiner Mannigfaltigkeit zu einem einheitlichen Bericht zusammenzufas-
sen und zu objektivieren vermag. Statt dessen sind es zumindest zwei
Figuren – und zwar in ihrer Wesensart so gegensätzliche wie der Dichter
und die Alte –, die sich in den Akt des Erzählens teilen. Es sind dies im
übrigen auch Gestalten, die schon deshalb nicht das Vermögen der Objektivierung besitzen, weil sie als Rollenerzähler selber viel zu tief in das
Geschehen verstrickt sind. Von da aus ist auch der zweite Formzug zu
verstehen: das Übergewicht der szenisch-dramatischen Partien; eine
Konsequenz, die [...] unvermeidlich ist, sobald die übergreifende Erzählerfigur aufgegeben wird. [...] Mit dem Verzicht auf eine übergreifende Erzählhaltung wird das Geschehen selbst so übermächtig, daß es
sich in dramatischer Unmittelbarkeit darbietet, wobei die szenischen
Partien sich keineswegs nach dem Vorbild der klassischen Novelle auf
Umschläge in der Handlung beschränken, sondern das Ganze regellos
überwuchern.« (Kunz 1971, S. 81)

Zum Textaufbau: Brentanos ›Geschichte‹ vom braven Kasperl und
dem schönen Annerl‹ ist eine von zwei Erzählerfiguren erzählte ›Rah-
men-Novelle‹, die aus einer Rahmengeschichte und zwei eingelagerten
Binnenerzählungen besteht. Rahmenhandlung und Binnengeschehen
sind hier jedoch so eng und so kunstvoll miteinander verknüpft, daß
»die aus der Poetik der Novelle geläufige Unterscheidung in diese beiden Merkmale der Rahmennovelle bei Brentano streng genommen nicht
mehr zutrifft, weil die Grenzen zwischen Rahmen und Binnengeschehen allenthalben durchlässig werden. [...] der ›Rahmen‹ ist offen zur
›Binnengeschichte‹ hin, und diese vollendet sich erst im Rahmen. Der
Erzähler«, d. h. der Ich-Erzähler, »ist Erzähler, Zuhörer und Mithan-
delnder zugleich« (Kluge 1979, S. 95 f.).

Um den Textaufbau und damit die Aufeinanderfolge der einzelnen
Erzählphasen bzw. Erzählabschnitte zu analysieren, ist es naheliegend
und ratsam, sich an die präzisen und häufigen Angaben zur erzählten
Zeit der ›Geschichte‹ zu halten, die der Ich-Erzähler in seiner Erzählung
macht. Die Rahmengeschichte spielt im wesentlichen am 16. und
17. Mai (1815) und zwar in der Zeit zwischen elf Uhr abends und vier

Uhr morgens, dem Hinrichtungstermin des schönen Annerl. Nach den Zeitangaben des Ich-Erzählers, der fast nur volle Stundenzahlen nennt (statt der nicht genannten vollen Stundenzahl 3 Uhr findet sich die Zeitangabe »halb vier«), kann man die Rahmengeschichte in sechs Teile untergliedern:

1. Von 23 Uhr bis »Mitternacht« (S. 189–194: »ist es nicht schon Mitternacht vorbei?«).

2. Von Mitternacht bis »ein Uhr« (S. 194–196: »Als der Wächter ein Uhr anrief«).

3. Von 1 Uhr bis »zwei Uhr des Morgens« (S. 196–205: »es war zwei Uhr des Morgens«).

4. Von 2 Uhr bis 3 Uhr (S. 205–212: »Unter diesen Worten waren wir mit dem Prediger zusammengetroffen [...].« Obwohl an dieser Textstelle keine Zeitangabe erfolgt, kann man doch ziemlich genau eruieren, daß es an diesem Punkt der erzählten Zeit etwa 3 Uhr sein muß. Die Alte und der Schriftsteller trennen sich hier an einem Ort in unmittelbarer Nähe des Gefängnisses: die Großmutter geht mit dem Prediger zu Annerl ins Gefängnis, und der Ich-Erzähler eilt zum Herzog ins Schloß. Zu Beginn des dritten Teils der Rahmengeschichte, »als der Wächter ein Uhr« anruft, sagt die Alte zum Ich-Erzähler: »nun habe ich noch zwei Stunden«, womit sie selbst auf 3 Uhr hindeutet. Mit diesem Zeitpunkt kann sie nicht den Hinrichtungstermin – von dem sie weiß, daß er »um vier Uhr« ist –, sondern wohl nur die letzte Zusammenkunft mit Annerl im Gefängnis meinen, um die sie ihr Patchen gebeten hat).

5. Von 3 Uhr bis »vier Uhr« (S. 212–215: »ich habe sie verführt, ich bin ihr Mörder!«).

6. Die Zeit nach Annerls Hinrichtung (S. 215–219).

Bei den ersten fünf hier unterschiedenen Textteilen beträgt die erzählte Zeit jeweils eine Stunde, beim sechsten Teil einige Tage, wahrscheinlich die Tage vom frühen Morgen des 17. bis zum 19. Mai (vgl. Alewyn 1974, S. 167).

Der Zeitpunkt des Beginns der Erzählung, der späte Abend des 16. Mai, ist »wohl erwogen. Er liegt zwischen Kasperls Tod« (Kasper hat zwei Tage zuvor, am 14. Mai, Selbstmord begangen) »und Annerls Tod, aber dem letzteren ungleich näher. Es ist damit genug geschehen, um den unglücklichen Ausgang unabänderlich zu machen, nicht genug, um nicht die wichtigste Entscheidung, die über das Grab, und damit überhaupt einen Raum für die Freiheit des Handelns noch offen zu lassen« (Alewyn 1974, S. 176).

Der erste Teil der Erzählung, der im wesentlichen die Funktion des Eingangs einer Novelle hat und der »ein Meisterstück szenischer und stimmungshafter Verdichtung« ist (Kluge 1979, S. 177), dient der räumlichen und zeitlichen Situierung der ›Geschichte‹; er führt die beiden Hauptfiguren der Rahmengeschichte ein (zuerst die Alte, dann den Ich-Erzähler); er stellt kurz den Grafen Grossinger vor, dessen Beziehung zu Annerl erst im fünften Teil der Erzählung, in der erzählten Zeit von drei bis vier Uhr, enthüllt wird; er deutet, ohne daß deren Namen genannt werden, in vagen Anspielungen auf den Enkel (Kasper) wie auch das Patchen (Annerl) der Großmutter hin, die beide ihren »Abschied« genommen haben bzw. nehmen werden. Wie die Schicksale der beiden Titelfiguren, so werden in der Eingangsszene vor allem auch »die Situation und die Person der Alten« verrätselt (Kluge 1979, S. 109). Der erste, einleitende Teil der Novelle hat also nicht zuletzt die Funktion, die typische Ausgangs- und Grundsituation der analytischen Erzählung darzustellen: Eine Figur steht vor einem Rätsel und erstaunt. »Es ist zwölfe vorüber«, erwidert an der Nahtstelle zwischen dem ersten und zweiten Teil der Novelle der Ich-Erzähler der Großmutter, »verwundert über ihre Rede« (S. 194).

Im Mittelpunkt des zweiten Teils der Erzählung steht die durch die Großmutter vermittelte, von Kasper bei einem Urlaub in der Heimat erzählte Geschichte vom Selbstmord eines französischen Unteroffiziers, die als Vorausdeutung auf den Selbstmord Kaspers aufzufassen ist.

Im dritten und vierten Teil der Erzählung, die zusammen das Zentrum der Gesamtnovelle bilden, werden die beiden im Titel angekündigten Binnengeschichten erzählt: zwischen ein und zwei Uhr erfährt der Ich-Erzähler und damit der Leser die ›Geschichte vom braven Kasperl‹, und in der anschließenden Stunde zwischen zwei und drei Uhr erzählt die Großmutter dem Ich-Erzähler die Geschichte ›vom schönen Annerl‹. Deutlich abgehoben voneinander sind die beiden zentralen Textteile durch die Zeitangabe »es war zwei Uhr des Morgens« (S. 205) wie auch durch den Ortswechsel der beiden Erzähler: die Großmutter und der Schriftsteller erheben sich um zwei Uhr von den Tür- bzw. Treppenstufen des herzoglichen Hauses, auf denen sie sich zu Anfang der Erzählung niedergelassen haben, und begeben sich zum Gefängnis der Residenzstadt; auf dem Weg dorthin vernimmt der Ich-Erzähler die Geschichte Annerls.

Vergleicht man beim dritten und vierten Teil der Erzählung das Verhältnis von erzählter Zeit, die ja in beiden Fällen eine Stunde beträgt, und Erzählzeit, die durch die sprachliche Realisierung bzw. die Lektüre der betreffenden Textteile ausgefüllt wird, so fällt auf, daß die Erzählzeit des dritten Teils fast doppelt so lang ist wie die des vierten: im Zeitmaß der Lektüredauer angegeben, beträgt die Erzählzeit des dritten Teils eine knappe halbe Stunde (im Raummaß der Zahl der Druckseiten: $9^2/_3$ Seiten), die des vierten Teils dagegen nur eine gute Viertelstunde (Raummaß: $6^1/_3$ Seiten).

Im fünften Teil der Erzählung, in dem die verzweifelten und vergeblichen Bemühungen des Ich-Erzählers zur Rettung des schönen Annerl bis zu deren Hinrichtung geschildert werden, verringert sich die Erzählzeit weiter drastisch: der erzählten Zeit von einer Stunde (drei bis vier Uhr) korrespondiert hier eine Erzählzeit, d.h. eine Lesezeit von nur etwa acht Minuten (Raummaß: $3^1/_2$ Seiten). In den Teilen drei, vier und fünf der Novelle reduziert sich also – bei gleichbleibender erzählter Zeit – die Erzählzeit von Teil zu Teil jeweils etwa um die Hälfte. Durch das starke ›Gefälle‹ der Erzählzeit im vierten und besonders im fünften Teil der Erzählung, das sich mit Hilfe der von Günther Müller entwickelten erzähltheoretischen Kategorien zur Analyse des Zeitgerüsts der Erzählung (erzählte Zeit/Erzählzeit) exakt nachweisen läßt, entsteht jener in der Sekundärliteratur wiederholt beschriebene Eindruck, daß in Brentanos ›Geschichte‹ mit der Offenbarung des Hinrichtungstermins »das Tempo« des Erzählens »umschlägt und die bisher gemessen, aber kaum bemerkt rinnende Zeit sich plötzlich in eine reißende verwandelt, die mit zunehmender Beschleunigung einem Katarakt zutreibt und zu einem hoffnungslosen Wettlauf alles nach sich zieht« (Alewyn 1974, S. 177). Der »Wettlauf mit der Zeit« (Alewyn 1974, S. 176), zu dem der Ich-Erzähler gegen Ende des vierten Teils der ›Geschichte‹ antritt, wird für den Leser sinnfällig, ja im Leseakt nacherlebbar gemacht durch die immer kürzer werdende Erzähl- bzw. Lesezeit, durch die stark zeitraffende Darstellung des Geschehens im fünften Teil.

Im sechsten Teil der Erzählung werden die Ereignisse nach vier Uhr, dem Zeitpunkt der Hinrichtung, »ohne festes Zeitgerüst, fast epilogar-

tig berichtet« (Himmel, S. 130). Da man die erzählte Zeit des abschließenden Textteils auf mindestens zwei, drei Tage, vielleicht auch auf einige Wochen schätzen kann (genau läßt sie sich wegen fehlender Zeitangaben in den letzten beiden Textabschnitten nicht bestimmen) und da
die für diesen relativ großen Zeitraum benötigte Erzählzeit nur etwa
zehn Minuten (oder knapp vier Seiten) beträgt, ist der Schlußteil der
Novelle am stärksten zeitraffend erzählt.

Bemerkenswert am Schlußteil der ›Geschichte‹ ist unter anderem, daß
wir nach dem Abschluß der Annerl-Handlung »mit einer neuen Handlung überrascht« werden (Alewyn 1974, S. 180f.): mit der ›Novelle‹ von
Grossingers Schwester und dem Herzog, die man als Parallelhandlung
zur Annerl-Grossinger-Handlung interpretiert hat. Rechtfertigen läßt
sich diese oft kritisierte Schlußepisode aus der Struktur der Erzählung,
in der alles – der Erzähler, der Erzählraum, die Dinge, Motive, Symbole,
Situationen und Handlungen – auf Verdopplung, Wiederholung und
Parallelismus angelegt ist (vgl. Alewyn 1974, S. 180ff.).

Die noch immer am heftigsten umstrittene Passage des Schlußteils ist
der letzte Textabschnitt, d.h. die über den Gräbern von Kasper und Annerl zu errichtende monumentale Denkmalsallegorie, die vom Herzog
als »Denkstein« für die »beiden unglücklichen Ehrenopfer« gedacht ist
(S. 217, 219). Wie immer man das allegorische »Monument« interpretieren und bewerten mag: vom Aspekt der epischen Integration und Kon-
zentration her betrachtet, ist der Denkstein über dem Gemeinschafts-
grab ein überaus gelungener Kunstgriff des Autors Brentano: »Denn in
diesem erbaulichen Schlußprospekt sind nun so wie alle Personen – außer dem Verderber Grossinger – so auch alle Symbole – außer der verhängnisvollen Schürze – der Geschichte noch einmal an einem Ort versammelt: Drunten im Grab ruht das Paar Kasperl und Annerl im gemeinsamen und ehrlichen Grab zusammen mit der guten Großmutter,
droben auf dem Grab stehen die steinernen Ebenbilder des lebenden,
durch das Unglück der Toten geretteten Paars. Drunten bei den Toten
liegen aber auch die ganzen schicksals- oder bedeutungsträchtigen
Dinge begraben« (die Rose, der Schleier, der Degen). »Diesen wirk-
lichen, aber verweslichen Dingen entsprechen in der oberen Welt die
steinernen Allegorien und ihre Attribute: der Schleier der Gnade, das
Schwert der Gerechtigkeit und die Ehre in ihrer doppelten Gestalt.«
Alle Personen der Erzählung (außer Grossinger) sind »hier an einem

Ort versammelt […], alle der Zeit entrückt, wenn auch in verschiedener Weise: die einen in der Tiefe als Tote an der Schwelle zwischen der Vergangenheit und der Ewigkeit, die anderen auf der Erde, versteinert zu Bildern zeitloser Wahrheit« (Alewyn 1974, S. 191 f.). Im Schlußensemble der ›Geschichte‹ von Kasperl und Annerl »verkörpert sich die vom Autor intendierte Einheit der Erzählung, da für Brentano«, der solche Tableaus und Szenerien auch sonst in seinem Werk mit merklicher Vorliebe verwendet hat, »Dichtung ein über den Tod des Dichters hinaus kündender Denkstein des Lebens ist, Denkmal des Menschen, seiner Schmerzen, seiner Freude, seiner Liebe« (Frühwald 1981, S. 157).

Sozialgeschichtlicher Hintergrund: In der ›Geschichte‹ von Kasperl und Annerl kommt das Wort »Ehre« zusammen mit seinen Derivaten (wie »ehrlich«) und Komposita (wie »Ehrentag« und »Ehrenopfer«) über hundertmal vor (vgl. Alewyn 1974, S. 184). Schon dies ist Indiz genug dafür, daß »Ehre« das dominierende Leitmotiv der ›Geschichte‹ ist, daß Brentano in seiner Erzählung »Variationen über die Ehre« geschrieben hat (Heinisch 1966, S. 66). Die »Problemstellung der Ehre und der Ehrbarkeit«, die in der Forschung der letzten Zeit unter dem Eindruck von Richard Alewyns werkimmanenter Deutung vernachlässigt worden ist, hat Wolfgang Frühwald kürzlich zum Anlaß und Ausgangspunkt genommen, um »die sozialgeschichtliche Einordnung« der Erzählung von den beiden Ehrenopfern »exakter als bisher zu bestimmen« (Frühwald 1983, S. 75).

Nach Frühwald verweist die Begriffsgeschichte von »Ehre«, »Ehrbarkeit« und »ehrlichem Handwerk« darauf, »daß die letzten Jahrzehnte des 18. und die ersten Jahrzehnte des 19. Jahrhunderts eine Periode starker sozialer Spannungen sind, in der die ständischen Ehrbegriffe mit dem Begriff überständischer ›bürgerlicher Ehre‹ in Konflikt geraten und immer stärker zurückgedrängt werden« (Frühwald 1983, S. 70). Während gegen Ende des 18. Jahrhunderts »die ständischen Ehrbegriffe an Boden verloren, stellte das Handwerk, neben dem Offizierskorps, bis weit in das 19. Jahrhundert hinein eine Bastion ständischer Ehre dar«. Als Antwort und Reaktion auf diese hier verkürzt referierte ideen- und sozialgeschichtliche Entwicklung entsteht in der Literatur »eine breite thematische Strömung, in welcher der Verlust und die Behauptung der ständischen Ehre im Konflikt mit der ›inneren Ehre‹ und schließlich die Ablösung der ständischen durch die bürgerliche Ehre

gestaltet wurde« (Frühwald 1983, S.71f.), eine Strömung, die von
Lessings ›Minna von Barnhelm‹, Schillers ›Verbrecher aus Infamie‹
bis zu Brentanos ›Geschichte vom braven Kasperl und dem schönen
Annerl‹ und Hebbels bürgerlichem Trauerspiel ›Maria Magdalena‹
reicht.

Mit Hilfe einschlägiger sozialgeschichtlicher Untersuchungen kann
Frühwald nachweisen, daß Brentanos im Berliner Freundeskreis der
Brüder Gerlach und des Grafen Gneisenau entstandene und vorgelesene
Erzählung zu einem besonders markanten Zeitpunkt in der Entwicklung der Ehrvorstellungen geschrieben und gedruckt worden ist: »auf
dem Höhepunkt der zeitgenössischen Diskussion um ›Reputation‹ und
›Ehre‹«, zu einer Zeit, als die durch Scharnhorst und Gneisenau durch-
geführte Heeresreform »im preußischen Heer insbesondere die ›Ehre‹
auch des einfachen Soldaten« betonte, »dem nun Aufstiegschancen in
die Ränge des Geburtsadels, das heißt in das Offizierskorps, eröffnet
werden sollten. In Kaspers Abschiedsbrief an Annerl wird diese Möglichkeit des Aufstiegs in das ›metier d'honneur‹ wohl im Sinne der Reform angedeutet« (Frühwald 1983, S.75f.): »Ich hatte mir so viele Mühe
gegeben, in Ehren zu bleiben mein Leben lang, ich war schon Unteroffizier und hatte den besten Ruf bei der Schwadron, ich wäre gewiß noch
einmal Offizier geworden.« (S.206) Der »brave« Kasper, »das heißt der
durch Tapferkeit ausgezeichnete und zum Unteroffizier aufgestiegene
Bauernsohn, den die Pflicht, Vater und Stiefbruder als gemeine Diebe
entlarven zu müssen, in eine ausweglose Situation gebracht hat, folgt
auch bei den letzten Handlungen seines Lebens – der Anzeige von Vater
und Bruder und dem Selbstmord – dem Weg der ›Ehre‹, der in seinem
Stand die einzige Garantie für Aufstieg, Heirat und Lebensglück war.
Da das Normensystem, in das er eingebunden ist, die Trennung von
ständischer und innerer Ehre nicht zuläßt, erfaßt ihn Verzweiflung«
(Frühwald 1983, S.77): »der Sohn eines Diebes, der seinen Vater aus
Ehre selbst fangen und richten lassen muß, kann seine Schande nicht
überleben.« (S.206)

Der gemeine Soldat, »dem Friedrich II. noch ›allgemein ein Ehrgefühl‹ abgesprochen hatte, erscheint in Brentanos Erzählung verfangen
in die Übersteigerungen ständischer Ehrbegriffe. Die unlösbare Verbindung von Sozialsystem und ›Ehre‹ führte offenkundig in Deutschland
anders als in Frankreich, wo die Demonstration inneren Ehrgefühls un-

mittelbar rechtliche Folgen zeitigte, zu einer tragischen Verwirrung der ständisch gebundenen Vorstellungen von innerer und äußerer Ehre. Kasper stirbt nicht als ein Märtyrer der inneren Ehre, wie sein französisches Vorbild, sondern endet in einer sozial bedingten und damit ihm nicht selbst als Schuld anzulastenden Verzweiflung« (Frühwald 1983, S. 78).

Besonders aufschlußreich sind auch die sozialgeschichtlich fundierten Bemerkungen Frühwalds zur Geschichte von dem französischen Unteroffizier. In Anbetracht der Tatsache, daß durch die Reform der preußischen Armee, welche »die Absicht verfolgt hatte, ›das neue Heer... auf Ehrgefühl, Tapferkeit und freie Aussicht für die Tüchtigen‹ zu gründen«, »auch die ehrlos machenden Strafen, das Spießrutenlaufen und die Prügelstrafe, auf extreme Einzelfälle eingeschränkt« wurden, »ist die Geschichte von dem französischen Unteroffizier – gelesen und verbreitet im Freundeskreis des Grafen Gneisenau in Berlin – nicht nur ein fast selbstverständliches Plädoyer für die ›Freiheit des Rückens‹, die Gneisenau in seinem berühmt gewordenen Aufsatz so nachhaltig gefordert hatte, sondern auch ein Hinweis auf die Ursachen der von den Zeitgenossen bestaunten militärischen Erfolge der napoleonischen Truppen. Die friderizianische Militärmaschinerie, die den einfachen Soldaten entmenschlicht hatte, wurde schon zu Lebzeiten Friedrichs II. von französischen Beobachtern gerügt [...]. Wie stark sich doch trotz aller Widerstände und Retardierungen der Reform das Ehrgefühl der friderizianischen Armee von dem der Armee der Befreiungskriege unterschied, hat Brentano an der Konfrontation Kaspers und seines Vaters verdeutlicht. Während Kaspers Vater sich noch rühmt, als Unteroffizier ›im N...schen Regiment... manchen vorlauten Burschen fünfundzwanzig aufgezählt‹ [S. 195] zu haben, ist Kasper tief davon durchdrungen, daß die Prügelstrafe nicht nur den entehrt, der sie empfängt, sondern auch und gerade den, der sie zu erteilen gezwungen ist« (Frühwald 1983, S. 77 f.).

An Frühwalds ›Versuch zur Sozialgeschichte literarischer Texte im 19. Jahrhundert‹ – so der Untertitel seines Aufsatzes über die ›Ehre der Geringen‹, als deren literarischer Entdecker Clemens Brentano mit der ›Geschichte‹ von Kasperl und Annerl gilt – kann man ablesen, was wohlfundierte, behutsam vorgehende sozialgeschichtliche Untersuchungen, sofern sie »Sozialgeschichte als eine die Hermeneutik ergänzende Perspektive, nicht als eine dogmatisch ausschließende Perspektive auf das vielgestaltige und beziehungsreiche Kunstwerk« verstehen (Frühwald 1983, S.69), zum besseren Verständnis literarischer Texte beizutragen vermögen.

›Aus der Chronika eines fahrenden Schülers‹

In Brentanos Œuvre gibt es eine Reihe von Werken, die in zwei Fassungen vorliegen: Gedichte, Märchen (das Gockel- und das Fanferlieschen-Märchen), Dramen (›Aloys und Imelde‹). In den meisten Fällen ist die zweite Fassung die weitaus umfangreichere. Nicht so im Falle der ›Chronika‹, bei der die späte Fassung nur etwa die Hälfte des Umfangs der Urfassung hat. Doch diese nur den äußeren Umfang der beiden Fassungen berücksichtigende Feststellung ist irreführend; denn vergleicht man das wirklich Vergleichbare, d.h. die Spätfassung mit dem vergleichbaren ersten Textdrittel der Urfassung, dessen Umarbeitung die späte Fassung darstellt, so ergibt sich eine ganz andere Relation: den 36¹/₂ Seiten der Spätfassung entsprechen lediglich 24 Seiten des vergleichbaren Textteils der Urfassung (S. 7–30); die Spätfassung ist also gegenüber dem ihr entsprechenden Textstück der Urchronika um ein Drittel erweitert. Wie in den meisten anderen Zweitfassungen Brentanoscher Werke ist auch in der späten ›Chronika‹ Texterweiterung die auffälligste Tendenz der Umarbeitung.

Wie bereits oben erwähnt, hat Brentano nur etwa das erste Textdrittel der Urfassung umgearbeitet, das heißt: den Anfang der Rahmenerzählung, die erste in die Rahmenhandlung eingelagerte Binnengeschichte (die Kindheitsepisode des fahrenden Schülers, die aber nicht zu Ende erzählt wird) und die ihrerseits in die Kindheitserinnerung des Johannes eingelagerte Erzählung der Mutter von ihrer Jugend, eine Binnenerzählung in der Binnenerzählung, die ebenfalls abbricht, ohne zu Ende geführt worden zu sein: Die in der Überschrift zu dieser Binnenerzählung angekündigte Geschichte von »dem lieben Großvater« (S. 246) des fahrenden Schülers bleibt dessen Mutter, »die schöne Laurenburger Els«, schuldig; was sie in der begonnenen Binnengeschichte erzählt, ist im wesentlichen das Ereignis des Todes ihrer Mutter.

Resultat der »begonnenen Umarbeitung«, wie Brentano die Spätfassung der ›Chronika‹ selbst charakterisiert hat (vgl. Lefftz 1923, S. 87): »drei begonnene, nicht abgeschlossene Erzählungen, die ineinander geschachtelt sind; zwei Rahmenhandlungen, die nicht geschlossen werden; alles bleibt offen, ein Torso, der zeigt, daß Brentano die Arbeit aufgegeben hat.« (Reindl 1976, S. 308, Anm. 5) Verglichen mit der Urfassung ist die Spätfassung der ›Chronika‹, deren fragmentarischen Charakter Brentano durch die Titelgebung eigens betont, ein potenziertes Fragment, ein Fragment, das aus drei fragmentarischen Erzählungen besteht.

Bei literarischen Werken, von denen zwei Fassungen existieren, bietet es sich an, nach den Veränderungen und Unterschieden sowie nach den Bearbeitungs- bzw. Umarbeitungs-Tendenzen zu fragen. Eine der auffälligsten Änderungen, die Brentano in der Spätfassung vorgenommen hat, ist die Verlegung des Schauplatzes der Binnengeschichte vom Maintal ins Lahntal. Diese Änderung der räumlichen Situierung der Binnengeschichte hängt wohl mit der intensiveren Benutzung der Limburger Chronik in der Spätfassung zusammen. Ob bei der Verlegung des Binnengeschehens der biographische Umstand eine entscheidende Rolle spielte, daß Brentano von Jugend an mit der Lahngegend besser vertraut war als mit der fränkischen Mainlandschaft, muß in Zweifel gezogen werden, da es ihm auch in der Spätfassung auf Detailrealismus nicht angekommen ist: Weder bei den Entfernungen zwischen den an der Lahn gelegenen Örtlichkeiten noch bei der Schilderung der Kirche des Arnsteiner Klosters, das er erst 1826 kennenlernte (vgl. Vordtriede, S. 146), hat sich Brentano um Genauigkeit bemüht (vgl. Preitz I, S. 238).

Ein weiterer auffälliger Unterschied zwischen den beiden Fassungen besteht darin, daß die in der Urfassung namenlose Mutter des fahrenden Schülers in der Spätfassung den Namen »Laurenburger Els« erhält. Erscheint die Mutter der Urchronika nicht zuletzt durch ihre Namenlosigkeit als »die Mutter an sich, als die Verkörperung des mütterlichen Prinzips« (Huber 1976, S. 154), so wird ihr solche Typisierung, solche ›Generalisierung‹ in der ›Chronika‹ von 1818 schon deshalb in viel geringerem Maße zuteil, weil sie hier einen individualisierenden Namen trägt. Während »der Namenslosigkeit der Mutter und ihrer typisierenden Funktion« in der Urchronika »das Fehlen jeder individualisierenden Beschreibung ihrer äußeren Gestalt« entspricht (Huber 1976,

S. 155), erhält die Laurenburger Els in der Zweitfassung mit dem Namen zugleich auch einige stärker individualisierende Züge, wovon man sich durch einen Vergleich jener Szenen in den beiden Fassungen überzeugen kann, in denen die Mutter den kleinen Johannes auf dem Arm »zärtlich« durch den Wald trägt (vgl. S. 16f. und 242f.). Der Vergleich der beiden Waldszenen zeigt darüber hinaus, daß in der Zweitfassung die enge, durch wechselseitige Liebe geprägte Mutter-Kind-Beziehung zwischen der Laurenburger Els und ihrem Sohn »deutlich inzestuöse Züge annimmt«, daß in der Spätfassung die »erotische Färbung« dieser Beziehung deutlicher zum Vorschein kommt als in der Urfassung, in der das Inzestmotiv »nur leicht anklingt« (Huber 1976, S. 181, 154).

Dieser Befund einer stark erotischen Einfärbung der Mutter-Kind-Beziehung in der Spätfassung steht in seltsamem, apartem Widerspruch zu anderen, für die Zweitfassung bedeutsamen Umarbeitungs-Tendenzen, wie vor allem zu den Tendenzen der Didaktisierung, der ›Katholisierung‹, der Moralisierung und der – jedenfalls beabsichtigten – Enterotisierung. Die letztere Tendenz läßt sich daran erkennen, daß die in der Urfassung recht ausführlich erzählte Liebesgeschichte zwischen dem Ritterssohn Siegmund und der Mutter des fahrenden Schülers in der Spätfassung einfach weggelassen wird. Statt der Liebesgeschichte wird in der Zweitfassung die Episode einer Kinderfreundschaft erzählt: »Elslein«, die spätere Mutter des Johannes, und der nun »Junker Jörg« genannte Ritterssohn sind kleine Kinder, die gelegentlich zusammen spielen.

Zur enterotisierenden paßt die moralisierende Tendenz der Umarbeitung. Sie findet ihren Ausdruck darin, daß in der Spätfassung – anders als in der Urchronika – der fahrende Schüler kein uneheliches Kind mehr ist: im Text finden sich genügend Hinweise, daß die Eltern des fahrenden Schülers getraut worden sind (vgl. Anmerkung zu S. 240 ›des edlen Laurenburgers Weib‹). Elisabeth Stopp hat die hier erwähnten, ›purgierten‹ Textpassagen aus der veränderten lebensgeschichtlichen Situation Brentanos zur Abfassungszeit der späten ›Chronika‹ zu erklären versucht: »he [Brentano] was at pains to legitimize his hero and make an honest woman of the mother, not from any superficially prudish reason, but from a horror of his own earlier attitudes, an ever deepening conviction of the wrongness of a love that did not put God first. He had left far behind him a phase in which love, to be romantic, had to be without benefit of clergy, a law unto itself.« (Stopp 1971, Revision, S. 173 f.)

Die wichtigste Tendenz und Intention der Umarbeitung ist zweifellos die religiös-didaktische; sie hat zu den meisten und umfangreichsten Texterweiterungen geführt: zu den vielen frommen Betrachtungen und Mahnungen, zu den »kleinen Religionsgesprächen« (Kathan 1972, S. 215), die Johannes mit seiner Mutter führt, zur erbaulichen Schilderung des Todes der Großmutter von Johannes, die in der Spätfassung fast neun Seiten beansprucht, während in der Urfassung der Tod der Großmutter nur beiläufig in wenigen Zeilen erwähnt wird (vgl. S. 19). Die verstärkte religiöse Tendenz der Umarbeitung manifestiert sich vor allem am gehäuften Auftreten von Bibelstellen bzw. Bibelzitaten wie auch an der zunehmenden Verwendung legendenhafter Züge und Motive, die sich vornehmlich in der Binnengeschichte vom gottseligen Sterben der Großmutter finden lassen. So wird der »erzürnte« Hirsch, der die Mutter der Laurenburger Els angreift, bald darauf »mild und zahm« (S. 246 f.), ein Motiv, das aus der Legende stammt. Andere Wunder widerfahren der kleinen Els, die auf wundersame Weise in den Besitz des im Traum geschauten Heilkrauts gelangt; die eine Truhe, deren schweren Deckel sie zunächst nicht »erheben« kann, nach einem Gebet zu Gott plötzlich »mit kleiner Mühe« zu öffnen versteht (S. 250). Die Vermehrung legendenhafter Elemente und Motive in der späten ›Chronika‹ spricht für die Auffassung Friedrich Sengles, der die ›Chronika‹ von 1818 im engen literaturgeschichtlichen Zusammenhang mit »den ›poetischen‹ (subjektiven) Legenden« sieht, »wie sie im Biedermeier üblich waren und schon kurz nach 1848 wieder außer Kurs kamen« (Sengle II, S. 1001).

Die Zuordnung der Zweitfassung der ›Chronika‹ zur Literatur der frühen Biedermeierzeit läßt sich vor allem auch von ihrer didaktischen Tendenz, von ihrer pädagogischen Zweckbestimmung her rechtfertigen, ist doch die Biedermeierzeit bzw. das Zeitalter der Metternichschen Restauration eine Literaturepoche, in der die Autonomieästhetik durch die Zweckästhetik, »die Autorität der Kunstautonomie« durch die »Autorität der Zweckliteratur« ersetzt wird (Frühwald 1971, S. 295). Zwar hat Brentano angeblich bereits die Urfassung der ›Chronika‹ zu »pädagogischen Zwecken entworfen« (S. 220), wie er im Vorwort zur

Spätfassung selbst behauptet, wobei sich Brentano wohl an sein briefliches Angebot an den Verleger Wilmans erinnerte, dem er im Februar 1802 die geplante ›Chronika‹ als ein »Buch« schmackhaft machte, das »für ein allgemeines Lesebuch aller guten frommen Menschen und besonders für Töchter von 10–14 Jahren berechnet« sei (Vordtriede, S. 145); aber diese Äußerung zur intendierten Leser- und Käufergruppe ist doch zu sehr auf die ökonomischen Interessen des Verlegers abgestimmt, als daß man sie ohne weiteres als Beleg für eine vornehmlich pädagogische Zweckbestimmung der Urchronika nehmen könnte. Ein Vergleich der beiden Fassungen läßt denn auch kaum einen Zweifel daran, daß die Urfassung längst nicht so gut (wenn überhaupt) zu »pädagogischen Zwecken« zu gebrauchen ist wie die Spätfassung, die Brentano im Vorwort unmißverständlich »als Beitrag zu einer der Bildung des Lesergeschmacks dienenden Zweckliteratur deklariert, die den Erzeugnissen der Ritter- und Schauerromantik, welche die Szene des Tages beherrschten, widerstreiten sollte« (Frühwald 1971, S. 292).

Mit den bisher erwähnten Tendenzen der Umarbeitung geht in der Zweitfassung der ›Chronika‹ eine gewisse ›Entromantisierung‹ Hand in Hand. Damit ist vor allem die Beseitigung »aller Elemente romantischer Ironie« (Frühwald 1971, S. 292) wie auch die weitgehende Eliminierung der in den Rahmengesprächen der Urfassung ausführlich erörterten romantischen Ästhetik gemeint. Auch diese Tendenz der ›Entromantisierung‹ deutet darauf hin, daß es angemessener ist, die späte ›Chronika‹ im literarischen Kontext der frühen Biedermeierzeit als in dem der Früh- oder Hochromantik zu betrachten; in den gehört die Ur-, nicht die Spätfassung der ›Chronika‹.

Die hier angeführten Bearbeitungstendenzen lassen sich unschwer aus der besonderen biographischen Situation Brentanos erklären, der 1816/17, in der Entstehungszeit der späten ›Chronika‹, die schwerste Krise seines Lebens durchmachte, eine Krise, die seine Reversion zum Katholizismus bewirkte und die nach außen hin mit der Ende Februar 1817 abgelegten Generalbeichte ihren vorläufigen Abschluß fand. Als Brentano 1816 an der ›Chronika‹ arbeitete, verkehrte er im Kreise der Berliner Neupietisten, in deren Zirkeln er im Oktober 1816 Luise Hensel kennenlernte. Mit ihr und ihren einfachen Liedern, die »für Brentano zu einer Art Erweckungserlebnis« wurden (Frühwald 1971, S. 295), hat

Elisabeth Stopp die Spätfassung der ›Chronika‹ in einen engen Zusammenhang gebracht. Nach Stopp (1971, Revision, S. 169) war Brentano »so deeply affected by the message of her poems [...] that in the one prose work [d. i. in der ›Chronika‹] to which he was already committed at this time in connection with the *Sängerfahrt* almanach [...], he seems to have made an abortive attempt to cast himself into an alien pattern of ›Einfalt‹ at this difficult time of emotional transition«. Noch deutlicher hat Stopp ihre kritischen Vorbehalte gegenüber der Spätfassung an einer späteren Stelle ihres Aufsatzes artikuliert: »In his revised *Chronika* he seems to have been miming what he, indeed, both he and Luise, wanted to be but were not; artistically, therefore, this work remained at the level of a contrived artifice or an alien garment.« (Stopp 1971, Revision, S. 179) Stopps kritisches Urteil gründet sich auf einen detaillierten Vergleich der beiden ›Chronika‹-Fassungen, der insgesamt eindeutig zuungunsten der Spätfassung ausfällt: »Where the atmosphere of A [d. i. der Urfassung] was religious by implication as much as by occasional insistence at a time when Brentano found it impossible to practice his faith, though never ceasing to believe, the aura of the revision is that of a pious tract in the wordy baroque manner, embarrassing by its lack of artistic reticence and would-be naiveté, repository art rather than the real thing.« (Stopp 1971, Revision, S. 175)

Wenn auch der Vergleich der beiden Fassungen fraglos ein naheliegender, geeigneter und erfolgversprechender Interpretationsansatz ist, so darf man doch hierbei nicht übersehen, daß wir es bei den beiden miteinander verglichenen bzw. zu vergleichenden Texten mit zwei deutlich voneinander unterschiedenen, eigenständigen literarischen Werken zu tun haben, von denen jedes sein eigenes Recht, seinen eigenen unverwechselbaren Charakter hat (vgl. Stopp 1971, Revision, S. 161 f.). Die große Gefahr beim Vergleich der beiden ›Chronika‹-Fassungen besteht darin, daß man – aus unreflektierter Vorliebe für oder Abneigung gegen die eine oder andere ›Version‹ – die Zweitfassung an der Erstfassung oder umgekehrt die Frühfassung an der Spätfassung mißt, anstatt jeden der beiden Texte aus seinen besonderen, vielfältigen, jeweils ganz anders gelagerten Entstehungsbedingungen heraus zu analysieren und zu interpretieren. So wäre es an der Zeit, die über ein Jahrzehnt nach der Urfassung entstandene Spätfassung der ›Chronika‹, die im Vergleich zur Urchronika von der Forschung stark vernachlässigt worden ist, sehr viel

gründlicher als bisher auf ihre biographischen, zeit- und sozialge-
schichtlichen wie auch ihre gattungs- und literaturgeschichtlichen Ent-
stehungsvoraussetzungen hin zu untersuchen. Möglich, daß künftige
Untersuchungen dieser Art zu einer Revision oder Abschwächung der
von E. Stopp gegen die Spätfassung vorgebrachten kritischen Einwände
führen, von denen jedoch abzurücken beim derzeitigen Stand der Forschung für mich kein Anlaß besteht.

Gerhard Schaub

Für freundliche Hinweise und Anregungen danke ich: Christoph Ger-
hardt (Trier), Klaus Gerteis (Trier) und Zoe Heinemann (Saarbrücken).

G. S.

Zeittafel

1778   9. September: Clemens Maria Wenzeslaus Brentano als Sohn des aus Italien stammenden, Frankfurter Kaufmanns Peter Anton Brentano und seiner zweiten Frau Maximiliane von La Roche in Ehrenbreitstein bei Koblenz im Hause der Großeltern La Roche geboren. – Kindheit (bis zum sechsten Lebensjahr) im Frankfurter Elternhaus ›Zum Goldenen Kopf‹ in der Großen Sandgasse.

1784–1786 Brentano wird nach Koblenz zur Tante Luise Möhn (geb. La Roche) geschickt, wo er – zusammen mit der älteren Schwester Sophie – zwei Jahre »in strenger und unmütterlicher Zucht« verbringt.

1787   Frühling und Sommer: Erziehung im Pensionat eines »alten, sehr frommen Ex-Jesuiten« in der Nähe von Heidelberg. – Ab Herbst: Gemeinsam mit Joseph Görres besucht Brentano drei Jahre lang das Jesuitengymnasium in Koblenz.

1790   Brentano kehrt im Herbst ins Frankfurter Elternhaus zurück.

1791   Ende des Jahres bis Oktober 1793: Schüler des Philanthropins in Mannheim.

1793   19. November: Tod der Mutter. Lebenslange Muttersuche Brentanos. – Dezember bis Frühjahr 1794: Studium der Mineralogie in Bonn.

1796   Juni bis August: Kaufmannslehre im thüringischen Langensalza.

1797   Januar: Nach Schönebeck (bei Magdeburg) zum Bruder der Mutter, Vorbereitung auf das Studium der Bergwissenschaften. – 9. März: Tod des Vaters, der seinen Nachkommen »ein Vermögen von fast 1 200 000 Fl.« hinterläßt. – 19. Mai: Immatrikulation als Studiosus Cameralium an der Universität Halle. Besucht die »Zeichen-Akademie«, nimmt Klarinettenstunde und treibt »italienische Conversation«.

1798   5. Juni: Immatrikulation an der Universität Jena als Student der Medizin. Verkehrt im Kreise der Schlegel und Tieck. – Juni/Juli:

Bekanntschaft mit der Dichterin Sophie Mereau, »die ganz, kör-
perlich und geistig, das Bild unsrer verstorbenen Mutter ist«. –
Seit Sommer: Beginn der Arbeit am »verwilderten« Roman
›Godwi‹.

1799   Mai: Bekanntschaft mit Minna Reichenbach in Altenburg. – August: Bekanntschaft mit Friedrich Karl von Savigny, der später
sein Schwager wird (Savigny heiratet Brentanos Schwester
Gunda am 17. April 1804).

1800   Erste Julihälfte: Brentanos Kunstmärchen-Fragment ›Die Rose‹
erscheint unter seinem zweiten Taufnamen Maria. – Brentanos
erste selbständige Buchpublikation, eine Kotzebue-Satire, erscheint unter dem Titel: ›Satiren und poetische Spiele von Maria.
Erstes Bändchen. Gustav Wasa‹. – Juli/August: Minna Reichenbach lehnt Brentanos Heiratsanträge ab. – August: Zerwürfnis
zwischen Sophie Mereau und Brentano. – 19. September: Tod
der Lieblingsschwester Sophie.

1801   Nach Neujahr: Der erste Band seines Romans ›Godwi oder
Das steinerne Bild der Mutter‹ kommt heraus. – Januar: Übersiedlung nach Marburg. – Beginnt mit der Ausarbeitung des
2. Bandes seines Romans. – In Sophie Mereaus Taschenbuch
›Kalathiskos‹ (Erstes Bändchen) erscheint anonym Brentanos
Briefroman-Fragment ›Der Sänger‹. – 21. Mai: Immatrikulation als Student der Philosophie an der Universität Göttingen.
– Juni: Bekanntschaft mit Achim von Arnim. – 7. Juli: Scheidung Sophie Mereaus. – Oktober: Reise mit Savigny an den
Rhein. – Anfang November: Der 2. Band des ›Godwi‹ erscheint.

1802   April/Mai: Beginn der Arbeit an den ›Romanzen vom Rosenkranz‹. – Juni: Rheinreise mit Achim von Arnim. – Juni/Juli:
Verliebt in Benedikte Korbach und Johanna (Hannchen) Kraus.
– September: Schreibt »jetzt an einem Buch« ›Der alte Ritter und
die Seinigen‹, der später ›Chronika‹ genannten Erzählung. – Anfang November (bis Anfang Januar 1803): Brentano in Düsseldorf, wo er in vier Tagen das Singspiel ›Die Lustigen Musikanten‹ niederschreibt. – 10. Dezember: Durch einen Brief seines
Bruders Christian wird die Verbindung zwischen Sophie Mereau und Brentano wieder angeknüpft.

1803   Ostermesse: ›Die Lustigen Musikanten‹ erscheinen in Frankfurt.
        – Mitte Mai: Wiedersehen und Versöhnung mit Sophie Mereau
        in Weimar. – September: Brentanos ›Ponce de Leon. Ein Lust-
        spiel‹ erscheint in Göttingen. – 29. November: Brentano und So-
        phie Mereau werden in Marburg getraut, wo sie sich für die
        nächste Zeit niederlassen.

1804   11. Mai: Geburt eines Sohnes, der am 19. Juni stirbt. – Ende Au-
        gust/Anfang September: Umzug nach Heidelberg. – 8. Septem-
        ber: Brentano liest aus der ›Chronika eines fahrenden Schülers‹
        einen Teil vor, der die Zuhörer sehr ergötzt. – 25. Oktober:
        Brentano erwähnt die »erst wenig Bogen« umfassende ›Chro-
        nika eines fahrenden Schülers‹ erstmals unter dem endgültigen
        Titel. – Ende Oktober: Reise nach Berlin zu Arnim. – Novem-
        ber/Dezember: Arnim und Brentano beginnen mit der Arbeit an
        einem ›Volksliederbuch‹, dem später so genannten ›Wunder-
        horn‹.

1805   13. Mai: Geburt einer Tochter, die am 17. Juni stirbt. – Septem-
        ber: Der erste Band von ›Des Knaben Wunderhorn. Alte deut-
        sche Lieder gesammelt von L. Achim von Arnim und Clemens
        Brentano‹ erscheint, vordatiert auf ›1806‹, mit einer Widmung an
        Goethe. – Dezember: Arbeit an den ›Romanzen vom Rosen-
        kranz‹, an der ›Chronika eines fahrenden Schülers‹ sowie erst-
        mals an den »italiänischen Kindermärchen« von Giambattista
        Basile.

1806   Ende Oktober: Joseph Görres kommt als Dozent der philoso-
        phischen Fakultät an die Universität nach Heidelberg. – 31. Ok-
        tober: Brentanos Frau Sophie Mereau stirbt an der Totgeburt ih-
        res dritten Kindes.

1807   Mitte April: Die gemeinsam mit Görres verfaßte Scherzschrift
        ›Entweder wunderbare Geschichte von BOGS dem Uhrma-
        cher…‹ erscheint anonym in Heidelberg. – Um den 1. Mai:
        Brentano trifft »mit Sack und Pack« in Frankfurt ein. – Juli: Lie-
        besaffäre mit der sechzehnjährigen Auguste Bußmann, der
        Nichte des Frankfurter Bankiers Simon Moritz von Bethmann. –
        24. Juli: Bei einem Begrüßungsempfang der deutschen Fürsten
        für Napoleon im Frankfurter Palais Thurn und Taxis fällt Augu-
        ste Bußmann in aller Öffentlichkeit Brentano um den Hals. –

Ende Juli: ›Gegenseitige Entführung‹ der beiden aus Frankfurt nach Kassel, wo sie bei Verwandten Brentanos aufgenommen werden. – 21. August: Brentano und Auguste Bußmann werden in Fritzlar katholisch getraut.

1808   Anfang April bis Ende August: In der von Arnim herausgegebenen ›Zeitung für Einsiedler‹ erscheinen viele Beiträge Brentanos. – Ende April: Rückkehr Brentanos nach Heidelberg. – September: Band II und III des ›Wunderhorns‹ erscheinen sowie – als ›Anhang zum Wunderhorn‹ – die allein von Brentano herausgegebenen ›Kinderlieder‹. – Mitte Oktober: Brentano zieht mit seinem Schwager Savigny nach Landshut, wo er die Bekanntschaft des Mediziners Johann Nepomuk Ringseis und des Theologieprofessors und späteren Regensburger Bischofs Johann Michael Sailer macht.

1809   Februar/März: Nach mehreren Selbstmordvortäuschungen seiner Frau sucht Brentano Zuflucht bei einem Exbenediktiner in Stallwang, von wo er Ende März – nachdem Auguste die gemeinsame Wohnung und Bayern verlassen hat – wieder nach Landshut zurückkehrt. – Ende Juli: Brentano verläßt Landshut und reist über Nürnberg, Bamberg, Jena und Halle nach Berlin, wo er Mitte September eintrifft. – Während seines ersten längeren Aufenthalts in Berlin unterhält Brentano Kontakte zu zahlreichen Literaten, Gelehrten und Künstlern wie etwa: Adelbert von Chamisso, Joseph und Wilhelm von Eichendorff, Franz Horn, Wilhelm von Humboldt, Heinrich von Kleist, Adam Müller, Karl Friedrich Schinkel.

1810   19. Juli: Tod der Königin Luise von Preußen, auf deren Ableben Brentano eine Trauerkantate schreibt. – Oktober bis Dezember: Mitarbeit an Kleists ›Berliner Abendblättern‹. – 29. Oktober: Offizieller Beginn des Lehrbetriebs an der Universität in Berlin. – 2. Dezember: Philipp Otto Runge, mit dem Brentano seit Anfang des Jahres korrespondiert, stirbt in Hamburg. – 19. Dezember: Brentano veröffentlicht einen Nachruf auf Runge in den ›Berliner Abendblättern‹.

1811   Anfang Januar: Abschluß des ›Märchens von dem Rhein und dem Müller Radlauf‹. – 18. Januar: Achim von Arnim gründet in Berlin die ›Christlich-deutsche Tischgesellschaft‹, in der Brentano lange Zeit das Amt des Schreibers, des Protokollführers versieht und in der er im März seine Philister-Satire vorträgt. – 11. März: Achim von Arnim und Brentanos Schwester Bettine heiraten. – Mai: Brentanos Philister-Satire erscheint anonym im Druck. – Ende Juli: Brentano reist aus Berlin nach Bukowan in Böhmen ab, um dort seinem Bruder Christian bei der Verwaltung des Brentanoschen Schloßgutes zu helfen. – Anfang August 1811 bis Anfang Juli 1813: Brentano in Böhmen; abwechselnd in Bukowan und Prag, zumeist jedoch in Prag. – Oktober: Freundschaftliche Beziehung zu Karl August Varnhagen. – Oktober/November: Brentano ist »drei Wochen ernsthaft« in die Prager Schauspielerin Auguste Brede »verliebt«. – Arbeit an dem Fragment gebliebenen Roman ›Der schiffbrüchige Galeerensklave vom Toten Meer‹. – Ende Dezember: Beginn der Arbeit an dem Trauerspiel ›Aloys und Imelde‹.

1812   Anfang des Jahres: Erste Arbeiten an dem Drama ›Die Gründung Prags‹. – April: »Zwei Trauerspiele« (die ersten Fassungen von ›Aloys und Imelde‹ und der ›Gründung Prags‹) sowie »drei Märchen« aus dem Zyklus der Rheinmärchen hat Brentano den Winter über in Prag fertiggestellt. – Um den 24. April: Wegen eines wahrscheinlich in antisemitischem Ton abgefaßten Briefes an Rahel Levin erhält Brentano von deren späterem Mann, Karl August Varnhagen, »zwei gewaltige Ohrfeigen«. – Scheidung Brentanos von seiner zweiten Frau im Laufe des Jahres.

1813   Ende Juni/Anfang Juli: Aussöhnung zwischen Rahel Levin und Brentano. – 5. Juli: Brentano reist von Prag nach Wien ab. Verkehrt dort in den Kreisen um Adam Müller, Caroline Pichler und den Redemptoristenpater Clemens Maria Hofbauer. – 16. bis 19. Oktober: Völkerschlacht bei Leipzig. Sieg der Verbündeten über Napoleon. – Ende Oktober: Abschluß der Arbeit an dem patriotischen Festspiel ›Victoria und ihre Geschwister‹, das 1817 im Druck erscheint.

1814   1. Januar: Rheinübergang der preußischen Armee unter Blücher. Daraufhin schreibt Brentano Mitte Januar »in wenigen Stunden« das kleine Festspiel ›Am Rhein, am Rhein!‹ – Januar bis Februar: Theaterkritiken Brentanos für den neugegründeten ›Dramaturgischen Beobachter‹. – 18. Februar: Brentanos Stück ›Valeria oder Vaterlist‹, die Bühnenfassung seines Lustspiels ›Ponce de Leon‹, fällt am Wiener Burgtheater durch. – Ende April/Anfang Mai: Nach dem Scheitern seiner Bemühungen, Theaterdichter des Burgtheaters zu werden, verläßt Brentano Wien. – Mitte September bis November: Brentano auf Arnims Landsitz in Wiepersdorf, wo er an der Erzählung ›Die Schachtel mit der Friedenspuppe‹ arbeitet. – Oktober: ›Die Gründung Prags‹ erscheint mit der Jahreszahl ›1815‹. – 12. November: Ankunft Brentanos in Berlin, wo er die nächsten vier Jahre bleibt. – Ende des Jahres: Studium der Architektur unter Schinkels Anleitung.

1815   Januar: ›Die Schachtel mit der Friedenspuppe‹, Brentanos erste gedruckte Erzählung, erscheint in der Wiener Zeitschrift ›Friedensblätter‹. – Januar/Februar: Unterricht in Algebra und Geometrie. – Februar/März: Deutliche Indizien einer Lebens- und Schaffenskrise. – Oktober/November: Neue Tätigkeit Brentanos als Mitarbeiter an der Spenerschen Zeitung.

1816   Januar: Gründung der ›Maikäfer‹, einer literarisch-politischen Abendgesellschaft, zu deren »stehenden Mitgliedern« u. a. die Brüder Ludwig und Leopold von Gerlach und Brentano gehören. – Anfang Februar: Brentano hört (wohl zum ersten Mal) von der stigmatisierten Nonne Anna Katharina Emmerick in Dülmen. – Juni/Juli: Savigny und Brentano erhalten von Johann Nepomuk Ringseis Berichte über die bayrische Erweckungsbewegung, an deren Verbreitung in Berlin Brentano tatkräftig mitwirkt. – 10. Oktober: Vermutlich erste Begegnung mit Luise Hensel. – Die Phase der Hensel-Lyrik beginnt. – Ende Dezember: Brentano macht Luise Hensel einen Heiratsantrag.

1817   27. Februar: Generalbeichte Brentanos. – Ende März: Brentanos Edition der ›Trutznachtigall‹ von Spee erscheint. – 27. Juni: Im Berliner Freundeskreis liest Brentano »die Geschichte vom Casper und Annerl und die alte Großmutter« vor, die im gleichen Jahr im Druck erscheint. – Juli bis August 1818: In der Berliner Zeitschrift ›Der Gesellschafter‹ veröffentlicht Brentano eine Reihe von Beiträgen, darunter in Fortsetzungen die Erzählungen ›Die drei Nüsse‹ (August 1817) und ›Die mehreren Wehmüller und ungarischen Nationalgesichter‹ (September/Oktober 1817).

1818   Neujahr: ›Aus der Chronicka eines fahrenden Schülers‹, die
        zweite Fassung von Brentanos ›Chronika‹, erscheint als Frag-
        ment in dem Almanach ›Die Sängerfahrt‹. – 14. September: Ab-
        reise von Berlin nach Dülmen (bei Münster) zu Anna Katharina
        Emmerick. – 24. September: Ankunft in Dülmen. Beginn der
        Tagebuchaufzeichnungen. In der Verarbeitung der Emmerick-
        Aufzeichnungen zu einer historisch-symbolischen Biographie
        des Lebens Jesu sieht Brentano später seine große »Lebensauf-
        gabe«. – November: Bekanntschaft mit der Familie Anton Die-
        penbrocks in Holtwick bei Bocholt. Lebenslange Freundschaft
        Brentanos mit dessen Kindern Melchior und Apollonia. – 7. De-
        zember: Konversion Luise Hensels zur katholischen Kirche.

1819   12. Januar: Auf die Nachricht von der ›eigenmächtigen‹ Konver-
        sion seiner Freundin bricht Brentano zu der »üblen Brautfahrt«
        nach Berlin auf. – Januar bis Mai: ›Wende‹ in Brentanos Leben:
        ernstgemeinter, aber nicht endgültiger Abschied vom Glanz und
        Elend weltlichen Dichtertums und Hinwendung zur neuen Auf-
        gabe des poeta vates, des religiös-prophetischen Dichters. – An-
        fang April: Entschluß zum Verkauf seiner Bibliothek, mit Aus-
        nahme der theologischen Bücher. – Anfang Mai: Rückkehr nach
        Dülmen, wo Brentano – einige Unterbrechungen abgerechnet –
        bis zum März 1824 bleibt. – 7. bis 29. August: Staatliche Unter-
        suchung der Stigmata A. K. Emmericks. – 13./14. Dezember:
        Versteigerung der Bibliothek Brentanos in Berlin. – 28. Dezem-
        ber bis 21. August 1821: Brentanos Bruder Christian in Dülmen.

1820   Januar bis August 1822: Brentano experimentiert mit der Reli-
        quienerkenntnis A. K. Emmericks. – Ende Juli/Anfang August:
        Protokoll-Fragment Brentanos »über die Reliquien-Erkennt-
        nis« der Emmerick.

1822   Mitte Mai bis 20. Juni: »Wegen seiner hier unnöthigen Gegen-
        wart« verläßt Brentano Dülmen für etwa sechs Wochen, die er
        vor allem in Bonn und Köln verbringt.

1823   Mai: A. K. Emmerick wird »schrecklich krank«, ihre »Mitthei-
        lungen« erlöschen »ganz«. – 9./10. Juni bis Mitte Oktober: Ab-
        wesenheit Brentanos von Dülmen. – Juli bis Ende September:
        Brentano in Frankfurt, wo er den Historiker Johann Friedrich
        Böhmer kennenlernt.

1824   9. Februar: Tod Anna Katharina Emmericks, nach dem für Brentano wieder ein unstetes Wanderleben beginnt: Bocholt, Bonn,
Winkel im Rheingau und Wiesbaden sind die Stationen in diesem
Jahr, in dem Brentano die sichtende und ordnende Arbeit am
umfangreichen Emmerick-Material aufnimmt.

1825   Jahresanfang: Übersiedlung nach Frankfurt. – April: Bekanntschaft mit dem Koblenzer Stadtrat und Fabrikanten Hermann
Joseph Dietz, der Brentano für das im Aufbau befindliche Koblenzer Bürgerhospital interessiert. – Anfang Mai: Brentano zieht
nach Koblenz zu Dietz, in dessen Haus er bis Mai 1828 wohnt. –
Sommer: Arbeit an einem »Register über den ungeheueren
Schatz der Mittheilung der verstorbenen Emmerick«. – Septem-
ber/Oktober: Reise nach Straßburg und in die Schweiz.

1826   Mit einem Vorwort Brentanos, übersetzt von Melchior Diepen-
brock erscheint anonym in Koblenz: ›Fenelon's Leben, aus dem
Französischen des Ritters von Ramsay übersetzt‹. – 31. Dezem-
ber: Ohne Wissen des Autors läßt J. F. Böhmer ein Fragment aus
Brentanos ›Märchen vom Rhein‹ anonym in der Frankfurter
Zeitschrift ›Iris‹ erscheinen.

1827   17. bis 20. Januar: Von Brentano erscheint in der ›Iris‹ das ›Märchen von dem Myrtenfräulein‹. – 5. Februar: Brentano unterbin-
det die weitere unbefugte Publikation seiner Märchen, stellt jedoch für die Zukunft eine Sammelausgabe der Märchen in Aussicht. – März/April: Mit Dietz auf einer Inspektions- und Infor-
mationsreise in Frankreich, um den Orden der Barmherzigen
Schwestern näher kennenzulernen. – 4. November: Brentano
bemüht sich um Literatur zum Orden der Barmherzigen Schwestern, über die er eine ordensgeschichtliche Studie vorbereitet.

1828   Mai: Brentano quartiert sich bei Apollonia Diepenbrock und de-
ren Vater ein, die von Bocholt nach Koblenz umgezogen sind. –
Von August bis Dezember: Reise in die Schweiz, anschließend
Aufenthalt in Frankfurt. – Ende Dezember: Rückkehr nach
Koblenz. – In der Zeitschrift ›Der Katholik‹ erscheinen im Laufe
des Jahres vier anonyme Beiträge Brentanos.

1829   Frühjahr: Abschluß der Arbeit an den ›Barmherzigen Schwestern‹. – Anfang Juni: Brentano verlegt seinen Wohnsitz von
Koblenz nach Frankfurt. – Im Laufe des Jahres erscheinen von

Brentano: anonyme Beiträge in der von Melchior Diepenbrock herausgegebenen Sammlung ›Geistlicher Blumenstrauß aus spanischen und deutschen Dichter-Gärten‹ sowie seine zusammen mit Anna von Hertling bearbeitete Ausgabe von Friedrich Spees ›Goldnem Tugendbuch‹.

1830 Mitte Februar bis Anfang März: Aufgrund von Brief- und Zeitungsberichten über die Treibeiskatastrophe an der Mosel verfaßt Brentano zu karitativen Zwecken ›Das Mosel-Eisgangs-Lied‹, das Anfang April anonym in Frankfurt erscheint. – Vor Weihnachten: Mit einer anonymen Einleitung Brentanos erscheinen ›Die Parabeln des Vaters Bonaventura‹ in der Übersetzung Anna von Hertlings. Der Band figuriert als »Erste Lieferung« der von Brentano seit längerem geplanten Bibliothek katholischer Unterhaltungsliteratur.

1831 21. Januar: Tod Achim von Arnims. – Herbst: Die Cholera erreicht Berlin. – Erste Oktoberhälfte: Brentanos karitative Werbeschrift ›Die Barmherzigen Schwestern in Bezug auf Armen- und Krankenpflege‹ erscheint anonym; durch das Auftreten der Cholera in Deutschland gewinnt das Buch große Aktualität.

1832 17. April: Auguste Bußmann, 1812 von Brentano geschieden, seit 1816 wieder verheiratet, ertränkt sich im Main. – 20. Mai: Tod des Regensburger Bischofs Johann Michael Sailer. – Ende Juni/Anfang Juli: Brentano übersiedelt von Frankfurt nach Regensburg, wo er Melchior Diepenbrock, der Sailers Privatsekretär war und seit 1830 Domherr in Regensburg ist, bei der Abfassung einer Sailer-Biographie behilflich sein will. Seine literarische Haupttätigkeit in der Regensburger Zeit besteht jedoch in der Ausarbeitung und Veröffentlichung der Passionsbetrachtungen A. K. Emmericks.

1833 August/September: Brentanos Passionsbuch, das ein Welterfolg wird, erscheint anonym unter dem Titel ›Das bittere Leiden unsers Herrn Jesu Christi. Nach den Betrachtungen der gottseligen Anna Katharina Emmerich [...] nebst dem Lebensumriß dieser Begnadigten‹. – 22./24. September: Nach dem Erscheinen seines Buches übersiedelt Brentano von Regensburg nach München, wo er den Rest seines Lebens verbringt. – Mitte Oktober: Bekanntschaft mit der Basler Malerin Emilie Linder, der letzten großen Liebe seines Lebens.

1834 Januar: Beginn der sog. Linder-Lyrik Brentanos, der für Emilie Linder geschriebenen erotisch-religiösen Gedichte. – Weihnachten: Wie in den folgenden Jahren feiert Brentano das Weihnachtsfest bei E. Linder.

1835 April: Überarbeitung des ›Märchens von Fanferlieschen Schönefüßchen‹. – Ende Dezember: Brentano arbeitet an der erweiterten Spätfassung seines ›Märchens von Gockel, Hinkel und Gakkeleia‹.

1836 Mitte Dezember: Das Manuskript der erweiterten Fassung des Gockelmärchens ist abgeschlossen.

1837 Anfang Juli: Brentano arbeitet am zweiten Hauptwerk der drei von ihm geplanten Emmerickbücher, am ›Leben der heil. Jungfrau Maria‹, das postum (1852) erscheint. – August: Brentano gewinnt in dem Maler Edward Steinle einen neuen Freund. – Herbst: ›Gockel, Hinkel, Gackeleia. Mährchen, wieder erzählt von Clemens Brentano‹ erscheint mit dem Impressum ›Frankfurt bei Schmerber. 1838‹. – Wahrscheinlich nach Abschluß des großen Gockelmärchens: Beginn der Arbeit an den ›Lehrjahren Christi‹, dem Mittelteil der geplanten Leben-Jesu-Trilogie.

1838 Juli: Endredaktion der ›Lehrjahre Christi‹. – November: Angeregt durch eine Zeichnung Edward Steinles beginnt Brentano, die Legende von der heiligen Marina »in ein Gedicht zu bringen«.

1839 November/Dezember: Vorschlägen und Plänen von Verlegern und Freunden, eine Sammelausgabe seiner Werke zu veranstalten, erteilt Brentano eine Absage. – 31. Dezember: Die Jahresendabrechnung für Brentanos Konto weist das Guthaben von fast 62 000 Gulden aus.

1840 Januar: Pläne Brentanos zur Veröffentlichung der Rheinmärchen. – Sommer: Druckbeginn des ›Lebens der heil. Jungfrau Maria‹, von dem in den folgenden zwei Jahren – bis zu Brentanos Tod – 14 Bogen gedruckt werden.

1841 Februar/März: Die ›Legende von der heiligen Marina, ein Gedicht von Clemens Brentano‹, erscheint in München. – Juli: Begegnungen mit Justinus Kerner, den Brentano am 25. Juli »auf der Eisenbahn« nach Augsburg begleitet. – Ende August bis Ende November: Reise zu den Verwandten nach Frankfurt, wo Brentano viele alte Bekannte und Freunde trifft, ein Konzert von Franz Liszt besucht, Ferdinand Freiligrath persönlich kennenlernt und sowohl aus den Emmerick-Büchern wie auch aus seiner Erzählung von den ›Mehreren Wehmüllern und ungarischen Nationalgesichtern‹ vorliest.

1842   Ende Januar: Brentanos Gesundheitszustand verschlechtert sich: er hat »geschwollene Füße«, ein Symptom für beginnende »Wassersucht«. – Juni: In seinem Testament ernennt Brentano seinen Bruder Christian zum Universalerben, jedoch mit der Verpflichtung, seiner Schwester Bettine von Arnim von einem Drittel seines Vermögens die Zinsen zu entrichten. – 12. Juli: Christian Brentano holt seinen schwerkranken Bruder Clemens von München zu sich nach Aschaffenburg. – 28. Juli: Brentano stirbt im Haus seines Bruders in Aschaffenburg.

Anmerkungen

›Die Chronika des fahrenden Schülers‹

(Urfassung)

(Seite 7–78)

Erstdruck (der Urfassung nach der Handschrift Brentanos): Clemens Brentano: Die Chronika des fahrenden Schülers. Urfassung. (Hrsg. von Joseph Lefftz.) Leipzig 1923. [Diesen Druck edierte Lefftz nach dem Anfang der zwanziger Jahre aufgefundenen Originalmanuskript Brentanos, das sich heute in der Sammlung Martin Bodmer (Genf) befindet. Nach einer wenig getreuen, von unbekannter Hand besorgten Abschrift, die eine eigenmächtige »Umarbeitung und Fälschung« (J. Lefftz im Anhang seiner Chronika-Ausgabe von 1923, S. 82) des Originalmanuskripts darstellt, ist die Urfassung der ›Chronika‹ zum ersten Mal bereits 1880/81 herausgegeben worden in: Stimmen aus Maria-Laach 19, 1880, S. 320–330, 472–487; 20, 1881, S. 57–71, 183–198, 511–533. Diese nach Brentanos Tod hergestellte, durch Eingriffe und Abänderungen entstellte Fassung ist textkritisch ohne Belang.]

Textvorlage: Werke II, S. 518–596.

Entstehung: Von den Erzählungen Brentanos weist die Fragment gebliebene Urfassung der ›Chronika‹ die längste Entstehungszeit auf. Während Brentano an den anderen Geschichten (wenn nicht alles täuscht) zumeist nur einige Wochen oder höchstens einmal wenige Monate arbeitete, beschäftigte ihn die – freilich immer wieder längere Zeit unterbrochene – Arbeit an der Ur-Chronika für mehrere Jahre.

    Das erste einschlägige Dokument zur Entstehungsgeschichte der ›Chronika‹ ist – abgesehen von einem Hinweis auf das »selbstgeschriebene Tagebuch« eines Straßburger Künstlers in Brentanos Roman ›Godwi‹ (vgl. Werke II, S. 265) – ein Brief Brentanos vom 28. Februar

1802 an den Verleger Friedrich Wilmans, dem er »ein kleines Büchelgen« vorschlägt, welches »das erste seiner Gattung« sei: »es heißt, – der
arme Heinrich – und besteht in einzelnen Szenen des Lebens eines
Augsburger Edelmanns und seiner drei Töchter, dieses Buch ist für ein
allgemeines Lesebuch aller guten frommen Menschen und besonders
für Töchter von 10–14 Jahren berechnet, und ich verspreche mir viel davon« (zitiert nach: Vordtriede, S. 145).

Mit der Niederschrift der Urfassung hat Brentano dann im Spätsommer 1802 begonnen: »Ich schreibe jetzt an einem Buch ›Der alte Ritter
und die Seinigen‹, es sind einfache, fromme Geschichten an einander ge-
reiht« (Brief Brentanos an Achim von Arnim vom 6. September 1802;
zitiert nach: Seebaß I, S. 142). In einem Brief taucht der endgültige Titel
›Chronika‹ zum ersten Mal am 25. Oktober 1804 auf, an dem Brentano
seinem Freund Arnim schreibt, er wolle seine »erst wenig Bogen« umfassende ›Chronika eines fahrenden Schülers‹ unter dessen »Leitung« in
Berlin fortsetzen (vgl. Seebaß I, S. 248). Auf Anraten Arnims nimmt sich
Brentano dann Ende 1805/Anfang 1806 die ›Chronika‹ wieder vor (vgl.
Brentanos Briefe an Arnim vom 23. Dezember 1805 und vom 1. Januar
1806; Seebaß I, S. 291, 298), wobei er die bisherigen Niederschriften aus
den Jahren 1802–1804/05 nicht nur überarbeitet, sondern auch um neu-
geschriebene Textteile erweitert haben dürfte.

Ob sich Brentano nach dem Tod seiner ersten Frau (31. Oktober
1806), der für ihn ein einschneidendes Ereignis war, noch intensiver
mit der Urfassung der ›Chronika‹ beschäftigt hat, läßt sich nicht belegen. Der letzte Textteil der Ur-Chronika, die Parabel ›Von dem traurigen Untergang zeitlicher Liebe‹, könnte »um das Jahr 1810« entstanden sein (J. Lefftz in der ›Einführung‹ zu seiner Chronika-Ausgabe, S. XIV; vgl. auch Preitz I, S. 241): In dieser Zeit befaßt sich
Brentano, wie sein großer Bekenntnisbrief an Philipp Otto Runge
vom 21. Januar 1810 dokumentiert (vgl. Seebaß II, S. 7), intensiv mit
den apokalyptischen Motiven vom bitteren Brunnen und vom Stern
Wermut, mit einem Motivkomplex, dem in der Parabel große Bedeutung zukommt.

Quellen: An Quellen, die Brentano für die ›Chronika‹ verwertet hat,
lassen sich in den 1819 und 1853 versteigerten Bibliotheken Brentanos
folgende Werke nachweisen: Die von J. F. Faust herausgegebene Lim-

burger Chronik (zum genauen Titel vgl. Abkürzungsverzeichnis
›Faust‹) in der Ausgabe: Wetzlar 1720 (vgl. Gajek, S. 81, Nr. 521 des
Versteigerungskatalogs von 1819); die Beschreibung des Straßburger
Münsters von Oseas Schadaeus (vgl. Gajek, S. 229, Nr. 1481 des Katalogs von 1853; zum Titel vgl. Abkürzungsverzeichnis); die ›Elsässische
und Straßburgische Chronik‹ von Königshoven in der Ausgabe von
Schilter (vgl. Gajek, S. 273, Nr. 2262 des Katalogs von 1853; zum genau-
eren Titel vgl. Abkürzungsverzeichnis ›Schilter‹). – Darüber hinaus hat
Max Preitz (I, S. 242) das folgende Werk des Abbé Grandidier als Quelle
für die ›Chronika‹ angegeben: Essais historiques et topographiques sur
l'église cathédrale de Strasbourg (1782). Dieser Titel findet sich allerdings nicht in den 1819 und 1853 versteigerten Bibliotheken Brentanos.
Brentanos Quellennotizen zur ›Chronika‹ hat Joseph Lefftz 1923 in seiner Ausgabe der Urfassung abgedruckt (vgl. S. 85 f.).

Seite

7   *da man zählte nach Christi… Geburt:* Vgl. Schadaeus (S. 11, 15):
      »Da man nuhn zahlte 1015. Jahr nach Christi Geburt« – »als man
      zahlte nach Christi geburt 1339. Jahr«.
      Johannes: Als Anreger für die Namensgebung der Hauptfigur der
      ›Chronika‹ kommen folgende Gestalten in Betracht: Johannes
      Evangelista, der Verfasser der Apokalypse, der in der Urfassung
      der ›Chronika‹ als eigentlicher Namenspatron des fahrenden
      Schülers anzusehen ist (vgl. Anm. zu S. 15 ›St. Johannes‹); Johan-
      nes der Täufer; Johannes Chrysostomus, der griech. Kirchenva-
      ter, der in der Spätfassung der ›Chronika‹ (vgl. S. 240) ausdrück-
      lich als »Patron« des Schreibers Johannes angegeben wird; und
      nicht zuletzt der vermeintliche Verfasser der Limburger Chronik,
      deren erster Herausgeber, J. F. Faust, sie in seiner unpaginierten
      ›Zueignungs-Schrifft‹ als »eines Notarii oder Schreibers der Stadt
      Limpurg auff der Lahn / Johannes genannt / Geschicht-Büchlein«
      bezeichnet. Auch im Text der Limburger Chronik ist einmal von
      dem »Schreiber Johann« als dem »Author dieses Tractätleins« die
      Rede (Faust, S. 79, § 137).
      Wammes: »Eine kurze Bekleidung des Leibes, welche man ehe-
      dem unter dem Mantel trug, den Leib bis auf die Hüften bedeckt,
      und Ärmel und kurze Schöße hat.« (Adelung IV, Sp. 1374)

8   *Ich fand mich gleich einem neugebornen Kindlein:* Am Morgen
     neu geboren zu werden ist eine Lieblingsvorstellung Brentanos
     (vgl. Werke II, S. 30, 102).

9   *König Asverus:* Gemeint ist der persische König Xerxes (485–465
     v. Chr.). Seine hebräische Namensform lautet Ahasverus. Von
     seinem Zorn über den Ungehorsam der Königin Vasthi berichtet
     das Buch Esther (1, 12).
     Susan: Susa (in der Bibel: ›Susan‹; vgl. Nehemia 1, 1; Esther 1, 2),
     Residenz der persischen Könige.
     Die gewaltige Künstlichkeit dieses… Turmes: Vgl. den Titel des
     Münsterbüchleins von Schadaeus: ›Außführliche und Eigendtli-
     che Beschreibung deß viel Künstlichen / sehr Kostbaren / und in
     aller Welt berühmten Münsters zu Straßburg‹.

10   *den ungeheuren Turm ansehe… durch vieler Menschen Hände*
     vollendet… stolz und eisern: Nach Wille (1970, S. 140) wendet
     sich Brentano »in der Darstellung des Straßburger Münsterturms
     ganz vom Prinzip der Naturnachahmung ab«, übernimmt Bren-
     tano hier »das Motiv vom babylonischen Turm am Rhein«, zer-
     stört er »die Legende, daß ein einziger Baumeister den Turm voll-
     endet habe«.
     eisern: »Fest, dauerhaft, im gemeinen Leben« (Adelung I,
     Sp. 1776).
     Drangsal: »Bedrückung, Bedrängung, in der figürlichen Bedeu-
     tung. […] Ingleichen die dadurch verursachte schmerzhafte Emp-
     findung. […] In beyden Bedeutungen fängt dieses Wort an zu ver-
     alten.« (Adelung I, Sp. 1537 f.)
     duftigen: nebeligen.
     In süßen Freuden geht die Zeit: Vers eines bisher nicht nachgewie-
     senen Wächterliedes, der nach Walheim (1912, S. 308) »vielleicht
     an das bekannte ›In dulci jubilo‹« anknüpft.

12   *ein kleines Buch:* Das Buch ist ein kennzeichnendes Attribut des
     Evangelisten Johannes, der als Namenspatron des fahrenden
     Schülers Johannes zu betrachten ist (s. u. zu S. 15).

13   *genießen kann:* Nutzen davon haben kann.
     gar arme Frau: sehr arme Frau.

14   *Es sang vor langen Jahren…:* Nach Brentanos Brief an Arnim
     vom 6. September 1802 ist dieses vielinterpretierte Gedicht im Zu-

sammenhang mit der Urfassung der ›Chronika‹ im Sommer 1802
entstanden (vgl. Seebaß I, S. 142). Zu den anderen Fassungen dieses Liedes vgl. Werke I, S. 1058 f.

Hier spinn ich so allein… weinen: Vgl. die Parallele in Brentanos
Roman ›Godwi‹: »und setzte mich dann an ihr künstliches
Spinnrad […], und spann, indem ich heftig weinte« (Werke II,
S. 162).

Ich sing und möchte weinen: Reminiszenz an den Eingangsvers eines Tageliedes des Meisters Walther von Breisach: »Ich singe und
sollte weinen« (vgl. Texte zur Geschichte des deutschen Tageliedes. Hrsg. von Friedrich Ranke. Bern 1947, S. 22).

15   *St. Johannes, meinem Patron:* Nach Elisabeth Stopp (vgl. Stopp
1971, Nachwort, S. 113) ist Johannes Evangelista, der Lieblings-
jünger Christi, der Mystiker, Chronist und Verfasser der Apoka-
lypse, der Namenspatron des fahrenden Schülers.
Anliegen: »Was einem anliegt, d. i. am Herzen liegt, und die dadurch verursachte Empfindung, Sorge, Verlangen, Bekümmer-
niß.« (Adelung I, Sp. 337)
*Sankt Georgen Bild… Mantel zerschneidet und einem Armen die
eine Hälfte reicht:* Verwechslung mit dem hl. Martin, von dem die
Legende eine solche Begebenheit berichtet. Der Mantel ist das den
hl. Martin kennzeichnende Attribut.

17   *heiligen Hubertus:* Schutzherr der Jagd und Beherrscher des Wal-
des. Das Attribut des hl. Hubertus, der Hirsch mit dem Kreuz im
Geweih, entstammt der Legende des 15. Jahrhunderts, die den
Zug vermutlich aus der Legende des hl. Eustachius entlehnt hat.

18   *bestreiten:* bekämpfen.

19   *künstlicher Mann:* kunstfertiger, in der Kunst, d. h. der Fertigkeit
des Jagens und Vogelstellens geübter und begabter Mann, wobei
diese Fertigkeit mit »Mühe, Fleiß und Nachdenken verbunden«
ist (vgl. Adelung II, Sp. 1831 f., 1835).
kümmerte er sich darum: machte er sich Kummer darüber.
Edelfrau: »Eine adelige Frau, in der gemeinen Sprechart.« (Adelung I, Sp. 1637)

20   *Reisigen:* Reiter, Soldaten zu Pferd.

21   *sorgsam:* Sorge habend, empfindend.

22   *aus einer grünen Maie:* die Maie, »Zweige frisch ausgeschlagener Birkenbäume, so fern selbige im Frühlinge bey festlichen Gelegenheiten« gebraucht werden (Adelung III, Sp. 128).

     Ich will des Mais mich freuen: Vgl. den ersten Vers des ›Wunderhorn‹-Liedes ›Abt Neithards und seiner Münche Chor‹: »Ich will mich aber freuen gegen diesen Mayen.« (FBA 6, S. 97)

     zu der Maien: Die Maie, d. h. der Maibaum, wurde in der geistlichen Prosa des Mittelalters als Symbol für das Kreuz Christi verwendet.

     O Maie, die ich meine: die »Maie des heiligen Kreuzes«, wie es im nachfolgenden Prosatext der ›Chronika‹ heißt.

23   *Vermögen:* »In der engsten Bedeutung ist das Vermögen [...] derjenige Vorrath an Geld und Geldeswerth, welchen jemand eigenthümlich besitzet.« (Adelung IV, Sp. 1097)

24   *hörte ihn Beicht:* »Einem Beicht hören, oder einem Beicht sitzen, dessen Beicht anhören.« (Adelung I, Sp. 818) Hiernach wäre ›ihn‹ in Brentanos Text durch ›ihm‹ zu verbessern.

24 f. *Falken, der saß ... auf der Lehne seines Sessels:* Auch weiter unten betont Brentano die Anhänglichkeit des Falken (vgl. S. 27), der zur Tochter des gestorbenen Vogelstellers zurückkehrt und »sich sehr freundlich« gegen diese bezeigt. In Emblemen – Brentano besaß eine große Sammlung von Emblembüchern (vgl. Gajek, S. 304–307) – heißt es vom Falken, der zu seinem Herrn zurückkehrt, daß er den freiwilligen Gehorsam und die Anhänglichkeit versinnbildliche. Der Text der subscriptio eines Falken-Emblems von J. Camerarius lautet: »Aus eigenem Willen kehre ich zurück, wenn ich den Sieg errungen habe; nicht Gewalt ruft mich, sondern Anhänglichkeit an den Falkner.« (Zitiert nach: Zimmermann 1971, S. 246)

25   *Leiche:* »Figürlich, das Leichenbegängniß, eine nur in einigen Gegenden übliche Bedeutung. [...] Doch sagt man auch im Hochdeutschen, zur Leiche bitten [...]. Zur Leiche gehen.« (Adelung II, Sp. 2000)

27   *bezeugte:* betrug, bezeigte.

     Knappe: »In weiterer Bedeutung kommen auch die Dienstmänner, welche sich gegen ein Lehen zu gewissen Hofdiensten verbanden, und in noch weiterer Bedeutung alle männliche Personen

von niederm Adel, in den mittlern Zeiten [im Mittelalter] unter
dem Nahmen der Knappen vor.« (Adelung II, Sp. 1651)
Ich heiße auch Kilian: Der hl. Kilian ist Bekehrer der Thüringer
und Ostfranken und deshalb Patron des Bistums Würzburg, wo
er auch Schutzheiliger der Winzer ist. Daß der alte, in Franken geborene und lebende Knappe den Namen dieses Heiligen trägt, ist
also kaum zufällig. Wie sein Namenspatron, der hl. Kilian, der danach strebte, dienender Bruder zu sein, hat auch der alte Knappe
eine dienende Funktion.

28 *kindisch seine Freude hatte:* kindlich, innig, nach Art der Kinder
seine Freude hatte.
einschlagen: »Der Absicht gemäß ausfallen [...]. In engerer Bedeutung ohne Nebenwort, für gut einschlagen. Die Sache wollte
mir nicht einschlagen.« (Adelung I, Sp. 1739)

29 *künstlich:* kunstreich, kunstfertig.
Englischen Gruß: Ave Maria; Anfang der Worte, mit denen der
Engel Gabriel bei der Verkündigung der Geburt Jesu die Jungfrau
Maria begrüßte (vgl. Lukas 1, 28 ff.).
sinnreich: »Von Sinn, Kunst, Geschicklichkeit, ingleichen Nach-
denken, wird es auch zuweilen für künstlich gebraucht« (Adelung
IV, Sp. 108); also wie oben: kunstfertig, kunstreich.

31 *an einem Steine:* Felsen. Als ein Konkretum wird Stein »von sehr
großen, zusammen hangenden« Steinen gebraucht, »wo es ehedem für Fels sehr üblich war« (Adelung IV, Sp. 334).

32 *merkwürdige:* »Würdig, oder werth, gemerkt, d.i. im Gedächtnisse behalten zu werden [...]. Ein merkwürdiger Tag.« (Adelung
III, Sp. 183) Diese in der Goethezeit fast allein gebräuchliche Bedeutung hat ›merkwürdig‹ bei Brentano in den meisten Fällen.

33 *als wenn:* es sei denn, daß.
Zehrpfennig: Zehrgeld, ein Almosen zum Unterhalt.

34 *Johannes, mein Schreiber:* Wie Johannes Gensbein, der vermeintliche Verfasser der Limburger Chronik, der wiederholt als
»Schreiber« bezeichnet wird, ist der fahrende Schüler ein »Schreiber« und zwar ein Schreiber in den Diensten des alten Ritters
Veltlin, dessen Töchter er »im Lesen, Schreiben und allen Künsten« (S. 34) unterrichten soll. Die Berufsbezeichnung ›Schreiber‹
ist darüber hinaus »eine Chiffre für die Existenz des Dichters, die

Brentano auch in der ›Geschichte vom braven Kasperl‹ und, auf seine eigene Tätigkeit in Dülmen bezogen, in den Emmerick-schriften verwendet« (Huber 1976, S. 206). Zur Bedeutung der Schreiberrolle im Leben und Werk Brentanos vgl. auch Frühwald 1977, S. 262–264.

34 f. *die größte von den Jungfrauen … Kühnheit aller Gebärden:* Diese Jungfrau heißt Pelagia (vgl. S. 48, 51); sie ist die »jüngste unter den vier Mägdlein« und erscheint doch älter »in Erkenntnis, Rede und Gebärde« (S. 51). Ihre geistige und körperliche Überlegenheit, ihre Vorrangstellung unter den Geschwistern, die sich später auch beim Mittagsmahl (vgl. S. 43) und beim abendlichen Musizieren (vgl. S. 57) zeigt, sind Ausdruck der Berufung Pelagias zum Künstler, der »als Lehrer der Menschheit das ganze Leben zu ver-kündigen« vermag (Huber 1976, S. 97). Pelagia ist als »Verkörpe-rung der romantischen Poesie« (Huber 1976, S. 78), als Repräsen-tantin der poetischen Existenz wie auch als Personifikation des Feuers sowie des cholerischen Charaktertypus anzusehen (vgl. Huber 1976, S. 91–98). Außerdem trägt Pelagia unverkennbar Züge von Brentanos Lieblingsschwester Bettine (schwarze Haare, cholerisches Temperament), die für den Dichter ebenfalls die Poe-sie, die poetische Existenz verkörperte.

35 *Die zweite Jungfrau … das weiße Schleierlein … holdselig an-blickte:* Wie sich später im Text herausstellt, heißt diese Jungfrau Otilia (vgl. S. 40, 43, 49); sie ist nicht nur nach der hl. Otilia, der Patronin des Elsaß, benannt, sondern sie ist eine ausgesprochene Otiliengestalt. Als solche wird sie auch sogleich mit dem Attribut der hl. Otilia, dem Schleier, vorgestellt. Außerdem spielt Bren-tano mit dem Hinweis auf ihren ›holdseligen‹ Blick auf das eigent-liche Kennzeichen der blind geborenen Heiligen an, auf die Au-gen, die Otilia in bildlichen Darstellungen auf einem Buch oder in Händen trägt (vgl. Keller, S. 401).

die andre Jungfrau … die fröhlichste unter allen: Sie heißt Gunde-lindis (vgl. S. 40, 43, 49, 53) und wird später als »fröhliches und frommes Töchterlein« (S. 40) des Ritters sowie als »eine weltliche Braut« (S. 49) charakterisiert. Im Gegensatz zu ihrer Schwester Otilia, der »Braut des Himmels« (S. 53), gehört Gundelindis, die »Braut der Erde« (S. 53), zur Kategorie der weltlichen bzw. irdischen Menschen. Die Polarität der beiden leiblichen Schwestern zeigt sich schon in ihrer gegensätzlichen äußeren Erscheinung: Im Unterschied zur »vergeistigten Gestalt Otiliens« mit Schleier und Rosenkranz »scheinen modische Kleidung und weltlicher Putz die hervorstechendsten Merkmale der ›Braut der Erde‹ zu bilden« (Huber 1976, S. 50). Auch im Hinblick auf ihr Temperament sind die beiden Schwestern als Gegensatzpaar angelegt: Während Otilia den phlegmatischen Charaktertypus verkörpert, wird die ›fröhliche‹ und ›herzliche‹ Gundelindis als Personifikation des sanguinischen Temperaments dargestellt (vgl. Huber 1976, S. 43 f., 69, 137).

Die vierte Jungfrau... stand allein an einem Baum und schien gar traurig zu sein... großen Schwermut des Herzens: Dieses »traurige Mägdlein« heißt Athala (vgl. S. 49), die als Personifikation der Melancholie, des melancholischen Charaktertypus anzusehen ist (vgl. Huber 1976, S. 125–127), denn »zu ihrer Charakteristik benutzt Brentano Gesten und Bilder, die fest zur Typologie des Melancholikers gehören« (Wille 1970, S. 100). Bezeichnend für die Melancholikerin ist schon ihre Abseitsstellung gegenüber den Geschwistern, trennt doch Saturn, der Gott und Urheber der melancholischen Erkrankung, den unter seinem Zeichen geborenen Menschen von den anderen (vgl. Günter Bandmann: Melancholie und Musik. Ikonographische Studien. Köln und Opladen 1960, S. 40). Auch daß Athala an einem Baum steht, gehört zur Typologie des Melancholikers, der in der bildenden Kunst oft in Verbindung mit einem Baum dargestellt wird, der sowohl den Baum des Lebens bedeuten wie auch bloßes Versatzstück sein kann (vgl. Bandmann 1960, S. 29).

letzte Blättlein der Sternblumen ausgerissen...: Vgl. Brentanos 103. Anmerkung zur ›Gründung Prags‹: »Deutet auf das bekannte Spiel der Liebenden und Kinder, Blumenblätter als ein Orakel auszurupfen mit den Worten: Ich lieb dich von Herzen, mit Schmerzen, klein wenig, gar nicht?« (Werke IV, S. 880)

37 *Der Mensch... nach Gottes Ebenbild erschaffen:* Vgl. 1. Mose 1, 27; Epheser 4, 24; Kolosser 3, 10.

wenn der Mensch verdirbt, verdirbt die Erde: Die Vorstellung der verderbten Menschen und der verderbten Erde ist biblisch (vgl. 1. Mose 6, 11–13).

als Herr und Meister in den Garten gesetzt: Vgl. 1. Mose 2, 15; 1. Mose 1, 28.

38   *Gärtner in Franken…:* Die Erzählung von der glücklichen Gärtnersfamilie in Franken bringt der alte Ritter zu Recht in einen engen Zusammenhang mit der weltzugewandten, ›erdverbundenen‹ Existenz seiner Tochter Gundelindis (vgl. S. 40).

       auferbaulich: erbaulich. Wie ›auferbaulich‹ ist ›auferbauen‹ »nur im Oberdeutschen üblich […]. Im Hochdeutschen ist es so wenig gebräuchlich, als das Adjectiv auferbaulich, für erbaulich« (Adelung I, Sp. 484).

40   *eigne Gebärde:* eigne äußere Gestalt.

42   *Zur zwölften Stunde…:* Von der Rahmengeschichte der Urchronika, die an einem einzigen Maitag des Jahrs 1358 von vier Uhr morgens bis zum Abend kurz nach dem Sonnenuntergang in Straßburg spielt, ist um zwölf Uhr mittags die Hälfte der erzählten Zeit vorüber. Als Johannes um 12 Uhr zu Tisch gerufen wird, hat die Erzählung als Ganzes »gerade die Hälfte ihres Umfangs erreicht« (Huber 1976, S. 231). Der Mitte der erzählten Zeit entspricht die Hälfte der Erzählzeit.

43   *Junker Ludwig von Müllenheim und Herr Conrad von Dunzenheim:* Beide Namen finden sich im Münsterbuch des Schadaeus (S. 24). Wie dort, so sind auch bei Brentano die beiden Männer neben dem Ritter Veltlin »die Pfleger des Werks« (S. 43), d. h. des neuen Glockenwerks für das Straßburger Münster.

       Gundelindis diente zu Tisch als eine Magd: möglicherweise eine klanglich begründete Gedankenverbindung mit der in der Diözese Eichstätt verehrten Gestalt der hl. Gunthildis, einer mildtätigen und demütigen Dienstmagd. In der Tischszene beim Mittagsmahl erweist sich Gundelindis als Repräsentantin christlicher Nächstenliebe, als Personifikation der caritas (vgl. Huber 1976, S. 67 f.).

       blöd: schüchtern, zurückhaltend.

       Sie sprachen von der neuen Glocken…: »Das Tischgespräch über die Glocke und ihre Mahnung zum Gebet und zur Gotteskindschaft ist das romantische Gegenstück zu Schillers ›Lied von der Glocke‹ (1800), das damals unter den Romantikern Spott und Ärger hervorrief.« (Stopp 1971, Nachwort, S. 129) In der von Arnim

und Brentano herausgegebenen ›Zeitung für Einsiedler‹ (Nr. 20,
7. Juni 1808, Sp. 156–158) sind einige ›Sagen von Glocken‹ abgedruckt. In Brentanos 1853 versteigerter Bibliothek (vgl. Gajek,
S. 246, Nr. 1778) befand sich »Jr. Montani histor. Nachricht von
den Glocken, mit Inschriften« (Chemnitz 1726).

Diese Glocke… Patronin des hohen Stifts Straßburg: Die Passage
ist zum großen Teil wörtlich aus dem Münsterbuch des Schadaeus
(S. 23 f.) übernommen, der unter ›Anno 1519‹ folgendes notiert:
»Wurden die Herren Pfleger vff vnser Frawen hauß zu Rath /
daß man solte Gott vnd Marien der Königin vnd Patronin deß
hohen Stiffts Straßburg zu Ehren ein grosse Glock giessen /
die wurd Meister Görgen von Speyr Burgern zu Straßburg verdingt / den Centner vmb einen gulden zu giessen. Da hat man
eine Hütten vnnd Offen vff dem Fronhoff bey der Steinhütten
gemacht / vnd vber den alten Zeug / der im Vorrath war / für
kupffer 1800. gulden / vnd weiters für Zinn 1032. gulden gegeben.«

Glocke, wie groß keine derweil bekannt war: Vgl. Schadaeus,
S. 25: »Von dergleichen Glocken hat man niemahls gehört […].«

Ritter Veltlin von Türlingen: Den Namen des Ritters, der hier
zum ersten Mal erwähnt wird, hat Brentano aus dem Münsterbuch des Schadaeus (S. 24) entnommen, in dem »Herr Veltin
von Türlingen« als einer der drei »Pfleger« des Glockenwerks
angeführt wird. Unter den Errata am Schluß des Buches von Schadaeus findet sich die Namenskorrektur: »liß Dürningen für Türlingen.«

44   *sorglich:* sorgenvoll, »Kummer, Sorge empfindend, und darin ge-
gründet. […] Im Hochdeutschen ist es in dieser Bedeutung veraltet.« (Adelung IV, Sp. 152)
Wir sind eins…: Zum Gedanken des Eins-Seins in der urchristli-
chen Gemeinde vgl. Johannes 17, 11; 17, 21–23; Apostelge-
schichte 4, 32; 5, 9.

45   *Glocken einweihet und gleichsam tauft:* Schadaeus (S. 24) berichtet, daß der Weihbischof von Straßburg 1521 in einem feierlichen
Akt eine große Glocke im Münster »gewaschen / mit Crisam an-
gestrichen / getaufft vnd Mariam genant« hat.
die Zunge des Menschen gesegnet ist: bei der Taufe.

belobte: lobte. Nach Adelung (I, Sp. 845) war ›beloben‹ für das einfache ›loben‹ um 1800 bereits veraltet oder nur in besonderen Fällen üblich.

Blobsheim: etwa 13 km südlich von Straßburg gelegener Ort, der sich ›Plobsheim‹ schreibt.

Wibelsheim: etwa 3 km westlich von Plobsheim an der Ill gelegener Ort (Wibolsheim).

Eschau: etwa 3 km nordwestlich von Plobsheim gelegener Ort.

46 *was Elias unter der Wacholderstaude von Gott erbeten:* Vgl. 1. Könige 19, 4.

mit seinen Jüngern zu Emmaus: Vgl. Lukas 24, 13 ff.

fast in traurigen Gedanken: in sehr traurigen Gedanken (mhd. vaste = sehr, recht).

Ansehen: äußere Gestalt.

Burg Eberach: Preitz (II, S. 494) bringt den 5 km nördlich von Kitzing in Franken liegenden Eberacherhof mit dem Geburtsort des fahrenden Schülers in Zusammenhang. Unter Brentanos Quellennotizen zur Urfassung der ›Chronika‹ findet sich der Eintrag: »Heinrich [alias Johannes] ist von Burg Ebrach [!], welches 1390 an Lambert, Bischoff von Bamberg getauscht.« (Clemens Brentano: Die Chronika des fahrenden Schülers. Urfassung. Hrsg. von Joseph Lefftz. Leipzig 1923, S. 86)

Empfehl: der Empfehl, »ein Oberdeutsches Wort, welches in dieser Mundart für Empfehlung üblich ist, aber auch von einigen Hochdeutschen Schriftstellern gebraucht worden« (Adelung I, Sp. 1798).

Schaffenei: Schaffnerei, Wohnung und Wirkstätte des ›Schaffners‹. Da in den oberdeutschen Klöstern »der Pater Ökonomus häufig Pater Schaffner genannt« wird (Adelung III, Sp. 1328), ist hier mit ›Schaffenei‹ wohl das Wirtschaftsgebäude eines Klosters gemeint.

Kirchherr: »Im Oberdeutschen« der »Kirchen-Patron, welcher den Kirchensatz hat«, d. h. »das Recht, die gottesdienstlichen Personen an einer Kirche, besonders die Pfarrer und Priester, zu setzen und zu ernennen« (Adelung II, Sp. 1586). »An andern Orten, der Pfarrer oder Pfarrherr« (Adelung II, Sp. 1587).

der Schule nachgezogen: scholae se subtrahere, die Hochschule verlassen.

47   *Mönchköpfe:* »Eine Münze, welche drey Batzen gilt; vermuthlich wegen eines darauf geprägten bischöflichen Brustbildes.« (Adelung III, Sp. 270)
     verheißen: versprochen. ›Verheißen‹ war nach Adelung (IV, Sp. 1062) »ehedem für versprechen [...] sehr üblich«, »besonders für versprechen, etwas zu thun, oder zu geben«.

47 f. *zwei Zimmergesellen... Medard von Landau... Hans Eckstein... ledige Leute:* Schadaeus, S. 24: »Weil man aber dem alten Glokkenstul nicht trawen dorffte / blieb diese Glock vngehenckt biß daß man gezahlt 1521. da haben zwen ledige Zimmergesellen einen fürtrefflichen vnnd gewaltigen Glockenstul / so noch stehet / gemacht: wie die *Inscription* daran außweiset:

       Angfangen ward vff S. Veltins Tag /
       Fünffzehenhundert zwentzig eins dieser Schrag /
       [...]
       Medard von Landaw vnd Hans Eckstein /
       Hand diß Werck gemacht in der gemein.«

48   *Jungfrau Pelagia... schenkt drei Becher Weins ein... den dritten stellt sie mir vor:* Der »Akt des Weinkredenzens und -trinkens ist für Brentano als Chiffre der Liebesvereinigung ein Vorgang von tiefer erotischer Bedeutsamkeit« (Huber 1976, S. 78).
     eure Geschichte... Äxten auf Tod und Leben: Von einem Streit zwischen den beiden »ledigen Zimmergesellen« steht bei Schadaeus kein Wort, der an anderer Stelle seines Buches im Zusammenhang mit dem Turmbau des Straßburger Münsters jedoch von der heftigen Auseinandersetzung zweier Arbeiter berichtet, in deren Verlauf »einer den andern in beysein deß Bischoffs mit der Schauffel zu tod« schlug (Schadaeus, S. 13).
     unfreund: nicht freundschaftlich gesinnt, feindselig.
     geschürzten Armen: erhobenen, in die Höhe genommenen Armen; vgl. ein Kleid schürzen = ›in die Höhe nehmen‹ (Paul/Betz, S. 578).

49   *sprach ich ihnen zu:* zusprechen, zu jemandem sprechen, »einem freundlich zusprechen [...] ihn durch freundliche Worte zu bereden suchen« (Adelung IV, Sp. 1774).

sprich recht: sprich wahr, sprich die Wahrheit.

Otilia... zu Hohenheim: In der von Brentano benutzten Otilien-
legende (vgl. die folgende Anm.) wird das Kloster der Heiligen
›Hohenburg‹ genannt. Brentano besaß J. Andreas Silbermanns
»Beschreibung v. Hohenburg od. St. Otilienberg sammt umlieg.
Gegend«, Straßburg 1781 (vgl. Gajek, S. 274, Nr. 2289 des Kata-
logs von 1853).

Otilia... Gundelindis... Athala: Die Namen dieser drei Töchter
des Ritters Veltlin stammen aus der ›Otilienlegende‹ in der Straßburger Chronik des Jacob von Königshoven: »Dise sant Ottilia
hette einen liplichen bruder Adelbertus genant der hette drige
döhter Eugeniam Attilam und Gundelindam« (Schilter, S. 519).
Brentano verändert das Verwandtschaftsverhältnis der drei weiblichen Figuren und läßt die Gestalt der Eugenia aus der ›Otilienlegende‹ unberücksichtigt.

50 *eines Schlossers Tochter... in seinem Gemüt ein gar trauriger
Mann:* Schadaeus (S. 80) erwähnt einen »Schlosser« aus dem
Schwabenland, der 1507 im Straßburger Münster einen Tumult
verursachte, indem er einige Priester aus der Kirche prügelte,
worauf er ins Gefängnis gesteckt wurde »lange zeit / dann wegen
seiner vngewissen reden / da er sich bald als besessen / bald als wan
er sonst nicht witzig were / gestellet / ihn niemand wolte vervr-
theylen / zu letst wurde er vnsinnig«. Der ›unsinnig‹ gewordene
Schlosser aus dem Münsterbuch hat Brentano wahrscheinlich zu
seinem Schlosser angeregt, von dem Athala »ein unglückliches
Gemüt« (S. 50) ererbt hat.

kunstreiche Arbeiten an der Uhr: Schadaeus (S. 38 f.) spricht wiederholt vom »kunstreichen« Uhrwerk im Straßburger Münster.

ohne Himmel, ohne Erde... nichts als bloß ein trauriger Gedanke:
Was hier von der Melancholikerin Athala gesagt wird, sagt in
Brentanos Lustspiel ›Ponce de Leon‹ (14. Auftritt) die melancho-
lische Titelfigur mit ähnlichen Worten von sich selbst: »und ich
allein, ich stehe bodenlos, und himmellos – und steig und sinke, –
bloß ein trauriger Gedanke.« (Werke IV, S. 232) Vgl. auch Brentanos Brief an Luise Hensel vom Herbst 1816: »Ich bin sehr, sehr
traurig in meiner Seele; ich schwebe zwischen Himmel und Erde,
wie ein trauriger Gedanke.« (Seebaß II, S. 174)

heut meine Tochter gefragt... warum Athala gestern... so wunderlich... gesprochen habe: widersprüchliche Zeitangaben: Athala hat nicht »gestern«, sondern am Morgen (vgl. S. 35) desselben Maitages, an dem vom Morgen bis zum Abend die Rahmengeschichte spielt, »so wunderlich von ihrem Ringe gesprochen«.

51 *Pelagia... Waise in Jerusalem:* Den Namen der jüngsten (Adoptiv-)Tochter hat Brentano aus der Legende von der Pelagia Sancta übernommen, die sich in der ›Legenda Aurea‹ des Jacobus de Voragine findet. In der Legende ist die aus Antiochia stammende Pelagia eine von starker Welt- und Sinnenfreudigkeit zu Gott und weltlicher Bescheidenheit bekehrte Heilige, die ihre letzten Lebensjahre als Einsiedlerin am Ölberg in Jerusalem verbringt.
listigen: weisen; listig hier Adjektiv zu ›List‹ in der alten Bedeutung von ›Weisheit‹ (vgl. Adelung II, Sp. 2079).
Es hat einmal geregnet, die Läublein tröpflen noch: Pelagias Lieblingslied steht in ›Des Knaben Wunderhorn‹ unter der Überschrift ›Schweizerisch‹ (FBA 8, S. 137):

's isch no nit lang, daß gregnet hätt,
Die Laeubli tröpfle no,
I hab e mohl e Schazli ghätt,
I wott, i hätt es no.

52 *ohne Erbsünd geboren:* Diese im Hinblick auf die Pelagia-Existenz geäußerte Bemerkung spielt möglicherweise auf die frühchristliche, häretische Lehre des ›Pelagianismus‹ an (Bezeichnung nach ›Pelagius‹, dem Namen ihres Stifters), deren zentrale These die Leugnung des Erbsündedogmas ist (vgl. Huber 1976, S. 74f.). Der Pelagianismus kommt als zusätzliche Anregung für die Namensgebung der Pelagia in Betracht.
Glauben, Hoffen und Lieben: Vgl. 1. Korinther 13, 13.

53 *Da kehrte der Meister zurück... und verbrannte sich das Herz:* Vgl. Brentanos ›Erklärung der sogenannten Golem in der Rabbinischen Kabbala‹: »Alle falsche äußerliche Kunst erschlägt endlich ihren Meister.« (Werke II, S. 1123)
nachdenkliche: nachdenkenswerte.

55   *Gottes... Werde:* Gottes Schöpfungsspruch lautet: ›fiat lux!‹ (1.
      Mose 1, 3)
      kranken Augen: ›schwachen‹ Augen (vgl. Paul/Betz, S. 367).

55 f. *Ich grüß dich... Ohne sie sein muß:* Für dieses »alte Abendlied«
      (S. 57) ist bisher noch keine Quelle bzw. Vorlage nachgewiesen
      worden.

56   *klarer Abendsterne:* Venus. Beim Liebeszauber wird die Venus,
      der Abendstern, angerufen: ›Gott grüß dich, Abendstern‹ (vgl.
      Beitl, S. 779 f.).

57   *Gedächtnis:* Andenken, Erinnerung.
      Fräulein Agnes von Endingen... hab ich Pflicht: Die Anregung zu
      dieser Frauenfigur verdankt Brentano der ›Limburgischen Chro-
      nik‹, die für das Jahr 1351 berichtet: »Auff dieses sang man aber
      ein gut Lied von Frauen Züchten / und sonderlich auff ein Weib
      zu Straßburg / die hieße Agnes / und war aller Ehren werth / und
      trifft auch alle gute Weiber an. Das Lied gieng also:

      > Eines reinen guten Weibs Angesicht /
      > Und frölich Zucht dabey /
      > Die seynd warlich gut zu sehen.
      > Zu guten Weibern han ich Pflicht /
      > Wann sie seynd alles Wandels frey /.«

      (Faust, S. 20 f., §41) Am Rande dieses Paragraphen steht: »Lied
      von der schönen Agnes.« (Faust, S. 20)
      von Endingen: Der Adelsname ›von Endingen‹ findet sich nicht in
      der ›Limburgischen Chronik‹, wohl aber im Münsterbuch des
      Schadaeus, der (S. 106) einen »Herrn Rudolff von Endingen Ritter
      / vnnd Stättmeister« erwähnt, wie auch in der Straßburgischen
      Chronik von Jacob von Königshoven, in der von einem »Walter
      von Endingen« die Rede ist (vgl. Schilter, S. 148).
      *Athala saß allein auf einem niedrigen Schemel und sah mit ge-
      stütztem Haupte zur Erde...:* typischer Melancholiegestus mit
      aufgestütztem Kopf, wie ihn Dürer in seinem bekannten Kupfer-
      stich ›Melencolia I‹ von 1514 mustergültig festgehalten hat. Wie-
      der, wie bereits in der morgendlichen Begrüßungsszene, fällt die
      Abseitsposition Athalas auf; sie beteiligt sich nicht am Musizieren

der Schwestern, ja sie hört nicht einmal zu, sie verschließt sich der
Musik. Die Musik, von alters her als hilfreiches Heil- und Linde-
rungsmittel gegen Melancholie eingesetzt, hat keine positive Wirkung auf Athalas Schwermut.

58   *gar großes Studieren... liest auch... denke und sinne:* Schon der
spätantike Arzt Galenus nennt unter den die Melancholie beför-
dernden Faktoren an erster Stelle übermäßiges Denken und Einsamkeit (vgl. Bandmann 1960, S. 32).

Athala, achte fein auf die Geschichte und werde guten Muts: Daß
zur Linderung, Vertreibung oder Heilung der Melancholie Geschichten erzählt werden, ist keine Erfindung Brentanos, sondern
ein Topos; vgl. hierzu etwa das Vorwort von Johann Fischarts
›Geschichtklitterung‹ (1575), die Brentano sehr gut kannte (vgl.
Gajek, S. 54, Nr. 262 des Katalogs von 1819).

59   *der verlorene Sohn:* Vgl. Lukas 15, 11–32.

60   *fast in Sorgen:* sehr in Sorgen. Im Hochdeutschen war diese Bedeutung von ›fast‹ um 1800 bereits »völlig veraltet« (Adelung II,
Sp. 55).

61   *Ach, die schönen Perlen!... ach, der schöne Jüngling!:* Vgl. Gacke-
leias Ausruf »Ach! ein Püppchen, wunderschön« (Werke III,
S. 540). So wie die beiden törichten Jungfrauen durch den Anblick
der schönen Perlen bzw. des schönen Jünglings verführt werden,
so wird Gackeleia durch die schöne Puppe verführt.

62   *magst:* kannst; ›mögen‹ hier in der Grundbedeutung von ›können,
imstande sein‹ (vgl. Paul/Betz, S. 437).
Decke: Deckel.

63   *Ave maris stella:* altchristliches, lateinisches, im 9. Jahrhundert
entstandenes, bei Marienfesten zur Vesper gesungenes Marienlied
(»Ave maris stella, / Dei Mater alma / Atque semper Virgo, / Felix
coeli porta.«). Da im Hebräischen die zweite Silbe ihres Namens
Marjam bzw. Mirjam das Meer bezeichnet und die erste Silbe auf
das lateinische ›mare‹ = Meer gedeutet wurde, ist die Jungfrau
Maria schon frühzeitig als Meeresstern und Patronin der Schiffer
verehrt worden.
Becher von Thule: der goldene Becher, den in Goethes Ballade ›Der
König von Thule‹ der König ins Meer wirft. Der Becher des Königs
von Thule ist bei Brentano Symbol des irdischen Glücksverlangens.

Bittern Brunnens: Die Vorstellung des Bitteren Brunnens hat
Brentano aus der Offenbarung des Johannes gewonnen, wo von
einem Stern mit Namen Wermut die Rede ist, der vom Himmel
auf die Ströme und über die Brunnen fällt und dadurch deren
Wasser bitter macht (vgl. Offb. 8, 10f.). Vorbild für Brentanos
»Bittern Brunnen« ist insbesondere der in der Offenbarung (9,
1 f.) erwähnte »Brunnen des Abgrunds«, zu dem der vom Himmel
fallende Stern Wermut den Schlüssel besitzt. Auch in der Melusi-
nensage, auf die Brentano in seiner Parabel anspielt, kommt ein
Brunnen vor: Raimund lernt Melusine an einem kühlen Brunnen,
»genannt der Durstbrunnen«, kennen (vgl. das 6. Kap. in Thüring
von Ringoltingens Prosaroman ›Melusine‹).

König von Thule... seine Geliebte gegeben: Vgl. hierzu Goethes
Ballade ›Der König von Thule‹, ein Lieblingslied Brentanos (vgl.
Werke I, S. 1070 ff.), der sich das Goethesche Gedicht so sehr an-
eignete, »daß die Identifikation eine Parodie ermöglichte« (vgl.
Werke I, S. 164 f.), die »aus einem psychischen Zwang abgeleitet
werden« könnte (Wille 1970, S. 107).

*Steinerne Trauer, ein Fels, der gleich einer liegenden weinenden
Jungfrau...:* Vgl. die antike Sage von der trauernden Niobe, die
von Zeus in einen Stein verwandelt wird, der dauernd Tränen ver-
gießt. Ein Felsgebilde am Berge Sipylos in Kleinasien betrachtete
man als die weinende Niobe.

64   *Bild einer sitzenden Jungfrau; auf ihrem Schoß lag ein toter Jüngling:* Vgl. bildliche Darstellungen der Pietà, d. h. der Mutter Gottes mit dem Leichnam Christi auf dem Schoß.

Peter von Stauffenberg... den die Meerfei getötet hatte: Titelfigur
einer um 1310 entstandenen mhd. Versnovelle des elsässischen
Dichters Egenolf von Staufenberg (um 1300). Die der Melusinen-
sage nahe verwandte Geschlechtersage der Staufenbergs ist 1588
von Johann Fischart und B. Schmidt neu bearbeitet worden. Der
Ritter Peter Diemring von Staufenberg trifft eine Frau von wunderbarer Schönheit, die sich ihm als Fee sowie als seine unsicht-
bare Beschützerin auf seinen bisherigen Fahrten zu erkennen gibt.
Der Ritter verbindet sich mit der schönen Fee, der er versprechen
muß, jeder Ehe mit einer irdischen Frau zu entsagen, sonst müsse
er am dritten Tage nach der Hochzeit sterben. Die Prophezeiung

der Fee tritt ein, nachdem der Ritter in die ihm vom Kaiser ange-
botene Ehe mit der Erbin des Herzogtums Kärnten eingewilligt
hat. – Achim von Arnim hat J. Fischarts und B. Schmidts Version
der Stauffenberg-Sage (nach der 2. Auflage von 1598) fürs ›Wunderhorn‹ bearbeitet und darin unter dem Titel ›Ritter Peter von
Stauffenberg und die Meerfeye‹ veröffentlicht (vgl. FBA 6,
S. 392–402, sowie FBA 9/1, S. 681–703).

Herr Regnard von Lusignan: die männliche Hauptfigur der Me-
lusinensage; identisch mit dem später (S. 68) erwähnten Raimund
von Poitier. Spätmittelalterliche französische Geschlechtersagen,
deutsche Prosaromane (Thüring von Ringoltingen) und diverse
Volksbücher erzählen von der Verbindung der schönen Meerfei
Melusine und des Grafen Guy de Lusignan (oder Raimund von
Poitier), der Melusine vor der Vermählung geloben muß, sams-
tags nie nach ihr zu fragen oder zu forschen und sie auch nie nach
ihrer Herkunft zu befragen. Als der Graf, von seinem Bruder eifersüchtig gemacht, Melusine einst wider sein Versprechen im
Bad belauscht und sie dabei in ihrer Nixengestalt erblickt, verläßt
sie ihn, durch ein Fenster des Schloßes entschwebend, unter lauten Klagerufen. – Brentano hat das Melusinenmotiv auch in anderen Prosatexten benutzt (vgl. ›Der arme Raimondin‹ sowie ›Das
Märchen von dem Hause Starenberg und den Ahnen des Müllers
Radlauf‹).

abscheulicher Wurm: hier wohl – wie in älterer Sprache – Synonym für Schlange, die in der Bibel (wie auch der Drache) ein Bild
für den Teufel ist; vgl. etwa Offenbarung 12, 9; 20, 2: »der große
Drache, die alte Schlange, die da heißt der Teufel und Satanas, der
die ganze Welt verführt.«

ein Stern... Wermut: Vgl. Offenbarung des Johannes 8, 10 f.

65 *Rosenkranz:* Wie der Rosenkranz in vielen Sagen Zauber und He-
xenwerk bannt und oft die Geltung eines Amuletts besitzt (vgl.
Beitl, S. 681), so schützt er hier das Jungfräulein vor der Verfüh-
rung und dem Verderben.

sage mir die Geschichte: erzähle... Im Mhd. bedeutet ›sagen‹ unter anderem ›erzählen‹, ›vorlesen‹.

66 *Sünde der Welt... Lamm... getragen:* Vgl. Johannes 1, 29.

66 f. *Wucherer, die der Herr aus dem Tempel geworfen hat:* Vgl. Matthäus 21, 12 f.; Johannes 2, 14–16.

67 *Steinernen Trauer... eine herrliche Königin...:* Anklang an die – von Brentano hier ins Christlich-Biblische gewendete – Niobesage. Niobe, die Gemahlin des Königs Amphion von Theben, prahlt gegenüber Leto mit ihrem Kinderreichtum. Apollon und Artemis, die beiden Kinder der Leto, nehmen für die Kränkung ihrer Mutter Rache, indem sie die sieben Söhne und sieben Töchter der Niobe mit ihren unfehlbaren Pfeilen töten.
ehe der Herr... von der Erde vertilgt hatte: vor der Sintflut; vgl. 1. Mose 6, 7: »Ich will die Menschen [...] vertilgen von der Erde, vom Menschen an bis auf das Vieh.« Vgl. auch 1. Mose 7, 23.
die Erde von der Wasserflut gereiniget wurde: Hinweis auf die reinigende Wirkung der Sintflut.
Denkmal weltlichen Stolzes: Wie später der Schöne Bettler (vgl. S. 69, 71, 73), so wird bereits die »herrliche Königin«, die Ahnherrin des Perlengeistes, ein Opfer ihres Stolzes. Der Hochmut bzw. der Stolz, die superbia, gilt als eine der sieben Todsünden, worunter man in volkstümlicher Vorstellung die sieben schlimmsten läßlichen Sünden versteht. Als radix vitiorum (Wurzel der Sünden bzw. Laster) ist die superbia die der humilitas (Demut) entgegengesetzte egozentrische Abwendung von Gott. Als Trennung oder Verstoßung von Gott bedeutet die superbia den Anfang aller Sünde.

68 *Du sollst dein Brot...:* Vgl. 1. Mose 3, 19.
Raimund von Poitier... als Melusine betrogen: Vgl. Anm. zu S. 64 ›Herr Regnard von Lusignan‹.

73 *Händen begriffen:* ›begreifen‹ hier in der eigentlichen, ursprünglichen Bedeutung: »Mit der Hand umfassen, umspannen« (Adelung I, Sp. 806).

74 *unsinnig:* »Im hohen Grade unvernünftig, der gesunden Vernunft im höchsten Grade widersprechend.« (Adelung IV, Sp. 892)

75 *Beginnen:* Vorhaben, Unternehmen.

76 *steckte er seine Lampe aus... er suchte rings am Strande und fand sie:* Anspielung an die Sage von Hero und Leander, deren Rollen Brentano allerdings zum Teil vertauscht. Nach der antiken Sage schwimmt Leander Nacht für Nacht von Abydos über den Hel-

lespont nach Sestos zu Hero, seiner Geliebten, die ihm mit einer Lampe von einem Turm aus den Weg durch die Meeresenge weist. Als eines Nachts der Sturm die Lampe auslöscht, ertrinkt Leander. Hero findet die Leiche des Geliebten am Strand, worauf sie sich verzweifelt von ihrem Turm ins Meer stürzt.

Eile! Eile hin nach Thule...: für den Kontext der Parabel vom Schönen Bettler leicht veränderte Fassung der 8. Strophe aus Brentanos Lied ›Der Jäger an den Hirten‹ (vgl. Werke I, S. 165–167), das im Sommer 1803 entstanden ist.

Da stand sein ganzes Geschick geschrieben: Vgl. das Ende des 5. Kapitels in Novalis' Roman ›Heinrich von Ofterdingen‹, wo Heinrich in der Höhle des Einsiedlers in einem provenzalisch geschriebenen Buch mit Bildern nicht nur »seine eigene Gestalt« abgebildet, sondern auch seine eigene Geschichte erzählt findet.

77   *Schmerzhaften Maria:* Die volkstümliche Vorstellung von der Mater dolorosa, der ›Schmerzensreichen Mutter Gottes‹, entsteht erst vom 15. Jahrhundert an.

78   *ein Stern... Meer also bitter:* Offenbarung des Johannes 8, 10f.: »und es fiel ein großer Stern vom Himmel, der brannte wie eine Fackel und fiel [...] über die Wasserbrunnen. Und der Name des Sterns heißt Wermut. Und der dritte Teil der Wasser ward Wermut; und viele Menschen starben von den Wassern, weil sie waren so bitter geworden.«

›Die Schachtel mit der Friedenspuppe‹

(Seite 79–111)

Erstdruck in: Friedensblätter. Eine Zeitschrift für Leben, Literatur und Kunst. Von einer Gesellschaft herausgegeben. 2. Jahr, Wien 1815, Nr. 1–12 (3.–28. Januar 1815); unter dem Titel: Die Schachtel mit der Friedenspuppe. Eine Erzählung. Der Schluß der in Fortsetzungen erschienenen Erzählung ist unterzeichnet mit: Clemens Brentano.

Textvorlage: Werke II, S. 705–740.

Entstehung: Ohne sie bei ihrem Titel zu nennen, schreibt Achim von Arnim am 7. April 1827 an den Frankfurter Bürgermeister Thomas über Brentanos Erzählung von der ›Schachtel mit der Friedenspuppe‹: »Eine lange recht interessante Erzählung […], schrieb er [Brentano] bei mir in Wiepersdorf und schickte sie nach Wien an einen seiner dortigen Freunde […], es war die Geschichte eines untergeschobenen Kindes« (Hermann Cardauns: Die Märchen Clemens Brentano's. Köln 1895, S. 102). Da sich Brentano nur im Herbst 1814 längere Zeit (etwa zwei Monate) in Wiepersdorf bei seinem Freund und Schwager Achim von Arnim aufgehalten hat, muß die Entstehung der Erzählung in die Zeit zwischen dem 14. September 1814 (dem mutmaßlichen Tag der Ankunft Brentanos in Wiepersdorf) und dem 12. November 1814 (an dem Brentano, von Wiepersdorf kommend, in Berlin eintraf) fallen. – Daß das Schloßgut in Wiepersdorf, das seit 1780 Eigentum der Familie von Arnim war und auf das Achim im April 1814 übersiedelt ist, das Modell für den Schauplatz der Rahmengeschichte der Erzählung abgegeben hat, wird nur zu deutlich, wenn man die im Sommer und Herbst 1814 in Wiepersdorf geschriebenen Briefe Achim und Bettine von Arnims sowie Clemens Brentanos liest.

Zur Frage nach der von Brentano für die Binnengeschichte von der Unglücksschachtel benutzten Quelle hat Arnim in dem oben zitierten Brief an Thomas bemerkt, daß Brentano seine Erzählung »nur zum Theil nach einem älteren französischen Buche« niedergeschrieben habe. Tatsächlich deuten nicht nur das Sujet und die Schauplätze der Binnengeschichte (Kindesunterschiebung in den Wirren der Französischen Revolution mit Paris und Moskau als Schauplätzen), sondern auch die französischen Namen der Figuren und die vielen wörtlichen Reden in französischer Sprache darauf hin, daß Brentano als Quelle für seine Erzählung ein französisches Buch verwendet hat, eine Vorlage, die bisher nicht ermittelt werden konnte. Die gesuchte Quelle befand sich wahrscheinlich nicht in Brentanos, sondern in Arnims Bibliothek in Wiepersdorf, berichtet doch Bettine in einem Brief an Savigny vom Ende September 1814, daß sich Clemens nach dem Frühstück »in seine Stube« zurückzieht, wo er »mehre [!] Merkwürdigkeiten, die er aus der Bibliothek [Arnims] hervorgeschnuppert hat, wieder durchschnuppert« (AM, S. 198).

Seite

79 *Ein preußischer Edelmann... seine zwei Knaben:* In dieser Figur
hat Brentano seinem Freund, Schwager und Wiepersdorfer Gast-
geber Achim von Arnim ein literarisches Denkmal gesetzt. Wie
der preußische Edelmann der Novelle hat Arnim im Herbst 1814
»zwei Knaben« (Johannes Freimund, geb. 5. Mai 1812 und Lucas
Siegmund, geb. 2. Oktober 1813). Beide waren Teilnehmer an den
Befreiungskriegen, wenn auch Arnim – anders als sein literarisches Nachbild – die »Schlachten an der Katzbach, bei Leipzig,
bei Laon und auf dem Montmartre« nicht mitgeschlagen hat, sondern lediglich als Heimatoffizier tätig gewesen ist.

Güter dicht an der sächsischen Grenze: Der erzählte Schauplatz
der Rahmengeschichte liegt wie das Arnimsche Familiengut in
Wiepersdorf, auf dem Brentanos Novelle entstand, an der sächsischen Grenze: Die Dorfgemeinde Wiepersdorf lag damals im
Ländchen Bärwalde, in einer kleinen Enklave auf sächsischem
Gebiet, die seit 1462 zu Brandenburg gehörte. Wiepersdorf – südlich Jüterbog gelegen – ist ungefähr 50 km südlich von Berlin entfernt.

Fürsten Blücher von Wahlstadt: Gebhard Leberecht Fürst Blücher von Wahlstatt (1742–1819), der populärste Heerführer der
Freiheitskriege, wurde 1813 Oberbefehlshaber der Schlesischen
Armee, mit der er an der Katzbach die Franzosen besiegte, bei
Wartenburg den Elbübergang erzwang, in der Schlacht bei Leipzig entscheidend zum Sieg beitrug und Neujahr 1814 bei Kaub
den Rhein überschritt.

*Schlachten an der Katzbach, bei Leipzig, bei Laon und auf dem
Montmartre:* Diese Schlachten fanden statt am 26. August 1813
(an der Katzbach), am 16.–19. Oktober 1813 (Leipzig), am 9. und
10. März 1814 (Laon), am 30. März 1814 (Montmartre).

*die entführte preußische Viktoria von Paris nach Berlin... zurück-
zubegleiten:* Die bronzene Statue der Siegesgöttin des Brandenburger Tors, die 1806 von den Franzosen nach Paris verschleppt
worden war, wurde am 7. August 1814, dem Tag des offiziellen
Empfangs der heimkehrenden siegreichen Truppen, auf dem
Brandenburger Tor wieder aufgerichtet.

die Geschäfte: das, was die Arbeiter zu schaffen haben.

Einige Steine, zum Fundamente nötig, schienen schwieriger her-
beizuschaffen, denn da jene Gegend durchaus eine Ebene von
leichtem Sandboden ist...: Brentano schreibt am 1. Oktober 1814
aus Wiepersdorf an Rahel Levin: »Hier sind Birken, Tannen,
Ameisen und Korn, und wir spazieren wie Denker auf ebenem
Nadelboden in lichten Hainen, und fischen hier und da große
Steine aus leichtem Sand, um sie in Fundamente erbaulicher Stall-
systeme zu legen.« (Varnhagen von Ense: Biographische Por-
traits. Nebst Briefen von Koreff, Clemens Brentano [u.a.]. Leipzig 1871, S. 116) Vgl. auch Bettine von Arnims Brief an Savigny
vom Ende September 1814 aus Wiepersdorf: »Arnim ist jetzt mit
einem neuen Bau beschäftigt [...]. Clemens wirtschaftet auch hier
recht friedfertig mit uns; nach dem Frühstück geht ein jeder in
seine Stube [...]. Nachmittags helfen wir bei dem Bauen; die beiden [Achim und Clemens] fällen große Bäume mit Hülfe einiger
Arbeiter oder sie graben und karren Steine zum Fundament.«
(AM, S. 198).
Bivouak: Feldnachtlager, Beiwache (Biwak) im Freien neben der
in einem Bau untergebrachten Hauptwache.

80 *den schmunzelnden Mund des Amtsboten... bis zum Ohrläpp-*
chen hinauf: Während seines Düsseldorfer Aufenthalts im No-
vember/Dezember 1802 hat Brentano einen Mann mit einem ganz
ähnlichen Leiden kennengelernt: »einen Hofkoch mit schiefem
Maul«, »welches von einem Haarzupfer eines französischen Ge-
nerals, dem er die Potage nicht gut gekocht hatte, auf der linken
Seite stehen geblieben war« (Steig I, S. 56).
Fatalität: unglücklicher Zufall; nach Adelung (II, Sp. 57) »im gemeinen Leben« gebräuchlich.
übernahm: überwältigte.
Groß-Beeren: In der Schlacht bei Groß Beeren am 23. August
1813 siegten die Verbündeten unter Bülow über die Franzosen.
wir hatten alles geflüchtet: In der Goethezeit ist ›flüchten‹ auch als
ein Activum gebräuchlich: »auf der Flucht wohin bringen« (Adelung II, Sp. 225).
fatalen: Unglück bringenden.
Examen: Verhör.

vor mich du vin... poulets!: für mich Wein, Branntwein, für mich Brot, Butter, Hühnchen, Hühnchen!

Allons! coupez: Los! hineingeschnitten.

81   *Er mußte nun:* Er konnte nun.

kamen sie in die Mache: bezogen sie Hiebe, Schläge.

Arbeit: hier in älterer Bedeutung ›Mühe‹, ›Mühsal‹, ›Anstrengung‹.

82   *Vossischen Zeitung die Aufforderung eines deutschen Patrioten:* »Den Jahrestag der Leipziger Schlacht« feierlich zu begehen, dazu hat Theodor Heinsius, ordentlicher Professor am Berlinischen Gymnasium zum Grauen Kloster, am 11.Oktober 1814 aufgefordert.

Kibitke: ungefederter russischer Wagen mit Mattendach.

83   *Bildung:* Gestalt, Aussehen; besonders das Aussehen des Gesichtes (vgl. Adelung I, Sp. 1016).

Chapeau à l'Angoulême au Bouquet de Lys: Hut mit Lilienstrauß, der durch die Herzogin von Angoulême, die Schwiegertochter Ludwigs XVIII., in Mode kam.

Ah, la boîte fatale!: Ach, die Unglücksschachtel!

84   *Anteil:* Anteilnahme.

Merkwürdigkeit: wie ›merkwürdig‹ in der älteren Bedeutung: würdig, gemerkt zu werden, bedeutend, bemerkenswert.

85   *St. Luce:* Nach Josef Körner (1927, S. 152) hat Brentano diesen Namen der 1812 erschienenen Anekdote Arnims ›Melück Maria Blainville, die Hausprophetin aus Arabien‹ entlehnt, in welcher der Bösewicht »Saint Lük« heißt, ein Name, den Körner als einen »Druck- oder Lesefehler für richtigeres *Luce*« erklärt.

besorgte: befürchtete.

Tu ne retourneras pas, malheureux!: Du wirst nicht heimkehren, du Unglücksmensch!

A l'aide, à l'aide! au meurtre! on me tue!: Zu Hilfe, zu Hilfe! greift den Mörder! man tötet mich!

86   *Schreibtafel:* in engerer Bedeutung schieferne Tafel, um darauf zu schreiben. Nach Adelung (III, Sp. 1654) sind Schreibtafeln jedoch zumeist (»und in manchen Gegenden nur allein«) »kleine Tafeln von Elfenbein, Pergament u.s.f., welche man bey sich trägt, die vorkommenden Dinge darauf niederzuschreiben; da denn auch

mehrere als ein Buch eingebundene Tafeln dieser Art im Singular eine Schreibtafel genannt werden.«

Tummelplatz: ein »Platz, wo Pferde und Reiter getummelt, d.i. durch heftige Bewegungen abgerichtet werden« (Adelung IV, Sp. 720).

ici, enterrez ce malheureux!: hier verscharrt diesen Unglücksmenschen!

die Gerichte des Dorfes: die Vertreter der Dorfgerichtsbarkeit.

Frenel: Auch diesen Namen hat Brentano nach J. Körner (1927, S. 152) aus Arnims Anekdote ›Melück Maria Blainville‹ (1812) übernommen, in der es einen »Doktor Frenel« gibt.

87 *Non, tu ne retourneras pas:* Nein, du wirst nicht heimkehren.
bedenklich: nachdenklich.
übernahm: überwältigte, übermannte.
Handels: Streits, Zwists.
platterdings: Adverb, »welches nur im gemeinen Leben für schlechterdings, durchaus, üblich ist« (Adelung III, Sp. 786).
Der Gerichtshalter: Wie für den preußischen Edelmann, so gibt es auch für die zweite Hauptfigur der Rahmengeschichte, für den Gerichtshalter, ein Vorbild in der Realität des Arnimschen Gutes in Wiepersdorf. Achim von Arnim am 25. Oktober 1828 aus Wiepersdorf an den Frankfurter Historiker Johann Friedrich Böhmer: »Mein alter Gerichtshalter (den Clemens noch recht wohl kennt und mit vermeinten Beschuldigungen, als ob er sich durch einen Pelz habe bestechen lassen, schrecklich in Zorn setzte, obgleich sich alles auf eine Novelle bezog, die nachher in Wien untergegangen) ist leider in meiner Abwesenheit gestorben, was mir manche Mühe macht, indem es mich zugleich betrübt. Einen braveren Mann finde ich nicht; er schlichtete Alles mit Einsicht und Willensstärke, so daß zuweilen in Jahren unter den 1200 Menschen, die das Ländchen [Bärwalde] bewohnen, kein eigentlicher Proceß schwebte; er war ein Ideal von allem dem, was Friedrich dem Großen bei der neuen Gesetzgebung vorschwebte, und worüber unsere gelehrten Juristen ungläubig die Achseln zucken.« (Joh. Friedrich Böhmer's Leben, Briefe und kleinere Schriften. Durch Johannes Janssen. Bd. 1. Freiburg i. Br. 1868, S. 149, Anm. 1)

Plan der Untersuchung: Im Spätsommer und Herbst 1814 gab es in Wiepersdorf eine Reihe von Bagatellprozessen. Bettine schreibt ihrer Schwester Gunda am 25. August 1814, daß es in Wiepersdorf »ebenso wenig an Gelegenheit« fehle, »Prozesse zu führen wie in Berlin«: »Es fallen tagtäglich Zänk- und Stänkereien vor, die zugleich mit ihrem Ärgerlichen auch Unterhaltung gewähren; wenn es nur nicht am End zu arg wird!« (AM, S. 196)

88 *bewunderte:* gab seine Verwunderung über »die Menge der Zufälle« zu erkennen.

Zufälle: Vorfälle, Ereignisse; im älteren Sinn: was einem als Glück oder Unglück ›zufällt‹.

Ah, mon dieu, je suis perdu!: O mein Gott, ich bin verloren!

Schulzen: der Schulze: ein aus Schuldheiß zusammengezogenes Wort. »Am üblichsten ist dieses Wort auf den Dörfern, wo der Schuldheiß und im gemeinen Leben Schulze, eine obrigkeitliche Person ist, welche für die Aufrechterhaltung der Polizey und guten Ordnung sorgt, die Befehle des Gerichtsherren vollziehet.« (Adelung III, Sp. 1675)

89 *Visionnaire:* Schwärmerin, Geisterseherin.

Kürschner: ein »Handwerker, welcher die Thierfelle zur menschlichen Kleidung geschickt macht, und verarbeitet« (Adelung II, Sp. 1844).

Rauhwarenhandels: Pelzwarenhandels.

90 *gegen den König:* Gemeint ist hier der später im Text (vgl. S. 93) namentlich erwähnte Ludwig XVIII., König von Frankreich (1814/15–1824).

91 *Sans doute, cela doit se trouver! s'il vaudra la peine de démêler les contes qu'une jolie femme aime à faire à son époux en cas de nécessité:* Gewiß, das muß sich finden! wenn es der Mühe wert ist, den Märchen auf den Grund zu gehen, die eine junge Frau ihrem Mann in der Not gerne aufbindet.

läßlichen Sünden: Sünden, die erlassen (verziehen) werden können; Lehnübersetzung von peccatum veniale.

avant de me rendre le trésor, que j' ai déposé chez vous: ehe Sie mir nicht den Schatz zurückgeben, den ich bei Ihnen hinterlegt habe.

92 *Anfall:* »Der schnelle feindliche Angriff« (Adelung I, Sp. 287).

Designation: Bezeichnung.

Douanenoffizier: Zolloffizier.

Lützner Schlacht: Schlacht bei Groß-Görschen oder Lützen am 2. Mai 1813, bei der die Franzosen unter Napoleon über die verbündeten Russen und Preußen siegten und bei der sich Scharnhorst eine tödliche Verwundung zuzog.

93 *Arrestanten:* ›Arrestant‹, »eigentlich, der einen andern in Arrest nimmt oder bringet, aber im gemeinen Leben immer die in Verhaft genommene Person selbst, welche doch richtiger der ›Arrestat‹ [...] genannt wird« (Adelung I, Sp. 437).

Ludwigs des Achtzehnten: Nach der Abdankung Napoleons in Fontainebleau am 6. April 1814 wurden mit Ludwig XVIII. (1755–1824), einem Bruder Ludwigs XVI., die Bourbonen wiedereingesetzt. Ludwig XVIII. regierte von 1814/15 bis 1824.

Bescheid tat: »Erwiederung im Trunke, in der niedrigen Sprechart; ohne Artikel und ohne Plural. Einem Bescheid thun, den zugebrachten Trunk zu sich nehmen.« (Adelung I, Sp. 893)

94 *Bewegungen:* Gemütsbewegungen, Empfindungen, Leidenschaften.

Ruhe: Gemütsruhe, Seelenruhe.

Inquisiten: Angeklagten.

Als ich die Friedensmodepuppe in Paris gekauft: Dies muß in der Zeit zwischen Anfang April und Ende Juli 1814 gewesen sein, in der Zeit zwischen der Einnahme von Paris (Ende März) und dem Rücktransport der preußischen Viktoria von Paris nach Berlin (Ende Juli/Anfang August 1814).

Felleisen: ein mit Eisen zu verschließender »Sack von Fellen oder Leder«, »allerley Geräthschaften auf der Reise darin zu verwahren« (Adelung II, Sp. 106).

95 *sich schicken:* »Das nöthige Verhältniß, die nöthige Gestalt, die nöthige Fähigkeit [...] gegen ein anderes Ding haben« (Adelung III, Sp. 1438); passen.

brouillieren: entzweien.

Frenel... erzählte folgendes: Frenels Geschichte, mit der die Lösung des Schachtelrätsels entscheidend vorangetrieben, mit der darüber hinaus der »Höhepunkt der Spannungskurve« (Schönhaar 1969, S. 107) in der ganzen Erzählung erreicht wird, beginnt fast genau in der Mitte der Erzählung.

96   *in sein System einging:* auf [...] einging (Paul/Betz, S. 154).

die Freiheit bei einem allegorischen Zuge vorzustellen: Beim Fest der Freiheit und Vernunft in Notre-Dame am 10. November 1793 trat eine junge Dame von der Oper als die ›Freiheit‹ auf.

Klub: in der Französischen Revolution wichtige Institution zur Diskussion und Verbreitung aktueller Themen sowie zur Mobilisierung der Massen. Inbegriff der vielen Klubs in Paris wie in den Städten der Departements ist der Jakobinerklub, benannt nach dem früheren Kloster der Jakobiner in Paris, das die ›Gesellschaft der Freunde der Verfassung‹ im Dezember 1789 zu ihrem Tagungs- und Wirkungsort gemacht hat.

Tempel der Vernunft: ›Temple de la Raison‹: diesen Namen erhielt die Kathedrale Notre-Dame zu Paris anläßlich eines Festes zur Einführung des Kultes der Vernunft, das am 10. November 1793 in Notre-Dame gefeiert wurde. Im Zeichen einer weitgehenden Entchristianisierung sind in der Französischen Revolution die Kirchen in ›Tempel‹ umgetauft worden.

hautaine: herablassend, hochmütig, eingebildet.

Achselträgerin: eine, die »auf beyden Achseln trägt« (Adelung I, Sp. 149), die sich mit zwei Parteien gut zu stellen sucht, eine Heuchlerin. Hier wahrscheinlich eine Anspielung auf die Epaulettenträger, die ›épauletiers‹, der Französischen Revolution. Die Epaulettenträger wurden zur Zielscheibe des Spotts der Sansculotten (des einfachen Volks von Paris), die in ihrer Leidenschaft für die Gleichheit alle Rangunterschiede ablehnten und mit dem Wort ›épauletier‹ ironisch ihre gewählten Offiziere, Gemäßigte und schließlich alle Reaktionäre bezeichneten.

resignieren: verzichten.

Stoß: Anstoß.

97   *Egalité:* Gleichheit.

Vive la nation, vive la liberté, vive l'égalité, vive le citoyen Montpreville!: Es lebe die Nation, es lebe die Freiheit, es lebe die Gleichheit, es lebe der Bürger Montpreville!

Citoyenne: Bürgerin.

Maire: Bürgermeister.

98   *seines Gelichters:* seinesgleichen, seines Schlages, von derselben schlechten Art wie er. ›Gelichter‹, »welches nur im verächtlichen

Verstande gebraucht wird«, ist nach Adelung (II, Sp. 535) »das durch die gemeinen Mundarten verderbte Wort ›gleich‹«.

Verlassenschaft: Hinterlassenschaft, Nachlaß.

Kabinette: ein »jedes kleines und geheimes Zimmer« (Adelung I, Sp. 1291).

stellte ihm... vor: »In weiterer Bedeutung stellet man jemandem etwas vor, wenn man ihm durch Worte eine thätige Erkenntniß von einer Sache nach allen ihren Theilen und Folgen beyzubringen sucht.« (Adelung IV, Sp. 1303)

Instrument: »Eine Urkunde, so fern sie zum Beweise einer Handlung dienet; ein ›Document‹.« (Adelung II, Sp. 1389)

Barbaren: Das Wort wird gebraucht, »nicht nur einen wilden und ungesitteten, sondern auch, und zwar am häufigsten, einen harten, grausamen Menschen zu bezeichnen« (Adelung I, Sp. 728).

99   *weisen Frau:* bei Adelung (II, Sp. 1041) als Synonym für ›Hebamme‹ belegt. ›Weise Frau‹ ist offenbar eine Lehnübersetzung aus dem Französischen, das für Hebamme das Wort ›sage femme‹ hat.

Verzweiflung: »Der hohe Grad der Unlust über die erkannte Unmöglichkeit der Besserung seines Zustandes.« (Adelung IV, Sp. 1190)

Wittum: »Dasjenige, was ein Ehemann seiner Frau, auf den Fall, daß sie Wittwe werden sollte, zu ihrem Unterhalte aussetzt.« (Adelung IV, Sp. 1585)

100   *Wechselbalg:* »Eigentlich ein von Hexen mit dem Teufel erzeugtes, und einer Sechswöchnerinn unterschobenes Kind.« (Adelung IV, Sp. 1421) Vgl. auch Werke IV, S. 865 (Brentanos Anm. 48 zur ›Gründung Prags‹).

Konskription: Aushebung zum Heeres- oder Kriegsdienst.

Brande von Moskau: Der nach der Besetzung Moskaus durch Napoleons ›Grande Armée‹ (14. September 1812) vermutlich auf Veranlassung des Gouverneurs F. Rostoptschin gelegte Brand zerstörte vom 15. bis 20. September 1812 weite Teile der Stadt. Der Brand von Moskau bedeutete die Wende im Rußlandfeldzug zuungunsten Napoleons.

zu bezahlen: es ihnen heimzuzahlen, zu vergelten. In dieser Bedeutung war ›bezahlen‹ im 18. Jahrhundert außer in »der bi-

ANHANG

blischen Schreibart nur im gemeinen Leben üblich« (Adelung I, Sp. 995).

Der Rückzug der Armee begann: Am 19. Oktober 1812 trat Napoleon den Rückmarsch an.

der Frieden ward geschlossen: Erster Pariser Friede am 30. Mai 1814.

102   *ums Geld bedungen war:* bedingen: »Etwas mit einem verabreden, im gemeinen Leben« wie auch: »einen Vertrag wegen des Preises einer Sache machen, in welcher Bedeutung dieses Wort von dem Käufer gebraucht wird.« (Adelung I, Sp. 782)

Ayez pitié de moi, mon beau-frère, pardonnez à un malheureux, et priez Dieu, qu'il me pardonne: Habt Erbarmen, mein Schwager, vergebt einem Unglücklichen und bittet Gott, daß er mir vergebe.

Oui, oui, que Dieu vous pardonne, mon pauvre cousin, comme je vous pardonne de tout mon coeur: Ja, ja, Gott möge Euch vergeben, mein armer Vetter, wie ich Euch von ganzem Herzen vergebe.

103   *Mademoiselle Marie Geneviève de Renaut:* Frenel kann an dieser Stelle der Erzählung nach dem bisherigen Stand seiner Informationen den richtigen Namen seiner Frau noch nicht wissen, den Dumoulin erst später in seinem Geständnis preisgibt (S. 108).

104   *schnüren:* »Mit der Richtschnur zeichnen. So schnüren die Zimmerleute, Mäurer u.s.f. wenn sie gerade Linien vermittelst einer gefärbten Schnur machen.« (Adelung III, Sp. 1612)

Der Tag war ein schöner gelinder Herbsttag: In einer Beschreibung der Wiener Feierlichkeiten anläßlich des Jahrestages der Leipziger Völkerschlacht heißt es, während des Festes am 18. und 19. Oktober 1814 hätte »die schönste und mildeste Herbstwitterung geherrscht« (Friedensblätter 1, 1814, S. 216).

erkannten: erkannten mit Überzeugung, waren davon überzeugt. In dieser Bedeutung war ›erkennen‹ im 18. und beginnenden 19. Jahrhundert »größten Theils nur in der Deutschen Bibel und biblischen Schreibart« gebräuchlich (Adelung I, Sp. 1907).

Kienfackeln: Fackeln aus Kien. Kien ist »das mit Harz gesättigte Holz der Kiefer, welches sehr leicht und hell brennet, und daher so wohl zum Leuchten als zum Anmachen des Feuers gebraucht wird« (Adelung II, Sp. 1569).

105 *Lohe:* flammendes Feuer.

folgende Verse…: Ein ähnliches Gedicht, ebenfalls anläßlich einer Leipzig-Feier, hat Brentano ein Jahr später geschrieben: ›Bei dem Gedenk-Feuer der Berlinischen Turner auf die Leipziger Schlacht, den 18. Oktober 1815‹, veröffentlicht in: Berlinische Nachrichten von Staats- und gelehrten Sachen, No. 131, 2. November 1815 (vgl. Mallon 1926, S. 63, Nr. 64).

Zu Moses sprach im brennenden Dorn… Mein Volk führ ich aus dem Wehe: Vgl. 2. Mose 3, 1ff.

Wehe: das Wehe oder das Weh: »Ein unglücklicher Zustand, ein Unglück, im Gegensatze des ›Wohles‹.« (Adelung IV, Sp. 1436) Das Wort ist in dieser Bedeutung schon Ende des 18. Jahrhunderts nur noch selten vorgekommen.

Feuersäule zur Nacht / Zog Gott auf ihren Wegen: Vgl. 2. Mose 13, 21; 4. Mose 14, 14.

In unsrer Zeit war Gott in der Glut / Im Norden auf Moskaus Zinnen: Anspielung auf den Brand von Moskau.

106 *Herr Gott… / Und wolle mit deinen Kindern hier / Den Bund des Heils erneuern!:* Wie Gott einst am Berg Horeb einen »Bund« mit dem Volk Israel gemacht hat (vgl. 2. Mose 19, 5; 5. Mose 5, 2), so soll er nun, am ersten Jahrestag der Leipziger Völkerschlacht, mit den von der Napoleonischen Herrschaft befreiten Völkern, insbesondere mit den Deutschen, den »Bund des Heils erneuern«.

107 *Baron ein Faß treffliches Bier… brauen lassen:* Auch Arnim hat auf seinem Wiepersdorfer Gut gelegentlich Bier brauen lassen.

die Musikanten griffen sich recht an: zeigten alle ihre Kunst und Geschicklichkeit (vgl. Adelung I, Sp. 308).

109 *Kalesche:* ein »leichter oben offener Reisewagen« (Adelung II, Sp. 1469).

Bagage: Gepäck.

Spedition: Versendung.

111 *Hautelisse-Tapete:* wertvolle, gobelinartige, auf dem Hautelisse-stuhl gewebte, fast nur in Paris hergestellte Tapete aus Wolle oder Seide, weil sich auf diesen Stoffen die Malereien am besten halten.

Urteil Salomons: Vgl. 1. Könige 3, 16–28. – Salomo heißt auf hebräisch ›Friedemann‹; die Tapete mit der Darstellung des Salomonischen Urteils paßt also gut zur Friedensthematik der Erzählung.

Jungfrau Maria, welche die Schlange zertritt: Durch Maria, die neue Eva, geht die Verfluchung der Schlange in Erfüllung, die Gott im Paradies ausspricht, indem er zur Schlange sagt, daß ihr die Nachkommenschaft Evas »den Kopf zertreten« soll (1. Mose 3, 15).

eine Lilie: Attribut der Jungfrau Maria, das wichtigste marianische Pflanzensymbol.

Jesuskind eine Palme in der Hand: Die Palme ist das Attribut der heiligen Märtyrer; sie ist das Zeichen des Sieges über den Tod und des Einzugs in das Paradies. Wie Maria die Schlange, den Teufel überwunden hat, so hat Christus den Tod besiegt.

Taube… mit dem Ölzweig: Vgl. 1. Mose 8, 11. Die von Noah zum zweiten Mal aus der Arche ausgeschickte Taube kam abends mit einem frischen Ölzweig im Munde zurück: ein erstes Zeichen des aus der Sintflut wieder neu entstehenden Lebens. Danach ist die Taube mit dem Ölzweig Sinnbild für Frieden und Heil wie auch Symbol für den neuen Bund zwischen Gott und dem Volke Israel.

Paci et Providentiae: Dem Frieden und der Vorsehung.

Knopf: die »hohle Kugel auf den Spitzen der Thürme und Gebäude« (Adelung II, Sp. 1669).

›Der arme Raimondin‹

(Seite 112–130)

Erstdruck in: Die Neue Rundschau 55, 1944, Heft 3, S. 107–117; unter dem Titel: Clemens Brentano: Der arme Raimondin. Ein unbekanntes Fragment; hrsg. von Friedrich Fuchs, der das Fragment mit dem Titel ›Der arme Raimondin‹ versehen hat.

Textvorlage: Werke II, S. 741–761.

Entstehung: Als Entstehungszeit des Erzählfragments gibt Friedrich Fuchs, sein erster Herausgeber, den »Winter 1815/16« an (Fuchs 1944, S. 108). Argumentationsbasis für diese Datierung ist die Tatsache, daß Brentano sowohl für seine Erzählung wie auch für einen bisher unge-

druckten, wohl kurze Zeit vor dem Fragment entstandenen Aufsatz
über eine geplante ›Gesellschaft für deutsche Schrift und Kultur‹ das
gleiche Papier verwendet hat, sowie die Beobachtung, daß sich im Manuskript der Erzählung ein durchstrichener Satz von Brentanos Hand
findet, bei dem es sich laut Fuchs (1944, S. 107) »nach Inhalt und Stil«
um »die begonnene, dann wieder aufgegebene Fortführung« jenes Aufsatzes handelt. Dieser Befund ist ein weiteres Indiz dafür, daß der Aufsatz und das Erzählfragment etwa zur selben Zeit, in kurzer zeitlicher
Aufeinanderfolge entstanden sind. Da in Brentanos Aufsatz von »den
von Paris reklamierten Kunstschätzen« die Rede ist, »dürfte« der Aufsatz nach Fuchs (1944, S. 107) »im Herbst 1815« und das Erzählfragment »also danach« entstanden sein. Zu der Datierung »im Herbst
1815« ist Fuchs offenbar deshalb gekommen, weil sich Frankreich am
20. November 1815 im Zweiten Frieden von Paris offiziell dazu ver-
pflichtete, die in den Napoleonischen Kriegen geraubten Kunstschätze
wieder an Deutschland (und Italien) zurückzugeben.

Die hier referierte Argumentation ist jedoch keineswegs zwingend,
weil bereits seit dem 30. Mai 1814, d. h. seit dem Ersten Frieden von Paris, die von den Franzosen geraubten, nach Deutschland zurückzufüh-
renden Kunstschätze ein vieldiskutiertes Thema in der deutschen Öffentlichkeit waren. Übrigens ist ja ein besonders symbolhaltiges Kunstwerk, die preußische Viktoria des Brandenburger Tors, bereits Anfang
August 1814 (also lange vor dem 2. Frieden von Paris) von Paris wieder
nach Berlin zurückgebracht worden. Brentanos Aufsatz über eine ›Gesellschaft für deutsche Schrift und Kultur‹ wie auch sein Erzählfragment
vom ›Armen Raimondin‹ könnten demnach ebenso gut bereits in der
zweiten Hälfte des Jahres 1814 niedergeschrieben worden sein.

Für diese frühe Datierung spricht ein bislang übersehener Brief
Achim von Arnims an den Frankfurter Bürgermeister Johann Gerhard
Christian Thomas vom 7. April 1827, aus dem hervorgeht, daß ›Der
arme Raimondin‹ bereits im Herbst 1814 auf Arnims Landgut in Wiepersdorf, wo sich Brentano vom 14. September bis um den 10. November 1814 aufhielt, entstanden sein könnte. Nachdem Arnim in seinem
Brief an Thomas die ebenfalls im Herbst 1814 bei ihm in Wiepersdorf
geschriebene Erzählung ›Die Schachtel mit der Friedenspuppe‹ erwähnt
hat, fährt er fort: »Noch schrieb er [Brentano] da [in Wiepersdorf] den
Anfang einer hübschen Novelle, die ich bewahre, worin etwas aus seiner

eigenen Jugend eingeflochten ist.« (Arnims Brief ist abgedruckt in: Hermann Cardauns: Die Märchen Clemens Brentano's. Köln 1895, S. 101–103.) Arnim hat hiermit zweifellos die von Fuchs ›Der arme Raimondin‹ betitelte Erzählung gemeint, denn in die Kindheits- und Jugendgeschichte, die Heinrich Winningen dem Pater Rochus erzählt, hat Brentano in der Tat »etwas aus seiner eigenen Jugend eingeflochten«, so etwa das aus seiner Sicht gespannte Verhältnis zwischen den Eltern, die innige Beziehung zu seiner Schwester Sophie, das ambivalente Mutterbild. Außerdem wird unter den aus Achim und Bettine von Arnims Nachlaß stammenden Handschriften, die 1929 in Berlin versteigert wurden, als einziges Novellen-Manuskript Brentanos ein eigenhändiges, »vollständiges Manuskript einer Erzählung aus dem Revolutionskrieg in den Niederlanden« angeboten (vgl. Auktions-Katalog 149 der Firma Karl Ernst Henrici, Berlin 1929, S. 44, Nr. 106), das zweifelsfrei (vgl. den ersten Satz des Fragments) als die Handschrift des ›Armen Raimondin‹ zu identifizieren ist (vgl. auch Fuchs 1944, S. 108). Franz Dessauer (Heidelberg) hat das Raimondin-Manuskript 1929 bei der Versteigerung erworben und Friedrich Fuchs 1944 die Erlaubnis zum Erstabdruck des Fragments erteilt. Die Handschrift des ›Armen Raimondin‹ wird in der Universitätsbibliothek Mainz aufbewahrt.

Quellen: Wie bei der Erzählung von der ›Schachtel mit der Friedenspuppe‹ ist auch bei der vom ›Armen Raimondin‹ die von Brentano benutzte Hauptquelle noch nicht entdeckt worden. Wie bei jener, so dürfte auch bei dieser als stoffliche Vorlage für die Binnen- und Rahmengeschichte am ehesten eine französische Quelle in Betracht kommen. Auch eine Quelle aus dem niederländisch-belgischen Bereich ist wegen des ›niederländischen‹ Schauplatzes der Rahmengeschichte (vgl. unten Anm. zu S. 112 ›Aquiscinet‹) in Erwägung zu ziehen. Schließlich könnten auch in Deutschland erschienene oder bekannt gewordene Berichte, Erzählungen oder Memoiren von französischen Emigranten Brentano als Anregung bzw. Quelle gedient haben.

Allerdings läßt sich für einen Teilbereich der Erzählung, für die problematische Beziehung des armen Raimondin zu den drei Melusinen-Figuren, eine wichtige Nebenquelle anführen: eine oder mehrere der literarischen Gestaltungen der im Mittelalter entstandenen Melusinen-Sage. Welche der drei bekanntesten und frühesten Versionen des Melu-

sinen-Stoffs: den französischen Prosaroman des Jean d'Arras (1392),
den französischen Versroman des Trouvère Couldrette (bald nach 1401)
oder die 1474 erschienene deutsche Prosafassung des Thüring von Ringoltingen (oder auch eine der vielen auf dem deutschen Prosaroman ba-
sierenden Volksbuchfassungen), Brentano für seine Gestaltung des Me-
lusinen-Themas benutzt hat, ist noch nicht untersucht worden. In den
Versteigerungskatalogen der Bibliotheken Brentanos findet sich lediglich eine »vor 1700« gedruckte »Wunderbeschreibung von der schönen
Melusina, mit Holzschnitten« (Gajek, S. 299, Nr. 2771 des Katalogs von
1853). Die französischen, immer auf Raimondin und Melusine bezügli-
chen Verse in Brentanos Erzählung wie auch die im deutschen Melusi-
nen-Roman des Thüring von Ringoltingen nicht gebräuchliche, im
französischen Prosaroman des Jean d'Arras dagegen häufig vorkommende Namensform ›Raimondin‹ (orthographische Varianten: Remon-
din, Raymondin, Roymondin) sprechen dafür, daß Brentano als Vorlage eine französische Fassung der Melusinen-Sage verwendet hat.

Seite

112   *der große Revolutionskrieg in den Niederlanden eine für die deut-
       schen Waffen günstigere Wendung zu nehmen schien:* Mit dem
       »großen Revolutionskrieg« ist der Erste Koalitionskrieg gemeint,
       d. h. der von 1792–1797 dauernde Krieg zwischen dem revolutio-
       nären Frankreich einerseits und Österreich, Preußen, England,
       Spanien und den Niederlanden andererseits. Durch die Schlacht
       bei Jemappes in der Provinz Hennegau verlieren die Österreicher
       am 6. November 1792 die gesamten österreichischen Niederlande
       (Belgien) an Frankreich. Durch den Sieg bei Neerwinden am
       18. März 1793 über die Franzosen unter General Dumouriez ge-
       winnen sie die Niederlande vorübergehend zurück. Mit diesem
       Sieg schien der Krieg »eine für die deutschen Waffen günstigere
       Wendung zu nehmen«. Durch den Sieg der Franzosen bei Fleurus
       am 26. Juni 1794 fallen jedoch die österreichischen Niederlande
       erneut an Frankreich zurück. Unter General Pichegru erobern die
       französischen Revolutionstruppen 1794/95 darüber hinaus auch
       Holland, das 1795 zur ›Batavischen Republik‹ erklärt wird. Die in
       der Rahmengeschichte des ›Armen Raimondin‹ erzählte Zeit
       dürfte also in die Zeitspanne zwischen der Schlacht bei Neerwin-

den (18. März 1793) und der Schlacht bei Fleurus (26. Juni 1794) fallen.

Rochus: Der hl. Rochus (um 1295–um 1327), Tertiarier des Franziskanerordens, gilt nach der Legende als Pfleger der Kranken; volkstümlicher Heiliger; Schutzpatron gegen Pest und andere Seuchen.

Aquiscinet: »Vermutlich dachte Brentano an die Benediktinerabtei Aquiscinctum im Hennegau (Zedlers Universallexikon s. v. Anchin), das 1815 zu den Vereinigten Niederlanden kam.« (Brummack 1967, S. 208)

Bader: Arzt, Chirurg; vgl. S. 115, wo der Bader als »Wundarzt« bezeichnet wird.

113 *Tummelplatz:* Kampfplatz.

ein ehrliches Grab: Für Kasper und Annerl ein »ehrliches Grab« zu erwirken, ist das hauptsächliche Trachten und Bemühen der Großmutter in der Kasperl/Annerl-Geschichte.

einstimmen: zustimmen, übereinstimmen.

glücklich: »Einen guten Erfolg seiner Bemühungen, seiner Absicht habend, so fern dieser Erfolg, wenigstens großen Theils, auf einem bloßen Zufalle beruhet.« (Adelung II, Sp. 731)

114 *einen blühend schönen französischen Offizier von der zartesten Jugend:* Bei diesem ›Offizier‹, der den Nonnen zur Krankenpflege übergeben wird, handelt es sich wahrscheinlich um die als Offizier verkleidete Zwillingsschwester Heinrich Winningens, um Antonie bzw. Lusine Winningen. Dafür spricht vor allem der folgende Satz: »und sie ruhten so still und selig nebeneinander, als lägen sie unter einem Herzen.« In seiner Handschrift hatte Brentano hier ursprünglich fortgefahren: »und wären nie aus dem Schoße verschiedener Mütter hervorgegangen, um sich zu hassen und zu töten, ohne sich zu kennen«. Diesen Passus hat Brentano gestrichen, um darüberzuschreiben: »Sie schienen einander sehr wohl zu kennen…« (vgl. hierzu Friedrich Fuchs in der Einleitung zum Erstdruck des Erzählfragments in: Die Neue Rundschau 55, 1944, S. 108).

Klosterjungfrauen von St. Clara: Das Jungfrauenkloster in Aquiscinet ist nach der hl. Klara von Assisi (1194–1253) benannt, auf die der später nach ihr bezeichnete Klarissen- oder Franziskanerinnenorden zurückgeht. Dieser Orden fand nicht nur in Italien, sondern auch in Deutschland und anderen europäischen Ländern ungeheuere Verbreitung. – Vgl. den Schluß der Erzählung ›Die drei Nüsse‹ (S. 141), wo von dem »Kloster zu St. Klara in Kolmar« die Rede ist.

115 *Gevatter:* dient hier als »vertrauliche Anrede unter näheren Bekannten«; wird hier zudem »für ein Verhältnis gebraucht, bei dem man auf gegenseitige Unterstützung rechnet« (Paul/Betz, S. 256). *Walstatt:* Schlachtfeld.

116 *gehorsamen:* Gehorsam leisten, gehorchen. Das heute ungebräuchliche Verb fing Ende des 18. Jahrhunderts an »im Hochdeutschen zu veralten« (Adelung II, Sp. 503).
die Metten: liturgischer Morgengesang (laudes matutinae, cantus matutinus).

117 *wie der Rabe aus der Arche:* Vgl. 1. Mose 8, 6f.
mahnendes Meteor: In der Goethezeit ist ›Meteor‹, wie heute nur noch in der Fachsprache, ein Neutrum.
Taube: Symbol des heiligen Geistes in der christlichen Kunst und Vorstellungswelt. »Im Allgäu heißt es, daß die Turteltaube der Mutter Gottes den Ehering gebracht habe.« (HDA VIII, Sp. 696) Vgl. die S. 113 erwähnte, im Aquiscineter Jungfrauenkloster St. Clara aufbewahrte Marienreliquie, »den Vermählungsring der Jungfrau Maria«.
Therese: Die treulose Geliebte des armen Raimondin ist wohl identisch mit der auch als ›Melusine‹ bezeichneten Tochter des Advokaten Lodie (vgl. S. 127 f.), in die sich Raimondin als kleiner Junge verliebt. Wie andere ›royalistische‹ Namen der Erzählung ist auch der Name ›Therese‹ nicht zufällig gewählt: Die Tochter Marie Antoinettes, der Königin von Frankreich, und Ludwigs XVI. hieß nach ihrer Großmutter, der österreichischen Kaiserin Maria Theresia (1717–1780), Marie Thérèse. Sie war Herzogin von Angoulême und wurde als ›Madame Royale‹ bezeichnet.
duftenden Rosenstrauß: Daß Pater Rochus dem Verwundeten an einem Morgen zweimal kurz hintereinander »einen duftenden Rosenstrauß« bringt (vgl. S. 116), ist eine erzählerische Nachlässigkeit Brentanos, die bei einer Überarbeitung des Entwurfs sicher behoben worden wäre.

118 *Da begann der Kranke also:* Auf die hier beginnende, nicht zu Ende erzählte Geschichte Heinrich Winningens, des ersten Verwundeten, hätte eine zweite Geschichte des zweiten Verwundeten, des »blühend schönen französischen Offiziers von der zartesten Jugend«, folgen sollen.

Heinrich Winningen: Winningen heißt ein kleiner Ort an der Mosel bei Koblenz, den Brentano als gebürtiger Ehrenbreitsteiner sicher kannte.

119 *Tage, da mein Vater jenes öffentliche Opfer seiner fanatischen Meinung brachte:* Am Tage des Streits zwischen den Eltern, der sich nicht vor dem 14. Juli 1789, dem Beginn der Französischen Revolution, abgespielt haben kann, sind Raimondin und seine Schwester gerade vier Jahre alt. Beide sind also frühestens 1785 geboren. Und doch soll Raimondin 1795, als Zehnjähriger also, bei der Eroberung der Niederlande mitgekämpft haben! Im Interesse chronologischer Stimmigkeit hätte Brentano hier für eine Publikation der Erzählung noch ändern müssen.

Vorfahren... aus dem Hause Lusignan... Nymphe Melusine: Die von Brentano schon in der Urfassung der ›Chronika‹ benutzte Melusinen-Sage ist eigentlich eine Verherrlichung des Geschlechts der Herren von Lusignan (in der Nähe von Poitiers), als deren mythische »Stammutter die ›Fee‹ Melusine in Anspruch genommen wird. Im Namen Melusine glaubte man eine Verknüpfung zum Geschlecht der Lusignans zu finden, indem man Melusine als entstanden aus ›Mere‹ und ›Lusignan‹ volksetymologisch erklärte; die französischen Fassungen schreiben neben Melusine auch Mellusigne, um die genealogische Beziehung deutlich hervortreten zu lassen« (Hans-Gert Roloff im Nachwort zu seiner Ausgabe: Thüring von Ringoltingen: Melusine. In der Fassung des Buchs der Liebe. Stuttgart 1969, S. 160f.).

Roman der Melusine: Hiermit könnte der französische Prosaroman ›L'Histoire de la Belle Mélusine‹ (1392) von Jean d'Arras gemeint sein, der auch als ›Le Roman de Mélusine‹ betitelt wird.

Verlassenschaft: Hinterlassenschaft.

Stammbaum... auf welchem auch unten diese Sirene abgebildet war: Es gibt bildliche Darstellungen des Stammbaums der Herren von Lusignan, die Melusine als Stammutter des Hauses Lusignan zeigen (vgl. Claude Lecouteux: Mélusine et le Chevalier au Cygne. Paris 1982, S. 14).

Schwur... gebrochen hatte: Siehe oben Anm. zu S. 64 ›Herr Regnard von Lusignan‹.

Auf diesem Stammbaum waren die Gesichtsbilder aller ihrer Vorfahren... aus Blättern und Blumen hervorsehend bunt gemalt: Zu diesem Stammbaum ist Brentano sicher durch Philipp Otto Runges Darstellungen der vier Tageszeiten (Morgen, Mittag, Abend, Nacht) angeregt worden. Von den vier 1807 als Radierungen erschienenen Blättern hat Brentano wahrscheinlich ein Exemplar besessen (vgl. Clemens Brentano/Philipp Otto Runge: Briefwechsel. Hrsg. u. kommentiert von Konrad Feilchenfeldt. Frankfurt a. M. 1974, S. 70f., Abb. 3a–3d).

Gesichtsbilder: Porträts (vgl. DWb IV/2, Sp. 4101).

gebildert: Das Verb ›bildern‹ bedeutet, »im gemeinen Leben, die Bilder oder Kupferstiche in einem Buche aufsuchen« (Adelung I, Sp. 1017).

Schreibeschrank: ein »Schrank mit einem Schreibetische, welcher heraus geschlagen werden kann, um davor zu schreiben« (Adelung III, Sp. 1653).

120 *Citoyenne... Bürgerin... Baron von Winningen... Bürger Winningen:* Unter dem Einfluß der ›Brüderlichen Gesellschaften‹ wurde in der Französischen Revolution der Ausdruck ›Monsieur‹ (Herr) durch den Ausdruck ›Citoyen‹ (Bürger) ersetzt; entsprechend ›Madame‹ bzw. ›Mademoiselle‹ durch ›Citoyenne‹. Der Konvent übernahm diese Sitte, in der sich die ›Sprache der Brüderlichkeit‹ Ausdruck verschafft hatte, von seiner ersten Sitzung an.

121 *heute ist es vier Jahre, daß wir uns vermählten:* Der vierte Hochzeitstag der Eltern und der vierte Geburtstag ihrer Zwillingskinder (vgl. S. 119) fallen also auf einen Tag. Demnach müßten die Kinder am Hochzeitstag der Eltern geboren sein. Unstimmigkeit, die wahrscheinlich aus dem Entwurf- und Fragmentcharakter der Erzählung resultiert.

meine Begierde zu sehen: Vgl. das Seh- und Beobachtungsverbot der Melusinen-Sage, das Raimund mißachtet, indem er wider sein Versprechen Melusine an einem Samstag im Bade beobachtet und dabei ihre Nixengestalt entdeckt. Mit dem Wunsch, seine Mutter Melusine auf dem Stammbaum »zu sehen«, d. h. mit dem Verlangen nach Erkenntnis des eigenen Ursprungs, beginnt in Brentanos Erzählung das Elend, das Unglück des armen Raimondin.

Mutter in einer Lilie sitzend: zusätzlicher Hinweis auf die royalistische, antirevolutionäre Gesinnung der Mutter: In der Zeit der Französischen Revolution ist die Lilie, das Wappenbild der Könige von Frankreich, unter dem Namen ›bourbonische Lilie‹ zum politischen Abzeichen der royalistischen Partei und der royalistischen Emigranten geworden, weil seinerzeit das Haus Bourbon in Frankreich regiert hatte.

dreifarbigen Schlange: Anspielung auf die Trikolore, die dreifarbige, durch die Französische Revolution im Jahre 1790 eingeführte französische Nationalflagge. Zunächst war die Farbenfolge Rot-Weiß-Blau, seit 1794 Blau-Weiß-Rot. Die Trikolore entstand aus der dreifarbigen Kokarde.

rote Mütze: die von Sansculotten und Jakobinern als Emblem der Freiheit getragene rote Wollmütze, auch Freiheitsmütze, Jakobinermütze, phrygische Mütze genannt. Die phrygische Mütze war die Kopfbedeckung der freigelassenen Sklaven.

die alte Schlange… welche das Weib schon im Paradiese verführte: Vgl. 1. Mose 3, 1–15.

Raimondin: In der von Jean d'Arras, Couldrette und Thüring von Ringoltingen gestalteten Melusinen-Sage hat nicht nur der Gemahl der schönen Melusine den Namen »Raymond«, auch deren zehnter und jüngster Sohn heißt »Raymond« bzw. »Reymund«.

122 *Freiheitsbaum:* Die während des amerikanischen Unabhängigkeitskrieges (1775–83) entstandene Sitte, Bäume als Symbol der Freiheit zu pflanzen, wurde durch die Französische Revolution von 1789 übernommen.

dreifärbigen Bändern: Der Freiheitsbaum wurde mit blau-weiß-roten Kokarden geschmückt. Die dreifarbige Kokarde, das erste revolutionäre Symbol, wurde durch Gesetz vom 5. Juli 1792 allen Franzosen vorgeschrieben. Durch Dekret vom 21. September 1793 wurden auch die Frauen zum Tragen der Kokarde verpflichtet.

Ça ira: französisches Revolutionslied. Vgl. Brentanos Roman
›Godwi‹ (2. Teil, 14. Kap.), wo Maria, der autobiographische Ich-
Erzähler, von sich sagt: »Ich fing aber lustig an *Ça ira* zu singen,
weil ich selbst weinte, und mir im *Ça ira* von jeher alle Adern freu-
dig schwollen, denn ich liebe solche heftige Übergänge.« (Werke
II, S. 289) – Am 8. September 1800 schreibt Brentano seinem
Freund August Winkelmann, er habe »den Weg zum Leben aus
der Schwermut« gefunden: »Er geht über Geister, Schauer, He-
xen, Schrecken, Enthusiasmus, Wildheit, Revolution, Ça ira.«
Bilderbaum der Mutter verbrannt: Vgl. Brentanos Erzählung
›Die Schachtel mit der Friedenspuppe‹, in welcher »der wirkliche
Stammbaum des Chevaliers« Montpreville in der Zeit der Französischen Revolution »auf dem Altar des Vaterlandes verbrannt«
wird. (S. 97)
O ma pauvre Mélusine, Raimondin t'a brûlé le coeur!: O meine
arme Melusine, Raimondin hat dir das Herz verbrannt!
Carmagnoletanz: französisches revolutionäres Tanzlied, das in
der Französischen Revolution um den Freiheitsbaum und auch
um die Guillotine getanzt wurde. Refrain jeder Strophe: ›Dansons
la Carmagnole! Vive le son du canon!‹
Herrn de Lescure: Der Freund der königstreuen, royalistisch gesinnten Mutter hat nicht zufällig diesen Namen: Einer der bedeutendsten Anführer der royalistischen Erhebung in der Vendée gegen die Französische Revolution (1793–96) war der Vendée-Ge-
neral Louis-Marie Marquis de Lescure (1766–1793).

123 *laut werden lasse:* öffentlich bekannt mache.
Gang: Waffengang, Duell.
que j'avais brûlé le coeur à la bonne fée Mélusine: daß ich der guten Fee Melusine das Herz verbrannt hatte.
Royer: Der Diener der adelsstolzen, royalistisch gesinnten Mutter
hat einen bezeichnenden Namen.
Toinette: Auch die »allerlei Dienste« im Elternhaus von Heinrich
Winningen verrichtende Gärtnersfrau hat einen ›royalistischen‹
Namen, den Namen der französischen Königin Marie-Antoinette
(1755–1793), der Gemahlin Ludwigs XVI., die wie dieser hingerichtet wurde.

124   *sie sangen dessen Lied, dessen Brot sie aßen:* im Mittelalter ent-
       standenes deutsches Sprichwort (vgl. Ignaz V. Zingerle: Die deut-
       schen Sprichwörter im Mittelalter. Wien 1864, S. 23). Viele Belege
       bei Wander I, Sp. 480. Vgl. William C. MacDonald: ›Whose bread
       I eat‹. Göppingen 1981 (= GAG 318).
       mich Royer… nach Haus tragen: Vgl. die Einleitungsterzinen zu
       den ›Romanzen vom Rosenkranz‹, in denen »ein alter Diener«
       den kleinen Clemens »auf seinen Armen« zur Kirche trägt (Werke
       I, S. 651) sowie die Trage-Szenen in beiden Fassungen der ›Chro-
       nika‹, in denen die Mutter den kleinen Johannes auf dem Arm
       durch den Wald trägt (vgl. S. 16 f., 242 f.).

125   *Ich lauschte an der Türe meiner Mutter:* Vgl. das in der Melusi-
       nen-Sage begegnende Motiv des Verbots bzw. des Verbotenen,
       das hier und an anderen Stellen ins Inzestuös-Ödipale gewendet
       wird.
       Scheide: Futteral; »ein Wort, welches nur in einigen Fällen von
       der hohlen, länglichen Bekleidung anderer Körper üblich ist«
       (Adelung III, Sp. 1394 f.).
       O pauvre Raimondin… tu as brûlé le coeur: O armer Raimondin,
       / du mußt sterben, / der schönen Melusine / hast du das Herz ver-
       brannt.
       *Raimond… wie er klagend um sein Verbrechen das Schloß durch-
       wandelt…:* Vgl. das 45. Kapitel des Melusinen-Romans von Thü-
       ring von Ringoltingen (in der Reclam-Ausgabe von Hans-Gert
       Roloff S. 92–94).
       Tafthut à la Montgolfier: benannt nach den Brüdern Jacques-
       Etienne (1745–1799) und Joseph-Michel Montgolfier (1740 bis
       1810), den Erfindern des Warmluftballons (Montgolfière). Die er-
       sten Ballons stiegen 1783 auf.

126   *kleinen Garten, der, von hohen Seitengebäuden umgeben, son-
       nenlos, voll trauriger Taxuspyramiden wenig Erfreuliches bot:*
       Vgl. Brentanos autobiographische Einleitungsterzinen zu den
       ›Romanzen vom Rosenkranz‹: »Wie kleine Gärten zwischen stei-
       len Mauern, / Die nie ein Sonnenstrahl hat heimgesucht, / Wo
       kalte Marmorkinder einsam trauern, / Die wilder Buchs und Sal-
       bei trüb umkreist.« (Werke I, S. 654)

Taxuspyramiden: immergrüne Eibensträucher in Pyramiden-
form. Die Eibe ist seit alters her als Totenbaum bekannt. In der
Antike war sie den Göttern der Unterwelt geweiht. In Nordwest-
europa ist die Eibe sehr oft Friedhofsbaum.

Ziehbrunnen: »Ein Brunnen, aus welchem das Wasser vermittelst
eines Eimers gezogen wird, zum Unterschiede von einer
Plumpe.« (Adelung IV, Sp. 1705)

gemein: gemeinsam.

128   *Pfennigstrompete:* kleine hölzerne Trompete, die einen Pfennig
kostet; vgl. auch Pfennigflöte, Pfennigpfeifchen (DWb VII,
Sp. 1668, 1670f.).

Körbchen voll Spielzeug… unter seinem Mantel: Diese Figur erinnert an den alten Mann aus dem Gockelmärchen, der unter seinem schwarzen Mantel ein besonderes Spielzeug, die kunstreiche
Puppe, hervorkommen läßt (vgl. Werke III, S. 531).

Bedürfnissen: Dinge, deren man bedarf, die man nötig hat.

129   *verbindlich gemacht:* verpflichtet.

Domino: langer seidener Maskenmantel mit Kapuze und weiten
Ärmeln; der zuvor erwähnte »rote Taftmantel« (S. 129).

›*Die drei Nüsse*‹

(Seite 131–141)

Erstdruck in: Der Gesellschafter oder Blätter für Geist und Herz. Hrsg.
von F. W. Gubitz. Erster Jahrgang. Berlin, 131.–134. Blatt, 9.–15. August 1817, S. 521f., 526f., 530f., 533f.; unter dem Titel: Die drei Nüsse.
Erzählung von Brentano.

Textvorlage: Werke II, S. 762–773.

Entstehung: Dokumente zur Entstehungsgeschichte der Erzählung haben sich nicht erhalten bzw. sind bisher nicht veröffentlicht worden. Zu
Recht hat man auf die entstehungszeitliche und erzähltechnische Nähe
zur ›Geschichte vom braven Kasperl‹ hingewiesen. Nach Heinrich Henel (Clemens Brentanos erstarrte Musik. In: Kolloquium, S. 74–101,
hier: S. 96f.) hat Brentano die Erzählung kurze Zeit vor der Kasperl/

Annerl-Geschichte geschrieben, hat er sich in ihr einer »strengen Schulung im Handwerk des Erzählens« unterzogen, ohne die ihm sein erzählerisches »Meisterwerk«, die ›Geschichte vom braven Kasperl‹, nicht hätte »glücken können«. Mutmaßliche Entstehungszeit demnach zwischen der ›Schachtel mit der Friedenspuppe‹ und der ›Geschichte vom braven Kasperl‹, d. h. zwischen 1815 und Frühjahr 1817. Möglicherweise war die Erzählung für den Anfang 1816 mit Achim von Arnim erörterten, vertraglich mit dem Buchhändler J. P. D. Fink bereits festgelegten, dann aber nicht realisierten »Plan der Monatlichen Erzählungen« vorgesehen (vgl. Steig I, S. 344).

Quellenfrage: Eine Quelle für den Gang der Handlung und den Stoff der Erzählung hat sich bisher nicht nachweisen lassen. Die Tatsache, daß 1823 in der Frankfurter Zeitung ›Didaskalia‹ (Jg. 1, Nr. 110–113, 20.–23. April 1823) anonym eine gleichnamige, zahlreiche Übereinstimmungen mit Brentanos Erzählung aufweisende Geschichte ›Die drei Nüsse. (Erzählung, frei nach dem Englischen.)‹ erschienen ist, hat zu der Annahme geführt, daß Brentano und der anonyme Verfasser der Didaskalia-Version von 1823 »unabhängig voneinander ›frei nach dem Englischen‹ übersetzten« (Hermann Cardauns: Klemens Brentano. Beiträge, namentlich zur Emmerich-Frage. Köln 1915, S. 64), also unabhängig voneinander die gleiche englische, vor 1817 erschienene Quelle benutzt haben. Diese Hypothese läßt sich kaum noch aufrechterhalten, seitdem der Anglist Rudolf Imelmann aufgrund sprachlicher und stilistischer Indizien plausibel gemacht hat, daß dem Didaskalia-Druck von 1823 eine englische, bisher noch nicht ermittelte, zwischen 1817 und 1823 entstandene Version »zugrunde gelegen haben muß« (Imelmann 1927/28, S. 267), die ihrerseits eine schlechte, banalisierende und vergröbernde Übersetzung der Brentanoschen Erzählung von 1817 ins Englische gewesen ist. Die Didaskalia-Version von 1823 ist demnach höchstwahrscheinlich eine Rückübersetzung der Erzählung Brentanos aus dem Englischen ins Deutsche. Beide Versionen, die erschlossene englische wie die deutsche in der Didaskalia, sind für eine quellenkritische Untersuchung der ›Drei Nüsse‹ von Brentano völlig irrelevant. Wenn Brentano eine literarische Quelle benutzte, wovon bei seiner Schaffensweise auszugehen ist, dann dürfte sie in Frankreich oder Deutschland, genauer: im Bereich des von Brentano gesammelten alchemistisch-okkulten Schrifttums zu suchen sein.

Seite

131 *Daniel Wilhelm Möller:* eigentlich Moller (1642–1712), seit 1674
Professor der Geschichte und Metaphysik an der nürnbergischen
Universität Altdorf. Von Moller heißt es im ›Nürnbergischen Ge-
lehrten-Lexikon‹ von Georg Andreas Will (2. Teil, Nürnberg und
Altdorf 1756, S. 241): »Nach Verlassung Strasburg divertirte er
sich eine Zeitlang zu Colmar in Ober-Elsaß, allwo er Schulmeister
über die 3 Söhne des dasigen Prätors und Protoscholarchens, Hn.
Moggens, wurde und sich zugleich bey 8 Monaten auf die Alchy-
mie unter der Anweisung Pet. du Ponts legte.«

reisenden Alchimisten: »Erzählungen von ruhelos (oder ewig)
wandernden A.[lchemist]en haben zweifellos reale Hintergründe,
denn tatsächlich waren sie, oft unter Geheimhaltung ihres Namens, unterwegs von einem fürstlichen Geldgeber zum anderen.«
(Enzyklopädie des Märchens. Bd. 1. Berlin 1977, Sp. 264) Gegen
Ende der Erzählung (S. 140) heißt es von Pierre du Pont, dem reisenden Alchimisten: »Acht Jahre lebte er [...] an dem Hofe des
Königs von Dänemark [...]. Nach dem Tode desselben zog er an
manchen norddeutschen Höfen herum. Er war immer unstet
[...].«

welsche Nüsse: Walnüsse (nux gallica). Die Walnuß bzw. der Wal-
nußbaum spielt im Volksglauben eine große Rolle. Der Nußbaum
ist gelegentlich ›Lebensbaum‹, bei den Romanen ›Hexenbaum‹
und nicht selten ›Totenbaum‹ (vgl. HDA IX, Sp. 71–73). Nüsse
sind seit alters her Symbol der Fruchtbarkeit, sie spielen daher in
der Erotik, im Liebesorakel, in Hochzeitsbräuchen usw. eine bedeutende Rolle (vgl. HDA IX, Sp. 77–79).

lustig: voller Verlangen. Im Volksglauben gelten Nüsse als
Aphrodisiaka (vgl. HDA IX, Sp. 79).

Schola Salernitana: vom 16. bis 18. Jahrhundert oft herausgegebene und übersetzte medizinische Schrift: De conservanda bona
valetudine opusculum.

nocet altera: Die alten ›Etymologen‹ (Isidorus von Sevilla) leiteten
das lateinische ›nux‹ von ›nocere‹ (schaden) ab (vgl. HDA IX,
Sp. 72 f.).

Der jüngste Sohn: Das jüngste Kind hat besondere Vorrechte, wie
es auch im Besitz besonderer Kräfte steht.

132 *Doktor Bauhinus:* Johann Kaspar Bauhinus (1606–1685), aus be-
rühmter Arzt- und Naturforscherfamilie, war Stadtarzt und erster Professor an der Universität Basel.

133 *Montpellier:* Vom 13. Jahrhundert an war die medizinische Hochschule zu Montpellier lange Zeit eine der renommiertesten in Europa.
kindischen Gemäldes: kindlichen Gemäldes.
Elend: Die eigentliche, ursprüngliche Bedeutung von Elend (=
anderes Land, Fremde) ist hier, wie auch sonst bei Brentano, noch
deutlich herauszuhören: Für die Witwe des Apothekers von
Lyon, die ihr »Vaterland«, d. h. Frankreich, »verlassen« hat, ist
Kolmar, das im 17. Jahrhundert zu Deutschland gehörte, eine
Stadt im Ausland.

134 *fatale Spruch:* verhängnisvolle Spruch.
Offizin: Apotheke.
Larve: Gesicht.

135 *aber Gott segnete unsre Liebe nicht, wir hatten keine Kinder:*
Nachdem auch sein zweites Kind kurz nach der Geburt gestorben
ist, schreibt Brentano am 13./14. August 1805 seiner Frau Sophie:
»Wenn uns Gott ein Kind erhält, werden wir glücklich sein, ohne
Kind ist die Ehe unbegreiflich, mit diesem Segen aber ist sie Gottes Segen selbst.«
Adepten: in Geheimkünste oder in eine geheime Lehre Einge-
weihter.
Johanniskäfer: mit Leuchtorganen versehene Käfer, auch Johan-
niswürmchen genannt, die um den Johannistag (24. Juni) herum
fliegen. Nach dem Volksglauben zeigen sie den rechten Weg sowie verborgene Schätze, sie werden aber auch mit Irrlichtern
gleichgesetzt. Bei Brentano haben sie offenkundig erotische Bedeutung.

136 *unmutig:* verstimmt.
einbilden: vorstellen.
unglückliche Schönheit: Unglück bringende Schönheit.
Billett: »Ein kurzer mit Auslassung aller Feyerlichkeiten abgefaß-
ter Brief.« (Adelung I, Sp. 1019)
hören Sie... ruhig aus: hören Sie... ruhig zu Ende.

137 *von Nußbäumen beschattet:* Daß der Schatten des Nußbaums gefährlich und schädlich sei, ist alter Volksglaube. Wer unter einem
Nußbaum liegt, stirbt noch im gleichen Jahr (vgl. HDA IX,
Sp. 72). Ludewig stirbt noch am selben Tag. – Im Volksglauben
wird der Nußbaum außerdem vielfach mit dem Johannistag (24.
Juni) in Verbindung gebracht (vgl. HDA IX, Sp. 75 f.). Wie aus
dem Auftreten der Johanniskäfer zu schließen, wird Ludewig unter den Nußbäumen in der Zeit um den Johannistag (vielleicht in
der Johannisnacht?) erschossen.

trockner... Mann: melancholischer Mann.

Anweisung eines Mönches... in einem Kloster: Tatsächlich haben
sich im Mittelalter und in der beginnenden Neuzeit die Klöster,
insbesondere die Benediktinerklöster, eifrig der Alchemie angenommen (vgl. HDA I, Sp. 252).

*einen lebendigen Menschen auf chimischem Wege in einem Glase
heraus zu destillieren:* In der Geschichte der Alchemie (etwa bei
Paracelcus) begegnet immer wieder die Vorstellung eines Ho-
munkulus, d. h. eines künstlichen, in einem geschlossenen Gefäß
erzeugten Menschleins.

138 *Diese Nüsse wollen wir zu ewigem Angedenken noch zusammen
essen, und sooft wir Nüsse sehen, wollen wir aneinander gedenken:* deutlicher Anklang an das Abendmahl (»das tut zu meinem
Gedächtnis«); vgl. Lukas 22, 19 f. sowie 1. Korinther 11, 24 f.

139 *gehässige Tugend:* verhaßte Tugend.

140 *Christian des Vierten:* Christian IV. (1577–1648) ist der volks-
tümlichste König Dänemarks in neuerer Zeit.

unglücklichen Vers: Unglück bringenden Vers.

Er kniete nieder in dem Kreise: Vgl. die kreisförmige Richtstätte,
auf der das schöne Annerl hingerichtet wird (S. 215 f.). Gerichts-
und Kultstätten wurden früher kreisförmig eingefriedet. Man
spricht von der Hegung der Gerichtsstätte.

141 *Piautaz... Vater war ein Savoyarde:* In der weiblichen Hauptfigur der Geschichte, in Amelie Piautaz, setzt Brentano Claudine
Piautaz (1772–1840), der Tochter des aus Savoyen nach Frankfurt eingewanderten Seidenhändlers Franz Piautaz, ein literarisches Denkmal. Claudine P., in der Frankfurter Neuen Kräme
neben der Engelapotheke [!] wohnend, betreute nach dem Tod

von Brentanos Mutter Maximiliane die Schwestern von Cle-
mens, für den »die schöne [!] Klodine« in seiner Jugend »das
Ideal und der Maßstab weiblicher Vollkommenheit« gewesen ist
(UL, S. 68, 77).

Kram: Geschäft, in dem Kleinhandel betrieben wird.

›Die mehreren Wehmüller und
ungarischen Nationalgesichter‹

(Seite 142–188)

Erstdruck in: Der Gesellschafter oder Blätter für Geist und Herz. Hrsg.
von F. W. Gubitz. Erster Jahrgang. Berlin, 157.–168. Blatt, 24. September–13. Oktober 1817, S. 625 f., 629–631, 633–635, 637 f., 641 f.,
645–647, 649–651, 653–655, 657–659, 661–663, 665–667, 669–671; unter
dem Titel: Die mehreren Wehmüller und ungarischen Nationalgesichter. Erzählung von Brentano.

Textvorlage: Werke II, S. 653–704.

Entstehung: Nach Auffassung fast aller Brentano-Forscher und -Her-
ausgeber ist die Erzählung »während Brentanos böhmischem Aufenthalt in den Jahren 1811/13 entstanden« (Werke II, S. 1193). Genauer,
überzeugender und besser begründet ist die Datierung Adolf Helt-
manns, nach dessen bisher kaum beachteter Untersuchung die Arbeit an
der Wehmüller-Erzählung »in die Jahre 1814–15« fällt (Heltmann 1926,
S. 89; vgl. auch ebd., S. 88, 94). Hauptargument hierfür ist der Hinweis
auf die Figur des Feuerwerkers Baciochi, der sich seinen Namen von einem Schwager Napoleons geborgt hat und der nach Heltmann (S. 94)
mit seinem verunglückten Feuerwerk auf den Niedergang der napoleonischen Macht hindeutet. Da sich der Sturz Napoleons erst Ende
1813/Anfang 1814 deutlich abzeichnet, kann die Figur des Baciochi
»nicht vor 1814« geschaffen worden sein (Heltmann 1926, S. 94). Noch
präziser läßt sich der terminus post quem der Erzählung bestimmen,
wenn man jene Textstelle historisch kommentiert, in der Baciochi zum
Abschluß seiner Binnenerzählung von seinem Freund berichtet: »Martino ließ sich bei der österreichischen Artillerie anwerben und war neulich mit in Neapel« (S. 180). Österreichische Truppen in Neapel? Das

kann nur im Frühjahr/Sommer 1815 gewesen sein, als in den Monaten April und Mai österreichische Truppen unter Neipperg, Bianchi und Nugent das neapolitanische Heer unter Joachim Murat (1767–1815), dem König von Neapel, durch halb Italien bis nach Neapel zurückschlugen und dabei fast vollständig aufrieben. Am 20. Mai 1815 kapitulierten die neapolitanischen Truppen. Die Österreicher zogen in der Nacht vom 21. zum 22. Mai als Besatzungsmacht in Neapel ein. Demnach kann Brentano seine Erzählung nicht vor dem 22. Mai 1815, dem Datum des Einmarschs der Österreicher in Neapel, niedergeschrieben haben. Terminus ante quem non der Wehmüller-Geschichte ist der Sommer bzw. der Herbst 1815.

Quellen: Als Hauptquelle zumindest für die dritte Binnenerzählung (vom wilden Jäger), für die Zigeunergestalten (Michaly und Mitidika) wie überhaupt für das Zigeunermilieu seiner Erzählung hat Brentano – worauf Heltmann (1926, S. 82, 90ff.) als erster und bisher einziger hingewiesen hat und wie in den nachfolgenden Erläuterungen durch eine Fülle weiterer, von Heltmann nicht berücksichtigter Parallelen, Anklänge und Anregungen erhärtet wird – das folgende kulturgeschichtliche Buch benutzt: Heinrich Moritz Gottlieb Grellmann: Die Zigeuner. Ein historischer Versuch über die Lebensart und Verfassung, Sitten und Schicksahle dieses Volks in Europa [...]. Dessau und Leipzig 1783; im Folgenden zitiert als: Grellmann. Dieses Buch befand sich nachweislich in Brentanos 1819 versteigerter Bibliothek (vgl. Gajek, S. 82; in der Seitenzählung des Versteigerungskatalogs von 1819: S. 60, Nr. 525).

Seite

142 *Wehmüller:* ein sprechender Name: Das ›Weh‹ oder das ›Wehe‹ ist »ein unglücklicher Zustand, ein Unglück, im Gegensatze des Wohles« (Adelung IV, Sp. 1436), ein Wort, das Brentano mit Bedacht auch in der ›Schachtel mit der Friedenspuppe‹ verwendet (vgl. S. 105). Weh-Müller befindet sich fast während der ganzen Erzählung (bis zur Wiedervereinigung mit seiner Frau Tonerl) in einem ›unglücklichen Zustand‹. Mit der Titelfigur des reisenden, unglücklichen, eifersüchtigen Malers Wehmüller könnte Brentano – unter anderem – eine Satire auf den jungen spätromantischen Lyriker, Übersetzer und Philologen Wilhelm (W. oder

phonetisch: ›Weh‹) Müller (1794–1827), den später wegen seines
Philhellenismus so genannten Griechen-Müller, bezweckt haben,
dessen Lieder (›Wanderlieder‹) vor allem durch Franz Schuberts
Vertonungen berühmt wurden. Der Name »Wehmüller« taucht
bei Brentano zum ersten Mal in den ersten beiden Briefen ›Aus einem geplünderten Postfelleisen‹ auf, die er am 18. Juli 1817 (also
gut zwei Monate vor Erscheinen der ›Wehmüller‹-Erzählung) anonym im ›Gesellschafter‹ (118. Blatt, S. 470 f.) veröffentlichte (vgl.
Werke II, S. 1144–1146). Der zweite dieser satirisch gemeinten
Briefe ist »Wehmüller, Maler allhier« unterschrieben. Am 30. Juli
1817 findet sich im 125. Blatt des ›Gesellschafters‹ (S. 500) folgende ›Bemerkung‹ des Herausgebers Gubitz: »Hr. Wilh. *Müller*
hat gewünscht, daß ich anzeige: Er sey nicht Verfasser der ›Briefe
aus einem geplünderten Postfelleisen‹ (Bl. 118.) und habe auch
nicht den entferntesten Antheil an deren Bekanntmachung.« Seit
dem 24. September 1817 erscheint dann im ›Gesellschafter‹ in
Fortsetzungen Brentanos Erzählung ›Die mehreren Wehmüller
und ungarischen Nationalgesichter‹. Nach Ausweis des Tagebuchs von Wilhelm Müller lernten sich Brentano und W. Müller
am 28. Februar 1816 in Berlin persönlich kennen (vgl. Diary and
Letters of Wilhelm Müller. Edited by Philip Schuyler Allen and
James Taft Hatfield. Chicago 1903, S. 86). Müllers Tagebuch verrät, daß er 1815 bis Anfang 1817 leidenschaftlich in die junge Luise
Hensel (1798–1876) verliebt war. Brentano begegnete Luise Hensel, der großen Liebe seiner späten Berliner Zeit, zum ersten Mal
im Oktober 1816. Müller und Brentano, die 1816 den Heiligen
Abend gemeinsam mit Luise Hensel verbrachten (vgl. S. 89 f.),
waren also gewissermaßen Nebenbuhler. Wilhelm Müller spricht
in seinen Tagebuchaufzeichnungen (vgl. S. 14, 26, 55) im unmittelbaren Zusammenhang mit Luise Hensel wiederholt von seiner
»Eifersucht«.

Giulowitsch: ungarisierte Form des Namens Julius.

Stuhlweißenburg: Gemeint ist hier die rumänische, in Siebenbürgen liegende Stadt Karlsburg, die im 16. und 17. Jahrhundert unter
dem Namen ›Weißenburg‹ die Residenz der Fürsten von Siebenbürgen war. Die von Brentano mit Karlsburg alias Weißenburg
verwechselte Stadt namens Stuhlweißenburg liegt in Ungarn.

Lury: Der Name bezeichnet im Österreichischen einen »schlawinerhaften Menschen, der zu jedem Unfug bereit ist« (Dickens 1983, S. 17).

39 Nationalgesichter: Die auf den ersten beiden Seiten viermal erscheinende Zahl 39 bezieht sich »auf jene berüchtigten 39 Vaterländer der Deutschen, die aus der Neuordnung Europas auf dem Wiener Kongreß« (1814/15) »hervorgegangen waren. Ihrer 38 hatten sich 1815« zum Deutschen Bund »zusammengeschlossen, dem 1817, als 39. Vaterland, die Landgrafschaft Hessen-Homburg beitrat. Daß diese ›Vaterländer‹ den ungarischen Nationalgesichtern des Malers Wehmüller gleichen, sich nur in der Individualität des Schnurrbartes oder im Reichtum der Uniform voneinander unterschieden, verstand sich für den zeitgenössischen Leser von selbst« (Frühwald 1981, S. 155).

143   *Stiefelstulpen:* die steifen Kniestücke an Stiefeln.

144   *zusammenzurichten:* in Ordnung zu bringen.

Mechanikus Eckler in Berlin: wahrscheinlich historische Person, die bisher nicht identifiziert werden konnte.

Richtscheit: »Ein Scheit, d. i. langes dünnes Holz, die richtige, d. i. gerade Beschaffenheit eines Körpers damit zu erforschen, ingleichen gerade Linien damit zu ziehen.« (Adelung III, Sp. 1106) Ein kleineres Werkzeug dieser Art ist das Lineal.

Stiefelknecht: »Ein hölzernes Werkzeug, sich vermittels des darein angebrachten Ausschnittes die Stiefel auszuziehen.« (Adelung IV, Sp. 371)

Perspektiv: Fernglas.

Windbüchse: »Eine Kugelbüchse, welche statt des Pulvers mit Luft geladen wird.« (Adelung IV, Sp. 1553)

145   *heillose:* höchst unangenehme; hier vielleicht auch in der älteren Bedeutung: ›gottlose‹, ›lasterhafte‹ (Adelung II, Sp. 1075).

Prinzipal: Das Wort wird »von einem solchen Obern gebraucht, welchen man nicht gerne seinen Herrn nennen will, ob er es gleich gewisser Maßen wirklich ist« (Adelung III, Sp. 838). Hofmeister (Erzieher) und Kaufmannsdiener pflegten ihre Dienstherren Prinzipale zu nennen.

Wurstwagen: »Eigentlich ein Wagen, auf welchem viele Personen reitlings sitzen können.« »In weiterm Verstande auch eine Art

langer Kutschen, in welchen mehrere Personen der Länge nach
mit gegen einander gekehrten Rücken sitzen.« (Adelung IV, Sp.
1633 ff.)

146 *Slibowitz:* Obstbranntwein aus Zwetschgen.

gefährde: laufe Gefahr.

Tonerl: in Österreich umgangssprachlich für Antonie bzw. Toni;
ein in Brentanos erzählerischem Werk häufig vorkommender
Name (vgl. Werke II, S. 484 ff. sowie S. 83 [Antoinette] und 119-
[Antonie] der vorliegenden Ausgabe). Brentanos Lieblingsschwä-
gerin, eine gebürtige Wienerin und geborene von Birkenstock,
hieß Antonia (1780–1869); ihr verdankt Tonerl Wehmüller wohl
mehr als nur den Vornamen.

Tokaier: ungarischer Natursüßwein, nach der ungarischen Stadt
Tokaj.

ausstechen: austrinken.

dumpfichte: dumpfige, feuchte, muffige.

147 *angenehmer Wacholdergeruch:* Gegen die Pest verbrannte man
früher Wacholderbeeren auf glühenden Kohlen (vgl. Beitl, S. 925),
was den hier erwähnten ›angenehmen‹ Geruch bewirkt.

Szekler-Husar: Szekler, magyarischer Volksstamm, eine der drei
›Nationen‹ Siebenbürgens.

durch die Finger gesehen: redensartliche Wendung (vgl. 3. Mose
20, 4): nachsichtig gewesen ist.

148 *Feldscher:* Feldscherer, »im gemeinen Leben der ›Feldscher‹, ein
Barbier oder Wundarzt, so fern er bey den Truppen Dienste lei-
stet« (Adelung II, Sp. 101).

149 *zu befragen:* zu erkundigen (Paul/Betz, S. 76).

Der Feuerwerker... hieß Baciochi: Als realhistorisches Vorbild
für diese Figur kommt der korsische Hauptmann Felix Bacciocchi
(1762–1841) in Betracht, ein Schwager Napoleons I., der 1797
Elisa Buonaparte, die älteste Schwester Napoleons, heiratete und
als deren Gemahl 1805 die Fürstentümer Piombino und Lucca erhielt.

Lindpeindler: In Briefen Brentanos wird gelegentlich der aus
Koblenz stammende Musiker und Komponist Peter Lindpaintner
(1791–1856) erwähnt (vgl. UL, S. 417), mit dem Bettina Brentano
korrespondierte.

der Violinspieler Michaly, ein Zigeuner...: Die Anregung zu dieser Figur verdankt Brentano dem Zigeuner-Buch von Grellmann (S. 76): »Ihr [der Zigeuner] Instrument ist, nebst einem blasenden, gewöhnlich die Violin; und darauf hat es schon mancher so weit gebracht, daß er in Capellen gräflicher Personen ordentlich angestellt und als Meister bewundert wurde. Ein solcher Orpheus war ein gewisser *Barna Mihaly,* im Zipfer Comitat, der sich gegen die Mitte dieses Jahrhunderts in der Capelle des *Cardinals, Grafen Emerich von Cschaky* auf besagte Weise auszeichnete. Der Cardinal, der selbst großer Musikverständiger war, schätzte ihn so hoch, daß er sein Bildniß durch einen der geschicktesten Mahler verewigen ließ.«

bei allen großen Hochzeiten...: Grellmann (S. 77) erwähnt Zigeuner als Musikanten bei »Hochzeiten«.

Ein Tiroler Teppichkrämer: Diese Figur verdankt ihre »Existenz wohl der Freude Brentanos an dem tapferen Tirolervolk« (Heltmann 1926, S. 93), das sich unter Andreas Hofer gegen Napoleon und die französische Unterdrückung auflehnte, wie auch seiner Freude am Tiroler Dialekt, den er den Teppichhändler sprechen läßt.

Savoyardenjunge, dem sein Murmeltier gestorben war: Anspielung auf den Brauch, »daß umherreisende arme Savoyardenknaben Murmeltiere für Geld sehen ließen« (HDA VI, Sp. 631). Spiellieder erinnern noch an diesen Brauch, den auch die bildende Kunst öfter darstellte.

der alten Wirtin, die Tabak rauchte und in ihrer Jugend als Amazone... gedient hatte: Die Gestalt der Frau Tschermack geht möglicherweise auf eine literarische Reminiszenz Brentanos zurück, auf die – in einem Brief vom Anfang Mai 1809 an Arnim erwähnte – »verfluchte Schlitzkroatin« aus dem ›Bassa von Bonneval‹, die »so tapfer auf die Teutschen einhieb« (Seebaß I, S. 403).

Wurmserschen Husaren: benannt nach dem österreichischen General Grafen von Wurmser (1724–1797), der am 2. Februar 1797 bei Mantua kapitulierte.

Dolman: kurze, mit Schnüren besetzte Jacke; Uniformstück der Husaren.

150 *Schariwari:* Katzenmusik, mit allerhand Lärmgeräten darge-
brachte Spott- oder Freudenmusik.
Vizegespan: Stellvertreter des Bezirksobersten in Ungarn.

151 *Protokoll... mit dem Worte »sondern« anfing:* Anspielung auf
den Beginn der gemeinsam von Brentano und Joseph Görres verfaßten Satire ›Entweder wunderbare Geschichte von BOGS dem
Uhrmacher...‹, die ebenfalls mit ›sondern‹ anfängt (vgl. Werke II,
S. 875).
die Linde des Dorfs: Baum der Liebenden. Unter der Dorflinde
wurde früher Gericht gehalten.
aus der Fistel: mit Kopfstimme.
Escoutta Gianetta: ›Höre, Johanna...‹; savoyardisches Volkslied.
seines leeren Kastens: In dem Kasten hat der Savoyardenjunge, als
es noch lebte, sein Murmeltier mit sich geführt.
St. Egiditag: 1. September; nach dem hl. Ägidius (Abt von St. Gil-
les in der Provence), Viehpatron, einer der 14 Nothelfer. In der
Volksmeinung ist der Ägidiustag der Herbstbeginn.

152 *Haben sie Spinnen... mit allem Fleiß:* fast wörtlich übernommene
Wetterregel aus der alten ›Bauern-Practica, oder Wetter-Büch-
lein. Wie man die Witterung eines jeden Jahrs, durch Aufmerksamkeit der Zeiten, von Jahr zu Jahr eigentlich erlernen und erfahren mag‹ (Hrsg. durch Henericum von Uri, o. O. u. J., S. 16), in
der es unter der Überschrift ›Im Herbstmonat‹ heißt: »Willt du
sehen, wie das Jahr gerathen soll, / So merk die folgende Lehr gar
wohl: / Nimm wahr' der Eichäpfel um Michaelis-Tag, / An welchem man das Jahr kennen mag...« Darauf folgen die 16 von
Brentano zitierten Verse mit geringfügigen Varianten. Im Verstei-
gerungskatalog der Bibliotheken Christian und Clemens Brentanos aus dem Jahre 1853 findet sich die ›Bauern-Practica oder Wet-
terbüchlein‹ unter der Nr. 3082 auf Seite 175 (vgl. Gajek, S. 317).
in der Christnacht: Diese Nacht ist nicht nur heilig, sie ist im volks-
gläubigen Sinn auch Geisterzeit; in ihr sind die bösen Geister frei.

153 *Heiducken:* Bezeichnung für die ungarischen Gerichtsdiener sowie für die Trabanten der ungarischen Großen. Das ungarische
Wort bezeichnet ursprünglich ungarische Viehhirten, sodann
leicht bewaffnete Soldaten zu Fuß, später auch Diener in der
Tracht der ungarischen Heiducken.

Vivat noster Dominus Vicegespannus: Hoch lebe unser Herr Vizegespan.

wacker: lebhaft, munter.

Das Pickenick des Katers Mores: Die folgende Binnenerzählung ist die erheblich erweiterte Version eines »Märchens« von einem slavonischen Edelmann und seinem schwarzen Kater, das Brentano in der 83. Anmerkung zu seinem Ende 1814 erschienenen Drama ›Die Gründung Prags‹ mitgeteilt hat (vgl. Werke IV, S. 874–876) und das ihm angeblich »von einem Reisenden mit großem Ernste erzählt worden ist«.

Freihof: »Freies landgut, keiner dienstbarkeit unterworfen«. (DWb IV, 1. Abt., Sp. 115)

pfiffen: Die helle »Stimme der kleinen Vögel« wurde früher durch ›pfeifen‹ ausgedrückt (vgl. Adelung III, Sp. 717).

Bestien: Tiere, im verächtlichen Sinne.

auf den Dienst paßte: hinterlistig nachstellte, auflauerte. Nach Adelung (I, Sp. 1488) eine »in der niedrigen Sprechart übliche« Redensart.

Pallasch: »Ein kurzes Seitengewehr der Soldaten zu Fuß, welches eine gerade breite Klinge und gemeiniglich einen stumpfen dicken Rücken hat.« (Adelung III, Sp. 640)

Dohnen: zumeist mit hölzernen Bügeln versehene Schlingen, »worin man zur Herbstzeit Drosseln und andere kleine Vögel zu fangen pfleget« (Adelung I, Sp. 1510).

154   *Fang:* Falle.

ein großer schwarzer Kater: Schwarze Katzen stehen »stets im Verdacht, Teufelstiere zu sein« (HDA IV, Sp. 1118). Wie sich später herausstellt, ist der schwarze Kater Mores der »türkische Wildpretdieb und Händler« in Katzengestalt. Er ist der Hexenmeister bei der Hexenversammlung auf der Eiche und hat als solcher zugleich die Funktion und Stellung des Teufels beim Hexensabbat.

machte sich so zutulich: suchte sich durch Gefälligkeit so beliebt zu machen.

Dudelsack: »Bock- oder Sackpfeife«, das »musikalische Instrument des großen Haufens auf dem Lande« (Adelung I, Sp. 1568).

zu stutzen: heftig zu stoßen.

Spundloch: die Öffnung oben in der Mitte eines Fasses.

155 *Stambul:* Kurzform von Istanbul; im engeren Sinn der türkische Stadtteil südlich des Goldenen Horns.

Bassa für sein Serail: Pascha für seinen Harem.

in der Mitternacht: Im Volksglauben ist die Zeit um Mitternacht der Höhepunkt des nächtlichen Geister- und Dämonentreibens. Auch die anderen Binnenerzählungen spielen in der Nacht. Baciochis Erzählung vom wilden Jäger hat ihren Kulminationspunkt um Mitternacht.

Pelznickel: Nikolaus mit Pelzmantel und Pelzmütze; ›Nickel‹ ist eine Kürzung von Nikolaus.

bei sternheller Nacht: Hexenfeste und Hexentänze – ein Hexensabbat wird in der folgenden Passage geschildert – finden oft bei heller Beleuchtung statt (vgl. HDA III, Sp. 1887).

Eiche: ein von Hexen für ihre Versammlungen bevorzugter Baum (vgl. HDA III, Sp. 1881).

derber: rascher, schneller.

156 *der ganze Baum saß voll schrecklich heulender Katzen:* Was im folgenden geschildert wird, ist eine regelrechte Hexenversammlung, bei der die Hexen als Katzen auftreten. Nach altem Aberglauben erscheinen Hexen am häufigsten in Gestalt von Katzen. Daher sind Katzen Hexentiere par excellence (vgl. HDA III, Sp. 1871). Wie im Hexenglauben, kommen auch in der Erzählung des kroatischen Edelmanns die Hexen in Katzengestalt zu ihrem Fest und tanzen zur Musik eines Instruments. Nicht zufällig findet die Katzen-»Tanzgesellschaft« in der Weihnachtsmitternacht statt: Neben Walpurgis, Ostern und Pfingsten ist Weihnachten einer der Haupttage für Hexenversammlungen. An diesen Tagen »müssen die Hexen ausfahren, weil sie sonst aus der Hexenzunft ausgestoßen werden« (HDA III, Sp. 1879).

in der Krone thronte mein Herr Mores…: Wie bei der Hexenversammlung der Teufel, so präsidiert hier bei der Katzenversammlung der Kater Mores. Wie jener ist dieser der Mittelpunkt des wilden Tanzes (vgl. HDA III, Sp. 1888), zu dem der Teufel bzw. der Kater Mores selbst aufspielt. Der Übereinstimmungen sind noch mehr: Der Teufel, der bei Hexenversammlungen oft als

»schwarzer Kater« erscheint, wird in den Berichten von Hexenfesten nicht als Teufel, sondern als »Hexenmeister« bezeichnet (HDA III, Sp. 1888). Der Kater Mores, der seinem Namen entsprechend »ein großer schwarzer Kater« ist (S. 154), wird von Devillier später als »Hexenmeister Mores« tituliert (S. 161). Demnach ist der Kater Mores als Teufelsfigur zu interpretieren.

da tönte aber die Mettenglocke: Der Klang der Glocken ist ein beliebtes Abwehr- und Schutzmittel gegen alles Hexenwesen, das beim Glockenklang zurückweicht (vgl. HDA III, Sp. 1908).

wunderlich gemacht: in Erstaunen, Verwunderung versetzt.

157 *schändlich zerkratzt:* durch Kratzer verunstaltet und verletzt.

Mladka: Eine Figur namens Mladka kommt auch in Brentanos historisch-romantischem Drama ›Die Gründung Prags‹ vor. Sie ist dort eine der »Dirnen aus Libussens Schaar«.

das Blut rann von ihr nieder: In Sagen von Hexen in Katzengestalt wird häufig berichtet, »daß eine Verwundung, die man nachts einer unheimlichen Katze beibrachte, dann bei einer Frau am anderen Morgen sichtbar wurde und so deren *Hexen*art bezeugte« (HDA IV, Sp. 1117f.). Für den kroatischen Edelmann ist die Verwundung Mladkas ein deutliches Indiz dafür, daß die Slavonierin eine »Hexe« ist.

ließ sie schwebend, daß sie die Erde nicht berührte: Anspielung auf den Glauben, daß Hexen nur dann Kraft und Macht haben, wenn sie den Boden berühren, daß sie nicht gefaßt werden, daß sie sich verwandeln und verschwinden können, sobald sie den Boden berühren (vgl. HDA III, Sp. 1875). Aufgrund dieser Vorstellung brachte man verurteilte Hexen in schwebenden Eisenkörben zur Richtstätte. Der berüchtigte ›Hexenhammer‹ von 1487 empfiehlt ausdrücklich, daß eine Hexe bei der Verhaftung »plötzlich von den Dienern von der Erde hochgehoben und in einem Korbe oder an den Schultern weggetragen wird, damit sie die Erde nicht weiter berühre« (Jakob Sprenger/Heinrich Institoris: Der Hexenhammer. 3. Teil. München 1982, S. 59). Vgl. auch Brentanos 13. Anmerkung zur ›Gründung Prags‹ (Werke IV, S. 853).

wunderschönes Weibsbild: Wenn auch Hexen in der Literatur meist als alte häßliche Frauen dargestellt werden, so gibt es doch auch junge und schöne unter ihnen (vgl. HDA III, Sp. 1896f.). In

Brentanos ›Märchen von dem Hause Starenberg‹ wird Frau Lureley als »schöne Hexe« bezeichnet (Werke III, S. 120).

Pest: der östliche, linksufrige Teil des heutigen Budapest.

herzlich: von Herzen.

Suppe: Situation.

mörderliches Geschrei: heftiges Geschrei, Mordsgeschrei.

158   *setzten:* zur Wehr setzten, widersetzten.

Kreisphysikus: Kreisarzt.

Verbrämung: Nominalbildung zu ›verbrämen‹ = »mit einer Bräme, d.i. einem Rande von Pelzwerk versehen« (Adelung IV, Sp. 1002).

159   *Lafontainesche Familiengeschichte:* Die ›Familiengeschichten‹ des deutschen Schriftstellers August Heinrich Julius Lafontaine (1758–1831) sind 1797–1804 in 12 Bänden erschienen. Brentano hat Lafontaine 1809 in Halle kennengelernt und »ungemein liebgewonnen«: »ich kenne schier keinen Mann, bei dem es mir so herzlich fidel wird.« (Brief an Achim von Arnim vom 8. September 1809; Seebaß I, S. 411)

Lafontaine: Als Franzose denkt Devillier bei dem erwähnten Namen verständlicherweise an den berühmten Fabeldichter seines Landes, an Jean de Lafontaine (1621–1695).

Teedansant: Thé dansant, Tanztee; hier witzige Umschreibung der von dem kroatischen Edelmann beschriebenen Katzen- bzw. Hexenversammlung auf der Eiche.

ziemliche Ohrfeige: mittelkräftige, halbstarke wie auch geziemende, gebührende Ohrfeige.

daß man geschossen sei: Von einem, »der aus Mangel des Verstandes Thorheiten begehet, sagt man in der vertraulichen Sprechart, er sey geschossen, oder habe einen Schuß, wo es für angeschossen zu stehen scheinet« (Adelung III, Sp. 1450).

zeigte sie ihm von neuem die fünf Finger ... sind das nicht Katzenmanieren?: Brentano spielt hier mit der Vorstellung, daß eine Hexe in Katzengestalt dem Herrn die Augen auskratzt, wenn man ihr vorwirft, sie sei mit beim Tanz auf der Katzenversammlung gewesen (vgl. HDA III, Sp. 1871).

Erhebt: erhöht, verstärkt.

Blessur: Wunde, Verwundung.

160   *Verstörung:* Unordnung, Unruhe.

      der Zigeuner griff wie ein zweiter Orpheus nach seiner Violine:
Grellmann (S. 76): »Ein solcher Orpheus war ein gewisser *Barna
Mihaly.*«

      ein altes zigeunerisches Schlachtlied: Vgl. Brentanos Brief vom
15. Februar 1815 an Wilhelm Grimm, in dem er sich bemüht,
durch Vermittlung Jacob Grimms »einen alten Trauergesang der
Zigeuner zu erhalten, den sie aus großer Trauer nicht anders, als
durch Gewalt, unter heftigem Leidwesen, zu singen bewogen
werden können. [...] Der Gesang soll eine Schlachterzählung enthalten, in der sie [die Zigeuner] ganz vernichtet worden« (Seebaß II, S. 128 f.). Den offenbar für seine Erzählung gesuchten »alten Trauergesang der Zigeuner« hat Brentano nicht erhalten, und
so hat er sich damit beholfen, stattdessen eine prosaische Schlachterzählung aus Grellmanns Zigeuner-Buch (s. u. Anm. zu S. 160 f.
›Im Jahr 1537...‹) zu übernehmen.

      so was diktiert sich nicht: Vgl. Grellmann (S. 116): »Eine eigene
Schrift für ihre Sprache haben die Zigeuner nicht; wie überhaupt
Schreib- und Lesekunst unter ihnen eine seltene Erscheinung ist.«

      des extemporierten Liedes: Nach Grellmann (S. 117) dichten die
Zigeuner »und das nach Weise orientalischer Völker, aus dem
Stegreife; und sind in der Walachey sogar die einzigen Inhaber
dieser Kunst, wo sie ihre Verse, gleich Italiänischen Improvisato-
ren, immer mit Gesang und Musik begleiten«.

160f. *Im Jahr 1537... bis auf den letzten Mann nieder:* Brentano folgt
hier zum Teil wörtlich seinem Gewährsmann Grellmann, der die
folgende historische Episode als ein »Beyspiel aus der Ungarischen Geschichte« für die Untauglichkeit der Zigeuner zum Sol-
datendienst in einem eigenen Regiment anführt: »Im Jahr 1557,
bey Gelegenheit der *Zapolischen* Unruhen, war unter andern das
Kastell *Nagy-Ida,* in der Abauywarer Gespannschaft, in Gefahr,
von den kayserlichen Truppen belagert und eingenommen zu
werden. *Franz von Perenyi,* dem die Vertheidigung dieses Kastells
oblag, und es an hinlänglicher Mannschaft fehlte, sahe sich genö-
thiget, seine Zuflucht zu Zigeunern zu nehmen. Er machte also
1000 Mann zusammen, stutzte sie gehörig zu, und wies ihnen die
äussern Schanzen zu ihrer Vertheidigung an, um seine geringe

Anzahl regulirter Soldaten zur Besatzung der innern Vestung brauchen zu können. Die Zigeuner glaubten, hinter ihren Schanzen könne ihnen Niemand etwas anhaben, und giengen muthig an ihre Posten. Alles war in Ordnung, als der Feind wirklich ankam, und das Wetter losbrach. Die hinter den Schanzen verborgenen Schwarzen nun hielten sich auch wider Vermuthen in der ersten Hitze so tapfer, und gaben plötzlich auf die Belagerer ein so heftiges Feuer, daß diese nichts weniger, als einen Schwarm von Zigeunern dabey vermutheten, und wirklich ihren Abzug nahmen. Kaum aber waren sie von der Stelle, so krochen die Helden, ausgelassen für Freude über den erhaltenen Sieg, aus ihren Löchern hervor, und schrieen ihnen aus vollem Halse nach: ›geht zum Henker, ihr Lausekerl, und danket Gott, daß wir weder Pulver noch Bley mehr haben, sonst hätte es euch unerträglich gehen, und keiner lebendig vom Platze kommen sollen.‹ ›Ha! Ha!‹ erwiederten die abziehenden Belagerer, als sie sich umsahen, und, zu ihrer großen Verwunderung, statt rechtlicher Soldaten, einen patzigen Zigeunerschwarm erblickten, ›seyd ihr die Helden! Stehts so mit euch!‹ Und sogleich machten sie linksum, jagten, mit dem Säbel in der Faust, das schwarze Heer in seine Verschanzungen zurück, drangen ein, und alles war in wenigen Minuten nieder.« (Grellmann, S. 128 f.)

160 *Zapolischen Unruhen:* Richtig müßte es ›Zapolyische Unruhen‹ heißen, nach Johann Zapolya (1487–1540), dem Fürsten von Siebenbürgen, der 1526 zum König von Ungarn gewählt wurde.

161 *Hexenmeister Mores:* Männliche Hexen werden Hexer, Hexeriche, Hexenmeister genannt.

Dünkirchen: Hafenstadt im französischen Département Nord, nahe der belgischen Grenze.

genoß ich: profitierte ich von.

Gascogners: Bewohner der im Südwesten Frankreichs gelegenen Landschaft Gascogne. Die Gascogner gelten als aufschneiderisch; Gaskonade: Bezeichnung für Prahlerei.

Genuß: Nutznießung.

162 *ausschmälte:* ausschimpfte.

andeuten: bedeuten; nach Grimm (DWb I, Sp. 315) »beliebtes wort für befehlende«.

Voltigeurs: der Infanterie angegliederte Elitetruppe für besondere Aufgaben; von Napoleon 1804 eingeführt.

163 *angezeigt:* bekannt gemacht.

lebhaft: ›Leben habend‹, ›besonders reges Leben zeigend‹.

164 *einzuladen:* freundlich zu nötigen.

Feuerwerke in Venedig…: Im verunglückten Feuerwerk zu Venedig symbolisiert Brentano (nach Heltmann 1926, S.94) das »Sinken der napoleonischen Macht«. Die Feuerwerk-Episode kann nicht vor 1814 entstanden sein, als sich Napoleons Sturz abzeichnete.

Krönungstage Napoleons: 2. Dezember (1804).

das große Notabene: eigentlich ›Merkzeichen‹, ›Vermerk‹, ›Denkzettel‹; hier für NB, die Initialen des Namens Napoleon Bonaparte.

Partie: unbestimmte Anzahl.

französischen Soldaten: Seit dem Frieden von Preßburg am 26. Dezember 1805 gehörte das bis dahin von Österreich besetzte Venedig bzw. Venetien zu Frankreich, das in der Wiener Kongreßakte vom 9. Juni 1815 Venetien wieder an Österreich abtrat. Das hier geschilderte Feuerwerk in dem von Franzosen besetzten Venedig muß also in der Zeit zwischen Ende 1805 und 1814/15 stattgefunden haben.

Teufel in die Schweine… dem Meer zu: Vgl. Matthäus 8, 30–32; Markus 5, 11–13; Lukas 8, 32f.

165 *Wachs… die Figur eines Daumens… als ein Opfer:* Diesen katholischen Brauch erwähnt Brentano bereits in seinem Roman ›Godwi‹: »auch machte sie von Wachs alle Gliedmaßen des menschlichen Körpers, welche fromme Leute kauften, um sie den wundertätigen Bildern zu opfern, wenn sie an irgendeinem Gliede ein Gebrechen oder böses hartnäckiges Übel hatten.« (Werke II, S. 179)

Sia benedetto il San Marco!: Gepriesen sei der heilige Markus!

E la Santissima Vergine Maria!: Und die hochheilige Jungfrau Maria!

Strickreiter: Schimpf- und Spottname für Strichreiter, Distriktreiter; Strickreiter wegen der Stricke (Schnüre), mit denen die Uniform der Gendarmen am Achselteil versehen war.

Contrebandier: Schmuggler.

der wilde Jäger: Die Vorstellung eines gespenstigen Reiters, der im Sturm an der Spitze eines gespenstigen Heeres durch die Lüfte fährt, ist in Sage und Volksbrauch weit verbreitet (vgl. Beitl, S. 970 ff.). Hauptumgangszeiten des wilden Jägers bzw. der wilden Jagd sind die stürmischen Nächte im Herbst und namentlich die sog. ›Zwölf Nächte‹, d. h. die Zeit vom 21. Dezember bis Neujahr bzw. bis Dreikönig. In diese Zeit dürfte auch das Auftreten des wilden Jägers in der vorliegenden Binnengeschichte fallen: Baciochi und Martino fliehen am Krönungstage Napoleons, d. h. am 2. Dezember, aus Venedig und ziehen durch die Alpen »in das Österreichische« (S. 165). Bis sie die Zigeunerhütte erreicht haben, könnte die Zeit der ›Zwölf Nächte‹ angebrochen sein.

Marinina: Koseform von Maria oder Marina. Baciochis Frau stammt aus Venedig, einer Stadt, in der die Jungfrau Maria besonders verehrt wird.

166   *Die Nacht brach herein, es nahte ein Gewitter:* Der wilde Jäger treibt mit Vorliebe in stürmischen Gewitternächten sein Wesen (vgl. HDA VI, Sp. 777). Im weiteren Textverlauf ist vom »Donner«, vom »Sturm« (S. 170), vom Gewitter »in vollem Grimme« sowie vom »wilden Wetter« (S. 177) die Rede.

Habit: Kleidung.

vazierender: herrenloser, dienstloser.

Schenkel eines Gehängten: Das Heer des wilden Jägers bestand ursprünglich aus Hingerichteten und Schlachttoten (vgl. Beitl, S. 971).

immarinierten: marinierten, in Marinade eingelegten.

eine Hütte, mit Stroh und Reisern gedeckt: Grellmann (S. 54 ff.) gibt eine anschauliche Beschreibung damaliger Zigeunerhütten: »Das Dach derselben besteht aus Pfählen, die quer oben über gelegt und mit Stroh und Rasen bedeckt sind.«

Teufels Zahnbürste... Teufels Pelzmütze: Gasthäuser wurden schon früh mit der Hölle bzw. dem Teufel in Verbindung gebracht. So war ›Nobiskrug‹, der Name von Wirtshäusern, die volkstümliche Bezeichnung der Hölle (vgl. Beitl, S. 603 f.).

166 f.   *solfeggieren:* zum musikalischen Fachausdruck ›solfeggio‹ (ital.) gebildetes Verb: Gesangsübung zur Schulung von Stimme und Gehör, die ohne Text auf Vokale oder auf Tonsilben gesungen

wird. Besonders beliebt war das Solfeggio im 19. Jahrhundert bei
den meist italienischen Gesangslehrern des Pariser Konservatori-
ums.

167 *Raspelhause:* Zuchthaus; weil Raspeln früher eine übliche Beschäftigung der Sträflinge war.

Frau Susanna: Martino spielt mit seiner ironisch schmeichelhaf-
ten Anrede auf die Gemahlin des Jojakim, die schöne Jüdin Susanna, an, die als Beispiel der Schönheit, der Gottesfurcht und der
sieghaften Keuschheit gilt (vgl. die apokryphe biblische Geschichte von Susanna und Daniel). All diese Eigenschaften passen
ganz und gar nicht zu der von Martino imaginierten Wirtin der
abgelegenen Waldherberge, d.h. zu der alten, häßlichen Großmutter Mitidikas, die sich denn auch in ihrem Äußeren als eine
Art Anti-Typus der biblischen Susanna herausstellt. Der burleske, satirische, parodistische Bezug zur biblischen Geschichte
von Susanna im Bade wird besonders deutlich in der Entklei-
dungsszene der Zigeuner-Großmutter (vgl. S. 172), die sich durch
ein »Rauchbad« von Ungeziefer zu befreien versucht.

Martino, der in Reimen wie ein Improvisatore schwatzen konnte:
Achim von Arnim hat in einem Brief (an die Brüder Grimm vom
8. September 1812) von Brentanos »Talent« gesprochen, »mit
Leichtigkeit zu reimen und mit Gefälligkeit das Gewöhnliche zu
schmücken« (Steig III, S. 210).

ein schwarzbraunes... Mägdlein: Grellmann (S. 27 ff.) geht ausführlich auf die »schwarzbraune, oder olivenfarbige Haut« (S. 27)
der Zigeuner ein.

glattes: glatthäutiges.

Die kleine Braune: Der Name des Zigeunermädchens wird erst ei-
nige Seiten später (S. 171) von der Großmutter genannt: Mitidika.
Mititica ist rumänisch und bedeutet ›Kleine‹ (s. u. Anm. zu S. 170:
Mitidika! Mitidika!).

brummig: unwillig, nörgelig.

168 *ich sah mich einstweilen in der Stube um...:* Bei der Beschreibung
des Inneren der Zigeunerhütte folgt Brentano seiner Quelle, d.h.
Grellmann, nur zum Teil. Insgesamt ist Brentanos fiktive Hütte
komfortabler als die realen Zigeuner-»Höhlen«. Man vergleiche
Grellmann (S. 56): »An Stuben und abgetheilte Gemächer ist hier

gar nicht zu denken. Alles ist ein gemeinschaftlicher Platz, in dessen Mitte das Feuer brennt, das ihnen zum Kochen der Speisen und zur Erwärmung dient. [...] Stühle, Tisch, Betten und Bettgestelle sind auch nicht in diesen Wohnungen zu suchen; denn sitzen, essen, schlafen, alles geschieht auf bloßer Erde, höchstens legen einige ein altes Bettzeug, oder wie die im Banat, ein Schaffell unter. Leuchter und Licht sind gleichfalls unbekannt in diesen Hütten der Zigeuner.«

Hackstock: Hackblock, Hackklotz: »Ein Block, Fleisch, Holz oder andere Dinge darauf zu hacken oder zu zerhacken.« (Adelung II, Sp. 882)

eine ungeheure Ohreule: Die Eule gilt als Gespenstertier, insbesondere als Hexen- und Teufelstier. Sie paßt also sehr gut zu der alten Zigeunerin, die mehrmals mit einer Hexe und mit Hexerei in Zusammenhang gebracht wird. Auch Braka, die alte Zigeunerin aus Achim von Arnims 1812 erschienener Zigeunergeschichte ›Isabella von Ägypten‹, treibt sich eine Zeitlang mit einer »zahmen Ohreule« herum.

Theriak: »Eine aus gewissen gepülverten Pflanzentheilchen mit Honig zu einer Latwerge verdickte Arzney.« (Adelung IV, Sp. 577)

Tiroler Teppich: einfacher, aus Wolle und Ziegenhaar verfertigter Teppich, der sicher etwas mit dem eingangs der Erzählung erwähnten »Tiroler Teppichkrämer« (S. 149) zu tun hat. Diesen wollte Brentano ursprünglich eine eigene Binnengeschichte erzählen lassen (vgl. S. 188), in welcher der in der Zigeunerhütte hängende Tiroler Teppich gewiß eine Rolle gespielt hätte. Am Schluß der Erzählung (S. 188) puppt sich die tanzende Mitidika in einen Tiroler Teppich ein.

Wahrsagerei: Von »Wahrsagerey der Zigeunerinnen« berichtet Grellmann (S. 72 f.) nur wenig, »weil die Sache ohnedem jedermann bekannt« sei.

Hexerei: Nach Grellmann (S. 74) nimmt der »treuherzige Landmann«, »wenn von Behexungen die Rede ist, stets seine Zuflucht zur Zigeunerin. Und dieser Fall kommt desto öfter, je häufiger der gemeine Mann, besonders auf dem Lande, nach Hexen und Hexereyen wittert«.

Dieberei: Zur Dieberei der Zigeuner vgl. Grellmann, bes. S. 84–87, der das Wort »Dieberey« wiederholt verwendet.

Viehdoktorei: Vgl. Grellmann (S. 73 f.): »Dem chiromantischen Betrug der Zigeunerinnen füge ich bey, daß sie auch [...] bezaubertes Vieh von ihrem Uebel befreyen, verborgene Diebstähle entdecken, und Arzneymittel besitzen wollen, denen sie Wunderkraft und sichere Wirkung zuschreiben. [...] man braucht jene Quacksalbereyen, ruft die Zigeunerinnen in den Stall, um bezaubertes Vieh zu entzaubern, und wähnt nichts Arges, wenn gleich der gröbste Betrug dahinter steckt. So bedient sich der treuherzige Landmann in Bayern und Schwaben vielfältig des Zigeuners als seines ordentlichen Arztes für Menschen und Vieh, nimmt auch, wenn von Behexungen die Rede ist, stets seine Zuflucht zur Zigeunerin.«

Hehlerin der Contrebandiers: »Ehedem trieben sie [die Zigeuner] auch hier und da Schleichhandel, und treiben ihn vermuthlich noch immer, ob gleich kein neuerer Schriftsteller dessen gedenkt.« (Grellmann, S. 75)

169 *Tochterkind:* das Kind ihrer Tochter, ihr Enkelkind.

kirre: zahm.

Schleichhändler: Schmuggler.

mit Zwiebeln gefüllt: »Bohnen sowohl als Zwiebeln ißt der Zigeuner nicht nur; sondern ißt sie auch mit großem Vergnügen.« (Grellmann, S. 40)

170 *heiligen Markus:* Markus Evangelista, der Autor des zweiten Evangeliums. Seine Gebeine wurden nach der Legende im Mittelalter nach Venedig überführt, wo über seinem Grab der Dom San Marco entstand. Seitdem ist der hl. Markus der Schutzpatron von Venedig.

sang ... folgendes Lied: Daß Zigeuner nicht nur als Instrumentalisten, sondern auch als Sänger aufgetreten sind, konnte Brentano bei Grellmann (S. 77) nachlesen: »Uebrigens treiben einige zugleich auch Vocalmusik.«

Mitidika! Mitidika!...: Brentano zitiert hier, was die fremdsprachlichen Verse des Liedes angeht, aus einer Fußnote Grellmanns (S. 117 f.), in der dieser eine längere Passage aus Sulzers ›Geschichte des transalpinischen Daciens‹ (Bd. 3. § 193. S. 11–13)

wiedergibt. Um die Wertlosigkeit der Stegreifgedichte der Zigeuner zu dokumentieren, fragt Sulzer auf polemische und ironische
Weise: »Will man ein Paar Muster dieser erhabenen Dichtkunst
haben? – Da sind ihrer zwey: Mitidika, Mitidika, wién üng
quátsch! Ba nu, Ba nu n' am tsche fátsch. Dieses tsche fátsch, welches heißen soll: tsche se fak, ist ein entsetzlicher Schnitzer wider
die Sprachlehre. Der Zigeuner brauchte aber auf das quátsch einen
Reim, und so machte er flugs, mit sehr kühner poetischer Freyheit, aus der ersten Person der verbindenden Art, die dritte in der
anzeigenden. Also, da das Gesetzchen in Frag und Antwort hei
ßen sollte: Kleine, Kleine, komme daher! Nein doch, nein doch,
ich habe nichts (dort) zu thun; sagt er: ich habe nichts, was thust
du.« (Zitiert nach: Grellmann, S. 118, Fußnote)
– *Waja, Waja, Kur libu:* Dieser Vers, der in der vierten Strophe
wiederholt wird, findet sich nicht bei Grellmann. Er ist so entstellt, daß er sich kaum übersetzen läßt. Das rumänische Wort
›Kur‹ bedeutet ›Arsch‹.
*Fehlen mir gleich Schuh und Strümpf, / Hab ich doch ein buntes
Hemd:* Grellmann weist an mehreren Stellen seines Buchs (vgl.
S. 44f., 47, 152) darauf hin, daß Zigeuner oft keine Schuhe (und
Strümpfe) tragen, selbst im Winter nicht. Daß ein altes Hemd
nicht selten das einzige Kleidungsstück der Zigeunerin ist, konnte
Brentano ebenfalls Grellmanns Geschichte der Zigeuner entnehmen (vgl. S. 48).

171   *Ich hob a a Schneid uf den soakrische Schlankl:* in etwa: Ich bin
      auch neugierig, was weiter mit dem Teufelskerl los ist. ›Schlankl‹
      (südostdeutsch) ist synonym mit dem etymologisch verwandten
      ›Schlingel‹ = verschmitzter Nichtstuer, Müßiggänger.
      Quaste: Büschel, ›Troddel‹ aus Federn oder Fäden.

172   *des Erzfeinds Großmutter:* des Teufels Großmutter.
      besorgen: versorgen, Sorge für die Gäste tragen.
      Zeughaus: Vorratshaus.
      die Großmutter ist all: Von der Großmutter ist nichts mehr da.
      Zur volkstümlichen Redewendung ›sie sind alle‹ vgl. Paul/Betz,
      S. 16.

      ihr ein Rauchbad zu geben: Diese Räucherszene hat ihr Gegenstück in Brentanos ›Märchen vom Murmeltier‹, wo sich die böse

Frau Wirx und ihre Tochter Murxa »auf den Schornstein in den
Rauch« setzen und sich schwarz räuchern lassen, um die lästigen
Wespen und Hornissen loszuwerden (Werke III, S. 259). Den literarischen Anstoß zur Rauchbad-Szene in den ›Wehmüllern‹
könnte eine Formulierung Grellmanns (S. 48) gegeben haben, der
von der Kleidung der Zigeunerinnen bemerkt: »andere behängen
sich mit einem alten Hemde, durch dessen unzählige Löcher ihre
geräucherte Schinkenhaut durchschimmert« (Hervorhebung von
mir, G. S.).

Potz Schlakri… un du bist a ains dervo: Zum Sapperment, wenn's
deine verflixte zigeunerische Großmutter ist, die laß ich durchge-
hen; ich bin gewiß, es mag eine Legion Teufelchen aus ihr geflo-
gen sein, und du bist auch eins davon.

173 *Meerspinne:* zu Brentanos Zeit Bezeichnung sowohl für ›Krabbe‹
oder ›Garnele‹ wie auch für den ›Black-‹ oder ›Tintenfisch‹ (vgl.
Adelung III, Sp. 141).
Profiziat: Wohl bekomm's!
sauberes Gestell: hübsches, schmuckes Gestell (vgl. Paul/Betz,
S. 529).
die zwölfte Stunde… der wilde Jäger: Mitternacht, die Stunde
von 12 bis 1 Uhr, ist die Zeit der Geister und Gespenster.

174 *Schaustück:* Schaugeld, »Geld, welches nicht zum Ausgeben im
Handel und Wandel, sondern zur Schau, d. i. zum Ansehen, zum
Denkmahl einer merkwürdigen Begebenheit geschlagen worden,
dergleichen die Medaillen sind« (Adelung III, Sp. 1386).
Scheidemünze: »Kleine Münze, im Gegensatze der harten, groben […] Es gehören dahin die kleinen Münzen von dem Häller an
bis zu den Doppelgroschen, oder nach andern gar bis zu den ein
Sechstel Stücken.« (Adelung III, Sp. 1396)
pitsch, patsch! geht das Ruder: Vgl. Brentanos ›Märchen von dem
Schulmeister Klopfstock und seinen fünf Söhnen‹: »und die Ruder gingen pitsch patsch, pitsch patsch.« (Werke III, S. 441) Der
zweite Sohn des Schulmeisters Klopfstock heißt ›Pitschpatsch‹.
die Suppe tranken wir aus dem Topf: Zu den Eßgewohnheiten der
Zigeuner vgl. Grellmann (S. 41): »Mit Messer und Gabel zu speisen, oder Teller und Tisch zu gebrauchen, ist gar nicht Sitte unter
ihnen, nicht einmal der Gebrauch einer Schüssel ist allgemein. Ein

irdener Topf, eine eiserne Pfanne, die zugleich die Stelle der Schüssel vertreten, ein Löffel und ein einziges Messer macht ihr gesammtes Küchen- und Speisegeräthe aus.«

Blanker: eigentlich: Weißer, weißhäutiger Mensch (von ›blank‹ = blinkend, weiß, glänzend); hier: Nicht-Zigeuner, da Zigeuner dunkelhäutig sind.

es freut mich, daß du so auf Zucht hältst: Bei Grellmann (S. 71) werden Zigeunerinnen als äußerst unzüchtig, lasziv und zügellos hingestellt: »Diese Tänze aber sind das Abscheulichste, was man sich denken kann, und endigen sich immer in die ekelhaftesten Grimaßen, in die wollüstigsten Stellungen und schändlichsten Geberden, mit Entblößung der Theile, die eine auch den rohesten und ungesittetsten Völkern noch übrig gebliebene Schamhaftigkeit zu bedecken befiehlt. Doch ist diese Zügellosigkeit nicht bloß den verheyratheten Weibspersonen eigen; sondern fast noch mehr unter Mädchen gewöhnlich. Diese ziehen in Gesellschaft ihrer Väter, die zugleich Musikanten sind, allenthalben umher, und suchen jeden, der ihre Kunst sehen will, gegen eine kleine Erkenntlichkeit, durch solche unzüchtige Tänze zu unterhalten.« – Man vergleiche hiermit die ganz anders gearteten Tänze Mitidikas, die von Baciochi als »ein wunderschönes, frei, kühn, scheu und züchtig bewegtes Menschenbild« (S. 176) bezeichnet wird.

175 *indianische:* indische.

Zitternadeln: »Ein Stück des weiblichen Schmuckes, welcher aus einem Edelsteine an einem schwachen gewundenen elastischen Drahte bestehet, welcher sich mit einer Nadel endiget, da denn der Stein in einer beständigen zitternden Bewegung ist.« (Adelung IV, Sp. 1728)

die kleine, von buntem Stroh geflochtene Mütze: Grellmann (S. 44) erwähnt, daß sich der Zigeuner »auch wohl, statt des Huts, einer rauchen Mütze bedient«.

ein Strom von schwarzen Haaren ... ihre weißen Augäpfel und die blanken Zähne ...: Daß schon das ausgehende 18. Jahrhundert einen Blick für die körperliche Schönheit des Zigeuners hatte, bezeugt Grellmann (S. 27 f.), der hinsichtlich der umstrittenen Frage der ›Schönheit‹ bei Zigeunern cinräumt: »Ganz anders verhält es sich freylich, wenn man sich über ihre schwarze Haut wegsetzt.

Dann sind ihre weißen Zähne, ihr langes *schwarzes Haar,* auf das
sie sehr halten, und es nicht ohne Zwang abschneiden laßen, sind
endlich ihre *schwarzen lebhaft umher rollenden Augen* allerdings
Stücke, die man, nach dem Geschmack der neuern gesitteten Europäischen Welt, unter die Eigenschaften leiblicher Schönheit setzen muß.«

Sie wusch sich …: Vgl. dagegen Grellmann (S. 31): »Waschen und
andere Arten von Reinigung sind bey ihnen [den Zigeunern]
gleichfalls ungewöhnliche Dinge.«

die brillantenen Ohrringe …: Grellmann (S. 49 f.) konstatiert sowohl bei Zigeunern wie bei Zigeunerinnen einen starken »Hang
zum Putz«: »Die in Spanien behängen die Ohren mit allerley Ge-
pampel, und bekleistern ihre Schläfe mit großen Stücken von
schwarzen Taffet, wozu noch allerley Flittersachen kommen, die
sie um den Hals herum anbringen.«

artig: anmutig, zierlich.

176 *steckte noch eine Handvoll weißes Zuckerwerk in das Mäulchen:*
»Auch erwachsene Kinder ist es recht graußlich anzusehen; denn
alles was sie finden, stecken sie in den Mund, wie bey uns die noch
Unmündigen.« (Grellmann, S. 153)

Nestel: »Schmale lederne Riemen, oder auch runde Schnüre, etwas damit zuzuschnüren oder an den Kleidungsstücken an- und
zuzubinden.« (Adelung III, Sp. 471)

Mieder von rotem venetianischen Samt: »Die grüne, noch mehr
aber die rothe Farbe der Kleider hat vor allen anderen in ihren Augen den Vorzug.« (Grellmann, S. 46 f.)

178 *Drache:* »In den niedrigen Sprecharten, eine Benennung einer
zornigen, zänkischen Person.« (Adelung I, Sp. 1531) Da ›Drache‹
oft für ›Teufel‹ steht, mit dem die Großmutter wiederholt in Verbindung gebracht wird, ist hier auch die ›diabolische‹ Bedeutung
von Drache zu berücksichtigen.

pratsch: Die lautmalende Interjektion hat Brentano in den Märchen wiederholt benutzt (vgl. Werke III, S. 452, 537).

zugedeckt: verprügelt, ausgeprügelt; nach Adelung (IV, Sp. 1746)
in dieser Bedeutung nur »im gemeinen Leben« üblich.

Den wilda Jaaga hobt's maisterli zuagdeckt: Toll, wie Ihr's dem
wilden Jäger gegeben habt.

Schleichhandel: »Ein heimlicher Handel mit verbothenen, oder verstohlner Weise eingeführten erlaubten Waaren.« (Adelung III, Sp. 1515)

Carbonari: »Köhler«, politischer Geheimbund der ersten Hälfte des 19. Jahrhunderts in Italien, vor allem in Süditalien; trat zuerst 1807 in Neapel in Erscheinung. Die Carbonaria wendete sich zunächst gegen den König von Neapel, Joachim Murat (1767–1815), dann gegen die Restauration, sie forderte eine freiheitliche Verfassung, die Einheit und Unabhängigkeit Italiens.

179   *Tanz, Gesang und freundlicher Rede:* Mitidika, »dies schöne, unschuldige und geistvolle wilde Naturkind«, ist als Verkörperung der Poesie dargestellt.

180   *Mordweg:* äußerst schlechter, gefahrvoller Weg.

Martino ließ sich bei der österreichischen Artillerie anwerben und war neulich mit in Neapel: Vgl. die einleitenden Bemerkungen zur Entstehung und Datierung der Wehmüller-Geschichte.

Sie schwur mir ewige Treue: Grellmann (S. 118) sagt von den Zigeunern, sie »sind treulos gegen jedermann, auch selbst gegen ihres Gleichen«. Brentanos fiktive Zigeunerin dagegen ist ein Beispiel für Treue. »Sie hat Euch Treue gehalten bis jetzt«, sagt weiter unten Michaly zu Devillier.

sie wolle nie einen Mann, der kein Zigeuner sei: Grellmann (S. 89) weist darauf hin, »daß der Zigeuner keine Person heyrathet, die nicht ebenfalls, wie er, aus ächtem Zigeunergeschlecht ist.« Vgl. auch Grellmann, S. 260.

181   *Siebenbürgen… mit Goldwaschen ernährten:* »Gold aus den Flüßen zu waschen ist endlich auch noch ein Geschäfte, womit etliche tausend Zigeuner beyderley Geschlechts, in Siebenbürgen, im Banat, in der Walachey und Moldau Brod und Unterhalt verdienen.« (Grellmann, S. 77) Vgl. weiterhin Grellmann, S. 77–84.

Mitidika wird nicht an dem Stückchen Erde kleben… nicht in einem gemauerten Hause gefangen sein wollen: Hinweis auf die nomadische, ›unbürgerliche‹ Lebensart der meisten Zigeuner, die nach Grellmann (S. 51 ff.) nicht in Häusern, sondern in Zelten, Felsengrotten, unterirdischen Höhlen und Hütten lebten.

Wer nichts hat, hat alles… Das ist echt zigeunerisch gesprochen: Grellmann (S. 124) betont »die beständige Zufriedenheit des Zi-

geuners mit seinem Zustande. Er kennt keine Sorge für die Zukunft, weiß nicht, was Kummer und Anliegen sey, und durchlebt
jeden Tag heiter und vergnügt«.

ihr Sprüchwort: ›Der Himmel ist mein Hut… lieb und wert‹: Der
von Brentano häufig verwendete Volksreim (s. u. Anm. zu S. 234)
ist hervorragend geeignet als Ausdruck für die Lebensphilosophie
der Zigeunerin Mitidika, heißt es doch bei Grellmann (S. 152) von
den Zigeunern: »Einen Hut auf dem Kopf, und Schuhe an den Füßen, können sie auch im Winter nicht leiden.«

182   *Kordonpiketten:* Abteilungen der Absperrungstruppen.
das Pikett: die Feldwache.

in männlicher Kleidung: Bei Grellmann (S. 49) heißt es von den
Zigeunerinnen: »Bisweilen werden sie auch Bastarden des männlichen Geschlechts, und ziehen Hosen und andere Kleidungs-
stücke der Männer an.«

183   *noch ein dritter auf dem Tapet:* Noch von einem dritten ist die
Rede.

Franzerl: In Franzerl Wehmüller und seiner Frau Tonerl hat
Brentano nach Dickens (1983, S. 16) seinem geschäftstüchtigen
Halbbruder, früheren Vormund und lebenslangen Vermögens-
verwalter Franz Brentano (1765–1844) und dessen kunstliebender
Frau Antonia (›Toni‹) ein literarisches Denkmal gesetzt, wobei
Brentano in der künstlerischen Gestaltung »nur die persönlichen
Rollen vertauscht« habe: »im ›Künstler‹ Franzerl Wehmüller fin-
den wir den Namen des Bruders und das Kunstinteresse der um-
schwärmten Schwägerin, in der Managerarbeit von Tonerl Weh-
müller spiegeln sich der Name der Schwägerin und der praktische
Geschäftssinn des Bruders.«

Michaly schürte nun das Feuer wieder an: Zur Vorliebe der Zigeuner fürs Feuer vgl. Grellmann (S. 29): »Der Zigeuner liebt einen
hohen Grad von Wärme; es behagt ihm vorzüglich, wenn er Tag
und Nacht so tücht am Feuer sitzen, oder liegen kann, daß er
selbst mit aufbrennen möchte.«

184   *zigeunerische Kunststück:* Angeregt ist diese Passage möglicherweise durch das Buch von Grellmann, der die »Geschäftigkeit«
der Zigeuner »bey Torturen, ihre erfinderische Grausamkeit im
Peinigen« hervorhebt (S. 68).

Was Guckuck: Was zum Teufel.

Falsarius: Fälscher, Betrüger.

körperlichen Eid: Eid in eigener Person, »welcher mit gewissen äußerlichen Feyerlichkeiten abgeleget wird; z. B. mit Aufreckung der Finger, mit Legung derselben auf die Bibel u.s.f.« (Adelung II, Sp. 1728).

185 *Mutwille:* Vergnügen, Lustigkeit.

Panduren: eigentlich eine in Südungarn und Kroatien im 17. und 18. Jahrhundert aufgestellte Truppe der österreichischen Armee, die sich vor allem im Kleinkrieg bewährte. Hier: bewaffnete Leibdiener.

186 *kaiserlichen Erblanden:* Unter ›Erblanden‹ versteht man die Länder, die sich als Grundstock im altererbten Besitz einer Dynastie befanden im Unterschied zu späteren Neuerwerbungen. In Österreich unterschied man die habsburgischen Erblande westlich der Leitha von Ungarn und den Besitzungen in Italien.

Maut: Zoll.

187 *die es kein Hehl hatte:* die es nicht verhehlte.

Kompagnon: Teilhaber, Mitinhaber.

Vorteil: Gewinn.

188 *Eleven:* Schülern.

So geschmückt trat das braune Mädchen wie eine Zauberin vor die Gesellschaft…: Vgl. hierzu die bildliche Darstellung dieser Szene in der Berliner Zeitschrift ›Der Gesellschafter oder Blätter für Geist und Herz‹, die in ihren Oktoberausgaben des Jahres 1817 als Titelvignette eine Visualisierung des Schlußtableaus der Erzählung bringt. Die Vignette sei hier wiedergegeben.

>*Geschichte vom braven Kasperl
und dem schönen Annerl*<
(Seite 189–219)

Erstdruck in: Gaben der Milde. Zweites Bändchen. Mit Beiträgen von
Goethe, Clemens Brentano, Büsching u. a. Für die Bücher-Verloosung
»zum Vortheil hülfloser Krieger« herausgegeben von F. W. Gubitz.
Berlin 1817, S.7–81; unter dem Titel: Geschichte vom braven Kasperl
und dem schönen Annerl. Von Clemens Brentano.

Textvorlage: Werke II, S.774-806.

Entstehung: Nach einer Tagebuchnotiz von Ludwig von Gerlach
(1795–1877) hat Brentano am 27.Juni 1817 seinen Berliner Freunden
»Plehwe, Thadden und Gerlach im Tiergarten die eben fertig gewordene >Geschichte vom braven Kasperl und dem schönen Annerl<« vorgelesen (vgl. Hans-Joachim Schoeps: Clemens Brentano nach Ludwig
von Gerlachs Tagebüchern und Briefwechsel. In: Jahrbuch des Freien
Deutschen Hochstifts 1970, S.294). Demnach ist die >Geschichte< von
Kasperl und Annerl höchstwahrscheinlich erst im Frühjahr 1817, »vielleicht gar erst im Mai oder Anfang Juni« entstanden (Kluge 1979, S.62).
Mit der Datierung des Textes ins Frühjahr 1817 ist die lange Zeit fast
einhellig vertretene Auffassung, die >Geschichte< müsse vor der Ende
Februar 1817 erfolgten Generalbeichte Brentanos in den Jahren 1815/16
entstanden sein, hinfällig geworden.

Quellen: Nach der Quellenuntersuchung Heinz Röllekes (1970,
S.244–257) hat Brentano für seine Erzählung eine Vielzahl von Vorlagen vor allem aus dem Bereich volkstümlicher Überlieferung, genauer:
aus den Bereichen des Volkslieds, der Volkskunde, der Volkssage und
des Volksmärchens benutzt. Bei der epischen Adaption und Integration
der diversen Quellen ist Brentano das Kunststück gelungen, »das verwendete überlieferte Material künstlerisch so organisiert zu haben, daß
aus eigentlich fünf oder gar sechs« voneinander unabhängigen »Einzel-
geschichten [...] eine einzige geworden ist« (Kluge 1979, S.65). Die bisher entdeckten Quellen und Vorlagen werden in Form von Einzelhin-
weisen im folgenden Zeilenkommentar nachgewiesen.

Seite

189   *in einer kühlen Nacht, welche von fernen Gewittern zu uns her-*
      wehte; der Nachtwächter rief die elfte Stunde an: Mit der Ein-
      gangsszene der Erzählung vgl. die 1. Strophe von Hölderlins Ele-
      gie ›Brot und Wein‹, die 1807 unter der Überschrift ›Die Nacht‹ in
      Seckendorffs ›Musenalmanach‹ (für das Jahr 1807) erschien und
      von Brentano besonders hoch eingeschätzt wurde:

      »Rings um ruhet die Stadt; still wird die erleuchtete Gasse,
      Und, mit Fackeln geschmückt, rauschen die Wagen hinweg.
      [...]
      Still in dämmriger Luft ertönen geläutete Glocken,
      Und der Stunden gedenk rufet ein Wächter die Zahl.
      Jetzt auch kommet ein Wehn und regt die Gipfel des Hains auf.«
                                          (Verse 1 f., 11–13)

      einen Trupp: der Trupp, »ein Haufe bey einander befindlicher le-
      bendiger Geschöpfe« (Adelung IV, Sp. 711).
      besorgte: befürchtete. »In der neueren Zeit (doch auch schon
      mhd.) steht als Obj. das evtl. bevorstehende Ereignis, welches
      Sorge erregt, so daß b.[esorgen] mit ›befürchten‹ vertauscht wer-
      den kann.« (Paul/Betz, S. 91)
      sechs Meilen: Eine preußische Meile mißt 7,5 km; 6 Meilen
      = 45 km.
      Befreundete: Verwandte.
      platterdings: durchaus, schlechterdings.
      blödsinnig: von schwachem Verstand, schwach am Verstand.

190   *wunderlich:* hier wohl noch in der schon um 1800 veralteten Be-
      deutung »werth, bewundert zu werden«, wofür damals bereits
      ›wunderbar‹ üblich war (vgl. Adelung IV, Sp. 1622).
      Schwelle: Türe und Schwelle sind im Glauben und Brauch für al-
      les Ein- und Ausgehen von großer Bedeutung, »beim Eintritt der
      Braut wie beim Hinaustragen des Sarges« (Beitl, S. 839). Die
      Großmutter führt ein Schwellendasein zwischen Leben und Tod.
      Drei Söhne sind in seinem Dienst gestorben: Im Widerspruch dazu
      heißt es S. 194: »Vier Söhne und eine Tochter sind mir gestorben,
      vorgestern hat mein Enkel seinen Abschied genommen.«

Abschied genommen: hier in doppelter Bedeutung, sowohl Abschied aus dem Leben wie auch Entlassung aus dem Dienst.

ehrlichen: der Ehre gemäß, »der öffentlichen Achtung, dem guten Nahmen gemäß«, »in Ansehung der durch die äußere Ordnung eingeführten Begriffe von Ehre und Schande« (Adelung I, Sp. 1658). Als Beleg für diese Wortbedeutung führt Adelung ›ein ehrliches Begräbniß‹ an.

Mutter: »Eine bejahrte Person weiblichen Geschlechtes pflegt man im gemeinen Leben häufig Mutter anzureden, so wie man eine solche hoch bejahrte Person in der vertraulichen Sprechart ein altes Mütterchen zu nennen pflegt.« (Adelung III, Sp. 342)

es ist ja schon spät an der Zeit: dreisinnig verwendet: »a) Anspielung auf die späte Nachtstunde; b) Anspielung auf das hohe Alter der Großmutter und c) auf die noch wenigen verbleibenden Stunden bis zu Annerls Hinrichtung.« (Kluge 1979, S. 53)

Die Sterne gehen ewig unbekümmert ihren Weg: Vgl. die Verse 14–16 der 1. Strophe von Hölderlins Elegie ›Brot und Wein‹:

»Sieh! und das Schattenbild unserer Erde, der Mond,
Kommet geheim nun auch; die Schwärmerische, die Nacht
                                                    kommt,
Voll mit Sternen und wohl wenig bekümmert um uns.«

191   *ich werde die Stadt gar nicht erreichen:* Mit dem Bild der Stadt ist nicht nur die kleine Residenzstadt gemeint, welche die Alte erreicht hat, sondern insbesondere wohl auch die Stadt als Ort der Erlösung, die biblische Himmelsstadt, das himmlische Jerusalem, in das der Schreiber nicht zu gelangen glaubt. Im Unterschied zu ihm erreicht in der ›Chronika‹ der fahrende Schüler die Stadt (Straßburg), die für diesen eine Präfiguration des himmlischen Jerusalem ist (vgl. Huber 1976, S. 197–200).

in die Hände der Räuber fallen: Vgl. das biblische Gleichnis vom barmherzigen Samariter (Lukas 10, 30ff.).

denn der Feind geht um und suchet, wo er sich einen erfange: Hinweis auf den Teufel, den »Feind« des Menschen, von dem es im 1. Petrusbrief (5,8) heißt: »Seid nüchtern und wachet; denn euer Widersacher, der Teufel, geht umher wie ein brüllender Löwe und sucht, welchen er verschlinge.«

Reisesack: »Ein Sack, verschiedene Bedürfnisse darin auf der Reise bey sich zu führen.« (Adelung III, Sp. 1064)

192 *die Runde:* Nach dem französ. ›Ronde‹: »der Kreisgang der dazu bestellten Wache, besonders in der Nacht, die Posten zu besichtigen; die Runde thun oder gehen, da denn auch die dazu bestellte Wache diesen Nahmen führet.« (Adelung III, Sp. 1213)

Wann der Jüngste Tag wird werden…: Kontamination eines verbreiteten Passionsliedes mit einem Lied vom Jüngsten Tag; als geistliches Volkslied in Böhmen überliefert, wo es Brentano während seines Aufenthalts in Bukowan und Prag (1811–1813) kennenlernen konnte (vgl. Rölleke 1970, S. 251–253).

Mit einem schönen Regenbogen: Vgl. Offenbarung 4,3; 10,1.

193 *Graf Grossinger:* Ein Dr. Grossinger war Mitarbeiter an dem von Anfang Januar bis Ende März 1814 in Wien erscheinenden ›Dramaturgischen Beobachter‹, für den Brentano eine Reihe von Theaterbesprechungen schrieb (vgl. Werke II, S. 1057 bis 1124).

Bitten Sie die Alte… habhaft werden können: Hinweis auf »Brentanos leidenschaftliche Volksliedsammeltätigkeit zur Zeit der ›Wunderhorn‹-Redaktion« (Rölleke 1970, S. 251).

Rosen die Blumen… mein Liebchen: »Behutsame Umformung« eines Volksreims, »den Hoffmann von Fallersleben 1820 in der Gegend von Bonn belegt« (Rölleke 1970, S. 254) und der lautet: »Rosenblumen auf mein' Hut! / Hätt ich Geld und das wär gut; / Blumen auf mein Hütchen!«

flinke: muntere, hurtige; vielleicht auch ›feine‹, ›hübsche‹; in letzterer Bedeutung nach Adelung (II, Sp. 212) jedoch nur im Niedersächsischen gebräuchlich.

194 *genießen:* den Nutzen davon haben.

der liebe Herr läßt ihn gewiß nicht verderben: Gott gibt ihn gewiß nicht der Verdammnis anheim, läßt ihn gewiß nicht ins ewige Unglück stürzen. Zu dieser Bedeutung von ›verderben‹ vgl. Adelung IV, Sp. 1012.

Ulanen: Truppe leichter Reiter, von Friedrich dem Großen im preußischen Heer eingeführt.

Als er zum erstenmal aus Frankreich zurückkam: in der Zeit nach dem 30. Mai 1814, d. h. nach dem Ersten Frieden von Paris, den die Alliierten mit Frankreich schlossen.

Landsturm: Aufgebot aller wehrfähigen Männer in Preußen. Während der Befreiungskriege 1813 aufgerufen, ab 1814 per Gesetz ein Teil des Heeres.

erschwingen: »Mit Mühe aufbringen, von Geldsummen, Kosten u. s. f. größten Theils nur im gemeinen Leben.« (Adelung I, Sp. 1938)

195 *tückisch:* grollend, zornig.

Gemeiner: gemeiner Soldat.

Stückchen: Handlung. Im Sinne von »Handlung auch im guten Verstande« war ›Stück‹ bzw. ›Stückchen‹ um 1800 »im Hochdeutschen« bereits »veraltet« (Adelung IV, Sp. 465).

Exzeß: Ausschreitung.

Gib Gott allein die Ehre: Vgl. 5. Mose 32,3; Josua 7,19; Offenb. 14,7; 19,7. Leicht abgewandelt begegnet der biblische Spruch als Eingang in einem Kirchenlied von Nicolaus Decius (vgl. Rölleke 1970, S. 249).

Patchen: Diminutiv von Pate; hier: Patenkind.

Edelhof: »Ein adeliger Hof, der Hof, d. i. das Wohnhaus eines Edelmannes, besonders auf dem Lande.« (Adelung I, Sp. 1637)

hausen: »Gemeinschaftlich wohnen; nur noch im gemeinen Leben Oberdeutschlands. Ein Ehepaar hauset nicht mit einander, wenn es nicht bey einander wohnet.« (Adelung II, Sp. 1026)

196 *Schriftgelehrten und Pharisäer:* Vgl. Matthäus 23,2–13; Markus 12,38.

Der Name Schriftsteller: »Derjenige, welcher eine Schrift stellet, d. i. einen schriftlichen Aufsatz verfertiget [...]. In weiterer Bedeutung ist Schriftsteller ein jeder, welcher eine eigene Schrift durch den Druck bekannt gemacht hat, welcher etwas geschrieben hat; mit einem Lateinischen Ausdrucke, ein Autor.« (Adelung III, Sp. 1658)

Charakter: Stand, Rang, Titel. »Äußerliche Würde, Ehrentitel, wodurch man von andern unterschieden wird; in welchem Verstande dieses Wort nur im gemeinen Leben üblich ist.« (Adelung I, Sp. 1323)

Parnaß: Gebirgszug im mittleren Teil Griechenlands; dem Apollon und den Musen geweiht; daher Musenberg, Reich der Dichtkunst.

es ist auch wirklich ein verdächtiges Ding um einen Dichter von
Profession: Nach Frühwald (1971, S. 294) entsteht in der ›Geschichte‹ von Kasperl und Annerl »die paradoxe – von Brentano
mit Sicherheit auch als paradox erkannte – Situation, daß *im*
Kunstwerk die Berechtigung des Kunstwerkes in Frage gestellt
wird, daß in einer Erzählung, die den poetischen Prozeß selbst
zum Gegenstand hat [...], die Fragwürdigkeit des Dichters ›von
Profession‹ gestaltet, in einem artistisch vollkommenen Gebilde
die Berechtigung der Artistik geleugnet wird«.

eine übergroße Gänseleber...: Zur Herkunft des Bildes von der
gemästeten Gänseleber und zu seiner Kontinuität im Werk Brentanos vgl. Rölleke 1974, S. 317–322.

197 *Brot nicht im Schweiß ihres Angesichts:* Vgl. 1. Mose 3,19.

Handwerk... hat einen goldnen Boden: Sprichwort (vgl. Wander
II, Sp. 340).

so greif Ers noch an: ›angreifen‹ hier im Sinne von ›Hand an etwas
legen, anfangen zu arbeiten‹, beginnen (vgl. Adelung I, Sp. 308).

ausholen: »Einen ausholen, ihn ausforschen.« (Adelung I, Sp. 602)

Lehnerich: Neologismus Brentanos, der die Substantivierung des
Verbs ›lehnen‹ schon in seiner scherzhaften Abhandlung über
›Geschichte und Ursprung des ersten Bärnhäuters‹ (1808) verwendet hat. Dort wird ein »Lehnerich« wie folgt definiert: »Das
ist eine Art guter, fauler Leutlein, die sich im Sonnenschein so
an die Kirche oder das Rathaus anlehnen und ein fest Vertrauen
auf die Mauer haben.« (Werke II, S. 943) Zur Bedeutung des
Neologismus für die »Wandlung der Auffassung Brentanos
vom Verhältnis bzw. von einer Vermittlung zwischen geniali-
schem Müßiggang und bürgerlichem Beruf« vgl. Rölleke 1974,
S. 313–315.

Schreiber: »In enger Bedeutung« derjenige, »dessen vornehmste
Beschäftigung im Schreiben bestehet, d. i. der dasjenige auf-, ab-
oder niederschreibet, was ihm von einem andern befohlen« oder
»dictirt« wird. »In noch engerer Bedeutung« werden in Behörden
»alle diejenigen Schreiber genannt, welche mit der Feder dienen

und keine Räthe sind.« Außerdem ist Schreiber »der Verfasser, der Urheber eines schriftlichen Aufsatzes oder Werkes«. »Für Schriftsteller überhaupt« ist Schreiber »im Hochdeutschen veraltet.« (Adelung III, Sp. 1653) – Zur Bedeutung der Schreiber-Rolle im Leben und Werk Brentanos vgl. Huber 1976, S. 206–208; Frühwald 1977, S. 262–264; Kluge 1979, S. 57 f.

erhört: ›erhören‹ in »engerer Bedeutung, eine Bitte gewähren, das Gebethene bewilligen; nach dem lat. exaudire, am häufigsten von Gott [...]. Auch von Bewilligung einer Bitte von hohen Personen« (Adelung I, Sp. 1904).

geruhigen: ruhigen.

Gottes Gerichte sind wunderbar: Vgl. Offenbarung 19,2.

198   *Kamel geht eher durch ein Nadelöhr als ein Reicher in das Himmelreich:* Vgl. Matthäus 19,24; Markus 10,25; Lukas 18,25.

Anatomie: Leichensektion zu medizinischen Zwecken.

ihres glatten Spiegels wegen: ihrer hübschen Erscheinung, ihres schönen Gesichtes wegen. »Im gemeinen Leben einiger Gegenden« nannte man nach Adelung (IV, Sp. 191) »eine schöne Person, einen Augenspiegel«, »gleichsam einen Gegenstand, den man mit Lust ansiehet«.

Apartes: Besonderes.

manierlicher: »Wohl gesittet: in dieser engeren Bedeutung nur im gemeinen Leben üblich.« (Adelung III, Sp. 52)

knapper am Leibe: »Nahe anliegend, fest anschließend. Das Kleid liegt knapp an.« (Adelung II, Sp. 1650)

fuhr sie... nach ihrer Schürze und riß sie sich vom Leibe, als ob Feuer drin sei: Oskar Seidlin hat in anderem Kontext auf den etymologischen Zusammenhang von ›Schürze‹ und ›Schoß‹ aufmerksam gemacht (vgl. O. Seidlin: Brentanos Spätfassung seines Märchens vom Fanferlieschen Schönefüßchen. In: O.S.: Klassische und moderne Klassiker. Göttingen 1972, S. 44, 142, Anm. 11). Auch in der Annerl-Geschichte ist die erotische Bedeutung der leitmotivisch wiederkehrenden Schürze nicht zu übersehen.

199   *Der Ulan stand wieder in Frankreich:* zu beziehen auf die kriegerischen Ereignisse der Napoleonischen Kriege im Frühjahr und Frühsommer 1815, als sich Napoleon nach seiner Rückkehr von

Elba (1. März) und die verbündeten Preußen und Engländer die
letzten Kämpfe lieferten; Schlacht bei Belle-Alliance (Waterloo):
18. Juni; zweite Einnahme von Paris: 7. Juli 1815. Das Frühjahr
bzw. der Frühsommer 1815 ist also der terminus post quem der
›Geschichte‹ von Kasperl und Annerl.

Remonte: junge Pferde, mit denen jährlich die Kavallerie ihren
Pferdebestand ergänzt und erneuert.

Kranz für Annerl: Der Kranz ist hier Symbol der weiblichen Un-
berührtheit (Jungfernkranz). Annerl soll sich bis zum Hochzeitstag (»Ehrentag«) ihre Keuschheit bewahren.

Ehrentage: »Im gemeinen Leben, ein feyerlicher Tag, an welchem
jemanden besondere Ehre erwiesen wird; besonders der Hoch-
zeittag.« (Adelung I, Sp. 1656) Später meint die Großmutter mit
dem »Ehrentag« Annerls deren Hinrichtungstag.

200 *Anliegen:* »Was einem anliegt, d. i. am Herzen liegt, und die dadurch verursachte Empfindung, Sorge, Verlangen, Bekümmer-
niß.« (Adelung I, Sp. 337)

gedrückt: wund gedrückt.

So kam er... bis an eine Mühle: Franz Schmidt, dessen Memoiren
Brentano für die Kasperl/Annerl-Geschichte benutzte (vgl. Anm.
zu S. 209 ›Meister Franz‹), berichtet wiederholt von nächtlichen
Überfällen auf eine Mühle sowie von Pferdediebstählen in einer
Mühle (vgl. Walheim 1914, S. 708 f.; Kluge 1979, S. 58 f.). Als Vorlage für Kaspers Erlebnis in der Mühle ist ferner eine siebenbürgische Volksballade vermutet worden (Text der Ballade bei Kluge
1979, S. 141 f.).

sprach er bei ihm ein: »Bey jemanden einsprechen, ihn auf kurze
Zeit besuchen.« (Adelung I, Sp. 1749)

Felleisen: S. o. Anm. zu S. 94.

201 *braven Soldaten:* ›brav‹ hier im »moralischen Verstande«: »Besonders von der Herzhaftigkeit, Unerschrockenheit in Gefahren.
Ein braver Soldat.« (Adelung I, Sp. 1171 f.) Darüber hinaus bezeichnet das Adjektiv (nach seiner hauptsächlichen Bedeutung im
18. Jahrhundert) Kasper als jemanden, der »in seiner Art gut,
schön, vortrefflich« ist (Adelung I, Sp. 1171).

Knitteln: Knotenstöcken.

Tafel: Brett.

202 *gemünzt:* abgesehen.

Verschreibung: »Ein schriftliches Bekenntniß, daß man mit seiner Person oder seinem Vermögen jemanden [!] als ein Eigenthum verhaftet sey.« (Adelung IV, Sp. 1129)

Gerichtshalter: »Der die Stelle eines Richters vertritt, besonders in kleinen Gerichtsbezirken, auf Dörfern u.s.f.« (Adelung II, Sp. 587)

Patent: »Die schriftliche Bestallung eines Officiers.« (Adelung III, Sp. 670)

203 *schwere Gerichte:* schwere Geschicke, Schicksale.

dein Wille geschehe wie im Himmel, so auf Erden: dritte Bitte des Vaterunsers (vgl. Matthäus 6,10).

Plumpe: Pumpe.

Fach in der Lehmwand: eines der mit Lehm und Stakung ausgefüllten Fächer in einer Hauswand aus Fachwerk.

204 *o daß ich nie geboren wäre!:* Zu diesem Topos vgl. Heinz Rölleke: »O wär' ich nie geboren!« Zum Topos der Existenzverwünschung in der europäischen Literatur. Mönchengladbach 1979 (= Schriftenreihe des wissenschaftlichen Vereins Mönchengladbach 2).

durch diesen Kranz hatte er sich ins Herz geschossen: symbolische Handlung, die darauf hindeutet, daß Annerl ihre Jungfräulichkeit verloren hat.

die Erde täte sich unter mir auf: möglicherweise Anspielung auf 4. Mose 16,30 ff.

schrecklich: Schrecken erweckend.

205 *die er am härtesten schlägt, sind seine liebsten Kinder:* Vgl. Sprüche Salomos 3,12; Hebräer 12,6; Offenbarung 3,19.

Flittergold: »Zu dünnen glänzenden Blättern, wie Papier, geschlagenes Messing, aus welchem die Flittern geschlagen werden.« (Adelung II, Sp. 214) Die Flitter bzw. Flittern sind dünne glänzende Messingstückchen.

der tote Kasper wurde auf einen Tisch gelegt und, mit seinem Ulanenmantel bedeckt, hereingetragen: Hysteron proteron (rhetorische Figur): Verkehrung der logisch oder chronologisch korrekten Folge im Text.

Schreibtafel: S. o. Anm. zu S. 86.

206 *den Gerichten:* dem Gericht. »Im gemeinen Leben« wird ›Gericht‹ nach Adelung (II, Sp. 586) »oft im Plural gebraucht, ohne
Singular«.

der Rache übergeben: »Im weitesten Verstande« wird Rache
»auch von einer Ahndung des Gesetzgebers, d.i. von der Strafe,
und dem Verlangen zu strafen, gebraucht«, »in welchem Verstande es in der Deutschen Bibel sehr häufig, selbst von Gott vorkommt« (Adelung III, Sp. 907).

gib dich zufrieden: sich zufrieden geben: »Gemüthsruhe nach
vorher gegangener Unruhe empfindend, von einer vorher gegan-
genen Leidenschaft befreyet, dem Gemüthe nach beruhigt.«
(Adelung IV, Sp. 1749)

Schwadron: »Ein Haufe unter einem Rittmeister stehender Reiter
oder Soldaten zu Pferde. Die Schwadrone ist bey der Reiterey das,
was bey dem Fußvolke die Compagnie ist.« (Adelung III,
Sp. 1704)

schlechter: von geringerem Stand, Ansehen. In dieser Bedeutung
ist schlecht »im gemeinen Leben am üblichsten« (Adelung III,
Sp. 1512).

Interessen: »Die Zinsen eines Capitales«, der »Gewinn oder
Überschuß auf ausgeliehenes bares Geld« (Adelung II, Sp. 1389).

Adies: mundartliche, in klanglicher Anlehnung an ›bona dies‹ entstandene Variante des Abschiedsgrußes ›ade‹, ›adieu‹, der sich aus
lateinisch ›ad Deum‹ (ich empfehle dich der Gottheit) herleitet.

207 *seid nur getröstet:* seid nur getrost, zuversichtlich.

lieber Mensch: »Eine Person männlichen Geschlechtes; wo es
doch gemeiniglich im verächtlichen Verstande üblich ist, wenigstens nur von solchen Personen gebraucht wird, von welchen man
ohne besondere Achtung sprechen zu können glaubt.« (Adelung III, Sp. 177)

närrisch: »Des Gebrauches der gesunden Vernunft beraubt;
wahnwitzig, albern« (Adelung III, Sp. 432); wahnsinnig, verrückt.

208 *Als mein Patchen, die schöne Annerl…:* Die Annerl-Geschichte
hat eklatante thematische Übereinstimmungen mit dem Gedicht
›Weltlich Recht‹ aus Arnims und Brentanos Liedersammlung
›Des Knaben Wunderhorn‹:

Joseph, lieber Joseph, was hast du gedacht,
Daß du die schöne Nanerl ins Unglück gebracht.

Joseph, lieber Joseph, mit mir ists bald aus,
Und wird mich bald führen zu dem Schandthor hinaus.

Zu dem Schandthor hinaus, auf einen grünen Platz,
Da wirst du bald sehen, was die Lieb hat gemacht.

Richter, lieber Richter, richt nur fein geschwind,
Ich will ja gern sterben, daß ich komm zu meinem Kind.

Joseph, lieber Joseph, reich mir deine Hand,
Ich will dir verzeihen, das ist Gott wohl bekannt.

Der Fähndrich kam geritten und schwenket seine Fahn,
Halt still mit der schönen Nanerl, ich bringe Pardon.

Fähndrich, lieber Fähndrich, sie ist ja schon todt:
Gut Nacht, meine schöne Nanerl, deine Seel ist bei Gott.

(FBA 7, S. 201; dazu vgl. FBA 9/2, S. 326–330; zur »Hauptquelle«
der Annerl-Geschichte vgl. bes. Rölleke 1970, S. 245–248.)
Base: Schwester des Vaters oder der Mutter. »Im gemeinen Leben, in weiterer Bedeutung auch eine jede Verwandte.« (Adelung I, Sp. 742)
wilden Lebens: ungesitteten, wüsten Lebens.
schlimmer: kränker.
Schulzen: S. o. Anm. zu S. 88.

209 *Meister Franz:* Für die Gestalt des Scharfrichters hat Brentano
folgende, in seiner Bibliothek nachweisbare (vgl. Gajek, S. 88,
Nr. 618) Schrift benutzt: Meister Frantzen Nachrichter alhier in
Nürnberg, all sein Richten am Leben […]. Hrsg. von J. M. F.
v. Endter. Nürnberg 1801. Ein Neudruck des Tagebuchs des
Nürnberger Scharfrichters, nach der Handschrift hrsg. und ein-
geleitet von Albrecht Keller, ist Leipzig: Heims 1913 erschienen.

210 *Sinnesveränderung:* »Die Änderung seines Sinnes, d.i. seines Vorsatzes, Willens, am häufigsten im engeren Verstande, und in der Theologie, die Änderung, andere Richtung und Bestimmung der ganzen Gemüthsfassung in Absicht auf Gott; die Bekehrung.« (Adelung IV, Sp. 107)

Rechte: Hinrichtung.

graulich: Grauen erweckend.

im Kreis: S.o. Anm. zu S. 140.

das Stäblein brach: »Als ein Merkmahl der richterlichen Gewalt ist er [der Stab] noch in den Criminal-Gerichten üblich, wo zum Zeichen des unabänderlich gesprochenen Todesurtheiles noch der Stab über einen solchen Delinquenten gebrochen wird.« (Adelung IV, Sp. 262)

der Kopf des Jürgen flog gegen Annerl zu: Franz Schmidt, der Nürnberger Henker, berichtet von einem Dieb, dessen Kopf sich nach der Hinrichtung »hinundwider gekehrt und bewegt« habe, »als ob er sich umbsehen wolt, die Zungen bewegt, den Mund auffgethun, als ob er reden wolt« (Nr. 216, S. 58).

211 *heut wird sie gerichtet:* Annerl wird am 17. Mai hingerichtet, an einem Tag, der noch im 19. Jahrhundert als einer der ›verworfenen Tage‹ galt (vgl. Beitl, S. 858).

auswirken: »Durch Bitten oder Bemühung erhalten« (Adelung I, Sp. 670), erreichen.

Pardon: ein »nur im gemeinen Leben für Vergebung und Begnadigung übliches Wort« (Adelung III, Sp. 658); Pardon geben heißt das Leben schenken.

212 *Darüber wurde ihr das Schwert zuerkannt:* Auf Kindesmord stand seit der Mitte des 18. Jahrhunderts die Todesstrafe durch Enthauptung. Die Todesstrafe für Kindesmord schaffte als erstes in Deutschland das bayrische Strafgesetzbuch von 1813 ab; Preußen folgte hierin erst seit 1851 (vgl. Kluge 1979, S. 60f.).

am Gerichte: Nach Adelung (II, Sp. 586) wird mit ›Gericht‹ »zuweilen auch der Ort« bezeichnet, »wo die peinlichen Strafen vollzogen werden, wo besonders der Galgen oft das Gericht oder das Hochgericht genannt zu werden pfleget«.

213 *Parade:* nach Adelung (III, Sp. 656) »der feyerliche Aufzug der Soldaten in ihrer besten Kleidung [...]. Daher denn auch die auf

solche Art auf die Wache ziehenden Soldaten die Wach-Parade oder auch nur die Parade schlechthin genannt werden«.

absprechend: eine abschließende Entscheidung treffend, definitiv.

vermaledeite Ehre: verfluchte Ehre. ›Vermaledeien‹ wurde nach Adelung (IV, Sp. 1090) »nur im gemeinen Leben für verfluchen gebraucht«.

unerkauflich: abgeleitet von erkaufen: »Käuflich an sich bringen«, »durch Geld oder Belohnung zu etwas bewegen« (Adelung I, Sp. 1906).

Töriger: Tor.

ruhen Sie: geben Sie Ruhe.

214   *unsinnig:* hier noch in der alten Wortbedeutung: »seines Verstandes in hohem Grade beraubt.« (Adelung IV, Sp. 892)

Skandal: hier sowohl ›Ärgernis‹ wie auch ›Lärm‹.

aus dem Busen: »In engerer Bedeutung, die Falten und die Öffnung in der Kleidung vor der Brust.« (Adelung I, Sp. 1276)

215   *Er stand hoch im Bügel und wehte…:* Eine ähnliche Szene findet sich in dem erstmals 1815 veröffentlichten Grimmschen Märchen ›Die drei Handwerkspurschen‹ (vgl. Rölleke 1970, S. 256f.).

im schnellsten Karriere: Karriere ist die schnellste Gangart des Pferdes.

216   *beförderte:* beschleunigte.

217   *Korporal:* niedrigster Offiziersrang; »ein Unterofficier bey einer Compagnie zu Fuß« (Adelung I, Sp. 1351).

Fähndrich: ursprünglich ›Fahnenträger‹ (Fähnrich); verrichtet nach Adelung (II, Sp. 14) »Lieutenants-Dienste«.

Adjutanten: »Ein subalterner Officier bey einem Regimente oder Bataillon, welcher dem Major bey Erhaltung guter Ordnung an die Hand gehet.« (Adelung I, Sp. 169)

218   *Eifer:* »Eine lebhafte und mit Unruhe verbundene Bemühung.« (Adelung I, Sp. 1668)

gewisse medizinische Mittel, die etwas Magisches haben: wohl Aphrodisiaka.

219   *Revue:* die Heerschau, die Überprüfung der Truppenstärke und Ausrüstung (insbesondere im 17. und 18. Jahrhundert).

›Aus der Chronika eines fahrenden Schülers‹

(Seite 220–256)

Erstdruck in: Die Sängerfahrt. Eine Neujahrsgabe für Freunde der Dichtkunst und Mahlerey, mit Beyträgen von Ludwig Tiek [...] Clemenz Brentano [u. a.]. Gesammelt von Friedrich Förster. Berlin 1818, S. 234–258; unter dem Titel: Aus der Chronicka eines fahrenden Schülers (ohne Verfassername). Im Inhaltsverzeichnis der ›Sängerfahrt‹ (S. XIX) findet sich der Eintrag: Aus der Chronika eines fahrenden Schülers, von A. Brentano.

Textvorlage: Werke II, S. 597–635.

Entstehung: In Ermangelung direkter, einschlägiger Briefzeugnisse Brentanos vorab eine These zur Entstehungsgeschichte der Spätfassung der ›Chronika‹: Brentano hat diese Fassung seiner ›Chronika‹ für das spätestens seit Anfang 1816 von Friedrich Förster (1791–1868) geplante ›Taschenbuch für das Jahr 1817‹ geschrieben, das dann unter dem Titel ›Die Sängerfahrt‹ verspätet zum Neujahr 1818 erschienen ist. Nach dieser Prämisse ist die Entstehung der ›Chronika‹ von 1818 im engen Zusammenhang mit der Entstehungsgeschichte der ›Sängerfahrt‹ zu betrachten.

Der terminus ante quem, d. h. der Zeitpunkt, vor dem die Spätfassung der ›Chronika‹ geschrieben sein muß, steht mit dem Erscheinungsdatum der Neujahrsgabe ›Die Sängerfahrt‹ fest: Neujahr 1818 (vgl. Feilchenfeldt 1978, S. 107). Als terminus post quem, als Zeitpunkt, nach dem die Spätfassung in Angriff genommen sein muß bzw. sein könnte, kommt wohl am ehesten das Frühjahr 1816 (genauer: die Monate März/ April) in Betracht, als Brentano seinem Freund Arnim in einem Brief erstmals davon berichtet, daß er »jetzt« Friedrich Förster bei der Herausgabe eines ›Taschenbuchs‹ unterstütze, mit dessen Druck in naher Zukunft begonnen werden solle (vgl. Steig I, S. 345). Wie seinen Freund Arnim, so bittet Brentano – in einem undatierten, vor dem Jahresende 1816 geschriebenen Brief – auch Ludwig Tieck um Beiträge für Försters ›Taschenbuch‹ (vgl. Holtei I, S. 105 f.).

Aufschlußreich für eine genauere Datierung der späten ›Chronika‹ ist Achim von Arnims Brief an Jacob Grimm vom 19. Februar 1817, in dem es u. a. heißt: »Die Sängerfahrt hatte sich verspätet und kommt nun im Juli [d. h. im Juli 1817] fürs nächste Jahr [d. h. für 1818] heraus, sie enthält manches Gute, unter andern auch von Clemens das hübsche Stück seines angefangenen armen Heinrichs.« (Steig III, S. 369) Mit dem erwähnten »Stück« kann nur die – im Briefwechsel zwischen Arnim und Brentano öfter als ›Der arme Heinrich‹ titulierte – ›Chronika‹ gemeint sein. Insbesondere ein Brief Friedrich Försters vom 26. Februar 1817 an Ludwig Tieck, in dem sich der Briefschreiber in Anspielung auf Brentanos ›Chronika‹ einen »armen, fahrenden Schüler« nennt (Holtei I, S. 206), belegt unmißverständlich, daß Brentano die Spätfassung seiner ›Chronika‹ wahrscheinlich schon Ende 1816 abgeschlossen und an den Herausgeber der ›Sängerfahrt‹ abgeliefert hat, spricht doch Förster in seinem Brief von dem bereits weitgediehenen Druck der ›Sängerfahrt‹ und den ersten in Augenschein genommenen Druckbogen, die »schön und sauber und ohne Druckfehler« seien (Holtei I, S. 206). Demnach dürfte es kaum noch einen Zweifel daran geben, daß die Anfang Januar 1818 veröffentlichte ›Chronika‹ bereits Ende 1816 fertiggestellt war. Die Entstehung der späten ›Chronika‹ fällt in die Zeit zwischen dem Frühjahr und dem Dezemberende des Jahres 1816.

Quellen: Abgesehen von zwei barocken Vorlagen für eine kurze Prosa-Passage (vgl. unten Anm. zu S. 251 ›deine Seele... der himmlische Noah‹) sowie für das ›Lied von der Taube‹ (vgl. unten Anm. zu S. 252) dürfte Brentano für die Spätfassung der ›Chronika‹ gegenüber der Urfassung kaum neue Quellen benutzt haben, jedenfalls keine neuen Quellen von der Bedeutung der Limburger und der Straßburgischen Chronik oder des Münsterbüchleins von Schadaeus. Damit ist jedoch nicht gesagt, daß den drei Hauptquellen in den beiden Fassungen der ›Chronika‹ jeweils dieselbe Bedeutung zukäme, hat doch schon Walheim (1912, S. 307) darauf hingewiesen, daß Brentano in der Spätfassung der ›Chronika‹ von der Limburger Chronik »einen ungleich reicheren Gebrauch« gemacht hat als in der Ur-Chronika. Daß vor allem auch biblische Zitate, Anklänge und Anspielungen in der späten ›Chronika‹ eine ungleich größere Rolle spielen als in der frühen, sei hier nur am Rande vermerkt (vgl. hierzu die Einzelhinweise in den Anmerkungen).

Seite

220 *Vor funfzehn Jahren:* Geht man davon aus, daß das ›Vorwort‹ zur
Spätfassung der ›Chronika‹ erst 1817 geschrieben worden ist, so
datiert Brentano rückblickend den Beginn seiner Arbeit an der
Urfassung der ›Chronika‹ hier überaus genau auf das Jahr 1802.
einfache Geschichte: Daß die ›Chronika‹ (insbesondere die Urfassung) keine »einfache« Geschichte ist – weder formal-strukturell
noch thematisch-gehaltlich –, haben Elisabeth Stopp (1971) und
Michael Huber (1976) eindringlich nachgewiesen.
Gedicht: hier in älterer Bedeutung: ›Erdichtung‹, Dichtwerk.
die altdeutschen Röcke: Hierunter ist »wohl nicht nur die damalige Tracht der Burschenschaften zu verstehen«, »sondern das
ganze aufs Äußere gerichtete restaurative Gebaren, das Brentano
für unzeitgemäß hält und auch in zwei Satiren angreift« (Reindl
1976, S. 311, Anm. 41): im ›Märchen von dem Dilldapp‹ (Werke III, S. 369–385) und in den Briefen ›Aus einem geplünderten
Postfelleisen‹ (Werke II, S. 1144–1153).
zu pädagogischen Zwecken entworfen: Nach Brentanos ur-
sprünglicher Absicht war die ›Chronika‹ in der Tat »für ein allgemeines Lesebuch aller guten frommen Menschen und besonders
für Töchter von 10–14 Jahren berechnet« (Brief Brentanos vom
28. Februar 1802 an den Verleger Friedrich Wilmans; Vordtriede,
S. 145).
allerneuesten Ritterromandichtern: Seitenhieb gegen die Verfasser von Ritterromanen, insbesondere wohl gegen Friedrich de la
Motte-Fouqué (1777–1843), dessen Ritterroman ›Der Zauber-
ring‹ (1. Auflage: 1812; 2. Auflage: 1816) damals einer der am meisten gelesenen Romane in Deutschland war. Fouqués Heldenspiel
›Sigurd der Schlangentöter‹ bezeichnete Brentano als »eins der
miserabelsten, elendsten Dramen« (Seebaß II, S. 32), die er kenne.
Mitte Februar 1815 beklagt sich Brentano darüber, daß ein vor
zwei Jahren von ihm geschriebener Märchenband »noch Manuskript« ist, »da jetzt vor Fouqué nichts gedruckt« werde, »dessen
Anbetung der Nilmesser des Schlammes von gutem Geschmack«
sei (Seebaß II, S. 126).
Eisenfresserei: Prahlerei, von Eisenfresser: »In den gemeinen
Sprecharten, ein Prahler, der seine Tapferkeit zur Ungebühr erhe-

bet, und gleichsam Eisen fressen zu können vorgibt.« (Adelung I,
Sp. 1770)

Isländisches Moos: Lichen islandicus, als Tonicum und Lungen-
mittel verwendet.

220f. *Im Jahr… 1358… mein zwanzigster Geburtstag:* Nach diesen
Angaben ist Johannes am 20. Mai 1358 zwanzig Jahre alt geworden. Diese Jahresangabe steht im Widerspruch zu dem später
(S. 234) angeführten Geburtsjahr 1318 des fahrenden Schülers,
dessen zwanzigster Geburtstag also ins Jahr 1338 fallen müßte.

221 *Morgenlichte:* Morgenstern, Planet Venus. In der Offenbarung
des Johannes sagt Jesus von sich: »Ich, Jesus […] bin die Wurzel
des Geschlechts David, der helle Morgenstern.« Der folgende,
quellenmäßig bisher noch nicht ermittelte Vers »Du bist mein
Licht, du wirst mein Tag!« bezieht sich wohl auf Christus, den
»hellen Morgenstern«.

*Wams, um die Lenden gefaltet… auch stumpfe Schuh und eine
schwarze Kogel:* Vgl. die ›Limburgische Chronik‹: »Die junge
Männer trugen kurtze Kleider / die waren abgeschnitten auff den
Lenden / und gemützert und gefalten mit engen Armen. Die Ko-
geln waren groß. […] Und trugen stumpe Schuhe.« (Faust, S. 19)

ländschem Tuch: lündischem Tuch; feines, meist scharlachrotes
Tuch aus London.

Kogel: kugelförmige Kopfbedeckung.

222 *einen neuen Menschen angezogen:* Vgl. Epheser 4,24.

mit Schämen: mit Scham.

Staat: »Prächtige Kleidung im gemeinen Leben und der vertraulichen Sprechart.« (Adelung IV, Sp. 259)

223 *armer Schelm:* »Ein armer mitleidswürdiger Mensch.« (Adelung III, Sp. 1411)

Witz: Verstand, »eine alte, noch im gemeinen Leben hin und wieder übliche Bedeutung« (Adelung IV, Sp. 1586).

Ziergartens: »Ein bloß zum Vergnügen eingerichteter Garten,
wofür doch Lustgarten üblicher ist; zum Unterschiede von einem
Küchengarten, Obstgarten u.s.f.« (Adelung IV, Sp. 1713)

Hagar mit deinem Ismael…: Ismael ist der uneheliche Sohn, den
Hagar, die ägyptische Magd Sarais, dem sechsundachtzigjährigen
Abraham gebiert (vgl. 1. Mose 16,1 ff.).

fünf Brettern und zwei Brettlein: Sarg.

Zucht: Hier ist ›Zucht‹ wohl, wie im Mittelhochdeutschen (zuht), ›durch Erziehung gewonnene Bildung, feine Lebensart‹, »ein Sinn, der von neueren Dichtern belebt wurde« (Paul/Betz, S. 834).

Säckel: Geldbeutel.

Marmelstein: Marmorstein.

224 *Befreundte:* Befreundete, Verwandte.

Marburg an St. Elisabethen Grab: Über dem Grab der hl. Elisabeth von Thüringen wurde in Marburg ab 1235 eines der ersten rein gotischen deutschen Kirchengebäude errichtet. Seit 1249 ruhen die Gebeine der Heiligen in einem vergoldeten Figurenschrein in der ihr geweihten Elisabeth-Kirche. Wallfahrten zu ihrem Grab gehörten zu den berühmtesten des Mittelalters.

Blattzeiger: auch ›Blattweiser‹: »bey einigen zwey ungewöhnliche Benennungen eines Registers, oder Verzeichnisses des Inhaltes, mit Nachweisung der Blattseite.« (Adelung I, Sp. 1053)

225 *Malers Wilhelm in Köln ... als lebe er:* identifizierbar als Wilhelm von Herle, der um 1360–1380 ein Haupt der altkölnischen Malerschule war. In der ›Limburgischen Chronik‹ heißt es von ihm: »In dieser Zeit [um 1380] war ein Mahler zu Cölln / der hiesse Wilhelm. Der war der beste Mahler in allen Teutschen Landen / als er ward geachtet von den Meistern. Er mahlete einen jeglichen Menschen von aller Gestalt / als hätte er gelebet.« (Faust, S. 86, § 152)

229 *lustigen Garten:* Lustgarten, Ziergarten.

230 *gestellt:* verfertigt, komponiert.

O Mutter, halte dein Kindlein warm: aus Anlaß der Überarbeitung der ›Chronika‹ Ende 1816 oder 1817 in Berlin entstandene, dritte Fassung eines ursprünglich für Sophie Mereau, Brentanos erste Frau, geschriebenen Liedes, dessen erste Fassungen vom Sommer und Frühherbst 1803 datieren (vgl. Werke I, S. 168–172, 1075 f., 1131 f.).

233 *gesetzet:* geschrieben, gedichtet, komponiert. ›Setzen‹ ist ein aus der Buchdruckerkunst stammender, auf die Schriftstellerei und das Komponieren übertragener Ausdruck (vgl. Adelung IV, Sp. 65 f.).

234 *Der Himmel ist mein Hut ...:* Lieblingsreim Brentanos, den er bereits 1808 als Motto für die Nr. 23 der ›Zeitung für Einsiedler‹

(18. Juni 1808) sowie als Kindervers unter der Überschrift ›Wer
bist du, armer Mann?‹ im Kinderlieder-›Anhang zum Wunderhorn‹ abgedruckt und in den ›Mehreren Wehmüllern‹ dem Zigeunermädchen Mitidika als bezeichnendes »Sprüchwort« (vgl.
S. 181) zugeordnet hat. Zur Herkunft und Verbreitung des
Spruchs vgl. insbesondere FBA 9/3, S. 617–620.

Herkommen: Herkunft, Abstammung.

Dieses Buch ist mir wert und lieb …: Spruch, der sich öfter auf Ex-
libris in alten Büchern findet.

Ich bin geboren am 20. Mai 1318: Das Geburtsjahr seines fahrenden Schülers hat Brentano aus der ›Zueignungs-Schrifft‹ Johann
Friderich Fausts, des ersten Herausgebers der Limburger Chronik, ermittelt. Darin berichtet Faust von dem vermeintlichen Verfasser der Limburger Chronik, von einem Notarius oder Schreiber mit Namen Johannes, der sein »Geschicht-Büchlein […]
im Jahr Christi 1347. im Dreysigsten seines Alters« angefangen habe. Demnach ist 1318 das Geburtsjahr des Schreibers Johannes.

Polsnich an der Lahn: Max Preitz (II, S. 491) hat auf einer alten
Karte von 1772 nordwestlich von Arnstein den »Hof Polseych«
festgestellt. Die Schreibung ›Polsnich‹ beruht höchstwahrscheinlich auf einem Lesefehler des Setzers, heißt es doch im Erstdruck
von 1818 an der Stelle, wo der Geburtsort des fahrenden Schülers zum zweiten Mal erwähnt wird: »Es ist dasselbe, welches
noch in Polzeich an meinem Bette hängt.« (Die Sängerfahrt. Berlin 1818, S. 254) Diese Textstelle haben Preitz und spätere Herausgeber der Erzählung zu ›Polsnich‹ emendiert. Umgekehrt vorzugehen, d. h. den Ortsnamen zu ›Polzeich‹ bzw. ›Polzeych‹
zu vereinheitlichen, wäre textkritisch die konsequentere Lösung.

Kloster Arnstein: im Unterlahnkreis (Rheinland-Pfalz) oberhalb
der Lahn gegenüber von Obernhof gelegenes, mittelalterliches
Kloster. Der letzte Graf von Arnstein, Ludwig III., schenkte die
Burg 1139 den Prämonstratensern für eine Abtei, von deren kul-
tureller Blüte die im 14. Jahrhundert (in dem die ›Chronika‹ spielt)
vollendeten Bauten zeugen. Das 1803 aufgehobene Kloster wurde
1919 wieder besetzt.

235 *Laurenburger Els:* Namenspatronin der Mutter des fahrenden
Schülers ist die hl. Elisabeth von Thüringen (vgl. Anm. zu S.240
›St. Elsbethen‹). Außer ihrem Namen deuten auch ihre Armut,
ihre Frömmigkeit, ihr Fleiß sowie ihre Tätigkeit als Spinnerin darauf hin, daß Brentano die Laurenburger Els nach dem Vorbild der
hl. Elisabeth konzipiert und dargestellt hat.
Laurenburg: oberhalb des rechten Lahnufers im Rhein-Lahn-
Kreis bei Holzappel gelegene Stammburg der Grafen von Nassau,
im 11. Jahrhundert errichtet, bereits 1643 als Ruine bezeugt. In
der Luftlinie liegen Kloster Arnstein und die Laurenburg etwa 4,5
km voneinander entfernt; »dazwischen liegende Bergeshöhen
machen es unmöglich, den einen Ort vom andern aus zu sehen«
(Preitz II, S.492).

237 *Herr Jesus, ich will schlafen gehn...:* Vgl. das ›Abendgebet‹
(»Abends, wenn ich schlafen geh, / Vierzehn Engel bei mir
stehn...«) aus den ›Kinderliedern‹ im ›Anhang zum Wunderhorn‹, dessen zehn Verse hier fast wörtlich übernommen werden.
Dazu vgl. FBA 9/3, S.473–475.

238 *Du sollst Vater und Mutter lieben...:* 2. Mose 20, 12 (das vierte
Gebot).
du sollst deinen Nächsten lieben wie dich selbst: 3. Mose 19,18.

238 f. *Alle Dinge sind mir übergeben... ich will euch erquicken:* Matthäus 11, 27f.

239 *Der Vater hat den Sohn lieb... seine Hand gegeben:* Johannes 3,
35.
Wir haben einen Fürsprecher... der ganzen Welt: 1. Johannes 2,
1f.
Es ist ein Gott... hingegeben hat: 1. Timotheus 2,5f.
aber denen... Herz gekommen ist: 1. Korinther 2,9.
fleißig betrachtete: »Mit Sorgfalt, mit Aufmerksamkeit« (Adelung II, Sp.203) betrachtete.

240 *der Herr spricht... das Kreuz auf uns nehmen, alles verlassen und
ihm nachfolgen:* Vgl. Matthäus 10, 38: (Jesus:) »Und wer nicht
sein Kreuz auf sich nimmt und folgt mir nach, der ist mein nicht
wert«; vgl. auch Matthäus 16, 24. Zum Entschluß, »alles« zu »verlassen« und Jesus nachzufolgen, vgl. etwa Matthäus 19, 27; Lukas 5, 11.28.

St. Jörgen: Bild des hl. Georg; einer der 14 Nothelfer, wird als Schutzherr der Reiter und Kämpfer verehrt, sein Attribut ist der Drache (vgl. S. 241).

St. Elsbethen: Bild der hl. Elisabeth von Thüringen (1207–1231).

St. Johannsen mit dem gülden Mund: Bild des hl. Johannes Chrysostomus, wegen seiner Rednergabe auch Johannes Guldenmund bzw. Goldmund genannt (354–407), wird als einer der vier großen griechischen Kirchenväter verehrt. Die Legende des ›Johannes mit dem güldnen Mund‹ hat Brentano in Sophie Mereaus ›Bunter Reihe kleiner Schriften‹ (Frankfurt a. M. 1805, S. 7–44) nacherzählt.

des edlen Laurenburgers Weib: Diese Selbstbezeichnung wie auch die Anrede »Laurenburgerin« (S. 240), mit welcher der Abt des Klosters Arnstein die »Laurenburger Els« anspricht, deuten darauf hin, daß in der Spätfassung der ›Chronika‹ eine Trauung der Eltern des fahrenden Schülers, der Laurenburger Els und des Junkers Jörg von der Laurenburg, vorauszusetzen ist. Durch die zwar nicht erzählte, aber leicht zu erschließende Trauung der Eltern, die vor der Geburt des Schreibers Johannes erfolgt sein muß (vgl. S. 233: »Mein Vater hat es gesetzt, als ich noch nicht geboren war, da er von meiner Mutter scheiden mußte, und hat sie ihn nie wiedergesehn, und kenne ich ihn auch nicht.«), ist der fahrende Schüler, der sich selbst nach seinem Vater »Johannes Laurenburger« (S. 234) nennt, in der ›Chronika‹ von 1818, anders als in der Urfassung, kein uneheliches Kind mehr.

Schimpf: »Jemanden einen Schimpf anthun, dessen Ehre verletzen.« (Adelung III, Sp. 1471)

242 *sauer:* »In einem hohen Grade beschwerlich, viele Mühe kostend und verursachend.« (Adelung III, Sp. 1295)

Angesicht... wie ein durchsichtiges Fensterlein: Das DWb (III, Sp. 1519) belegt zahlreiche »bezüge zwischen ›fenster‹ und ›auge‹ in zusammensetzungen und redensarten«. Der Vergleich des Angesichts bzw. der Augen mit Fenstern findet sich auch in Friedrich Spees ›Trutznachtigall‹ (vgl. Lied Nr. 10, Strophe IV: »Auß beyden fensterlein«), einer Sammlung geistlicher Lieder, die Brentano 1817 – also zur Entstehungszeit der Spätfassung der ›Chronika‹ – neu herausgegeben hat.

243 *grünen Eichenzweig:* Eichenkränze und Eichenzweige sind Zeichen der Ehrung (Beitl, S. 160).

Birnbaum hing schwer voll gelber Birnen: Vgl. Hölderlins berühmtes Gedicht ›Hälfte des Lebens‹: »Mit gelben Birnen hänget / Und voll mit wilden Rosen / Das Land in den See […].«

244 *St. Hubertus:* Zur Beliebtheit der Hubertus-Legende im Werk Brentanos vgl. auch ›Das St. Hubertuslied‹ im 3. Teil des ›Wunderhorns‹ sowie die Erläuterungen von Heinz Rölleke dazu in: FBA 9/3, S. 190 f.

245 *frommen:* nützen.

246 *Grafen von Nassau:* Die Limburger Chronik nennt drei Grafen von Nassau: Johann I. Grafen von Nassau zu Dillenburg, Johann Grafen von Nassau zu Hadamar und Johann I. Grafen von Nassau zu Merenburg. Auch in Brentanos ›Chronika‹ heißt der Graf von Nassau ›Johann‹ (vgl. S. 254 f.).

Hausfrau: »Die Ehegattinn des Hausherren. […] In welchem Verstande, nehmlich in Beziehung auf den Ehemann, es nur unter gemeinen Leuten üblich ist.« (Adelung II, Sp. 1027)

249 *Wadsack:* Reisesack; »ein gemeiniglich ledernes Behältniß, Kleider und andere Geräthschaften darin auf der Reise bey sich zu führen, besonders auf den Reisen zu Fuße« (Adelung IV, Sp. 1417). Das Wort stammt von ›waten‹ = ›gehen, reisen‹ ab.

Rosmarienstock: Rosmarin wurde schon von den Griechen als Arznei benutzt. Sein starker aromatischer Geruch macht den Rosmarin »zum Apotropaikum bei Hochzeit und Begräbnis« (Beitl, S. 681).

Ruch: Geruch. Nach Adelung (III, Sp. 1185) »ein im Hochdeutschen völlig veraltetes Wort«, das nur »noch in einigen Oberdeutschen Gegenden üblich ist«.

250 *die letzte heilige Wegzehrung:* die Sterbesakramente (Abendmahl, letzte Ölung).

Ich will euch trösten… Mutter tröstet: Jesaja 66,13.

Hüter, ist die Nacht schier hin?: Jesaja 21, 11.

Sei getrost… Fürchte dich nicht: Matthäus 14,27 (Jesus zu den Jüngern).

Herr, bist du es… auf dem Wasser: Diese Worte spricht Petrus im Matthäus-Evangelium (14, 28) zu Jesus.

251 *Wenn der Morgen… wieder fragen:* Jesaja 21, 12.

Da kam es… über die Wogen geschritten…: Vgl. hierzu die Geschichte von Jesus, wie er auf dem Meer wandelt und dem ertrinkenden Petrus hilft (Matthäus 14, 25–31).

ich trat aus dem Kahn auf das Wasser: Matthäus 14, 29: »Und Petrus trat aus dem Schiff und ging auf dem Wasser, daß er zu Jesu käme.«

Eliaswagen vom Himmel: Vgl. 2. Könige 2, 11 f.

deine Seele findet nicht, da sie ruhe… hineinzunehmen: Vgl. 1. Mose 8, 9.

deine Seele… der himmlische Noah…: Brentano folgt hier Adolf Sauberts Leichenpredigt für den Nürnberger Pegnitzschäfer Johann Michael Dilherr (1604–1669), in der es von der »ädlen Seele« des verstorbenen Hauptpredigers von St. Sebaldus heißt: »Hier in diesem Leben ging es ihr / wie der Taube Noah / zur Zeit der Sindfluht; Sie fande nicht / da ihr Fus ruhen konte / . J. B. Mos. 8. Die fromme Seele unsers treueifrigen Herrn Predigers hatte auf dem wütenden Meer dieser unreinen Welt nirgends angenehme Ergezzlichkeit. Darum nahm sie Christus / der Himmlische Noah / zu sich in den Kasten der immerwährenden Ruhe; wo selbsten sie vor den großen Wassern alles Jammers und Ungemachs in Ewichkeit wol wird gesichert bleiben.« (Zitiert nach: Zimmermann 1971, S. 250.)

251 f. *Himmel voll Sterne… die Hände, die Füße und die Seite des Herrn…:* »Das ist das Bild des kosmischen Christus, der am Himmel die Wunden des ›Jesus patibilis‹ […] trägt.« (Zimmermann 1971, S. 253)

252 *das Lied von der Taube:* Das folgende Lied ist die gekürzte Version eines aus 15 vierzeiligen Strophen bestehenden geistlichen Barockliedes, das höchstwahrscheinlich von Sigmund von Birken (1626–1681) stammt (vgl. Zimmermann 1971, S. 241 ff.). Es findet sich in Sigmund von Birkens ›Todes-Gedanken und Todten-Andenken, vorstellend eine tägliche Sterb-bereitschaft und zweyer Christl. Matronen Seelige Sterb-Reise‹. Nürnberg 1670, S. 261 ff., in einem Buch, das sich in Brentanos 1853 versteigerter Bibliothek befand (vgl. Gajek, S. 317, Nr. 3099). Der Text des ›Taubenlieds‹ von Birken ist jetzt wieder abgedruckt bei Zim-

mermann 1971, S. 242. Die ersten vier Strophen von Brentanos
Lied stimmen zum größten Teil wörtlich mit den entsprechenden in Birkens ›Taubenlied‹ überein. In der 5. Strophe variiert
Brentano die 15. Strophe und in der 6. Strophe die 12. Strophe
seiner Vorlage.

Den Ruf: in Birkens ›Taubenlied‹: »Die Stimm'«.

253 *Mußt du mir Flügel geben:* »Du musst mir Flügel geben« (Birken).

Die wasch… glaubend schweben: »Ich komm / o JESUS! lass mich
ein! / Der Glaub / mich wird aufheben.« (Birken)

Wie arm ich bin: »Wie fremd ich bin« (Birken).

Darf ich zu dir doch: »So darf ich dennoch« (Birken).

Ja all von mir genommen: »Von mir hinweggenommen« (Birken).

Sag, Herr… komm herein: »Sag! JESU! werden hole Stein / Auch
dort bey dir gefunden? / Ja! ruffest du: Komm nur herein« (Birken).

Mein Jesu… zum Leben: »Durch dieses Felsens offne Tür / Ich
sterbend geh zum Leben. / Mein JESU! ach! das wolst du mir /
Durch deine Wunden geben.« (Birken, Strophe 15)

Wohlan, es zielt des Todes Pfeil… Leben erben: »Zielt schon nach
mir des Todes Pfeil / Doch will ich nicht verderben. / Zu dieser
Felsenkluft ich eil / Da will ich seelig sterben.« (Birken, Strophe
12)

Taube… welche die Mutter mitnehmen will: Vgl. den verbreiteten Volksglauben, daß Sterbende weiße Tauben sehen, »welche
kommen, um sie abzuholen« (HDA VIII, Sp. 697).

254 *das Hochwürdige Gut:* die eucharistische Gabe (Brot und Wein)
für die Feier des heiligen Abendmahls.

das heilige Öl: geweihtes Krankenöl für das Sakrament der Letzten Ölung.

255 *hoch am Tage:* »Es ist noch hoch am Tage, d. i. es wird noch lange
Tag bleiben, es ist noch lange nicht spät; ein von dem scheinbaren
hohen Stande der Sonne am Himmel hergenommener Ausdruck.«
(Adelung II, Sp. 1217)

das Unglück machet Gesellen: Vgl. das Sprichwort ›Gleich unglück macht freundschafft‹ (Wander IV, Sp. 1444).

256 *Bescheid tun:* »Einem Bescheid thun, den zugebrachten Trunk zu
sich nehmen« (Adelung I, Sp. 893), den Trunk erwidern.
der schmeckt nach dem Krummstab: der schmeckt nach einem
bischöflichen Wein. Der Krummstab ist ein sinnbildliches Zeichen der bischöflichen Würde, Gewalt und Oberherrschaft.

Zum Text und zum Auswahl-
und Anordnungsprinzip dieser Ausgabe

Da bisher noch keine historisch-kritische Ausgabe der Erzählungen vorliegt, ist die vierbändige Hanser-Ausgabe der ›Werke‹ Brentanos, d.h. der zweite Band dieser Edition, als Textvorlage gewählt worden. Diese Ausgabe folgt, was die Erzählungen angeht, in zwei Fällen (bei der Urfassung der ›Chronika‹ und dem ›Armen Raimondin‹) den postumen Erstdrucken aus den Jahren 1923 bzw. 1944, in einem Fall (›Die Schachtel mit der Friedenspuppe‹) einer späteren kritischen Neuausgabe (von Josef Körner aus dem Jahr 1922) und ansonsten der »kritisch durchgesehenen und erläuterten« Brentano-Ausgabe von Max Preitz, wobei die von Preitz übernommenen kritischen Texte vereinzelt mit den Erstdrucken verglichen wurden.

Einige Textstellen, bei denen in der als Textvorlage dienenden Hanser-Ausgabe Setzerfehler zu vermuten waren, sind nach den Erstdrukken verbessert worden.

Wie auf dem Titelblatt zu lesen, bietet die vorliegende Ausgabe dem Leser den Abdruck »sämtlicher« Erzählungen Brentanos. Über diesen Anspruch der Vollständigkeit im Hinblick auf die Werkgruppe der Erzählungen könnte sich wundern, wer ins Inhaltsverzeichnis des zweiten Bandes der Hanser-Ausgabe schaut, und zwar deshalb, weil er dort unter der Rubrik ›Erzählungen‹ außer den hier versammelten sieben Erzähltexten noch drei weitere Titel findet: ›Die Rose‹, ›Der Sänger‹ sowie das Romanfragment ›Der schiffbrüchige Galeerensklave vom toten Meer‹. Diese drei Texte haben wir aus gattungspoetischen Gründen ausgeschlossen, weil es sich bei ihnen nicht um Erzählungen, sondern um zwei andere besondere Formen erzählender Prosa handelt.

Das mit einer Reihe von Gedichten durchsetzte Prosafragment ›Die Rose‹ (1800) hat Brentano im Untertitel selbst mit der Gattungsbezeichnung »ein Märchen« belegt. ›Der schiffbrüchige Galeerensklave vom toten Meer‹ ist ein Roman-Fragment, aus dem – hätte Brentano weiter

daran gearbeitet – wohl ein interessanter »Abenteurer- und Schelmen-
roman« (Hoffmann 1966, S. 291) geworden wäre.

Auch der 1801 unter dem Titel ›Der Sänger‹ erschienene Prosatext,
der auf Fortsetzungen angelegt war, ist eher als ein Romanfragment
denn als Novelle bzw. Erzählung anzusehen. Für diese von Peter
Schmidt vertretene Auffassung sprechen nicht nur »die Kompliziertheit
und das Bizarre des Aufbaus«, sondern auch »die Briefform und die
Einflechtung mehrerer Lebensgeschichten« (Peter Schmidt im Nachwort zu dem von ihm herausgegebenen Faksimiledruck des Taschenbuchs ›Kalathiskos‹ von Sophie Mereau, Heidelberg 1968, S. 17): struk-
turelle und erzähltechnische Charakteristika, die den Schluß nahelegen,
daß ›Der Sänger‹ als eine Art Seitenstück zu Brentanos etwa gleichzeitig
entstandenem Roman ›Godwi‹ konzipiert und ansatzweise ausgeführt
worden ist.

Die Anordnung der Erzähltexte folgt der Chronologie der Publikatio-
nen, wobei als editorische Entscheidung gilt: Chronologie der Publika-
tionen geht vor Chronologie der Entstehung. Die beiden nicht zu Lebzeiten Brentanos veröffentlichten Erzählungen (die Urfassung der
›Chronika‹ und das Fragment ›Der arme Raimondin‹) sind nach ihrer
Entstehungszeit eingeordnet. Aufgrund neuer Datierungen und des
stringenter durchgeführten chronologischen Anordnungsprinzips
weicht die vorliegende Ausgabe von der Reihenfolge ab, in der die Hanser-Ausgabe die Erzählungen präsentiert: Die beiden Fassungen der
›Chronika‹ werden nicht – wie dort – in unmittelbarer Aufeinanderfolge
abgedruckt, eine Anordnung, die gegen das sonst vom Herausgeber der
Hanser-Ausgabe berücksichtigte Prinzip der Chronologie verstößt.
Entsprechend den Tatsachen, daß die Ur-Chronika entstehungsgeschichtlich die früheste und die späte ›Chronika‹ von 1818 wahrscheinlich die zuletzt veröffentlichte Erzählung Brentanos ist, bilden die beiden Chronika-Fassungen hier den Rahmen für die übrigen Erzählungen. Die Erzählung von den ›Mehreren Wehmüllern‹ ist sowohl entste-
hungs- wie auch publikationsgeschichtlich nach der ›Schachtel mit der
Friedenspuppe‹ einzuordnen. Auch im Verhältnis zum Erzählfragment
›Der arme Raimondin‹ dürfte die Geschichte von den ›Mehreren Wehmüllern‹ die später entstandene Erzählung sein.

Im Unterschied zu den vier in Zeitschriften bzw. in einem Neujahrs-

ANHANG

almanach publizierten Erzählungen Brentanos, deren genaue Erscheinungsdaten bis auf Tag und Monat feststehen, läßt sich bei der – im 2. Bändchen der ›Gaben der Milde‹ erschienenen – ›Geschichte vom braven Kasperl‹ nicht exakt ermitteln, in welchem Monat sie herausgekommen ist. Einer »im August 1817« datierten Benachrichtigung des Herausgebers der ›Gaben der Milde‹, die F. W. Gubitz in der Beilage zum 155. Blatt seines ›Gesellschafters‹ vom 20. September 1817 abdruckte, läßt sich jedoch entnehmen, daß die ersten beiden Bändchen der ›Gaben der Milde‹ wahrscheinlich in den Monaten Oktober, November oder Dezember 1817 ausgeliefert worden sind; heißt es doch in der Benachrichtigung vom 20. September 1817, die »ersten beiden bald auszugebenden Bändchen« der ›Gaben der Milde‹ – ihr Inhalt wird erstmals nach den Titeln der Beiträge bekannt gemacht – würden »in wenigen Wochen« allen Teilnehmern an der von Gubitz organisierten Bücherverlosung »eingehändigt«. Spätester Ausgabetermin (von einem ›Erscheinungstermin‹ kann man nicht gut sprechen, da die ›Gaben der Milde‹ nicht im Buchhandel erschienen, sondern nur durch die Verlosung zu haben waren) des 2. Bändchens der milden ›Gaben‹ war der Februar 1818: In einer weiteren, »im Februar 1818« datierten und im Beiblatt zur Ausgabe des ›Gesellschafters‹ vom 23. Februar 1818 erschienenen Mitteilung von Gubitz zur Bücherverlosung heißt es von den ›Gaben der Milde‹: »Zwei dieser Bändchen [die ersten beiden] werden schon jetzt [...] ausgegeben.« Sollte es sich herausstellen, daß der 2. Band der ›Gaben der Milde‹ tatsächlich erst im Februar 1818 ausgeliefert worden ist, so müßte nach unserem Anordnungsprinzip die ›Geschichte vom braven Kasperl‹ als zuletzt erschienene Erzählung an den Schluß einer Ausgabe der Erzählungen Brentanos placiert werden.

Bibliographische Hinweise

Gesamtausgaben der Werke Brentanos

Clemens Brentano's Gesammelte Schriften. Hrsg. von Christian Brentano. Bde. 1–7. Frankfurt a. M. 1852 (vier Erzählungen Brentanos in Bd. 4)

Clemens Brentanos Sämtliche Werke. Hrsg. von Carl Schüddekopf. 10 Bände (mehr nicht erschienen). München und Leipzig 1909–1917 (kein Band mit Erzählungen)

Brentanos Werke. Hrsg. von Max Preitz. Kritisch durchgesehene und erläuterte Ausgabe. Bde. I–III. Leipzig und Wien 1914 (Erzählungen nebst dazugehörigen Anmerkungen in: Bd. I, S. 237–397; Bd. II, S. 7–78, 488–506)

Clemens Brentano: Werke. Bd. I: Hrsg. von Wolfgang Frühwald, Bernhard Gajek und Friedhelm Kemp; Bde. II–IV: Hrsg. von Friedhelm Kemp. München 1963–1968; 2., durchgesehene und im Anhang erweiterte Auflage. Studienausgabe. München 1978 (Erzählungen in Bd. II, S. 461–806; Anmerkungen S. 1188–1198)

Clemens Brentano: Sämtliche Werke und Briefe. (Frankfurter Brentano-Ausgabe) Historisch-kritische Ausgabe. Veranstaltet vom Freien Deutschen Hochstift. Hrsg. von Jürgen Behrens, Wolfgang Frühwald, Detlev Lüders. Stuttgart 1975 ff. (bisher noch kein Band mit Erzählungen)

Bibliographien und Forschungsberichte

Frühwald, Wolfgang: Stationen der Brentano-Forschung 1924–1972. In: Deutsche Vierteljahrsschrift für Literaturwissenschaft und Geistesgeschichte 47 (1973), Sonderheft Forschungsreferate, S. 182* bis 269*

Gajek, Bernhard: [Brentano-]Bibliographie. In: B. Gajek: Homo Poeta. Frankfurt a.M. 1971, S.571–606

Gajek, Bernhard: Die Brentano-Literatur 1973–1978. Ein Bericht. In: Euphorion 72 (1978), S.439–502

Gajek, Bernhard: [Brentano-]Bibliographie. In: Clemens Brentano: Werke. Bd. I. Hrsg. von Wolfgang Frühwald, Bernhard Gajek und Friedhelm Kemp. Studienausgabe. München 1978, S.1249–1289

Mallon, Otto: Brentano-Bibliographie (Clemens Brentano, 1778 bis 1842). Berlin 1926 (Reprografischer Nachdruck: Hildesheim 1965)

Zum Leben und Gesamtwerk Brentanos

Dennerle, Dieter: Kunst als Kommunikationsprozeß. Zur Kunsttheorie Clemens Brentanos. Bern/Frankfurt a.M. 1976 (= Regensburger Beiträge zur deutschen Sprach- und Literaturwissenschaft, Reihe B, Bd.9)

Feilchenfeldt, Konrad (Hrsg.): Brentano-Chronik. Daten zu Leben und Werk. München/Wien 1978 (= Reihe Hanser 259)

Fetzer, John F.: Romantic Orpheus. Profiles of Clemens Brentano. Berkeley/Los Angeles/London 1974

Frühwald, Wolfgang: Clemens Brentano. In: Benno von Wiese (Hrsg.): Deutsche Dichter der Romantik. Ihr Leben und Werk. Berlin 1971, S.280–309

Frühwald, Wolfgang: Das Spätwerk Clemens Brentanos (1815–1842). Romantik im Zeitalter der Metternich'schen Restauration. Tübingen 1977 (= Hermaea, N.F. Bd.37)

Gajek, Bernhard: Homo Poeta. Zur Kontinuität der Problematik bei Clemens Brentano. Frankfurt a.M. 1971 (= Goethezeit, Bd. 3)

Hoffmann, Werner: Clemens Brentano. Leben und Werk. Bern/München 1966

Mittag, Susanne: Clemens Brentano. »Eine Autobiographie in der Form«. Heidelberg 1978 (= Frankfurter Beiträge zur Germanistik, Bd.17)

Neureuter, Hans Peter: Das Spiegelmotiv bei Clemens Brentano. Studie zum romantischen Ich-Bewußtsein. Frankfurt a.M. 1972 (= Goethezeit, Bd.5)

Schaub, Gerhard: Le Génie Enfant. Die Kategorie des Kindlichen bei Clemens Brentano. Berlin/New York 1973 (= Quellen und Forschungen zur Sprach- und Kulturgeschichte der germanischen Völker, N.F. 55)

Tunner, Erika: Clemens Brentano (1778–1842). Imagination et sentiment religieux. Tome I, II. Paris 1977

Vordtriede, Werner (Hrsg.): Clemens Brentano. München 1970 (= Dichter über ihre Dichtungen). Erneut bei dtv: München 1978

Wille, Klaus: Die Signatur der Melancholie im Werk Clemens Brentanos. Bern 1970 (= Europäische Hochschulschriften. Reihe I: Deutsche Literatur und Germanistik, Bd. 36)

Untersuchungen zu Brentanos Erzählungen

Alewyn, Richard: Brentanos »Geschichte vom braven Kasperl und dem schönen Annerl«. In: Gestaltprobleme der Dichtung. (Günther Müller zu seinem 65. Geburtstag am 15. Dezember 1955.) Bonn 1957, S. 143–180. Erneut in: Deutsche Erzählungen von Wieland bis Kafka. Interpretationen 4. Hrsg. von Jost Schillemeit. Frankfurt a.M. 1966, S. 101–150; R. Alewyn: Probleme und Gestalten. Essays. Frankfurt a.M. 1974, S. 133–197

Brummack, Jürgen: Zu Arnims »Melusinen-Fragment«. In: Germanisch-Romanische Monatsschrift N.F. 17 (1967), S. 208–210 (Arnims Fragment als Fortsetzung von Brentanos Erzählfragment »Der arme Raimondin«)

Cardauns, Hermann: Wann entstand Brentanos Chronika eines fahrenden Schülers? In: Historisch-politische Blätter für das katholische Deutschland 157 (1916), S. 365–377

Dickens, David B.: Brentanos Erzählung »Die mehreren Wehmüller und ungarischen Nationalgesichter«: Ein Deutungsversuch. In: The Germanic Review 58 (1983), No. 1, S. 12–20

Feise, Ernst: Clemens Brentanos »Geschichte vom braven Kasperl und dem schönen Annerl«: Eine Formanalyse. In: Corona. Studies in Celebration of the Eightieth Birthday of Samuel Singer. Ed. by Arno Schirokauer and Wolfgang Paulsen. Durham, N.C. 1941, S. 202–211

Frühwald, Wolfgang: Die mehreren Wehmüller und ungarischen Nationalgesichter. In: Kindlers Literatur-Lexikon in zwölf Bänden.
Bd. 7. Darmstadt 1972, S. 6149

Frühwald, Wolfgang: Achim von Arnim und Clemens Brentano. In:
Karl Konrad Polheim (Hrsg.): Handbuch der deutschen Erzählung.
Düsseldorf 1981, S. 145–158 (zu Brentanos Erzählungen vgl.
S. 152–158)

Frühwald, Wolfgang: Die Ehre der Geringen. Ein Versuch zur Sozial-
geschichte literarischer Texte im 19. Jahrhundert. In: Geschichte und
Gesellschaft 9 (1983), Heft 1 (Literatur und Sozialgeschichte),
S. 69–86 (zur »Geschichte vom braven Kasperl« vgl. S. 74–80)

Gartz, Heinz J.: Brentanos Novelle »Die Schachtel mit der Friedenspuppe«. Eine kritische Untersuchung. Diss. (masch.) Bonn 1955

Heinisch, J. Klaus: Clemens Brentano: Geschichte vom braven Kasperl
und dem schönen Annerl (1816). In: J. K. Heinisch: Deutsche Romantik. Interpretationen. Paderborn 1966, S. 64–75

Heltmann, Adolf: Rumänische Verse in Klemens Brentanos Novelle
»Die mehreren Wehmüller oder ungarischen Nationalgesichter«. Ein
quellengeschichtlicher und ästhetischer Beitrag. In: Korrespondenz-
blatt des Vereins für Siebenbürgische Landeskunde 49 (1926),
S. 81–104

Horwath, Peter: Über den Fatalismus in Clemens Brentanos »Ge-
schichte vom braven Kasperl und dem schönen Annerl«. Zur
Psychologie der Novelle. In: The German Quarterly 44 (1971),
S. 24–34

Huber, Michael: Clemens Brentano: Die Chronika des fahrenden Schülers. Eine Analyse der Figurenkonstellation und der kompositori-
schen Prinzipien der Urfassung. Bern/München 1976 (= Gegenwart
der Dichtung, N. F. Bd. 2)

Imelmann, Rudolf: »Die drei Nüsse« von Clemens Brentano. In: Englische Studien 62 (1927/28), S. 265–292

Kathan, Anton: Die »Chronika des fahrenden Schülers«. Zum Erzähl-
problem bei Brentano. In: Literaturwissenschaftliches Jahrbuch,
N. F. 13 (1972), S. 181–215

Kauffmann, Michel: »Die Geschichte vom braven Kasperl und dem
schönen Annerl« de Clemens Brentano. In: romantisme 20 (1978),
S. 69–78

Klose, Werner: Clemens Brentano: Die Geschichte vom braven Kasperl und dem schönen Annerl. In: Lehrpraktische Analysen. Folge 22. Stuttgart 1965, S. 3–15

Kluge, Gerhard: Vom Perspektivismus des Erzählens. Eine Studie über Clemens Brentanos »Geschichte vom braven Kasperl und dem schönen Annerl«. In: Jahrbuch des Freien Deutschen Hochstifts 1971, S. 143–197

Kluge, Gerhard: Clemens Brentano. Geschichte vom braven Kasperl und dem schönen Annerl. Text, Materialien, Kommentar. München/Wien 1979 (= Literatur-Kommentare, Bd. 14)

Kluge, Gerhard: Clemens Brentanos Erzählungen aus den Jahren 1810–1818. Beobachtungen zu ihrer Struktur und Thematik. In: Clemens Brentano. Beiträge des Kolloquiums im Freien Deutschen Hochstift 1978. Hrsg. von Detlev Lüders. Tübingen 1980, S. 102–134

Körner, Josef: Eine unbekannte Novelle von Clemens Brentano. Mit einer Einführung. In: Preußische Jahrbücher 187 (1922), S. 151–186 (»Die Schachtel mit der Friedenspuppe«)

Körner, Josef: Brentano parodiert den Arnim. In: Zeitschrift für deutsche Philologie 52 (1927), S. 152 (Brentanos »Friedenspuppe« und Arnims »Melück Maria Blainville«)

Koll, Rolf-Dieter: Des Dichters Ehre. Bemerkungen zu Brentanos »Geschichte vom braven Kasperl und dem schönen Annerl«. In: Jahrbuch des Freien Deutschen Hochstifts 1978, S. 256–290

Kunszery, Gyula: Clemens Brentanos magyar targyu novellaja (d.i. Clemens Brentanos Novelle mit ungarischer Thematik). In: Filologiai Koezlemenyek 2 (1965), S. 399–404

Kunz, Josef: Die deutsche Novelle zwischen Klassik und Romantik. 2., überarbeitete Aufl. Berlin 1971 (= Grundlagen der Germanistik 2), S. 74–81 (zur »Geschichte vom braven Kasperl«)

Lefftz, Joseph: Zur Einführung. In: Clemens Brentano: Die Chronika des fahrenden Schülers. Urfassung. (Hrsg. von J. Lefftz.) Leipzig 1923, S. VII–XV (Anhang, S. 81–94)

Lehnert, Herbert: Die Gnade sprach von Liebe. Eine Struktur-Interpretation der »Geschichte vom braven Kasperl und dem schönen Annerl« von Clemens Brentano. In: Geschichte. Deutung. Kritik. Literaturwissenschaftliche Beiträge, dargebracht zum 65. Geburtstag Werner Kohlschmidts. Bern 1969, S. 199–223

Lüders, Detlev: Nachwort. In: Clemens Brentano: Die mehreren Weh-
müller und ungarischen Nationalgesichter. Erzählung. Mit einem
Nachwort von D. Lüders. Stuttgart 1966 (= Reclams UB Nr. 8732),
S. 71–79

MacGlashan, L.: Der Romantiker im Rahmen. Clemens Brentanos Novelle »Vom braven Kasperl und dem schönen Annerl«. In: The Au-
stralian Goethe-Society. Proceedings 1954–1955. Melbourne 1956,
S. 31–42

MacNaughton, Jaquelin: Brentano's Novellen. An Abridgement of a
Dissertation. New York 1964

MacRae, Donald: A new look at the old woman in Brentano's »Kasperl
und Annerl«. In: Literatur als Dialog. Festschrift zum 50. Geburtstag
von Karl Tober. Hrsg. von Reingard Nethersole. Johannesburg 1979,
S. 283–293

Mittag, Susanne: Clemens Brentano. »Eine Autobiographie in der
Form«. Heidelberg 1978 (= Frankfurter Beiträge zur Germanistik,
Bd. 17), S. 117–129 (zur »Chronika«), S. 130–135 (zur »Geschichte
vom braven Kasperl«)

Pfeiffer, Johannes: Clemens Brentano. Die Geschichte vom braven
Kasperl und dem schönen Annerl. In: J. Pfeiffer: Wege zur Erzählkunst. Hamburg 1953, S. 35–38

Rehder, Helmut: Von Ehre, Gnade und Gerechtigkeit: Gedanken zu
Brentanos »Geschichte vom braven Kasperl und dem schönen Annerl«. In: Stoffe, Formen, Strukturen. Studien zur deutschen Literatur. Hans Heinrich Borcherdt zum 75. Geburtstag. München 1962,
S. 315–330

Reindl, Nikolaus: Die poetische Funktion des Mittelalters in der Dichtung Clemens Brentanos. Innsbruck 1976 (= Innsbrucker Beiträge
zur Kulturwissenschaft. Germanistische Reihe, Bd. 6), S. 25–71 (zur
»Chronika des fahrenden Schülers«)

Riley, Helene M. Kastinger: Kontamination und Kritik im dichterischen Schaffen Clemens Brentanos und Achim von Arnims. In: Colloquia Germanica 13 (1980), S. 350–358 (zu Brentanos »Die Schachtel
mit der Friedenspuppe« vgl. S. 352–354)

Rölleke, Heinz: Quellen zu Brentanos »Geschichte vom braven Kasperl und dem schönen Annerl«. In: Jahrbuch des Freien Deutschen
Hochstifts 1970, S. 244–257

Rölleke, Heinz: Die gemästete Gänseleber. Zu einer Metapher in Cle-
mens Brentanos »Geschichte vom braven Kasperl und dem schönen
Annerl«. In: Jahrbuch des Freien Deutschen Hochstifts 1974,
S. 312–322

Schmidt, Erich: Brentanos ungarische Novelle. In: Philologiai dolgoza-
tok a magyar-német érintkezésekröl. (Festschrift für Gustav Heinrich.) Hrsg. von Robert Gragger. Budapest 1912, S. 107–114

Schönhaar, Rainer: Novelle und Kriminalschema. Ein Strukturmodell
deutscher Erzählkunst um 1800. Bad Homburg v.d.H./Berlin/Zürich
1969, S. 105–109 (»Die Schachtel mit der Friedenspuppe«), S. 110–113
(»Geschichte vom braven Kasperl«)

Schwarz, Peter Paul: Brentanos »Geschichte vom braven Kasperl und
dem schönen Annerl« im Zusammenhang seiner religiösen Wendung.
In: Aurora 32 (1972), S. 69–83

Seidlin, Oskar: Brentanos Melusinen. In: Euphorion 72 (1978),
S. 369–399 (zum »Armen Raimondin« vgl. S. 393–399)

Silz, Walter: Brentano, Geschichte vom braven Kasperl und dem schönen Annerl (1817). In: W. Silz: Realism and Reality. Studies in the
German Novelle of Poetic Realism. Chapel Hill 1954, S. 17–28

Stopp, Elisabeth: Brentano's »Chronika« and its Revision. In: Sprache
und Bekenntnis. Sonderband des Literaturwissenschaftlichen Jahr-
buchs 1971, S. 161–184

Stopp, Elisabeth: Nachwort. In: Clemens Brentano: Die Chronika des
fahrenden Schülers. Urfassung. Mit einem Nachwort von E. Stopp.
Stuttgart 1971 (= Reclams UB Nr. 9312/13), S. 112–136

Walheim, Alfred: Brentanos »Chronika eines fahrenden Schülers«. In:
Zeitschrift für die österreichischen Gymnasien 63 (1912), S. 289–315

Walheim, Alfred: Das Traumhafte in Brentanos »Geschichte vom braven Kasperl und dem schönen Annerl«. In: Zeitschrift für die österreichischen Gymnasien 64 (1913), S. 470–473

Walheim, Alfred: Die Schürze der schönen Annerl. Zu Brentanos »Geschichte vom braven Kasperl und dem schönen Annerl«. In: Zeitschrift für den deutschen Unterricht 27 (1913), S. 791–793

Walheim, Alfred: Maister Franntzn Schmidts Nachrichters inn Nürnberg all sein Richten. Eine unbekannte Quelle von Brentanos »Geschichte vom braven Kasperl und dem schönen Annerl«. In: Zeitschrift für den deutschen Unterricht 28 (1914), S. 701–709

Wiese, Benno von: Clemens Brentano. Geschichte vom braven Kasperl
   und dem schönen Annerl. In: B.v. Wiese: Die deutsche Novelle von
   Goethe bis Kafka. Interpretationen. Düsseldorf 1956, S.64–78
Ziegler, Vickie L.: Justice in Brentano's »Die Schachtel mit der Friedenspuppe«. In: The Germanic Review 53 (1978), S.174–179
Zimmermann, Elisabeth: Falke und Taube in den beiden Sterbeszenen
   der ›Chronika eines fahrenden Schülers‹ von Clemens Brentano und
   das Vogelmotiv in der Leichenpredigt von Johann Michael Dilherr
   († 1669). Ein Beispiel für die literarisch-emblematische Auswertung
   einer genealogischen Quelle. In: Der Herold. Vierteljahrsschrift für
   Heraldik, Genealogie und verwandte Wissenschaften. N.F. 7 (1971),
   Heft 9, S.233–254

Friedrich Schiller
Kabale und Liebe
Ein bürgerliches
Trauerspiel
7618

Frank Wedekind
**Erdgeist – Die Büchse
der Pandora**
Tragödien
7534

Oscar Wilde
**Das Bildnis
des Dorian Gray**
Roman
7580

Ovid
Metamorphosen
7513

Gottfried Keller
Züricher Novellen
7614

Friedrich Nietzsche
**Zur Genealogie
der Moral**
7556

Giovanni Boccaccio
Das Dekameron
7599

Molière
Tartuffe
7613

G.E. Lessing
Nathan der Weise
7586

Conrad Ferdinand
Meyer
Jürg Jenatsch
7563

Goldmann
Klassiker mit
Erläuterungen

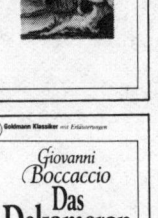